晋商书系

JinShang Xue

晋商学

高春平　著

山西出版集团
山西经济出版社

清代钱庄票号分布图

迪化州
乌鲁木齐

喀什

和田

肃州
甘州
凉州
兰州

喇萨

成都
巴塘
里塘
理塘
打箭炉
康定
雅州
雅安

云南
昆明
个旧
蒙自

加尔各答

孟加拉湾

○	钱 庄	
■	分票号	
3	分票号数量	

注：❶ 北京市　❷ 天津市

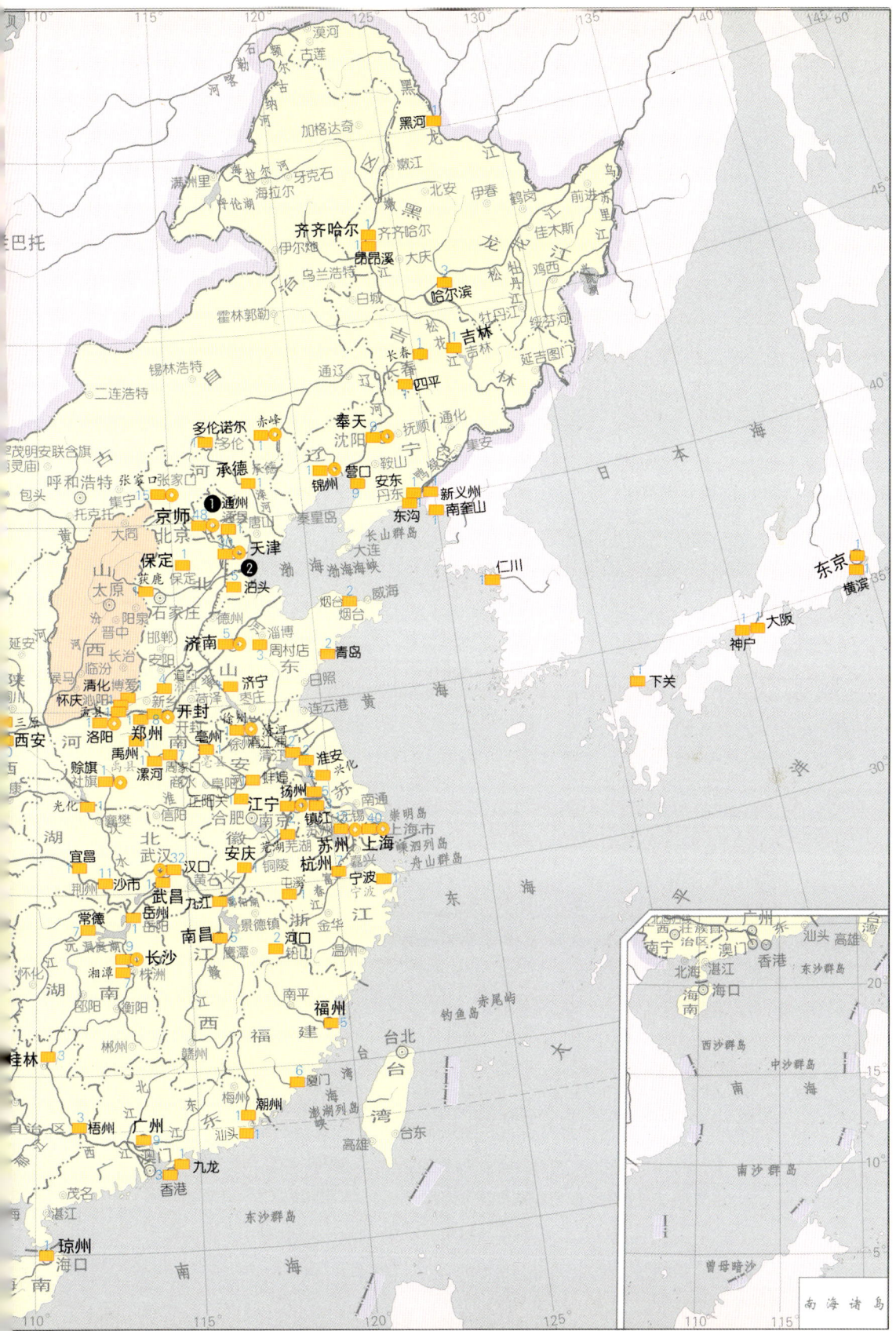

漠河
古莲
呼玛
加格达奇
黑河
嫩江
北安
伊春
鹤岗
前进
苏里
满洲里
海拉尔
牙克石
扎兰屯
乌兰浩特
大庆
龙
江
松
花
江
佳木斯
鸡西
齐齐哈尔
齐齐哈尔
昂昂溪
哈尔滨
牡丹江
绥芬河
乌兰浩特
白城
吉林
吉林
延吉图们
长春
通辽
四平
锡林浩特
二连浩特
赤峰
多伦诺尔
多伦
抚顺
通化
集安
奉天
沈阳
辽
宁
鞍山
安东
新义州
南奎山
东沟
营口
锦州
秦皇岛
长山群岛
大连
渤海海峡
仁川
京师
北京
通州
唐山
天津
泊头
保定
保定
茨鹿
大同
山
太原
晋中
阳泉
石家庄
邯郸
安阳
威海
烟台
烟台
德州
济南
周村店
淄博
青岛
日照
连云港
黄
枣庄
济宁
东
山
延安
临汾
沁阳
长治
清化博爱
怀庆
新乡
禹州
郑州
开封
亳州
徐州
洛阳
西安
河
赊旗
社旗
漯河
周口
正阳天
淮
信阳
合肥
安庆
江宁
南京
芜湖
铜陵
淮安
扬州
镇江
苏州
上海
崇明岛
南通
苏
南
泗阳列岛
舟山群岛
光化
襄樊
宜昌
荆州
武汉
汉口
武昌
岳阳
沙市
常德
沅陵
溆浦
南昌
景德镇
鹰潭
铅山
金华
温州
宁波
杭州
绍兴
嘉兴
长沙
湘潭
株洲
衡阳
邵阳
南
江
西
福州
赣州
台北
台
湾
台中
厦门
澎湖列岛
高雄
台东
潮州
汕头
梅州
广州
东
江
梧州
桂林
自治区
北
海
琼州
海口
南
海
钓鱼岛
赤尾岛
东
海
日
本
海
东京
横滨
大阪
神户
下关

东沙群岛
西沙群岛
中沙群岛
南沙群岛
曾母暗沙
广州
南宁
自治区
澳门
香港
北海
湛江
汕头
高雄
海口
海
南

南海诸岛

身着潞绸朝服的明朝万历皇帝

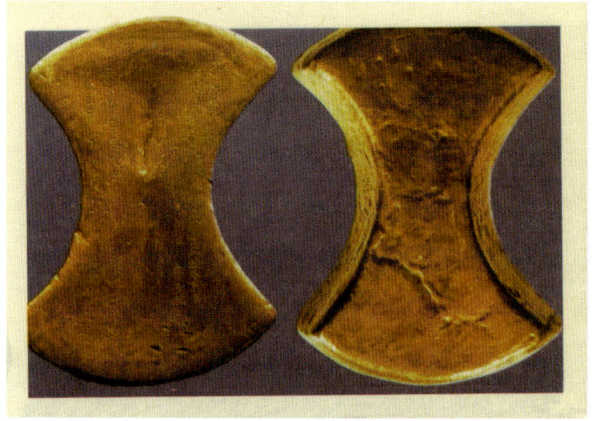

明代洪武二十四年潞州进贡的金锭

保晋公司股票

元代洪洞广胜寺壁画——售鱼

明代杀虎口平集堡南门

搬运茶叶的雇工

晋裕公司同仁合影

第一任管理恰克图
贸易的中国清政府官员

俄商收购晋商运到恰克图的茶叶

清代中俄边贸大口岸恰克图全景(图中教堂旁的巨大的拱形建筑即为当时的交易市场)

长裕川茶庄同仁合影

保晋公司董事会留影

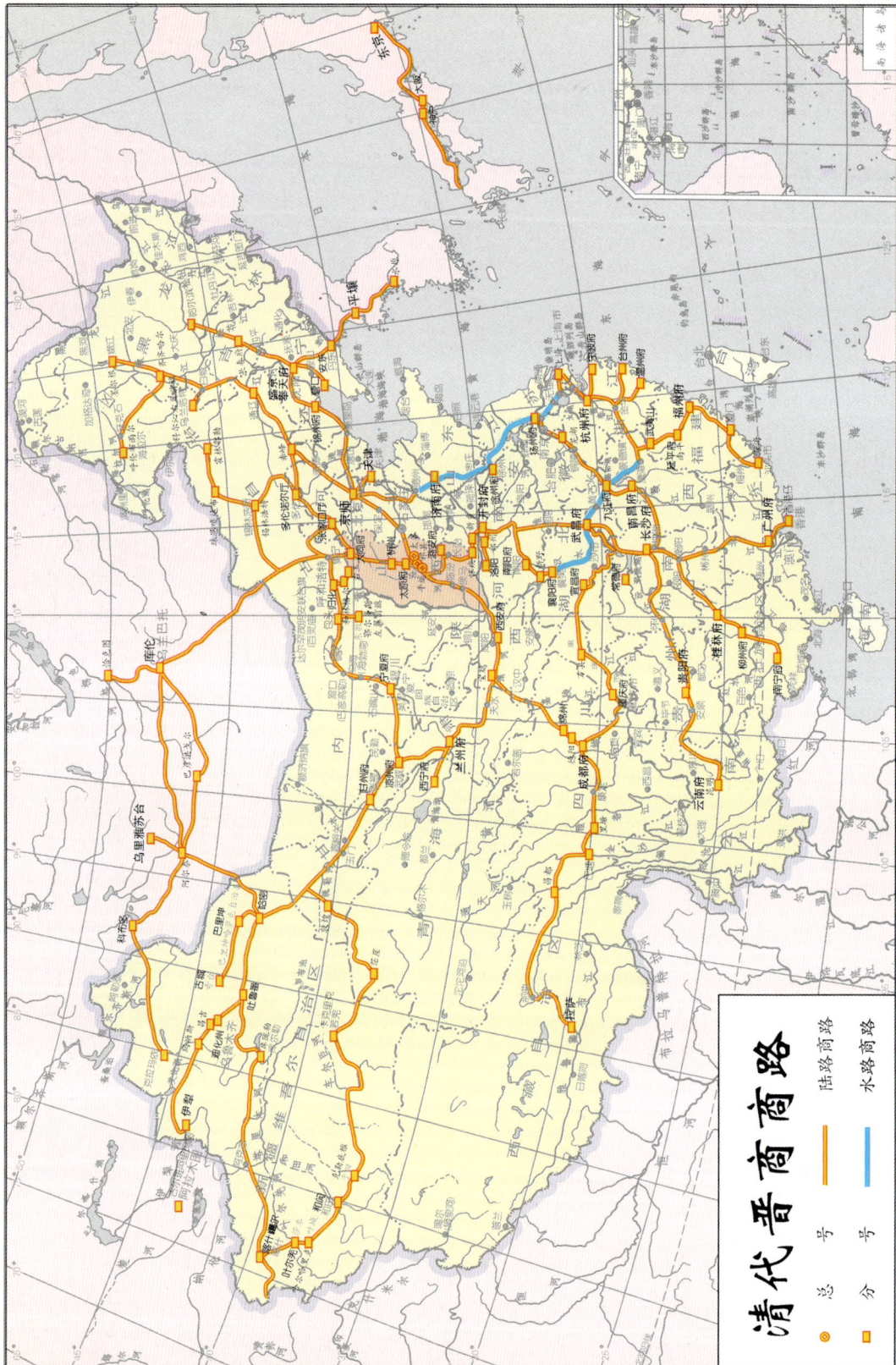

清代晋商商路

图例	
陆路商路	——
水路商路	——
总　号	◎
分　号	■

东京　大阪　长崎
平壤
盛京府　奉天府
库伦
乌里雅苏台
巴里坤　古城
伊犁　惠远　乌鲁木齐
喀什噶尔　叶尔羌　和阗
拉萨
兰州府　西宁府
成都府　四川
云南府
贵阳府
长沙府　常德府
武昌府　汉口　汉阳府
宜昌府　襄阳府
岳阳府
南昌府　九江府
安庆府
广州府　肇庆府
桂林府　柳州府　南宁府
杭州府　苏州府　宁波府
绍兴府　湖州府
福州府　泉州府　温州府
台湾府
天津　北京　通州
济南府　开封府　归德府
太原府　平阳府
西安府
多伦诺尔　张家口　归化城

一部原创性力作

（代　序）

张海瀛

　　明清时期，晋商富甲天下，位居全国十大商帮之首，称雄商界长达500年，在世界商业史上，是堪与犹太商人、威尼斯商人媲美的商业集团。自20世纪二三十年代起，海内外有识之士就对明清晋商不断地研究、挖掘。改革开放以后，随着社会主义市场经济的建立和完善，学术界和社会上对晋商的研究更加重视，不断升温，呈现成果迭出、影视屡播、参与者日众的可喜局面。最近，由山西省社会科学院研究员高春平积20余年研究之功力，纵论晋商古今，洋洋60余万字的《晋商学》一书由山西经济出版社正式出版，成为晋商研究领域可喜可贺之幸事。阅览之际，倍感后学有人。高兴之余，欣然一序。

　　高春平同志自1987年山西大学历史系明清经济史专业研究生毕业到社科院起，即甘于清贫，不计名利，孜孜不倦地研论晋商。20多年来，笔耕不辍，发表了数百万字的研究成果。在一系列扎实且富有见解的晋商论文、论著的基础上，倾注了半生心血，著成《晋商学》一书。该书反映出作者勤学好思、力求致用的学术风格，实为一部佳作。览阅之余，发现该书有下列特点：

　　一是探本求源，广征博引。近年来随着晋商热的升温，研究晋商的著作不断涌现，诚为幸事。但客观地讲，由于受到社会上浮躁风气的影响，有个别炒冷饭、拾牙秽之作。该书则从原始资料上下工夫，在认真研读、吸收、消化已有晋商研究史学成果的基础上，用翔实的史料论述了晋商源于河东盐池，晋商乔家在包头买树梢是中国最早的粮食期货贸易，日本军国主义侵华是晋商衰亡的罪魁祸首等富有己见的观点，从而对传统的晋商票号亡于清末民初的观点，提出了不同的看法。并以宽广的视野，广征博引正史、方志、家谱、碑刻中有关文献，阐述了山西古代的商品生产、晋商活跃的十大市场、明清时期山西十大商贸集镇等新内容。

　　二是重视基础知识和实地考察。入院之初，高春平同志就按照导师师道刚先生的"先多读书、不急于发文章、功到自然成"的师训，系统地阅读了100

多部《明实录》，摘录数十万字的资料。1992~1993年受中国商业史学会委托，由我与张海鹏先生主编《中国十大商帮》时，高春平承担了"明代晋帮的兴起和发展"的编写任务，又照我摸清底数的嘱咐，将20世纪二三十年代《东方杂志》、《大公报》、《银行月刊》及新中国成立后有关研究晋商的成果搜寻一遍，列出细目。书稿写成后，南北学者交叉审稿，该书先由安徽黄山书社出版，很快受到金融专家和学者的重视。香港中华书局花高价购买了版权，并于1995年出版。不久，台湾万象书局再版。1995年，我和张正明、顾全芳、高春平同志又承担了首都师范大学宁可先生主编的《中华五千年纪事本末》宋、明、清三朝大部分内容的编写任务，后因我日常事务太多，便将许多内容托春平同志撰写。该书1995年由人民出版社发行后，反响甚好，2004年再版。北京的朋友告我，中办要去许多套，江泽民总书记将此书作为国礼赠送外宾。后来为了深入研究票号，高春平逐字逐句地把《山西票号史料》读了一遍，并在认真研读史料的基础上，坚持实地考察，先后南下洛阳、武夷山，北上呼和浩特市、张家口、恰克图，对晋商的遗址、遗物、碑刻进行考辨。2007年7月，又应俄罗斯布里亚特共和国邀请前去参加"晋商与国际茶叶之路"研讨会，得以阅看恰克图博物馆珍藏的晋商资料和图片，为研究撰写打下了坚实基础。

三、注重继承，勇于创新。学术文化事业的生命力，一靠积累继承，二靠不断创新。春平同志认真研读吸收已有研究成果，他把能看到的史料，见到的图片，买到的晋商书籍、报刊，都悉数收存起来，不论节假寒暑，一有时间，就用心研读。比如，李宏龄的《同舟忠告》、张正明的《晋商兴衰史》，他看过三遍。黄鉴晖先生的《山西票号史》反复研读，并与《山西票号史料》互相印证，在详细核对《山西票号史料》有关内容时发现书中清末票号家数有缺漏，经过半年多的逐一核对，证实清末票号分号在全国的家数远比475家要多。再比如，过去说晋商制度完善，没有被人诈骗过，他在细阅有关史料时发现，在天津的山西票号就曾被日本毒贩骗过10万两白银，于是在书中据实直书，将此事完整记录了下来。

天道酬勤，功夫不负有心人。春平同志多年的辛勤耕耘，近年已结出了丰硕的果实。数年之内，相继出版了《祖槐寻根》、《中国历史文化名城——平遥》、《晋商案例研究》、《潞商文化探究》等书，令人感到由衷的高兴，真诚地希望他在史学领域继续发奋钻研，再结硕果。

（作者系著名明史专家吴晗的研究生、原中国明史学会副会长、山西省社会科学院副院长，著有《张居正改革与山西万历清丈研究》等书）

2009年2月

目　录

3

5

9

绪　论

晋商学是一门以马克思主义唯物史观为指导,涉及经济、社会、文化、伦理、管理、市场、城镇、建筑、艺术、戏剧、雕刻、民俗诸多领域,必须运用历史学、经济学、金融学、管理学、社会学等学科的知识和方法,对历史上特别是明清时期山西商人进行全方位综合研究的一门新兴学科。

一、晋商学的研究目的、对象、范围与学科特征

晋商学属经济学范畴中的二级学科经济史的一个主要分支,是历史学与经济学相交叉的一门边缘学科。如同任何一门学科都具有自己独特的内涵、研究对象、学科特征一样,晋商学也具有区别于其他学科的独特内涵、研究对象及学科特征。晋商学研究的目的是根据生产力决定生产关系,经济基础决定上层建筑的关系,分析和论述历史上所出现的经济运行过程,总结出经济规律和社会规律。因此,晋商学研究除了要构建自身的学科体系外,还要总结中国封建社会商业经济发展的规律、经验、教训,为现实经济提供理论依据与参考,还要为经济理论的发展与进一步完善服务。这是晋商学研究的目的和任务。

为了达到上述目的,晋商学研究的对象就应包含历史上的山西商人。范围包括山西商人的一切观念、行为及其商贸活动。有的学者将晋商按明清划段分为历史上的晋商和晋商的历史。实际上明清以来的晋商也在历史上晋商的范畴之内。所以,晋商学研究的对象简言之就是中国历史上的山西商人,具体地讲从先秦时期晋商的兴起,经秦、汉、魏、晋、南北朝、隋、唐、宋、元长时期的不断发展,到明中后期形成具有鲜明地域特色的商帮,再到清代进入鼎盛,形成以票号业为核心,商贸业、运输业、服务业整体带动兴盛的局面。所以,举凡历史时期山西商人的经营理念、商贸活动、伦理道德、生活习俗、管理制度、社会公益、城镇兴建、宅院修盖、市场营销、竞争垄断,中外商帮比较,一句话,

对中国社会、经济、文化发展产生过作用与影响的内容都属晋商学研究的范围。

二、晋商学的研究方法

晋商学是一门覆盖面很广的学科,涉及历史学、经济学、社会学、金融学、统计学、管理学众多学科领域。因此,研究方法的掌握极其关键。

（1）必须以马克思主义唯物史观的理论和方法作指导,本着存史、求真、务实的科学态度,深入细致地研究探讨。否则就会堕入五里云雾,甚至被一些假象、表象迷惑,得出不符合历史真实,甚至荒谬的观点。

（2）既要借鉴西方经济学的有关理论和方法,又不能简单地生搬硬套,教条地照抄照搬。在晋商研究中运用西方经济学中的数量统计、博弈理论、信息不对称、边际效用理论等都可以借鉴,但要注意必须在吃透晋商史实的前提基础上,否则就会出现削足适履甚至错误的笑话,比如,有的人将边际效用递减理论套在票号的利润收益分析上,结果得出到光绪年间票号的分红越来越少,完全与史实不符的偏颇观点。

（3）实地考察调研走访法。晋商在全国各地遗存的会馆、宅院、碑刻、档案等第一手资料不少,因此要深入研究,离不开实地考察和走访,比如在晋中、北京、天津、汉口、库伦、恰克图等地遗存大量实物,必须在原始资料的发掘上下工夫。

（4）文献考订法。晋商研究的成果著作不断涌现,通过学习前人已有的研究成果也是一种方法,但必须注意考证,不能完全抄袭,比如,乔家在包头的复盛公商号改广盛公的时间,近年出版的许多书都没说清楚。只有黄鉴晖先生说在嘉庆年间,大体上不错。笔者根据走访包头市的张贵先生和查看内蒙古大学所藏山西乔家在包头的借钱契约,发现复盛公改广盛公的时间在嘉庆十八年到二十四年之间。

三、晋商学的四大特征

晋商学学科具有综合性、广泛性、多样性、发展性四大特征。

（1）晋商学的综合性。晋商学首先是经济史学,但又不完全是经济史学。它是山西省乃至中国特定历史时期社会、经济、文化、政治等方面的一个综合反映。所以,综合性,是晋商的重要特征。综合历史学、政治学、文化学、经济学的研究优势,尤其是逐步深化这些学科的交叉研究,才可能逐步深化晋商学,才可能进一步推动晋商研究的深入发展。

　　(2)晋商学研究领域的广泛性。晋商学的研究领域十分广泛,是源于晋商现象的复杂性。在成百上千年的晋商发展历史长河中,晋商这个群体,不仅在其活动疆域的广阔性方面引人注目,更重要的是在许多领域所创造的惊人成就极其显著。除了晋商贸易、山西票号、企业经营、晋商行会等领域的卓然成就需要我们深入研究,晋商几百年留下的遗产,如建筑、教育、文化、哲学、戏剧、族谱、民俗等领域同样需要我们深入挖掘。所以晋商学所具有的广泛的研究领域,将成为研究山西地方经济史和为现实服务的一个重要学科。

　　(3)晋商学研究方法的多样性。正因为晋商学的综合性和广泛性的基本特征,因此,在坚持马克思主义历史唯物史观的前提下,综合利用不同学科的研究方法和路径,推动对晋商的研究是必然之路。所以,许许多多现代科学的方法论和研究路径,都可能成为晋商研究的重要手段。晋商学研究方法的多样性,十分有利于科研工作者尤其是中青年科研工作者参与晋商的研究工作。所以我们更希望广大科研工作者参与到晋商研究中来,共同推动晋商研究,共同繁荣晋商研究。

　　(4)晋商学研究的动态性。晋商学作为具有史学特点的一个新兴学科,和其他学科一样,同样是一门严肃的科学,它特别需要具有敬业精神和科学态度的理论工作者们来树立良好的学风和科研作风。尤其需要尊重历史的严肃态度,用动态的眼光,发展的观点研究晋商。前辈学者们给我们树立了很好的榜样,他们尊重历史、亲自挖掘历史第一手资料、遵循历史研究的基本规律,取得了丰硕的成果。晋商学的创新和发展,需要我们站在巨人的肩膀上攀登,同时,我们更需要汲取前人的研究成果和辛勤劳动。但是,最近几年在晋商研究领域同样沾染了一些不良习气,例如:剽窃别人成果、抄袭别人作品的现象时有发生。这种现象不仅阻碍了晋商研究的健康发展,而且败坏了晋商学者的学风。我们在这里呼吁,为了晋商研究的健康发展,为了晋商学能够成为一门受人尊敬的学科,晋商学者应该通过扎实的钻研,共同营造一个晋商研究的良好氛围。

四、晋商学的提出和构建

　　1997 年 10 月,原山西财经学院晋商研究中心筹办了中国商业史学会明清商业史专业委员会成立大会暨学术讨论会。在成立大会上,孔祥毅教授以《挖掘历史资料,引深晋商学研究》为题,发表重要讲话,正式向学界公开倡议建立晋商学,以此引申晋商的研究工作,得到了与会的著名经济史专家吴承明、方行等老前辈和当时的中国商业史学会会长胡平,副会长王相钦、张正明等专家的一致赞同。

10多年来,晋商研究硕果累累,在许多研究领域取得了重大突破,大家认为建立一个完整体系晋商学的机会和条件已经逐渐成熟。从2000年起,笔者就开始了晋商学资料的整理和初稿的编撰工作。

五、晋商诚信问题

晋商是明清时期称雄于国内外商界500年之久的强大商业集团。尽管晋商在历史上不乏个别贪利失信之徒,但作为中国十大商帮之首的著名群体,其讲究诚信是众所周知和受到商界公认的。

公元14世纪中叶,山西商人借助明政府实施"开中法"政策的历史机遇,利用靠近北部边防重镇的有利地理位置,推着满载粮食的木轱辘小车,在长城一带数十万兵马驻扎的军事消费市场经营食盐、粮米、棉布、铁器之类军需民用品,崛起于国内商界。进入清代,由于国内统一市场的形成,边疆地区的开发,晋商获得长足发展,到道光初年实现了商业资本向金融资本的飞跃,首创票号,进入鼎盛阶段。其财力之雄厚,活动地域之广阔,经营商品之众多,管理制度之严密,在国内商界首屈一指,成为足迹遍天下,纵横欧亚数万里,堪与意大利威尼斯商人媲美,在中国封建社会后期国计民生中发挥了重要作用的著名商人。

明代就有人称赞晋商:"富室之称雄者,江南则推新安,江北则推山右。"山右即指山西商人,而且其富超过以徽州府为中心的新安商人。近代思想家、文化巨擘梁启超在评说山西商人的经营之道和制胜法宝时更是浓墨重彩写下"晋商笃守信用"六个大字。

诚然,晋商成功的因素和经验不少。除了大家熟知的节俭吃苦、精于管理、敢冒风险、开拓进取外,"诚实守信"、"信誉至上"是成就晋商辉煌的重要法宝。正是由于一代又一代的山西商人执著地践行"诚信第一"的准则,才使晋商在激烈的商海搏击中能不断地抓住商机,拓展市场,发展壮大。完全可以说,诚信是晋商之魂,是晋商足迹遍天下,票号汇通天下,且能长久兴盛的奥秘所在。原国家商业部部长、中国商业史学会会长胡平认为,山西商人诚信为本,这是它经营的核心理念,是晋商兴盛的原因。

（一）诚信晋商

晋商在中国封建社会后期数百年的经商实践中，一直奉行"诚信为本"，长期坚持按"信誉第一"的宗旨从事经营活动。

诚信为本，利以义制。在道德观念上，山西商人主张道德为先、利以义制，认为经商虽以赢利为目的，凡事则以道德信义为根基，提倡生财有道、见利思义，反对唯利是图、不择手段。明代著名商人王文显把从商40年的经验总结为："善贾者，处财货之场，而修高明之行。"另一位商人樊现以自己的亲身体会教育子弟说：谁说公道难信呢？我南至江淮，北尽边塞，贸易之际，人以欺诈为计，我却不欺，因此，我的生意日兴，而他们很快衰败。清初八大皇商之一，介休人范永斗也正是由于明朝末年"与辽东通货财，久著信义"而受到清政府垂青，长期包揽对日本的洋铜贸易。正是由于晋商注重道德信誉，把诚信不欺作为经商长久取胜的秘诀，因而市场越拓越宽，生意日渐兴隆，利润逐年递增，终于在当时众商林立的市场浪潮中发展壮大为国内外商界瞩目的著名商人团体。

信仰对一个人，一个团体，甚至于一个阶层至关重要。尽管三国时的关公平生既不经商，又非豪门巨贾，更没有范蠡、管仲的经商理论或实践经验可资效仿和借鉴，可是晋商尊奉关公，崇尚信义，不仅在店铺悬挂关公画像，而且在全国各通都大邑兴建的山西会馆中供奉关公，唱三国题材、赞颂忠义的戏曲，把他奉为财神和偶像崇拜。原因恰恰是关公具有中华民族"信义昭著"、"言必忠信"的传统美德，是山西人当中讲诚信、守诺言、重信义的典范。故而晋商以"信义"来团结同仁，凝聚同乡，摈弃见利忘义、背信弃义的商业欺诈行为，赢得人们信赖，收到了取信于社会的良好效果。

产销环节，严格把关。信誉和质量是商家成败兴衰的关键。晋商非常注重商号的信誉和产品质量，绝不掺假售劣，宁吃小亏，也要保证质量信誉。例如，祁县乔家在包头开设的复盛公商号，做生意以诚信为本，不图非法利润，在用户中信誉很高，人皆争购其商品。有一次，复盛油坊从包头运大批胡麻油到山西销售，经手伙友为贪图厚利，竟在油中掺假，掌柜发现后，立即另行换装，以纯净好油运出，尽管商号暂时亏点，但信誉无价，近悦远来，复字号所销之油成为人们长期信得过的商品，生意更加兴隆。电视剧《乔家大院》中对此有生动形象的反映。

当时晋商进货一定会到最好的地方去采购。老字号太谷广升远药店，严把原料关，制作定坤丹的人参非"高丽"、"老山"不选，茸非"黄毛"、"青茸"不用,故而信誉著于海内外市场,至今数百年不衰。瑞隆裕商号进砂锅,一定要去平定。磨香油原料只选平遥的芝麻,因为平遥的芝麻个大、皮薄,油质好,出油率高。为保证茶叶质量,晋商还在福建武夷山、湖南羊楼司产茶地方雇人生产砖茶,然后精心包装,通过车船与骆驼转运到蒙古、俄罗斯售卖。

诚信互济,劳资双赢。晋商在选择合作伙伴方面十分慎重,不随便建立盟友关系,但一经确认对方信用可靠,便与之发生业务交往关系,且不轻易拆台挤兑,而是同舟共济。即便对方中途因市场变化暂时亏损,一般不轻易催逼欠债,不诉诸官司,而是从中汲取教训,共渡难关。如榆次常氏天亨玉商号掌柜王盛林在财东将要破产时,曾向盟友大盛魁商号借银三四万两,又让财东把天亨玉的资本全部抽走,另换字号名为天亨永,照常靠借贷营业,未发生倒账。1929年大盛魁商号发生危机时,王盛林认为本号受过大盛魁的帮助,不能过河拆桥,不顾别人的反对,毅然设法从经济和业务上支持大盛魁,帮其渡过困难。

晋商东家与伙计的人际关系处理较好,伙计对待主人十分忠诚,合股经营非常成功。明代人沈思孝在《晋录》中写道:平阳、泽、潞,富商大贾甲天下,非数十万不称富。他们以品行相交,其合伙经商者,名曰伙计。一人出本,众伙共而商之。虽不发誓但绝无私藏。祖父以子母利息借贷于人而中途死亡,贷者放弃已数十年,子孙出生并知道祖先负债后,必定要勤劳苦作还清所贷。因此,那些资本富厚的人,争着要这些人做伙计,"谓其不忘死岂肯背生也"。所以有无资本都可以合伙做生意。只要伙计干得好,重诚信,没有银两也可顶身股,年终账期同样参与分红。这样一来,既能调动员工的积极性,又协调了劳资矛盾。

(二)失信惩治机制

在中国封建社会,没有银行法、公司法、反不正当竞争法约束不法奸商的行为。于是在资金周转清算环节上,晋商形成了父债子还,夫债妻还,一诺千金,信守契约,凭商业信用交易的惯例,实行标期结算,违规惩戒,并创立商号信誉注册登记办法,有效地防范了金融风险。雍正时,河南赊旗镇有的商家为图暴利偷换戥秤,市面度量混乱不一,晋商招集全行商贾在山西会馆,公议秤足16两,依天平为准,其后不得私自更换戥秤。违者罚戏三台。再犯者,举秤送官府究治。为了防止有的商号赖账拖欠进而产生债务纠纷,晋商在长期实践经验基础上,建立了定期赊购结账的"标期"制度。例如,平遥的春标期为农历三月二十五,夏标期为六月二十八,秋标期为九月二十九,冬标期为十二月初十。在赊货时定明结算期,不能隔年。票号、钱庄的贷款收回,也按标期约定。凡赊购标期货物的商号,如到期不付款,叫作"顶标",顶标商号经理人姓名、籍贯,要在汇兑行业登记。一经登记,便失去信用,各商家便与其断绝业务往来关系,以后就不能或很难买到标期赊购货物。"顶标"是一种严明的失信惩罚制度,对商家来说关系到自身的信用与生存。它有效地加快了资金的周转速度,维护了市场秩序,保证了汇兑信用,一定程度上防范了呆账、死账与三角债的发生,减少了金融风险,深受商家欢迎。

（三）中外评介

晋商笃守诚信数百年,得到社会各界的普遍公认,在工商业界声誉极高。

明清时期的一些经济学家、政府官员,甚至于一般老百姓对于晋商的诚信是有很高评价的。早在道光年间就有人说:千金纸票,交银于此,取银于彼,从无坑骗。到了咸丰时,江南河道总督杨以增讲:各省银号汇兑银两,盈千累万,"竟以一纸为凭者,信也"。近代外交家、中国首任驻英法公使郭嵩焘对晋商作过中肯评价:中国商贾一向称道山陕商人,山陕人之智术不能望江浙,其推算不能及江西湖广,而世守商贾之业,"惟心朴而实也"。

1843年上海开埠后,中外客商云集,外国银行纷纷而来。到20世纪初,上海很快发展成为远东商贸金融中心。票号、钱庄、外资银行一度在上海呈鼎足之势。起先,外国洋行要采买中国内地土特产品必依靠票号在全国的汇兑网络。因此,票号与钱庄、外国银行常发生一些业务往来关系。每个票号都和四五个基础牢固信誉好的钱庄订立往来合同,常把游资交给钱庄保管,需用时随时提取。有时票号也将闲余款子存放外国银行。因此,当时上海汇丰银行的一位经理曾对晋商的信用程度给予这样的评价:"二十五年来汇丰与山西商人做了大量的交易,数目达几亿两,但没有遇到一个骗人的中国人。"山西商人的信誉使外国人心服口服。

1900年,八国联军攻占北京,京诚许多王公贵族随着慈禧、光绪帝仓皇西逃,他们来不及收拾家中的金银细软,随身携带的只有山西票号的存折。一到山西,这些人纷纷跑到票号兑换银两。在这种情形下,山西票号按情理完全可以向北京来的储户说明京城分号在战乱中银库被劫,损失惨重,甚至连账簿都被烧的难处,等总号重新清理账目后再行兑付。但是,以日昇昌为首的山西票号没有推延,只要储户拿出存银的折子,不管面额多大,一律立刻兑现。他们不惜以甘冒风险的惊人之举再次向世人昭示了信义在票号业中至高无上的地位。

风险过后必然伴随着更多的机遇,带来更大的收益。

战乱一结束,当山西票号在北京的分号重新开业时,不但普通老百姓纷纷将多年辛劳积蓄的银两放心大胆地存入票号,甚至清政府也将一笔又一笔大额官银、军饷交给票号汇兑、收存。诚信经营给票号带来了巨额利润。京号经理李宏龄在《山西票商成败记》中十分感慨地说:此后信用益彰,即使洋行售货,"首推票商银券最足取信",票号分庄遍于通国,名誉著于全球。

(四)商人追逐利润与晋商诚信关系如何

信誉第一,顾客至上。开店铺、做生意、设货栈、创票号,赚取钱财利润无可非议,关键是不能靠巧取豪夺、坑害欺骗顾客,更不能违法犯罪。晋商在具体的经营过程中十分注重维护信誉和市场交易秩序,甚至宁可亏本,也不食言失信。旅蒙商大盛魁在蒙古做生意时,多方面满足牧民要求,不仅送货上门,深入帐篷,还要求员工懂蒙语、会针灸,并针对牧民牲畜多、银钱少的实际,发展了春季赊货,秋后用羊算账等多种灵活销售方式。结合长期实践,晋商总结推广了许多商谚,诸如"诚招天下客,义纳八方财"、"销货无诀窍,信誉第一条"、"买卖不成仁义在"、"称平斗满尺满足"等,这类商业谚语至今仍是商界至理名言。

市场经济是信用经济。借鉴晋商的诚信经营理念和做法对我们今天构建道德为支撑、产权为基础、法律为保障的社会信用体系意义重大。现代的知识经济下,信用缺失必然造成社会经济网络和链条发生紊乱、失调乃至断裂。当前,面对入世后全球经济一体化的格局,如果思想不解放,观念不开放,缺乏诚信和创新,就难与WTO接轨,更难以在国际市场上竞争。因此各级政府和社会中介机构要把大开放、大发展、大招商落实到实际工作和行动中,尽快建立和完善政府、企业、个人的征信档案及失信惩罚机制,弘扬晋商文化,共铸诚信社会。

六、晋商与欧美商人及国内宁波商人、徽商的不同

在世界商业史上,晋商是堪与犹太商人、威尼斯商人媲美的国际商人。当西方商人创办跨国商团母子公司时,晋商创立了与他们很相似的总分号制度。晋商与欧美商人主要的不同在三方面:一是资本的原始积累不同。晋商的原始积累是建立在诚信冒险,不断开拓市场,靠小本辛苦经营逐渐滚雪球发展壮大挣来的。这与英国商人靠海外掠夺、圈地运动、贩卖鸦片,美国商人靠贩卖黑奴,驱赶土著印第安人的血腥积累行为是完全不同的。二是生存发展基础和环境不同。晋商是在明清专制政局,半封建、半殖民地社会这样的不良社会环境机体内,伴随着有限的商品货币经济艰难曲折发展起来的,没有近代工业做后盾,而欧美商人是在资产阶级革命成功开辟道路,工业革命勃兴的优良环境下迅猛发展的。三是法律地位和贸易方式不同。西方商人受到政府和法律的强有力保护,海外子公司都是独立法人,对外贸易不仅倾销商品,而且进行资本输出。而晋商在受到俄国等外商欺骗发生商业纠纷时根本得不到政府的保护和支持。分号也没有法人地位。对外贸易只能输出茶叶、丝绸之类土特产品,根本谈不上资本输出。

明清时期国内兴起晋商、徽商、山东、陕西、福建、广东、宁波、龙游、洞庭、江右十大商帮。晋商和徽商、江浙商人的不同主要有三:一是观念不同。晋商重商甚于科考,崇尚关公,形成学而优则商,子弟俊秀者多入贸易之途,至中材之下方读书应试。而徽商则是儒商并重,尊奉理学,把读书科举看得很重,对文化教育高度重视。二是经营不同。晋商多以远距离长途贸易和票号、钱庄、典当、账局为主,而江浙商则以钱庄、银楼、洋行买办、服务行业居多。三是消费方式不同。晋商利润主要消费于捐官盖房买土地、纳妻妾、抽大烟,形成官僚、地主、商人三位一体的社会富贵阶层,投资于近代工矿企业的也有,但不多。江浙商人经营的钱庄,是票号的出纳,但善于借鸡生蛋,学习洋人,利润主要投资于民族中小企业,这也是江浙财团后来居上,取代晋商金融霸主地位,操纵新中国成立前中国经济金融命脉的一个重要原因。2007年,我们去欧洲考察商业时,在巴黎、罗马看到数百家温州商人开设的中餐馆。

票号不仅铸就了晋商的辉煌,而且培养了大批金融人才。票号在清末民初清政府垮台,外国银行和国内新式银行挤压,各地乱兵抢掠,存款逼提放款难收形成的挤兑风潮中大批倒闭。除了外部这些客观原因以外,我认为自身主观原因很重要。清末平遥、祁县、太谷总号经理观念保守,抱残守拙,对时世潮流昧于了解,又不接受北京分号经理李宏龄等人的正确建议,坐失改组股份制银行,入盟清朝户部银行(中国银行),加入交通银行等新式民营银行的一系列机遇。当时《大公报》社论和南北几十家分号都曾写信给总号,痛陈业务之艰,改组银行之势在必行,近代思想家梁启超莅临在京晋商举办的欢迎会演讲,亲自宣传当时世界经济发展潮流趋势和银行在欧美日本经济发展中的重要地位与作用,均未奏效。票号败落后,那些经理和员工在当时都属高素质很难得的专业人才,所以有的被新式银行聘用为经理,如贾继英等人,有的担任钱庄、银号的掌柜会计,有的在京津、上海、汉口银行充任业务骨干,也有不少胆小的回晋中老家种地或做小买卖,还有个别外地分号掌柜见时局动荡,便向东家谎称亏赔,甚至于用毒酒害杀伙计,然后卷款他走,当时称这种现象叫"坑东(家)杀伙(计)"。

七、晋商研究历程、现状及下一步打算

国内外对晋商的研究一直十分重视。早在19世纪末20世纪二三十年代,晋商的创新业绩、管理模式就引起海内外有识之士的关注,出现晋商研究的第一次高潮。首先是当年亲身经历目睹票号兴衰的掌柜经理们痛心疾首的回忆思考,最具代表性的是李宏龄的《山西票商成败记》和《同舟忠告》。其次是一些经济学家和历史学家对山西商人深入研究,在《大公报》、《东方杂志》、《银行杂志》、《中央银行月报》发表了一批高水平研究著作和文章,代表性的有陈其田:《山西票庄考略》、马寅初:《吾国银行业历史上之色彩》、范椿年:《山西票号之组织及沿革》。第三是西方及日本学者的研究。如英国传教士艾约瑟的《中国银行与物价》,日本岸根吉的《清国商业总览》。

新中国成立后,对晋商与票号研究更加重视。50年代到"文化大革命"前,《山西文史资料》发表一批史料文章,特别是《山西票号史料》初稿的整理尽管由于"文化大革命"的发生中断,但为后来的研究奠定了基础。1978年改革开放后,晋商和票号研究再掀高潮,而且不断升温,到80年代末90年代初越来越受到社会各界重视,学术会议交流空前活跃,研究成果接二连三涌现。《山西票号史料》、《山西票号研究集》(第一、二、三集)、《山西外贸志》、《山西金融志》、《山西商人研究》、《山西票号史》、《中国十大商帮》、《明清晋商资料选编》、《晋商研究》、《晋商与中国近代金融》陆续出版发行。《清代著名皇商范氏的兴衰》、《清代晋商的发展、性质及其历史地位》等文引起巨大反响。特别是《晋商兴衰史》出版,1991年山西社科院张正明和山西财院孔祥毅合写的18000字的《山西商人及其历史启示》一文,受到中共山西省委的高度重视,在全省干部群众中和学术界产生极大的反响,对改变当时"山西经济落后是因为山西人一向闭关自守"的认识起到了很大的促进作用,标志着晋商研究进入一个新阶段。此后,每年都有研究晋商的著作论文发表出版,在学术研究的推动下,晋商研究从学界走向社会,晋商文化节、社火节、摄影展、旅游观光等都产生了巨大的经济社会效益。2004年春节《晋商》专题片的隆重推出,使晋商研究叫响全国。舆论认为这是山西改革开放

以来,在全国做得最成功的一次宣传,改变了国内许多人对山西和山西人的看法。此外,由张海瀛、张正明、黄鉴晖、高春平合作香港中华书局出版、台湾万象书局再版的《金融集团——山西商帮》受到海外金融专家和学者的高度重视。李留澜和高春平主编的《晋商案例研究》及《晋商研究新论》、《潞商文化探究》等书引起社会各界好评。尤其是 2005 年 8 月在晋祠召开的晋商国际学术讨论会,2006 年 45 集电视剧《乔家大院》,2009 年初 50 集电视剧《走西口》的热播,均使晋商热遍全国。此外,近年内文学影视作品话剧《立秋》、舞剧《一把酸枣》的演播,再掀晋商研究新高潮。全省形成以山西社科院晋商文化研究为中心,以山西财大票号金融研究为特色,以山西大学经济管理学院的晋商信用、山西典当与近代山西经济为优势的三支研究队伍。

总体上看,新中国成立后对晋商的研究大致分为三个阶段。

第一阶段:20 世纪 50~60 年代初,这一阶段的研究主要还是以 "经院式"研究为主。傅衣凌先生所著《明清时代商人及其商业资本》可谓是当时对明清商人研究的发轫之作。1961 年 5 月 22 日,《光明日报》发表了署名杨荣晖的文章《山西票号的性质与作用》,产生很大影响。但这个时期最重要的成果是山西财经学院金融系和中国人民银行山西省分行部分学者整理出的100万余字的《山西票号史料》,可惜由于"文化大革命"开始而被迫中断,但晋商票号研究毕竟有了第一本史料性的专业工具书,标志着晋商研究重新开始起步,晋商研究受到国内外学者的高度关注。

第二阶段:20 世纪 70~90 年代中前期。从 1974 年开始为配合中国社科院近代史所《中华民国史》的研究,中国人民银行山西省分行和山西财经学院合作于 1980 年出版了《阎锡山和山西省银行》。1986 年孔祥毅教授《近代史上的山西商人与商业资本》的发表,推动了晋商研究的进一步深化。1990年,山西人民出版社出版了《山西票号史料》,为晋商研究的进一步深入提供了宝贵的资料。另外山西著名学者张正明、葛贤慧、高春平等编撰的《明清晋商资料选编》及其相关成果的出版刊行,孔祥毅教授和张正明研究员共同撰写的《山西商人及其历史启示》一文在《山西日报》公开发表,时任山西省委书记的王茂林同志批示号召省内处级以上干部都要认真学习研究,从而在学术界掀起了晋商研究高潮。另外两部具有影响的专著是原山西财经学院著名专家黄鉴晖先生的《山西票号史》,山西师范大学史若民先生的《票商兴衰史》,至此晋商研究结束了"经院"研究阶段,走向了整个山西理论界。晋商研究有了新的突破。

第三阶段:90年代后期到2005年。1993年在理论界和金融界推动下成立的晋商文化研究会和1995年原山西财经学院晋商与金融史研究中心正式成立,尤其是省委宣传部整合省城晋商文化研究资源,依托省社科院成立了晋商文化研究中心,标志着晋商研究步入了有组织、有计划整体推进的新阶段。

这一阶段,晋商研究从书斋走向社会,由少数专家学者到干部群众,由学术研究到晋商大院旅游开发均取得了丰硕成果,出现了可喜的局面。具有代表性的是:孔祥毅教授的《金融贸易史论》和《百年金融制度变迁与金融协调发展》(国家哲学社会科学基金项目)、中国商业史学会明清商业史专业委员会的《明清商业史研究》、《中国十大商帮》、张正明研究员的《晋商兴衰史》和《晋商与经营文化》、王尚义等的《明清晋商与货币金融史略》、李希曾主编的《晋商史料与研究》、穆雯英主编的《晋商史料研究》等。

从另一方面看,这一阶段晋商研究出现转变,即理论研究与社会经济紧密结合,20世纪80~90年代以来,随着晋商博物馆、票号博物馆、民俗博物馆在晋中的相继成立,旅游产业蔚然兴起。在晋中地委的竭力推动下,晋商研究走出了书斋,走向了社会,晋商文化成为当地经济的重要推动力,经过近10年的发展,晋中已经形成以晋商王家、乔家、渠家、常家、曹家大院为主体的晋商大院品牌,旅游产业越做越大,吸引了海内外数以万计的游客前来观光旅游。

我以为当前晋商研究应从三方面着手:一是提倡科学务实、严谨治学的马克思主义唯物辩证观点和学风,在史料的发掘、整理、钻研方面下工夫;二是抢救资料,省政府应投资尽快尽早把散落在日本的票号史料和全国各地的晋商会馆的残存资料实物收集回来,这是山西的宝贵财富。三是要结合山西改革开放、观念更新、特色城镇建设、商贸流通、旅游开发、新晋商崛起等作进一步深入的研究,在经营管理制度及用人机制上探真知,在中外商人和国内同时期各帮商人比较研究中吸取经验教训,力争重商兴国,拓展商业文明,服务于兴晋富民和中国特色的社会主义市场经济。

第一章
中国古代河东盐的产销与晋商的起源

第一节　河东盐池是晋商发源之地

> 南风之熏兮，
> 可以解吾民之愠兮。
> 南风之时兮，
> 可以阜吾民之财兮。

这首传说为 4 000 多年前虞舜所作的《南风歌》，生动地记述和反映了自古以来河东盐池"南风起，盐始生"，池盐不假人力、自然结晶形成的生产方式，赞颂了池盐既可以解决部落民众的生存问题，又可以增加国民财富的巨大功绩。

一、晋商源于河东盐池

人类历史上不同地域之间的早期交易不是产生于分工或西方经济学家所论述的比较优势，而是基于生存本能需求的互易有无。在远古自然经济占主导地位的社会中，天然资源是产生贸易的惟一条件。

盐是人类维持生存必需的日用消费品，直接关系着国计民生。中国商业的起源和晋商的兴起同盐的关系极为密切。晋商的发源主要是由于山西拥有本地独有而别人离不开的盐。最早把盐运到其他地方去贩卖的应该是山西商人。中国汉字里把商人称为商贾，这商贾的"贾"字，就是出自于"盐"。日本学者宫崎市定 1942 年在《历史和盐》中考证认定，中国商贾的"贾"字原本出自鹽，人类最早的文明源于河东盐池。《说文解字》讲："鹽，卤也。天生曰卤，人生曰盐。"而盐呢？就是指中国最古老的河东盐池。盐池位于山西境内中条山北麓，东起安邑，西至今运城，长 50 余里，宽约 7 里，周回约 120 里。池居中央,四周皆高,形如釜底。距今已有4 000多年的生产历史。《山海经》称为"盐贩之泽也"。从这一记载中说明:在远古的黄帝时代,华夏部族的先民已经开始在这里采集食盐。考古发现山西有西侯度、丁村等14处旧石器时期的人类文化遗址分布在盐池周围50~200公里的河东大地上。从盐对人类生存的重要价值来分析,人类早期围绕盐池聚集,黄帝与蚩尤不断争夺盐池,夏、商、周三代定都在河东池盐消费区是有一定的历史必然性的。可以说,盐池既是三代文明的经济基础,又是山西商人的发源地。

二、河东盐池孕育第一批晋商

山西人经商历史悠久。商人最初产生于"以有易无"的物物交换。盐造就了中国古代第一批大商人,他们中有许多是占有池盐资源优势的山西商人。《国语》中讲:"绛邑富商,其财足以金玉其车,文错其服,能行诸侯之贿。"绛邑是晋国初期的国都,在今晋南新绛一带。从中不难看出,早在西周时期,山西商人的社会地位就很高。他们坐着用金玉装饰的豪华马车,穿着富贵华丽的服饰,来往于宫廷诸侯之间,完全是上流社会的生活消费方式。再看当时著名商人猗顿,他原本是鲁国的一个穷士,后来到山西南部靠经营畜牧和贩盐发家致富。后人称他"赞拟王公,驰名天下"[①]。可见,中国的商业起源于盐,最早的中国商人应该是从事盐业贸易的山西商人。因为在古代,拥有重要的盐业资源意义重大,一旦占有了稀缺的食盐便可暴富。

第二节　先秦两汉时期人工利用天日晒盐

河东盐池在先秦两汉时代属于自然生成。其池面缀珠凝脂,日晒风吹,盐颗自结,属于不需煎煮的天然产盐区,是我国最早实行人工利用天日晒成盐的盐池,也是迄今为止"世界上最早实行人工利用天日晒盐法的地方"[②]。早期的生产方式是:天日曝晒,自然结晶,集工捞采。其生产历史至今已数千年。这比经过煎熬"煮海为盐"的古代制造海盐早得多。海盐实行堤晒法或板晒法,至多不过六百多年的历史。尤需注意的是,河东盐池是在硝板上进行晒制,这一做法属独创,举世罕见。而且,早在西周时就用池盐祭祀并设盐官管

---

①《汉书》。
②张正明:《山西工商业史拾掇》,山西人民出版社,1987年版,第89页。

理。《周礼》卷二载："盐人,掌盐之政令,以供百事之盐。祭祀,共其苦盐、散盐。"此即"周官有苦盐,不炼而成"。苦盐,即河东池盐,不炼,就是不经煎煮,因盐内含硫及芒硝,故味苦。到春秋初,晋国人曾计划离开旧绛都迁移别处,讨论中诸大夫都说："必居郇瑕氏之地,沃饶而近盐,国利君乐,不可失也。"[①]可见,当时晋人对盐池的重视。后来,晋国所以能称霸诸侯,与晋国控制着国利君乐的盐池关系极大。

西汉初,盐池自由开采,到汉武帝时接受桑弘羊的建议实行盐铁专卖,由政府控制河东盐的生产、运输、批发与零售。盐商的活动受到严格限制。

第三节　唐代垦畦浇晒法

河东盐池这种天日晒制、不假人力、坐收自然之利的原始生产方式沿袭了数千年。后来在生产过程中,人们经过长期不断的探索、改进,终于实现了生产方式的大变革,特别是南北朝以来的实践,到唐代形成了垦畦浇晒法,成为造福于人类的一项伟大创举。盐池从此改变了远古惟有集工捞采,收自然之利的历史,实现了李唐之后垦畦浇晒之法的重大突破。唐人张守节对当时蒲州一带产盐状况细述道:

"河东盐池是畦盐,作畦若种韭一畦。天雨下,池中咸淡得均,即畎池中水上畔中,深一尺许,日曝之,五六日则成,盐若白矾石,大小如双陆,及暮则呼为畦盐……其盐四分入官,一分入百姓也。池中又凿得盐块,阔一丈余,高二尺,白色光明洞彻,年贡之也。"[②]

这就是说,畦盐与种韭菜将地围成土埂道理略同,即将平地分成若干畦,在畦中晒盐。盐畦中本身有咸水,淡水来自天上下的雨,咸淡搭配恰到好处。畦中之水深一尺,可利用太阳曝晒蒸发水分,5~6日就可结晶,到最后一天傍晚,气温稍凉,凝固成色如白矾般的成品盐。这种盐绝大部分被官府征用,只有极少一部分由商人卖给老百姓食用。而其中洁白透明的少许上等块盐则每年进贡给宫廷,供皇家和达官贵族享用。

唐代著名政治家、文学家柳宗元对家乡晒盐畦地也有过描述。《河东盐法志》卷二记载:"唐崔敖言:五幅为塍,塍有渠,十井为沟,沟有路,臬之为

①《左传.成公六年》。
②《史记·正义》。

畦,醴之为门。柳宗元言:沟塍畦畹,交错轮囷。"[1]可见,唐代之畦,每宽一丈一尺筑一土埂,即五幅为塍。按幅为宽度,布宽二尺二寸为一幅;塍,是田间土埂,埂旁有渠,流注咸水。塍畦井沟,构成纵横交错,形似井田的盐畦。唐代定型的垦畦浇晒法和原先"天日曝晒,自然结晶,集工捞采"的生产方式比较,有了明显进步。主要表现为:

（1）垦地为畦,人工晒盐。晒盐畦池有固定的规格形状,晒制时有一定的生产工序,改变了过去完全依赖风和雨自然结晶成盐的放任自流状况。

（2）在制盐的过程中,懂得了人工筑畦,使池中卤水均匀搭配天上下的清淡雨水,有助于减除苦味,提高盐的产品质量。

（3）人工和自然有机结合,加快了成盐速度,只要 5~6 天就可以晒制成盐。

垦畦浇晒法的出现,是河东盐池生产方式划时代的变革。它经宋、元、明、清各代生产的实践和不断改革,一直沿袭下来,并日渐完善,形成独特的生产系统:一是在硝板上晒盐。硝板学名为白纳美矾。硝板对于盐的形成主要起化学变化作用、吸热保温作用和助长晶析作用。二是在晒制过程中给卤水搭配淡水,其作用是使卤水在一定温度条件下发生化学反应,助长盐的结晶,提高盐的质量,并使盐在结晶后,盐与硝板筑成的盐畦表面结合不很坚实,刮起来容易。三是借助南风成盐。南风是盐池天日晒盐过程中不可缺少的辅助力,起促进卤水蒸发作用。因此,自古以来,河东盐池就有"南风起,盐始生"的说法。除南风外,东风也有帮助盐结晶的作用。但是,如果出现东北风、西南风,便会影响破坏盐的生成,形成盐衣不浮,结晶里呈现"粥发"的现象。畦里卤水变成"沸粥",或者结成"饼干"状,制盐就算失败了。为了维护盐池生产的安全和丰厚的赋税,唐人就在盐池一周修筑了防客水入侵的沟墙"壕篱"。宋代在"壕篱"的基础上扩建为"拉马短墙"。

第四节　宋代解池的生产和销售

宋代解盐生产由国家经营,实行政府雇佣劳动制,整个生产活动,属于封建官营手工业的范畴。此乃为汉朝以来"盐铁官营"制度的延续,是统治者嗜于"财货",与民争利的一种表现。

---

[1]《河东盐法志》卷 2。

一、生产方式

早在唐朝时,国家将解池出租给民间,由私人经营制盐,每年向国家交纳盐课。到了宋代,统治者觉得经营盐池有利可图,于是又恢复了北周以前之禁令,将盐田作为政府的专利之物,严禁百姓使用,全面控制了河东食盐生产、销售活动。

宋太祖建隆二年(961年)正月,国家设立了提举制置解盐司,由解州刺史周训兼任两池榷盐制置使,负责管理河东盐务。提举制置解盐司,奉朝廷之命,在盐池附近各州、县征集盐场劳动力,编为固定的畦户,宋初共有380户(后来额数有变)。每户每年按例出两个劳动力,到盐池工作。[①]他们完全由盐衙差遣使用,没有行动的自由。这些工人称作"畦夫",共为760名,承担着盐场的全部制盐任务。每两个工人或每个畦户为一个最基本的生产单位,每个单位每年都有固定的生产指标,是一种定额包产制度。每户每年生产食盐定额为115 335斤(1斤=0.5千克)。盐池畦户按额为国家产盐,每年向政府领取报酬——米和钱,即每户每年得钱40贯(1贯为1 000个旧时的制钱),米14.6石(1石为10斗)。各家畦户,免纳各项杂税及徭役,以便全力制盐。

畦夫的生产程序是:首先于开春入池,垦土为畦。就像农民耕地种韭菜一样,把盐田围成众多小块,四面筑起小土埝。这种留有沟垅的方形小块,称作畦地。天圣年间(1023~1031年),盐池共有2 000多畦。不料,哲宗元符元年(1098年),解池被客水淹没,畦地被摧毁。待修复后,将盐田开成2 400多畦,生产规模明显扩大。每号畦地面积有的几十亩,有的上百亩,并非绝对雷同。制盐的第二个阶段是:通过盐田中的沟汊,将东南部的黑河卤水引入畦内,进行浇灌,利用季候风(东南风)吹拂和烈日曝晒,蒸发水分,浓缩盐质。最后,待结晶成盐后,起畦收盐,搬运到盐庵储积。

二、生产力与产量

由于宋代的盐池生产技术有所发展,浇晒活动能力提高,解盐产量大幅度增加,超过唐代产值几十倍,有时甚至上百倍。较为广泛地开发利用了盐池矿藏,进一步为秦、晋、豫、皖等地方造福。

纵观北宋各个时期的解池产盐情况,有起有落,呈曲线发展(见表1-1)。

[①]郭正忠:《宋盐管窥》,山西经济出版社,1990年版,第116页。

表1-1　宋代解盐年产量统计表

单位:斤

年　　代	产量	年　　代	产量
至道二年(996年)	43517992.5	嘉祐六年(1061年)	减　产
景德二年(1005年)	增　产	熙宁三年至九年(1070~1076年)	79200000以上
景德三年(1006年)	减　产	熙宁六年(1073年)	94292220以上
大中祥符九年(1016年)	45111130	熙宁八年至九年(1075~1076年)	77000000以上
天禧末年(1020~1021年)	43827300	熙宁十年至元丰三年(1077~1080年)	86166520以上
天圣八年(1030年)	76321480	元祐元年(1086年)	80733825以上
天圣九年至明道二年(1031~1033年)	919533	绍圣年间(1094~1098年)	76321480
景祐元年至三年(1034~1036年)	停　产	元符元年至三年(1098~1100年)	基本停产
庆历八年至皇祐元年(1048~1049年)	82500000	崇宁元年(1102年)	1782700
崇年四年(1105年)	恢复生产	大观三年(1109年)	77086856
大观二年(1108年)	83949382	政和元年(1112年)	152642960

资料来源:此表据郭正忠之《宋盐管窥》中图表进行简化而编成。

　　虽然宋代解池盐生产的历程是曲折的,产量始终处在起伏波动之中,但就总体上讲,解盐生产还是表现为发展趋势。除了个别时期萎缩和下降之外,又皆有新的突破。产量纪录的突破,意味着盐利的增长和提高。如从至道三年(997年)到元丰二年(1079年)的82年间,解盐盐利收入从72.8万贯提高到242万贯[1],增长了3倍,与隋唐五代的任何一个时期相比,都有较大的增长,无疑成了国家财政的大宗收入。

三、盐货的经销

　　宋初在解盐区实行较完全的官营盐业政策,由国家全面控制解盐贸易,

[1]《宋史》卷181,《食货》。

搞所谓的"官搬官运"。解盐的生产、转运、销售各个方面,都直接由政府主持进行。只是在个别地区,如在漳河以北一带,让商人为国家代销一部分食盐,作为微弱的调剂。继之,在官卖解盐的同时,允许商人在一定范围内进行解盐贸易。后来又全面实行"通商"法,由商人经营解盐贸易,承办各地的运销事务。这样,解盐区完全型的国营盐业经济也就随之逐渐变为半国营盐业经济,即形成官营生产与私营运销并列的局面。

（一）局部商办

宋初的国内形势,与后周相差不多。政府四处用兵,连年战乱不止,军费开支庞大,国家财政困难。统治者对货币的需求十分急迫,故而仿照五代之法,严控财源,狠抓盐利。既把盐池划为官业,由国家组织生产,又由政府直接进行食盐交易,以期获取高额利润。宋太祖建隆二年（961年）,朝廷令两池榷盐制置使周训主持盐事务,全权负责官盐的转运与出售。几年后,于乾德二年（964年）,设立了发运使。随之又让发运使协助制置使搞解盐的榷卖（专卖）业务。因为解盐的榷卖活动环节多,程序复杂,责任重大,由此两个衙门配合或共同督饬,解盐榷卖业务的管理较前加强。那时,组织盘运,"皆官役乡户、衙前及民夫,谓之帖头,水陆漕运"[1]。并且委派官员监运,调拨士兵押送护行。在各个重要销售地设立都盐仓,令官监守,派巡役看护。在一般的县区,建立店铺,进行发卖。但因官吏在各个环节作弊,使官盐成本加重,因而官定盐价很高,剥民较重。

另外,宋朝在不便于官方营运的地方,如京西路的一些州县村镇和河北路的几个乡屯,令商人代办——负责供应,称为通商。因为这种通商的范围很小,仅仅被限制在京西的襄、邓、蔡、随、唐、金、房、均、郢 10 个州及光化、信阳二军地。[2]所以又称为局部通商。宋初乾德、开宝年间,在局部通商地区搞食盐生意者,皆是民间豪富。他们去京都的"榷货务"交纳一定数量的金银等货币,或丝绸诸实物,作为盐价和盐税,手持榷货务发给的取货单（交引）,赴解池领运食盐,发往邓、唐等商销区出售。这些富商操纵市场,获取厚利,从而引起朝廷的忌恨。太平兴国二年（977年）,太宗赵光义下诏,禁止豪民专擅盐利,取消局部通商,将全部解盐统归官卖。此为政府与盐商发生利害冲突的表现,是国家向盐商争夺盐利的大暴露。

①《宋史》卷 181,《食货》。
②《续资治通鉴长编》卷 109,天圣八年。

　　雍熙二年（985年），宋政府准备征伐北部契丹，而边军粮草等兵饷不足，需要大量补给。若由官府组织供应，不仅骚扰民间，而且长途解运，耗费太大，得不偿失。在此情况下，朝廷决定利用食盐贸易为边政服务。即再度开放解盐的局部通商，①让商人贩运粮草往塞上，交付军库。然后到京都，凭交货收据，向政府领取"文券"（过盐单据），赴解池盐场搬运价值相等的食盐进行贩卖，以获利润。这种以物易物的官商交易，属于招商运饷的内容。

　　尽管解盐的局部通商时有时无，不够稳定，但它就是在这种反复变化中日益壮大的，其贸易范围不断得到明显的扩展。起初仅有十几个州，到咸平四年（1001年）后，逐渐发展到了30余处。商销区的具体地点是："京西则蔡、襄、邓、随、唐、金、房、均、郢州、光化、信阳军；陕西则京兆、凤翔府、同、华、耀、乾、泾、原、邠、宁、仪、渭、鄜、坊、丹、延、环、庆、秦、陇、凤、阶、成州、保安、镇戎军；及澶州诸县之在河北者。"②与此相对应的还有另一种解盐销售市场，那就是官运官销的国营市场，称之为禁榷之地域。它与解盐的商销区立标划界互不妨碍。官销地域，习惯上称之为"三京二十八州军"，分别为京都（开封）、西京、南京及"京东之济、兖、曹、濮、单、郓州、广济军；京西之滑、郑、陈、颍、汝、许、孟州；陕西之河中府、陕、解、虢州、庆成军；河东之晋、绛、慈、隰州；淮南之宿、亳州；河北之怀、卫州及澶州诸县之在河南者"③。宋朝政府固守着这后一块解盐销售地盘，不愿轻易退出，让给商人经办。因为在统治者的心目中，官销地域，乃是自己掠财牟利的肥田沃土，是十分宝贵的"摇钱树"。而且在朝廷看来，官销市场越大越好，越能多赚钱。只是由于边饷紧张，不易筹措运饷，才不得已将大片销盐地域出让给民间客商。

　　（二）全面商办之改革

　　天圣初年，关于解盐的通商问题，成了京城开封的热门话题。有的官员认为，官卖制应该维持下去；也有人主张解盐全归商卖。控制朝政大权的章献太后，主持成立置计置司，令其专门负责研究解盐政策之得失，论证官销与商销的利弊，以确定新的方针。④八月，翰林学士盛度、御史中丞王随奉旨与三司大臣详定解池盐法，即制定现行的盐贸政策。当年十月，官僚王景奏疏："县官榷盐，得利微而为害博。（解州）两池积盐为阜，其上生木合抱，数莫可较。请

---

①马端临：《文献通考》卷15，《征榷》。
②③《续资治通鉴长编》卷109，天圣八年。
④王应麟：《玉海》卷181，《食货》，天圣八年。

通商,平估以售,少宽百姓之力。"①遂建议降低场价,招商贩运。负责国家财政的计省之官"权三司使"胡则和盛度、王随等人赞同王景的主张,他们不顾朝臣陈尧咨等人的强烈反对,共同奏请废除官卖解盐之例,全面通商。并指出,官卖解盐要派官兵押送,役使农民辇运,军民受扰,闾阎不安。征调盐役(徭役)过重,百姓不断逃亡,致田地荒芜。一旦盐由商运商销,旧弊可除。而且,还可以免除政府在运盐中支出的经费开销,更能促进货币流通——利用富民之钱为国筹饷。这种全面通商观点,一时又受到更多的守旧派官员的攻击,声称商卖食盐实为富民受益,国家失利。章献太后(刘太后)倾向于通商派,力排保守大臣之意见,着意招商运销解盐。当年十月十六日,刘太后以幼帝仁宗的名义下诏书:"池盐之利,民食所资。申命近臣详立宽制,特弛烦禁,以惠黎元。其罢三京二十八州军榷法,听商贾入钱或金银于京师榷货务,受盐两池。"②令行事成,官卖机构纷纷被撤,服役的百姓得以放归,获得自由,蒲、解等地的群众甚为称赞。宋朝政府首次放弃了榷卖解盐的专利权,第一次将解盐全部变为商盐,开始进行了解盐贸易的一项尝试性之大改革。

(三)全面通商退到局部通商

盐贸政策改变后,各处的富商大贾应招而来,集于解池,承办解盐运销业务。在解州、安邑附近,千艘万车,水陆并进,昼夜运盐,一派繁忙景象。池内陈积之盐阜逐渐被客商搬倒,场中积压危机日益减轻,充分显示出通商的威力。就政府财政方面讲,商销解盐仅仅几年就显见经济效益,增加国库收入几十万贯钱。③盛度、王随等人还因此而升了官职。盐政改革的这一盛况,使得赵宋政权中的许多官员皆拥护商销政策,认定盐归商卖的步子走对了。事实证明,只要调理得当,食盐通商也不意味着国家失利。后来,由于管理不当,形势发生逆变,商盐给国家带来的增利趋势日渐消失,转成了减收局面。到宝元元年(1038年)为止,政府的盐利收入反而比前官卖时亏损了200多万贯钱。出现这种结果,对统治者来说,是难以接受并不能容忍其继续下去的。果然,康定元年(1040年),仁宗帝赵桢采取了处置措施,"诏京师、南京及东京州军、淮南宿、亳州皆禁如旧"④。从前的官销区又得以恢复,即解盐贸易由全面通商又退回到局部通商,商盐市场又再次分裂为官与商对卖的两个销区。

---

①司马光:《涑水记闻》卷4。
②《宋大诏令集》卷183,《财利上》。
③④《续资治通鉴长编》卷123,宝元二年六月。

任何事物的发展都不会一帆风顺。解盐贸易形势在恢复了局部通商后，又出现了更大的反复和周折。庆历二年（1042年）初，朝廷派范宗杰出任制置解盐使，主持"两池"盐政。当时的解盐贸易秩序十分混乱，弊病丛生。本来因西夏元昊称帝（1038年），与宋政权为敌，宋夏连年战争，驻扎西北边地的宋军粮饷紧张，朝廷利用对盐货的控制权，通过"入中"办法（信用制度）来吸引商人运饷，解决困难。但是由于吏治腐败，边防官员谋私忘公，致使"……边务诱人入中刍粟，皆为虚估，腾踊数倍，大耗京师钱币，帑藏益虚"①。即商人利用国家之危困，虚抬粮草价格，多取盐货，官吏受贿，通同作弊。商人送纳军中两根木椽，就向政府索取价钱1 000文，用此折取解盐1大席（220斤）。解盐使范宗杰将此情况奏明朝廷，要求取消商盐法。朝廷同意了范宗杰因噎废食之主张，下令禁止了京都及京西路的商销活动，继之，又进而向陕西路及河东路开刀，废除永兴、同、华、耀、河中、陕、虢、解、晋、绛、庆成各地方的通商制度，几乎是全面恢复"官搬官卖"的解盐贸易旧体制。

问题很清楚，上述抬价亏官之弊，是官场腐败、管理欠佳所致，并非通商之故，即主要问题在执行官吏而不在制度本身。而"官搬官卖"，还是用官经办，以弊治弊，其后果可想而知。我们知道，官卖制的实质就是徭役制，在徭役法的基础上，由官府销盐，劳兵伤民，危害农业，骚扰社会，于国计民生皆无裨益，可谓弃小弊捡大弊，躲可治之弊而趋不治之弊。

（四）范祥改革

庆历八年（1048年）冬，范祥再次声明解盐改革意见，要求尽快改变运销现状。由于权三司使叶清臣的支持，兵部员外郎范祥被任命为提点陕西刑狱兼解盐制置使，通商新法正式开始。他到解州后，马上搞起了盐钞制：废官搬官运，令商人交钱领钞，凭钞到解池领运食盐，自行转贩销售。这是一种就场专卖制度，与唐代刘晏推行的就场现金交易相比，多了一些数量不等的优惠。国家用其输入现钱（食盐出场价和贸易税之总和），购买军需如铁、炭、粟、木、漆之类。②当时国家的通行货币是铜钱和铁钱，比较笨重，无论是商人携带或是国家调用，都非常不便。所以依范祥之议，印制成一种纸钞，称票券。以钞权（量）钱，作为实钱的代用品，起支票的作用，用以沟通西北地区和内地的货币联系。史称："是以一百六十五万不专为钞请盐，兼为飞钱耳，今以

①《宋史》卷134，《食货下》。
②《续资治通鉴长编》卷187，嘉祐三年七月。

百年（贯）之多，移至他州以为重载，易之为钞，则数幅纸耳。于是禁绝盐法，边置折搏务，张官置吏，买到钱充作斛斗。粜客得钱不能致远，必来买钞。是用边籴不匮，抄（钞）通行。"[1]说明，盐钞法是一种信用制度，它可解决金属货币流通的困难，缩减其流通周期。如若让商人搬运铜钱铁钱到解池买盐，政府再将实钱长途解运到边疆籴买军饷，周折多，费工大。可是叫商人按范祥之法，输钱于边军，令其就地籴买军用品，可减除官方运钱之负担。商人在边地折搏务用钱换钞，携带轻便之钞买盐也很方便。这样以纸钞代替实钱运转，一举两得，官商两便，实为当时无可置疑之良法。

钞券上注明商人从解池起运食盐后的销售地点，指地销盐，分占市场，以防盐货分布不均匀而导致壅塞（积压）或脱销居奇，民间淡食。可见盐钞制是一种有限制的自由贸易，属于一种不完全的自由贸易。

解盐新法实行之初，范祥提高盐价发卖，前来购盐运销之商人不够踊跃，加之某些贪官污吏从中作梗，有意破坏盐钞制，使行盐钱收入暂时减少。于是，朝廷殿中知杂侍御史何郯等榷禁派人物乘机而起，反对范祥新法，要求解散客商，复行官卖。仁宗帝思想动摇，又无以为计，只得先钦命耿直大臣三司户部副使包拯去往陕西路，视察解盐情形，查考盐钞法的实效问题，欲待调研弄明真相之后再作决定。包拯本来就是赞成通商法的，接到皇帝诏令后，马上发表自己的看法，他奏称："法，有先利而后害者，有先害而后利者。若复旧日禁榷之法，虽暴得数万缗，而民力日困，久而不胜其弊。……是先有小利而终为大害也！若许其通商，虽一二年间课额少亏，……久而不胜其利，是先有小利而终成大利也！"[2]包拯作为封建地主阶级的开明政治家，站在新事物的立场上，事先给朝政的主持者打上了预防针，以稳定其思想。随之，即刻启程。包拯办事公正，世人知晓，且又任过陕西转运使，亲手督理过解盐事务，为业务内行，是这次最合适的钦差人选。他抵达陕西路后（1049 年），马上会同陕西都转运使魏瓘等，帮助范祥制定新法细则，重定盐价，招商快速运贩，使盐钞制得到进一步的完善。视察结束后，他及时向仁宗帝详细汇报了范祥新制的推行状况，强调了盐钞法切于时务，百姓拥护。他说，通商新法正在改进，措置得当，前途可望。"只如陕西自有解盐之利，若尽以付与，令置粮草，一二年后，可全减榷货务每岁见钱银绢等五七百万贯。……若仍轻信横议，不究本

---

①张舜民：《画墁录》。
②《续资治通鉴长编》卷 167，皇祐元年十月。

末,因目前之利,忽经久之大计,窃恐难以善其后也!"由于他成功的实地考察和极力支持,使仁宗坚定了维持通商新法的决心,并明确宣谕:解州盐法仍由范祥依例而行。这样,新法总算给保存下来了。于是,范祥"令商人就边郡入钱四贯八百(文),售一钞,至解池请盐二百斤,任其私卖,得钱以实塞下。省数十郡搬运之劳"[①]。即盐商用 4 800 文钱,买贩 200 斤盐,国有益,商获利,民间卸去劳苦的徭役重担。行之日久,官民相安,盐贸兴隆。正像包拯所预言的那样,当盐钞制站稳脚跟后,就以它特有的职能发挥出很大的功效:皇祐三年(1051 年),解盐的财政收入多达 221 万贯。第二年又为国家创收 215 万贯钱,[②]皆比改制前的官卖时期增加盐利收入几十万贯钱。更为重要的是,由于范祥让盐商向边军输纳实钱,官方用之就地籴买军需物资,简易、及时、经济实惠,为国家节省了大量的经费开支。从前官卖解盐时,政府财库每年要给边防驻军拨送 480~640 多万贯钱的经费,用以置办粮草。可盐钞法实行后,用盐商入中边军之钱买饷,还有不少盈余,完全免除了国库每年拨送边军经费钱之例。范祥盐钞法推行的近 10 年间,平均每年给宋朝政府节省军费开支 400 万贯之多。[③]

而且,商人运销食盐之后,在价值规律调节下,食盐质量有所提高,价格逐渐平减,一反从前官府垄断市场,用官价勒民之现象。据文献记载:钞盐,"行之既久,盐价时有低昂,(按范祥提议)又于京都置盐院,陕西转运司自遣官主之。京师盐斤不足三十五钱,则敛而不发(贮盐),以长盐价;过四十,则大发库盐,以压商利。使盐从有常,而钞法有定数……"[④]无疑是继承了唐代刘晏关于常平盐之遗志。在市场调节的基础上,又辅以此种传统的平准方法,就使盐价更趋稳定,盐钞法更加完善,这对于民间消费和国家财政都有利。

尽管范祥新制顺应时务,促进了商品交换的发展、解盐市场的繁荣,适应了盐业经济运转的客观规律,为宋代社会做出了历史性的贡献,但由于统治阶级内部矛盾复杂,在包拯视察之后,盐钞制仍出现过反复。自皇祐二年(1050 年)范祥当了陕西转运副使后,负责审核财政出入账簿的三司判磨勘司官李徽之又与何郯一样,公开攻击新法。因此,范祥被召回京。范祥在与李

---

①④沈括:《梦溪笔谈》卷 11,《官政》。
②《续资治通鉴长编》卷 187,嘉祐五年十一月。
③《续资治通鉴长编》卷 192,嘉祐五年十一月。

徽之等人的辩论中,得到了多数官员的赞同,再次获得了继续推行通商新法的机会。

（五）蔡京变乱盐钞法

徽宗崇宁年间（1102~1106 年）,太师蔡京控制了朝政,他们利用盐钞敛财邀宠,破坏盐钞制,变乱盐法。那时,蔡京以变法为名,连续玩弄对带法、循环法,使钞值不定,商人无所适从。所谓对带法,就是半换钞的贴钱法。秉蔡京之意,官方改印新的盐钞,要盐商持旧钞换取新钞,"凡以钞至者,每十分内令输现钱数分,谓之贴纳",刮取商人之财。官府获取贴纳之后,并不全部换给商人新钞,仍令使用一部分旧钞,称为"对带",有按比例夹带使用之意。大观、政和年间,政府发放盐钞过多,既有新钞,又用部分旧钞,秩序混乱不堪。解盐衙门规定,凡全用新钞者,优先起运解池之场盐,夹带旧钞者紧接着前者运销。还有少数用现钱买运者,被排在最后运盐。到宣和初年（1119 年）,又改对带法为循环法。官方将盐钞卖出后,不让商人以钞折支食盐,随即宣布商人手中所领之盐钞作废,须马上更换新钞,换了新钞仍不给盐,要求商人另外再交贴钱（买钞要输钱,换钞要交钱,交钱后再贴钱）。贴钱很重,商人叫苦不迭,有的盐商还被逼得破产。盐史记到:"凡三输始获一直之货。民无资更钞,已输钱悉干没数十万券,一夕废弃。有朝为豪商,夕侪流焉者。"[1]蔡京之行远比元祐时的官府行为更为卑劣歹毒。从前是与商争利、与民争利,丢弃通商原则,违背贸易之道,而此时,蔡京集团则是进一步发展到勒索商人,诱骗、逼夺商资,有如强盗。宣和二年（1120 年）,势倾一时的少宰王黼代替蔡京执政,沿用蔡京之弊法,"改行新钞,所有旧盐,须巾纳对带,方许出卖,初限两月,再限一月,剥下益下,甚至盗贼。未几,而靖康之祸作矣,南渡以后,建炎初年,仍用对带法……"[2]。简言之,北宋末年,随着政治腐败、国家衰亡,盐钞制的性质被完全改变,使解盐的商销活动一蹶不振。

四、解盐运输问题

宋代,解盐的运销范围主要分为三个区域:运往京西之蔡、邓、唐、均、郢等各州军者为南盐;运往陕西路之京兆、凤翔、同、华、商、延、陇、庆等各州军者称西盐;运往"三京"及京东之济、兖、曹、徐、河东之晋、绛、慈、隰、淮北之

---

① [雍正]《敕修河东盐法志》卷 6,《盐法》。
② 曾仰丰:《中国盐政史》,台湾商务印书馆,1978 年版,第 14 页。

宿、亳等各州军者称东盐。于是,运输途径便因之而有 4 条路线:南线由茅津渡过黄河,运销于河南各地;西线由蒲坂(永济)之夹马口渡黄河,运往陕西西路各销区;北路经安邑、闻喜运销于河东路各州县;东线由闻喜折向东南方向,运销于豫北及山东等处。水陆并运,络绎千里。

(一)官运官销

宋朝前期以官运官销为主,各销盐区或食盐区的运输任务由所在各州县自行办理,即消费解盐的各州县衙门,各自组织调动人马,开赴解池盐场,凭官府公文请领食盐,场吏奉提举解盐司之令,按食盐地方的户口多少,酌量支给食盐。先让其搬装料盐,再逐车过秤,而后准其起运出场。运回州县,由该县知县或县丞负责卖盐,所收盐货价钱上交国库。具体推销办法是,将县城的大量盐货分发到下属之零星分布的卖盐场和销盐店铺,由衙役胥吏进行榷卖,并派专职官员监理。故称,"盐利归县官"。按规定,本县之盐不得运入他县,实行定地定量供应。

运盐的交通工具主要是船、车、驼、骡、牛,水运盐货所需船只,皆由官府置备。一般是衙门派人入山伐木,取料,并雇募工匠造船。木质船在风浪中使用,寿命较短,通常每隔 5 年就要重新建造。陆运的车马驼骡,则是向民间无偿征调,有时也调拨军队的马车牛车使用,①不过,数量不多。挽运之人力大多是来自民间。当时宋朝政府将民间百姓按其家产情况分成不同等级,令其承担不同程度的摊派性徭役,运盐之役(简称盐役)就是其中一种。乡民和市民们不仅要献出车马供差,而且要亲身服役,往往是家中的人马车一起应征出动。由里正将他们招集起来,送到官府,听候指示。同时也由发运使奉令征调一部分衙役、士兵协助或配合州县运盐。国家给运盐士兵每日食粮 2 至 3 升(1 斗为 10 升),津贴饭食钱几十文。而对民间的人夫车马,只供给饭食、草料,除此之外,便是一毛不拔。

在解盐运输当中,由发运使负责总体"勾运"(兼理),指挥分发,同时在各个重要路段还设立专线的官办运输机构,稽核各县的运盐活动。如在孟州、河阳一带,就有三门辇运司负责督理过往的官盐运输。朝廷经常让提举解盐司官员和发运司官员随州县队押送盐船、盐车,以防误时或丢损,确保官盐的安全运转。足见统治者对解盐运输问题的重视。

车户、民夫长途解运解盐,苦累不堪。他们在督运官的催赶下,连日赶路,

---

① 《包拯集》卷 7。

没有喘息的机会。不仅往河东、河南、河北各路运盐,而且在淮北的亳州、宿州和山东菏泽以东的兖、郓、曹、济、单等各地,也由官役民户到解州搬运,千里之遥,劳民极重。庆历二年(1042年),朝廷禁商盐私入四川,由官府从解州盐场调拨。同样由官府征集民间之车马、人力,从1 000多公里以外的陕西路运盐入蜀。因为实行解盐的官搬官运,不少百姓日久应役,无暇顾及农业,常致田园荒芜。并且,陕西路每年因盐役而倒毙的牛马等牲畜上万头。民户遭受如此大的损失得不到赔偿,反而还要责运户补全路途耗损之官盐,逼民太甚。蜀人李焘在书中写到:秦、蜀一线运输解盐,"道路縻耗,役人竭产不能偿,往弃圳亩舍妻子亡匿,……关内骚然。所得盐利,不足以佐县官之急。"[1]除了劳苦厉害,经济损失较大之外,更为严重的是,辇户还要经受病亡死伤的危险。由于长期的过度劳累,解运者中有的在途中病倒,有的造成残废,有的甚至突然失去了性命。如宋太宗至道二年(996年)夏天,盐队的人马经过中条山脚下的含口(今山西绛县之冷口村)时,横岭山的洮水暴发,其势凶猛,人们躲闪不及,惨遭横祸,"运车洎人牛,漂流不可胜计"[2],死伤极为惨重。

(二)商运商销

宋朝中后期,以商运商销为主。庆历以前,商运解盐,实行交引制,商人向边军中纳粮草后,手持交引到解池支领盐货,场官根据交引上所开列的数目支给,令其运往京西之南路和陕西之西路通商区发卖,不准运往东路。出场后,盐车必须经过税务机构批验,否则要受杖责的处罚。批验后,认定没有夹带私盐,便立即启程,如故意留滞,不及时运输,也要被杖责。自庆历末年范祥主持解盐事务后,领运手续变细,批验较严,指地运发,不能越出盐钞上所注之州县地域。徽宗崇宁年间,太师蔡京仿照从前河东转运使陈安石之法,推行引制。引为行盐执照,持引领运解盐,销完后交归官府,以备核销。引上标明运销地域某州某县,由某商负责运输。引有长引、短引之分,凡盐商向政府输钱而请领长引者,许其运往较远的地方如河北、山东、淮北等各路,并且按照指定州县销售。纳钱而请领短引者,只许在本路的距离盐场较近的州县运销。长引,运输道路长,有效使用期限较长,一般规定1年;短引,运输距离短,使用期限也相对较短,通常规定有效期为1个季度。另外还有一些具体规定,如遇难运、断道等特殊情况,还可以请准展限,延长使用时间。待期限已满,必须上

①《续资治通鉴长编》卷146,庆历四年二月。
②〔乾隆〕《夏县志》卷12,《艺文》。

交引目,并由官府立即销毁,接着再继续领引运盐。提前售完食盐者,可提前交引,若限期已满,而盐货还未售完者,也必须上交盐引,所剩盐货由官府没收,以此来督促商人运销。在宣和年间,王黼继续推行这种引制,后世金元明清各代都仿行此制。足见宋代的引制适合封建统治者,故而历久不弃,沿用数百年。

在蔡京控制朝政期间,还制定过解盐装运之新办法:"凡商人运盐,概以囊贮,谓之官袋,每盐一袋限定斤重,即以一袋为一引(200斤),并严封邱之法。盐袋只用一次,禁止再用。受于场者,管秤盘囊;支出仓者,核对引据、合同、号簿。囊二十,则以一折验,后世掣验之例,即始于此。其合同递牒,仍给商人收执,有欲改指别场者,并批销号簿及钞引,仍用合同递牒,报所指处支盐,随引护运。后世指场配销之法,实源于此。"[1]解池东西数十里长,各场的远近距离不同,为避免趋近避远之弊,宋以后,金、元、明各代皆曾袭用定商支盐法,清代又将此法发展为支盐不越场次法,用以平衡各场出货机会,维系运盐秩序。

商人运盐,开始在陕西路、京西南区,继之又发展到"三京"及京东区,取代了官运(中间有所反复,出现官运)。其运输方式,由商人自己雇用船家、车户运盐。沿途立有不少为运盐商队提供服务的店铺,多为经营其他货物的商贾设置,供盐商出资租用,或任期过往时,进该店口投宿、歇脚、存货、转运,并收取一定的酬金。也有盐商自己设立店口,固定使用者。同时盐商还要雇用经纪人,代表自己在码头等盐货集散地运盐的船家、车户,过秤盘查盐货实数。长途运盐有自然损耗,这种损耗按路途远近、重量高低定有比例。如从安邑运一大席盐(220斤)到含口,计"脚耗"为1斤,盘盐过秤时要扣除常例的耗损(脚耗)。经纪人中,有负责发运盐货(起运)"勾当人",也有负责转运的"主事人"。勾当人和主事人克扣斤两,向船家、车户无理索赔,或是承运之人偷盗盐斤后,拒绝补赔等矛盾很多。为了解决双方矛盾,使解盐运转正常进行,到哲宗元祐七年(1092年)的七月,在东路(从解州到开封等地)运输线上的盐商中,由3个有虚小官衔的盐商出面,居中调停,私立约法,要双方严格遵守。即在安邑、含口、垣曲的3处路口,各立1个"盐样"——石秤龙,又称店下样或石权(高47.3厘米,重280斤),上面刻有商人会同承运人按照石样(盐样)要求,接受公正盘验,杜绝其偷取盐货。这种石权,乃是商队内部自

①曾仰丰:《中国盐政史》,台湾商务印书馆,1978年版,第13页。

立的私法,用以维系和调节商人、经纪人和船家、车户之间的关系,并要求和鼓励承运人在运盐途中监督或监视经纪人的不轨行为。此为该商队的私权,不借给别的盐队使用。石权或盐样,在当时具有公平秤的性质,起到了保证质量、互相制约的作用。这表明当时的运盐商队中没有超经济强制性因素存在,商人与受雇用的承运人、经纪人之间的地位平等,皆在公定原则下活动。

仁宗以前,由解池运输食盐到河东路晋州、绛州、慈州等处,要绕道由蒲坂(永济)入黄河,经大阳津(平陆县)、三门山(三门峡)而到垣曲等地。水路、陆路连运,运道迂曲绵长,并有激流险阻。古人曾讲过砥柱山(三门山)等处,道路"……虽辞,尚梗湍流,激石云洄,瀑波怒溢,合有一十九滩,水流迅急,势同三峡,破害舟船,自古所患,……虽世代加工,水流湍济,涛波沿屯"[1]。如此交通条件,给解盐的运输活动造成很大不便。早在太宗至道年间,就有人提出这条运道既长又险,劳民之余又多出事故,妨碍盐货的北销与东运,主张开辟绛县含山道,经闻喜县抵达垣曲。在当时自然条件恶劣,科技落后,运输能力受限的情况下,东路运盐(河东垣曲及京师周围到淮北、山东一带),避开三门峡附近一段险途,改走捷径的含山道(绛县横水镇东南)经垣曲入黄河到汴京是最佳途径。可是含山道崎岖难行,又有山洪威胁,不易穿行,必须用大力花重费开辟。时值官运年代,官府没有这种勇气和兴趣修筑运道,新辟交通线的建议未能认真实施。盐队在此荒区草率通行一阵后(因出事故)就罢止了。故而其时解盐的东路运输仅有一条路线:"从解州沿姚暹渠,入涑水,于蒲坂处(指今之永济)再入黄河,自黄河三门沿流入汴,以至京师。"[2]这是一条以水运为主的运输古道,是人们不愿意经过而又不得不去闯行的道路。

(三)官销商运

哲宗元祐二年(1087年),朝廷允许在解盐的东路销区实行部分的商运。于是,户部奉旨招商,任其包揽搬运,实行所谓的官销商运。商队将盐货从解池转送到河东路的垣曲县官仓,赚取运输费,即官府接到盐货后,付给商人"脚乘文钞"。商人为了缩短运程,雇募人工,凿穿山石,打开绛县含口通道(冷口村),为解盐的东路运输开辟了另外的一条交通线,给商队节省了70%的运费,对当时的盐贸事业做出了很大贡献。此后,往垣曲官仓送交解盐(蚕盐,专供乡村居民食用的配销盐)的山西商队,放弃原道,改走安邑、陶村、水

①《水经注校》卷4,《河水》。
②郭正忠:《宋盐管窥》,山西经济出版社,1990年版,第70页。

头、小郭店、闻喜、东镇、横水镇、桃园、垣曲一线。元祐六年（1091年）十月，扩大了商人运盐范围，户部准许商人运盐到孟州、河阳一带，交官方入仓发卖。除了这种大规模的商运官销方式之外，商家还可以在东路全线上自运自销钞盐。随之从前专门主持由垣曲至孟州、河阳一带蚕盐运输事务的官办"三门辇运司"，逐渐架空，并最后撤销了。

山西商人新辟的运道与黄河连接起来，形成了由运城、闻喜、绛县含口、垣曲入黄河，过孟州、河阳到开封等地的新商路。它逐渐地在东路解盐运输中，取代了从前的交通线。新商路的主要价值在于前半段，既能避险，又可节省运费。而从垣曲入黄河到汴京的后半截运输线则是与旧运道重合的。不过，仅就这前半截商路的开拓，就称得上是非凡的创举了。不论是从地理学、还是从经济贸易学的角度上讲，都具有很大意义。正像郭正忠所言："这些商人所组织的运输队，虽不像麦哲伦、哥伦布那样开辟世界性的新航线，创造国际交通史上的奇迹，却也在被允许活动的地域间，为国内交通线路的更新和交换关系的发展，做出了自己的贡献。"[①]

陆路运输，山西商人雇用车马骡驼，进行转送。南线也主要是陆运，仅是利用黄河过渡，即驳运过对岸。虽然是车运时间较多，但该线运道平坦，且运程较短，商人乐趋此线。只有东线和西线存在较长的水上航道。其中，西线，先将解盐用马车载运到黄河码头，再由黄河驶入渭河，向西行进。运道相对通畅，转输比陆路运盐要方便些，但盐船进入渭水之后，逆流而上，航行较为费力，不如东线盐船随流而下运转顺利。

总的来说，普遍推行了商运之后，解盐的运输能力比从前官运为主时有了显著提高，商盐四通八达，供应比较及时，盐价相对稳定。但就整个社会需要讲，商盐的运输条件仍有局限性，陆路马车拉运，驴驼驮载，转输成本较大；水路也动辄需进行牵拉，不能将解池积贮盐货及时运发，只能在较大程度上缓解这个问题。

五、盐课与利润

宋代解盐，作为人们的日用必需品，供给黄河中下游数十个州郡人民食用，为秦、晋、豫、冀、鲁、皖等广大地区百姓之生计所赖。它是盐商的利源所在，更是赵宋封建统治者的财源所在。政府不仅利用强权这种超经济的力量

①郭正忠：《宋盐管窥》，山西经济出版社，1990年版，第70页。

大量地剥削食盐生产者的剩余价值，而且通过官卖解盐获取大量利润，并向盐商征取许多课税，用以支付西北军饷等各项国库开销。当时，解盐的生产成本：每斤食盐（工费）0.3~0.5文钱，而每斤的百里运销成本为1~4文钱。每100里的解盐运输费（运销成本）竟高达生产成本的2~8倍。可见，那时官营解池的劳动力价格是非常便宜的。

根据《宋史·食货志》和《续资治通鉴长编》等文献讲，宋朝前期解盐市场价格为每斤34~56文钱，从解盐的市场价格中，减去生产成本和运销成本（运费），则便是官府所获利润数目。现将宋朝前期官卖解盐的利润率统计如表1-2（运费按一半计）：

表1-2　北宋前期官销解盐的成本与利润统计表

时间	每个畦户年产量（斤）	生产每斤盐的报酬（文）	每斤盐的生产成本（文）	每斤盐的运销成本（文）	每斤盐的市场价格（文）	每斤盐的盈利额（文）	每斤盐的盈利率（%）	每户劳动力价格（文）
宋初	116500	0.37	0.44	3.075	34	30.48	866	42920
	114170	0.38	0.46	3.075	44	40.46	1143	473000
		0.41	0.49	3.075	39	35.42	1035	
至道二年（996年）	114524	0.37	0.45	3.075	39	35.47	1005	42920
		0.41	0.49	3.075	39	35.43	987	47300
大中祥符末年（1016年）	118690	0.35	0.42	3.075	39	35.88	1028	41460
		0.39	0.48	3.075	56	52.44	1478	47300
天圣末年（1031至1032年）	200846	0.25	0.3	3.53	39	35.17	918	50220
		0.27	0.32	3.53	56	52.15	1354	54600
庆历末皇祐初（1048至1049年）	200846		0.32					54600
			0.41					69200

资料来源：此表系根据郭正忠《宋盐管窥》中的4张表换算统计而成。

表1-2中是把实际运盐成本折成一半计算的，原因是统治者以徭役的形式将运费尽可能地转嫁到了百姓身上，节省了大笔开支，即只支付运户饭食、车马之草料，不给工钱。另外支付造船费用和士兵的津贴等。这样算下来，政府承担的解盐运输费，至多只有实际运销成本的50%。

从表1-2中可以看出，解池食盐生产者畦户遭受了官府严重的惊人的经济剥削。他们在解池每生产1斤盐就创造出了34~56文钱的价值，可自己只能得到其中很微小的部分：0.25~0.41文钱，大量的剩余价值被国家剥削去了。换句话说,他们所得到的是自己实际创造的 1/207 至 1/92,即他们所得为所创的 0.48%~1.2%,而宋朝政府从中获取利润竟高达 866%~1478%。由此反映了解盐经济中严重的超经济剥削,折射出宋朝统治者的贪婪和残酷。

按照马克思主义的观点讲,封建主义的官营企业之利润是较大的,其主要获取内容是在生产领域,其次是在运销领域。的确,宋代初期,解池盐业经济的主要内容是,官府制盐手工业与官方盐贸业的综合体,它的首要特点是官府最大限度地榨取盐工血汗——剩余劳动成果,其次是在运销过程中,最大限度地将运费转嫁到人民身上,尽可能地满足封建统治者对物质财富贪得无厌的要求。

熙宁以后,宋朝政府有时变乱钞法,啃勒商人,或运筹失宜,使商人手持之钞贬值,商务失利。凡此种种,皆导致钞盐不通,盐贸活动受挫。就是说,由于统治者推行不开明的政策,影响和打击了商人的运销积极性,使商盐法的优越性得不到发挥。在万不得已时,朝廷才下令进行适当的整顿,使商盐法得以存在和维持下去。

表 1-3　宋代解盐课利统计表

时　间	钞盐课额(贯)	岁收总额(贯)	增长率
至道三年(997 年)		728000	0%
天禧三年(1019 年)		540000以上	
乾兴元年(1022 年)		400000以上	
天圣六年(1028 年)		610239以上	
天圣七年(1029 年)		620000以上	
天圣九年(1031 年)		770000以上	
天圣九年至宝元二年(1031~1039 年)		(共亏损 2360000)	
庆历六年(1046 年)		1470000	102%
庆历七年(1047 年)		1950000	168%
庆历八年(1048 年)		1175000	61%
庆历八年至皇祐元年(1048~1049 年)	230万(预估)	1200000	65%
皇祐元年(1049 年)	120万(大约)		
皇祐二年(1050 年)	169万(大约)		
皇祐三年(1051 年)	221万	2210000	204%
皇祐四年(1052 年)	215万	2150000	195%
皇祐五年(1053 年)	178万	1780000	145%

续表 1

时　　间	钞盐课额（贯）	岁收总额（贯）	增长率
至和元年（1054 年）	169 万	1690000	132%
至和三年（1056 年）	169 万		
嘉祐初年（1056~1057 年）		690000~1000000	
嘉祐中年（1059~1060 年）	1663400	1663400	130%
治平二年（1065 年）	1670000		
治平末年（1067 年）	1660000		
熙宁初年（1068~1069 年）	1660000		
熙宁四年（1071 年）		1708250 以上	135%
熙宁三至九年（1070~1076 年）		2084400 以上	180%
熙宁六年（1073 年）		5230000 以上	618%
熙宁七至八年（1074~1075 年）	1800000	2200000 以上	202%
熙宁八年（1075 年）	3000000		
熙宁九年（1076 年）	2200000	3500000	408%
熙宁八年至元丰三年（1075~1080 年）		3271385 以上	349%
元丰元年（1078 年）	2300000	2300000 以上	216%
元丰三年（1080 年）	2420000	2420000 以上	232%
元丰五年（1082 年）	2000000	2000000	
元祐元年（1086 年）	2000000	3183325~3237810 以上	
绍圣年间（1094~1097 年）		2081490~3469158	377%
元符元年至崇宁四年（1098~1105 年）	0	—	—
大观一至二年（1107~1108 年）		约 1200000	65%
大观三年（1109 年）		约 1380000	90%
重和二年（1119 年）	4000000		
宣和二年（1120 年）		约 1000000 以下	37%
靖康元年（1126 年）	4000000		

注：所谓钞盐，就是商人销售之盐。而岁收总额是指每年对盐商征收课税和官卖解盐之利润的总和。

资料来源：此表是通过对郭正忠《宋盐管窥》第 96 页图表进行简化而成的。

33

第五节　金代的河东盐业

金代是由女真族建立的一个封建王朝。它统治中国淮河以北广大地区长达 120 年。自金太宗天会五年（1127 年）正月金军攻取河东，运城盐池即归金朝统辖。金初，运城盐池的生产仍采用天然浇晒的原始方法。产销由政府垄断。到蔡松年任户部尚书时才恢复北宋范祥的钞引法，改官运官销为商运商销。河东盐的管理，初期多循辽之旧规，其后多仿宋制。盐课在政府财政收入中占有举足轻重的地位。金后期对食盐课以重税，盐价一增再增。由于商运商销政策的实施，金代中期以后，河东盐池也再现了一定数量的以运销解盐为生计的专业盐商。

一、盐业生产及其销售

金朝是由我国东北边疆地区白山黑水间的女真族完颜部建立的一个封建王朝。尽管它与辽、宋战争不断，对北方地区社会经济造成了一定的破坏，但它作为一个由少数民族统治者所建立的王朝，无疑地对中华民族的融合演进过程发生了不可忽视的影响。

金太宗天会三年（1125 年）十月，金朝正式下诏南进攻宋。金军兵分东西两路，计划自西京（今大同）入太原。十二月，东路金军主帅完颜宗望攻取宋燕京（今北京），宋朝守将郭药师降金，并引金军继续南下。与此同时，西路金军攻取朔州、代州（今代县）进围太原。天会四年（1126 年）正月，金军围宋都汴京（今开封），宋徽宗退位，由宋钦宗支撑残局，派使者李税向金乞和。宗望以宋割让太原、中山、真定三镇，派亲王为人质，宋向金称侄为条件，钦宗一律接受，金军始解围回师。

同年八月，金太宗又令左副元帅宗翰等伐宋。九月，宗翰军猛攻太原，宋太原知府张孝纯在城破后降金。十月，金兵从泽（今晋城）、潞（今长治）进军，下太行，破怀州，抵黄河与宋军隔河对峙。十二月，金两路大军在开封会合，宋钦宗降。天会五年（1127 年）正月，金割取宋河北、河东地区。三月，立傀儡张邦昌为大楚皇帝，掳宋徽宗、钦宗二帝并大批人口、财物、牲畜、图书北还，北宋亡。

自金太宗天会五年（1127 年）正月金军攻取河东，运城盐池即归金属。

但因当时金朝旨在一举南进消灭同年五月在杭州建立的南宋高宗政权,且"辽、金故地滨海多产盐……皆足以食境内之民"①。客观上没有迫切需要,故对运城盐池只是军事占领和部分掠夺,还顾不上认真开发管理。另一方面,北方人民不满金兵的野蛮掠夺和压迫,纷纷起来进行抗金斗争。河东各地民众依托太行山、中条山、吕梁山、五台山等险要地形纷起举行抗金斗争。金朝在新征服地区的统治很不稳固,大部分时间精力花费在镇压各地的抗金起义上。天会六年(1128年),金统治者分河东为南北两路,置河东北路、南路兵马都总管,运城盐池归河东南路,接受战时军管。到金海陵王完颜亮时,金朝国都自上京(今黑龙江阿城县南)迁至中都(今北京市),加强了对中原地区的控制,并逐渐重视社会经济的恢复与发展。贞元二年(1154年),蔡松年任户部尚书,进一步恢复北宋范祥的钞引法,设官置府以造钞引,建立了盐钞、香茶、文引印造库。钞,合盐司簿之符。引,令司县批缴之数。此即所谓"及得中土,盐场倍之,故设官立法加详焉"②。金代初期,运城盐池的生产仍是天然浇晒的原始方法,亦即唐朝以前沿袭多年的垦畦浇晒法。

金代前期河东盐的产销由政府垄断经营。到蔡松年时,恢复北宋范祥的钞引法,改官运官销为商运商销。即令商人就边郡入钱若干,至解池请盐200斤,任其私卖。通过这种办法可节省几十郡每年往边塞搬运钱财物资的耗费,收到官商两便的效果。

金代河东盐的计量单位基本沿袭宋代的"席",但数额与宋代又有所不同。宋代分大席和小席,大席每席重220斤,小席重116斤。金代则每席重250斤,比宋代大席重30斤。席之上的计算单位为"套",每五席为一套,重达1 250斤。此外,金代盐的计量单位还有袋、石,各盐场规定不一。如山东、沧州、宝坻三盐司,每300斤为一袋,每25袋7 500斤为一大套,小套则十袋、五袋,甚至一袋不等。西京等盐场则以石计,一大套五石,一小套三石。北京盐场则是一大套四石,一小套一石。辽东盐场又是一大套十石。

金代盐的行销采取因地制宜,按距离各盐场远近划分销售区域。解盐行销河东南北路、陕西东路及南京路河南府陕、邓、郑、唐、嵩、汝诸州。按当时的行政区划,对照今天的地名,即知金代河东盐的销售区域是山西、陕西绝大部分和河南一部分地区。其具体如表1-4:

---

① 《金史》卷49,《食货四》。
② 《金史》卷49。

表1-4　金代河东盐行销区域表

路名	金代行政区划	今　地	路名	金代行政区划	今　地
南京路	河南府	河南洛阳市	河东南路	平阳府	山西临汾市
	陕　州	河南陕县		隰　州	山西隰县
	郑　州	河南郑州市		吉　州	山西吉县
	唐　州	河南唐河县		河中府	山西运城蒲州
	邓　州	河南邓县东		绛　州	山西新绛县
	嵩　州	河南登封北		解　州	山西运城西南旧解州
	汝　州	河南临汝		泽　州	山西晋城市
河东北路	太原府	山西太原市		潞　州	山西长治市
	晋　州	山西平定县西		辽　州	山西左权县
	忻　州	山西忻县		沁　州	山西沁县
	平定州	山西平定		怀　州	河南沁阳
	汾　州	山西汾阳		孟　州	河南孟县
	石　州	山西离石	陕西东路	京兆府	陕西西安市
	葭　州	陕西佳县		商　州	陕西商县
	代　州	山西代县		虢　州	河南灵宝
	陕　州	山西偏关西南		乾　州	陕西乾县
	宁化州	山西宁武西南		同　州	陕西大荔
	岚　州	山西岚县北		耀　州	陕西耀县
	岢岚州	山西岢岚		华　州	陕西华县
	保德州	山西保德		延安府	陕西延安市
	管　州	山西静乐		丹　州	陕西宜州
				保安州	陕西志丹县
				绥德州	陕西绥德
				鄜　州	陕西富县

据《金史》卷49《食货四》可知,河东盐课在承安三年(1198年)以前,每年为814 657贯500文,占盐课总额6 226 636贯500文的近1/7左右。承安三年加价以后,盐课额为每年132 1525贯256文,占调价后盐课总额10 774 512贯137文的近1/9。为了清楚起见,特列表1-5:

表1-5　金承安三年前后河东盐课比较表

盐司名称	旧　　额	新　　额	增　长　额
解　州	814657贯500文	1321525贯256文	506867贯756文
山　东	2547336贯	4334184贯400文	178645贯400文
沧　州	1531200贯	2766636贯	1235436贯
宝　坻	887558贯600文	1348839贯	460280贯400文
辽　东	131572贯870文	376970贯256文	245397贯386文
北　京	213892贯500文	346151贯617文	132259贯117文
西　京	100419贯696文	280264贯600文	179844贯904文
总　　计	6266636贯500文	10774512贯137文	

二、河东盐商

金代前期,河东盐实行官运官销。到贞元二年(1154年),蔡松年任户部尚书,恢复北宋范祥的钞引法,实行商运商销。由此断定,金代中期以后,在运城盐池存在着一定数量的以运销解盐为生计的专业盐商。

"钞引法"是宋仁宗庆历八年(1048年)陕西路提点兼置解盐的范祥所制订实施的。亦即改过去的官运官销而实行商运商销。具体办法是"陕西颗盐,旧法官自搬运,置务拘卖。兵部员外郎范祥始为钞法,令商人就边郡入钱四贯八百,售一钞,至解池请盐二百斤,任其私卖,得钱以实塞下,省数十郡搬运之劳。异日辇车牛驴,以盐役死者,匀以万计,冒禁抵罪者不可胜数,至此悉免"[1]。此法的好处在于免除了百姓服盐役的痛苦,调动了商贾运销的积极性,而且有利于增加国家的财政收入,解决边塞的军事消费需要。故而被蔡松年沿袭使用。不过,蔡松年恢复范祥的钞引法,只是吸取其精神原则,并不是原封不动地全盘照搬。为了有利于管理,蔡松年确曾置钞引库,印造钞引,办法是让商人输粟于陕西军营,拿上加盖军营钤印的输粮公文,然后到京师榷货务或附近盐司衙门以钱若干贯支买贩卖食盐的专利证明盐引,每引可至盐场支盐250斤,之后任意私卖,从中获利。此即"解盐斤二百有五十为一席,席五为套,钞引则与陕西转运司同鬻,其输粟于陕西军营者,许以公牒易钞引"[2]。

在金代河东盐池附近,从事贩卖盐业的山西商贾不乏其人。解州人娄正贩盐致富,其家财胜过一县。贞祐三年(1215年)十二月,河东南路权宣抚副使乌古伦庆寿说:"绛解民多业贩盐,由大阳关以易陕虢之粟,及还渡河,而官邀籴其入,其旅费之外所存几何。而河南行部复自运以易粟于陕,以尽夺民利。比岁河东旱蝗,加以邀籴,物价踊贵,人民流亡,诚可悯也。乞罢邀籴,以纾其患。"[3]从乌古伦庆寿的话语中,可见官府邀籴对山西盐商的危害,在钞引法实施后河东盐商的经营仍较艰难。兴定四年(1220年),李复亨建议以河中西岸解盐归所易粟麦17 000石充关东之用。元光二年,内族讹可又认为北方有警,商运解盐有助军食,复命民运解盐输粟于北方。为此,金统治者特意下诏加修石墙以维护盐池,防止盐利流失。

---

①沈括:《梦溪笔谈》卷11。
②③《金史》卷49,《食货四》。

第六节 元代的河东盐业

公元 13 世纪兴起的元王朝是蒙古贵族建立的蒙汉地主阶级联合专政的封建政权。由于蒙古游牧贵族缺乏经营工商业的经验，故元朝统治者在公元 1231 年占领运城盐池后，竟废弃了自唐、宋以来已广泛采用的垦畦浇晒法，又重新恢复了落后的自然结晶、集工捞采的生产方式，因而使解盐的产量大减，较宋代明显地下降了。但后来元代对河东盐的管理方面颇有建树，特别是盐务专城——运城的创建，对河东盐业的生产管理尤其是稽私方面发挥了极其重大的作用。

一、盐业生产及其销售

公元 1271 年，元世祖忽必然正式建国号为"元"，定都大都（今北京），并于公元 1279 年灭了南宋，统一全国。元朝疆域辽阔，地跨欧亚两洲，版图东南到海，西到新疆中亚，西南包括今西藏、云南，北至西伯利亚，东北达鄂霍次克海。

由于蒙古贵族缺乏农耕和经营工商业的经验，故而在元太宗窝阔台三年（1231 年）占领运城盐池后，竟废弃了垦畦浅晒法，又重新恢复了天日曝晒、自然结晶、集工捞采、民制官收的落后生产方式。"河东之盐，出解州盐池，池方一百二十里，每岁五月，场官伺池盐生结，令夫搬摊盐花。其法必值亢阳，池盐方就，或遇阴雨，则不能成矣。"[1]元人王纬在《重修盐池庙碑》中也讲："前代解盐，垦畦沃水种之，今则不烦人力而自成。"[2]由于元初施行了不利于盐业生产发展的方法，唐、宋以来蓬勃发展的运城盐池盐业生产受到挫折，盐的产量较宋时明显地下降了。元世祖至元二十九年（1292 年），运城盐池捞盐仅 54 000 引，折合 21 600 000 斤。

元初河东盐产量的减少，一方面是落后的生产方法所致，另一方面与金末元初的战乱破坏也有关系。由于新旧王朝的鼎革及战争影响，元初运城盐池产盐户大减，劳动力缺乏。为此，元太宗时，拨新绛户 1 000 户，命盐官姚行简等修理盐池损坏处所。宪宗时又增拨 1 085 户，继续维修。元世祖忽必烈统

①《元史》卷 94，《食货二》。
②《河东盐法备览》卷 12，《艺文》。

一全国后,为了尽快巩固自己的统治,在政治上"遵用汉法",在经济上采取了一系列恢复和发展生产的措施,从而使农业得到恢复,盐业生产也有所回升。到元成宗大德十一年(1307年),捞盐82 000引,折合38 000 000斤,比世祖至元二十九年增加了17 000 000斤。而到元仁宗延祐六年(1319年)捞盐达184 500引,折合73 800 000斤。①产量成倍地增长,几乎接近了宋代最高年产量。

元政府对盐的生产严加控制,实行民制官收政策。规定由一种专门的灶户来生产,而且要受到国家的严格监督。由政府规定产盐数额,定期向灶户发放工本钱,"每岁灶户工本,省台遣官逐季分给之"②,灶户所生产的盐必须全数上缴国家。灶户所得的工本钱十分低廉,元初灶户工本,每引仅为中统钞3两,世祖至元二十八年(1291年)增灶户工本钱,每引中统钞8两。尽管略有增加,但灶户所得的工本钱,仍只相当于国家发卖食盐价格的1/5至1/7。③

在盐的销售方面,元政府采取与宋、金相同的办法,即实行"行盐法"和"食盐法"。除产盐地以外,大部分地区是"行盐区",由盐商向政府纳课,换取盐引,到盐场支盐,再运到规定地区贩卖。盐货的行销仅限于同一"行盐区"之内,夹带"犯界盐货"要按比私盐轻一等的刑法治罪。元代前期以"行盐法"为主,即"初入中原,仿宋折中之例,募民入粟,优其值,给以盐引,继复改为现钱,按引收价,凭引支盐,仍为就场专卖制"④。按照这个制度,在一定的行盐区内投入市场的盐货,实际上已被政府预先课取了食盐税,不过这种税赋,包含在盐引的发售价中,而没有独立的形态。产盐地区的居民,仍可以通过各种渠道获得未曾课征食盐税的盐货,所以行盐法在这里很难奏效,存在一定的缺陷。中统四年(1263年),因近场州县私盐充斥,遂仿"食盐法"计口授盐。于是,将盐场附近百里之内,有些地方后来又改为十里之内划为"食盐地",由政府设局,按户口预收盐价,"桩配食盐",也就是通过强制的办法迫使这些地区的居民同样交纳食盐税。当逃税私盐泛滥无法禁止时,政府遂采取改行盐区为食盐区的办法来保证盐课收入。可是,按户派散,不免强摊,追呼诛求,弊端也多。元人刘敏忠在《益都路总管李公去思记》中描述道:

---

①《元史》卷94,《食货二》。
②《元史》卷96,《食货四》。
③舒尔曼:《元朝经济制度》,第171页。
④曾仰丰:《中国盐政史》,上海书店,1984年版,第117页。

"初，司盐铁者以青地多舄卤，盐所易出，乃比屋计口配盐，入其值以防民私，谓之食盐。久则吏缘为奸，口岁至五十斤。盐剩而食弗尽，诬之以私煮，直多而偿不足，罪之以欠课。敲榜禁系，求索百端，往往破产而后已。"[①]至元二十一年（1284年），世祖以行盐各地，商人垄断牟利，民食贵盐，穷民类多淡食，于是设立常平盐局，以平盐价。凡额定盐数，一半归商支，一半归常平仓，盐斤配运，先尽常平，次给商贩，从此官卖与商卖并行。商贩售盐，专用盐引，不复用钞。具体办法是：盐商在运销时，先到官府购买引票取得运盐的专利权，然后在规定的范围内出售盐。每引得盐400斤，非专商不得运盐。管理上实行户部印引，运司卖引，每年按照所销引额，由部印造，颁发各路运司，用运司印信，各照行政区域，随时填给商人"勘合"。"勘合"，即合同，每引一号，书前后两券，用印钤盖其中，折而为二，以后券给商人，谓之引纸，以前券作底簿，谓之引根，凡商人到场支盐，照号核勘，验其合否，故称"勘合"，如同现在的收税凭单与运照。出场有掣簿，过所有批簿，行盐有水程，验引有截角，每引1张，只准运一次，盐已卖尽，随即退引，限5日赴所在地方官缴纳。如违限匿而不缴者，同私盐处断。其立法之严密，比宋有过之而无不及。所以说引盐之行，肇于宋而实备于元。其时盐场出产、销售都有严格的规程。

元代盐的销售方面，引价变化也很明显，所以尽管立法很严，私盐仍无法禁绝。按规定"官定袋法"，每袋400斤，带席索通秤410斤，[②]称为1引，值中统钞9贯，后到延祐二年（1315年），每引累增至150贯。至元二十四年（1287年），僧格为相，加收盐课，引价日增。文宗朝以前盐引价格见表1-6：

表1-6　兹将文宗朝以前盐引价格变化

时　间	价　格
至元十三年（1276年）	9贯
至元二十一年（1284年）	15贯
至元二十五年（1288年）	30贯
至元二十六年（1289年）	50贯
元贞二年（1296年）	85贯
延祐二年（1315年）	150贯
泰定二年（1325年）	125贯
天历二年（1329年）	150贯

①《中庵集》卷2。
②《元典章》卷22，《户部八》，《盐课·新降盐法事理》。

官盐引价愈贵,私盐愈多。而当时军人违禁私贩,权豪亲贵诡名各买引,或夹带斤重,或增价转售,以权势谋私的现象层出不穷。于是,官盐滞销,办课愈艰。所以到元代后期,强行推广食盐区域,强配民食,不论贫富贵贱,一律散引收课,农民有粜终年之粮,不足偿一引之价者。征敛无度,民生益困,至正年间,始罢免食盐及抑配余盐。可是为时已晚,人民已无法继续生存,祸机四伏,盐贩张士诚、方国珍等倡乱于淮、浙,元朝很快被农民大起义葬送。

二、盐课的增加

盐是人民生活中不可短缺的日用必需品,也是封建政府的主要财赋来源。元代统治者和他们的前代统治者一样深知:"国之所资,其利最广者莫如盐。"因此,十分重视盐课的征收。"经国之费,盐税为重。"[①]"国家经费,盐利居十之八。"[②]所以,早在元太宗庚寅年(1230年),运城盐池尚未被元政权占有之时,便行盐法,设立平阳府征收课税所,征收运城池盐。在其已占领地区行销的盐税,规定每盐40斤,课银1两,即"每盐一引,重四百斤,价银十两"[③],盐税率为1/40。

待到元政权控制运城盐池,稳定了对全国的统治以后,元政府一面继续扩充和完善河东盐务管理机构,一面不断提高税征率,以便达到多征盐课,增加财政收入的目的。

元世祖中统二年(1261年),每引价曾减至七两。至元二年(1265年)九月,元政府采纳陕西行御史台监察御史帖木儿不花的建议,除对服役盐户所产之盐征税外,同时实行允许产盐户以外的百姓捞采,政府按引收纳课钞3锭,以增加盐课。"河东盐池……运司每岁分轮官吏监视,听民采取,立法抽分,依例发卖,每引收价钞三锭。"[④]之后,税征率更是直线上升。

到元成宗大德四年(1330年),每引价便增到67.5两,增加了近10倍。此外,中统三年(1262年),又以太原民户自煎小盐,岁办课银150锭。两年后,又增小盐课银为250锭。

至元元年(1264年)更猛增到岁课750锭。同年七月,以都转运司阿哈马特言,增解州盐课银5 000两。至元八年(1271年),"尚书省请增太原盐课,

①《元典章》卷22,《户部》卷8。
②《元史》卷170,《郝经传》。
③蒋兆奎:《河东盐法备览》卷7,《课额》。
④《元史》卷94,《食货二》。

岁以钞一千为额,仍令本路兼领,从之。"①至元十年(1273年),岁办盐64 000引,计中统钞115 200余锭。

元贞元年(1295年)闰四月,陕西行省又借口盐课提解熔铸过程中有耗羡,再盐河东羡盐钞12 500余锭。大德十一年(1307年)增岁额为82 000引,又增余盐为20 000引,通计为102 000引,按大德四年的引价折算,课银高达6 884 000两。延祐三年,因盐池为雨水所坏,只办课钞82 000余锭②,结果晋宁、陕西之民改食常仁红盐,林州、孟州河南之民改食沧盐。延祐六年(1319年),改陕西运司为河东解盐等处都转运盐使司,建立健全了一整套庞大的盐务官僚机构。这一年实际捞盐184 500引,折课额约30 700锭。致和元年(1328年)二月,解州盐池母体黑河之堰黑龙堰坏,元政府急调番休盐户修之。元文宗天历二年(1329年),办课钞395 395锭,每引价白银跃增到150两。

从太宗到文宗近百年间(1230~1329年),盐税率增加了15倍。而盐课额,宪宗壬子年(1252年)仅为3 000锭,③到文宗增为395 395锭,短短70余年间,元代在运城盐池收入之盐税总额实增130倍。盐利增加率之高,盐课收入增长之多,实在惊人。这一方面说明了蒙古贵族对中原地区进行了野蛮的掠夺政策。另一方面也反映出元代中后期随着每年所办盐引及引课的增长,河东盐池的盐业生产仍较前期有所发展。任何事物都是一分为二的。如果生产一味受破坏摧残,那便不会有增多的盐引额与课额了。

当然,随着元代中后期盐税率的增长,盐价自然也水涨船高,日趋昂贵。尤其是元统治者计口食盐法的强配政策,给广大下层人民的生活带来了无穷的灾难,并最终导致了官盐的滞销和人民的淡食。"课重价昂,引盐不售,有派民收买,入钱县官之历政,民甚苦之。"④元政府重征盐课,不法商人一味抬价谋利,广大百姓欲买无钱,只好淡食。于是,有的便铤而走险,贩卖私盐,树起反元斗争旗帜。这是元朝统治者不合理的食盐征课政策所导致的必然恶果。

---

① 《续文献通考》卷19,《征榷二》。
② 《元史》卷96,《食货四》。
③ 《元史》卷94,《食货二》。
④ 蒋兆奎:《河东盐法备览》卷8,《课额》。

表 1-7　元代不同时期盐课额表

时　　间	课　　额
元宪宗壬子年(1252 年)	150000 两
元世祖至元十年(1273 年)	567000 两
元成宗元贞元年(1295 年)	1201000 两
元成宗大德十一年(1307 年)	6884000 两
元仁宗延祐三年(1316 年)	410000 两
元仁宗延祐六年(1319 年)	1535000 两
元文宗天历二年(1329 年)	20669750 两

三、中国历史上的运城

运城何以能由一个弹丸小村作为盐务专城而建立,元政府为什么要在运城设司筑城呢? 前人认为,运城建为盐务专城乃形势使然。"天下盐治不一,举无专城,河东何以独有专城? 盖煮海者商灶延绵沙际,千里相望,如淮、浙、长芦皆非一州一邑之地。故但居要临之,而所附皆通都大邑,已有提纲挈领之势。若河东产盐于池,向立盐司于解州。秦、晋、豫三省商民群萃一城,每患地小不足以容,城之特建,势使然也。"①具体地讲,运城在元末建为盐务城,有以下诸方面的原因:

第一是封建盐政管理,亦即解盐生产运销发展的需要。河东盐历来是封建政府的重要财政入项,故而"历代治鹾皆设官司,以为经理"②。不过元代以前,"榷沽之政,或入少府,或归大农,或隶度支,即行榷之吏大约分摄于军州郡邑之食厩幕,未置专廨"③,但是,由于盐池周围,先有唐之"壕篱",后有宋之"拦马短墙",金之"石墙",封闭较严。解州地理位置对盐池来讲不适中而失于偏,对盐务税收征管诸多不便。尤其是到元代"盐为诸赋之首,解之盐泽又诸鹾之首"④,"会其岁之入,以缗计者二千万租赋外,惟以盐课佐经费"⑤。于是,元政府出于控制盐业,搜刮盐课的需要,建立起庞大的盐政官僚机构——河东都转运盐使司,专门管理河东盐务,征收盐课。由于盐务繁杂,运

43

---

①蒋兆奎:《河东盐法备览》卷 2,《运治》。
②《河东盐法志》卷 6,《官职》。
③④〔光绪〕《解州志》卷 13,《艺文》。
⑤〔乾隆〕《解州安邑县运城志》卷 12,《艺文》。

销兴旺,商贾云集,车马不绝,解州城小,且偏处一隅,鞭长莫及。而潞村乃弹丸乡镇,不能适应日益发展的盐业生产及流通的需要。只有建立一个圈套的城池以实施管理,容纳商贾,解决生产供需、运销中的矛盾,才能适应这种客观形势发展的要求。

第二是运城地理位置的优越。运城位于盐池中部的北面,濒临中禁门,尽管它原来仅是弹丸乡镇而非通都大邑,但是对盐池来说,它位置适中,处于交通孔道,南来北往、东行西去均极为方便。而且,比解州、安邑地理位置都优越。而解州不适中,安邑又失于偏,均不是理想之所在,只有运城是最理想不过了。所以,盐运使姚行简献议于前,那海德俊筑城于后,前呼后应,审时度势,颇具远见卓识。再同全国其他盐产地相比,运城盐池具有盐场集中,方围百余里均有墙,建筑一城池予以统辖,具有现实性和可能性,而不像海盐及其他产盐区那样分散遥远。加之运城盐池近处缺乏通都大邑,驻跸官员商旅,客观上需要建构一个城市。

第三是阶级斗争的需要。具备上述两项条件,仍不能说明为何运城偏在元末才兴建。因地理位置和盐政管理两因素绝非仅元代具备,从盐业生产量和在封建财政中的地位来说宋代完全不亚于元代,可是为什么宋代没筑运城?再者元初,姚行简献议绘图仍未筑,只是到元末才付诸实施呢?这就不能不从元末阶级斗争的需要说起。

元末,由于全国各族人民反抗元政府统治的斗争不断深入,蒙古军事贵族的统治到元顺帝至正年间已处于摇摇欲坠的地步。面对这种状况,元朝统治者为了镇压各族人民的反抗斗争和保护盐政官吏及盐池的安全,遂筑城于潞村。元人黄觉曾说:"潞村室庐联骈,楼阁辉映,惜乎!散漫纵横,无山溪城隍之固。加以河南不轨之徒,猖狂恣逞,阛镇之民,宵旰蹙额,止以天堑为倚,倘有不虞何以生?"[①]这正从另一角度道出了元末筑运城的原因。

三凑其一,上述三方面的原因和特定的历史条件促成盐务专城——运城的产生。运城在中国古代城市发展史上具有自己的特色,据张正明先生研究,运城的发展也不同于西欧中世纪的城市,它以自己的盐业经济形成独具特色的一座盐务专城,并且带动了整个河东地区政治、经济、文化的发展。

运城建成不久,元政权便灭亡了。运城的大规模发展是在明、清两代,特别是明代前期。从元代发展到清代,运城城内街坊建筑也有了相当的规模。城

---

① 〔乾隆〕《解州安邑县运城志》卷12,《艺文》。

内有了9坊（厚德坊、和睦坊、宝泉坊、货殖坊、荣恩坊、贤良坊、甘泉坊、永丰坊、里仁坊）。并建起了运储仓、运阜仓，设有养济院、飞艺所、公桑园、牛痘局、育婴堂、粥厂、义仓等社会慈善救济之类公益福利部门。而且，随着运城及其盐业的发展，城内兴起了票号、旅店、盐栈、店铺、百货等服务行业，逐渐形成了以盐业为轴心，集手工业、商业、服务业为一体的新兴盐业城市。但是元代首创之功，将会在运城发展史上永不泯灭。

四、第一所盐商子弟学校——运学

伴随着运城的创建，还有一件值得一提的事，这便是运学的建立。运学在运城东南，系元大德三年（1299年），由盐运使奥屯茂创建，是一所专门供商籍子弟入学求知的学校。运学的成立，不仅说明元代运城河东盐商的蓬勃兴盛及数量之众，而且在中国古代文化教育发展史上具有重要意义。

在漫长的封建岁月里，由于长期奉行"重农抑商"政策，商人一直受歧视，商人子弟更没有自己专门的学校，直到元朝成宗大德三年（1299年），才在河东运司由主管盐政的盐运使奥屯茂创办了中国历史上第一所盐商子弟学校——运学。

运学位于盐池禁墙之北，是一所专门负责接收和培养盐商与盐丁子弟入学就读的中等学府。

此前，从事池盐产销的盐工和盐商子弟念书都得跑很远的路去解州和安邑县地方学校上学。而盐商往往常年在外贩卖，盐丁更是每到春夏时节整天在盐池捞晒服役，根本无暇顾及子弟的学业。加之当时盐税占财政比重大，在盐池从事产销盐的盐商有500家，子弟数千，客观上具备办学条件和生源。运学建立后，既解决了盐商后顾之忧和子弟就近上学问题，又保证了盐商和盐丁安心生产与运销。

运学设教授一员，训导一员。教授正七品，月俸银45两，米5石，另加养廉银100两，在盐运司公费中开支。教授主讲经史，并全权监管各科教学。而训导则讲授礼、律、书、乐、射、算诸科。运学的经费来源有三条渠道：一是河东盐运使司的拨款，二是安邑县东留、陶上数村370亩地每年的租粮，此外还有当地官僚、盐商、富绅捐赠的银钱。

运学在元代就有人夸赞为本郡庙宇之冠，到明、清时进一步扩展，其建筑及规模很讲究。中为大成殿，前有乾门，后列明伦堂、敬一亭。亭东依次为崇圣祠、尊经阁、射击场、观德堂。尊经阁是运学的图书馆，其藏书据明人马理《新

45

建运学尊经阁记》称:馆有书千卷,藏于库。在当时,能有上千卷藏书已相当可观。由于运学师资设备、教学质量、经费开支均比地方学校优越,故而到明代,人们花钱托关系找门路,多想把子弟送入运学。为此,明政府规定即便是商籍子弟也不得滥考,必须是盐商子弟方准考试入学,民籍童生更不得混入冒考。民籍中如有冒滥通融,贿赂盐运司官员入考,或者地方官打通关节让子弟混考者,一经查出,均要处分。当然,规定虽严,仍禁绝不了少数违反规定冒考现象的发生。尤其到清代,地方上有权势的人家将民籍童生户籍变更混入商籍冒考之事时有发生,给运学的招生管理带来许多问题。所以,到清世宗雍正时下旨清理当地商籍。再次规定以后只准在户部注册为河东盐商的子弟方准入学应考,如果从前确为河东盐商,祖父三代籍贯也在河东商籍的嫡系子孙也可应考,其他外地商人及零星小贩商贾子弟一概不准冒充商籍考试。从此,运学成为少数政府许可户部注册的大盐商子弟的贵族学校,不仅一般盐工子弟,就连普通商人子弟也被排斥在外。

运城和运学的出现是河东盐池在元明时期商品经济发展,商贾数量大增的产物,有利于晋南地区经济和文化教育事业的发展,为运城地区现代教育的发展变化和高考升学率多年位居山西前列奠定了基础。它一度适应了元、明、清时期商人子弟入学就读的需要。但由于封建专制统治的局限,运学到清代没有随商业经济的发展得到相应的扩大,所招生源越限越窄,不利于广大盐工子弟和中小商人子女获得教育。到清末光绪年间,随着废科举、兴学堂的教育改革,运学遂改名为"河东商学"。

第七节　明代河东盐的生产

一、生产方式

明初沿袭元制,继续采取征集民工服役的民制官收政策。但在生产方式上适时地调整了元代集工捞采、天然结晶的落后生产方式,而采用"且种且摊"的方法,即一方面仍然依靠自然结晶、集工捞采;另一方面在破坏不太严重的畦采用垦畦浇晒的办法。二者并用,因地制宜。这种生产方式从当时实际情况来看比较适宜。因为明初百废待兴,继承的是元代百余年统治后盐池生产受到破坏的烂摊子,不是一朝一夕就能够全然改观的,需要一个调整、过渡阶段。所以初期实行"且种且摊"两种生产方式。到明代中后期,随着社会经济的发展,运城盐池的生产方式又有了改进。特别是明穆宗隆庆以后,明政府采取鼓励商人自备工本、官商七三分成的开放政策,垦畦浇晒法基本得到全面恢复。这可以从万历二十五年(1597年)巡盐御史吴楷刻立的《河东盐池之图》及明末科学家宋应星撰写的《天工开物》中的记载得到印证。

《河东盐池之图》左方刻有吴楷的《南岸采盐图说》,生动地描绘了解盐采取垦畦浇晒法产盐的具体场景:"盐池南北七里,东西五十余里。其近南岸者,水颇澹,盐花罕结,下多黑泥,俗名黑河。云蕤宾之月,忽报盐生于黑河,采者苦之,余不任耳,而任目也。诘朝往视,有司者以地险辞。乃易衣乘肩舆,肩者、持者、拽者、导者计二十余人。日中始登彼岸。黑河阔一里许,洵无驻脚处,亦无所谓盐床也者。而乃风来水面,花聚池心,始疑浅红映白,俄警飘璃堆琼,开金镜于琉璃,挂玉绳于云汉,使所谓尘世佳境,恍然近之矣。于是,叹造物之无尽,惜关利之见遗,瞩南征之匪易,酌北岸之可移,驱万夫于水上,垒垒乎若银河之连珠,载筐载筥,是任是负,持掭以趋盖,将不遗余力焉。乃冒暑日之薰,盐水之虢,僵仆之灾,饥渴之害,吁可胜言哉!"[①]

《天工开物》则更清楚地写道:"池水深聚处,其色绿沉,土人种盐者,池傍耕地为畦陇,引清水入所耕畦中,忌浊水,渗之即淤淀盐脉。凡引水种盐,春间即为之,久则水成赤色,待夏秋之交,南风大起,则一宵结成,名曰颗盐。"这与北宋科学家沈括在《梦溪笔谈》中描述的基本吻合。由此可见,到明代中后期,解盐采用垦畦浇晒法是毫无疑问的主要生产方式。

明代垦畦浇晒法的具体工序是:"种盐之法,资乎畦工。畦外旧临黑河,岁时修浚,东西深通。畦底淤泥,滋生盐根,纠结盘簇。上有盐板,坚厚光泽,浇晒所取给也。岁以二月一日,畦工入垣。盖奄淘沟治畦,既毕俟南风至时用桔槔挹水,注于畦之首段,时以铁耙搅之,日曝味作,移注次段,首段另注新水,次段水咸色赤,移注三段,俟其澄清,开隙塍隅,以灌四段。要俾清流盈科而进,水深不过一二寸,经时盐花浮上,望如皎雪,乃用木耙遍榻,谓之榻花。花落水底,风力震荡,逼以烈日映水,视之如编贝然,则盐成矣。若得小雨,颗愈鲜明,夏月生盐独美,春秋生盐多硝,岁旱粒细而茫,雨多日不烈则青头色,故有青盐、白盐之分。南风、东风则盐成一夕。东北风、西南风则盐花不浮,满畦如沸稀粥,谓之粥发,色恶味苦,须刮弃畦边,等风转时再上水浇晒,方堪食

47

---

① 此图刻石上,高1.03米、宽1.07米,下有基座,今存运城市博物馆。

用。"①

二、生产力与产量

元代运城盐池初分 8 场,后减为 4 场,4 场依东西方位分别叫做常满、盐北、紫泉、惠商。明初又改 4 场为东西 2 场,至成化年间巡盐御史吴轸奏添中场,合为 3 场。明代在改进生产方式的同时还大力开发盐池,全部利用大池北岸。嘉靖三十年(1551 年)以后,又开垦了南岸。天启年间还进一步开发过女盐池和六小池。女盐池即《水经注》中所谓女泽,其池客涝时注,水满则淡生鱼,水涸则苦生硝,故又名硝池,历代皆未开发。六小池在大池之西,一曰永小,一曰金井,一曰贾瓦,一曰夹凹,一曰苏老,一曰熨斗,面积极小,产量有限,历代多在大池损坏或受客水侵犯时偶尔浇晒济急,但时修时废,至明才全部得到开发利用。

人是生产力中最活跃、最重要的因素。明代河东盐的生产,仍沿袭宋、元的做法,由政府征集盐池附近的民户编为盐户,盐户出盐丁到盐池服役。

明代的户等主要分为民户、军户、匠户 3 类。民户又分儒、医、阴阳。军户包括校尉、力士、弓兵、铺兵。匠户有厨役、裁缝、马船之类。此外,濒海及产盐地有盐户、灶户,寺有僧,观有道士。都以自己所从事的行业著籍。政府通过登记户口的户帖,将居户的姓名、年龄、居住地址详细记载实施管理。盐户的社会等级是很低的。据明代行政法典《大明会典》记载,正德十五年(1520年),"令各府州县囚徒,情罪深重者,不论远近,俱发本省盐场缺人锅下,依照年分煎盐"②。盐丁缺额,乃用囚徒抵补,显然带有惩罚性质,可见盐丁的社会身分类似于徒隶,而且,盐户若要改归一般民户,须经政府有关部门特殊批准,这就反映了他们社会地位的低贱。

明代在运城盐池直接从事食盐生产制作的劳动者便是盐丁。据记载:"解池旧有盐丁。明初于蒲解等州县编审盐户八千五百八十五户,定盐丁二万二百二十名,每二十名立料头一人,捞盐千引为一料。其盐户除正役、里甲应办粮草外,一应杂泛杂徭,丁少者俱蠲,丁多者量减。于商人名下每引征赈济银一分。每盐丁捞盐一引,即赈济一分。又查有佃种逃绝盐丁地土者,按地派出盐丁,以供捞采。"③

①〔光绪〕《山西通志》卷 70,《盐法略上》。
②周庆云:《盐法通志》卷 42。
③蒋兆奎:《河东盐法备览》卷 5,《盐丁》。

　　由上述记载可知,明代盐丁较之前代有三个特点:第一,盐户、盐丁数量大增,远远超过宋、元两朝,说明明代从事食盐生产制作的劳动力投入很大。第二,盐户、盐丁除生产服役外,还要承担里甲正役,封建徭役义务仍十分沉重。第三,每家盐户至少要出两名盐丁,政府加征商人引盐银赈济捞盐户丁。盐丁的生产组织以 20 人为一基本单元,由料头 1 人进行统领,料头即后世的作头、工头;料头的出现,说明盐丁阶层有了进一步的分化,少数人已逐渐发展为代政府督责盐丁生产的工头。

　　明代盐丁的生活十分困苦。到嘉靖年间,随着商品经济的发展和贫富分化的加剧,少数富有盐丁私自雇人服役,料头乘机揽收影射。因议每年清审,听民自愿,"无力者照旧供役,有力者纳银一两五钱,免其捞采。如遇捞采不及,雇募贫民,每一料给以价银二十两为工费,此工本盐所由昉也。"[1]

　　由于盐丁不堪忍受繁重惨苦差役,便大量逃亡,加之纳银代役的推行,直接影响到解盐的生产和国家财赋的收入,明朝统治者不得不采取另外的替补措施,实施募民捞采法。嘉靖三十年(1551 年),河东巡盐御史尚维持广召贫民捞采。其法,不给银两,就以本人所捞之盐付酬,计盐付酬的做法有如西欧的计件工资,较之征盐丁服役或富人雇役的办法均佳。因为盐丁是被征集来服劳役的,劳作艰苦,报酬甚低,产盐多少与自己的切身利益关系不大,生产积极性不高,所以,视为官事苦差,不肯出力。而招募来的雇工,按捞盐多少付酬,多捞盐便可以多分盐,利害紧密相连,因此,视为自己的家事,捞盐的积极性很高,不仅要多捞盐,而且要捞高质量的盐。这样的盐,商人亦乐于报中,因为能从优质盐中获取高额利润。可见,政策措施得当,就能促进生产的发展。募民捞采比盐丁服役更有利于调动人的生产积极性。

　　到穆宗隆庆年间 (1567~1572 年),河东巡盐御史郜永春建议进一步恢复和推广募民捞采法。他说:先是"用库贮银三十两,召贫民捞一料,以广收盐利"。但是,由于官民勾结,盐质低劣。又因前项佃地人户既应差役,又复捞盐,而用盐丁,则民力不堪,动赈济恐财力不济。所以,他主张广招贫民于南岸北岸捞采。"况官得其十,民得其一,较之给银尤为长便。且盐丁捞取必待督率,完料必待赈济。若募民则不烦督率、赈济而自无不精不多,盖盐丁视为官事,而贫民视为家事也。盐丁之力十不能得一二,招募之夫一可以当十百,何所惮而不为,伏望责令该管员役,两岸每捞盐一料外,给盐十车,许令比照太

49

---

①蒋兆奎:《河东盐法备览》卷 5,《盐丁》。

汾事例,各给小票发卖,公私俱足。"①

此外,明代中后期除采取盐丁服役、募民捞采外,还鼓励运盐商人自备工本,"自雇夫役,捞办关支"②,然后官商分成的办法。明代在河东盐池从事运输贩卖的盐商约有 500 家,他们捞采的盐按三七分成,即运商得 3 成,算做工本费,政府得 7 成。盐商不再纳税。官府给予运商捞盐凭证后即可运销。运商自办捞盐实是募民捞采,这种计盐付酬法的进一步推广,运商同招募的民夫均有利可图,多劳多得,故而生产积极性也很高。它比官府强制下的盐丁服役更能调动劳动者的生产积极性,刺激生产的高速发展。由于明后期河东盐池采取了雇工捞采、运商捞采和盐丁捞采三结合的政策,盐的产量有了大幅度增长,1 年所产之盐比往年多到 10 倍。明初洪武三年(1370 年),每年额办盐引 304 000 引,折合产量 60 800 000 斤。明武宗正德十五年(1520 年),岁办盐引 620 000 引,折合产量 124 000 000 斤,比洪武时产量增加了 1 倍多,突破亿斤大关。而到明神宗万历三十二年(1604 年),河东盐池岁办盐引 1 440 700 引,产量高达近 3 亿(288 140 000 斤),创解盐历史生产的最高水平。

万历中期以后,明朝盐丁捞采制度日趋衰退,其实,盐业衰败之兆,早在万历初年已露端倪。万历四年(1576 年),巡盐御史陈用宾便指出:"以富丁出银免役,贫民包揽代办,富者愈逸,贫者愈劳。况名为富丁,不无豪强假盐户名声影蔽差役。今宜将逃窜贫丁招徕复业,其富丁七百七十余名停止纳银,尽驱捞力,管盐官明信赏罚,毋庸虚应雇代。此时料头七百四十四号,丁夫一万四千七百,不为不多。既免差役,又每捞盐千引,赈济银八两,后加至十两,不为不厚,然路途跋涉,旅次艰食,沸汤溅足,烈日熏肌,劳苦万状。故富者雇代,贫者强支,查点不及十之四五,捞采不及十之二三,捏造反名,诳报虚数,皆由料头之包揽为奸,管盐官之扶同作弊也。"③到明末,盐丁由明初的 20 220 名,减少到 407 名,盐丁因不堪苦难的劳役大量逃亡。随着劳动力的急剧减少,池盐产量迅速下降。盐法弊端累累。权贵势要侵夺盐利,料头包揽为奸,管盐官通同作弊的现象屡禁不止。

陈用宾的分析可谓入木三分,其宜将逃窜贫丁招徕复业的主张也不无道理。但是明王朝到万历中年以后,统治集团已日益腐朽,各级官吏营私舞弊,

---

① 蒋兆奎:《河东盐法备,览》卷 11,《奏疏》。
② 《明武宗实录》卷 164。
③ 蒋兆奎:《河东盐法备览》卷 5,《盐丁》。

社会矛盾十分尖锐,任何想挽回盐丁服役的努力都是徒劳无益。盐丁大量逃亡犹如决堤洪水一发不可收拾,所以到明末"止存盐丁四百七丁半。每岁正月,行文州县,从公清审,汰年老,收幼丁,务足旧额,一遇池盐生结,调取职官督率料丁,星夜赴池,照依分定中、东、西脚道,竭力捞采。每丁日责照定例捞盐一引,二十丁为一号,一号所捞,各自为堆,以辨多寡美恶。捞采完日,各在脚道高阜处,每一千引,攒料一台,金台头一名,日后盐不足数,责在台头补捞。每丁每年额捞盐三十二引,足额者官给赈济银三钱二分,不足责令下次补捞,今岁不足责令次岁补捞"[1]。

　　尽管明末采取上述严厉督责料头、盐丁捞采赔补的强制高压政策,但并没有收到多大的实际效果,反而因不足额责令补捞,这次不足下次补、今年不足明年补的硬性摊派,引起盐丁更多不满而越发逃亡的恶性循环。所以,到明亡前的崇祯五年(1632年),河东池盐岁办引额下降为432 500引,比万历三十二年减少了2/3还多。明代各个时期解盐的产量没有确切的记载,兹据《中国盐政沿革史》河东卷所记,每年办的引额数(引额数是官府额定指标,不包括余盐,故不完全等于实际产量)可以折算出主要时期大致的产量情况。详见表1-8。

表1-8　岁办引额数及产量

年　代	岁办引额数	折合产量
明太祖洪武三年(1370年)	304000引	60800000斤
明宪宗成化二十二年(1486年)	384000引	76800000斤
明孝宗弘治五年(1492年)	420000引	84000000斤
明武宗正德十五年(1520年)	620000引	124000000斤
明世宗嘉靖二十七年(1548年)	620000引	124000000斤
明世宗嘉靖三十一年(1552年)	620000引	124000000斤
明神宗万历十六年(1588年)	420000引	84000000斤
明神宗万历三十二年(1604年)	1 440700引	288140000斤
明思宗崇祯五年(1632年)	432500引	86500000斤

[1]蒋兆奎:《河东盐法备览》卷5,《盐丁》。

三、防范缉私

明代运城盐池的盐业生产得到了长足发展,无论是盐的产量、盐课的征收,还是盐业管理,都超过以往任何一朝。这除与明代的有关盐业发展政策直接相关外,也和明代得力的防范缉私措施密切关联。明代的盐禁条例繁而又细,从盐池的护理、盐引的收放、私贩的处罚各个方面,均有严密的规定,兹分述如下:

(一)禁墙

明代在运城盐池防范缉私最为有效的措施,便数宏伟壮观的建筑工程禁墙了。"坏池四面,周围以墙,名曰禁垣,所以御盗贼而资保障也。"[1]运城盐池的禁墙经唐代初创、宋代继建、明朝筑成、清世续修,成为全国产盐区中独具特色、绝无仅有的宏大墙堡,对运城盐池盐业的发展起过巨大的作用。

早在唐朝,为防范私贩在池场偷盐,便环绕盐池一周筑起了"壕篱"。这是一种简易的防护建筑,只将水沟、矮墙和木桩连接起来,然后派巡护人员沿壕篱要害地段来回巡游察看。它就是日后禁墙的雏形,规模有限,设施也很粗陋。到了宋代,随着"垦畦浇晒法"的广泛使用,盐的产量有了提高,禁私更显必要,于是,在唐朝"壕篱"的基础上,沿池周围修建了"拦马短墙"。尽管它仍属低矮土墙,但是规制显然比唐时又进步了,并且沿池设"东西二门,以便出入"。再到金代,又在一些险要地段加修石墙。很显然,它已能够初步有效地护围盐池了。

明代是禁墙完备定型的时期,先后有几次大规模的营建工程。

明中叶,随着社会经济的发展,河东盐业也呈现出兴盛局面。为了进一步加强对盐池生产运销的管理,成化七年(1471年),河东运使孟淮奏请朝廷派遣御史监临。3年后,明朝中央政府正式派遣御史王臣巡视河东。王臣上任后,开始了明代第一次全面大规模的修建禁墙的活动。王臣的这次修建墙垣,较之以往更趋完善。

首先是塞东西二门,另辟中门总出入。自宋代修起拦马短墙,沿池便设置东西二门,以便人马车辆出入盐池。元代因袭此法,仍设东西二门,东称育宝,距安邑5里,西名成宝,距解州10里。继续沿用。王臣到河东后,"塞旧东西二门,另于池北辟中门以总出入。"[2]

[1]蒋兆奎:《河东盐法备览》卷1,《盐法》。
[2]〔光绪〕《山西通志》卷70,《盐法略上》。

其次是拓展禁墙范围,加固禁垣。唐代的"壕篱"十分简易,宋代的"拦马短墙"仍较低矮,金代加修的"石墙"也只是在部分地段。而王臣则于马墙之外筑禁垣一周 2 500 余堵,长达 17 422 丈,高低依自然地形,南北垣高 1.3丈,东西垣高 1 丈,基厚如垣,渐次而上。这种梯形式的禁墙比以往防护建筑更加完固耐用。

再次是注重配套设施,全面科学地防护。唐、宋时期虽然也修建了"壕篱"、"拦马短墙",但因设施简易,不够坚固,所以对盐池的防护作用比较有限。尤其是洪水(习称客水)冲决堤堰之患,仍没有得到很好的解决。如"元时解池霖涝损坏堤堰,盐花不生"①。而王臣这次修建,则总结了以往的经验教训,在禁垣之外筑有马道,宽阔皆丈余,便利了运盐车马往来。马道之外有隍堑深宽皆丈,以蓄野水。垣内外置铺舍,以居逻卒。禁垣之下设有水眼,以泄野水。隍堑之外又有渠堰,连环数重,内外兼固,经理颇为周详。

不过,这次修筑禁垣也并非完美无缺。其中的一个问题便是禁锢太严,环池 1 周,仅留 1 个靠近运城的中禁门让客商人等出入,极为不便。所以到成化二十一年 (1485 年),"巡盐御史吴珍请求仍开东西二门,合中门称禁门者三,如今制。中禁门与运城相对,名曰祐宝。东禁门距安邑五里,名曰育宝。西禁门距解州十里,名曰成宝。三场出入,各从其便"②。

第二次大规模加修禁墙是在明武宗正德十二年(1517 年)。因为自成化年间王臣将禁墙修成后已有 40 余年,由于风吹雨淋,禁墙受到一定的毁坏,因而,巡盐御史熊兰又征调民夫 3 000 余人,费时半年,将禁墙加固增厚至1.5 丈,加高到 2 丈,隍堑加阔挖深各 1.5 丈。禁门上建楼,禁墙内筑铺舍 60间,驻人马把守。"其分设池内者,北岸则有巡役四十六名,专司巡缉私盐,统归知事管辖。又有斗级四十九名,协同巡缉,兼有量盐之责,分属三场大使管辖。南岸又有马快八名,归解州州判管辖。其分布池外者则有额设弓兵六十名,以司双铺。又有改添商巡六十名,以司单铺。分隶盐池长乐、圣惠三巡检管辖。盐池斗巡、马快防护于内,弓兵、商巡侦缉于外,又有门役以瑾其锁钥,而防其夹带,私盐应难飞越。"③这样禁墙、马道、隍堑及铺舍内外连接,更为牢固、壮观。

53

---

①蒋兆奎:《河东盐法备览》卷 1,《祥异》。
②蒋兆奎:《河东盐法备览》卷 1,《盐池》。
③蒋兆奎:《河东盐法备览》卷 1,《形势》。

　　这两次大规模修建禁墙,都是征调盐池附近州、县的农民来服役。除此之外,禁墙有自然人为因素的伤损,每年要进行"岁修"。"岁修"照样由盐池附近的解州、蒲州和其属县安邑、夏县、闻喜、平陆、芮城、临晋、荣河、猗氏、万泉、河津以及府属县太平等13州、县承担。各州、县按其盐丁比例承修固定的长度,如安邑为4 193丈,夏县为731.1丈……。[1]大修和岁修都是盐池附近州、县农民沉重的劳役负担。清初继续沿用此法,后至雍正年间才免,修禁墙费用由国库拨付,每年额定为银5 000两。至此,才减除了农民岁修禁墙的负担。

　　禁墙建成后,确实发挥了积极的作用。以明朝为例,主要表现在:

　　第一,在很大程度上防止了走私盗盐,增加了政府的财税收入。

　　禁墙没有彻底建成以前,由于"垣堑不密,护视不周,或杂流浸淫以入,则盐不就;或小人相群以私窃,至争斗不可禁。国家……往往得利于两淮,而两浙次之,解反出其下。"待到明代禁垣建成,很快收到了明显的效果。"昔盗皆散去,守卒夜卧,警析不闻。"而"盐大熟,盗不得私窃,巨商细贾竟聚池下,盐大售。于是解州之利渐出两浙、两淮上矣。"[2]

　　第二,解池盐利明后期超过了两淮、两浙,跃居第一。

　　建立禁墙,对于防止盗盐走私,增加财政收入,无疑有着明显的作用。但是,说由此达到了"守卒夜卧,警析不闻"的平安境界,则未免有些夸大。事实上,盗盐走私活动并没有因禁墙建立而根绝,原因在于"缉私之人即窃私之人,禁私之役即纵私之役"[3]。另从明朝颁布的盗卖私盐的严刑酷法中,也可得到私贩难禁的见证。不过,说运城盐池盐利收入超出两浙、两淮而居其上,这倒并非夸饰之词,而是符合历史事实的。例如,元宪宗天历年间,全国总办盐课7 661 000余锭,运城盐池办盐课39 395锭,仅占全部盐课的5.16%,[4]而两淮、两浙长芦的盐课则占大宗。而到明代,禁墙的建成,使盗盐走私现象较前大减,保护了税利,政府在运城盐池收入的盐课大增。据《明史·食货志》记载:两淮有"盐场三十……岁办大引盐三十五万二千余引(一大引重400斤)"……岁入太仓余盐银十四万两;而运城盐池仅有"盐场三个,洪武时,

---

①《河东盐政汇纂》卷3。
②《河东盐法备览》卷12。
③王九思:《重修池墙碑记》卷1,《形势》。
④《元史》卷94,《食货二》。

岁办小引盐三十万四千引。弘治时,增八万引。万历中又增加二十万引(合计五十八万四千小引,折二十九万二千大引)。到万历三十二年(1604年),岁办引额猛增到一百四十四万零七百引(折七十余万大引)"①。很显然,运城盐池盐利确实是超过了两淮、两浙。

(二)盐禁法规

明代是君主专制高度强化时期。为垄断盐业的经销,明政府严禁盗盐私贩,违者严加惩处。明代的盐禁法规分《盐引条例》和《盐法律例》、《条例》三类,皆在明太祖朱元璋洪武年间制订实施。这些盐禁法规通告全国各大盐区,不论官吏、军民、盐户都得遵行。兹将其分述如下:

首先是《盐引条例》。明代实行开中法,令商人输粮若干,给盐1引,准其赴场支盐运售。盐引成为一种盐粮兑换券,由户部先编置勘合底簿,分立字号,一发各布政司及都司卫所,一发各运司及提举司,俟客商纳粮,即由收粮机关填写粮数并应给引数,另付仓钞,给予商人,投呈各运盐司或提举司。各运盐司、提举司比对原墨字号印信相同,按照引目,派场支盐。为了防止官府和商人营私舞弊,洪武初便制定颁布了《盐引条例十条》:

其一,客商贩卖盐货,每200斤为1引,运司给放半印引目,每引纳官本色米若干,收入仓,随即给引支盐。

其二,各场灶丁人等,除正额盐外,将煎到余盐夹带及私煎货卖者绞。百夫长知情故纵,或通同货卖者同罪。两邻知私煎盐货,不首告者,杖100,充军。

其三,凡守御官吏、巡检司巡获私盐,俱发有司归问,犯人绞,有军器者斩,盐货、车船、头匹没官,引领牙人及窝藏寄放者,杖100,发烟瘴地面充军。挑担驮载者,杖100,充军。有能自首者,免罪。常人捉获者,赏银10两,仍须追究是何场分灶户所卖盐货,依律处断。运司拿获私盐,随发有司追断,不许擅问。有司通同作弊脱放,与犯人同罪。

其四,凡起运官盐,每引400斤,带耗盐10斤,为2袋。客盐每引200斤为1袋。经过批验所,依数打包秤盘。但有夹带私盐,随发有司追断。客商货卖官盐,俱系经过官司,办验盐引。如无批验掣挈作记者,笞50,押回盘验。

其五,凡诸色军民权豪势要人等,乘坐无引私盐船只,不服盘验者,杖100。军民俱发烟瘴地面充军。有官者依律断罪罢职。

---

①《中国盐政治革史·河东卷》。

其六,凡将官运盐货偷取,或将沙土插和抵换者,计赃比常盗加一等。如系客商盐货,以常盗论。客商将买到官盐插和沙土货卖者,杖80。

其七,凡客商兴贩盐货,不许盐引相离,违者同私盐追断。如盐卖毕,5日之内不行缴纳退引者,杖60。将旧引影射盐货,同私盐论罪。伪造盐引者斩。

其八,起运官盐,并场户往来,搬运上仓,将带军器者,并行处斩。

其九,诸人买私盐食用者,减贩私盐人罪一等。因而贩卖者处绞。

其十,凡各处盐运司运载官盐,许用官船转运。如灶户、盐丁欲用别船装载,即同私盐科断。

其次是《盐法律例》。明代洪武年间对各类违反盐法私贩、盗卖及不按规定运销盐货者的处罚作了调整并明确规定:

凡贩私盐者,杖100,徒3年。若有军器者,罪加一等。诬指平人者加三等,拒捕者斩,盐货、车船、头匹并入官,引领、牙人及窝藏寄顿者,杖90,徒二年半。挑担驮载者,杖80,徒二年。非应捕人告获者,就将所获私盐给付告人充赏。有能自首者,免罪,一体给赏。若事发,止理见获人盐。当该官司不许辗转攀指,违者以故入人罪论。

凡盐场灶丁人等,除正额盐外,夹带余盐出场及私煎货卖者,同私盐法。

凡买食私盐者,杖100。因而货卖者,杖100,徒3年。百夫长知情故纵及通同货卖者,与犯人同罪。

凡妇人有贩私盐,若夫在家或子知情,罪坐夫男。其虽有夫而远出,或有子幼弱,罪坐本妇。

凡守御官司及盐运司、巡检司巡获私盐,即发有司归勘,各衙门不许擅问。若有司官吏通同脱放者,与犯人同罪。受财者,计赃以枉法从重论处。

凡守御官司及有司、巡检司设法差人于该管地面并附场紧关去处,常川巡禁私盐。若有透露者,关津把截官及所委巡盐人员,初犯笞40,再犯笞50,三犯杖60。并附过还职。若知情故纵及容令军兵随同贩卖者,与犯人同罪。受财者,计赃以枉法从重论。其巡获私盐入己,不解官者,杖100,徒三年,若装诬平人者,罪加三等。

凡军人有贩私盐,本管千百户有失钤束者,百户初犯笞50,再犯杖60,三犯杖70,减半给俸。千户初犯笞40,再犯笞50,三犯杖60,减半给俸,并附近还职。若知情容纵及通同贩卖者,与犯人同罪。

凡起运官盐,每引200斤为1袋,带耗5斤。经过批验所,依数掣挈秤盘。但有夹带余盐者,同私盐法。若客盐越过批验所,不经掣挈关防者,杖90,押回盘验。

凡客商贩卖官盐,不许盐引相离,违者同私盐法。其卖盐了毕,10 日之内,不缴退引者笞 40,若将旧引影射盐货者,同私盐法。

凡起运官盐并灶户运盐上仓,将带军器及不及官船起运者,同私盐法论。

凡客商将官盐插和沙土货卖者,杖 80。

凡将有引官盐,不于拘该行盐地面发卖,转于别境犯界货卖者,杖 100。知而买食者,杖 60。不知者不坐,其盐入官。

凡监临官吏诡名及权势之人中纳钱粮,请买盐引勘合,侵夺民利者,杖 100,徒三年,盐货入官。

凡客商中买盐引、勘合,不亲赴场支盐,中途增价转卖、阻坏盐法者,买主、卖主各杖 80,牙保减一等,盐货价钱并入官。其铺户转卖拆卖者,不用此律。

凡民间周岁,额办茶、盐、商税、诸色课程,年终不纳齐足者,计不足之数,以 10 分为率,1 分笞 40,每 1 分加一等,罪止杖 80,追课纳官。若茶盐运司、盐场茶局及税务等官,不行用心办课,年终比附上年课额亏兑者,亦以 10 分论,1 分笞 50,每 1 分加一等,罪止杖 100,所亏课程,著落追捕还官,若有隐瞒、侵欺借用者,并计赃以监守自盗论。

凡运盐船户偷窃商盐,整包售卖者,照船户行窃商民例,分别首从,计赃科罪,各加枷号两个月,仍尽本法刺字,所卖之赃照追给主,如追不足数,将船变抵。[①]

第三是《盐法条例七条》。其具体内容是:

其一,各边召商,上纳粮草,若内外势要官豪人家,开立诡名占窝,转卖取利者,俱发边卫充军,干碍势豪,参革治罪。

其二,凡豪强盐徒,聚众至 10 人以上,撑驾大船,张挂旗号,擅用兵仗响器,拒敌官兵,若杀人及伤 3 人以上者,比照强盗已行得财律,皆斩。为首者仍枭首示众。其虽拒敌,不曾杀伤人,为首者依律处斩。为从者俱发边卫充军。若止 10 人以下,原无兵仗,遇有追捕拒敌,因而伤至 2 人以上者,为首依律处斩,下手之人比照聚众中途打夺罪人,因而伤人律,绞;其不曾下手者,仍为从论。若贫难军民,将私盐肩挑背负,易米度日者不必禁捕。

其三,越境兴贩官私引盐,至 3 000 斤以上者,问发附近卫所充军。原系腹

57

---

①蒋兆奎:《河东盐法备览》卷 9,《律例》。

里卫所者,发边卫充军。其客商收买余盐,买求掣挚至 3 000 斤以上者,亦照前例发谴。经过官司纵放及地方甲邻、里老知而不举,各治以罪。巡捕官员乘机兴贩至 3 000 斤以上,亦照前例问发。

其四,凡两淮、河东等处运司、中盐商人,必须纳过银两纸价,方给引目守支。若先年不曾上纲,故捏守支年久等项,虚词奏扰者,依律问罪,仍照各处盐场无籍之徒,把持诈害事例发谴。

其五,凡伪造盐引、印信,贿属运司吏书人等,将已故并远年商人名籍,中盐来历,填写在引,转卖诓骗财物,为首者依律处斩外,其为从并经纪、牙行、店户、运司及吏书一应知情人等,但计赃满贯者,不拘曾否支盐出场,俱发边卫充军。

其六,各都转盐运使司总催名下,该管盐课,纳完者方许照名填给通关。若总催买嘱官吏并核盘委官,指仓指囤,扶同作弊者,俱问发边卫充军。

其七,各处盐场无籍之徒,号称长布衫、起船虎、光棍、好汉等项各色,把持官府,诈害客商,犯该徒罪以上及再犯杖罪以下者俱发边卫充军。

总之,明代的盐禁法规比元代更趋完备,尤其是在量刑范围、标准、处罚对象等方面更为具体详细,从而体现出明代盐法严密规范的特点。

(三)缉私机构

明代除了法律上严厉制裁盗盐私贩和修筑禁垣防止走私外,还在运城盐池及各重要关津渡口建立起缉私机构,派大量官兵武允巡获私贩之人。这些机构及官兵主要有:

巡检司。明代设盐池、长乐、圣惠三巡检司,专门负责缉捕私贩。三巡检司下额设弓兵 60 人,分别监捕各自的范围,凡遇无引盗贩私盐者一律捉拿问罪,交送有司按法定罪。

批验所。这是明代检查盐的运销的机构,同时也负责缉捕私贩。凡官盐领运售卖,必经批验所复核其盐引、勘合、字号、斤秤,一切手续齐全合法,方得通行。否则便被扣留追查。

铺舍。明代河东盐池内外各置铺舍以居逻卒。共设铺舍 68 个,其中内铺 32 个,外铺 36 个,各立界牌,以专责成。各铺分别设有若干巡逻兵卒,其中盐池内北岸设有巡役 46 名,专门负责缉捕池内私盐,由知事统管。另设斗级 49 人,协助巡役巡缉,兼有量盐之责,分属东、中、西三场大使管辖。为了防止私贩负盐脱逃,池南岸又配备了马快 8 名,负责追捕逃犯,这 8 名马快,由解州州判统一指挥调遣。此外到明代中后期,随着商品货币经济的发展,明政府于万历年间允许商人自备工本赴池捞盐,然后官商按七三分成。此法实行后,大量运盐商人拥入盐池,雇人捞采,因而也使得池内人员混杂,私贩乘机浑水摸鱼,为了解决商人捞采后出现的缉私问题,明政府几经斟酌,决定设置商巡,于是改添商巡60名,专门负责巡缉单字号铺舍,仍归巡检司管辖。

门役。东、中、西三禁门是人马车辆出入之孔道,同时也是池门缉捕私贩的最后一道关卡。为了严防私盐出入,三禁门每门均设门役数人,定时启闭禁门。掌管锁钥,盘查出入人员,以防夹带私盐。

由上可见,明代的缉私机构和官员较之以前更为完备增多。从池内、禁门、池外到各关津渡口均派驻大量巡缉人员以防贩私夹带。盐池内巡役、斗级、马快防护于内,弓兵、商巡侦缉于外,又有门役盘查,巡检司、批验所把关,真可谓层层防护,处处有关,私盐应难飞越。这些机构及官兵对防护限制一般的走私活动起过一定的作用。但并不能禁绝私贩。因为这些人往往窜同官豪权要及不法奸商,利用职权之便,执法犯法,禁私纵私,以谋私利。这样,再严的关卡也有漏洞,反而更便利于他们以"合法"的名义干各种违法的勾当。故到明代中后期,随着吏治的腐败,贪污贿赂公行,盐池内外的缉私之人就是窃私之人,禁私之兵役恰是纵私之役,这就是明代后期严法、高墙、铺舍、巡役仍没有禁住私贩的原因所在。

第八节　明代盐货的经销

明代盐货的经销在万历以前实行开中法与就场专卖制。万历以后,随着商品货币经济的发展,实行了以盐政纲法为内容的商专卖制。盐的行销范围除了商人以报中的方式运销指定销区外,主要是陕西省西安、汉中、延安、凤翔四府,河南省归德、怀庆、河南、汝宁、南阳五府及汝州,山西省平阳、潞安二府,泽、沁、辽三州。

一、就场专卖制

中国古代盐制,代有变更,而一代之中,或因时变易,或因地各殊。但主要不外乎无税、征税、专卖三种制度。无税制实行于三代以前及隋代和唐初,征税制实行于夏、商、周三代、秦及汉初与东汉六朝。中国封建社会后期则主要实行专卖制。此制又分五种形式:一为部分官专卖,即以民制为主,官制为辅,凡民制之盐由政府全部收买,由官运销,春秋时齐国的管仲即行此法。二为全部官专卖,凡产制运销皆归政府垄断,西汉时盐铁专营便是此法。三为就场官专卖,即产制归民,由政府收买,转卖于商,让其运销,唐刘晏变法,宋中叶及金元与明万历以前均行此制。四为官商并卖制,即将行盐地方划分为二,一由官运官销,二归商运商销,各有经界,不相侵越,五代宋初及辽金元均采用过此法。五为商专卖,亦称双重专卖,即政府将收买运销之权授之专商,而居间课其税。明万历以后及清代即行此制。总而言之,明代在万历以前实行的是就场官专卖制,万历以后改行商专卖制。

明初盐政循袭元制,实行民制官收。洪武元年(1368年),明太祖整顿盐场,签民为灶,编制盐户,按户出丁,名为盐丁,按丁计盐,名曰额盐,每捞盐1引,按年发给盐户工本,不许私卖。凡盐户免其徭役。洪武三年(1371年),以筹备边储粮饷,推行开中法,场盐官收,仍为就场专卖。开中法是仿宋代折中法而加以变通的一种解决北部边塞地区的军事消费的政策。其法令商人输粮于边,给以盐引,谓之开中。凡遇缺粮边镇或地方因灾荒乏食,先由户部出榜,告知盐粮折价,召商输纳,编置勘合及底簿,分立字号,一联发各转运提举司。商人于纳粮后,由收粮机关将所纳粮草数及应支盐数,填给仓钞,由商人持投各转运提举司比对合符,按数给引,赴场支盐,自行运售。其掣放、领缴手续是:

领引、缴引全由户部所属山东司掌管。户部铸造铜板,刷印引目,上盖户部堂印,下钤山东司印。及颁发到司,又加盖运司之印。巡盐御史届期带上,每于年初亲带额销引盐数目,发运司颁给商领办运。

商人在盐运使司领引,出库引目先经省县批复,每名请领盐政门票1张,运使坐监票12张,等引票俱齐,定期放盐。先一日由场大使预报放盐数目,临期由运使签差运商一名赴该禁门监收筹票,谓之监商。至掣盐那天,商人持引票到禁门,除门票例由商人于掣盐时投场转缴外,每盐车1辆,给引10道,随给坐监票1张。车户携至过秤窗口,同坐商按引装盐,即将坐票转付坐商收缴。盐车到门,引目仍经门卫盖章,并以监票呈明该大使钤记验放,再领木牌照方得出禁门。筹票俱交监商收缴。此时车户惟以引照盐载赴卸之店交收。每名载盐12车,合引240道,每车20袋,合引20道,每引配盐2袋,每袋200斤为正额。中禁门卸店于运城东西两门外,东禁门卸店于安邑县南门外,西禁门卸店于解州城内,各就近便。

永乐年间,因大军征安南,军粮不敷,饷需难继,复令各边召商中盐。又因政府发钞过多,物重钞轻,纸币贬值,于是实行"食盐纳钞法",按户散盐,计口收钞,每户大口月食盐1斤,纳钞1贯,小口减半。此法本意减免通货膨胀,结果新增盐弊,加重人民负担。洪熙初,仍以钞法不通,权令各处中盐,一并纳钞。宣德间停止纳钞,恢复纳粮。正统初以商人赴各场支盐,多寡悬殊,多则不敷支给,少则壅滞不销,于是酌议疏销,遂创"兑支"之法,其法于淮浙盐额不敷分配时,准许商人持引赴河东、闽、广诸盐场支取。不愿兑现者,允许守支。正统五年(1440年),因商人守支,年久不能得盐,中纳者少,复创补救之法,将盐分作常股与存积两种。淮、浙、长芦之盐皆以10分为率,将其中8分给与守支商人,年终挨次行支,谓之"常股"。其余2分则收贮于官,边防有事,召商入中,不分次第,引到即支,谓之"存积",而且在价格上作了一定的倾斜调整,中常股者价轻,中存积者价重。但这又出现了另一个问题,商人因苦于守支,多争先恐后地中纳存积盐。因此,常股之盐更趋壅塞,而存积之盐又呈供不应求之状。于是再改进"兑支法",商人在淮、浙盐场未能支取者,配兑长芦、山东、河东盐以给之。一人兼支数处,道路遥远,难以新赴,一些边地盐商便将盐引卖与近地富人,自此有边商、内商之分。内地守支者,谓之"内商",赴边中引者,称之"边商",内商之盐不能速获,边商之引,又不想贱售,中纳者日少,存积盐也像常股盐那样进入壅滞状态。加以商人将盐引伙支典当与人,卖支与人,或以假引卖与商人,冒领真引,或以旧引影射重用,弊端百出,不可究诘。成化年间,李敏于畿辅、山西、陕西等州县创行"折银"之例,即商人易粟为银,不去边地而交纳给户部。

弘治五年(1492年),户部尚书叶淇推广李敏之法,尽改本色粮米为折色,召商纳银,汇解国库,分给各边,谓之"京运年例银"。开中法由此发生变化。

造成叶淇变法和开中法变化的主要原因仍在盐法之弊。早在弘治二年(1489年),以商引壅积,无盐支给,准许守支各商收买余盐,补充正引。自此正引之外,复有余盐。余盐是盐户正课之外所余之盐。按明初定制,商人支盐,例有固定的盐场,不得越场买补。买补之例始自余盐。余盐价轻,领有勘合,即行支给,故愿中余盐者多,正盐价重且须挨次守支,耽延时间,故愿中者少。于是盐利尽归占窝权贵势要,甚至奏请以旧引买余盐。正德、嘉靖间,增添盐引,每正盐一引,准买余盐二引,结果余盐引目倍于正额,余盐日增,正盐日滞,商人、盐户俱陷入困境。奸猾之徒藉引为据,越场收买,勾结盐户,私制私贩,致使私盐盛行,积引更多。加之钞法败坏,盐户工本钱一文不值,政府为保证盐课,竟将盐课改折,责令盐户改纳银两。官司收场盐,就场专卖之法至此废弛。就场专卖制的凭证是盐引,盐引混乱,专卖制失去存在条件,自然也就随之消亡。

二、商专卖

由于没有盐课作保证的空引大量滥发,造成市场上引与盐的比例失调,使领到盐引的商贾中的很多人持引而支不到盐。于是,在万历四十五年(1617年),根据当时任户部山东清吏司郎中,两淮盐法疏理袁世振的倡议,仿唐刘晏纲运遗意,实行盐政纲法。所谓盐政纲法就是为了疏销积压的盐引而优待盐商,承认其垄断盐引的一种办法。具体方法,据袁世振《两淮盐政编·纲册凡例》记载,当时已经纳银但尚未支盐的盐引约200万引。为了疏清旧引,政府把持有这些盐引的商人划分为10纲(纲即组),每纲盐引皆为20万引,以圣、德、超、千、古、皇、风、扇、九、围10字命名。每年对其中1纲的旧引(20万引)支盐,对其他9纲的新引支盐,以10年为期,把旧引完全疏清。这便是盐政纲法的要点。政府还按纲编造纲册,登记商人姓名及持有旧引的数量,并发给各个商人作为窝本,规定疏清旧引后,按纲册所记旧引数目分配新引。册上无名者,不分配盐引。因此,纲法的实行,为窝本的拥有者开辟了垄断盐引的道路,造成了盐商进一步垄断市场的结果。当时,官司不收盐,政府所卖之引,无盐支商。乃令盐户将应纳盐课,按引缴银,谓之"仓盐折价",商人支盐,即以此项折价给付,令其自行赴场购运。政府将收买运销之权,一概授之专商,故称为商专卖制。因此,明万历以后,是历史上盐制转变的重要时期,"纲法"的实施具有划时代的意义。

此时袁世振还创设"减斤加价之法"以销积引。原来每引正余盐共重570斤,定价纲银5两6钱,改行"纲法"后,每引减为430斤,以便腾出引窝,疏销积引,定价则加之纳银6两,论盐则每引反轻140斤,论价则每引反多纳银4钱。因此对于纲册登记之商,许其永占引窝,据为窝本。利之所在,人必争趋之。所以纲法初行,商人争先恐后地认买盐引,名列纲册者大都成了拥有巨大资本的商人,特别是那些在运司纲银制实行以后迁至两淮地方的从套购盐引中获利巨万的一部分内商。其中山西商人和徽州商人在盐商中的垄断地位由于盐政纲法的实行而得到进一步的加强。

专商制实行后,盐户获得了一定的自由,人身关系相对松弛,但必须跟专利坐商交易,自由贸易仍不可能。天启年间,明统治者因后金起兵反明,加征辽饷,引价骤贵,增引超掣,恣意搜刮。崇祯年间,复加"剿饷"、"练饷"、"三饷"加派,每年增征银近 20 000 000 两。浮课日增,商资益竭,私盐盛行,而积引如故,盐制大坏。给事中黄承昊曾欲加以改革,但因时事危急,无法实施。不久,明政权就在李自成领导的明末农民大起义的怒吼声中灭亡了。

　　明代解盐的运销除以上述开中方式由商人报中输纳各边仓及内地一部分外,还有固定的行销地区,这些地区包括今山西全部,河南大部和陕西部分地区,盐行陕西之西安、汉中、延安、凤翔四府,河南之归德、怀庆、河南、汝宁、南阳五府及汝州,山西之平阳、潞安二府,泽、沁、辽三州……隆庆中,延安改食灵州池盐。崇祯中,凤翔、汉中二府亦改灵州盐。兹据《明史·地理志》及有关资料制成表 1-9:

表 1-9　明代河东盐行销地区表

府　　名	行 销 区 域（县）
平阳府	临汾　襄陵　洪洞　浮山　赵城　太平　岳阳　曲沃　翼城　汾西　蒲县　灵石　临晋　荣河 猗氏　万泉　河津　安邑　夏县　闻喜　平陆　芮城　稷山　绛县　垣曲　霍州　吉州　乡宁 隰州　大宁　永和　解州
潞安府	长治　长子　屯留　襄垣　潞城　壶关　黎城　平顺
泽州	高平　阳城　陵川　沁水
沁州	沁源　武乡
辽州	榆杜　和顺
河南府	洛阳　偃师　巩县　孟津　宜阳　永宁　新安　渑池　登封　嵩县　卢氏　灵宝
归德府	商丘　宁陵　鹿邑　夏邑　永城　虞城　考城　柘城
汝宁府	汝阳　真阳　上蔡　新蔡　西平　确山　遂平　罗山　光山　固始　息县　商城
怀庆州	河内　济源　修武　孟县　温县
南阳州	南阳　镇平　唐县　泌阳　桐柏　南召　内乡　新野　淅川　舞阳　叶县
汝州	鲁山　郏县　宝丰　伊阳
凤翔府	凤翔　岐山　宝鸡　郿县　麟游　阳州　陇州
汉中府	南郑　褒城　城固　洋县　西乡　凤县　沔县　略阳
延安府	卢施　安塞　甘泉　安定　保安　宜川　延川　延长　青涧　洛川　中部　宜君　米脂　吴堡 神木　府谷
西安府	长安　咸阳　咸宁　泾阳　兴平　临潼　渭南　蓝田　雩县　周至　高陵　富平　三原　醴泉 华阴　蒲城　商南　洛南　山阴　镇安　射邑　邠阳　韩城　澄城　白水　同官　武功　永寿 淳化　三水　长武

第九节　清代河东盐的运销

　　盐是日用必需品,在中国封建社会是政府财政收入之大宗。清政府非常重视盐业,不断强化市场管理,推行官督商销制度,以保证民食,增加国课。为此,清政府在河东盐场实行严格的盐引制和引岸制。河东盐的运销体系包括:盐引制、引岸制、运销政策、运盐路线等。

　　清代河东盐运销贸易中,官督与商运,是当时河东盐业经济的两个极为重要的问题。督销与运销是与盐业生产、销售领域相对应的两项商贸活动。这两项活动如何运转,将直接影响到制盐业,影响到民食与国税。因此,清朝政府一再强调河东盐政策的落实,强化其市场管理,推行官督商销制度,以保证货流不滞,国课不亏。河东盐场的督销主要采取两种办法,即由盐务衙门和地方行政官员督查。而河东盐的销售也采取两条途径,即长期推行的官商专卖和一定范围的自由贸易。

一、盐引制

　　清代基本沿袭了明代的食盐贸易制度,在全国各大盐区仍推行食盐的官商专卖政策,河东盐区也不例外。清制规定,河东盐的一切运销事务全部由官府招募的商人承办,此外任何人皆不得参与。明清鼎革之际,由于战乱影响,河东运商大多逃窜,到顺治元年(1644年),盐商家数由从前的500多家减少到了340家。顺治四年(1647年),河东巡盐御史朱鼎延奏明朝廷,要求招商运盐。随之招来张永盛等26名商人,两年后由继任巡盐御史刘达又招来马兴等23名商人。顺治十年(1653年),巡盐御史刘秉政、运使陈铝又招来盐商董教等110多名。总数凑够500家,与明朝旧额相差不多。这些盐商都通过向国家交付锭银,集生产与销售于一身,既经营畦地制盐业,又兼营运销食盐。由于他们既产盐又运盐,精力分散,无暇两顾,难以远销,有时不得已将部分池盐就近转卖于土著商贩,让其转销于各地。这种现象持续数十年。到康熙二十七年(1688年),运使苏昌臣针对盐商困乏,疲于经营之状,开始整顿河东盐务,让原先登记在册的商人集中精力逐渐专务制盐,另外重新陆续添招增设部分运商,承办运销之事,并逐渐依次裁汰土贩。至此,清代河东盐商开始出现了坐商与运商分工格局,坐商即坐守盐池,专事生产者(场商),而长期负责外运池盐,往远方各地发卖者称之为运商,此乃是按其经营活动方式的不同而划分的。到雍正五六年间，土贩尽革。山西、陕西、河南三省引地的食盐供应全部由官府设立的运商承办，彻底实行了真正的官商专卖制。当时的运商多为山西中部介休、太谷、洪洞人，共有58家，包揽了晋、豫、陕三省172个州县（后来到嘉庆时减少为158个州县）的食盐运销。

清代河东盐区的盐商总数稍有变化，在康熙时为570多名，乾隆时减少为483名，到咸丰时为600名，比明代盐商略多。但明代的500多家盐商全部是运商，而清代运商仅为58家，显然要比明代少得多。即合之相比则多，分之相比则少。由于运商人数减少，所以，清代河东盐商务与从前相比，就相对集中些，即运商的平均经营规模都有所扩大。表1-10列出了清代雍正和乾隆两朝河东坐商的人数及其畦锭分布情况，附录1列出了河东运商在乾隆五十五年的基本情况。

表1-10　雍正和乾隆年间坐商的人数及其畦锭分布情况

年代	合计		十二锭者		六锭者		不足十二锭者		不足六锭者	
	商人	锭数	商人	锭数	商人	锭数	商人	锭数	商人	锭数
雍正	421	2788	43	516	373	2238	2	19	3	15
乾隆	425	2788	40	480	379	2274	1	9	5	25

资料来源　张正明：《河东盐池业中的资本主义萌芽问题》，转引自陈然：《中国盐业史论丛》，北京，中国社会科学出版社，1987年，第477页。

在确定官商专卖的基础上，清政府在河东盐场实行盐引制，授给官商销盐执照——盐引，以便杜绝私贩盐斤，保证官商的专卖权利。盐引制创始于宋朝，盛行于明朝，延续至清朝。清朝各地盐务统归于朝廷户部宏观控制，所有一切盐引全部由户部颁发，其中河东盐引的发放事务由户部山东清吏司负责。有商人运销的盐引也称为商引，山西运商领到的每张盐引，都盖有户部堂印、盐运司印和河东运使印，上面注明了运商姓名、籍贯、行销地点及数量等。食盐与盐引相符而成，一旦盐与盐引相分离，或者盐引丢失，就要被当作私贩而遭受扣捕。盐引只能使用一次，一批盐货售完后，该盐引必须及时上缴，然后换领新引，不得连续使用。"引"，既是运商运盐执照称谓，又是一种食盐的计量单位，清代河东盐区每引盐的重量为200市斤。盐引上所注明的运盐数目，不论斤，不论两，单标引，是以引为照，以引标数，十分严密。顺治三年（1646年），清政府开始在河东颁定引式，敕令执行。

盐引制是清朝盐法的一项基本内容,盐引的制作、颁发由户部决定,是户部统辖全国食盐贸易的权力象征,是中央集权盐政制度的表现。清政府除了向河东运商颁发行盐执照之外,还像对两淮、长芦等其他盐区的商人一样,给河东运商制定了某一历史时期相对稳定的运销指标,令其在限期内完成。一般是按年份给运商规定一个销售数额,年年不变,长期执行,并按此数额开征盐税,即征收引课。这个运销指标称为引目,作为行商执照的盐引是与引目相配而行的。用额盐填商引,以商引载额盐,使商引成为有限额的定形的实引,使额盐成为有执照的可通行之官盐。

清朝前中期河东盐商的运销指标(引额)是在参考前代的基础上,酌量调整、确定并按阶段逐步增加的。明万历十六年(1588年),河东盐的运销额引为42万引,随后又增加1.2万引,总数为43.2万引。顺治三年(1646年),共有额引409 933道。康熙二十一年(1682年)时,因盐场积盐过多,而按各销区户口数量加派运销引目,河东盐的运销指标达到454 694引。雍正时河东额引成为426 967引。到乾隆后期,河东盐的行销数额规定为666 947引,其中额引426 947道,仍为雍正时之定数,而余引为24万道。余引的推行开始于雍正三年(1725年),那时兼管河东盐务的川陕总督年羹尧奏明朝廷,所定额引不敷行销,请求颁发余引,户部准许并令运商领销余引10万道。继之在以后各年陆续增发余引,到乾隆五十七年(1792年),余引已发展到24万道。表1-11列出了雍正、乾隆年间余引数量的变化情况。表1-12列出了乾隆年间余引及盐引总数的变化情况。

表 1-11　余引数量的变化

年份	余引数量(引)	年份	余引数量(引)
雍正三年	增10万	乾隆十八年	增2万
雍正六年	增2万	乾隆二十一年	增2万
雍正七年	增3万	乾隆二十六年	减7万
雍正八年	增5万	乾隆三十年	增3万
乾隆五年	增2万	乾隆三十二年	增2万
乾隆六年	增2万	乾隆四十九年	增2万
乾隆十六年	减4万		

资料来源:《河东盐法备览》卷七,《引目》。

表 1-12　乾隆年间余引数及盐引总数的变动情况表

年　份	余引数 （万引/年）	总引数 （万引/年）	年　份	余引数 （万引/年）	总引数 （万引/年）
元至四年间	20	56.4198	二十一至二十五年间	24	60.4198
五　年	22	58.4198	二十六至二十九年间	17	53.4198
六至十五年间	24	60.4198	三十至三十一年间	20	56.4198
十六至十七年间	20	56.4198	三十二至四十八年间	22	58.4198
十八至二十年间	22	58.4198	四十九至五十六年间	24	60.4198

资料来源:《河东盐法备览》。

　　额引有长期固定的销售地方,而余引则是在原额之外增领之引目,没有特定的地盘或固定的市场,随时派到哪里就到哪里行销。嘉庆十二年(1807年),因河东引地稍有变动,行销范围略有缩小,运销额引、余引共为 605 279道。5 年后大学士庆桂等根据河东运商要求,加增活引 87 500 道（由河东商人领运内蒙古的吉兰泰食盐）,这样,河东运商实领引目为 708 802 道,使河东食盐贸易高度发展,出现空前盛况。以上引目大小的确定和变动,是朝廷户部和河东盐政衙门（巡盐御史衙门）根据市场的供求行情与政府的需要而掌握和控制的。关于额引的制定和推行问题,既有运商执行指示服从领导的一面,又有官府和运商协商的含义。在顺治、康熙时是以前者为主,雍正以后,则是后者占主要成分。虽然,随着河东盐供应区人口的增多,食盐需求量加大,而使池盐运销自变量在连续增长,但这个增长在前期主要是为适应国家的财政要求。而到中期以后,才是主要适应食盐贸易的客观需要的,才是逐渐按运商的提议和盐官的奏请而由户部酌量变通的。引额的承办是采用包干的形式,由运商先按包运的自变量交纳课税,然后行销。在商引上,既要签上运盐数目,又要注明运商的责任和官方的要求。商引的签注是运商表示去完成引额任务的开始,是官方和运商达成协议的反映,故商引的签注不仅是行销执照——许可证的生效,而且含有合同的性质。引额的颁发仅仅是运销指标的确定和宣布,属于盐业贸易的计划内容,而商引的签注,则是推行指标,执行计划,付诸实施的体现。只有既规定引额,又实际使用盐引（执照）,才是河东盐引制以至全国盐引制得以施行的全部内容和形式。

二、引岸制

引岸,也称引地,是指官定的销盐区域。引岸制是中国封建社会在食盐贸易中实行的一种包片经销方法,它是国家给运商规定的专利地盘,是令其依照地界行销的一种传统政策,是划分运商势力范围,分割食盐销售市场的一种商业制度。引岸制度起源于唐代的裂地分盐法。当时河东盐的行销被限定在晋、豫、秦的河、泽、潞、汝、兴风、文成等 31 个州界内。后来从后周显德元年(954 年)郭威政府重申和再定引岸制到宋、元、明、清分土售盐,历代相沿未改。特别是清朝,引岸制执行得特别严格。朝廷将全国分为两淮、两浙、山东、长芦、辽东、河东等 11 个大行盐区,这些大行盐区就是大引岸,持引销盐的商人必须在自己所属的引岸内活动,不得带盐踏入其他商人的引地。清初的河东销盐区共有晋、豫、陕三省的南阳府、河南府、西安府、平阳府、潞安府及汝州、同州等所属的 173 个州县(后来有所变动)。盐自变量额按引岸分配,各运各岸,各销各地,各商保有常业,国家得到稳定之税收。如此保守、教条的管理手段,对清代食盐贸易普遍地产生过消极作用,妨碍了盐业经济的正常发展。这表明了清政府对引岸制度的执行情况是十分关注或极为重视的。清政府划引岸,定岸规,其目的除了防止盐商兼并,保证国家盐业税收稳定之外,就是要通过引岸制度使商人将产地产量不均衡的食盐均匀地分布于全国各地,以免距离盐场偏远之地的百姓无盐可食。就是说,清政府不是采取经济手段,利用市场自动调节的形式,使盐货全面流通,也不是用国家重点调拨盐货来辅助引岸制的不足,而是纯粹用行政命令的手段,采取一刀切的方式,强令各路盐商分发各地,指地销售。

清朝的食盐引岸区划比较稳定,一般是严守既定疆界,不轻易变动的,只是在万不得已的情况下,才略加调整。河东大引岸,在从顺治初年到宣统末年的 268 年中,基本保持相对固定,仅仅是在个别的特殊情况下,才出现过一些小小的局部性的变化。如康熙二十四年(1685 年),户部在多方面的要求和压力下,才勉强开除怀庆府的河东盐之引,更行长芦盐盐引。乾隆三十三年(1768 年)和嘉庆十一年(1806 年)分别开除大宁、永和二县的河东盐盐引和桐柏、泌阳二县的河东盐盐引,并将其改行淮盐盐引。以上这些引地的变更,皆属于小范围调整的零散现象,没有影响到原定的总体旧方案。即使是局部的小调整,也必须得到朝廷户部的同意和批准才行,地方盐政衙门无权自由处置。各处引岸活动皆统一控制在朝廷之手,山西等地方都必须执行和维护既定方案。如此实行中央集权性的引岸制度,乃为封建专制主义盐政管理体制的一种表现形式。

　　清政府不仅把各大行盐区规定为相互独立的大引岸,而且又规定每个大引岸的内部结构为组合式,各个组成部分相互独立,即在大引岸中划分出了中引岸。如两淮盐区分为淮南和淮北两个中引岸,另外,淮南或淮北中的各省各府也是相对独立的中引岸。河东盐区中的各省各府也同样是经销范围分明的中等引岸。依照行盐政策规定,尽管河东盐销往山西、河南、陕西三省,但各省皆有定量销数,不能混淆。按雍正时的盐引分派数目统计,山西省河东盐额引 223 106 道,陕西省河东盐额引 124 701 道,河南省河东盐额引 79 140 道,各运各地,不准混淆省界,即不能将规定销售山西之引盐转而销往陕西省,或将应销陕西之引盐转而售往河南省。同样,在山西省内的平阳府之河东盐额引 46 288 道,不能丝毫抛洒于邻近的蒲州府内;反之,蒲州府固定的 18 757 道河东盐引也不能丝毫分销于邻近的平阳府。在中引岸内又划分为许多的小引岸,即各个州县又是互为独立的小引岸。在每一个小引岸内,不仅地域固定、引额固定(每引 200 斤),而且引商也固定。如凤台县和阳城县虽然同居于潞安府,可是引地、引目、引商都各自分列、分行。凤台县只能销售本县额定的 11 645 引,阳城县也只销额定的 5 165 引。嘉庆后凤台县引地、引盐由太平县商人尉世隆和太谷县商人孙庆余包销;阳城县引地、引盐由介休县商人张天福和临汾县商人景昌源包销。按照河东盐法惯例,在两县商人运销中,所持引盐上皆注明商人姓名、引额和运往地点,凤台县之盐不能进入景、张二商人的领地;阳城县之盐不得贩入尉、孙二人的地盘。引商在运销食盐时,一旦超出自己包销州县之界限,就要被当作私盐犯论处。朝廷户部所颁引式一律载明:“倘有不法盐贩,并不遵签订,应赴某某县地方,转往别处售卖情弊,立即截留察报。”严守条例,不得通融。康熙时,包销潞安府几个县食盐的商人,从晋南解池盐场挽运北上,途中犯界销售,将引盐撒销于洪洞县内,有违盐法,惊动了官府,被紧急迫查。此即小引岸主权不可轻视之例。

　　在清初,引岸制度的强行推行程度甚为严重,不仅惩办超越州县省府运销食盐的引商,而且还要惩办所在盐区的地方官,商人运销食盐越出省、府以至大盐区地界者,若责任在于地方官稽查不严,就要给予行政处分。若行商运盐越出州县,其责任在县衙官员督察疏忽者,又要给予其经济上的制裁。如蒋兆奎《河东盐法备览·律例》载明,按朝廷颁定条规,若有“此县之引(盐)卖于别县者,未经查报之府厅官员罚俸一年,道员罚俸九个月”。牵涉此事的布政使、按察使也各予罚俸半年。

清朝政府用引岸制相对均衡的原则造成和维持了食盐贸易的割据状态，严重地阻碍了全国统一市场的开拓和较大范围的经济交流，使各个引岸成为独立的孤悬之地，致商业难以统一均衡地发展。尽人皆知，发展商业最为基本的要求是货流无阻，四通八达，以揽收各地之营利，方为贸易久盛不衰之道。相反，引岸制却是给河东盐商以至全国盐商设置了重重屏障，层层节制，使诸方食盐市场分裂为各个没有联系的孤立的小圈子，扼制了盐业经济的生机。

当时按产盐区产量将国土分割成大小不等的区域。小区域，食盐运销之路径就短，就能快运省运，价贱，销售也容易；大区域，食盐运销之路径就长，耗资费力，盐价不得不贵，又难脱销。潞安府和泽州府所属的一些州县，食用长芦盐较为方便，但按例要食河东食盐，"其地方距河东盐池（产地）七八百里不等。驮运肩负，崎岖跋涉，往返二十余日。盘费物力维艰……苦累难支，盐引不能按年完销。"年复一年，只好勉强支持。在引地制度——分裂割据——块块专政的情况下，既不能将大的行盐区域变小，又不能将两淮、河东、长芦等各盐区之间无形的鸿沟或长城除掉，处在各盐区交界处的引商，从情理和地理关系上讲，虽可贩盐接济对方近在咫尺的百姓，但实际在引岸制的束缚下，已成望洋兴叹之势。引岸制一方面限制和妨碍了盐商长足的发展，另一方面又给了盐商垄断市场——操纵贸易的机会。清政府虽然在各个引岸规定了售盐价格，并加载《盐法志》，但是在引岸制这种专商专岸专卖的背景下，是难以全面贯彻执行的，有时是完全行不通的。如沁水县引商从河东盐池掣盐，每引 10 张，装盐 2 000 斤，"正课（和盐的出场之价格合为一体）与牛车之费不过四两（银）足矣。一出场门勒卖二十余两"。售价超过本钱数倍。再据嘉庆《灵石县志·食货》讲，该县向例运销解盐，引商从嘉庆十二年（1807年）到嘉庆十五年（1810 年），连续提价，每年每斤食盐加价 6.2 厘银，达食盐正价的 37%，3 年中使盐价翻了一番。粮价未增而盐价猛涨，百姓苦于盐贵而往往淡食。引岸制与纲法制——专商制是相辅相成的，它们共同组成了引商的垄断网。本来朝廷实行引岸制的目的，除了欲造成各盐商的利益均等或机会均等外，也是为了使在偏远州县之百姓免于淡食，而让各盐商分头定地运销接济，似乎有为民筹策之因素。但是在实行的过程中，作为消费者的百姓，却完全成了受害者。很显然，引岸制的实行，在事实上就是国家帮助盐商建立起了一种特殊的操纵市场的垄断经济，于国于民都是极为不利的。

三、巡盐御史和运司的职能

清政府仿宋、明之制在河东设立了察院和运司,作为主管河东盐政的衙门(察院源于明朝,运司始于宋朝)。主持察院事务者乃是巡盐御史,也称盐政;负责运司衙门者为转运使,简称运使。河东巡盐御史是掌管河东盐政的全权盐务官员,统理一切解盐事务。他是由皇帝从都察院 13 道御史中选出,并被派到河东盐区督理盐课等项财经活动,形成了长期的委派型职事。巡盐御史完全是以朝廷官员的身份去执行地方任务的,但他又不像一般的钦差大臣那样临时领命出朝巡察,而是作为专职盐官,长期留处地方工作的。这就使得巡盐御史有了两种身份或双重人格:他既是京官,又是河东盐区的最高地方盐政长官;既是以钦差身份巡察地方盐务,又是地方盐务的直接主持者。即既为钦差,又在河东地方(山西省解州运城)专设衙门,作为固定工作的常设机关。该衙门内设有书吏、承差、传报舍人等办事人员 56 名,都是协助盐政(巡盐御史)处理盐案或受其差遣的工作人员。本来河东盐务是由河东运使全面负责的,但由于盐务与财政相连,关系重大,清朝中央政府对作为地方官的河东运使不放心,故仿照明代办法,派朝廷官员——监察御史来河东盐区督该盐务,监视运使,称作盐政,形成叠床架屋的重复机构。名为巡盐,实则只是在运使头上增加了一位一对一的上司,充当盐务主持者的主持。盐政(巡盐御史)的行为是不受地方督抚制约的,他直接听命于朝廷,实行中央集权的盐政体制。

至于河东运使,是历代都设立的专职盐务官员,全称为河东陕西都转运盐使司运使(因陕西也属于河东盐的行销区)。他是河东盐务的实际主持者或业务管理者,全面处理河东盐的生产、运销、课税、缉私、奖惩等事务,但没有最后裁决权,事事要经过盐政审核、批阅、认可。这就是说,运使是具体盐务的负责人,而盐政(巡盐御史)是监督、干预和审批者。在朝廷看来,河东运使经理财源,其位置十分重要,必须慎重选用或任命。运使一职向来被朝廷定为繁缺或要缺。从康熙六年(1667 年)以后,又令其兼任地方行政长官(河东道员),掌握盐利,"辅佐国政",使运使的职位越发显得重要了。运使作为盐政官员,也即财政官员,也像布政使一样,全权管理课税,负责国家重要财库——河东运库(丰济库)和运阜仓,其中运库是仅次于藩库的国家大财库,对河东运库的管理乃是国家财政收支活动的一部分。河东运使的职权范围十分繁杂,需要面面俱到,不得稍有疏忽,要求全身心地投入。人们一般认为,朝廷重视盐政而不重视运使。其实不然,运使领有专救,奉皇帝特旨行事,一手执掌河东运库,哪有朝廷不重视之理? 正是因为运使经管国赋,权力极为重要,才使得朝廷对之有所顾忌;正因为朝廷重视运使的活动才钦命巡盐御史对之监督,共商盐务,以求得河东盐业课税稳定、保险,达到利源长久充足。朝廷在运使头上特别安设盐政这一上司,并非不重视不依赖运使,而是觉得处于经济领域的运使,易受重利所惑,容易贪赃枉法,对之不仅要求本身素质好,而且要做好监督工作方为稳妥,才能保证不出或少出大问题。钦派巡盐御史就是为了加强监督工作。这完全是为了保险起见,并非要让巡盐御史独揽大权,置运使于无足轻重的地位。尽管朝廷有用巡盐御史牵制和约束运使之意图,即目的在于防止运使专擅盐务,但仍旧不失二者并重之意。从表面上看,运使没有最终决定盐务大事之权,但运使是河东盐区具体事务的组织者和管理者,属于实权人物。他可以参与重大问题的商定,提出实质性的措施。盐政对一些重要问题的决定,在很大程度上要受到运使实质性的影响。运使公署(运司)在解州运城西街,该衙门设有吏房典史、户房典史、门子、皂隶等47名公务人员,并设有铺兵、民壮40多名,以备防卫。运使的官衔品秩一般要比专职的巡盐御史高,但专职的巡盐御史为钦差,其权力在运使之上,为运使的直接领导者。按朝廷规定,运使要接受京官巡盐御史和省衙巡抚的考核。从清朝康熙十六年(1677年)起,河东运司下面还设有三个分司,分别由运同、运副、运判负责,三个分司衙门都在运城。运同是运使的副手,分管盐池防汛;运副分管盐池东场事务;运判分管盐池西场事务,与运同、运副共同协助运使督理河东盐务。运同衙门位于运使署的西面,设典史、皂隶、听事吏、快手、灯夫等公务人员29名,并设有铺兵、民壮等防卫人员27名。运副、运判公署的人员设置,与之大体相似。另外,河东盐区还设有经历、知事等官职,负责批验引盐、缉捕盗匪等事宜。虽然经历与知事都有专署,并设有定编的公务人员,但此两署不是分司,乃为运使署的内部机构。嘉庆中期后,新设的解盐经历为河东道署官员。嘉庆末年,解盐经历,由晋南运城移驻河南陕州会兴镇,稽查南运解盐的各路运销情况,兼理批验事宜。同时在各个盐场设有大使,负责场务。各场大使的公署皆在运城西南部,大使衙门内设有攒典、皂隶等办事人员,听大使差遣。

从清初到清末,河东盐务的组织管理机构发展的总趋势是由繁到简,由大到小:裁减分司、合并衙门,设立兼职盐官。在河东盐业经济不断发展,盐政事务逐渐增多的背景下,能够坚持精简机构,压缩官员数目,是甚为可贵的。

如此做法,既可减轻财政负担,又可提高办事效率。从历史实践来看,历次河东盐政机构的调整和简化大体上都是较为成功的。

四、运盐线路

清代河东盐的运销制度与全国其他盐区大体一样,一方面推行严密的掣支办法,并在商人中划定了各自的行盐区域;另一方面,又规定了各引岸盐商的食盐运行路线。具体地说,运商要与所规定的盐场交易,并要在官役的监督下将盐拉出禁垣(环盐池而筑的围墙)。然后再在官役的监督下运盐上道。即引商所运之盐,必须通过官府所设查验所和布置巡役的地带,不得另外择道而行,以防止运商额外夹带私售。历来运销条规极严,若有夹带余盐越过批验所,拐道而行者,必予制裁。指定运道是配合掣支的一种措施,是执行官方督销原则的体现。一般的场外掣验所皆设在通衢大道,一些额外夹带盐货私售者,往往要抄小路,走近道,躲过盘查,这是户部和盐政衙门绝对不能容忍的。故朝廷一再强调运行路线,并强行规定处罚条例,使不少人遭殃。同时,在一定的运盐路途中,限定运盐速度,并要求连续输转,不得停歇。一再强调:"其经由路线,各定时日远近,不得迟延违限。"康熙二十七年(1688年),河东运使苏昌臣遵朝廷之训,参照外省之例,明定本盐区的运盐程限(速度)。运程分为水程和陆程,各定期限。在河东盐区,只有陕西咸宁、临潼等33个州县及河南省之园乡县定有水程(乾隆十九年朝廷批准),而其他各处引地皆系陆程。水程,以船只载运池盐,每日航行不得少于50里;陆程,用车运盐,牛车日行不可少于30里,骡车日行务足50里。当时,运司主持将晋、豫、陕三省各县运销解盐引地路程进行了全面的核计,统定时日,刊刻程单,发给承运的船户和车户,令其严格遵守,不许绕道逗留,延误时日。此举,无疑是用一根无形的指挥棒,极力地驱赶着运销者——盐队。在从解池盐场到各个引地的总距离中,途经州县村镇的间隔距离也要一个个地标明,以备查考。并且还责令沿途地方官经常稽核,予以究办。所定程途,以运城为起点,分三个方向,向外量程计时。①由运城北上,运往山西本省岳阳、曲沃、潞城、壶关等44个州县,各引地路程由十几里到几百里,远近不等。最近者为解州安邑县,仅有15里路。最远者为潞安府黎城县,蜿蜒行进830里。居中者为临汾县,计程310里,限6天到达。自运城起,30里至陶村,又30里至水头,又20里到小郭店……又40里到赵曲镇,再40里到临汾县。其他如浮山、赵城、洪洞等各县运盐,也都是如此逐段计程、逐段标有地名的。北线山西各县运输池盐,规定每日平均运行

50~60 里。②由运城向西水陆运行,将解池引盐输往陕西省的兴平、高陵、径阳、三原、商南、合阳等 34 个州县。河西各州县销区地处外省,所定期限要相对宽松些,一般规定每日为 25~45 里。如富平县,路途 390 里,限 9 天到;渭南县,路途 395 里,限 10 日到。③由运城南行,输往豫西及豫西南的灵宝、渴池、卢氏、新野、桐柏、邓州等 33 个州县。其中运往洛阳之程途,乃为南线:"计程三百九十里,限十二日到。自运城 20 里至圣惠镇,十里至东郭……二十里至谷水村,二十里至洛阳县。"南线与西线一样,因为是向外省运销,运程限期相对较宽,一般每日规定为 30 多里。如故州,计程 555 里,限期为 16 天(到)。附录 2 详细画出了河东运商运盐路线的示意图。朝廷如此严格地限定运盐的时间和运行速度,是在一定程度上为配合引岸制而推行的一种约束运商活动的办法。官方禁止盐商中途停歇或转贩,强令其连日行进,一路奔波,力图减少在途中私售食盐的机会。若有运商延缓期限,就有了私售于属外引地的嫌疑。

五、运销体制:商运与民销的变迁

清代食盐运销的形式有:官督商销、官运商销、商运商销、商运民销、民运民销、官督民销等形式。河东盐制"考明清二代,时而民运民销,随便贸易。时而官运官销,按户散给。时而官督商办,包额纳课"。主要是这三种。在清代的大部分时间里河东盐场是采取商运商销的形式。

清朝前中期,河东盐区的食盐贸易皆为商运商销,后来到嘉庆末年,在局部地方出现了商运民销,此即为河东盐政制度的一项重要改革,引起朝野上下的普遍关注。嘉庆十六年(1811 年)以后,承办河南 33 州县解盐运销事务的河东商人,不仅交纳河东引课,而且还要加纳吉兰泰引课(这年,清廷将蒙古吉兰泰的数万张盐引作为活引,令河东盐商领办),负担有所加重。加之,嘉庆十八至二十年(1813~1815 年),豫省粮食歉收,钱贱银贵,运商卖盐获钱,再易银纳课(朝廷实行银本位国税制),每纳一两课银,就要亏折 200~300 文钱。银价连续上涨,到嘉庆末年,银价较乾隆中期上涨了 70%,一两银兑换 1 300~1 400 文制钱,盐商继续受损。此时,运商不得不继续用钱易银运盐,因为一切运费都得支付白银,其间耗折甚多。这一来,运商每卖一斤盐,就要亏赔 3~4 厘或 5~6 厘银。日久,引商疲惫不堪,多以无力运销解盐而纷纷告退,来接任之新商又畏避不前。针对这种情况,嘉庆二十四年(1819年),河东盐法道声称体察商情,改变运销制度,主张实行商运民销法。山西巡抚（兼盐政）成格根据河东道的意见向户部提出商运民销的请求，户部通过会议批准，令其妥议章程，着手实行。即户部同意仍旧由运商承担盐课，让百姓免税转贩销售。也就是说，令承运豫省解盐的各家运商，只需运盐到晋、豫两省的适中之地，以待小贩接买转售。凡是在河南的河东盐行销区，不管是何州、何县，所有民贩皆可自由推销，不受限制。过去以州县为单位的小引岸，不必保留。但只许在原定的 32 个州县之内，不许越入淮、芦引地。所有盐票由驻扎于会兴镇的监盐委员掌握，届时盖上印记，发给前来买贩池盐的民贩。酌减例价。由于实行民销后，运商缩短往返路程，成本降低。应由民贩低价接买，以便继续转贩。到嘉庆十八年（1813 年）为止，仅在山西境内防堵白莲教义军的额外兵饷支出就达 800 万两白银，由河东盐商及布政使等官员捐办。清廷针对河东盐的商贸现状，不得不放弃官督商销的既定政策，实行了官督民销的运销制度。此处的官督民销等于官督商运加上商运民销，即由原来的官商专卖活动分裂为盐商专运与民贩专销两个独立的系统。这是河南河东盐官商专卖制的崩溃，表明了清朝的运销体制在河东地区已趋于腐朽，逐渐走向没落了。虽然在河南省的 33 个州县范围内实行了商运民销，取消了小引岸的限制，民贩可以择地而售，但终究是在官府——盐官和地方官的监督和控制之下进行贩卖活动，并不是纯粹的自由贸易。可是反过来说，这比起从前的官商专卖制度来说，河东食盐贸易政策中的专制性和封建垄断性总算是削弱了许多。

　　乾隆五十七年（1792 年），盐课随田赋摊征，暂时停止督销之责。嘉庆十二年（1807 年），形势大变，引商踊跃，盐政、盐道、掣盐同知等官员勤于督销，课银随运随交，当年运销任务，当年即可完成，及时截数造报。对此，山西巡抚兼盐政一时头脑发热，他为了显耀河东盐区之盛况，奏请将报销期限提前到四月份，欲创清代历史之最。随后，令引商先行按月纳课，乘时领引运盐，不得"迟逾"。在短期内，河东很快出现了快节奏的运销，博得了朝廷的赞誉。清朝所定河东盐的运销任务，不仅对河东盐官形成重大的压力，而且对引地州县官员也逼得很紧。河东历来是按季分算销引，一步紧赶一步。按理说，催销盐货，促进商务也是应该的，但是清代的官督商销，不是有机而合理地疏通销路，发展贸易，而是往往按照政治的需要、财政的需要盲目下达指标，地方官身不由己地给盐商施加压力，以至有时州县官员强迫农民代替商人卖盐完引，欺蒙上司和盐衙，弄得四方受扰。

附录1

乾隆五十五年河东运商的基本经营情况

	运商姓名	县州府	运程	时间	盐价（厘/斤）	盐价（两/引）	引数	贸易额
1	李同义	临汾县	310	6	13	3.12	4271	13325.52
		翼城县	260	4	14	3.36	602	2022.72
		安邑县	15	1	9	2.16	320	691.2
		阳城县	500	9	19	4.56	4822	21988.32
2	牛敦裕	临汾县	310	6	13	3.12	4270	13322.4
3	祁天兴	洪洞县	370	7	13.5	3.24	1320	4276.8
		灵石县	550	9	16.5	3.69	1558	6169.68
		安邑县	15	1	9	2.16	430	928.8
		潞城县	780	13	22	5.28	6482	34224.96
4	郭四箴	洪洞县	370	7	13.5	3.24	1440	4665.6
		汾西县	480	8	16.5	3.96	634	2510.64
		安邑县	15	1	9	2.16	498	1075.68
		长治县	690	12	22	5.28	7505	39626.4
5	张万全	洪洞县	370	7	13.5	3.24	1440	4665.6
		汾西县	480	8	16.5	3.96	634	2510.64
		安邑县	15	1	9	2.16	498	1075.68
		长治县	690	12	22	5.28	7505	39626.4
6	张同兴	洪洞县	370	7	13.5	3.24	1200	3888
		永济县						0
		安邑县	15	1	9	2.16	331	714.96
		蒲县	460	8	19	4.56	287	1308.72
		长子县	690	12	22	5.28	5939	31357.92
7	郭八元	洪洞县	140	2	11.5	2.76	1738	4796.88
		安邑县	15	1	9	2.16	474	1023.84
		襄垣县	770	13	22	5.28	4723	24937.44
		黎城县	840	14	22	5.28	2784	14752.32
8	邢恒升	洪洞县	370	7	13.5	3.24	960	3110.4
		安邑县	15	1	9	2.16	330	712.8
		壶关县	750	13	22	5.28	4388	23168.64
9	冀文和	洪洞县	370	7	13.5	3.24	420	1360.8
		安邑县	15	1	9	2.16	240	518.4
		屯留县	700	12	22	5.28	3875	20460

	运商姓名	县州府	运程	时间	盐价（厘/斤）	盐价（两/引）	引数	贸易额
10	阎六合	岳阳县	420	7	16	3.84	1558	5982.72
		浮山县	330	6	14	3.36	1798	6041.28
		吉州	320	5	14.8	3.552	564	2003.328
		偃师县	460		16	3.4	5315	18071
11	郭三美	曲沃县	210	3	12.4	2.976	4202	12505.15
		翼城县	260	4	14	3.36	575	1932
		安邑县	15	1	9	2.16	310	669.6
		高平县	680	11	20.5	4.92	4667	22961.64
12	吴顺承	曲沃县	210	3	12.4	2.976	4203	12508.13
		翼城县	260	4	14	3.36	575	1932
		安邑县	15	1	9	2.16	310	669.6
		高平县	680	11	20.5	4.92	4667	22961.64
13	尉世隆	翼城县	260	4	14	3.36	1624	5456.64
		永济县	140	2	11.5	2.76	4440	12254.4
		安邑县	15	1	9	2.16	856	1848.96
		凤台县	590	10	20	4.8	12924	62035.2
		咸宁县	600	24	14.4	3.456	7381	25508.74
		韩城县	210	9	13.2	3.168	3183	10083.74
14	吕中孚	翼城县	260	4	14	3.36	1265	4250.4
		安邑县	15	1	9	2.16	383	827.28
		陵川县	700	12	21	5.04	4777	24076.08
		沁水县	370	6	17.5	4.2	3397	14267.4
15	景昌源	翼城县	260	4	14	3.36	602	2002.72
		安邑县	15	1	9	2.16	320	691.2
		阳城县	500	9	19	4.56	4822	21988.32
16	杨昆玉	太平县	240	4	12.9	3.096	5283	16356.17
		乡宁县	470	8	13	3.12	721	2249.52
17	白复义	襄陵县	290	6	13	3.12	5484	17110.08
18	牛元吉	霍州	450	8	16	3.84	1431	5495.04
		汝州	555		20	4.8	8346	40060.8
19	宋顺成	赵城县	400	7	14	3.36	3621	12166.56
		万全县	110	2	11.5	2.76	1589	4385.64

	运商姓名	县州府	运程	时间	盐价（厘/斤）	盐价（两/引）	引数	贸易额
19	宋顺成	新野县	1135	30	24	5.76	4414	25424.64
20	王恒泰	临晋县	85	1	10.7	2.568	2170	6959.28
		淳化县	610	15	14.3	3.04	1025	3116
		陕州	110	4	13	3.12	6206	19362.72
		邓州	1135	30	24	5.76	10108	58222.08
21	杜荣阳	虞乡县	80	1	10	2.4	1578	378702
		孟津县	440	13	16	3.4	3732	12688.8
		阌乡县	370	12	13	3.12	3905	12183.6
22	沈祥泰	荣河县	150	2	11	2.64	3949	10425.36
23	冀双合	猗氏县	60	1	11	2.64	1785	4712.4
		裕州	895	24	24	5.76	8346	48.72.96
24	范天德	解州	40	1	9	2.16	3400	7344
		卢氏县	280	9	18.3	4.392	7171	31495.03
25	孙庆余	夏县	60	1	10	2.4	3937	9448.8
26	雷广兴	平陆县	105	2	11	2.64	1430	3775.2
		河津县	135	2	12.6	3.024	3735	11294.64
		新野县	1135	30	24	5.76	4415	25430.4
27	张恩锡	芮城县	120	2	11.5	2.76	2255	6223.8
		灵宝县	100	4	13	3.12	7783	24282.96
28	梁联泰	稷山县	160	3	12	2.88	3372	9711.36
		绛州	170	3	13	3.12	66547	207626.6
29	贾居易	垣曲县	310	5	13.4	3.216	2407	7740.912
		闻喜县	100	2	11	2.64	4202	11093.28
		绛县	190	4	12.2	2.928	3905	11433.84
30	徐三益	长安县	600	24	14.4	3.456	6536	22588.42
		醴泉县	680	28	15.6	3.744	2665	9977.76
31	郭九如	长安县	600	24	14.4	3.456	6535	22584.96
		武功县	750	31	14.7	3.528	3007	10608.7
32	阮恒隆	咸阳县	610	28	15.2	3.648	2732	9966.336
		盩厔县	730	30	15.2	3.648	4327	15784.9
		颌阳县	170	7	12.8	3.072	2600	7987.2
33	刘公和	兴平县	660	25	15.1	3.624	2566	12923.18
		泾阳县	540	14	14	3.36	6381	21440.16

	运商姓名	县州府	运程	时间	盐价（厘/斤）	盐价（厘/斤）	引数	贸易额
34	张复来	临潼县	470	17	14	3.36	4968	16692.48
		朝邑县	180	5	12.1	2.904	5088	14775.55
35	张三益	高陵县	470	13	13.6	3.264	2552	8329.728
		渭南县	380	10	15	3.6	7446	26805.6
36	王益泰	鄠县	650	26	14.4	3.456	6098	21074.69
		大荔县	220	5	12.8	3.072	3853	11836.42
37	王恩盈	蓝田县	570	22	14.8	3.552	1356	4816.512
		蒲城县	310	7	13.2	3.168	5378	17037.5
38	洛信诚	三原县	500	13	14	3.36	3967	13329.12
		淅川县	950	26	26	6.24	5994	37402.56
39	董文郁	盩厔县	730	30	15.2	3.648	4327	15784.9
		同官县	410	9	16	3.84	697	2676.48
		耀州	410	9	14	3.36	1463	4915.68
		合阳县	175	7	12.8	3.072	2601	7990.272
40	梁四元	富平县	380	9	15	3.6	5396	19425.6
		华州	385	11	13.6	3.264	4142	13519.49
41	陈宁泰	商州	528	13	15.7	3.768	9154	34492.27
		邠州	438	11	15.3	3.672	970	3561.84
		山阳县	630	16	18.3	4.392	673	2955.816
		商南县	620	16	20	4.8	573	2736
		潼关县	250	8	12	2.88	6572	18927.36
		雒南县	898	32	16.2	3.44	1403	4826.32
		三水县	698	17	16	3.84	615	2361.6
42	乔应昌	镇安州	870	30	13.3	3.192	3185	10166.52
		安康县	1230	36	34	8.16	3607	29433.16
		平利县	1338	38	37	8.88	11	97.68
		石泉县	1400	39	38	9.12	258	2352.96
		旬阳县	1110	33	34	8.16	410	3345.6
		汉阴县					410	0
		紫阳县	1410	39	39	8.88	103	914.64
		白河县	1358	38	34	8.16	12	97.92
		白水县	360	8	13.6	3.264	1483	4840.512
43	郭晋宥	合阳县	175	7	12.8	3.072	1812	5566.464

	运商姓名	县州府	运程	时间	盐价（厘/斤）	盐价（厘/斤）	引数	贸易额
43	郭晋宥	华阴县	290	9	13.2	3.168	2447	7752.096
		鲁山县	675	19	20	4.8	4918	23606.4
		伊阳县	540		17.9	3.8	1080	4104
44	行公顺	澄城县	220	7	13.2	3.168	2870	9092.12
		咸宁县	600	24	14.4	3.456	7380	25505.28
45	毛天裕	干州	730	30	14.7	3.528	3535	12471.48
		永寿县	820	31	14.7	3.528	432	1524.096
46	张合承	洛阳县	390	12	18.3	4.392	3397	14919.62
		渑池县	230	8	13.2	2.88	6461	18607.68
47	程宝泉	洛阳县	390	12	18.3	4.392	5197	22825.22
48	王公悦	巩县	510	15	16	3.4	4735	16099
		嵩县	450	14	18.3	4.392	5209	22877.93
49	杨汲长	宜阳县	335		16.5	3.5	5394	18879
		新安县	320		13.2	2.88	4423	12738.24
50	郭世济	登封县	520	15	16	3.4	6709	22810.6
		唐县	1115	30	24	5.76	39901	229829.8
		南召县	785	21	34	8.16	2754	22472.64
51	刘阜和	永宁县	450		15.1	3.2	4934	15788.8
		叶县	765	21	21	5.04	4760	23990.4
52	武同顺	南阳县	1050	27	24	5.76	7064	40688.64
		襄城县	705	19	20	4.8	3144	15091.2
53	杨垻簏	镇平县	1075	28	24	5.76	5734	33027.84
		伊阳县	540		17.9	3.8	4221	16039.8
54	孙庆余	桐柏县	1275	30	26	6.24	5957	37171.68
		夏县	60	1	10	2.4	3937	9448.8
55	温和合	邓州	1135	30	24	5.76	10107	58216.32
56	马万绥	泌阳县	905	24	25	6	10066	60396
57	吴三和	内乡县	760		24	5.76	7416	42716.16
		宝丰县	540		20	4.8	2585	12408
58	梁德全	郏县	645	18	20	4.8	4721	22660.8
平均数					16.26962025	3.872734177		
总额							651849	2658757

附录2

河东运商运盐线路示意图

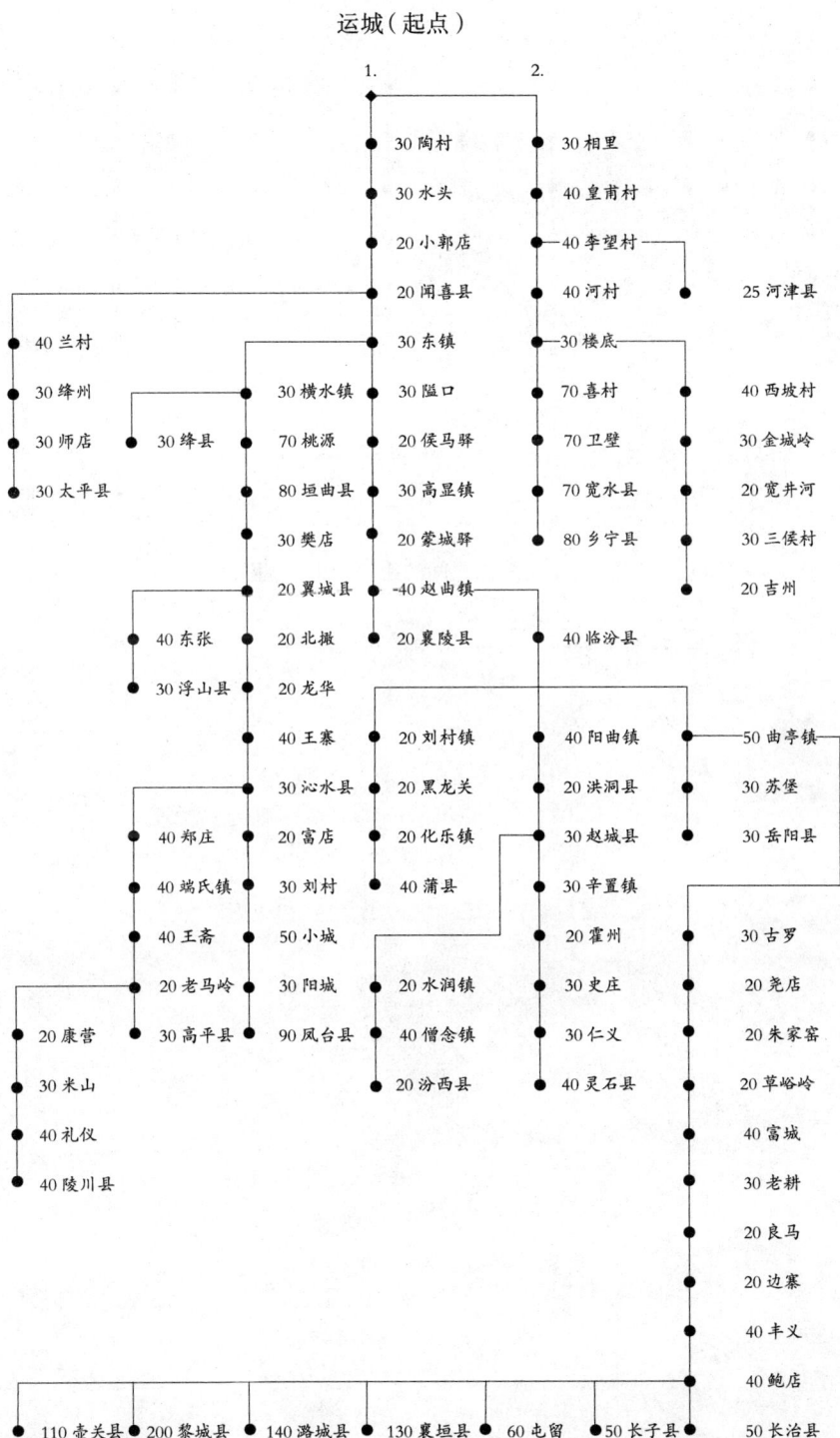

运城（起点）

1.　　　　2.

- 30 陶村　　30 相里
- 30 水头　　40 皇甫村
- 20 小郭店　40 李望村
- 20 闻喜县　40 河村　　　25 河津县
- 30 东镇　　30 楼底
- 40 兰村　30 横水镇　30 隘口　70 喜村　40 西坡村
- 30 绛州　　　　　30 桃源　20 侯马驿　70 卫壁　30 金城岭
- 30 师店　30 绛县　70 桃源　20 侯马驿　70 卫壁　30 金城岭
- 30 太平县　　80 垣曲县　30 高显镇　70 宽水县　20 宽井河
- 　　　30 樊店　20 蒙城驿　80 乡宁县　30 三侯村
- 40 东张　20 翼城县　-40 赵曲镇　20 吉州
- 30 浮山县　20 北撒　20 襄陵县　40 临汾县
- 　　　20 龙华
- 40 郑庄　40 王寨　20 刘村镇　40 阳曲镇　50 曲亭镇
- 　　　30 沁水县　20 黑龙关　20 洪洞县　30 苏堡
- 40 端氏镇　20 富店　20 化乐镇　30 赵城县　30 岳阳县
- 40 王斋　30 刘村　40 蒲县　30 辛置镇　30 古罗
- 20 老马岭　50 小城　20 霍州　20 尧店
- 20 康营　30 阳城　20 水润镇　30 史庄　20 朱家窑
- 30 高平县　90 凤台县　40 僧念镇　30 仁义　20 草峪岭
- 30 米山　20 汾西县　40 灵石县　40 富城
- 40 礼仪　30 老耕
- 40 陵川县　20 良马
- 　　　20 边寨
- 　　　40 丰义
- 　　　40 鲍店
- 110 壶关县　200 黎城县　140 潞城县　130 襄垣县　60 屯留　50 长子县　50 长治县

81

3.   4.   5.   6.   7.

- 20 大张
- 30 王辽 —— 40 朱吕镇
- 20 樊桥驿 —— 40 芮城县
- 15 临晋县

- 40 解州
- 40 虞乡县
- 30 庄子
- 20 孟明桥
- 10 永济县

- 30 楚湖
- 20 荆华
- 10 猗氏县
- 30 坡儿里
- 40 孙计
- 20 荣河县

- 30 东郭镇
- 15 张店
- 30 八政
- 30 平陆县
- 15 车店
- 25 汾河
- 30 稷山县

- 30 相里
- 20 中臣
- 20 杨里村
- 10 河所
- 10 七里庄
- 20 万泉县

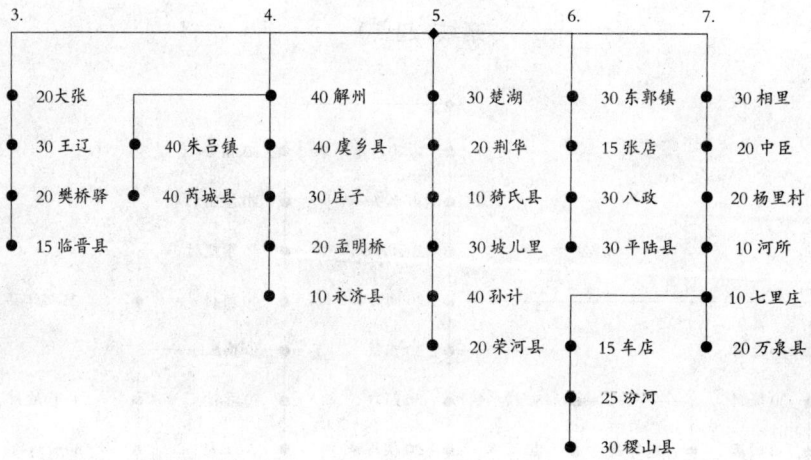

注:本图为王勇红提供,图中数字为两点之间的距离。单位:里。

第二章
先秦到汉唐宋元时期的山西商业贸易

第一节　晋国的商业和商人

晋国是春秋时期的"五霸"之一,其商业政策和商人活动在中国商业史尤其是山西商人发展史上占有十分重要的地位。

中国古代商贾并称。《周礼·太宰》:"六曰商贾,阜通货贿。"郑玄注:"行曰商,坐曰贾。"汉代《盐铁论·本议》:"商贾无所贸利。"据此可见,历史上从事贩卖货物进行商品交易的活动统称商业,而从事这种事业并借此获取利润的人则称商人。"商"字,《辞海》解释为:"贩卖货物,如经商,也指经营商业的人,如小商小贩。"行商,即在市贩卖的,叫商;坐商即开铺售货的,称贾,故有行商坐贾之称。

"晋商"一词,它的含义有广义和狭义之分,山西是古代晋国的封疆,故简称晋,凡山西历史上从事商业活动,经营商品交易的商人,都泛称"晋商",包括从事官营工商业者和私营手工业和商业者。另一方面是专指古代晋国特别是明清时期经营商业和从事商品交易的商人。

一、中国历史上最早的官营工商业

商业是人类历史上第三次社会分工和交换的产物。作为一种社会上互通有无的专业活动,古已有之,可谓源远流长。最早可以追溯到原始社会,远在上古传说中的燧人、伏羲、神农时代,就有"日中为市,以物易物"的记述。这是我国历史上关于商业交易活动最早的写照。到尧舜时代,即设有"以垂为共工"(官职,即后之司空,职务是管理百工之事)的官员设置。大禹的时候,有了"贡、丝、缔绣、絟绛、漆、羽、旄、齿、革、金三品(金、银、铜)、斡、栝、柏、砺、砥、砮、丹"等贡赋新产品,出现了"元首起哉,百工熙哉"的兴盛气象。商朝的建立及其祖先据载就和商业活动有关。到商朝纣王时期,竟至出现"以酒为池，以肉为林"，"厚赋税以实鹿台之钱，而盈钜桥之粟"、"益广沙丘苑台"①的记载，一则暴露出商纣王之荒淫奢侈，又可反映商代酒肉制造和饲宰业的兴盛，钱粟之殷实，工商业已相当发达。从商业的角度观察，从远古的"日中为市"到商纣王时的"酒池肉林"，都可视为我国最早原始商品经济的萌芽，最早的官营工商业雏形。

二、晋国不同时期的商业贸易政策

晋国自公元前 11 世纪初叶，周成王封叔虞为唐侯起，到公元前 678 年晋武公以旁支取代晋国国君之前的近 300 年间，晋国基本上处于"百里偏侯"的闭塞时期。《左传》说："今晋国之方，偏侯也，其土又小，大国在侧。"在将近百年多的时间中，虽然叔虞初封时实行过"启以夏政、疆为戎索"的唐叔之法，出现过"天降祉福，唐叔得禾，异亩同颖（稳）"②的丰收景象。越八世，到晋文侯时，因文侯护周勤王有功，周平王曾作《文侯之命诏》嘉奖文侯，当时并铸有传世晋器"晋姜鼎"来称颂文侯的文治武功。除此之外，找不到晋国在这段时间内有励精图治的重要建树文字，也难找到晋国在经商行贾上的记述。然而，历史文献也有滞后甚至偶然失记、遗漏的情况。晋国是周王室的姬姓同宗诸侯封国，为了解晋国商业有必要将西周有关的文献摘录于下：

《周礼·地官·质人》："质人掌或市之货贿，人民、牛马、兵器、珍异。凡买卖者均质剂焉。"《周礼·地官·司市》："司市掌市之治教政刑，量度禁令，以次序分地而经市；以陈肆辨物而平市；以量度成贾而征卖。……以泉府同货而敛赊。"

从上述文献可知，西周时期，周朝王室统辖的范围内，包括晋国不仅已有了商贾行市，并且设置了专门的商官，制定了市场制度，规范了交易商品，规定了贸易度量，还规定了市场税收征管办法，足见西周时期的商业不仅门类很多，而且管理相当规范。

不过，此时周王室所辖晋国的国力和商业还比较有限。这与晋国自身的独特情况和具体条件有关，当时晋国除地处僻塞、其土又小、大国在侧等不利条件外，到西周末期，又经过半个多世纪的"曲沃乱翼"。内乱战争使晋国形成"政教尤衰"的局面，直到公元前 676 年曲沃武公之子献公执政后，伐国拓

①《史记·殷本纪》。
②《史记·鲁周公世家》。

土,并吞霍、虢、虞、冀、黎、郇、董、韩、魏、贾等十余小国,把国境扩展到黄河西南岸,并获得解池之盐,垂棘之璧,屈产之乘,晋国开始走上富足之路。公元前636年晋文公当政,晋国经济遂大踏步前进,为发展商品经济创造了条件。商品经济的发展,促进了商品交易,形成了"万乘之国必有万金之贾、千乘之国必有千金之贾"的对称格局,晋国商业从此发达起来,从而产生了晋国新兴的社会阶层——晋商。

晋文公四年(公元前633年),晋国采纳大臣狐偃之谋,行"被庐之法",推行"工商食官"制度,实行由公室(即官府)统一经营管理工商业的政策。因而出现了晋国历史上最早的官办工商业,也产生了一批管理商业的官吏。文献上虽然还没发现公开委派商官的记载,但献公时参与铲除"桓庄之族"、后来又担任"城绛"建筑任务,扩建绛都,身居国家大司徒和大司空要职的士蒍,既经营"城绛"和"广官"建筑工程,就必须经管庞大建筑器材物资的购销交易事宜,当然要兼负"商官"的任务。晋悼公时,身为司马的魏张,建议悼公,"戎狄荐处,贵货而易土,予之赏获其土,其利一也,""边鄙不耸,民狎其野,稼人成功"①。晋国与戎狄之间的贸易,主要是用丝麻织品、陶器、食盐、粮黍、日用工具换取皮革、马牛等畜产品,魏绛出使戎狄进行和戎活动时必然肩负着物资交易,互通有无的使命。这是历史上中原农耕经济与草原游牧经济进行交换的较早记述。又如公元前584年,晋景公派出原从楚国投奔晋国并被晋景公封为邢公的申公巫臣去出使吴国,还教吴人乘甲射御及战阵之法,当时晋国盛产木材、竹、谷、纑、旄、玉石及铜、铁之类,吴国占有鱼、盐、黄金之利,互相皆有所需特产,申公巫臣第一次使吴之后,出现晋吴联盟的数十年睦邻关系,申公使吴,除睦邻盟誓外,同时负有物资交易的任务和使命,根据上述情况论断,晋国既有官办工商业,就当然有主持经营的"商官",如周室"司市"等一类管理市场的官职,至少有像士蒍、魏绛、申公巫臣等一类兼职商官、工官,这即是工商食官的本义,反之,亦可谓"食官工商"。商贾是"仰机利而食",官商之出现,晋国也就出现了"万乘之国必有万金之贾,千乘之国必有千金之贾"②的现象,形成晋国都城"绛之富商,韦藩木楗,以过于朝,唯其功庸少也,而能金玉其车,文错其服,能行诸侯之贿"。③可见,晋国官商

①《晋语》。
②《管子·轻重篇》。
③《国语·晋语》。

的生活消费和社会地位已可攀交王侯,与上层贵族没有什么区别。

随着生产工具的不断改进,尤其是铁制工具的出现和使用,晋国的生产力不断发展,产品增多,商品交换日益频繁。为了进行商品交易买卖,必须"工而成之,商而通之,物贱之征贵,贵之征贱"①客观上为私营、个体工商业造成有利的条件。同时,官营工商业中的劳动者由于分配不公而不断出现怠工、逃亡的现象,一些手工作业需要脱离出来进行更细的专业分工,一些官营手工业部门开始允许私营,从而出现"百工居肆,各成其业"的行业分散经营,私营工商业者便大量发展起来。在此情况下,晋文公在实行"工商食官"政策的同时,也宣布实行了"轻关易道,通商宽农",对私营工商业实行保护、宽容政策。从此,晋国出现了公营与私营工商业同时并存,官商与私商同时竞争的双轨体制。从而晋国的疆土上先后产生和活跃过计然、猗顿、白圭等著名商人。

晋国由于推行"轻关易道、通商宽农"的优惠政策,天然资源得到充分利用,手工业有了进一步发展,商品经济也日益发达,资源主要有盐、铁、玉、饶材、竹、纑、榖、旄、玉石……和龙门(传说禹凿龙门处,黄河要津),产马、牛、羊、旃裘、筋角等;史称铜、铁之山方千里②,另据《山海经》记载,县雍(今大原悬瓮山)、阳山(今平陆县)、少山(今昔阳县)、白马(今盂县)、鼓橙(今垣曲县)等山,皆晋国产铜之地,白马山又是晋国最著名的产铁基地,晋国如此多种多样的丰富自然资源,必然成为"中国人民所喜好,谣俗被服饮食奉生送死之具也"。经过"工而成之"便成为"商而通之"的商品。根据《吕氏春秋·召类》、《晏子春秋·内篇·杂上·杂下》、《韩非子·说林上》、《庄子·逍遥游》、《墨子·节田中》和《孟子·滕文公下》等史籍提供的资料,当全晋时期,已有作履、结网、编草席、做假足、织缟、凿玉、制药、制皮、制陶、冶铁、铸铜、造车、木器等十几种工艺和手工作坊。出现了金属冶炼铸造、纺织染色、制革、制陶、车船、晒盐、营建、玉石、骨蚌、漆器加工等八大行业,盛产大批食盐、陶器、皮革、丝麻织品、青铜器、铁制工具及日用装饰用品,商品交易也就在全晋范围通行起来,商业随之蓬勃发展。

然而,晋国工商业一开始就由官家(公室)垄断,商品交易主要由官商所操纵,他们"结驷连骑,束帛之币以聘享诸侯"。形成"天下熙熙,皆为利来,天下攘攘,皆为利往"的热闹局面,必然造成"千乘之王,万家之侯,百宝之君,尚犹患贫"③的结果。晋国的官营工商业,为国家积累了大量财富,使之

---

①②③《史记·货殖列传》。

"富国强兵,财用不匮,观兵中原,称霸诸侯"。①但也出现卿大夫擅权营利,产生像"三郤"那样"富半公室"的暴发户。这是封建领主制度下必然产生的结果。

晋国工商业由国家(官商)垄断、操纵,由官商操办、经营的事例,在晋国历史上屡见不鲜。公元前 647 年,即晋惠公四年,由于晋国大旱,民饥,惠公与谋臣丕豹等计议以后,决定派使者"乞粜于秦",秦缪公慨然答应,开仓输粟,泛舟于河,归粜于晋,"秦粮由雍(秦者,今陕西凤翔县)装载上船,沿渭河东下,北进黄河,再入汾河,络绎千余里,运达晋绛"。这便是历史上著名的"泛舟之役"。次年"秦饥(秦缪)公令(晋)河上输之粟"。而晋惠公召集虢射、庆郑等大臣计谋后,拒绝了秦国。一些学者认为:在"国凶荒礼丧,则市无征而作布"②,"年荒凶岁,则行币物"③的历史背景下,在当时群雄争霸、尔虞我诈的纷争时代,秦晋之间的这场大规模粮食交易,绝不可能是无偿的互相无私援救,必然是秦晋之间的一次大规模粮食商品交易,是秦国对晋国的一次国际粮食出口贸易,只不过由于晋惠公负信拒绝,撕毁协议,使这场国际贸易被晋国单方面利用而已。

晋国农业比较发达,又是一个军事大国,经常用自己的丝麻织品、食盐、粮食等产品,向周邻戎狄部落换取自己需要的马匹、皮革和其他牲畜。这种交易活动,主要是国家官商包办操纵,最明显的事例如:公元前 520 年,晋卿荀吴利用晋国经常向白狄鼓国籴粮惯例,让士兵外衣布褴,内裹甲器,伪装成晋国的商队,埋伏在昔阳城外,乘鼓人不备,一鼓而下城池,灭掉鼓国。这一事实,虽然属打着商贸旗号进行军事占领的行动,但从侧面证实当时晋国向戎狄部落进行粮食交易的事实。

晋国是以农立国的国家,土地是晋国最重要的资源,在封建领主制下,土地不仅是封建领主——国君、公室、公族的私有财产,又是他们赖以维持封建领主阶级统治的物质基础,赖以剥削农(民)奴获取赋税、土贡和劳动力的天然资源。封建奴隶主虽标榜着"理民之道,地著为本",但行着"以任地事而令贡赋,凡税敛之事"的剥削掠夺之实。④此外,奴隶主还把自己占有的领地

87

①《史记·货殖列传》。
②《周礼·天官·司市》。
③《盐铁论·力耕》。
④《周礼·地官·小司徒》。

作为征集"戎马、车徒、干戈素具"的工具,实行"春振旅以搜(检阅军士),夏拔舍以苗,秋治兵以弥,冬大阅以狩"[1]来整顿军旅,以土地征收赋税,"税以足食,赋以足兵"。所以,他们把土地看作赖以生存的必需财产,视作命根子。自献公、文公以后,晋国伐国拓土,不仅用战争手段并吞弱小,掠夺别国土地,而且逐步出现由国家经营土地交换和土地买卖的现象。如晋悼公时,为和诸戎,采纳魏绛"戎狄荐处,贵货而易(轻)土,予之赏而获其土"[2]的建议,对戎狄实行"以物(交易、买卖)易土"的政策。这一措施虽然文献上没有看到实施的具体效果,但可以视作为晋国用货物交换或用货币购买戎狄部落土地的举动。这一以物易土的交易,当然也只有国家(公室)有权力来办理。"贵货易土"的实施,实开晋国以物贸换领土的先河,可说是晋国公营商业投入土地买卖的先例。买卖土地情况的出现,就是土地商品化的开始。土地商品化的发展,必然加速土地私有化的步伐。促进建立在残余井田制基础上的封建领主土地所有的崩溃和瓦解,为封建地主土地所有制的产生和发展创造了前提和条件。就晋国自身来说,土地私有买卖,导致了六卿和豪强掠夺、兼并土地之风的兴起,土地的私人占有和兼并行为,必然破坏或瓦解旧田制。"废井田,开阡陌",建立新的土地制度,客观上促进了社会由封建领主土地所有制向封建地主土地所有制的发展转变。

晋国的国君和卿大夫,在灾荒年份,有时也将他们囤积的陈腐谷物投到市场去销售,美其名曰"赈贫济困",实际上也是一种官商垄断居奇行为。如公元前 564 年,晋国粮食缺乏,庶民遭饥,晋悼公采纳魏绛"输积聚以贷,自公(悼公)以下,苟有积者尽出之"的建议,据《左传》说这次赈饥获得"国无滞积,亦无困人"的良好效果。这虽然说是一次"官商"抛售囤积物资的行为,但能在国虚民困时"尽出之",亦属难能可贵。

晋国在与邻邦广泛的商品交换活动中,自然产生了作为流通"中介"的货币。迄今为止,考古发现的晋国货币,西周时期是贝币,是用贝壳加工制成的。据出土的西周时期铜器《遽伯·簋铭》铭文说:"遽伯□作宝尊彝,用贝十朋又四朋。"朋是当时计数贝币的单位。后来又发现骨质仿贝,春秋时期又出现铜质仿贝和包色金贝,承担商品交换流通职能。

在晋国商业活动中,与贝币、骨、铜仿贝币同时流通的还有一种金属货币称"原始布",形状像古代松土的"铲"。大约是晋国早、中期流通的货币。

①②《国语·晋语》。

"原始布"进一步发展为空首布,空首布仍具铲形,上部仍系中空的方銎(布币上的方孔),但布体变得小而轻薄,背面大多铸有文字,注明铸地。这种空首布币已完全从生产工具中脱离出来,失去使用工具价值。成为商品交换的媒介,发挥货币的职能。

到目前为止,考古学家和古币研究工作者已从各种古代钱币中辨识出290多个晋国各地铸造的布币,其中发现铸有"智"(临猗)、"武"(河北武遂)、"留"(屯留)、"示"(祁县)、铜鞮(今沁县)、"虞"(平陆)、"董"(董阴、万荣)、"雩"(今地不详)、"亘"(垣曲)、"鄂"(乡宁)、"古"(苦城、运城)、"吕"(霍县)、"宁"(河南、修武)、邯郸等标明铸地的货币,还有从侯马古城遗址出土的货币,铸着"新晋共黄□"字样,断定都是晋国铸造和通用的货币,晋国布币铸造作坊分布如此之广,币式如此之多,流通范围如此之大,标志着晋国的(工)商业在全国范围内蓬勃发展。但是,上述铸造钱币的地方,都是晋国公室、公族、卿、大夫的都居和食邑,如屯留在晋景公时灭赤狄留呼后收归公室,后来是晋静公(一说桓公)的居地,祁是公族祁氏食邑,三晋灭祁氏后,贾辛是祁大夫,铜鞮,原是羊舌氏食邑,后来为乐霄的食邑,智是春秋时中行氏别族(荀首)智氏的封地,一直是智氏的封邑,"留"、"祁"、"铜"、"智"等地,都分别是国君、卿、大夫的居都和封地,他们都有在自己采邑内铸造、使用自己的货币的权力和发展自己的工商业的特权。这种状况,在厉公、悼公时期,"三郤富半公室"和栾书、中行氏擅权的事实已经出现,平公即位后,形成"六卿强、公室卑",强卿争夺公族领地,扩大自己的势力,积极经营自己的根据地,扩张他们自己势力范围的局面。从此,晋国的铸币权、经营工商业权已逐渐落到卿大夫特别是号称"六卿"的强卿手里,形成公室、公族、卿、大夫和豪富各自铸造货币和分别垄断、操纵各自封邑内工商业的局面。

晋国在大量铸造使用货币进行商品交易之后,工商业之间由于产生盈亏余缺现象,也随之出现货币借贷,从而出现中国较早的高利贷。从此,打破了在此以前借贷多用实物的惯例,货币越来越多地用于借贷行为中。《诗·大雅》说:(西周期)"如贾三倍,君子是识",《周礼·地官·司布》也说:"以商贾阜货而行布,以量度成贾而征买……"其含义是否是说商贾交易(阜货)进行借贷(行布)的事尚待再考之外,《史记·货殖列传》有"子贷金钱千贯"。索抱按:"子谓利息也"和"赀贷行贾遍郡国"的记载,可见西周境野也有借贷行为,并已产生利息。晋国为周之封国,必然也有货币借贷和借贷利息的产生。最明显准确的是，晋文公四年搜之被庐而行执秩之法，明确宣布："弃责（债）薄敛（赋、税），施舍分寡，救乏振滞，匡困资无"政策，其中弃之债，既然是由公室（国家）明令来废除，必然是由公室发放的公债，借贷者主要是官营工商业户和私营手工业者及附着于土地上的农奴，所弃之债既属"宿债"，当然属久拖无力偿还，于此可以推测必是高利贷。除公家发放公债，也出现了个人发放的私债，如猗顿"大畜牛羊于猗氏之南，十年之间其息不可计"[1]。息，既指畜牛羊之利，又可指放债之息。时公私工商业者遍布晋国，贷方与借方必然遍布晋国各地，于是出现像《管子·轻重篇》所记载的齐国那样，"凡称贷之家出息三千万……受子息，民三万家"的情况。官府也放债，富贾也放债，债息高达 1 倍多，结果造成官商（国君、豪卿）"得息十万"，"富贾家蓄万贯"的富贵特权阶层，而被高利贷压榨的破产者和广大受剥削的劳动阶层必然倾家荡产。出现公室、豪卿、富商、大贾"与王者埒富"和贫者无立锥之地的两极分化。导致封建领主贵族（国君、公族、豪卿、富商）们，为掠夺赋税贡息和剩余产品，通过高利盘剥和横征暴敛加重对国人（包括自由民和奴隶）的剥削，广大劳动者有的破产，有的逃亡，使晋国经常出现"农者寡而游者众"的景象。但由于晋国统治者能适应时势采取一些必要的开明政策和相应措施，如晋文公实行的"公食贡、大夫食邑、士食田、庶人食力、工商食官、皂隶食职、官宰食加"（大夫按职增加的土地）的政策，晋景公实行的"制事典、正法罪、辟刑狱、董逋逃、由质要、治旧洿"的法律，晋悼公实行的"毕故刑、赦囚袭、宥间罪"的办法，缓和了社会各阶层之间的尖锐矛盾，那些因受高利贷盘剥而破产、逃亡的人，有的以劳役抵偿债务，有的成为奴隶，有的成为雇佣劳动者，有的成为佃户，从而，重新变为劳动生产力。如晋文公回国之初，冀芮曾因放火烧宫谋害文公，被执杀于黄河之滨，削去冀氏爵秩，废其子孙为庶民，其子冀缺亲耨于田。《左传》僖公三十年，当晋大夫胥臣经过冀邑"见冀缺耨，其妻馌之"，胥臣归来禀告文公并请求恢复冀氏爵位，冀缺即复袭冀芮爵职，重列晋国卿位。庶民尚可恢复爵秩，足见晋文公的宽宏大度。

晋国是古代以农立国的封建侯国，土地的占有权始终是晋国阶级斗争的核心问题，晋国后期政权落入"六卿"之手，形成"六卿疆、公室卑"的局面，是与土地私有化，商业和高利贷的发展有密切关系的。商品经济和高利贷资本的发展，必然要经过"弱肉强食"、"优胜劣汰"的过程，归属于那些从腐朽

---

[1]《史记·货殖列传》。

的分封制奴隶主贵族阶级转变到新兴的地主阶级代表人物手中,从而促使分封领土制奴隶主阶级及其国家体制的崩溃和瓦解,反过来又促进新兴地主阶级及其政权的建立和发展,这是晋国(工)商业——商品经济和商业高利贷资本,在我国社会发展的过程中所起到的历史作用。它加速了封建领主制及其封建领主土地占有制向新兴地主土地占有制发展的进程。

三、晋国著名商人的经商理财之道

总体上看,西周时,晋国尚处于地狭人稀,交通闭塞,经济发展不快的局面,对国内外的商品供需要求不大,商业活动范围有限。当时虽官商、私商同时存在,但在奴隶社会较原始状态下的商品交易活动中,官商依然占着主要地位,掌握着商业交易的主动权,私人商贾尚处于从属和依附地位。到东周春秋初晋献公、文公时期,社会生产日益发达,公私剩余产品逐渐增多,其中一部分剩余新产品变成商品,由生产者与消费者之间直接交换或直接出售,生产部门分工更加细密,形成"百工居肆"的情况,单一官营工商业已无法兼营并顾,生产和销售必须进行更具体细微的专业分工,民间私人手工业、商业经营日益活跃,出现"往来贩贱卖贵者"成千上万。从而产生了"一个不从事生产而从事产品交换的阶级——商人"[1]。

晋国自晋文公实行"轻关易道、通商宽农"政策,大大促进了私营商业的发展,激发了国人经商的热情,人们把经商看成致富利民的重要手段,把商业当成发家富国的重要职业。司马迁评述当时人们的择业心理企求说:"用贫致富,农不如工,工不如商,刺绣文不如倚门市。"[2]那些追求经商者,宁愿付出"商人之四方,市贾倍徙、虽有关梁之难,盗贼之危,必为也"[3]的代价,也要迎难而上。因而在晋国朝野出现了"富者,人之性情,所不学而俱欲者也"的经商热潮,打破了晋国早期"百里不贩樵,千里不贩籴"[4]的保守局面。晋悼公进一步宣布"公无禁利"[5]后,私商、私营手工业者和一身而兼二职的工商业者迅速发展,从而取代了官商的独占地位,晋国的商业出现空前繁荣景象,私商四出,以至"北邻戎狄","杨、平阳(今运城、临汾)陈椽(经商驰骋)于秦、

---

①《马克思恩格斯选集》卷4,人民出版社,1970年版。
②④《史记·货殖列传》。
③《墨子·贵义》。
⑤《左传·襄公九年》。

翟,北贾种、代其间,温、轵(县名、属河内)西贾上党,北贾赵中山"①四面出击经商的大好形势。到三晋时,通都大邑都变成商品集散的商业都会,列国皆四通,商旅遍三晋。"于是贾人者越国度险,罗致以给其所需"②,晋国的巨商大贾屡出不鲜。

据《史记》记载晋国最早的商人叫计然。《史记·集解》引徐广曰:计然者,范蠡之师也。名妍,故谚曰:"研,桑心笄。"裴骃按:"计然者,葵丘濮上人,姓辛氏,字文子,其先晋国之公子也。尝南游于越,范蠡师事之。"可见计然祖籍晋国,系晋国贵族后裔。曾经商为贾,是晋国最早著名的商人,后来南游越国,越国大夫范蠡尊敬为师,共同参与越国的国政大事,帮助越王勾践实施经商理财之术,强国富民之道。

史籍记载:战国时魏文侯的老师段干木,原来是"晋之大驵",即交易经纪人。当时晋国已有经纪人出现,可见商业活动之发达。公元前494年,越王勾践被吴王夫差战败,屈膝投降,困于会稽,国破家亡,无计可施,于是求救于范蠡之师计然,寻求复国强兵之道。计然认真分析了越国战败的原因后,向勾践建议道:"知斗则修备,时用则知物,二者形则万货之情可得而观已。"这就是说要战胜敌人必须做好战备工作,要做好战备,必须知道战时所需要用的物资,要二者齐备,必须要了解各种物资的行情的战略思想与战备措施。为此,计然还建议预测市场:"旱则资舟,水则资车。"也就是说天旱时要备好水战的舟船,水涝时要备好车战的兵车,不能临渴掘井,事到临头才着手做往往来不及。计然把军旅用兵之道灵活运用于经商理财的商场上,他认为经商和用兵一样,商场同战场道理一样,也要知己知彼,提前了解商情,有备无患。所以"贾人旱则资舟,水则资车以待"。计然还提出"末(商贾)病则不出,农病则草(粮)不辟",主张实行保护农商的政策,"平籴齐物,关市不乏"的治国方针,建议勾践实行开放关卡,平价籴籴,积蓄物资,繁荣市场的政策。他还建议要"务完物,无息币(弊)"做到货物务必齐全质优,防止流通受阻缺滞无利。计然还提倡商人讲职业道德,讲究产品质量,提出"以物相贸易,腐败而食之货勿留,无敢居贵"的意见。腐败的货物必须抛掉,不敢囤积贵重物资。

计然还给范蠡传授经商的经验,他说:"论其余不足,则知贵贱。"货物滞留就要贱,缺了就要贵,要灵活掌握市场信息,加快流通速度,准确了解物价

---

①《史记·货殖列传》。
②王夫子:《读通鉴记》。

规律。计然指出经商的诀窍和价格随供求波动变化的规律:"贵上极则反贱,贱下极则反贵,贵出如粪土,贱取如珠玉,财币欲其行如流水。"说明商品物价的规律:物贵极必贱,贱极必贵,既极贵后,恐其必贱,要乘机出之如粪土。既极贱后,恐其必贵,要乘机取之如珠玉,始终货畅其流,不积压,不亏损,财货资金像流水一样加快循环周转速度。

范蠡学会老师计然传授的经商积财之道,辅佐勾践,经过"十年生息,十年教训",黄池之战,打败吴国,观兵中原,号称"五霸",洗雪会稽之耻。范蠡既雪稽之耻,乃喟然而叹曰:"计然之策七,越用其五而得意。即已施于国,吾欲用之家。"[1]此后便变名易姓,泛舟江湖,经起商来,遂治产积居,富至万万,成为春秋时期最大的富翁,并能"富好行其德","十九年之中三致千金,分散与贫交疏昆,"后世称陶朱公。

晋国的另一著名商人叫猗顿。《史记·集解》引孔丛子曰:猗顿,鲁之穷士也,耕则常饥,桑则常寒,闻(陶)朱公富,往而问述焉。朱公告之曰:"子欲速富,当畜五牸(母畜、五畜总称),(顿)于是乃适西河(今晋南),畜牛羊于猗氏南,十年之间,其息不可计,赀(资)拟(比)王公,驰名天下,以富于猗氏,故曰猗顿。"猗顿虽是鲁人,而富于猗氏,并问经商致富之术于陶朱公,可说是计然之再传弟子。

《史记·货殖列传》曰:猗顿用卤盐起……而与王者埒富。《史记·正义》按:"猗氏,蒲州县也。河东盐池是畦盐。若种韭一畦,天雨下,池中咸淡得匀,即畎(田间的沟)池中水上畔中,深一尺许坑,日暴之,四、五日则成……以其四分入官,一分入百姓。"《辞海》又载曰:"猗顿,战国时大商人,以经营河东盐池致巨富,又曾营珠宝,以能识别珠宝著称。"《淮南子·氾论训》又载曰:"玉工眩(识)玉之似碧卢者,唯猗顿不失其情。一说本为鲁人,陶朱公(范蠡)教以畜牧,他到猗氏(今猗氏南)大畜牛羊,十年成为巨富,故称猗顿。"

据上述史籍记载:猗顿是在晋国河东地猗氏大畜牛羊并经营池盐、珠宝十年而成巨富,是中国古代一位善于捕捉时机,精于抓获信息,灵活调整经营方向,敢于多种经营的富商巨贾。他不仅是一位懂经营、会畜牧、通治盐、善理财、长于识玉的能工巧匠,又是一个工艺娴熟、心灵手巧、信息灵通的多面手,故能成为"赀拟王公,驰名天下,可与王者埒富"[2]的著名商人。

晋国又一个著名商人白圭,《史记·货殖列传》说:"白圭,周人也。"他的

---

①②《史记·货殖列传》。

籍贯尚难定论,但他和李悝同时担任魏文侯的国卿,可知是战国时的三晋商人,其经商活动当在今晋南魏国疆域范围内,即晋国河内一带。李悝治农,主张"尽地力之教",发展农业生产。白圭佐商,善观时变。提出"人弃我取,人取我与"的经商之道,建议魏文侯,经商要掌握机遇,运用智慧,"岁熟取谷,予之丝漆,茧出取帛絮,予之食(谷)",谷成熟时,收进粮谷。这一经商诀窍,成为历代商贾遵循的"生意经"。

白圭是第一个善于把军事兵法用到商业交易上的人,他提出"吾治生产,犹伊尹、吕尚之谋,孙吴用兵,商鞅行法是也",是古代提出把伊尹、吕尚的治国策略、孙吴用兵之法和商鞅变法革新的原理、战略运用到"商战"上的第一个商人。他从用兵行法的高度,认为经营商业,犹如孙吴用兵、商鞅行法一样,要有智有谋,能进能退,能仁能强。故而"智不足以权变,勇不足以决断,仁不能取予,疆不能有所守,虽欲学吾术,终不告之矣"[1],由于白圭有一套经商理财的理论和丰富成熟的经验,又重视商业道德,注重商品质量,主张"长石斗,取上种",做到秤足斗满,货真价实,维护商业声誉。他还提出"能薄饮食,忍私欲,节衣服,与用事僮仆同苦乐"的吃苦经商作风,与同事者共苦同乐,艰苦从业,勤俭办事,成为历代商人共同遵循的传统作风。后世尊称他为商业鼻祖。

总之,晋国是中国早期商业史上比较发达的诸侯国,创造了我国历史上的商业文化,出现了一批见识卓越且善于经商理财的杰出商人。晋商在我国商业发展史上有很大成就和建树,获得历代学士、文人和商贾大家的赞誉。他们在艰苦创业的商业实践中积累了丰富的经商经验,悟出宝贵的理财致富之道,创造了灿烂的晋商文化,这是中华民族珍贵的文明财富,是中华民族传统文化体系中极具特色的商业文化宝库。为后世晋商乃至整个华夏民族商业活动的发展开创了道路,形成了经营思想、理财之道、行业体制、职业道德、竞争价值、致富方术一整套商业文化体系,从而使晋商集体享誉国内和国际商战舞台。对我们今天的改革开放大业,建设具有中国特色的社会主义商业和发展我国市场经济的宏伟事业,都具有借鉴、参考的重要价值。对我们山西的招商引资,商业发展和市场经济建设尤其具有继承、发扬、借鉴的现实意义,需要社会各界进一步发掘、探讨晋商文化之优秀传统,以古为今用,重振晋商雄风,再铸新晋商辉煌。

---

[1]《史记·货殖列传》。

第二节　汉魏时期的山西商业

汉代政府对山西之盐,只采取征税的办法,而制盐及销售,则让山西商人去办理。丝绸之路开辟后,山西商人也加入到西域商人贸易的行列。清末在灵石县发掘出的十六枚古罗马铜币,印证了汉代山西商人同欧洲商业往来的事实。到汉武帝元狩三年(前 120 年),由于连年的战争后,大兴土木,国家财政不能支付这些庞大的开支,在全国范围内,实行对盐铁专卖,所得盐利,归国库所有。盐铁专卖之后,很快解救了西汉政府的财政危机。供给京师兵卒的盐,基本上是从河东郡运来,所消耗的盐也不在少数。吏士……合凡万二百八十一人。用谷月万七千三百六十三斛,盐三百八。[①]元和间,汉章帝巡幸安邑,观盐池,可见山西盐业和山西商人在全国的重要地位。

西汉时,山西商人经常与长城脚下的匈奴人进行贸易,雁北马邑(今朔州)人聂壹就是从事这种贸易的大商人。聂壹曾接受汉武帝的指派,在经商的同时收集军事情报,他还帮助汉军设计诱敌深入,尽管计划未成,但山西商人经商未敢忘国忧成为传统。

魏晋十六国时期,虽然在战争的干扰下商业贸易无法正常进行,但局部的贸易还是存在和进行着。曹魏黄初二年(221 年),"使百姓以谷帛为市"。沿边地区与少数民族贸易,三国时,鲜卑酋长曾至魏贡献,并求通市,曹操表之为主。鲜卑人曾到并州互市。当时的典农官还派屯田民经商,而且较为普遍。另外还有军市。"夫珍玩必中国,夏则缣总绡穗,其白如雪;冬则罗纨绮绶,衣叠鲜文。"[②]当时,山西绛州的纺织品尤为出名,河东商业发展不仅在京城繁盛,而且在各州郡也同样如此,山西自然不会例外。魏文帝延康元年(220 年)轻关津之税,皆复什一。当时也有一些苛捐杂税,如杜畿任并州刺史时渐课民畜牝牛、草马,下逮鸡豚犬豕,皆有税。

北魏在重点发展农业经济的同时,还积极发展牧业、工商业,同时开酒禁,允许民间酿造。连铸钱都不限制,当时"用铜处广,既有冶利,并宜开铸,诏从之"[③],为了发展商业经济,北魏统治者废关禁,"弛关津之禁,任其去

---

①《汉书·赵充国传》。
②《全三国文》卷 6。
③《魏书》卷 110,《食货志》。

来"。北魏官商特别严重，北魏统治者严加限制官商。"罢诸商人，以简民事。"①不许官吏"锢贴店肆，争利城市"②，因此，北魏山西的商业恢复和发展得很快。

迁都洛阳后，又在市中设有市令，专门掌管贸易和收税。北魏时山西的商业发展较快，平城是当时全国的一大都会。《魏书》记载，繁峙人莫含"家世货殖，资累百万"。《晋书》则记载，后赵皇帝石勒在14岁时曾"随邑人行贩洛阳"。另外，各州、郡也各自有市，如刘宝者，称为富室："州郡都之会处，皆立一宅。"③肆州、汾州治所离石以及各郡所在地也都是一些大小不等的城镇市区，山西境内这样的市镇为数还是不少的。而且山西这一时期的商人活动频繁，如元淑"孝文时为河东太守，河东俗多商贾，罕事农桑，人至有年三十，不识末耜"④。商业的发展，为财政收入创造了来源。

随着商业的发展，出现了许多与官府勾结的大官商，这些人是北魏各级政府的取利者。郑羲身为刺史，"西门受羊酒，东门酤卖之"。大长秋刘腾，"舟车之利，水陆无遗，山泽之饶，所在固护。剥削六镇，交通互市，岁入利息，以巨万计"⑤，这些人是直接为官府经商取利的。

第三节　隋唐时期的山西工商业

唐代工商业颇为发达。州府所在地大部分都是商业城镇。如太原山川重复，实一都会。蒲州、绛州、临汾、上党等地都有商业市区。县治所在地出现了市，如虞乡市、灵石市等。一些交通要冲也有集市，如雁门关市。太原城商业是相当繁华的，蒲州城水陆所会，商船往来，日聚数百。市区里设有邸、店及肆、行、馆、铺等。货物也多种多样，食品有饼、肉、蔬菜等，纺织品有缯、丝、绵等。富商大贾层出不穷。唐乾符五年（878年）河东节度使窦浣因府库空竭，借山西等地商人钱5万缗，可见商人之富。民族互市比较活跃。晋阳向北经忻州、代州、朔州、云州，为通向突厥、回纥诸部的商道。

---

① 《魏书》卷7，《高祖纪上》。
② 《魏书》卷9，《肃宗纪》。
③ 《洛阳伽蓝记》。
④ 《北史》卷15，《常山王遵传附元淑传》。
⑤ 《魏书》卷94，《刘腾传》。

　　人物殷阜的都市太原，是隋唐时山西境内最大的军事、政治中心和商贸重镇。"晋水千庐合，汾桥万国从。"①正因汾水上架起了桥梁，才使东西千庐合成一片，有成千上万的人通过汾桥频繁地进行贸易往来和其他活动。又如山西南部的商业市场蒲州，来自外地的商人就非常多。隋仁寿四年（604年），杨素率5 000骑袭王聃，夜至蒲州河际，"收商贾船，得数百艘"②，可见这里四方商贾汇集之多。晋东南都市上党，来往商人川流不息，唐时将作大匠杨务廉常于市内刻木作僧以售之。这里能吸引"甚有巧思"的将作杨务廉，其他地方的商贾往来就不言而喻了。另外，官府还积极倡导与突厥等民族的互市。如隋大业时，裴矩亲自遣人告突厥大臣胡悉曰："今在马邑，俗共蕃力多作交关。"胡悉立即"率其部落，尽驱六畜，星驰争进，冀先互市"③，高价市马，唐天宝年间"每至互市时，即高估马价诱之，诸蕃闻之，竞来求市"。④

　　隋唐时期的山西商业有两大特点：一是都会市区多。如太原"实一都之会，……人物殷阜"，在全国都享有盛名。河中府的蒲州也是闻名远近的商业城市，绛州也颇为人所知。如虞乡人司空图，隐居中条山，"常为作碑，赠绢数千，图置虞乡市，人得取之，一日尽"⑤。二是山河之处，关津尤多。全省关津即达34处之多。

　　唐政府也为商旅提供方便。唐玄宗开元、天宝年间，以长安为中心，东至洛阳，北至太原，西至陇右，沿途设驿肆，并备有驿驴，供商旅骑用。

　　互市：隋唐时期，山西北部州县与突厥及其他民族的互市不仅次数多，规模大，而且收入也比较可观。隋大业时，裴矩与突厥胡悉互市于马邑，胡悉竟率全部落"尽驱六畜，星驰争进"来互市。唐武德时期，并州人赵文恪与齐王元吉诱至北蕃，"市牛马以资国用"⑥。当时，互市收入较为可观，陇胡闻之，争卖马于唐，节度使王忠嗣皆买之。由是胡马少，唐兵益壮，唐后期，互市仍获厚利。隋唐时期山西地方政府与突厥经常进行互市，除特殊情况外一般都低于内地价格，以从中取利，或增加官府马匹。

　　灯市：汉唐以来，每年正月十五灯展时，京城和各地民间店铺都有规模大

97

①《文苑英华》卷267。
②《资治通鉴》卷180。
③《隋书》卷67，《裴矩传》。
④《旧唐书》卷185，《姜师度传》。
⑤《新唐书》卷194，《司空图传》。
⑥《旧唐书》卷57。

小不等的花灯和物品交易,俗称"灯市"。唐代诗人范成大在诗中对灯市盛况多有反映:"酒坊先迭鼓,灯市早投琼。"

和籴:和籴是通过商业渠道进行的,官府出钱向百姓收购谷粟,即丰年谷贱时以高于市场价格购买,歉年以低于市场价格出粜,借此以稳定市场粮价。天宝八年(749年),河东道和籴粮食110 229石,通过和籴积蓄的粮食达535 386石,在全国排列第四位①。

率贷:即向商贾及富户借钱,山西境内的富商颇多,著名的如文水县许文宝,以卖木材为生,"常聚材木数万茎,一旦化为丛林森茂,因致大富"②。潞州张噂,"性豪直,喜宾客戈猎事,厚奉太子,数集其家"③。河东裴明礼,"家产巨万"。率贷政策之下,商人财货十之八九归于府衙。

唐末五代时期商业萎缩,但课税很重。后唐有"商税务",后汉有"商税使",后周有"商税院"。不论什么货物都要征税,"诸处商税,有越常规,乃至草、木、虫、鱼,无不取税"④。后晋时商税分"过住两税",在关津要路,征课过税,每斤七文;在城乡店铺,征课住税,每斤十文。此外,还要征市税,即对买卖双方都要征税,"据卖价每一千抽税钱三十"⑤,即使典质当物业,也要交纳税。

当时,山西商业虽受战争影响有所低落,但仍没有停滞,一些较大的州县都有商业市区。上党、雁门即是,而太原商业更为繁盛。河东是各地商人贩盐之地,贩盐的人多了,税收随之增加。张承业在太原,"征市兵马"。昭义节度使从唐末到五代,无一不"榷马征商人"。李嗣昭妻杨氏能"至赀百万",并非全靠个人经营,而是借官商之势聚敛他人,将州府所收据为己有。

第四节　宋元时期的山西商业

宋代商品货币经济发达,已产生并大量使用纸币交子。《宋史》中记载了并州阳曲人张永德违法,令亲史贩茶获利致富。另据史载,神宗熙宁二年,"乃诏置交子务于潞州"⑥,大观年间,陕西、河东皆以旧钱引入成都交易。故

---

① 《通典》卷12,《食货·轻重》
② 《太平广记》卷13,《武士獲》。
③ 《新唐书》卷121,《王琚传》。
④ 《册府元龟》卷547,《直谏》。
⑤ 《文献通考》卷14,《征榷》。
⑥ 《宋史》卷181,《食货下》(三),《会子》。

四川有壅遏之弊,河、陕有通途之艰,"乃诏永兴军更置务换陕西、河东引,仍遣文臣二人监之"。当时,山西潞州也设置有交换纸币的场所。

元代山西商业经济发达,山西商人也相当活跃。《马可·波罗游记》中指出:"这里的商业十分发达,各种物品都能制造,尤其是以武器和其他军需品见长,它们从这里直接供给皇家卫队使用,十分便利。葡萄园为数甚多,所以可以生产大量的葡萄。其他果实也很丰富,桑树及养蚕业也很发达。""离开大因府(今山西省太原市),向西走七日,经过一个十分美丽的区域,这里有许多的城市和要塞,商业和制造业十分发达。这里的商人遍布全国各地,获得巨额的利润。穿过这个区域后,到达一个很重要的大城市,名叫平阳府,城内同样有许多商人和手艺工人,丝绸的产量也很丰富。"[1]马可·波罗还注意到,在晋陕豫黄河金三角地区,"有大批的商人从事广泛的贸易活动"。商业兴盛还表现在商税方面。商税的多少,是衡量一个地区经济发达与否的一个标志。元代税制"三十分取一",元代山西商税额,大同路8438锭19两1钱,冀宁路10 714锭34两6钱,晋宁路21 359锭40两2钱。晋宁路(元代把河东南路改为晋宁路,河东北路改为冀宁路,西京路改为大同路)的商税,在华北一带仅次于大都路(元代首都,今北京市)。远在其他诸路之上,不论是山东的济南,河北的真定、大名、保定都赶不上它。冀宁路的商税比晋宁路稍少,但和真定、大名差不多,而在保定、顺德、广平等路之上。由此可见,元代山西的商业经济在华北地区是走在前列的。

---

[1]梁生智译:《马可·波罗游记》,中国文史出版社,2006年版,第154页。

第三章
山西古代的商品生产

第一节 粮 食

商业发展的起点是商品,晋商的兴起、发展与商品的经销密切相关。从历史上看,山西古代的商品生产,亦即支撑晋商的大宗商品,除河东池盐外,还有粮食、铁器、茶叶、丝绸、牲畜、煤炭、木材、汾酒等九类商品。

一、粮食的重要性

"民以食为天",自古至今农业是国民经济的基础,而粮食是基础的基础,直接关系着国计民生,是影响国家安全和人民温饱的头等大事。因此,受到历朝各代统治者的高度重视。主要表现在三方面:

一是各朝统治者都把"重农"作为国策,尤其是中外许多政治家、史学家、经济学家从认识论高度反复强调并在实践中施行。西方经济界有重农学派。英国著名经济学家、古典经济学之父亚当·斯密认为,"谷物在任何文明国家都是每年消费量最大的商品"。在中国,从李悝主张挖掘土地潜力增产的"尽地力之教",到黄宗羲的农民负担叠加定律,再到毛泽东的"以粮为纲",陈云的"无粮不稳",直到新一代领导胡锦涛、温家宝对"三农"的空前关注和减免农业税及大量粮补资金投入,莫不如此。

二是历代政府都不同程度地实行宏观调控粮食和市场价格的措施。从魏国的"平籴法",汉代的"均输"、"常平仓",唐代的"国仓"、"义仓",明清时的"社仓",直到新中国成立以来 1953 年的"统购统销",当前的保护价收购、对粮农直补一脉相承。

三是不断地进行土地制度改革,出台财税新政策。从春秋战国之际的"井田制"、"初税亩",到北魏隋唐的"均田制"、"两税法",而后到明清时期的"一条鞭法"、"摊丁入亩",再到解放初 1945 年的"土改",改革开放以来的"联产承包责任制"、"税费改革",直到 2006 年取消农业税解决历代大难题吃饭问题,这是历史上具有划时代意义的重大变革,标志着在中国实行了长达 2 600 多年的皇粮国税从此退出历史舞台。农村税费改革不仅取消了全国农民身上 336 亿元的农业税赋,700 多亿元的"三提五统"和教育集资,而且农民得到了前所未有的大实惠, 为建设社会主义新农村奠定了坚实基础。

二、历史上山西的粮食生产

粮食是各个历史时期商人经营的大宗货物。所以,从事生产谷物的劳动力就多于从事其他商品的劳动力,谷物自由贸易是防止饥荒的有效办法。山西省地处农牧交界线,是我国农业发源地之一,史前遗址比较丰富,在太原、汾阳、孝义、垣曲、永济等县市发现石刀、石斧、石铲、石锄、石镰、纺轮,闻喜县一处遗址发现碳化谷粒。它表明原始社会人类生产能力低下,农业垦殖范围很小,且呈点状分布。在商代,黄河流域的气候比现在温暖湿润,降雨充沛,山西的农作物种类已有粟、黍、麦、稻、稷、粱,家畜马、牛、羊、鸡、狗、猪也已出现。但在商代,山西地区确实存在两种不同的经济生活方式,一种是以垣曲、夏县东下冯和灵石旌介商墓为代表,以农耕经济为主,同时兼营家畜饲养和渔猎的殷商方式。而另一种则是以石楼青铜文化为代表的方国文化,他们虽也定居,但主要以游牧经济为主。

到春秋战国时期,为满足商业发展和货物流通需要,各国大多开放山林川泽,让商民去自由开发。晋国大量铸造金属货币青铜尖足空首布,特别是随着铁农具的开始使用,"作爰田"、"作州兵"的改革使土地重新分配,粮食增产,国力大增,商人日趋活跃。公元前 647 年,晋国遭受特大旱灾,秦国经渭河穿黄河入汾河援助晋国大批粮食的"泛舟之役",可称得上是历史上最早的一次官方粮食贸易。公元前 572 年晋悼公即位后,由于公室衰败私家势力日增,过去的"工商食官"和"利润垄断"政策无法延续,晋国宣布"公无禁利",迅速形成一批私营商贾。他们贩卖各种生活必需品,经营范围很广,从粮食布帛到日杂百货,从牛羊家畜到珍奇珠宝,凡是有利可图的,都在经营之列。从而极大地促进了商业的繁荣,不少人因经商而成巨富。著名晋商猗顿即靠经营盐铁和牲畜而富甲一方。此外,吕不韦因贩卖珠宝、投资奇货走上了政治舞台。商人弦高因犒赏秦师而挽救郑国都说明当时商人在社会生活中不可或缺的作用。

101

秦汉时期山西北部设置雁门郡、代郡，农耕区范围较大幅度向北拓展。司马迁在《史记》中划出了一条农牧分界线，这条界线从龙门直达碣石，在山西境内经龙门、沿吕梁山边缘进入河北。界线以北多羊马，为游牧区；界线以南为农耕区。农业垦殖区基本实行一年一熟与两年三熟两种农作物种植制度。正因此，山西商人自然而然地承担起中原农副产品和草原畜牧产品的交易使命，武帝时山西巨商马邑人聂壹常与匈奴在长城一带进行边境贸易。西汉时期，山西的河东、太原、上党郡气候温暖、土地肥沃、河流纵横、水利灌溉面积大，农业生产发达，是汉代重要的产粮基地，从《西汉会要》记载来看，山西所产粮食除保证当地食用外，还通过漕运供给京师长安。为解决黄河中流砥柱，即今三门峡一带水流湍急，运输困难，河东郡太守番系上书说："漕从山东西，岁百余万石，更砥柱之艰，败亡甚多而烦费。穿渠引汾溉皮氏、汾阴下，引河溉汾阴、蒲坂下，度可得五千顷。故尽河堧弃地，民将牧其中耳。今溉田之，度可得二百万石以上。"[1]这一计划因黄河改道而搁浅，到宣帝五凤（前57年）时，关东地区每年给京师漕运粮食400万斛，用卒6万，耿寿昌认为将三辅、弘农、河东、上党、太原的谷物籴来，就可满足京师的需求。由于粮食充足，河东商人依靠山西盐铁之饶、西北粮食之缺，贸易四方，沿河西走廊直达新疆、中亚，开辟了由中国通往欧亚大陆的"丝绸之路"。隋唐以来直至宋元，山西境内的农耕区又有进一步扩展，除传统的汾河谷地外，上党盆地周围丘陵以及北部自然条件较好的河谷地带，都有农业垦殖生产活动，粮食作物有粟、黍、豆类、小麦、水稻以及旱地杂粮荞麦、莜麦等。

唐宋以来，长城内外汉民族与突厥、契丹、女真、蒙古各少数民族的物资交流及粮食贸易，大多由山西商人操纵。隋唐时期，山西是一个农、工、商、林、牧、渔全面发展的经济区域。社会经济仍以农业为主，2/3的州县是农业区。全省大型水利工程有32处，在全国排列第二，粮食产量大，是全国赋税来源地之一。天宝年间，据《通典》卷十二《食货》记载：河东道诸色米总计为18 544 405石，占全国总数的1/5左右，每年要有大量的粮食运往京城长安。太原仓是一个国家级大型粮库，"高四丈，周回八里"[2]储粟至500万斛，常与著名的西京太仓、东京含嘉仓、洛口仓相提并论。这里即使平时也储备大量粮食，不仅供京城长安食用，还向其他缺粮地区调运。武德元年，唐高祖李渊说："太原，

---

①《汉书·沟洫志》。
②《元和郡县志》卷12。

兴王地,兵十万,粟支十年。"①当时商业繁荣,太原人物殷阜,是一大都会。蒲州城水陆所会,商船往来,日聚数百。市区设有邸、店、肆、行、馆、铺等。绛州、上党也是有名的商业城市,农贸集市十分繁盛。粮商南北贩运,四处赚钱。唐后期乾符五年,河东节度使窦干因府库空虚,一次借商人钱 5 万缗。唐代还实行"和籴"政策。和籴贵籴贱粜,买卖公平,表面看无法获利,其实不然,因为丰年籴时即使加价一二钱也比灾年时减价低。例如,丰年 1 石谷市场价格 10 文钱,官方以 12 文购买;灾荒年 1 石谷市价 20 文钱,官方以低于市场价格 18 文卖出,这一进一出每 1 石还是净赚 6 文。

三、明代山西粮商崛起的背景

　　明朝晋商大规模兴起,主要与"开中法"实施后北部边镇形成大规模的粮食市场有密切关系。明初,退居漠北的蒙元势力不断伺机南下,成为明朝严重隐患。为此,明政府在北部长城沿线设置九大军事重镇,史称"九边"。每边驻扎数以万计的兵马,"九边"共驻 80 多万部队,形成庞大的军事消费区,为晋商崛起于国内商界提供了千载难逢的历史机遇。洪武三年(1370 年),明政府根据山西行省的建议,利用国家控制的食盐专卖权,鼓励商人纳米中盐,解决"九边"粮饷供给问题,史称"开中法"。永乐年间,开中法普遍推行。有的商人为

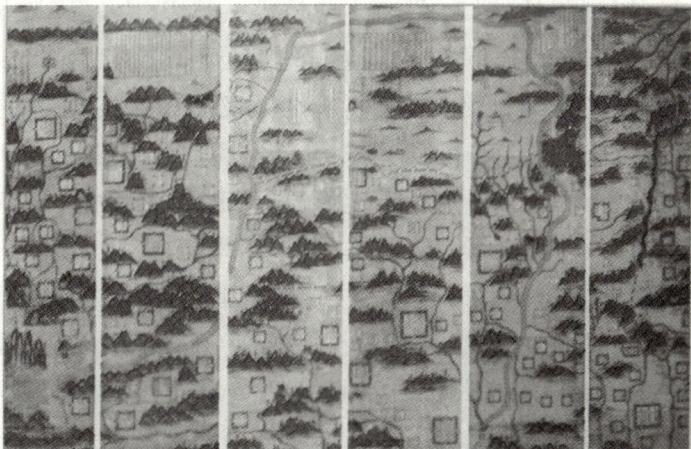

明代九边图

了节省运费,减低成本,就在边地雇人垦荒屯种,把收获的粮食就地纳仓换取盐引,此即"商屯"。由于盐引利润取得的前提是必须在北部边镇交纳定额粮食,因此,在长城沿线北部边镇就形成了很大规模的粮食交易市场。这便是明清山西商帮兴起、发展的原始积累起步阶段。因此,明清时期山西粮商在历史上最活跃,由粮食发家致富的富商大贾颇多。山西晋南是产粮区,相邻的河

---

①《新唐书》卷 99,《李纳传》。

南、山东都是产粮大省。晋商在长期粮贸实践中,还较好地解决了粮食的储存保鲜问题。山西地处黄土高原,气候干燥,土质坚硬,晋商就挖窑洞和地窖,用能装一石 300 斤粮食的瓷缸存放,装满后用石板盖顶,泥土抹缝密封,常有存放数十年而不腐变者,等到开市交易时放出数十万石粮米。通过这种原始但科学的真空保鲜存放法,囤积居奇获取厚利。明代晋南蒲州一带的商人玉玺、李因笃、雷太初等都是利用这种办法和西北军需商机进行粮食贸易的粮商,清代平阳府亢氏更是富甲天下的大粮商,亢百万号称"三年不下雨,陈粮有万石"。

四、清代晋中粮食期货交易

晋中盆地自然地理、气候条件十分优越,是山西省粮食主产区,盛产小麦、谷子、玉米、高粱、豆类等,剩余农产品十分丰富。明代开中法实施后,不少晋中商人把农副产品运到北部边境市场销售,并积累创造了一套独特的用地窖储存粮食的办法。"三晋富室藏粟数百万石,皆窖而封之。及开市则市者纷至,如赶集然,常有藏数十年不腐者。"粮食不变质的原因在于储粮的地窖。山西一带气候干燥,土质好,"其地燥,故不腐,其土坚,故不崩"。进入清代嘉庆、道光年间,晋中商人创造性地发展了中国最早的粮食期货交易。一是嘉庆三年(1798年),祁县乔家广盛公商号在包头做"买树梢"的投机买卖,农民在春季向商号借支银钱货物,以所种青苗为抵押,议定极低廉的价格,到秋收后,照议定的价格交粮,俗称"买树梢"。这比 1848 年美国芝加哥农业区的农产品期货交易早 50 年。二是道光年间,晋中商人在寿阳县粮食市场进行买空卖空的期货交易。"道光十四年(1834年),寿邑秋收有四五分者,有二三分者,参差不等。而八月初旬,禾黍尚未登场,粮价旦夕昂贵。……良由逐利之徒坐拥厚资,垄断左右,一见禾米空秕,度日后之收获子虚,遂尔囤积居奇,致一时之市价腾踊。……更有甚者,买者不必出钱,卖者不必有米,谓之空敛。因现在之米价,定将来之贵贱,任意增长。此所谓买空卖空,虚抬高价,而使价格不能平也。"这是典型的农产品期货交易,可见,晋中商人是我国最早的期货经纪人。

五、清末至民国年间晋商在张家口的粮食交易方式

张家口是晋商基地,清末至民国年间粮食贸易输出情形是:国内主要是京津两地,以及其他省区。对外输出主要有绿豆。主要输出地为香港、日本等。

麻油主要输出地：香港、菲律宾、新加坡、埃及、澳洲、德国、日本、美国等。张家口、宣化、柴沟堡、下花园、沙岭子等铁路车站是张家口主要粮食输出点。铁路输出占张家口沿线总输出量的 80%。

由张家口通过旅蒙商人向蒙古共和国输出粮食，其中有稻米、面粉、挂面、大米、香油以及以粮油为原料的糕点、副食品等。1924 年输出麦粉 5 600 公斤，粟米 46.6 万公斤。每年各地粮商云集，市场活跃，粮油贸易鼎盛。

早期，粮食市场交易均系私人商户，市场交易操在行会之手，其方法有以下几种：

农村收购：一般采用"预付订货"收购办法，即各村设有社伙，管本村差事支出，日常所用的钱财是粮店无息借款。秋收后，按播种农田向农民派粮，然后将集中起来的粮食售于粮站，归还借款。一般借款无利息，售粮时低于市场价格。

市场收购：即市内收购，主要收购坝上各产粮县以及张家口、宣化两地附近产粮区运到市场的粮油。张家口市内粮食市场有四个：大境门、西沙河、南关道、宣化大道。

斗行代表：通晓市内粮油经营信息，为进城农民找到晋商买主（即粮店、粮栈），从中周旋，促成双方成交。双方签订契约后，由斗行用"官斗"（标准斗）称粮食，斗行从中收取买卖双方一定手续费（佣金）。张家口每年最盛期是当年十月至第二年一、二月之间。每日，从坝上各县进口（指张家口）牛、马运输车辆有 1 500 余辆，张家口近邻县 200 余辆。夏季闲散时，坝上来的牛、马车有 300 余辆，坝下有 50 余辆。

张家口四处"税卡"附近，为运粮商居住，开设有大、中、小车马店。1937 年前，张家口有大、中、小车马店 31 处。

张家口清代至民间时期粮食流通渠道示意图

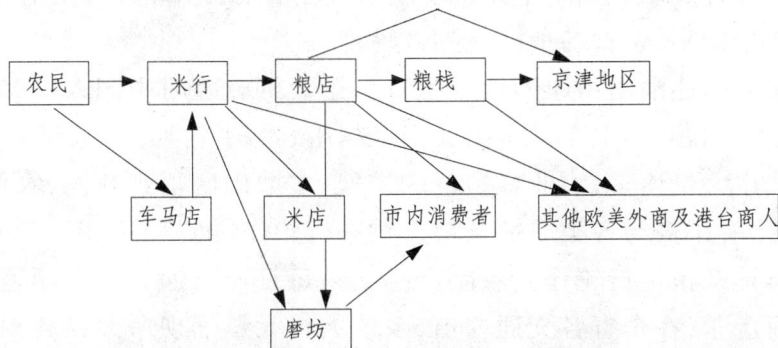

六、明清以来山西粮食产销方面需注意的问题

明清粮食产销方面有 3 个问题值得注意:一是山西气候植被破坏,旱情渐重,十年九旱,尤以光绪三年的特大旱灾突出,饥民 800 万,饿死人数百万,农业生产在全国的总体地位下滑。尤其是粮食产量大不如汉唐时,但山西晋南蒲州、平阳府,晋东南潞安府的粮食生产仍然保持相当水准,尤其是明代朱元璋鼓励老百姓种植经济作物,棉花种植在北方山西晋南推广开,潞绸在上党地区形成规模,这对缓解长期困扰山西人的衣食问题功不可没,也是明代山西粮商兴盛的重要物质基础。即便到 20 世纪三、四十年代抗战时期,晋东南、晋西北的粮食还保持一定产量,能够用小米养活数十万八路军。二是到清代一方面是东南人口增长,粮食供不应求;另一方面是东北地区开发,粮食富余南调。所以在明清历史上除长期的官运 400 万石左右漕米“南粮北运”格局外,又出现商船“北粮南运”接济众生现象。但康熙五十一年放开“盛世滋丁,永不加赋”闸门后,人口猛增失控,粮食日趋紧张。到乾隆年间,中国的自产粮食供应出现不足。三是粮食进口问题。明清两朝中国农业与以往相比最大的不同是开始从国外异域引进高产作物,进口粮食。明代中期高产作物玉米、甘薯、马铃薯、烟草从美洲等地沿两条路径传入我国。一为东南沿海路线,即经广州,进入福建、浙江等地;一为西南陆路,由缅甸,经云南、四川传入内地。因这几种作物产量大,对解决众多中国人填肚皮问题有用,很快得到推广。烟草明末传入山西曲沃等地。马铃薯嘉庆以后很快传入山西,道光年间已成大田作物。北方最早引进玉米的省份是河南,其次是陕西,由于最初传入地点距山西较远,所以玉米直到清康熙年间才从河南、陕西传入山西。文献中最早记载山西种植玉米是康熙年间编修的《河津县志》。嘉、道以前玉米在山西全省范围传播缓慢,清后期各地方志中才多有玉米记载,至清末光绪年间因玉米产量很高,全省各地已是到处种植。

另如前述清圣祖康熙放开生育口子,到乾隆时中国人口突破 4 亿大关,吃饭成为问题,不得不从东南亚国家越南、泰国等地进口大量大米。山西人口在清代也大量增多,农业垦殖范围扩展,多数山区得到开发,农作物一年一熟的地区,春小麦与各类旱地杂粮作物进行轮作、倒茬。两年三熟地方冬小麦与各类旱地杂粮进行轮作。农副产品交易每月逢三遇五非常频繁,农贸集镇市场成百上千,在全省各交通要道、乡镇大村大量涌现。大粮商囤积居奇,赚取

暴利,中小粮商贱买贵卖,四处活动,甚至肩挑背负籴粜粮米的农民和小商小贩十分普遍。1953 年国家对粮食实行"统购统销",取消民间集市贸易,到三年困难(1960~1962 年)时,由于苏联逼债和国内歉收,粮食空前紧缺,全国饿死许多人,仅四川省就饿死 400 万人。所以,解决"三农"问题,各级政府领导抓农业,中国的农业政策,基本耕地保护,农产品物流市场培育,农业先进技术推广,特别是人口控制,粮食安全,生态平衡,水利灌溉,灾害防治,农业综合开发问题任何时候都得牢记在心,千万不敢大意失控。

第二节 铁 器

铁器的制造与使用是人类生产和生活进步的重大成就性标志。山西矿产资源丰富,煤、铁、铝、铜、银储量丰富,遍布全省各地。自古以来,冶炼铸造手工业较为发达,尤其是铁器的冶炼铸造技术水平在全国占有重要地位。并州刀、剪至晚在唐代已驰名全国,深受南北各地消费者的欢迎。因而铁器在历史上是山西商人,特别是明清时期晋商经营的大宗商品之一。

中国历史上,铁农具铁犁、铁铧、铁锄、铁锹、铁斧、铁镰、铁耙以及生活用具铁锅、铁铲、铁锥、铁针、刀剪之类的生产离不开手工业作坊,但其运输和销售在历史上则主要依靠商人。

先秦时期,晋国都城绛和魏都安邑都有铁器。考古发掘资料表明,在侯马发掘出的铸铜铁遗址规模宏大,目前在全国其他地方尚未发现可与其相比的同期同类遗址。足见山西冶炼业之先进和发达。

汉代是铁农具代替青铜器的大发展、大推广、大普及时代。汉初,盐铁的销售由商人经销。因为盐铁在财政收入中的大宗地位越来越重要。为了应付武帝时的浩大开支,解决财政困难,抑制商人兼并,"建本抑末,离朋党,禁浮侈"①,实行了历史上影响巨大的盐铁专营。汉代的山西,铁和铜的冶炼铸造已有一定规模。西汉王朝在全国 39 郡的 48 个县设置铁官,山西境内的安邑、皮氏、平阳、绛、大陵 5 县设有铁官,约占全国的 1/10,东汉元和年间(84~87年),在山西采铁 103.5 万公斤。其中河东郡安邑的铁产品直接供应京师长安,地位尤其重要。

北魏时已经用煤炼铁"曲茨北二百里有山,夜则火光,昼日但烟。人取此

①《盐铁论·复古篇》。

山石炭,冶此山铁,恒充三十六国用"①。北魏时任民私铸货币,故而大同的银矿较为著名,《魏书》云:"白登山有银矿,八石得银七两。"北齐时晋阳为陪都,晋东南地区铁冶炼业发达。据《隋书》记载,当时山西境内所辖的太原、沁县、阳城、盂县等地都设有较大规模的私营手工业铸铁器作坊。

唐代山西金属冶炼业达到一个高峰,产铁地点遍布山西南北。据《唐书·地理志》的记载,太原府、乐阳县、汾西县、翼城县、绛县、吉昌县、昌宁县、温泉县、盂县、交城县、绵上县、玄池县、秀容县、五台县、飞狐县、黎城县、涉县、阳城县都有铁冶。近年在永济发掘出土的唐代黄河蒲津渡口上的大铁牛每座宽 1.5 米,长 3.3 米,最大者 75 吨重,最小者 30 吨。据估算,已出土的铁牛、铁人、铁柱、铁山等的用铁量占到当时全国一年生铁产量的 1/4,充分反映了唐代铸铁工艺技术水平的高超。产铜地方较多,如阳城、黎城、灵丘、五台等。晋南地区铜工业更为发达,"天下铜炉九十九,绛州三十"。唐政府对冶铁铸造业的生产十分重视。蔚州(今灵丘县)三河冶,旧置炉铸钱,至德以后废。元和七年,中书侍郎平章事李吉甫奏请将"飞狐县三河冶铜山约数十里"②恢复兴建,得到皇帝批准后,河东节度使王锷和刺史李昕调集人夫工匠恢复了三河冶的生产。施工过程中,"王锷置炉,疏拒马河水铸钱,工费尤省。以刺史李昕为使,以五炉铸,每炉月铸钱三十万,自是河东锡皆废"③。飞狐监利用水力鼓风炉铸钱,生产效率极高,每岁铸钱多达 18 000 贯。

宋代的官府冶铁工业设有四监,山西有太原大通监(今交城县),另外在晋州(今临汾)、威胜军(今沁县)、石州(今离石市)、泽州(今晋城市)、榆次、平定、五台等地皆有较发达的铸铁工业,其中晋州、石州、泽州、威胜军还铸铁钱。现存太原晋祠宋代金人台铁人反映了北宋时山西的铸铁工艺水平。元代的铁工业有太原大通监、高平的益国监、怀仁的利国监,另外在襄陵、五台等地设有铁冶提举司。元代的铁冶业比宋代有了进一步发展。

宋代铁书

①《水经注·河水注》。
②《元和郡县志·河东道》。
③《新唐书·食货志》。

明清两代,手工业有了较大发展。而矿冶业因受官方政策的影响,虽有一定发展,但一直处于不稳定状态。明代全国 13 个铁冶所中,山西有太原府大通冶,平阳府丰国冶、富国冶,潞州府润国冶,泽州益国冶 5 个,比元代减少 3 个。铁产量合计为 76.2 万斤(1 斤 =0.5 千克,下同),仅占全国总数的不到 10%。与年产 114.87 万斤的湖广兴国冶及年产 128.39 万斤的蕲州黄梅冶相差甚远。而且呈现两个特点:一是布局南多北少,主要分布在晋东南、晋南,太原以北寥寥无几。二是官营手工业日趋衰落,民营手工业开始发展,但受到封建专制政府的压制和矿监税使的盘剥。

当时全省的主要产铁地方有:太原府交城县的大通监,明代年产 10 万斤云子铁,实即土法炼钢,是锻造兵器的重要原材料。另有榆次北部的铁冶沟和聂村。大同府怀仁县的清凉山、银屏山、芦子山(均在今何家堡乡西部),这里是金元两代"利国冶"所在地,明清时仍有采炼。保德州产铁地有逍遥山(今保德县腰庄乡),为小型民营铁冶作坊。平定州平定县的冶西镇和昔阳县。据德国专家李希霍芬同治九年(1870 年)的现场考察估计,平定各炉年产铁量约 5 400 吨。汾州府孝义县薛部山(今孝义市杜村乡北)和临县招贤山谷(今临县招贤镇),沁州沁源县柏子镇、聪子峪、乡水峪、柴子坪、王和乡、大峪、韩洪镇、伏贵村,平阳府汾西县青山、临汾县、洪洞县,吉县和乡宁交界一带有丰国、富国两大铁冶,明代年产 44 万斤以上。潞安府壶关县赵屋岭、大峪岭,潞州还是明润国冶所在地,年产铁 12 万斤。长治县和高平县交界处的荫城镇山后一带,有铁炉二三十座,日出铁万斤。荫城镇的铁货如铁锥、剪刀、铁针等既锋利又坚韧耐用,周流四方,深受国内消费者,尤其是普通老百姓家农妇的欢迎。

据统计,清乾隆、嘉庆年间,铁货交易已达 1 000 万两白银以上。泽州宝山(晋城市冶家河)、史山(阳城县润城)、走马岭(高平市王绛村),益国铁冶设在这一带,明前期产铁 10 万斤。清代泽州府属 5 县有铁炉千余座,年产铁 9 万吨。绛州紫金山(今绛县郝庄乡北)、备穷山(绛县续鲁峪山)也出产铁货。

明清时期,山西的民营冶铁业也相当发达,分布在 32 个州县。其中以泽州的阳城、潞州的长治为最。泽州的生产以生铁为主,用于铸造官用的炮、铆,也包括民用的锅、壶、盆、铧等。潞州的特产以熟铁为主,主要用于打造民用的刀、剪、锄、钉等,尤其是钉,为南方造船所必需。

第三节　煤　炭

山西煤炭资源丰富，含煤地层面积 610 500 平方公里，占全省总面积的 39.1%；在全省 119 个县（市、区）中，有 94 个县有煤矿，占 80%，全省煤炭储量占全国总储量的 1/5 以上。山西开发与利用煤炭的历史源远流长。

在人类历史长河中，中国是开采和利用煤炭最早的国家。据考古发掘，早在新石器时代晚期和西周时期，我国已有用稀有煤种煤玉（又名煤精）雕刻成的工艺品。[1]成书于战国之际的《山海经》中，已有关于煤炭的记载，称之为石涅。"又东南三百二十里，曰孟门之山，……其下多黄垩、多涅石。又东三百五十里，曰贲闻之山，……其下多黄垩、多涅石。"据考证，这是煤系中一种含有黄铁矿成分的明矾煤。

山西是我国煤炭资源最丰富和最早发现并利用煤炭的一个地方。汉代，山西煤炭得到了进一步的开发和利用。1972 年在右玉县修常门水库时出土的汉墓文物中，除汉瓦、汉陶壶等外，还有煤块。到魏晋时期，郦道元的《水经注·漯水条》中更详细记载了火山东溪、西溪间产有石炭的事实，并把石炭的发热量同木炭作了比较，得出热量基本相当的结论。"水发火山东溪，东北流出山。……山有石炭火之热，同樵炭也。"据考证，漯水即今桑干河，火山东溪、西溪分别是今同煤集团所属口泉煤矿和马脊梁沟煤矿。这就说明，最迟在北魏时期山西人民生活中已经学会使用石炭取暖了。

隋唐时期，山西的煤炭开发进一步发展，全省南北各地普遍开采和使用煤炭作燃料。据《山西煤田地质》记载，太原西山煤田"从唐宋年间即有土窑开采"。当时太原一带对煤炭的采集和利用已比较普遍。日本僧人园仁法师在唐朝开成五年（840 年）经河北入山西转赴西安途中，曾亲眼目睹了当地人开发利用太原西山煤炭的情景。他说："出（晋阳）城西行，向西行三四里到石山，名为晋山，遍山有石炭。远近诸州人，尽来取烧，料理饭食极有火势。"[2]位于沁水煤田范围内的晋东南地区，煤炭的开采利用也可追溯到隋唐时期。《旧五代史》卷 52 记载：唐末李克用与朱全忠发生战争，李克用部将李

---

[1]《沈阳新乐遗址考古发掘报告》，载《考古学报》1978 年第 4 期；《关于西周一批煤玉雕刻》，载《文物》1978 年第 5 期。

[2] 园仁：《入唐求法巡礼行记》。

嗣昭被朱全忠军队围困在潞州（今长治市），"军民乏绝"，后城中"盐炭自生"才绝处逢生。地方志也记载此事说："李嗣昭守上党为汴人所围，城中盐炭尽，嗣昭祷天地，俄而地生碱，取以煮盐，甚美。又复得掘石炭。晋王自将解围，奠其地，立二庙，曰盐神、炭神。"[1]这可证实两个问题：一是上党被围以前，城外已有煤炭开采供城中日常取用。朱全忠军围城后煤炭运输阻断，导致城中盐炭用尽。二是上党城地底下也有煤，李嗣昭被迫祈祷天地得盐炭，虽有迷信荒诞色彩，但刮碱煮盐，掘地得炭，确实可信。《晋城县志》记载，当时人们对煤炭的利用已和食盐一样广泛。从而证实山西在隋唐五代时期，煤炭业的开采已具规模，并使用到人们的日常生活，尤其是取暖煮饭之中。

宋、元两代，山西煤炭不仅成为人们日常生活中不可缺少的燃料，而且已作为商品流通于市场，受到了政府的重视。在手工业生产中，煤炭是不可缺少的燃料，许多文献都记载了当时河东路冶铸铁钱用煤的盛况。

第四节　木　材

在远古时期，山西境内大部分地方气候湿润，到处都有茂密的森林和草地，太原盆地则是汪洋大泽，汾河源头管涔山一带更是森林密布，植被完好，是生态环境优美的地方。中华民族的祖先——夏族，很早以前就劳动、生息、繁衍在黄河中游的晋南地区，在森林中过着刀耕火种式的原始采集、狩猎生活。距今3000多年前，进入农业时期。随着农业生产的发展和人口的不断增多，在战国秦汉及其以后各个历史时期，山西的森林逐渐遭到了不同程度的破坏。

一、历代森林破坏概况

西周和春秋战国时期，山西是华夏民族的重要活动中心之一，农业生产发展很早。魏文侯时期，李悝规定除去山地、泽薮、民居，其余土地都要开垦成农田。这种毁林垦荒的做法一直延续到战国末期，导致汾河、涑水河流域平原森林砍伐殆尽。秦统一中国后，平原森林已基本消耗，兴修宫殿的木材取之于中条山等地。秦汉之际，河东人口最多，曾多次向北部移民屯垦筑边，晋北森林草地也开始遭到破坏。东魏在邺（今河北临漳）建都，大造宫殿，"取材于

111

---
①〔光绪〕《长治县志·杂记》。

上党",当时太行山南段还有大片森林,吕梁山森林更为茂密。北魏由平城(今大同)迁都洛阳,修建新宫,所需木材皆取自西河郡的吕梁山一带。

唐都长安,规模宏大壮观,近处已无木可采,采伐范围扩大到芦芽山、岚州一带。当时出现了一批大木材商人。著名的如武则天的父亲武士彟、文水县许文宝等。许文宝以卖木材为生,常采聚材木数万根,"因致大富"①。

北宋修建开封宫殿的木材,也取材于吕梁山区岚县、离石、汾阳一带。宋真宗迷信道教,大兴土木建道观,又砍伐了"岚、万、汾阳之柏"。所伐巨木由汾河、文峪河与离石北、东、南三川河漂流入黄河,流到河南三门峡、郑州、开封截住运取。元朝(1217~1368年)在西安修建王府时,因近处山上无大材,只得从吕梁山、芦芽山砍伐,顺汾河、黄河由编成的木筏运出,故有"万筏下汾河"之称。

明清时期是山西省森林受到摧毁性破坏时期,尤其是明代中叶以后更是变本加厉。山西北部雁门关、偏关之间的长城一带,山势高险,林木茂密,明初视为北部边疆的第二藩篱。可是只维持了百多年,就受到大举破坏。一是明成祖朱棣迁都北京后,为了抵御蒙古人的南下进犯,沿长城大修边防工程,戍边屯垦,九边重镇中山西就有大同、太原两处,这一带林木被大片毁坏。二是明初在北京大造宫殿、王府,明成祖及以后各代帝王陵寝所用名木,大多采自雁北的森林。三是明正统、天顺年间(1436~1464年),鉴于"土木之变"后的边防紧张局势,明廷错误地采取了被动的"烧荒"政策,规定边将每年出塞三五百里纵火焚烧,烧荒哨探,以便"胡马无水草可恃"。致使"延烧者一望成灰,砍伐者数里如扫",造成长城内外森林植被蒙受巨大损失。四是明中叶后,京师的达官贵族、边地驻军将士及本地居民群起砍伐,仅贩卖到北京的木材,每年不下百十余万株。据《明经世文编》记载,采伐木材的商人"百家为聚,千夫为邻,逐之不可,禁之不从"。大约又过了百年上下,这一带树木基本上被砍伐一空。吕梁山区的森林除主峰关帝山外大都被破坏无余,五台山700余里的茂密森林,经明中叶大肆砍伐,到万历年间已成牛马场了。仅山西镇就开垦荒田330多万亩。

清代人口迅速增加,人均耕地面积相对减少,只有2.3亩,远远低于隋代人均42.2亩,唐代27亩,明代11.5亩的水平。特别是自康熙五十一年颁布"盛世滋丁,永不加赋"政策,放开生育闸门后,人口猛增失控,粮食日趋紧

---

① 《太平广记》卷137。

张,于是无休止地盲目扩大耕地面积,鼓励拓垦焚林烧荒,结果陷入山林尽毁,越耕越穷,越穷越垦的恶性循环之中。到清末山西植被覆盖率缩减为10%,水土流失日趋严重,造成明清以来山西"十年九旱"、"山多水少"、"土薄石厚"、"凿井无泉"、"灾害频发"的悲惨后果,其经济损失难以用数字表述。仅自然灾害一项,由于森林面积急剧下降,生态平衡被破坏,自然灾害逐年增加。据《中国灾荒史》统计,山西境内水旱在秦至隋共 6 次,平均每百年约 1.5 次;唐至元 43 次,每百年 5 次;明朝至民国二十六年共 99 次,每百年17.4 次。其中清代后期 19 世纪百年间就有 36 次,平均两年多就有一次,且灾情越来越重,受灾面积越来越大,特别是光绪三年的特大旱灾,全省从南到北寸草不生,90 多个州县遭灾,饥民 800 万,饿死数百万。

二、汾河流域的森林变迁

汾河是山西境内第一大河。历史上曾以灌溉舟楫之利造福于三晋人民。后来,由于历代统治者屯垦滥伐以及现代工业废水的污染,致使汾河流域附近森林植被惨遭破坏,水土流失日益加剧,自然灾害频发,全省生态与工农业生产、人民生活用水均受到严重影响。因此,探讨汾河由盛变衰的历史过程,认真吸取教训,对于今后保护好我省宝贵的水土资源和合理安排能源重化工基地的开发建设将十分有益。让我们循着历史长河发展的轨迹,探寻它演变的来龙去脉。

(一)森林植被完好,航运灌溉便利,汾河相对安流时期(先秦—唐宋)

史前时期,太原盆地是汪洋大泽,汾河源头管涔山一带更是森林密布,植被覆盖甚好,进入历史时期后的相当长时期内,汾河流域仍有茂盛的草原,古老的森林,众多的湖泊。因此,从先秦直到秦汉隋唐,汾河流域水源充足,支流纵横,灌溉便利,河宽水深,是山西中南部的天然运输动脉。

据《山海经》记载,天池"有兽马,其状如兔而鼠首,以其背飞,其名曰飞鼠"。另从《孟子·滕文公上》可以看出,尧时山西汾河流域中游一带曾是"草木畅茂,禽兽繁殖,五谷不登,禽兽逼人,禽蹄鸟迹,道交于中国,尧独忧之,举舜而敷治焉。舜使益掌火,益烈山泽而焚之,禽兽逃匿"。这就反映了人类早期发展农业生产过程中的一些毁林开荒活动,同时更说明汾河流域自然植被茂盛,活跃着许多珍禽异兽的事实。

到了西周、春秋时期,汾河流域的树木种类繁多,并有了养蚕种桑采药材的活动记载。"山有枢,隰有榆……山有栲,隰有杻……山有漆,隰有粟"①,"彼汾沮洳,言采其莫。……彼汾一方,言采其桑。……彼汾一曲,言采其藚"②。由于河流沿岸植物丛密,水源充足,汾河上航运一派繁忙。公元前647年,晋国发生饥荒,秦国用可载数万斤粮的木船从关中出发,沿渭水、黄河、汾河向晋国源源不断地输运了大批粮食。而且,当时汾河流域有八九个水面清澈的湖泊,除了著名的"昭余祁薮"外,尚有汾陂(《广雅》曰:水自汾出为汾陂。陂东西四十五里,南北三十余里,约在今文水境内)、文湖(东西十五里,南北三十里,湖址在今汾阳县境内)、享湖(约在今榆次县西境)、王泽(湖址在今新绛县东南)、方泽(湖址不详)、盐池(今运城盆地盐池)、晋兴泽(东西二十里,南北八里)和张泽(东西二十里,南北四五里)③。后来,按照番系的建议,发卒数万人作渠,渠成后有所收益。东汉明帝永平年间(58~75年)这些湖泊与汾河联结为一体,有效地补给了汾河的水量。

战国、秦汉时期是历史上开疆拓土,农业经济大开发阶段。由于人口和农业的发展,汾河流域的水利灌溉事业和垦殖业受到重视。汉武帝时,为了发展河东的农业生产来避免三门峡以东漕运的艰难,河东郡太守番系建议"穿渠引汾溉皮氏(今河津)、汾阴下,引河溉汾阴、蒲阪(今永济)下,度可得五千顷。五千顷故尽河壖弃地,民茭牧其中耳,今溉田之,度可得谷二百万石以上。谷从渭上,与关中无异,而砥柱之东可无复漕"④,曾计划在滹沱河之间修一条东西向的运河,以"转山东之漕,用实秦晋",其路线据清代地理学家杨守敬考证,"当自交城,太原北山,绝汾,经阳曲。忻州之北至定襄会滹沱"⑤。足见当时对汾河的重视。

魏晋南北朝之际,五胡乱华,政权更迭,社会动荡不安,平原地区森林因战乱破坏日渐萎缩,汾河因之在刘聪麟嘉二年(317年)、东晋建武元年(317年)秋、北齐后圣天统三年(567年)发生大水灾,淹没千余家,但在各个丘陵山阜,仍有茂密的松柏树林,尤其是吕梁山东部,汾水支流与东西温溪水流经之处"杂树交荫,云垂烟接"⑥。

①《诗经·唐风·山有枢》。
②《诗经·魏风·汾沮洳》。
③田世英:《历史时期山西水文的变迁及其与耕牧业更替的关系》,见《山西大学学报》1981年第1期。
④《史记》卷9,《河渠书》。
⑤《水经注疏》。
⑥《水经注》卷3。

隋唐两代,是汾河漕运和灌溉事业兴盛发达时期,特别是唐代安史之乱以前,中国的经济中心一直在北方,江淮地区和汾河流域农业生产发展居于全国前列,所产粮食常常接济中央政府所在的关中地区。隋开皇三年(583年)长安仓储空虚,诏漕汾晋之粟以给京师,"漕舟由渭(水)入河,由河入汾,以漕汾晋"①,唐开元年间,裴耀卿"益漕晋,绛……之租输诸仓,转而入渭,凡三岁,漕七百万石,省陆运佣钱三十万缗"②。可见,汾河通航能力很强,漕运量极大。唐代前期,为保证京师供给和发展农业生产,还在河东道新建大型水利工程 35 处,唐高祖武德二年(619 年),"汾州刺史萧顗引常渠水过汾水南入汾,溉田数百顷",《唐志》贞观中,太原府井水苦不可饮,城市居民生活用水发生困难,"长史李勣架汾引晋水入东城,以甘民食"③。德宗时,绛州刺史韦武主持开凿汾河引水工程,建成后,"溉田一万三千余顷",大大促进了河东道农业的发展。而且,唐代,晋北宁武、河曲一带,山地森林仍较富饶,岚县、离石、岢岚皆有大片松林,林区"自荷叶坪、芦芽、雪山一带直至瓦窑坞,南北百余里,东西十余里"④,树木周围还有清澈的水流和大片的草地,贞元十五年 (799 年), 唐政府在全国设立专门为朝廷畜养军马的牧监 48 处,仅大池一地就有天池、元池、娄烦三处。"娄烦监的范围和规模很大,养马多达几十万匹。"⑤

（二）山地森林遭受破坏,航运急剧下降,水土流失日益严重,汾河由盛而衰的转折时期（唐、宋、辽、金、元）

唐、宋以来,封建统治者大兴土木,肆意砍伐,并且不断地在汾河流域垦荒屯田,致使不少丘陵河谷被开垦为耕地,原来茂密的森林植被遭到破坏。另一方面,宋、元时代,由于都城的迁移和宋初多次引汾河与晋水灌太原,人为地破坏了汾河在太原段的堤防。因之,汾河航运较前急剧跌落,长时期内没有漕运的记载,仅有少量的行船活动,汾河水量渐减,泥沙日增。据文献记载,唐代中叶以后,秦岭、陇山一带的树木已砍伐殆尽,不能够满足建筑宫殿的需要,"近山无巨木,求之岚、胜间"⑥,吕梁山又成了采伐木材的一个重点地区,

115

①《晋乘蒐略》卷 14。
②《新唐书·食货志》。
③《黄河水利史述要》,水利出版社,1882 年版,第 159 页。
④《续资治通鉴长编》卷 371。
⑤《中国地理》,1986 年第 8 期。
⑥《新唐书》卷 137,《裴延龄传》。

因为它距离开封、洛阳、北京较近,兼有黄河、汾河及陆运之便,在诸都城附近山上树木被砍伐完后,必取诸山西"晋之北山有异材,梓匠工师为宫室求木者,天下皆归"①。到北宋大中祥年间(1010~1016年)为修筑宫殿,在岚县、离石、汾阳一带采伐柏木,伐木工多达三四万人,砍伐的大量木材,"先沿支流漂入汾河,后束为木筏顺汾河而下,至河津入黄河,沿河东下至于开封"②,因此,当时就出现了万筏下河汾的繁忙情景。此外,宋太祖、宋太宗期间,为了灭北汉,取太原,完成统一,曾多次筑堤堵汾水灌晋阳。开宝二年(969年),"闰月,戊申,太原南城为汾水所陷,水穿外城,注城,城中大惊扰。帝临长堤观焉。乙巳,帝至城东南,命筑长堤壅汾水。丙午,决晋祠水灌城。甲申,帝临城北,引汾水入新堤,灌其城"③。"十年后,宋太宗又率兵至太原,驻军于汾水之东,第二年,诏壅汾河,晋祠水灌太原、堕其故城。"④到宋至和年间(1054~1056年),韩崎知并州"遂请距北界十里为禁地,其南则募弓箭手居之,垦田至九千六百顷"⑤。汾河流域历经唐宋金元各代垦殖、采伐,以前林草茂密的青山绿水变成了满目荒芜的光山秃岭,水量大减,水土流失加剧;往昔碧波荡漾,灌溉航运便利的汾河逐渐变成了旱涝无定,水源日渐枯缩,赤足可涉的小川浊流。汾河由盛而衰,水量由大变小的历史,也是森林植被屡遭破坏,数量由多到少的历史。因此,到元世祖统治年间(1260~1294年),虽曾于汾河两岸开了利泽渠、善利渠、大泽渠灌赵城、洪洞、临汾等地农田4万余亩,但只是部分地恢复了河东的灌溉事业。⑥根本无法与唐代河东道的灌溉事业相比,仅唐德宗时韦武在绛州主持修建的水利工程就可灌溉农田13万余亩。

(三)森林面积大幅度减少,自然灾害频发,水土资源受损,生态失去平衡,汾河不断决溢改道并被严重污染时期(明、清至今)

明、清两朝,是黄土高原的森林植被遭受毁灭破坏时期。山西北部雁门、偏关一带本是山势高峻,林木茂密的原始森林区,"大者合抱于云,小者密如栉"。"虎豹内藏,人鲜径行,骑不能入"⑦,明初都北京时,以之为第二道屏

---

①柳宗元:《晋问》。
②史念海:《历史时期黄河中游的森林》,见《河山集》(二),三联书店,1981年版。
③《续资治通鉴》卷5,太祖开宝二年。
④《续资治通鉴》卷10,太平兴国五年。
⑤《晋乘蒐略》卷20。
⑥《平阳府志》,见《黄河水利史述要》。
⑦胡松:《答翟中丞边事对》,见《明经世文编》卷247。

障。明政府为了抵御蒙元势力的侵扰,在长城沿线设置了9个军事重镇,大力实行军屯,农田开垦的规模空前。山西位于万里长城内侧,"九边"之中又占其二,因之屯田一实施便首当其冲。明统治者"督责副参、游守等官。分率部伍,躬耕境土,凡山麓肥饶之地,听其自行采择"①。据成化《山西通志》统计,当时,山西镇各卫所屯田已达16 54 885亩。明中叶后,社会上掀起一股乱采滥伐的狂潮,北京的达官贵人,边城驻防将士,当地居民都群起砍伐,"百家成聚,千夫为邻,逐之不可,禁之不从","延烧之一望成灰,砍伐者数里如扫"②。清代由于人口的急增,加剧了对国土资源的掠夺,全国人口在乾隆年间已突破4亿,清代山西人口在清初顺治十八年为451万人。到光绪三年大旱前,已增至1 643万人,由于人口的压力,乱采滥伐森林,垦荒屯植的现象有增无减,到光绪前,山西总计田亩51 120 098亩,几乎接近于现在全省的耕地面积,可见森林面积已所存无几了③。由于森林受到摧残。水土流失日益剧烈,汾河水量大减。到明代,河上只能"秋夏置船,冬春以土桥为渡",而到清代,虽曾有人设想"通舟于汾,制船如南式",但汾河已无航运之可能了。泥沙大增,甚至于沙石俱下,河道常有决溢之患,这就导致了灾害的频发和河道的改徙。据不完全统计,汾河在明代宣德、正统、弘治、嘉靖、隆庆、万历、崇祯年间共发生水灾13次。在清代顺治、康熙、雍正、乾隆、道光、同治、光绪年间发生水灾则多达27次。其中乾隆朝9次,道光朝6次。越到后期次数越多,改道也越频繁。明嘉靖二十九年(1550年)汾河在文水境内西徙,万历三十九年(1611年)汾水在汾阳一带东徙,顺治十一年(1654年),汾河在汾阳又西移二十里,乾隆三十二年(1767年)汾水东移,由平遥界不入汾阳县界。第二年,汾河东徙,文水西徙。道光十五年(1835年),汾水西徙与文水合。总体趋势汾河有时在东西二线上往复变化,有时则劫夺其他河的河道形成新的河道。

　　1919年,"全省森林面积仅有1 220 259亩,占全省总面积的0.6%"④。其后,本来已少得可怜的森林继续受到摧残。1949年建国后,提倡植树造林,曾取得一些成就,也使得汾河在50年代有过短暂的天蓝水清哗哗流的机会,但经过1958年大炼钢铁和后来农业战线上极左思潮毁林造田的折腾,特别是

117

①庞尚鹏:《清理山西三关屯田疏》,见《明经世文编》卷347。
②吕坤:《摘陈边计民艰疏》,见《明经世文编》卷416。
③〔光绪〕《山西通志·田赋略一》。
④《大中华山西地理总计》。

后来在汾河沿岸星罗棋布排列了5 000多个化工、水泥等带污染企业后,汾河更是每况愈下,受到的污染极其严重。目前"全省年排放废水8.6亿万吨,其中工业废水7.2亿万吨,近一半排入汾河,经过处理的不到15%,废水中的污染物占全省的35.4%,其中悬浮物约15多吨,化学耗氧量约为6万多吨。生物需氧量1万多吨,挥发酚400多吨,石油类2 000多吨,还有氰化物、硫化物、氟化物、有机氯和重金属等各种有害有毒性质,总共有害物质19万吨。"①如果再加上近几年来新建的乡镇企业,汾河污染的程度要比上述数字还高。

综观山西森林和汾河变迁的过程,可以看出汾河由盛而衰,由丰变枯的历史几乎就是山西森林植被不断遭受破坏,水土资源逐步流失的历史。由于树木基本被砍光伐尽,导致了汾河流域湖泊的干涸,珍禽异兽的消失,畜牧养马的绝迹,干旱气候的出现,地下地表水的减少,水土流失的加剧,通航能力的丧失等一系列不良后果。因此,退耕还林、植树种草,雁北治沙碱,吕梁抓水土流失治理应作为山西保护水土资源的一项长远国策和治本之策来抓。

从汾河流域历史上各个时期水利灌溉事业的发展阶段看,古往今来水利一直是农业的命根子,农业生产水平的高低直接取决于水利灌溉事业的好坏,兴修水利对于提高农业产量和抗御自然灾害有明显的功效。汉唐时期,河东道特别是汾河流域水利灌溉事业发达,因而河东的农业经济居于前列,粮食除自给有余外还经常水运到关中接济中央政府,晚清光绪三年,山西大旱,受灾稍轻的地方正是水利灌溉设施较好的地方。所以,抓农业必须重水利,对于目前实行责任制后,个别地方毁坏公共水利设施的现象一定要阻止,不能自毁长城。

历史上有不少统治者在发展农业生产的过程中犯了一味地扩大耕作面积,不断地通过垦荒屯田,向森林草原要地要粮的严重失误,单纯地以垦田为目标,不注意耕牧业间互相依存促进的辩证关系,不仅使草原森林面积大大缩减,而且破坏了自然生态平衡的规律,引起气候的反常和灾害的频发,反而影响了农业的发展,这种状态在明清时期尤为突出。因而,明代屯田在那一历史时期对农业的发展有积极作用,但从生态学角度看,以过量的毁林伐草为代价来开垦土地实在是得不偿失,历史上山西耕牧业更替的史实已证明这一点。

经济腾飞应该大力发展新兴能源和工业,可同时也必须坚持科学发展,

---

①《中国青年报》,1989年3月20日。

对环境污染引起足够的重视，并花大力气治理。目前汾河流域的污染已相当严重，未经处理的工业有毒气体和废水每日每时都在向天空与河中倾注，环保部门虽做了一些工作但"三同时"落实得还远远不够。环境污染整体恶化、局部改善的局面短期难以彻底扭转。如此下去，后患将无穷，而且会祸及子孙。小型煤矿造成的地表塌陷，地下水破坏，小焦炉排放的有毒污染气体造成的后果十分严重。目前，山西每采一吨煤平均要破坏 2.48 吨水，全省水资源总量已从 1978 年前的 142 亿立方米锐减到 84 亿立方米。预计到 2010 年，山西将出现 3 亿立方米左右的供水缺口。发展工农业都离不开环境，只有先保护环境保住水，人类才能生存，也才能发展国民经济的各行各业，如果污染恶性发展，地表水不够就过量地开采地下水，以后河干水枯，缺水对建设新型能源工业基地的制约将会越来越严重。

第五节　丝　棉

一、山西古代纺织业发展概况

山西纺织业发展有着悠久的历史。历史上，山西不仅养蚕织丝，生产高档丝绸，而且，发达的潞绸业、棉布业、颜料业对晋商的兴起和发展起了重要作用。据考古发现，原始纺织技术的发明与编织技术的发展有密切联系。龙山文化时期，太原市义井、太谷县白燕遗址就有陶纺轮、骨锥与骨针出土。夏商周时期，山西的原始纺织手工业有了初步的发展。夏县东下冯文化遗址，发现有陶纺轮、骨锥、骨针、石纺轮、石刀数百件。夏县西阴村的嫘祖庙，说明山西种桑养蚕的历史十分久远。

西周时，有号称"百工"的各种手工业作坊，如纺织、缫丝、刺绣、染色等，说明纺织手工业生产已有长足进步。

战国秦汉时期，纺织业已成主要手工业部门之一。榆次猫儿岭、临县三交镇、古交市屯村、侯马市北坞等战国墓地及遗址都曾出土有陶纺轮、骨锥、骨针、石纺轮、铁刀等与手工纺织有关的工具，而且纺织器具中出现了铁刀，标志着铁制工具已在纺织业生产中使用，生产效率比以前有了提高。司马迁在《史记·货殖列传》中讲："夫山西饶材、竹、榖、纑、旄、玉石"；其中的"纑"，是山中一种叫纻的苎麻草本纤维植物，可以纺织成布。

魏晋南北朝时期，传统的纺织手工业在山西又有了发展。北魏初，纺织品相当缺乏，每匹绢值千钱。到孝文帝元宏之后，山西纺织品生产大增，每匹绢下降到二三百钱。河东郡、平阳郡每年送往京师的贡品就是"绵绢及贲麻"之类丝织品。并州、汾州、蒲州及雁门郡、灵丘郡等"皆以麻布充税"。到了北齐时，又专设司染署，领京坊、河东、信都三局，这是朝廷指派专门人员监督下进行生产的官营纺织手工作坊。近年发掘的魏晋之际的许多墓葬，如太原东安王娄睿墓等都有大量丝织品出土，反映了当时纺织业的进步。

唐代在中国纺织史上是一个十分重要的时代。纺织品主要有丝织品、麻织品和毛织品三大种类。山西由于山地丘陵较多，气候寒冷，除晋南与晋东南一些地区宜于种植桑麻外，其他各地蚕桑业与丝织业都不很发达，这从史籍所记河东道土贡中就可看出，在唐前期的贡赋中，只有河中府（今永济市西南一带）出产丝织品。到唐代中后期，从《新唐书·地理记》所载河东道土贡：毛纺织品有汾州鞍面毡，是当时的名优产品。丝织品有绛州白縠（有绉的纱），麻织品有沁州麻、石州胡女布、潞州贲布。唐玄宗时，宫中贵妃院仅为杨贵妃"织锦刺绣之工，凡七百人，其雕刻熔造，又数百人"[1]。其豪华奢侈之状实在惊人。

唐代山西麻纺织业比较发达。唐玄宗开元二十五年（737年），从河东道征调麻布的地区有18州，即并州、潞州、泽州、晋州、绛州、汾州、慈州、石州、隰州、沁州、仪州、岚州、忻州、代州、朔州、蔚州、云州、虢州，其中除仪州、蔚州、虢州不属今山西，其余15州都在今山西境内，基本遍布全省各地。当时麻纺织品产地和质量已分档次，据《唐六典》卷20太府寺条目所记，全国麻织品貤布产地分为九等，涉及山西的有：晋州为二等产地，绛州为三等产地，泽、潞、沁州为四等产地，并州、汾州为五等产地，慈州为七等产地。

宋元时期，山西的纺织业在唐代基础上又前进了一大步，无论是纺织品的种类、数量、质量、还是纺织、印染技术都有很大提高。当时，山西的纺织业主要集中在晋南，因山西"寡桑柘而富麻苎"，纺织业中还以麻织业最为突出。据《陵川集》载："河东土产，菜多于桑，而长宜麻，专纺绩布，故有大布、卷布、板布等。"丝织业则不甚发达，这与当时山西缺乏原料有关。《宋史·地理志》记载诸州府土贡中，涉及河东路的仅汾州贡土绅（绸子），平定、岚州、宁化、保德四军贡绢。沁水县发现的宋墓砖雕中，其中有"换纱图"情景。到金代，山西的纺织业似乎比宋代发达。金在真定、平阳、太原、河间、怀州等处设

---

[1]《旧唐书》卷51。

绫锦院,派官员掌"织造常课匹缎之事"。其中,平阳与太原在山西境内。隰州所产的绿卷子布由于质量好,成为贡品。大同市南郊发现的金明昌元年(1190年)西京玉庶道士阎德元墓,曾出土纺织品成衣10余件,其中一件上绣着100余只云鹤的丝织品鹤氅,制作相当精美。

元代的山西,为当时的"腹里"地区,官府手工作坊设立比较多。据《元史·百官志》所载,当时在山西从南至北都设有纺染业机构,官府织染业遍布全省。考古发掘的元代墓葬中,曾有不少丝织包、丝织桃绳、鞋、帷帘、道袍等,还有玉环丝带,质地细致、工艺精美,保存完好。

元代山西纺织业的发展,还表现在纺织技术的进步上。薛景石的《人遗制》中所载的纺织机具主要有:华机子(提花机)、立机子(立织机)、小布卧机子(用于织造丝麻织物的木机)、罗机子(专门织造罗类织物的木机)以及掉籰(yuè)座和泛床子(用于穿梭、绕丝线、修纬一类机具)等六项。对这些机具均给予了总的说明和历史沿革评述,并配有说明图。在我国纺织史上占有重要的地位。

除丝织业外,棉织业也有发展。万历时任山西巡抚的吕坤,在其《实政录》中称"榆次、太原等县,民间纺织最多"。万历十九年(1591年),寿阳知县兰尚质,在寿阳推广棉织技术。至清代,已大有发展。寿阳人祁隽藻在其《马首农言》中说,织事有择花、弹花、搓花、缠线、捌线、浆线、络线、钩线、引布、安机、卸布、浆布、裁缝等15道工序。一健妇,一年可织布50匹,每匹可卖150钱,50匹可得7 500钱。清代山西以榆次布最著名,号榆次大布。不仅如此,至雁北大同一带,也在大力推广织布业。此外,晋南农村,因盛产棉花,民间一直盛行织布,俗称土布,以区别于西洋纺织品和国内机器所织之布。土布环保耐用,至今深受老百姓欢迎。

二、明清潞绸业的兴衰及其启示

不过,唐代以前,百姓主要是穿麻布,只有少数达官富贵之人才能穿丝绸。因此,山西当时的丝绸缎生产不多,且以进贡和自用为主,难以成为主要贸易物品,晋商大量经销丝绸、棉布在明、清时期。

明、清时期,晋商富甲天下,位居全国十大商帮之首,称雄国内外商界长达500年。潞商是晋商的重要分支。史称"平阳、泽潞富商大贾甲天下,非数十万不称富"潞商以经营潞绸、潞麻、潞盐、潞瓷、潞铁、潞酒、潞煤、党参、铜器、钱庄、当铺等发家致富,闻名天下。明、清两代上党地区商贾云集,集镇林立,车水马龙,荫城镇的铁货,鲍店镇的药材,八义镇的瓷器,黄碾镇的物流,西街的裘皮,盐店的贩盐驰名省内外,相继形成了全国最大的铁货交易市场,北方最大的纺织制造中心,海内瞩目的药材交易年会。潞商还把市场拓展至全国主要城市和各通都大邑,在北京建有"潞安会馆",洛阳有"潞泽会馆",汉口有"山陕会馆",南京有潞州商人提议组织的"金陵晋商总会"。在上述产品及商业活动中,尤以长治、高平、长子、屯留、潞城、壶关、黎城、沁县、襄垣等县的丝织业出名。其兴衰颇值得后人深思,对我们今天的经济结构调整也极具历史启示意义,故而特对潞绸业的兴衰作一番历史的考察。

（一）潞绸业兴盛的诸种因素

潞绸兴起于明代,明中后期达于鼎盛。其时代背景是:

1.朱元璋大力推广种植经济作物,为潞绸业的兴起奠定了物质基础和原料产地。明初,为了恢复和发展被元末战乱破坏的社会经济,朱元璋大力倡导种植经济作物,明文规定:凡农民有田五亩到十亩的,栽桑、麻、木棉各半亩,十亩以上的加倍,田多的按比例递加。地方官亲自督视,不执行命令的处罚,不种桑的出绢一匹,不种麻和木棉的出麻布或棉布一匹。同时对养蚕栽桑的农户和多种棉花的民户实行免税,并把农桑作为地方官考课的主要依据。史载,明洪武年间,仅潞州六县栽桑 8 万株,至弘治时增为 9 万株。

2.沈王就藩潞州客观上促成了潞绸业的产生。我国的丝织业具有悠久历史,到明朝中后期,随着商品货币经济的发展,丝织业得到前所未有的发展。江南地区的苏杭二州许多市镇和山西潞安府成为全国著名的丝织中心。潞安府的长治、高平和屯留等地为"潞绸"的主要产地。潞绸的产生是和朱元璋第 21 个儿子沈王就藩于潞州有关的。沈王到潞州后,从外地征集数千机户"住座",开始织造丝绸,故名潞绸。并以其精美的花色品种和上乘过硬的质量技术逐渐被列为明、清两朝的贡品。

3.区域性商品经济的流通发展带动了潞绸业的兴盛。马克思说:"商品流通是资本的起点。商品生产和发达的商品流通,即贸易,是资本产生的历史前提。"明中叶,伴随着白银的大量流通使用,商品流通主要是通过集市、城镇。广东的佛山,湖北的汉口,河南的洛阳、赊旗,山西的潞安、泽州,塞北的宣化、张家口等地逐渐形成了一批具有区域性商品经济特征的流通集散市场。于是潞安府成为与苏杭齐名的北方丝织制造业的中心,到万历年间达到高峰,有织机 13 000 余张,分为 6 班 72 号,登机鸣杼者数千家,从业人数近 10 万,据统计,年产潞绸当在 10 万匹以上,每年仅销往新疆一带的潞绸就有 9 000 余匹。明朝政府每 10 年在潞安派造皇绸 3 970 匹，机户不以为累，其生产规模和经济效益十分可观。史称"彼时物力全盛，海内殷富，贡篚互市外，舟车辐辏者，转输于省直，流衍外夷，号利薮"。潞绸当时不仅畅销全国大部分地区，而且还出口日本、东南亚和欧洲许多国家，在世界贸易市场占有一席之地。

　　潞绸由民间织户所造，其兴盛和发展，极大地带动了长治、高平、潞州等地成千上万机户的就业，增加了当地农民的收入，再加上产品质量好，花色品种全，织造分工细，深受市场和消费者欢迎。机工络丝、练线、染色、抛梭，做工极细。明人郭子章《蚕论》中讲："西北之机潞最工。"潞绸的规格分大小两种：大绸每匹长 68 尺，宽 2 尺 4 寸，重 61 两；小绸每匹长 5 尺，宽 1 尺 7 寸。色调有天青、石青、沙蓝、月白、油绿、真紫、艾子以及黑、红、黄、绿、酱等，五彩缤纷，能够满足社会上各种消费者的喜好和需要，使阿拉伯

潞绸实物

和欧洲商人惊羡不已，在国际市场上享有很高的声誉，在国内更是"上供官府之用，下资小民之生"。"士庶皆得为衣。"著名古典小说《金瓶梅》和《三言》、《二拍》中多处提到达官贵人衣穿潞绸。明末农民起义领袖张献忠也十分喜好潞绸，常穿潞绸做的酱红色夹袄。

　　明清纺织业的重心在江南，就北方来说，山西的纺织手工业在当时也只居中等水平，惟"潞绸"一枝独秀。明初洪武年间就在山西设立"织染局"，替内府征派与织造纺织手工业品，至万历三年（1575 年）"坐派山西黄绸（潞绸）2 840 匹，万历十年（1582 年）坐派 4 730 匹。万历十八年（1590 年），坐派 5 000 匹"。从万历三年到十八年，共坐派山西潞绸 15 000 匹。万历二十五年（1597 年）吕坤上疏皇帝时称"山西之绸，苏、松之绵绮，岁额既盈，造加不已"。可见潞绸与江南苏州、松江丝绸相媲美。

　　明清潞绸生产主要集中于潞安、高

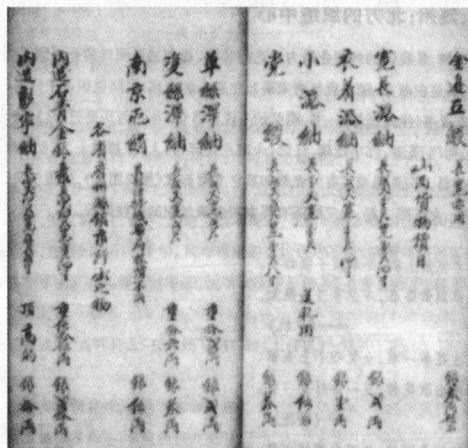

记载潞绸价格的账本

123

平一带,徐光启《农政全书》中有"西北之机,潞最工"的评价。可见当时潞绸织造技术已达到相当高的水平,并出口到新加坡、日本、俄罗斯等地。其生产形式是以分头制造的家庭手工形式完成的。除完成上贡织造外,随着产量的增加,产品质量的提高,产品深入到了民间。万历年间最高峰时,潞安、高平等地共有织机达 13 000 余张,从业人口数千家。据王守义先生估计,年产潞绸当在 10 万匹以上。明末至清初,山西潞绸生产开始衰落下去。

（二）潞绸衰落的主要原因

潞绸在明代兴盛近 300 年,到明末清初急转直下,迅速败落。万历三年、十年、十五年、十八年曾四次加派潞绸织造,其中十五年和十八年是泽潞灾荒饥馑最严重的时期,此时桑树也因天灾人祸被砍伐殆尽,未砍的不死也枯,造成潞绸原料断绝,以至于山西巡抚吕坤不得不上奏朝廷请停织造:

查万历三年,坐派山西黄绸二千八百四十四,用银一万九千三百四十两。十年坐派黄绸四千七百三十四,用银二万四千六百七十余两。十五年,坐派黄绸二千四百三十四,用银一万两千余两。十八年,坐派黄绸五千匹,用银二万八千六十两。夫潞州之有绸也,非一年矣,……士庶皆得而衣,……上用内有未必如此多,……宗仪捐捐,兴枵腹之嗟。……黄绢虽非岁织,但山西困惫已极,尚再行坐派,或改江南,别项织造之价,或工部另议。

但腐朽昏庸的皇帝不但不体恤下情,反而加派不已,无奈机户只好从外地购进原料,这样必然加大了生产成本,导致赔累加剧。明朝末年,烽火四起,潞绸难以维持正常生产,绸机由明初的 9 000 余张锐减至 1 800 余张。经过明清之际的社会大动荡,机户零落殆尽。清顺治初年,清廷又重新收罗了一些名列匠籍的机户进行织造,拼凑了十三个绸号和一个丝行、一个牙行,但也没有给机户一个休养生息的机会,此时的绸机只有三百有奇,清廷却要机户以"三百机抵九千之役,以十三号力而支七十二号之行"。自顺治四年始,每岁派造三千匹。这时候,潞州的大地上已几乎看不到桑树的影子,据清乾隆《潞安府志》记载:

织造令一下,比户惊慌,本地无丝可买,远走江浙买办湖丝。打线染丝,改机桃花,顾（雇）工募将,其难其慎,既惧浆粉,复恐溃澱。……南北奔驰,经年累月,饥弗得食,劳弗得息,地不能种,口不能糊,咸为此也。

其主要原因有二:

一是战争的摧残破坏。明末清初,烽烟四起,素有兵家必争、"天下之脊"之称的上党大地更是战火纷飞,给潞安府的农业生产造成极大的破坏,使得潞绸赖以生产的原料——潞州蚕桑业被摧毁殆尽,社会生产力受到极大的破坏。

二是封建官府的盘剥。清朝统治者入关之初不体恤民情,实行了"圈地"、"剃发"一系列民族歧视政策,对民间手工业不是大力扶持,而是一味地派造榨取,使山西潞绸和蚕丝遭受了灭顶之灾。到清初,只有长治、高平两县尚存织机不足 2 000 张,每年只能生产丝绸 3 000 匹,加之各级官府和税务部门的盘剥,使得潞绸业每况愈下。潞安本地无桑可采,机户只好"远走江浙,买办湖丝,但是沿途差解,扛箱雨具,百费远盘"运回原料,已是筋疲力尽,又要挑丝、打浆,一岁之中殆无虚日。此外,还要交纳各种各样名目繁多的税费。"催绸有费,验绸有费,纳绸有费,所得些须,尽入狡役积书之腹,化为乌有矣","机户终岁勤苦,夜以继日,……日赔月累,其何能继?"在这种腐败的政治制度和各级衙役税吏的层层盘剥和吃拿卡要之下,潞绸工匠别无选择,只好在顺治十八年"焚烧绸机,辞行碎碑,痛哭奔逃,携其赔罪簿籍,欲赴京陈告,以艰于路费,中道而阻"。这是潞安历史上产业工人最早也是最大的一次规模空前的罢工怒潮,也是挣扎在社会最底层的城市手工业者和失业贫民对封建专制制度悲愤的呐喊和血泪控诉。

事发之后,清朝统治集团中一位姓王的户部官员曾向皇帝上《请恤机户疏》,希望政府能够改变政策,扶持潞绸,但是这位有识之士的建议未被采纳,兴盛 200 多年的潞绸就这样衰落了。

（三）历史启示

通过对明、清时期上党地区潞绸业的考察,主要有以下几点启示。

其一,稳定是前提。经济的发展离不开稳定的社会环境。潞绸业的兴盛得益于明 260 余年间稳定的社会经济秩序和商品经济的繁荣。其衰败的原因与明末清初战火对生产力的摧残有关。

其二,政府要扶持。潞绸业在明代的兴起与朱元璋实行重农政策,积极鼓励和扶持经济作物桑麻、棉花的种植密切相关。同样,潞绸在清代的败落,清初统治者实行落后野蛮的"圈地"政策,不扶持民间手工业而且一味盘剥榨取难辞其责。

其三,部门应配合。政府工商、税务职能部门应当千方百计地搞好服务,创造经济发展,商业繁荣的宽松环境,为引资上项、企业发展创造一切便利条件。只有这样,才能使企业不断发展壮大,税收逐年递增,经济发展蒸蒸日上,才能使更多的现代潞商大展宏图,再铸辉煌,进而推进经济的快速稳健发展。

其四，人才是关键。得人则兴，失人则亡，潞绸业的兴盛和质量信誉受益于一批辛勤劳作、做工精细的能工巧匠——机户。因此，培育一大批具有战略眼光、懂经营、会管理、敢于创新闯市场的优秀民营企业家是关键。

其五，振兴有希望。潞绸的衰落是清初统治者人为的因素所致，况且清初距今二、三百年间气候土壤条件没有发生大的变化，再者随着人类回归自然的生活习性，国际市场上对棉布、丝麻织品的前景看好。及至20世纪三四十年代潞麻仍大量出口美国、苏联，成为第二次世界大战时美军士兵军装的优质原料。70年代，长治盆地每年种植潞麻亩数都在10万亩以上，年产优质麻皮上万吨。因此，养蚕种桑，建议长治、长子、屯留、沁县等县，借助退耕还林政策时机，大力发展桑树，扶植桑农，复兴潞绸、潞麻，只要桑树达到一定规模，工艺上再加以挖掘改进，振兴潞绸业完全有希望。

第六节　牲　畜

晋商进行商贸活动的大舞台在内外蒙古和西北地区，也就是中国的游牧经济区域。由于农耕经济和游牧经济的天然互补性，因此，晋商将中原地区的粮食、绸缎、铁器、茶叶等产品运销北边，又将牲畜、皮毛、肉奶之类返销内地，故而畜产品成为晋商经销的大宗商品。

一、牲畜在晋商经营中的功用

牲畜在晋商的经营过程中主要发挥以下积极作用：

首先是充当运载货物的工具。在没有现代交通运输工具的时候，依靠畜力驮载拉运货物是主要的运输方式。驼队、骡马、牛车甚至于狗橇都是晋商的运载工具。通常情况下，晋商在戈壁沙漠用骆驼驮载，在内地用骡马大车拉运，在山区多用牛车爬行，在东北雪原则采用狗橇拖动。

其次是交换商品。由于蒙古地区商品货币经济发展相对落后于江南及中原地区，银两货币缺乏，故而晋商起始在蒙古地区的贸易多采用"以物易物"的原始交换方式。晋商将绸缎、茶叶卖给牧民，牧民则以牛羊骡马之类牲畜折抵给晋商。而后晋商将牲口赶回北京、张家口甚至内地一些集市、庙会市场贩卖获利。明清时期，特别是清代，随着商品交易的发展和国内市场的扩大，一些牧民也学会赶着大批牛马牲畜前往张家口、杀虎口、碛口以及山西介休的张兰镇等地赶集赴会，交易牲畜，形成每年春秋两季规模很大的骡马交易大会。届时周围各地方圆百十里的老百姓扶老携幼有的看热闹,有的数家合伙朋股买耕牛,有的巢卖粮米后添置农具日用,热闹非凡。

第三是收购皮毛畜产品。内蒙古、东北和西北地区盛产名贵皮毛,晋商就大量收购畜产品。貂皮、狐皮、牛皮、羊绒制作的名贵皮毛衣服,在京津都市颇受达官贵族欢迎;虎骨、鹿茸、熊胆、豹肝属治病救人的名贵药材,很受市场和消费者喜爱。驴耳、狗肾、猪鬃既是补品又能做工业制革原料,深受外商和洋行的欢迎。上述畜产品晋商都收,然后贩运到北京、天津、上海、汉口、苏州、广州等地,或加工衣服,或制成药丸,或出口海外,都有高额利润。

二、晋商在张家口市场的牲畜交易

清初,张家口仅有 10 家山西商人经营收购牲畜、皮毛贩运的商号,雍正时增至 90 余家,乾隆后期再增至 190 余家,到嘉庆二十五年（1820 年）专营牲畜、毛皮贸易的商号达 230 多家。因最先来张家口经营的八大家皇商都是晋商,所以这 230 家商号以山西商人为主,次为直隶、山东、京、津。汉口的商贾,分西帮、京帮两大行帮。每年春夏、秋冬之际,来自各部的蒙古人把大批牛、马、羊和毛皮之类畜产品赶驮到这里的牲畜市场上交易。光绪年间,一只肥壮的母绵羊视季节不同可卖银一两二钱至二两;一头公牛依其重量卖到 9 两至 16 两左右。[①]届时还有来自河南、湖北、湖南、两广等省的牲畜贩子,都要派人住在这里,通过牲畜市场上的牙行经纪人,与蒙古人购买犍牛和三岁左右的母马。价格随行就市,时有涨落。总的规律,牲畜的价格随价值上下波动,首先决定于牲畜到货的数量,其次是马的质量,即年岁口齿和膘的肥瘦程度,第三是需求数量和买主的多寡。有时在张家口交易市场上牛、马的价格比北京要贵,这是因为蒙古人觉得如果卖出价不划算时,他们可以很方便地把牲口赶回草原上伺机再出售。可是,他们如果把牲畜赶到北京或内地市场时,即便有时价格较低,也因路途远成本运费高只好出售了。

19 世纪中后期,在张家口市场上旅蒙晋商每年大体将 40 多万箱（每箱 27 块,每块重量 3 斤）砖茶运到库伦、乌里雅苏台、科布多、恰克图等地城镇销售,换回各种牲畜、毛皮运回张家口,转卖到中原地区和京、津市场,获取差额利润。据考证,旅蒙晋商每年在张家口牲畜交易市场通常收购贩卖牛马 15 000 匹~30 000 匹,羊毛、驼毛（羊毛为主）30~40 万斤,驼、马、牛、羊、驴皮

①波兹德涅耶夫:《蒙古及蒙古人》第 1 卷,"张家口"。

百余万张。①皮毛最盛时期在 1926 年前,每年内、外蒙输入各种皮 1 000 余万张,各种毛绒 2 600 多万斤。仅输出到平津的各种皮 500 余万张,毛绒 2 000 余万斤。

清代旅蒙晋商畜牧产品销售渠道如下表:

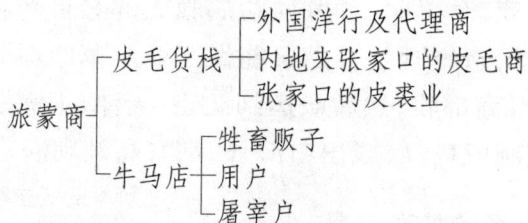

```
                    ┌ 外国洋行及代理商
          ┌ 皮毛货栈 ┼ 内地来张家口的皮毛商
          │         └ 张家口的皮裘业
  旅蒙商 ─┤
          │         ┌ 牲畜贩子
          └ 牛马店 ─┼ 用户
                    └ 屠宰户
```

晋商通常分批把绵羊赶到北京、天津、太原售卖;把牛、马赶到需要马车的河北平原和耕牛需求量多的农业大省河南、湖北、山东等省市出卖;把骆驼卖给直隶通州一带专门营运砖茶的汉、回族运输专业户;把毛皮、猪鬃等运输到天津港出口英美等国。大体上说晋商经营牲畜毛皮所得利润,至少是他们在蒙古草原收购价格的 3 倍左右。

第七节　茶　叶

名茶虽不产于山西而盛产于江南,但却是明清山西商人经营的大宗商品之一。这其中自然与山西商人的勤俭吃苦有关,也与明清时期茶叶生产的发展、技术的进步有一定的关联。因此应摘要追溯茶叶生产的历史。

一、茶叶生产技术的改进提高

马克思主义认为,生产决定销售,科学技术是生产力。茶叶的生产和销售与茶叶栽培、管理、微火焙制技术密切相关。早在唐宋时期,劳动人民就积累了丰富的茶叶生产技术,使茶叶成为人们生活中消化食物的保健商品,茶业经济摆脱依附,成为农业生产部门中最有生机活力和发展前途的新兴产业。到明清时期,我国的农业生产技术发展到精耕细作阶段,形成套犁深耕、浅耕灭茬、砂田栽培、亲田法、看苗施肥、小麦移栽等传统技术;同时,西方的农业技术和玉米、番薯也开始传入中国。②农业生产技术的进步既推动了农业的发

①卢明辉、刘衍坤:《旅蒙商》,中国商业出版社,1995 年版,第 120~122 页。
②梁家勉主编:《中国农业科学技术史稿》,农业出版社,1989 年版。

展,又有利于商品货币经济的发展,商品货币经济的发展繁荣反过来又刺激了包括茶叶在内的经济作物的种植及生产技术的提高。

茶叶生产技术的进步表现是:在唐代到 10 世纪初,茶树栽培技术使用的是直播繁殖技术,并使用茶粮间作,应用茶子沙藏催芽法;宋代茶园管理出现中耕除草的"开畲"技术,茶园采用茶桐间作。到了明代,17 世纪初,茶树栽培采用育苗移栽技术,使用火刈更新技术。在茶叶的焙制、加工技术方面,明神宗万历十九年(1590 年)晒青茶技术见于记载,时称日晒茶;时隔六年,即万历二十五年(1597 年)炒青茶技术已相当精细。清代,康熙四十七年(1708 年)茶树采用扦插繁殖;从嘉庆三年到同治五年(1798~1866 年)近 80 年间,烘青茶技术时有革新,茶叶产量大增,质量不断提高。到清末光绪二十三年(1897 年)茶树修剪正式建诸记载。[①]

总之,唐代以前,人们多采用野生茶,对茶树的繁殖和栽培技术知之甚少。唐、宋以来,仅靠采摘野生茶已很难满足社会对茶叶的需求,必须种植茶树,发展茶叶生产,才能从根本上解决问题。到明清时期,人们认识到茶树耐阴,喜欢有云雾、空气湿润、阳光温和的地方,对茶树生长及茶的繁殖技术,包括茶树耕锄(锄头响,茶树长)、间作(桐子、楂树、黍、稷、薯、豆)、施肥(锄草时沃肥一次,其茶必茂)、修剪(养茶臂,修茶脚)、灌溉(茶树是水草,缺水长不好)都总结了大量农谚,积累了丰富的经验,清代人宗景藩《种茶说十条》、包世臣《齐民四术》更系统归纳了茶树的种植管理技术。这一切都为晋商从事茶叶贩运销售打下了基础。

二、晋商经营茶叶之法

晋商经营茶叶的途径是从江南贩运回茶叶,在当地销售一部分,其余大量运往蒙古、中亚、俄罗斯进行交易。晋商采购茶叶的主要地点是福建、江西和两湖。他们先是在福建的武夷山、下梅、星村,后来到湖南的安化、羊楼司、湖北蒲圻羊楼峒等地的茶市上采购茶叶。这是因为黄山毛峰茶为徽商把持,龙井茶有浙江宁波商人经营,而武夷山的茶叶既适合蒙古牧民食肉多、易上火、难消化的饮食习惯,又是茶中名品,"凡茶他郡产者性微寒,武夷九十九岩产者性独温。其茶分岩茶、洲茶,附山为岩,沿溪为洲。岩为上品,洲为次品。九十九岩皆特拔挺起,凡风日雨露无一息之背。水泉之甘洁又胜,他山草且芳

---

①梁家勉主编:《中国农业科学技术史稿》,农业出版社,1989 年版。

烈,何况茗柯。其茶分山南山北,山北尤佳,受东南晨日之光也。"①后来晋商干脆采取就地取材,包买茶山,开设制茶作坊,在湖北、蒲圻、湖南安化等地雇当地茶农加工,实行产、运、销一条龙,贸、工、农一体化的农业产业化生产经营方式。清人衷干《茶市杂咏》中说:"清初茶叶均系西客经营,由江西转河南运销关外。西客者,山西商人也,每家资本约二三十万至百万,货物往返络绎不绝。首春客至,由行东赴河口欢迎,到地将款及所购茶单,点交行东,咨所为不问,茶事毕,始结算别去。"这充分说明了山西商人经营茶叶的人成群结队,趋之若鹜,几乎垄断了对俄国和蒙古地区的茶叶贸易。晋商经营茶叶的字号极多,如著名的旅蒙商大盛魁,祁县乔家的大德兴茶庄,榆次常家的大德玉、大升玉、大泉玉等。

第八节　汾　酒

山西作为华夏文明的发祥地之一,名优土特产品甚多,其中以杏花村汾酒为代表的酒文化数千年来饮誉国内外。从北齐时汾酒以贡酒第一次成名,至清代后期,在长达千余年间的家庭小作坊生产中,杏花村汾酒,在质量、品种、营销上不断改进,始终为国内白酒和山西酒业的龙头。宫廷御用、文人载誉、名人垂青,汾酒在国内的影响可谓声名赫赫。清末随着杏花村酒业发展壮大,杏花村酒家庭小作坊终于完成了兼并、整合,第一个大规模汾酒作坊——"义泉涌"的牌子打出后,不仅提升了汾酒产量,其拳头产品"老白汾"更以摘得 1915 年巴拿马万国博览会甲等大奖章之最高荣誉而蜚声海外。千年汾酒一路风尘走来,在风雨历程中,晋商将汾酒运销四方,汾酒使晋商声名远播。千百年来,汾酒业长盛不衰,创造了一个又一个辉煌。

一、巴拿马获大奖

1915 年 2 月 20 日,大洋彼岸美国加利福尼亚州旧金山市盛大的"庆祝巴拿马运河开航太平洋万国博览会"("巴拿马赛会")正式拉开帷幕。

来自法国、意大利、亚尔然丁、乌拉圭、危地马拉、荷兰、瑞典、丹麦、土耳其、加拿大、澳大利亚、新西兰、比利时、暹罗、希腊、西班牙、葡萄牙、巴拿马、古巴、阿根廷、挪威、耶路夸等 31 个国家及美国各州多达 20 余万件展品参

---

① 〔清〕郭伯苍:《闽产录异》卷1。

会。展厅分有农业、工业、教育、美术、文艺、交通、矿物、食品、园艺等 11 处陈列馆。作为规模空前盛大的国际性博览会,来自各国的送样展品琳琅满目,令人目不暇接。中国山西代表团送样的展品有高粱汾酒、红茶等。

由于各受邀国所携参展物品,多为本国享誉一时的特色或名品,因而吸引了许多人的关注。整个展览期间,参观者川流不息多达 1 900 余万人次,连美国副总统马沙、前总统罗斯福等政界要人也纷纷到会参观。

经过将近 4 个月的严格评选,山西"义泉涌"酒坊送展的高粱汾酒一举夺得农业展之最高奖——甲等大奖章。成为中国有史记载的唯一获此殊荣的白酒,把我国传统酿酒业推上了世界级高峰,为中华民族争得了荣誉。在难以计数的各国精良展品中,汾酒何以能征服海外饮者一举夺魁?

附:巴拿马赛会简况

巴拿马赛会评委会

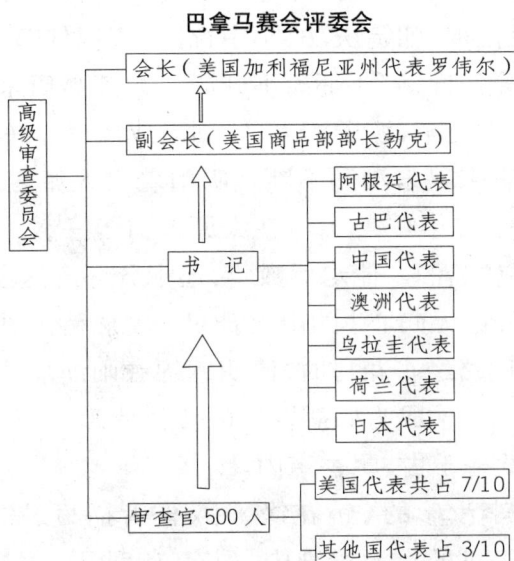

131

中国巴拿马赛会奖项设置及获奖情况

奖项设置	获奖数量
(甲)大奖章	74
(乙)名誉奖章	64
(丁)金牌奖章	258
共计	396

汾酒摘取桂冠,有其千年造就的质量底蕴。作为资历最老的知名白酒品牌,汾酒的成名由来已久。

二、悠久的历史

在人类文明早期,酒的生产就出现了。杏花村的酿酒,最早可追溯到6000年前的仰韶文化时期,溯源至夏商周三代,但它正式载入史籍是在1500年前的南北朝时期,当时人称"汾清"。北齐有两个国都——上都和下都,下都就是晋阳。北齐武成帝高湛长期驻在晋阳,对于地近国都的汾阳美酒——汾清十分钟爱。公元561年武成帝即位后,他不仅本人嗜饮,且经常以汾清赏赐臣下。即位伊始,他曾专程敕谕爱弟、河南康舒王孝瑜无事时多饮几杯汾清。此后,汾清以贡品之名第一次青史留名,被载入《北齐书》。这不仅是汾酒历史上的第一次成名,也是当今八大名酒之最早成名者。从此,汾酒成为历代宫廷贡酒,由地方饬人专造特贡。

中华民族的饮酒史源远流长。无论哪个时代,酒都扮演着一个举足轻重的角色。从宫廷祭祖祀神、朝筵庆功、军中祝捷、庆祝佳节,到民间喜庆典礼、亲朋欢聚、升迁送行等各种场合,都离不开酒。尤其是唐宋以后,上至帝王将相、文武官吏,下至贩夫走卒、游子妇人,饮酒渐成风尚。好酒不怕巷子深。凭着宫廷贡酒的身份,唐宋以来汾酒不断地吸引着文人墨客的钦羡。唐代"诗仙"李白曾于开元二十二年(735年)在太原逗留了一载。在寓居太原期间,李白专程到杏花村寻访名酒。他走后数年,还十分怀念这段生活,曾发出"琼杯绮食青玉案,使我醉饱无归心"的由衷赞叹。晚唐诗人杜牧20多岁出游各地时曾来过山西。在他路经杏花村时,清明缠绵春雨淅淅漓漓,催发出诗人无尽的感慨,一首"清明诗",成为妇孺皆知的传世诗篇。正是在名士文人的生花妙笔下,汾酒之名饮誉千古、飘香宇内。

在清代小说作者李汝珍的《镜花缘》中,作者描写过淮南西水关的一酒肆,说在酒肆给客人提供的点酒粉牌中,列有55种天下名酒,首位即山西汾酒。小说来自生活,其生活细节是客观现实的写照,从这段小景中不难看出汾酒在当时的名气与身份。此外历代名人如明末农民起义军领袖李自成、三晋名士傅山、清代文坛名士王士贞、清末帝溥仪之弟溥杰、文豪郭沫若等人也曾品饮汾酒,并为之赋诗留传。

在传统封建社会,酒的酿制主要有3种:官酿、私酿和家酿。市场供应的酒大多来自私酿。私酿的产生,既是社会分工的细化,更是家庭小手工业者赖以维持生计、补贴生活的重要手段。历史上很长时期内,农户酿酒多在农闲时节方举家投入,从"六月六日曝衣造曲"开始酿酒生产。汾酒产地杏花村的村民更不例外。虽然每家规模很小，但酿酒、卖酒户却历代递增。尤其从唐代承平盛世时起，杏花村随着人口滋生，逐渐形成了以八槐街为中心、72 家酒垆环列的酒乡闹市。在这方小小闹市，甘露堂、醉仙居、杏花春等各姓酒垆生意兴隆，往来不绝。

需求决定市场。唐宋以来随着社会上饮酒普及，在利益驱动下，杏花村酿酒的村民不断增多，以户为单位的家庭小作坊数量与日俱增。为在激烈的竞争中赢得市场，分取杯羹之利，各酿家使尽浑身解数，尽可能地提高品质、增加品种，从而立于不败之地。他们在长期的世袭家传中，不断创新发明，在唐宋很长时期内有过乾和、羊羔等成百上千个品种。

至晚在元代，杏花村汾酒的蒸馏工艺日臻成熟，在技术严格、反复蒸馏的过程中，酒与酒糟分离程度高，出来的酒纯度很高，有"烧酒之冠"的美誉。

名牌是产品开拓市场的利器。明代以后，数百年推行的榷酒政策被束之高阁，伴随着山西商人的崛起，汾酒也踏上漫漫商路，汾酒行销地域大大扩大、消费者数量激增。市场扩大又进一步推动了杏花村酿酒户的生产积极性。这一时期，杏花村酒坊增至 120 家之多。仅在山东曲阜开设的酒店就有 10 多家。他们根据市场需求的差异不断丰富着汾酒新品种。尤其是露酒，种类比之前代有所增加。为示区别，杏花村将所酿白酒，称为杏花白，也有人称汾白酒，汾州官府则称之为汾酒。这种地域标识使汾酒更容易与其他酒类相区别。

汾酒作为千年名酒，在世代传承中，不断创新、发展，其独特的工艺及"雅士品质、贵族风范"的内蕴的魅力是征服市场的可靠保证。

三、杏花村第一个专业酒作坊——"义泉涌"的产生

明清时期随着山西商人的兴盛，各种商号遍布。大商人、财主们手握重资，为投资各类生产创造了可能。杏花村酿酒业突破家庭小作坊生产始于清代。1875 年，杏花村汾酒史上第一个具有资本主义性质的酿酒作坊——"宝泉益"在北宋名店"甘露堂"旧址上开业。东家由汾阳南垣寨首富王协卿出资担任，孝义人杨德龄出任掌柜。

在它之前，杏花村已有许多小作坊。但规模均不能与之相比。在其带动下，杏花村相继创办了一批类似"宝泉益"的酿酒作坊。同家庭小作坊相比，这些酒作坊不仅规模大，经营方式也有质的改变。在专业酿酒的基础上，酒坊按当时晋商商号的流行做法进行经营，由财东出资，掌柜全权管理，所赚利润按照投资情况按股分红。

商场如战场!在激烈的市场竞争中,有兴就有衰,有赚也有赔。几年之中杏花村酒作坊虽如雨后春笋般不断地冒出来,但也有一些作坊在激烈的竞争中悄然退出商海。到1899年时,杏花村除了"宝泉益"外,只剩下"德厚成"、"崇盛永"两家作坊尚勉强支撑,由于负债累累,两家处在破产边缘。在这种情况下,"宝泉益"主动出面邀请"德厚成"和"崇盛永"两家合作。经过协商,三方达成了"宝泉益"以资金2 000两兼并其他两家,并以"宝泉益"作坊为主、由杨德龄任大掌柜的合并意向。民国四年(1915年)三家合并后的作坊"义泉涌"正式挂牌营业,这是杏花村历史上规模最大的酿酒作坊,杏花村人称其为"一道街、一片铺、一东家",即"人吃一口锅,酒酿一眼井,铺挂一块牌"的所谓"三合一"格局。

开张以后,掌柜杨德龄重整门面,雇佣人手,并继续任用"德厚成"、"崇盛永"两号经验丰富的旧人,以韩瑞符为二掌柜、曹廷辅为三掌柜、张爵轩为四掌柜、张祥甫为五掌柜。两号旧人的妥善安置使合并重组的"义泉涌"真正成为心往一处想、劲往一处使、蓬勃向上的商号。"义泉涌"顺利运营,焕发出万象更新的景象,并不断在市场中扩展占有份额。

不过,产品在市场上的占有份额、消费率归根结底要靠产品的质量来说话。有句古语说:"酒工一双手,酿出醉仙酒。"在传统工艺中,酿酒过程全凭人的经验和手工掌握。为了酿造质量上乘的汾酒,掌柜杨德龄对酿酒的每个过程、每道程序严格把关。

酿家有"曲是酒的骨,水是酒的血"的说法,意思是说,酒的酿造与曲、水关系密切。"义泉涌"酒坊取址于杏花村"申明亭"荒址,旁依被明末清初时三晋名士傅山誉为"得造花香"的古井。所谓"名酒之地,必有佳泉",这眼井便是历史上优质汾酒的最佳水源。

汾酒酒曲更是一绝。与南方流行的黄酒不同,汾酒是采自粮食、加曲药酿制的白酒。曲是酒的骨头,酒曲的好坏对酿酒影响甚大。汾酒酒曲以大麦、豌豆为制曲原料,以优质古井水制成。其原料高粱为附近盛产,子粒饱满,淀粉含量极高。在发酵过程,火候把握相当关键。无论什么酒,发酵时间过短或过长,火温不够,或者贮存不当,都会酸腐败坏,无法饮用。在这一点上,汾酒也是如此。与其他酒原料下缸,经过七八日酝酿、发酵,一次过净,酒糟一块儿用的方法不同。为了提高质量、防止腐坏,杏花村汾酒酿制过程中每一步都增加了工序。汾酒原料下缸后,要反复三四次发酵,约一个月方能利用。此后还要铁甑蒸制、进一步过滤,经过冬酿夏成,才能成酒。

"义泉涌"作坊的统一生产,真正改变了家庭小作坊时代由于酿家水平参差不齐导致的"汾酒之名虽同,但口味却有不同"的情况。而且由于规模扩大、生产条件较好,技术稳定,加上杨德龄掌柜的苦心经营,汾酒的产量逐年增高,并形成以"老白汾"酒为主产的一线品牌,以及以老白汾酒为基酒的,以白玉露、玫瑰露和竹叶青为代表的露酒系列。

"创出金字招牌,顾客挤上门来。"在长期坚持质量第一的过程中,"义泉涌"汾酒产销两旺。

四、老掌柜杨德龄的苦心经营

"老白汾"的出现和拿奖与"义泉涌"大掌柜杨德龄密不可分。

杨德龄(1859~1945年),字子九,号四正堂,孝义下栅村人。他的童年较为不幸,很早就失去了母亲,没几年父亲又撒手人寰。少年时的杨德龄带着弟妹投奔了姑母。姑母的家境也相当寒酸,家徒四壁,以卖饼糊口。穷人的孩子早当家。14岁时,杨德龄只身来到汾阳,在酒坊做起了学徒。学徒3年期间,少年杨德龄饱尝了起五更、提夜壶、担水扫地、抢大铁锹的艰难生活。凭着吃苦耐劳的韧性,杨德龄得到了师傅的赏识。那时带徒的师傅们流行"教会徒弟,饿死师傅"的说法,一般不肯轻易传授全部的看家本事。但杨德龄是幸运的。3年学徒期间,师傅尽力竭力,教这个身世可怜的小徒弟一身真本事。出师后不久,杨德龄就能够顶替师傅带班作业。21岁时,小伙子以出色业绩被破格提拔为酒坊的三掌柜。

照常规,杨德龄应该会成为该酒坊后备的大掌柜。然而人事际遇总是深不可测。清光绪三年(1877年)席卷华北的一次大规模旱灾发生了。这次灾害历时4年,覆盖面广、程度惨烈创中国近代灾害史的纪录。太原及附近州府连续亢旱,庄稼几至颗粒无收。大面积的绝收,使民间蓄藏一空。以粮食为原料的汾酒面临停顿破产边缘。就在这时,竟有人向官府投帖,将酒坊责任推到杨德龄身上。无头官司打了2年,不但没问出个子丑寅卯,酒坊的家底也被耗光,且负债累累,被迫倒闭了。

血气方刚、正值创业之年的杨德龄选择了与南垣寨首户王协卿合作。1882年,"宝泉益"作坊如愿创办。

想在激烈的市场竞争中立于不败之地,管理是个大问题。杨德龄的经营理念与常人不同。光绪年间,酿酒工是个不大被人看得起的工作,他们称之为"糟腿子"。"生意好做,伙计难求。"杨德龄深知尊重他人,才能获得实心回

135

报。他将他的酿酒工们尊为"酒香翁"。作为大掌柜,他坚持深入基层生产第一线,曲房进、酵房出,求问点拨,对工人们不疏不嫌,赢得了由衷的爱戴。

杨德龄是酿造专家。作为大掌柜,杨德龄在酿造过程中丝毫不含糊。在长期的酿造实践中,杨德龄总结出了酿酒的"七大秘诀":"人必得其精,水必得其缓,曲必得其时,粮必得其实,火必得其缓,器必得其洁,缸必得其湿。"这几条秘诀至今仍是酿制佳品必须尊奉的法则。从选料到制曲、清蒸、二次分离发酵等过程,杨德龄要求工人一丝不苟。精心制成的酒,酒液清澈纯净、醇香绵绵,饮之令人心旷神怡。作坊称之为"老白汾"。因色、香、味俱绝,"老白汾" 不仅在激烈的市场竞争中站稳了脚跟,还成为王公士庶争先饮酌的珍品。

作为大掌柜,杨德龄清楚地认识到:任何产品都有它的生命周期,但顾客的需求是多种多样的。固守现有产品是不能在市场中永远得胜的。唯一的办法就是创新。因此,杨德龄在"老白汾"推出后,继续对汾酒进行探索。他的眼光转向了以汾酒为母液的露酒开发上。从 1904 年开始,至杨德龄离任的 34 年中,他个人潜心研制、发掘出许多汾酒新品种,并恢复了许多原有失传的品种。使酒坊除了"老白汾"外,又拥有了葡萄、黄汾、茵陈、五加皮、木瓜、佛手、玫瑰、桂花、白玉、状元红、竹叶青、三甲屠苏等 10 余种低度配制汾酒露,其中尤以白玉露、玫瑰露、竹叶青、状元红大为畅销。

"人正招客,货正招财。"在杨德龄的沉稳掌舵及"老白汾"稳定的品质基础上,"宝泉益"一步步发展壮大。但在老掌柜心里,一直盘算着要把他的心血结晶"老白汾"推到更远的市场上,让更多人了解汾酒、热爱汾酒。民国三年(1914 年),这样的机会终于让他等到了。为了筹备次年的巴拿马万国博览会,北京农商部在全国进行了初步评选。老掌柜欣然以"老白汾"参展,并一举夺得了全国二等奖。初得大奖并没有让杨德龄欣喜若狂。他的眼光早已盯住了未来的巴拿马博览会。如果能够让"老白汾"在世界的舞台上受到万众瞩目,不仅是汾酒的光荣,更是正处于洋货包围的尴尬处境中的国货的光荣。怀着振兴实业的报国宏愿,杨德龄毅然将在地缸中窖藏了十余年、凝结着他数十年心血的"老白汾"送到了巴拿马赛会的展厅。

在多达 20 余万件展出的万国精品中产自小小杏花村的"老白汾"能拿奖吗?在焦急地等待了数月之后,汾酒以其色、香、味三绝力挫群英,获得了评委团各国代表的一致肯定,终于捧回了"甲等大奖章"的最高殊荣。消息反馈回来,很快在《并州新报》上以抢眼的标题向世人宣告了这个喜讯。国货扬眉吐气,杏花村轰动了,山西轰动了,千百万国人的心也为之振奋。在这样一次规模空前的盛会中脱颖而出,汾酒从此播名南北美洲。当时国内有"为国货吐一口不平之气"的赞誉。

老掌柜杨德龄与汾酒酿业荣辱与共,在风雨半生后,终于攀上了他心目中的顶峰。凝聚着他一生心血的"老白汾"也在耀眼的荣光中越洋跨海、走向世界。

五、千年名酒的恒久魅力

汾酒在巴拿马轰动世界后,受到了山西政要的关注。山西督军阎锡山专门接见了杨德龄,并提出官商合营的意见。在权贵面前,耿介的杨德龄没有屈从,他在几经权衡后,提出了合理的合营计划。由于双方协议条件悬殊,这项计划最终破产。此后阎锡山的副官、汾阳人张汝萍联络了几个同乡以私人名义继续与"义泉涌"谈判。杨德龄认为风头正健的"义泉涌"不能永远受阻于杏花村这片小小的天地。他答应了与张汝萍合作。

1919 年 1 月,晋裕汾酒有限公司在太原市商业中心桥头街正式挂牌成立。由张汝萍等出资、"义泉涌"以酒入股的股份公司继续由杨德龄出任经理。晋裕公司成立之初,按照一般有限公司的章程制定了经营管理的"四项基本制度":即资金股份制、管理分权制、薪俸三三制、人事避亲制的原则。同时规定以后每年召开一次股东大会,董事会三年一选,监事会一年一选。日常事务,各司其职,遇有重大事件,召开联席会议商决。其中"薪俸三三制"即薪俸由月薪、红利、红包三部分组成,月薪按优良、普通、劣等三个等级确定。红包一年只有一次,根据表现奖优罚劣;红利以入股额、利润之多寡决定,年底分红;月薪分三个等级,劣等留用一年,表现好可晋升普通级,如仍无长进,年终即行辞退。当时中国普遍使用的是年劳金制,这种月薪制的实行不仅有一定的先进性,并形成了激励和约束机制。人事避亲乃杨德龄所提倡,这直接为薪俸制的顺利实施奠定了很重要的基础。可以说当时的晋裕公司在机制上、措施上都是新式的、进步的,这为晋裕公司下一步的顺利运营创造了良好的开端。

尽管晋裕公司开张之初,条件非常简陋,酒瓶是股东武振铎从农林学校借的,应用什物也是大多靠借、赊支撑。然而"义泉涌"酿造的汾酒无疑是当时晋裕公司的最好的家当。杨德龄的老白汾酒早已人所共知,他所开发的品种繁多的其他露酒也销路颇畅。在经理杨德龄的主持下,公司恪守"信誉至上,优质为本,决不以劣货欺世盗名"的信条,经营得有声有色。几年下来,晋裕汾酒有限公司便凭着招牌与信誉争得了广泛的市场,形成供不应求、产销两旺的大好势头。

晋裕同"义泉涌"合作 7 年后,双方内部因为利润分割的问题产生了矛盾。当时"义泉涌"卖给晋裕公司的酒为每斤一角五分,而晋裕销售时则为五角五分,"义泉涌"以双方差价过大要求提价,但遭到晋裕公司的拒绝。之后,"义泉涌"不仅辞退了杨德龄,抽出了"义泉涌"的人马,而且还断绝了汾酒的供应,双方的合作至此终止。杨德龄遂专营晋裕公司的生意。他在杏花村另起炉灶,成立了尽善村酿造厂,并将原来"义泉涌"的骨干曹学斌、韩瑞符两个掌柜和朱正宝、史步生两个店员,还有一个技师蔚绍生一起聘来,他们在杏花村芦家街购买了一张姓房院后,由韩瑞符主事负责生产汾酒,专供晋裕汾酒公司出售。酿造厂规模与"义泉涌"相当,酿造上又有绝活,生意很快超过"义泉涌",大有取而代之的架势。分裂后的"义泉涌"由于人马被抽去一半,又少了酿制经验丰富的杨德龄主掌,不仅优势顿无,而且生意锐减,日趋衰落,到 1932 年"义泉涌"资不抵债,被晋裕公司以九千六百元的代价彻底吞并。杨德龄以其独具的眼光不仅买下了"义泉涌"的设备,还将其招牌、人马一并购置过来,从而开始了晋裕公司的黄金时代。凭借着巴拿马大奖的招牌与杨德龄的信誉,晋裕汾酒有限公司赢得了广泛的市场,呈现供不应求、产销两旺的势头。此后晋裕公司的生意年年翻番,股东们大为受益。到抗战前,晋裕公司生产的汾酒供不应求,一度有国内第一大名白酒之称。

1937 年七七事变后,为使公司免遭劫难,同时也不愿国酒被日本人窃夺,杨德龄在离职前将汾酒向解放区转移,并做出了停业停产疏埋器皿的决定。1939 年,孝义、汾阳相继沦陷,日军几度威逼利诱、费尽心机想要夺走汾酒的酿造配方,但杨德龄软硬不吃,始终没有将汾酒绝技说出来。新中国成立前夕,杨德龄的儿子杨汉三回到杏花村,带着晋绥分局领导提出的:"要让解放区人民中秋节喝上老白汾"的指示,在当地人民的支持和政府的帮助下,终于让享誉世界的汾酒摆在全国首届政治协商会议的宴桌上……

从千年汾酒的发展轨迹看,一应用真才,力避近亲繁殖;二要严把产品各个环节的质量关,加强精细化管理;三需拓展北方市场,维护品牌信誉;四要在营销上下工夫,以直销为主,尽量避免别人代销,借鸡下蛋发财。

风雨沧桑,汾酒从跻身宫廷贡酒以来,在千年传承过程中,勤劳智慧的杏花村人在这片古老的热土上沿着"以品种求发展,以质量求生存,以信誉闯市场"的道路,不断地将汾酒做强做大。1983 年 7 月,3 000 吨汾酒扩建工程上马。不久,作为山西省国有企业首家发行的汾酒股票正式上市。2002 年 4 月,适应市场经济发展,杏花村汾酒(集团)公司改制为"山西杏花村汾酒集团有限责任公司"。目前,集团公司下设 22 个子、分公司,年产白酒 5 万吨,汾酒股票增值潜力很大。"杏花村"品牌价值 47.76 亿元。资产总额 24.21 亿元,年实现利税 8 亿多元。正是由于杏花村酿酒人坚持品质与创新结合,质量与效益并重,才使千年汾酒品牌经久不衰,至今拥有持久旺盛的生命活力。

第四章
开中法和明代晋帮商人的崛起与发展

第一节 洪武时期开中法的创兴

开中法是明朝政府通过国家所控制的食盐专卖权,让商人输纳以粮食为主兼及货币、茶叶、马匹、草料、棉布、黑豆诸种军需民用品到全国各指定地点,然后换取盐引运销获利,从而解决国家边饷、赈灾、救荒、济漕等多种社会需要的一种制度。此法源于北宋的"折中"法,但其内容和实施范围比宋代更为广泛。

洪武三年(1371年)六月,开中法由山西行者率先倡议施行,旋即得到明太祖批准,并迅速推广到全国。洪武以后,开中的内容随着社会经济的发展和国家的需要逐渐由纳米中盐、纳钞中盐繁衍为纳铁中盐、纳金中盐、纳银中盐、纳麦中盐、纳豆中盐、纳马中盐、纳茶中盐、纳绢中盐、纳棉布中盐、纳谷草中盐12种方式,从而使盐在社会产品交换中充当了几乎万能的媒介角色。

开中法的实施不仅使山西商人一跃而起称雄商界,而且带动了农业、手工业、商业的发展和地区间产品交换的发达,对明前期边储、盐业、商贸产生了重要的作用。另一方面,进入明中叶后,随着社会商品经济的发展,极大地刺激了人们追求财富的欲望和生活奢侈消费的攀比心理。于是,中纳实物换取盐销售权的专利凭证盐引便成为官商、权贵、勋戚、武将等众多社会势力纷起争夺的目标。而明统治者滥发盐引、官商勾结、盐法败坏、私盐泛滥,加之"引"与"盐"比例失调及市场变化诸多问题的制约,终于导致了政府宏观失控和开中法的瓦解,进而影响到明中后期的边防、粮价、盐制、财政。

以往学术界对开中法有过不少研究,但多围绕北部边储,许多方面仍有待作进一步探讨。笔者在查阅《明实录》等大量有关资料的基础上,拟对其进行较深入系统的研究。

一、开中法的创兴

开中法发端于洪武初年。《明史》载："洪武三年六月，山西行省言：大同粮储，自陵县（今山东长芦）运至太和岭（今山西马邑），路远费繁。请令商人于大同仓入米一石，太原仓入米一石三斗，给淮盐一小引。商人鬻毕，即以原给引目赴所在官司缴之。如此则转运费省而边储充。帝从之。"①同年九月，中书省言："陕西、河南军储，请募商人输粮而与以盐。凡河南府一石五斗，开封府及陈桥仓二石五斗，西安府一石三斗者，并给淮浙盐一引。河东解盐储积甚多，亦宜募商中纳。凡输米西安、凤翔二府二石，河南、平阳、怀庆三府二石五斗，蒲解、陕三州三石者并给解盐一引。"②可见，从洪武三年六月起，淮盐、浙盐、解盐都相继实施了开中法。从此，各边多召商中盐以实军储，盐的运销与军需供应相辅而行，有机地结合在一起。

洪武四年（1372年），明政府进一步规定了中盐则例，"输米临濠、开封、陈桥、襄阳、安陆、荆州、大同、太原、孟津、北平、河南府、陈州、北通州诸仓，计道里远近，自五石至一石有差"③。具体则例，依军情缓急，米价高低，道路远近险易，中纳者获利情形酌定。该年七月，户部拟令江西南昌、吉安、抚州、南康四府运粮10万石饷重庆。其商人中盐运米至重庆仓，淮盐一引，纳米一石二斗。次年三月，为征讨辽东纳哈出，命户部募商人于永平卫雅红桥纳米中盐，淮盐一引，纳米一石五斗。有时则例虽定，若发现不妥，便进行调整。例如，洪武九年（1377年）五月，中书省说阆县河州，原募商人入粟中盐，每引计米一石，道远费重，故商人稀少。于是命"淮盐减米二斗，浙盐减米三斗"④。

为什么开中法先由山西倡行呢？其主要原因有三：

1.明初的北边局势。1368年明朝建立后，退居漠北的蒙元残余势力伺机南下，成为明政府严重的边患。洪武三年（1370年）正月，朱元璋命徐达为征房大将军统大军北征沙漠。因山西地临塞北，遂成北伐大军练兵备粮、集结待命的前沿基地。但是，明太祖4次命将北伐，明成祖5次亲征，都未能根除残元势力。明政府不得不实行卫所军屯及加修长城等一系列防御措施。在东起鸭绿江以东宽甸县，西抵甘肃嘉峪关，绵亘万里的北部边防线上，相继设立了

---

①③《明史》卷80，《食货四》。
②《明太祖实录》卷56。
④《明太祖实录》卷106。

边地都司,并在永乐后演变为辽东、宣府、蓟州、大同、山西、延绥、宁夏、固原、甘肃九个边防重镇,史称"九边"。每边均有数以万计的兵马驻守,九边共驻扎了约80万边军①,从而形成一个庞大的军事消费区。这样,山西不仅因位于万里长城脚下,地临塞北,成为北部边防的前哨基地。而且在明初的边防中拥有大同、太原(驻偏头关)两大边关重镇。

2. 民运粮。为了解决北方边镇近百万兵马的粮饷供应,明太祖大力鼓励军民垦荒屯田,取得了一定的成效。但北部边镇地处高寒地带,屯粮产量难以满足几十万兵马所需的大量粮饷。以大同为例,洪武八年(1375年)正月,中书省奏山西大同都卫屯田2 649顷,"岁收粟豆九万九千二百四十余石"。②建议将屯军月粮依陕西例,月减三斗。朱元璋说大同苦寒,士卒艰苦,月粮宜加不宜减。另据《明会典》卷28《边粮》知大同额设马步官军135 718人,马、骡、驴51 654匹。需要粮食米麦豆932 564石,草169 190束,秋青草1 760 000束。其中民运粮418 660石,草6万束,盐8万引。可见明初的屯粮仅占定额需粮的1/10。所以,早在洪武初,明政府就令农民将生产的粮食交纳征集后亲自运送到北部边镇,这就是民运粮。洪武时,民运粮主要由华北各者输纳。如辽东镇,由北直隶、山西输纳;宣府镇由河南、山东、山西、北直隶输纳;大同镇由山西、山东、河南输纳。关于山西民运粮的输纳数额与区域,成化十八年陕西巡抚都御史何乔新在奏议中曾讲到:"山西所属夏税秋粮计二百二十七万三千一百六十七石。洪武、永乐间,自存留外,仅输给大同各卫并雁门、偏头二关。正统末年,虏寇犯边,乃以太原等府、泽、潞等州税粮输之宣府。成化二年,官军欲捣河套,乃以各税粮输之榆林,自此存留数少。"③可见,山西民运粮无论数额还是交纳范围均呈由少到多,由近而远的趋势。特别是明中后期,大同在明代北部边防中外抗蒙古、内屏京师的作用重大,兵员、粮饷一增再增。嘉靖初年,梁材在《会议王禄军粮及内府收纳疏》中统计的数字是:大同的屯粮为十二万四千六百余石,民运粮为五十八万六千四百七十五石。即,民运粮为屯田粮的4.6倍。时隔20年后,潘潢在《查核边镇主兵钱粮疏》中记载:大同屯田粮按银两已折为118 575两,民运粮为586 618两,民运粮仍是屯田粮的4.8倍。这都证明,在明代山西农民的民运粮负担无论是按本色输运还是按折

---

①吴晗:《明代的军兵》,载《中国社会经济集刊》5卷2期。
②《明太祖实录》卷96。
③《皇明世法录》卷65。

色货币计算都是很繁重的。尤其在交通不便、肩挑背驮木轱辘车拉运的封建时代,其艰难程度可想而知。而这还是正统时巡抚河南、山西兵部左侍郎于谦已减免近半的结果。于谦深感山西的赋役负担,特别是运交大同方面的民运粮额过重。因此,他建议每年从法司的赃罚银及江南的折粮银中拨出 60 万两作为专项资金,于收获期在边地收购贮存米粮,从而将山西原来的 155 万余石民运粮减免了大约一半。①

3.杨宪:字希武,太原府阳曲县人。洪武二年(1369 年)四月,明廷设山西行者。时任御史中丞的杨宪因受丞相李善长的排挤被任命为第一任山西行省参政。杨宪博通经史,很有才干,深受朱元璋的器重,刘基曾称他有相才。他以晋人莅晋,深知父老乡亲的疾苦,且为政务实有方,通晓时务。他目睹明初的北部边防局势和民运粮路远耗费,妨碍农业生产的状况,提出利国、惠商、便民的开中办法。并于洪武三年(1371 年)六月,以山西行省的名义上奏朝廷,很快得到朱元璋的允准。不久,明太祖又调他进京出任中书省左丞,具体负责在全国推行开中法。当时李善长已年老有病,并于洪武四年(1371 年)罢相。中书省由杨宪和右丞汪广洋理政。"时左丞杨宪专决事,广洋依违之。"②可见,实际主管中枢政务的是杨宪,汪广洋处于协助陪衬地位。然而,朱明王朝从江南起家,淮系集团根硬底厚,人多势众。朱元璋曾想将杨宪由副相提正。胡惟庸对李善长说:"杨宪为相,我等淮人不得为大官矣。"于是李善长就乘机劾其"放肆为奸事",终于使杨宪被冤杀。③胡惟庸独专相权,直至浩武十三年胡惟庸案发身亡。

杨宪在明初统治集团上层矛盾倾轧中丧身,但开中法因其合乎时势,益国便民得以继续存在和推行,并对明代前中期 100 多年间社会经济的恢复和发展产生了巨大的"龙头"牵引作用。

二、开中法的兴盛

开中法从洪武三年(1371 年)创立到洪熙元年(1425 年)是其兴盛阶段。在这 50 多年间,明王朝的社会经济迅速恢复和发展,吏治清明,国力增强,国家呈现上升兴旺势头。特别是开中法自洪武朝创行,再经永乐时的全面

---

①《明英宗实录》正统四年五月丁巳条。
②《明史》卷 127,《汪广洋传》。
③刘辰:《国初事迹》。

推进,在国计民生中的作用日益显著。

洪武朝(1371~1398年)是开中法的创立奠基时期。由于明太祖朱元璋的重视和督促,开中法的主要内容基本确立,如开中的步骤分报中、守支、市易三项;中纳则例依军情、粮价、路途、利润酌定;开中地点以东北、西北、西南边陲卫所粮仓为主,兼及个别内地仓储;折纳范围以米为主,但也开始以钞中盐及其他食物货币中盐的方式。如洪武三年十二月,"户郡言陕西察罕脑儿之地有大小盐池,请设盐课提举司,捞盐夫百余人蠲免杂役,专事煎办。行盐之地,东至庆阳,南至凤翔汉中,西至平凉,北至灵州,募商人入粟中盐,粟不足则以金、银、布、帛、马、驴、牛、羊之类验值准之。如此则军储不乏,民获其利,从之"。总之,洪武朝是关键时期。开中法的实施比较正规顺畅。其特点可概括为三为主:一是以军事需要,即统一战争和充实边储为主;二是中纳食物以米为主;三是中纳对象以商人为主(见表4-1)。

表4-1　洪武时期开中法实施情况

时间	奏请单位	纳粮地	折率	品种	资料来源
洪武三年（1371年）	山西行省	大同仓 太原仓	1石 1石3斗	淮盐	《明太祖实录》卷56
洪武四年（1372年）	中书省	延安 庆阳 平凉 宁夏 临洮 巩昌	7斗	井盐	《明太祖实录》卷65
洪武四年七月	户部	重庆仓	1石2斗 1石	淮盐 浙盐	《明太祖实录》卷67
洪武五年（1373年）	户部	永平卫	1石5斗 1石3斗 2石 6石	淮盐 浙盐 山东盐 河间盐	《明太祖实录》卷73
洪武八年（1376年）	广西行省	桂林 浔州 南宁 庆远	3石3斗 银4两5钱 5石3斗 4石3斗		《明太祖实录》卷96
洪武九年（1377年）	中书省	河州	8斗 7斗 6斗	淮盐 浙盐 河东盐	《明太祖实录》卷106
洪武十年（1378年）	儋州大丰仓副使李德新	琼州 儋州 万州	2斗 3斗 1石5斗	海北盐	《明太祖实录》卷115

时间	奏请单位	纳粮地	折率	品种	资料来源
洪武十一年 （1379 年）	中书省	凉州卫 梅州 临洮 河州	2 斗 5 升 3 斗 5 升 7 斗 4 斗	淮浙盐	《明太祖实录》 卷 117
洪武十三年 （1381 年）	湖广布 政司	靖州卫 崇山卫	2 石	淮盐	《明太祖实录》 卷 129
洪武十四年 （1382 年）	户部	永平 登州	1 石 2 斗 1 石	淮盐 浙盐	《明太祖实录》 卷 136
洪武十五年 （1383 年）	户部	云南	6 斗 5 斗 1 石	淮盐 浙盐 川盐	《明太祖实录》 卷 142
		普定	5 斗 4 斗 5 斗	淮盐 川盐 浙盐	
		普安	6 斗 2 石 5 斗	淮浙盐 川盐	
		乌撒	2 斗 2 石 5 斗	淮浙盐 川盐	
		临安 云南 曲靖 乌撒 乌蒙 东川	3 石 2 石 8 斗 3 石 5 斗	安宁盐	《明太祖实录》 卷 150
洪武十九年 （1386 年）	云南布政使张纮	金齿卫	1 斗	淮盐	《明太祖实录》 卷 177
洪武二十年 （1387 年）	户部	毕节卫	2 斗 3 斗	浙盐 淮盐	《明太祖实录》 卷 107
洪武二十二年 （1389 年）	北平行都指挥使 周兴	大宁	5 斗	淮浙盐	《明太祖实录》 卷 198
洪武二十五年 （1392 年）	户部	苏州卫 建昌卫	5 斗 1 石	浙盐 川盐	《明太祖实录》 卷 221
洪武二十九年 （1396 年）	户部尚书郁新	桂林	米 1 石 钞 5 贯	海北	《明太祖实录》 卷 246
洪武三十一年 （1398 年）	户部	靖州 铜鼓 五开	3 石 2 石 2 石	湘乡 湘乡 潋州	《明太祖实录》 卷 256

145

第二节 永乐时期开中法的发展

永乐朝（1403~1424年）：在洪武朝成功实行的基础上，开中法在永乐朝得到进一步完善和推广，成为明代开中法发展的兴盛时期。不仅商人，就连大小官员、士兵、百姓也皆可纳粮中盐。但也正由于放开了官员经商的口子，为官商勾结、扰乱开中和国家的经济社会秩序潜伏下危机，明代中期以后，开中法逐渐被破坏，实源于此。

明成祖朱棣是位雄才大略的封建君主。他在位期间 （1403~1424年）采取开放政策，出兵安南，迁都北京，五征漠北，派郑和六下西洋，使明朝的内政外交呈现出前所少有的盛局，他本人的文治武功也达到顶峰。朱棣还在洪武朝创行开中法的基础上，进一步完善推广此项制度。开中法的全面实施与晋商的崛起有着密切的内在联系。

众所周知，开中制源于北宋的"折中"法，但其内容和实施范围远比宋朝广泛。洪武三年（1370年）六月，开中法由山西行省率先倡议施行，随即得到明太祖的批准，并迅速推广到全国。[①]洪武之后，特别是明中期的统治者滥发盐引，加之中期北部边储纳粮体制的解体和弘治初年国家边防开支政策的不断变更。导致开中法逐渐地受到破坏。永乐一朝是明代开中法的兴盛时期，也是产生问题、潜伏危机的时期。

一、开中法的进一步发展

在洪武朝的基础上，永乐朝开中法得到更加广泛的推行。不仅大小商人，就是各级官员、士兵、百姓也皆可纳粮中盐。例如，建文四年（1402年）八月，刚刚经过靖难之役夺得侄儿皇位的明成祖朱棣为了充实北平各卫粮储，为以后迁都作准备，"命户部悉停天下中盐，专于北平开中，其淮、浙盐每引米三斗，河东二斗，四川一斗五升，听大小官员军民人等皆中，不拘次支给"[②]。于是，除云南金齿卫，楚雄府，四川盐井卫，陕西甘州卫照旧开中不停外，其余各地一律暂停，俟北平粮储足支3年后再行开中。永乐二年（1404年）二月，明政府根据山西布政司右参政薛缵的建议追加引盐以补路费。当时，户部尚书

---

①高春平：《试论洪武朝开中法的创兴》，载《大同高专学报》，1996年第1期。
②《明太宗实录》卷11、卷28。

郁新奏报河东盐积聚很多,已令运至杨壶站递运所仓,又令各站转运到河东分运司。薛绥等认为"民贫路险,难以输运,宜令商人中盐年久者量增引数以为路费,使就关之,庶免劳民"①。明成祖让六部讨论,最后决定河东地方每引除定额 200 斤外再追加 80 斤盐作为路途险远的补偿。永乐十年 (1412 年) 正月,明成祖又采纳两淮都转运盐使鲍深的建议,再次令各地暂停开中,为营建北京宫殿大量地召商中纳盐粮。而且,永乐时期中纳地域更加辽阔,永乐十三年(1414 年)四月,"交阯布政司说本境官盐乞定例召商,许以金、银、铜钱中纳。于是户部定议金一两给盐三十引,银一两、铜钱二千五百文各给盐三引,从之"②。

当然永乐朝的开中除以迁都北京为侧重点外, 充实边储仍是一如既往。永乐十二年(1414 年)在宣府开中。永乐十八年(1420 年)七月,镇守大同总兵官、都督刘鉴言大同左、右等卫仓粮支给将尽,"宜募商开中盐粮,以备边用。下行在户部议。尚书夏原吉等议,河东盐每引米三斗五升,淮浙盐每引米四斗,俱令于大同输纳,不次支给。从之"③。明政府因发行宝钞太多引起通货膨胀,钞币贬值,民间少用,决定采用户部尚书夏原吉的建议,采取用钞中盐以回笼货币疏通钞法的权宜办法。这年九月,夏原吉与吏部尚书謇义等定各处纳钞中盐则例,"沧州盐每引钞二百贯,河南、山东每引百五十贯,福建、广东每引百贯,输钞不问新旧,支盐不拘资次"④,这是自洪武二十九年(1396 年)首次以钞 5 贯中纳海北盐一引至桂林以后的又一次大规模纳钞中盐。由此不难看出, 从洪武二十九年到永乐二十二年短短 28 年时间, 宝钞已下跌 20 多倍。原来每引海盐只需纳钞 5 贯,而现在广东、福建海盐每引增至纳钞 100 贯。而且,这次钞币贬值已非局部,而是明成祖多年用兵财力损耗过多造成的全国性的金融危机问题。不过就开中法本身来看,永乐朝还是大发展时期,西部的甘肃,东北的开原,西南的云贵,华北的宣府、大同一带的广大地区都程度不同地实施了开中的办法。而且,中纳方式更趋灵活多样,无论金银贵金属,还是铜钱、宝钞皆可按一定的价值比例中纳,开中的主体也由洪武时的部分商人放宽到允许大小官员军民人等多种阶层。同时出现的问题便是,达

---

①《明太宗实录》卷 11、卷 28。
②《明太宗实录》卷 163、卷 227。
③《明太宗实录》卷 163、卷 227,永乐二十二年。
④《明仁宗实录》卷 2。

官势豪染指盐场,势必凭借权势,侵夺民利,扰乱盐法。这在明中叶后日益成为败坏盐政的一大毒瘤。兹列表 4-2 如下:

表 4-2　永乐朝开中法实施情况:

时间	奏请单位	纳粮地	折率	品种	资料来源
建文四年 (1402 年)	朱棣	北平	3斗 2斗 1斗5升	淮浙盐 河东盐 川盐	《明太宗实录》 卷 17
永乐元年 (1403 年)	户部	曲靖	1石5斗	安宁盐	《明太宗实录》 卷 17
永乐八年 (1410 年)	户部左侍部 古朴	云南	1石3斗 1石5斗 2石	黑白井 安宁井 白盐井	《明太宗实录》 卷 102
永乐十年 (1412 年)	户部	凉州	3斗5升	淮浙盐	《明太宗实录》 卷 125
永乐十一年 (1413 年)	贵州都司	贵州卫所	1石 1石5斗	黑盐 井川盐	《明太宗实录》 卷 139
永乐十二年 (1414 年)	行在户部	宣府	4斗	淮浙盐	《明太宗实录》 卷 154
永乐十三年 (1415 年)	交阯布政司	交阯	金1两 银1两	盐 30 引 铜钱 2500 文 盐 3 引	《明太宗实录》 卷 163
永乐十三年 (1415 年)	监察御史 萧常	山海卫 永平	5斗	河间长芦盐	《明太宗实录》 卷 166
永乐十七年 (14190 年)	贵州部司	善安卫	2斗	川盐	《明太宗实录》 卷 206
永乐十八年 (1420 年)	镇守大同 总兵刘监	大同	3斗5升 4斗	河东盐 淮浙盐	《明太宗实录》 卷 227
永乐十九年 (1421 年)	户部尚书 夏原吉	广宁仓	5斗	淮浙盐	《明太宗实录》 卷 240
永乐二十二年 (1422 年)	户部尚书夏 原吉、吏部尚 书塞义	全国	钞 300 贯 150 贯 100 贯	沧州、河南、 山东、福建、 广东盐	《明仁宗实录》 卷 2

由表4-2可见,永乐时期东起辽东,西至凉州,西南抵贵州,南到交阯,北达塞外的广大地区都普遍地实行了开中法。明成祖根据迁都和巩固边防的需要,每年都要由中央职能部门户部奏请实施对各地卫所仓储开中招商的具体办法细则,有时也采纳地方政府官员或边镇驻军将领及仓储负责人的建议,根据临时需要在当地实行开中。当时,全国以两浙、两淮、河东、长芦、四川、广东为主的六大盐场及云南、福建、河北等地的小盐场都程度不同地施行了纳粮中盐政策。而且,永乐二十二年开中法在全国得到大规模推行,实施程序更加完备。永乐朝开中的具体步骤可分为报中、守支、市易。报中就是盐商按照明朝政府出示的招商榜文所要求的开中内容,把军需物资运送到指定地区仓库交验,向政府领取相应数额的盐引;守支就是盐商领到盐引票证后,到指定盐场凭引守候支盐;市易则是盐商把盐运到一定的行盐区域去销售获利。有的盐商为了迅速获利,于边地就地雇人垦荒屯种,把收获的粮食就地纳仓换取盐引,这便是商屯。商屯在永乐年间已大量出现。史称:"永乐中,令商于各边纳米二斗五升或粟四斗,淮盐一引。于是富商大贾自出财力,招游民垦田,日就熟而年谷屡丰,甘肃、宁夏粟石值银二钱,而边以大裕。"①

二、永乐朝开中法的特点

综观《明太宗实录》及其他有关资料可知,永乐朝继承发展了洪武朝的开中法,是明代开中法的上升兴盛阶段。其特点可概括为三:

第一是军事需要,亦即四处征战和充实边储进而巩固国防需要为主。永乐朝开中纳粮的地点有80%集中在北部和西南边镇的卫所仓库,这是和明成祖五次亲征漠北及出兵安南的军事需要密切相关的。当时北部九边驻扎了近百万兵马,形成了庞大的军事消费区,而屯粮和民运粮难以满足军需,必须倚重商人转输,实施开中办法,每年解决边镇一部分兵饷。

第二是侧重营建北京新都。建文四年(1402年)和永乐十年(1412年),明成祖两次令全国各地暂停开中,大规模地集中在北京开中纳粮,规定必须使北平粮储足够数年食用后才许别的地方开中。

第三是中纳实物仍以米为主。洪武一朝除极个别时期用金银、宝钞、布帛、牲畜中纳外,其余都是纳米中盐。永乐朝也是这样,除永乐十二年(1414年)和二十二年,用金、银、铜钱、宝钞中纳外,其余都是以米中纳。这一方面

①顾炎武:《天下郡国利病书》卷28。

反映出洪武、永乐时期政策的连续性，同时也证明明初种植农作物的单一和社会经济正在逐步恢复。洪武时期淮盐与米的比率前后起伏较大，而永乐时期淮盐每引与米的折率起伏不大，反映出永乐年间随着经济的恢复，物价比较平稳，米价稳中有降。例如，永乐初，纳米3斗换盐1引。永乐十年，则纳米3斗5升换盐1引，到永乐十二年纳米4斗换盐1引。再到永乐十九年，纳米5斗才换盐1引。可见，永乐朝盐贵米贱。另一方面，也可看出，从洪武后期到永乐年间，宝钞大幅贬值。如洪武二十九年，纳钞5贯换盐1引①，到永乐二十二年，纳钞300贯才换盐1引②。折率之悬殊，简直是天壤之别。

三、潜在问题

在充分肯定永乐朝开中法实施成效的情况下，我们也应清醒地看到其存在的问题，这就是官吏权贵的参与给盐法和开中带来的祸害。开中法本来是一种利国、便民、惠商的好制度。为了保证开中法的长久功效，防止官吏权贵以权谋私获利，明太祖朱元璋曾明文规定"监临官及四品以上官员家人，不许中盐营利"③，只许躬身转贩的正宗商人报中，而到永乐朝却打破了这一惯例，听令"大小官军民人等皆中，不拘次支给"④。这就给官商扰乱盐法，以权谋私败坏开中、扰乱流通秩序打开了缺口，埋下了祸根。明中叶后特别是成化年间盐法不灵，势要占中⑤，买卖引窝愈演愈烈实源于此。

第三节　开中法的中转及其存在问题

从宣德到天顺年间（1426~1464年），开中法进入中转阶段。这一阶段开中法的内容发生了许多变化，也出现了不少问题。这些变化和问题既与社会经济的发展变化有关，又使开中法由明初期着眼北部边储以单一纳米中盐为主向多元化功能转变。

①《明太祖实录》卷246。
②《明仁宗实录》卷2。
③《明史》卷80，《食货》。
④《明太宗实录》卷11。
⑤高春平：《论明中期边方纳粮制的解体》，载《学术研究》，1996年第9期。

一、宣德朝（1426~1435 年）

洪熙、宣德两朝在洪武、永乐的基础上，社会经济继续呈发展势头，并被史家誉为"仁宣之治"。但在繁荣的背后已潜伏着许多社会危机，一些问题已开始表露。从开中法来讲，首先是物价普遍高涨，盐贱米贵的现象十分突出。因此，明政府只好不断地调整原来的中纳则例，减轻每引盐的纳米数额，同时扩大中纳范围，米已不足，便以麦、豆等其他粮食来替补。例如，宣德四年（1429 年）七月，巡按陕西监察御史傅吉言曾以每引米六斗召商于宁夏灵州中纳，但因灵州地处极远，山路险远，费重利轻，中纳者少，"请减轻，且不拘米麦兼收"①。同时，宣德朝依永乐旧例，"不分官员军民皆许于北京诸卫仓纳米，不拘资次支给"②。但仍因则例太重，中纳者少。宣德三年（1428 年）七月，行在户部尚书夏吉说：北京文武官吏、军夫、工匠粮饷所费不少，近年来旱涝严重，赋税多欠，平江伯陈瑄岁运漕粮仅足支给，仓无厚储，非经久之计，而中盐米旧则太重，商贾无利可图，少有至者。因此，他请更定则例"淮、浙盐每引纳米二斗五升，河间三斗，河东、四川、福建一斗五升，不拘次支，庶几中纳者可众"③。可是，调整则例后，中纳者仍不多，这主要是与下述问题有关：

1.守支之苦。宣德四年（1429 年）六月，行在户部尚书郭敦说曾减中盐则例，召商于北京纳米，但因近年中纳名项数多，盐不足支，客商来者愈少，"今拟依永乐五年营造事例，淮、浙等处盐不为常例，以十分为率，六分支与北京，在城仓纳米者；四分支与辽东，永平、山海、甘肃、大同、宣府、万全已纳米者，其余各处中纳暂且停支，则客商皆至，粮储可积，从之"④。为了缓解守支之苦，明政府在宣德五年（1430 年）根据行在户部的建议开始实行"兑支"法。当时有回族商人沙人思等中纳盐粮，该支两浙盐 10 125 引，但浙盐少，户部请以山东盐如数给之。另有商人马儿丁等应支淮盐 52 300 引，也因淮盐少，以河间、长芦盐如数给之，均得到宣宗的准许。

2.商人纳粮掺假，以次充好。因粮价一涨再涨，籴买价贵，有些商人便在中纳粮米时掺假作弊。宣德五年七月，行在户部奏中义右卫等仓中盐，"客商

①《明宣宗实录》卷 56。
②《明宣宗实录》卷 28。
③《明宣宗实录》卷 45。
④《明宣宗实录》卷 55。

所纳粟米多粗糙粃碎,若比精湛每斗耗什二三,除依商人盐粮例,每石加二斗,其先纳粗糙者请罪之,以示惩。上曰已加收者勿罪,未加收者悉令补纳,仍揭榜出示,禁约再犯者罪之"①。

3.权要武装贩私,阻坏盐法。宣德时起,权贵势要之家纵容仆役,四出兴贩私盐,故盐价低,商人无利可图,中纳者少。宣德十年(1435年)五月,行在户部分析中纳两淮盐者少的原因时即指出:"皆因役处军卫势要之家纵容厮役阻坏盐法,私出兴贩,辄数百艘挟持兵器,所至劫掠,巡司官兵莫敢谁何。"②为此,户部奏准差监察御史一员前往扬州、通州、狼山等处提督军卫巡司缉捕。宣宗命巡盐御史按巡按例,每年一换。同年十月,陕西边卫招商中纳盐粮,明廷派遣监察御史及户部官各一员前去监收。

4.商人贿赂官府,虚出"通关"。商人为了有利可图,少纳粮多换引,便贿赂有司,串通作弊。宣德十年(1435年)十一月,行在刑科给事中陈枢奉敕往辽东选军回来后上言九事。其中除提到中纳则重,量减升斗招商外,还指出:"盐商纳米多贿所司,滥恶兼收,军人不蒙实惠,乞差官盘验以革奸弊。"③按明制,商人运粮到边仓后,仓库主管人员应在商人的勘合上填注其交纳的粮数及应支的盐额,并盖印证明,称为"通关"。商人取得通关后,赴指定盐场支盐,盐司再将通关进缴户部山东司存档备查。但此时,一些不法奸商贿买边仓官吏,虚出通关,不纳米却凭通关去盐场支盐,报中与纳粮脱钩,边方纳粮制受到侵蚀。

二、正统朝(1436~1449年)

明英宗正统年间,社会经济发展到一个新的阶段。尤其是"金花银"的出现标志着商品货币经济的发达,反映了赋役征收中的新变化。但自正统七年,宦官王振专权,政治腐败,官员贪赃枉法之风日盛,致使宣德时期开中法中已出现的问题进一步恶化。表现在:

1.粮价继续上涨,中纳者少的问题没有扭转,严重影响到边粮储备。早在正统元年(1436年)四月,陕西西宁卫便奏本卫召商中盐粮,但因"粮价腾涌,乞减则例。事下行在户部覆奏,宜并庄浪、凉州、甘州、肃州临边缺粮卫分

---

① 《明宣宗实录》卷68。
② 《明英宗实录》卷5。
③ 《明英宗实录》卷11。

一体减轻"。①正统四年（1439 年）闰二月，云南布政司奏征讨麓川用粮浩大，
赞运不及原定则例，"中盐米价踊贵，中纳者少"。②为此，请以本司官库收贮
银钞运赴金齿、大理籴粮备用，得到批准。可见，从正统时起，不仅田赋开征折
色，而且边储中也已出现运银到边、折纳中盐的办法。同年十一月，巡抚大同、
宣府右佥都御史卢睿奏："山西上年拨送折粮银一十万两，每银一两，准粮四
石。今宣府米价腾贵，请每银一两准二石五斗。从之。"③

　　2.虚出"通关"，"久支"不得。通关之弊宣德末已出现，到正统初更严
重。正统元年（1436 年）二月，"行在户部言向者陕西甘肃卫仓客商中纳盐
粮，虚出通关，事觉遇赦，今宜仍行巡抚、巡按官核勘，果纳米者准令支盐，虚
出通关皆追盐还官，庶革奸弊，从之。"④另一方面，鉴于权费之家、不法奸商
占夺盐利，普通中小商人持引多年，守支不得盐的状况，明政府决定发给商人
部分宝钞以赔补资本。正统五年（1440 年）正月，两淮都转运盐使司奏称，各
处纳米中盐，客商有永乐中候支，到今祖父子孙传数代还未支盐，生活有百般
艰难的情况，请如洪武中例，"给钞还其资本以便民……事下行在户部会议，
以为洪武中每盐一引给钞二十锭，今请加十锭，有愿候支盐者勿强，从之"⑤。
尽管每引追加钞 10 锭，但从洪武到正统间已近百年，物价已涨数倍，宝钞不
断贬值，况且随着商品货币经济的发展，特别是白银的流通，民间交易多用银
而不用钞，名义上给还盐商资本钞，实际上等于拿基本上无用的废纸来搪塞，
根本不够偿付盐商底本。所以到正统时纳米中盐者更少，对普通中小商人来
讲，原先可以获取厚利的盐引执照到这时已变成多年不能兑现的空头支票，
这是导致明中叶后边储空虚，开中纳粮难以持久推行的一个重要原因。

　　3.边镇官将侵冒占中。正统初，巡按山东监察御史李盘奏辽东都指挥邹
溶令其子及无籍军吏"诡名中淮、浙盐共六千九百七十引，内千余引又侵剋
军粮，所中者被人讦发宜治溶罪，追粮给军，引盐没官"⑥。但明英宗并未治邹
溶之罪，也不追究侵克军粮。正因为最高统治者姑息养奸，所以到正统五年
（1440 年）三月，邹溶复乞支盐，行在户部仰承皇意，竟言溶奉律例所载权

①《明英宗实录》卷 16。
②《明英宗实录》卷 52。
③《明英宗实录》卷 61。
④《明英宗实录》卷 14。
⑤《明英宗实录》卷 63。
⑥《明英宗实录》卷 65。

势,再次准其支盐。于是官吏侵欺之风愈演愈烈。

4.奸商掺假问题更形严重。一些不法商人为图厚利,在宣德年间便在中纳粮米时以次充好,开始作假。但还是偷偷摸摸,以粗糙糠秕少量地捣鬼凑数。到正统时竟然发展到大量地掺假,所掺假物不局限于粗糠次米,而且把灰土泥沙也掺进去,盐司官吏这时也在盐中掺假。例如,正统六年(1441年)六月,户部右侍郎张凤说近日行在户部因副总兵吴亮奏贵州缺粮,移文令于龙江盐仓擎挚客商盐内支5 700余引,于两淮运司余盐及私盐内凑拨1万引赴镇远等府收贮备用。但因龙江仓"盐多杂以灰、土、泥沙到彼价低不堪易米给军"①,请求全部在两淮运司支给。大量掺假,盐米质量下降,极大地危害到守边军士的食粮,自然也危及边防的守卫。

针对上述严重问题,为了扭转被动局面,明政府在正统时也实行了一系列收效不大的整顿措施。

第一是为解决商人"守支"之苦,继续推行宣德时的"兑支"法,并将淮、浙、长芦盐以十分为率,分作"常股"与"存积"两种。将其中八分与守支商人,年终换次行支,谓之常股。其余二分,则收贮于官,边防有事,召商入中,不分次等,引到即支,谓之存积。正统五年(1440年)四月,行在户部奏:"盐商因守支年久,虽减轻开中,少有上纳者,恐误边储。请令云南、福建、四川、广东、河东盐仍旧。其两淮、两浙、长芦每岁盐以十分为率,八分给守支客商,二分令巡按监察御史、按察司官见数存积,遇边方急用粮日,召商中纳支给。庶官民两便,不致误事,从之。"②商人因苦于守支时间太长,多争中存积。因此,实行"常股"、"存积"中纳法后,曾一度刺激了盐商的积极性。但争中存积的后果又形成常股盐更形壅塞,而存积盐供不应求的现象。于是,扩大"兑支"范围,淮、浙未能支取者,可以配兑长芦、山东、河东盐。

第二是法制上重申官员四品以上子弟家人不得中盐,与民争利,以防止并限制权要开中。早在洪武时已有此规定,以防止官员利用权势便利败坏开中。但到永乐初便破此例,规定不分官员、军民人等均可纳米中盐。到永乐五年(1407年),"勋贵武臣多令子弟家人行商中盐,为官民害"③,可见洪武祖制到乃子朱棣时即已失去约束力。之后,宣德、正统两朝官员军民中盐获得丰

①《明英宗实录》卷80。
②《明英宗实录》卷66。
③《明史》卷150,《李庆传》。

厚利润更是一发不可收拾。正统十二年（1412年）十二月，通政使李锡令家人输米1 200石，欲支盐2 500引，刑部奏"官四品以上子弟家人不得中盐，竞小民利"①。而在此之前，户部曾奏官员军民俱得输米永平、遵化、山海仓中盐。于是李锡嘱户部尚书王佐赶快帮他办理。但是王佐等认为这样做违例，欲没收其盐于官，李锡指使家人以户部出尔反尔告状，劾王佐等妄奏。昏庸的明英宗采取和稀泥的办法，既未处罚李锡，也不支持户部，反而放任李锡家奴支盐。正因为最高统治者有法不依，致使上行下效，围绕开中的纠纷不断。正统十四年（1449年）五月，又发生户部主事张斌、陈汝言状告盐运使耿九畴、巡按监察御史刘文一案。

此案的经过是：正统五年，两淮盐运司奏准永乐中守支盐商有愿得资本者给予钞，不愿者仍听守支。但是判官薛华在执行过程中，不问商人是否愿意，一概将守支商人姓名移到南京户部给钞。不久，有不愿要钞者仍允许守支。于是，各商姓名重占二牍，给开中支盐带来麻烦。为此，户部奏派主事张斌同巡按监察御史刘文前往清理文册姓名。途中，张斌得泻病，怀疑刘文饭中下毒，便奏说刘文等怕他发其奸弊因而施毒使我闹病，英宗命法司逮治刘文，另派户部主事陈汝言查究，陈汝言又奏盐运使耿九畴等犯有受贿重冒支给盐钞之罪，俱下法司问罪。经刑部审理，确证刘文并未施毒，张斌病属饮食不洁导致的痢疾。耿九畴也在法庭上陈辩自己并未受贿，重支盐钞乃因以前薛华胡为，造成一商占二册引致，本人只有不够明察之嫌，没有直接责任，更无因此受贿之实。最后，英宗只命谪张斌戍辽东铁岭卫，陈汝言、耿九畴等皆宥免不问②，稀里糊涂地将此案草率了结。

第三是扩大中纳范围，以补边防之需。正统时根据边防的需要和中纳粮米减少的状况，进一步实施了纳马中盐、纳豆中盐、纳草中盐等。最早实施纳马中盐的是都御史史昭，他召商于宁夏纳马，给灵州官盐以偿之。正统四年（1439年）五月，都督同知郑铭援引史昭之例说宁夏招商纳马中盐后战马已多，请改在陕西布政司上纳。明政府根据他的提议，又"命召商于陕西布政司纳马"③。正统十年（1445年）四月，明政府又在陕西延安卫、庆阳卫纳马中盐，规定："上等马一匹，支盐一百二十引，中马一匹，支盐一百引。"④而在正

①《明英宗实录》卷161。
②《明英宗实录》卷178。
③《明英宗实录》卷55。
④《明英宗实录》卷128。

统八年（1443年）十一月，户部奏密云、蓟州、遵化、山海、永平粮储甚少，顾虑调兵支用不足，决定召商于密云古北口仓，迁安县乐阳驿仓纳粮中河东、山东、福建、广东、海北盐，"每引米、麦、豆二斗五升"[①]。正统十四年（1449年）十一月，鉴于土木之变后，京城兵马云集、粮草缺乏的情况，户部尚书金濂奏："京城内外，象、马、牛、羊数多，各场所积草束近因胡虏入寇，烧毁抛弃殆尽，请召商纳草中盐，两淮盐每引谷草十五束，禾草二十二束，两浙盐每引谷草十二束，禾草十七束，长芦盐每引谷草十六束，禾草十束，从之。"[②]

表4-3 宣德至正统年间开中法实施情况

时间	奏请单位	纳粮地	折率	品种	资料来源
洪熙元年 （1425年）	总兵谭广	宣府	3斗 2斗	淮浙盐 川盐	《明仁宗实录》 卷11
宣德元年 （1426年）	总兵巫凯	广宁	3斗5升	淮浙盐	《明宣宗实录》 卷19
宣德二年 （1427年）	行在户部	金齿仓	1石2斗 1石	安宁井 黑白二井	《明宣宗实录》 卷28
五月	户部	北京	3斗5升 5斗 2斗	淮浙盐 河间长芦 豫陕川	《明宣宗实录》 卷28
八月	大河总兵 郑享	大同	3斗	淮浙盐	《明宣宗实录》 卷30
十月	都督李英	西宁 兰县	米3斗5升 2斗	淮浙 川盐	《明宣宗实录》 卷33
十一月	指挥黄直	万全卫	3斗	淮浙盐	《明宣宗实录》 卷33
十二月	行在户部	广宁	3斗	淮浙盐	《明宣宗实录》 卷34
宣德三年 （1428年）四月	行在户部	甘肃	3斗	淮浙盐	《明宣宗实录》 卷42
七月	行在户部	北京	2斗5升 3斗 1斗5升	淮浙盐 河间 河东、四川、福建	《明宣宗实录》 卷45
宣德四年 （1429年）	巡按陕西 御史傅吉	宁夏	米麦4斗	河东盐	《明宣宗实录》 卷56

①《明英宗实录》卷110。
②《明英宗实录》卷185。

时间	奏请单位	纳粮地	折率	品种	资料来源
宣德五年（1430年）	行在户部	京仓	米5斗	云南井盐	《明宣宗实录》卷65
		宣府卫仓	3斗5升 2斗 4斗 2斗	淮浙盐 山东福建 河间长芦 川广盐	
		山海卫仓	3斗5升	淮浙盐	
		甘肃卫仓	米豆麦4斗	淮浙盐	
		宁夏卫仓	米麦4斗5升	灵州盐	
		独石仓	2斗5升	淮浙盐	
			1斗5升	山东、福建、河东、广东、四川盐	
宣德七年（1432年）	行在户部重拟则例	独石 宁远 肃州	2斗5升	淮浙盐 淮浙盐 山东、河东 长芦、四川、广东	《明宣宗实录》卷89
		宣府 大同 山海 龙门 甘肃 宁夏	3斗 3斗5升 2斗		
宣德十年（1435年）三月	鸿胪左少卿张隆	辽阳卫 开原卫	4斗5升 2斗	淮浙、长芦 山东、河东 福建、广东	《明英宗实录》卷5、卷97
七月		遵化仓	5斗 2斗	山东、广东	《明英宗实录》卷7
十月	游击将军杨洪 行在户部	独石仓	米豆3斗	淮浙盐	《明英宗实录》卷10
		西宁、庄浪、甘州、凉州、萧州	米豆4斗 3斗	淮浙盐	《明英宗实录》卷11
十二月		赤城堡	1石4斗 4斗7升	淮浙 河东山东、福建	《明英宗实录》卷12
		独石仓	9斗 4斗5升	淮浙 山东、河东、	
正统元年（1436年）	四川 行都司	盐井卫	3斗5升 4斗5升	淮浙盐 四川盐	《明英宗实录》卷13
	陕西西宁卫	西宁3石 肃州	2斗5升	淮浙盐	《明英宗实录》卷16
正统三年（1437年）	大同总兵陈怀	大有仓 朔州仓 大同仓	米麦豆5斗 3斗	淮、浙、长芦、山西、河东、四川、闽广	《明英宗实录》卷39

157

时间	奏请单位	纳粮地	折率	品种	资料来源
八月	敕命	广宁、义州、辽东、三海卫	米豆7斗 米豆3斗	淮浙、长安、山东、河南、广州	《明英宗实录》卷45
正统四年 （1439年）二月	行在户部	遵化仓	3斗	河东、山东、福建、广东、四川	《明英宗实录》卷51
二月	云南布政司	金齿卫 大理卫	1石 1石5斗	安宁、五井盐、黑等盐	《明英宗实录》卷52
八月	陕西布政使副史王文	宁夏	2斗 1斗5升	河东盐 灵州盐	《明英宗实录》卷58
九月	巡抚辽东右副都御史李、山东右参政刘琏	沈阳中卫 铁岭卫	7斗 3斗5升	淮浙盐 山东河东广东、四川	《明英宗实录》卷59
十一月		金齿 大理	1斗 1斗5升	四川中盐	《明英宗实录》卷61
正统五年 （1440年）	镇守陕西都督同知郑铭	绥德 广盈仓 榆林 广有仓	米豆2斗 5升	淮盐120000引 浙盐80000引	《明英宗实录》卷67
	行在户部	金齿延食仓 大理崇盈仓	1斗5升 3斗	淮浙盐60000引 云南盐30000引	《明英宗实录》卷67
正统七年 （1442年）		宁夏仓	米豆1石2斗 1石 6斗	淮盐 浙盐 长芦盐	《明英宗实录》卷94
正统八年 （1443年）三月	管粮参政刘卫连	开平 马营	米豆1石2斗 米豆1石	淮盐 浙盐	《明英宗实录》卷102
十月	陕西按察使司副使傅吉	陕西 甘肃 宁夏 大同 宣府 万全	1斗5升	河东 山东	《明英宗实录》卷109
			2斗	福建 广东 海北	
十一月	户部	密云 蓟州 遵化 山海 永平 古北口 乐阳驿	米麦豆 2斗5升	河东 山东 福建 子东 海北	《明英宗实录》卷110
正统十年 （1444年）四月		延安卫 庆阳卫	上马一匹盐 120引 中马一匹盐 100引	灵州盐	《明英宗实录》卷128

时间	奏请单位	纳粮地	折率	品种	资料来源
七月	镇滇太鉴萧保	足食仓腾冲卫	1斗	淮浙川盐300590引	《明英宗实录》卷131
九月	总兵黄真	定边卫	先是上马　100引 中马　80引 后来上马　120引 中马　100引		《明英宗实录》卷133
正统十一年（1445年）	户部奏	陕西、宁夏甘肃、延安开平、独石		淮盐长芦329512引	《明英宗实录》卷147
正统十二年（1447年）	敕命	广宁、宁远铁岭、三万辽河、广宁	米豆1石4斗 1石2斗 6斗	淮盐浙盐长芦盐	《明英宗实录》卷150
正统十三年（1448年）	命各边	开平、马营、龙门	米豆1石 米豆8斗	淮盐浙盐	《明英宗实录》卷168
		宁远、广宁	1石4斗 1石2斗	淮盐浙盐	
正统十四年（1449年）六月	敕命	湖广清浪贵州兴隆	1石2斗 1石	上流井盐仙泉井盐	《明英宗实录》卷179
			1石5斗 1石2斗	黑白二井安宁井	
十一月	户部尚书金濂	京城	谷草15束 禾草22束	两淮盐	《明英宗实录》卷185
			谷草12束 禾草17束	两浙盐	

　　总之，英宗朝开中法的问题已全面暴露，出现了许多混乱不法的经济纠纷与案件，明政府曾采取了少许补救措施，但收效不大，开中法继续受到破坏。

第四节　开中内容的扩展与问题进一步恶化

景泰帝在位时仅 7 年,但他面临的是"土木之变"后的危机局面。因而孜孜图治,在于谦的悉心经理下,对政治、经济、军事等进行了整顿和改革,终于挽狂澜于既倒。在此期间,为了充实边储、重振军威,开中法得到全面实施,其规模、次数比正统、天顺两朝都大得多。当然,景泰朝开中法的实施也存在着病急乱投医,甚至利用开中纳粮卖官鬻爵的错误做法。

一、景泰朝(1450~1456 年)

综观这 7 年间开中法的实施情况,具有如下特色:

1.大力充实以大同为中心的北部边储。大同是京师的门户,土木之变后,大同士马多战亡,粮草严重缺乏,瓦剌又不断来犯,成为一座孤城险地,所以充实大同成为当务之急。景泰元年(1450 年)春正月,明廷命"召商于大同、宣府并大同府左、右二卫中纳盐粮。其中淮盐者每引纳米豆六斗或谷草八束,或秋青草十二束。中浙盐者,每引纳米豆四斗,或谷草六束或秋青草九束。中长芦盐者,每引纳米豆三斗,或谷草三束,或秋青草六束,俱不次支给"[1]。之后又于景泰二年六月,三年八月,四年五月、七月,七年九月五次大规模地向大同及其宣府、万全、偏关、独石、遵化、马营等地以开中召商方式输纳粮草。景泰四年,提督大同军务左副都御史年富上奏中记述道:"山西、河南、正定、保定、临清等处军民客商往大同宣府输纳粮草军装,及贩马、牛、布、绢、香、茶、器皿、果品……"这在当时是非常必要的应急储备措施。

2.继续采用"纳马中盐"方式,巩固西北边防。随着马政的败坏,边防战马日趋缺乏。故而在正统年间便于陕西、宁夏实行"纳马中盐"办法。景泰时继续沿用此法。景泰元年(1450 年)三月,户部尚书金濂言:"昨者都察院检校何英奉敕往河州等卫取士赴京策应,许令军民之家纳马中盐给军骑操。英定价每上马一匹与淮盐五十引,中马四十引,共收马一千四百匹,官司给符令马主不拘资次支盐。臣以为河州本产马地方,今给价如此,亏官太甚。本部宜差官看验,前马到官者,果上马给盐二十五引,中等给二十引,从之。"[2]景泰

---

①《明英宗实录》卷 187。
②《明英宗实录》卷 190。

六年（1455 年）四月，提督松潘兵备刑部左侍郎罗绮乞请将明年上流等井盐召商纳马 1 000 余匹，也得到了明廷的批准。可见，景泰时，纳马中盐已从西北推广到西南，盐的种类也由灵州盐扩展到淮盐、井盐。

3.开始将开中法延伸到赈灾济荒等社会福利事业。景泰元年（1450 年）三月，命户部于直隶省真定、保定、河间三府召商"中盐纳米以备赈贷。两浙盐七万五千引，每引米一石。长芦盐三万六千一百六十引，每引米五斗，从兵部给事中毛玉奏请也"①。六年十月，又召商于顺天府霸州等处中盐纳米以赈饥民。这次共中两淮运司景泰六年借拨存积盐 26 460 引，每引纳米 9 斗，折粮 238 140 斗。②

4.开中济漕。漕运是明清两朝的经济命脉。自永乐时会通河开通，每年便以 400 万石左右的漕粮从东南转输京师。但到景泰时，由于大批漕运军丁被抽调到北京防守京师，漕粮运输受到影响，加之江南部分地方又遇灾伤，明廷便采取了召商纳粮中盐以济漕运的办法。景泰七年（1450 年）十月，户部奏浙江等布政司并南北直隶苏、松等府屡奏旱潦、蝗蝻灾伤，今年兑军粮米必致减少，恐有误军储，"宜将云南滕冲卫原开中两淮运司盐十三万余引，淮安、徐州原开中两淮、两浙运司盐二十万引俱改临清、德州仓上纳及将河东运司盐四十万引定拟则例召商亦于德靖、德州仓米麦中半上纳。两淮盐每引一石二斗，两浙每引八斗，河东每引二斗，诏从其议"。③由此可知，这次开中济漕的粮食多达 77 万石。

5.为镇压少数民族地区的起义，除实行纳米中盐外，又采取了纳银中盐的方式解决军饷。景泰元年（1450 年）七月，巡抚广西右侍郎李棠奏："广西蛮贼生发，而城内仓粮会计只足一年之用，恐误军饷，请开中盐课纳银于官籴米。奏下户部议两淮盐每引银四钱五分，两浙盐银三钱五分，四川仙泉盐银五钱，从之。"④景泰六年（1455 年）十一月，户部报告说湖广五开等处苗民闹事，朝廷命将征剿，已敕本部侍郎孟鉴前往整理粮储。臣等请驰传往渝巡抚都御史马昂、蒋琳令其遗文广西、四川、贵州布按二司官督促已起运未完粮迅速前往备用。"其先于贵州开中淮、浙等盐三十万五千八百八十余引有纳米未完者就令琳催完。又虑广西运粮或不能维，亦宜令昂酌彼时价订立则例召商

161

① 《明英宗实录》卷 190。
② 《明英宗实录》卷 259。
③ 《明英宗实录》卷 271。
④ 《明英宗实录》卷 194。

中纳福建、广东、海北三处官盐各十五万引及先次运去广西籴银五万八千五百二十两并彼处原收在官赃罚银,俱令昂会同三司酌量籴米。"①

6.利用开中法卖官鬻爵。景泰元年(1450年)正月,"开中大同淮、浙盐粮并文武民员、舍人、旗军、吏民纳粮者许升授官级"②。这种做法更加剧了开中法的危机,导致了吏治的腐败。到景泰二年(1451年)正月,鉴于王振专权乱政的恶果,规定文职官员不准纳粮升授,部分地纠正了正统时的错误。驸马都尉石璟奉使湖广,令家奴用官船货私盐,又夺苏州民田。六科十三道交劾其罪,命都察院收执审处。都察院因其为皇亲,不敢重判,论璟赎徒还职。景帝"诏免璟官为民,家奴二人俱杖戍边"③。但是景泰朝在纠正了正统以来文官纳粮开中的错误做法的同时,却规定武职及民人仍可纳粮升官。并且明码标价:"武职正千户以上至指挥同知减作五百石,副千户以下三百石俱升一级。总旗四百石,小旗四百五十石,舍人、余丁、军人六百石俱授以试百户,就注本卫管事,子孙承袭。若民人愿纳米豆六百石亦授以试百户,袭如武职。当该吏典承差减作二百五十石,办事吏、民人三百石。吏如资格出身,民人量授杂职,各备米豆中半于大同仓分上纳,从之。"④用开中法卖官的结果是吏治更加败坏。景泰二年(1451年)正月,各地官员来京进行三年一次的"朝觐"考察,六部、都察院官俞士悦等劾奏天下朝觐官员当黜退者130余人,指出当时吏治的状况是:"居藩垣者不能甸宣风化,任臬司者不能振肃纲纪,郡守负专城之寄而淳厚之俗蔑闻,县令乏百里之才而循良之政未举。司马牧者无孳牧之方,典盐课者有亏耗之弊,剥民膏脂十有八九,恤民疾苦百无二三。以致钱粮逋负、军需拖欠、人民流移、盗贼蜂起,宜将各官明正国法,用警将来。"六科给事中、十三道监察御史亦交章劾其罪。⑤可见其时地方官吏腐败、无能、贪残、失职到何等程度。但是,大量惩处打击面太大势必使地方官僚机构陷于瘫痪。景帝命宽宥他们,吏部、都察院堂官及科道言官叩头执词,认为于法难宥。最后决定采取杀一儆百,罚粮赎罪的变通办法,罢知府白琼等13人为民,其余不法失职官员全部运粮口外赎罪。

---

①《明英宗实录》卷260。
②《明英宗实录》卷187。
③④⑤《明英宗实录》卷200。

二、天顺朝（1457~1464年）

"夺门之变"后，英宗复位，曹石得宠，政治更趋黑暗。开中法的实施远不及景泰时期。这8年间，开中的地点集中在北部边防线和西南贵州、四川、广西地区并继续沿用纳马中盐、开中赈饥的方式。天顺元年（1457年）十月，命户部于大同召商纳马市盐给军骑操。这次召商纳马是根据镇守太监陈瑄的奏请，仅收马40匹，而且是以银计马价，"每银一两中河东、广东、海北盐十引，山东盐八引，福建盐十二引"[①]。按景泰时的官价，中马一匹中盐30引来测算，这次每匹马仅折银3两，与当时的实际马价出入太大。因此，怀疑这是镇守太监借纳马中盐之名行收受银两之实，否则何以不按纳马匹数换盐，而以银计，又为什么仅收40匹马即停止？40匹马杯水车薪无济大事，也无需户部专门发榜召商。不过，天顺初开中赈饥倒比较可信。该年（天顺元年）十一月，因岁歉民饥，根据总督粮储右金都御史李秉的建议，户部决定召商于徐州仓纳米中盐。"两淮运司天顺元年灶丁粮草折盐六万二千四百七十六引，天顺二年存积盐五万引，每引粟米一石。两浙运司天顺二年存积盐五万引，每引粟米七斗二升。山东运司盐五万引，每引粟米四斗。河东运司盐十万引，每引粟米二斗五升。广东、海北二提举司盐各五万引，每引粟米三斗二升。福建运司盐十万引，每引粟米二斗五升，愿纳小麦者每斗益二升，愿纳粳米者减一升，俱不次支盐。"[②]

另一方面，鉴于"土木之变"的教训，英宗不得不充实北部边储。天顺元年（1457年）九月，命户部于口外独石等处召商中盐纳米以足军饷。这次共中景泰七年所剩及天顺元年存积淮、浙、长芦三运司官盐62万引。[③]同月，又命户部在辽东三万等卫仓召商中天顺二年淮、浙、长芦三运司存积盐296 161引。[④]次年八月，户部奏独石、马营仓粮只可支用一年左右，于是又命召商中盐纳粮，独石仓11万引，马营仓6万引。天顺四年（1460年）三月，贵州奏缺粮，户部请以云南、四川天顺五年分盐召商纳米。该年十二月，命户部于广西柳州等府召商中盐纳米以足军饷。天顺五年（1461年）十二月，命四川布政

---

①《明英宗实录》卷283。
②《明英宗实录》卷284。
③《明英宗实录》卷281。
④《明英宗实录》卷282。

司出榜召商"于松潘等处纳米中四川盐 213 536 引"①。此外,天顺时粮价仍较高,而户部所定则例常与开中地点价格偏差太大,所以不得不调整则例,降低纳米数量。例如,天顺八年(1464 年)十一月,巡抚大同副都御史王越奏:"大同所开盐格重,商人无一至者,请量减之。事下户部更定淮盐每引米豆减五升,浙盐减三升,长芦、河东盐各减二升。"②这是针对此年八月户部议定宣大开中 1 672 291 引时所定则例。当时定大同淮盐每引米豆 8 斗,浙盐 5 斗,长芦盐 4 斗,河东盐 2 斗 3 升明显偏高,故而不得不进行下调。

表 4-4　景泰、天顺年间开中法变化情况表

时间	奏请单位	纳粮地	折率	品种	资料来源
景泰元年正月(1450 年)	敕命	大同宣府	米豆 6 斗或谷草 8 束	淮盐	《明英宗实录》卷 187
			秋青草 12 束米豆 4 斗或谷草 6 束	浙盐	
			秋青草 9 束米豆 3 斗谷草 3 束秋青草 6 束	长芦盐	
二月	户部	贵州	2 斗2 斗 5 升1 斗 5 升	淮盐浙盐川盐	《明英宗实录》卷 189
三月	户部尚书金濂	河州	上马一匹中马一匹	25 引20 引	《明英宗实录》卷 190
四月	户部兵科给事中毛玉户部	真定保定河间松潘卫	1 石 5 斗7 斗6 斗5 斗	浙盐 75000 引长芦盐 36160 引上流井新罗井福兴	
七月	巡抚广西兵部右侍郎李棠	广西	银 4 钱 5 分银 3 钱 5 分银 5 钱	两淮两浙仙泉盐	《明英宗实录》卷 194
八月	户部	肃州	米 7 斗豆 5 升米 6 斗豆 4 升	淮盐浙盐	《明英宗实录》卷 195
九月	户部	福建	3 斗	海盐	《明英宗实录》卷 196

①《明英宗实录》卷 335。
②《明英宗实录》卷 12。

时间	奏请单位	纳粮地	折率	品种	资料来源
九月	户部	宣府仓 万全 怀来	米豆1石2斗 2石4斗 2石7斗	银1两 银1两 银1两	《明英宗实录》卷196
十一月	贵州		粮21石	滇州井盐13万引	《明英宗实录》卷198
景泰二年 （1454年） 二月 六月	户部 大同总兵部登	大同 大同右卫	米豆3斗 3升 1斗5升	文武官员纳米授官 淮盐 1斗8升 淮盐浙盐 米豆各半	《明英宗实录》卷200
九月	户部	威远卫	米豆5斗 3斗	淮盐40000引 浙盐50000引	《明英宗实录》卷205
		偏头关	2斗5升 米豆6斗 4升	长芦19849引 淮盐39956引 浙盐50000引	《明英宗实录》卷208
十二月	提督辽东军务 左都御史王翱	辽东卫	米6斗 黑豆2斗 米3斗 豆2斗	淮盐6万引 浙盐3万引	《明英宗实录》卷211
		铁岭卫	米8斗 豆2斗	淮盐4万引 浙盐15848引	
景泰三年 （1452年） 二月	户部	独石 马营	米豆4斗2升 米豆3斗2升	淮盐 浙盐	《明英宗实录》卷213
五月	总督贵州湖广 军务右都御史 王来	贵州 湖广	2斗5升 3斗	仙泉井盐 上流井盐	《明英宗实录》卷219
八月	定宣大则例	宣府	5斗5升 4斗 3斗	淮盐 浙盐 长芦盐 15万引米七豆三	《明英宗实录》卷221
九月		大同	6斗 5斗 3斗	淮盐 浙盐 长芦盐 334183引 米豆各半	
闰九月	户部	遵化永盈仓	7斗 6斗 6斗5升 5斗 2斗	两淮 长芦 两浙 山东、广东 河东	

时间	奏请单位	纳粮地	折率	品种	资料来源	
十月	户部	严越、都勾 普定、毕节	4斗 3斗5升 3斗	华池井盐 通海 福兴等 19000 引	《明英宗实录》 卷 222	
景泰四年 （1453年） 五月	户部	济宁 徐州	米1石麦1石2斗 米4斗麦9斗	淮盐 浙盐 山东盐 共 250000 引	《明英宗实录》 卷 229	
五月	提督宣府军务右佥 都御史李秉	云州堡	4斗3升 3斗3升 2斗七升	淮盐 浙盐 长芦盐	《明英宗实录》 卷 229	
		赤城广各仓	4斗5升 3斗3升 3斗	淮盐 浙盐 长芦盐		
		龙门卫	5斗 3斗	淮盐 浙盐长芦盐		
七月	敕命	贵州各仓	5斗5升 5斗3升 4斗 3斗5升	云南黑白井盐 井盐 安宁井盐 淮盐共 10 万引	《明英宗实录》 卷 231	
		大同右卫	5斗 3斗5升 2斗5升	淮盐 浙盐 长芦盐共 19 万引	《明英宗实录》 卷 231	
八月		万全 广盛仓 柴沟堡仓	4斗5升 3斗5升 2斗5升	淮盐 浙盐 长芦盐共 18 万引	《明英宗实录》 卷 232	
十一月	提督松潘兵备刑部 左侍郎罗绮	四川归化	8斗 8斗5升 7斗 6斗	黑白二井盐 五井盐 安宁井 仙泉井盐	《明英宗实录》 卷 235	
十二月	户部奏	辽海卫 三万卫	5斗5升 4斗 2斗5升	两淮盐 两浙盐 长芦盐	米豆 各半	《明英宗实录》 卷 236
		铁岭卫	6斗5升 4斗5升 3斗	两淮盐 两浙盐 长芦盐		

166

时间	奏请单位	纳粮地	折率	品种	资料来源
景泰五年 （1454年） 二月		万全广积仓 赤城广备仓 长安岭仓 柴沟堡仓	米豆 5 斗 3 斗 2 斗 米豆 6 斗 5 升 4 斗 3 升 3 斗 米豆 4 斗 8 升 2 斗 8 升 1 斗 8 升	淮盐 浙盐 长芦盐 淮盐　　总计 浙盐　246166 引 长芦盐 淮盐 浙盐 长芦盐	《明英宗实录》卷 236
九月		淮安常盈仓 徐州广运仓 临清仓 德州仓	粳米 1 石 3 斗 粟米 1 石 粳米 1 石 粟米 1 石 7 斗 米 3 石 3 斗	淮盐 浙盐 总计 300000 引 淮盐 浙盐	《明英宗实录》卷 246
冬十月	户部	三万卫 边海卫 铁岭卫 定边中卫 广宁卫	米豆 7 斗 4 斗 米豆 8 斗 5 升 5 斗 5 升 4 升 米豆 1 石 3 斗 1 石 1 斗 5 斗 米豆 1 石 1 斗 5 升 4 斗 5 升 3 斗 5 升	淮盐 浙盐 淮盐 浙盐 长芦盐 淮盐 浙盐 长芦盐 淮盐 浙盐 长芦盐	《明英宗实录》卷 246
景泰六年 （1455年） 正月	提督宣府军务右金都御史李秉	马营 赤城 永宁 显化 新兴	米豆 8 斗 5 斗 3 斗 米豆 9 斗 6 斗 4 斗	淮盐 浙盐 长芦盐 淮盐 浙盐 长芦盐	《明英宗实录》卷 246
四月	提督松潘兵备刑部左侍郎罗绮		上马一匹 中马一匹 下马一匹	35 引　　总计 30 引　马 1000 匹 25 引　盐 10 万引	《明英宗实录》卷 254
九月		贵州	5 斗 4 升 4 斗 4 斗 5 升	两淮借拨盐 3 万引 两浙借拨盐 3 万引 存积盐 23722 引 云南黑白余盐 3940 引，存积盐 370000 引，四川上流井存 积盐 10047 引	《明英宗实录》卷 258

时间	奏请单位	纳粮地	折率	品种	资料来源
九月		辽东广宁卫等四仓 定辽前卫等三仓 三万仓	米豆1石4斗 1石5斗 8斗	两淮灶丁折粮盐 80429引 共计 共盐 77000引 187429引 共盐 3000引	《明英宗实录》卷258
九月		淮安常盈仓 徐州广运仓 临清仓 德州仓	粳米1石3斗 粟米1石 粳米1石 粟米1石7斗 米3石3斗 粟米1石8斗	淮盐 浙盐 总计 300000引	《明英宗实录》卷246
十一月	户部	湖广蒲城	2斗 1斗5升	淮浙等盐305880引 福建、广东 籴粮银 58520两 海北盐 15引	《明英宗实录》卷260
景泰七年 (1446年) 九月	户部	独石、马营云州堡仓 赤城仓 鹏鹗堡	米7斗 4斗 7斗5升 4斗5升 8斗 5斗	淮盐 浙盐 淮盐 浙盐 淮盐 浙盐	《明英宗实录》卷270
十月	户部	临清仓 德州仓	1石2斗 8斗 2斗	两淮盐 13万引 两浙盐 27万引 河东盐 40万引	《明英宗实录》卷271
	山东右参政章文	辽东卫、广宁前左卫、宁远卫	粟米5斗 5斗 1斗5升	淮盐 浙盐 共560000引 河东盐	《明英宗实录》卷271
十一月	敕命	湖广邛水 八弓、得珉	2斗5升 2斗 1斗5升	两淮盐 两浙盐 250000引 长芦盐	《明英宗实录》卷272
天顺元年 (1457年) 六月	户部	辽东广宁前左、后屯、宁运	6斗 4斗	两淮 灶丁粮折盐 两浙存积盐	《明英宗实录》卷279
八月		贵州城仓 普安卫仓	5斗3升 3斗5升 7斗5升 6斗 4斗 3斗 6斗 4斗5升	淮盐 浙盐 云南黑白井盐 四川上流井盐 淮盐 浙盐 云南盐 四川盐	《明英宗实录》卷281

168

时间	奏请单位	纳粮地	折率	品种	资料来源
九月	户部	独石广积仓	5斗5升 3斗	淮盐 浙盐	《明英宗实录》卷282
		马营广盈仓	6斗 3斗2升	淮盐 浙盐	
		赤城广备仓	6斗2升 3斗3升	淮盐 浙盐	
		鹁鸽堡仓	6斗5仓 3斗1升	淮盐 浙盐	共计 620000引
		新兴仓	6斗 3斗1升	淮盐 浙盐	
		永宁县仓	8斗 4斗	淮盐 浙盐	
		宣化仓	8斗 4斗	淮盐 浙盐	
		三万等卫	8斗 5斗	淮盐 浙盐	
			米5斗 黑豆2斗8升 米4斗黑豆1斗 米3斗黑豆1斗	淮盐 浙盐 长芦盐 共296161引	
十月	户部	大同仓	银一两中 河东、广东、 河北、福建	盐12引 马40匹	《明英宗实录》卷283
十一月	粮储总督李秉	徐州仓	粟米1石 7斗2升 4斗 2斗5升 3斗2升 2斗5升	两淮运司天顺元年灶丁粮草浙盐62476引,天顺2年存积盐5万引 两浙运司天顺二年存积盐5万引 山东运司盐5万引 河东运司10万引 广东海北5万引 福建盐10万引 共40万引	《明英宗实录》卷284

时间	奏请单位	纳粮地	折率	品种	资料来源
天顺二年 （1458 年） 六月	安远侯 柳溥	凉州广储仓	6斗 4斗5升 2斗 1斗5升 1斗2升	两淮盐 两浙盐 山东盐 河东盐 广东福建盐	《明英宗实录》卷 292
		庄浪仓	8斗 5斗5升 2斗5升 2斗2升 1斗5升	两淮盐 两浙盐 河东山东盐 广东盐 福建盐	
八月	户部	独石	6斗 4斗 3斗5升	淮盐 浙盐　　110000引 长芦盐	《明英宗实录》卷 294
		马营	粟米6斗5升 4斗5升	淮盐　　60000引 浙盐	
天顺四年 （1460 年） 正月	松藩参将 周贵	松藩	5斗 4斗5升 4斗	上流井 新罗井 福兴井	《明英宗实录》卷 311
三月	户部	贵州	7斗 6斗	云南盐 四川盐	《明英宗实录》卷 313
十二月	户部	广西 柳州府	3斗 2斗7升 2斗5升	广东盐3万引，米9千石 海北盐27万引，米5400石 福建盐6万引，米15000石	《明英宗实录》卷 323
		庆远府	2斗5升 2斗2升 2斗	广东盐3万引7500石 海北盐2万引4400石 福建盐8万引12000石	
天顺五年 （1461 年） 二月	户部	陕西兰县仓	米4斗豆2斗 米3斗豆1斗 米1斗豆1斗 2斗5升 2斗 1斗5升	两淮盐 两浙盐 河东盐	《明英宗实录》卷 325
十二月	命四川布政使 司敕命	松潘湖广邛水 八弓、得珉	6斗 4斗5升 3斗5升 3斗 2斗5升 2斗 1斗	上流等盐司 通海等司　　共川盐 罗泉等司　　213536引 黄布等三司 郁山司 大宁司 六安司	《明英宗实录》卷 335
天顺六年 （1462 年）	户部	金州仓	8斗 6斗 3斗	淮盐 浙盐 河东盐	《明英宗实录》卷 346
		三万、通海 昌州、海州	1石8斗 3斗	淮盐、浙盐 河东盐	
		定辽、东宁 广宁、宁远	1石2斗 9斗 3斗5升	淮盐 浙盐 河东盐	

170

时间	奏请单位	纳粮地	折率	品种	资料来源
天顺八年（1464年）八月	宣府巡抚李秉	宣府 独石 马营	米豆8斗 5斗 4斗	淮盐 浙盐 长芦盐 河东盐	共计 1672291引 《明英宗实录》卷8
		龙门所仓	2斗 米豆8斗5升 5斗3升	淮盐 浙盐 长芦盐 河东盐	
		云州堡仓	2斗 2斗2升	淮盐 浙盐 长芦盐 河东盐	
		大同	米豆9斗 5斗5升	淮盐 浙盐	
		广积仓	4斗2升 2斗3升	淮盐 浙盐长芦盐 河东盐	
		广充仓	米豆8斗 5斗4斗	淮盐 浙盐 长芦 河东	
		广聚仓	米豆9斗 5斗5斗		
	巡抚都御史吴琛	肃州仓	米麦豆4斗5升	淮盐　　96861引	《明英宗实录》卷7
		镇夷官仓	米麦豆1斗5升	河东盐　100000引	
		甘肃仓	米麦豆1斗5升	190000引	

171

第五节　开中法由纳粮为主向纳银转变

　　成弘之际（1465~1505年）是明代社会经济发展变化的重要时期，也是开中法由纳粮中盐向纳银中盐转变的关键阶段。社会经济发展变化的主要表现是：农业中的经济作物种植面积迅速扩大，手工业部门日益增多，商品货币经济空前活跃，工商业城镇与日俱增，私人海外贸易勃兴，东南沿海地区的许多市镇开始产生资本主义生产关系的萌芽。伴随着商品货币经济的发展，封建经济体制也发生了某些相应的变革。明宪宗成化二十一年（1485年）轮班工匠以银代役法的颁行，弘治五年（1492年）叶淇召商纳银运司的变法集中体现了社会经济发展引起生产关系的变革。

一、成化朝（1465~1487 年）

成化时期宦官汪直败害朝政,明朝的北部边防再度紧张。东边蒙古孛来、兀良哈侵扰辽东,西边鞑靼毛里孩攻掠山、陕,并占据河套作为入犯内地的基地,从而使明朝西大门洞开,西北边陲接连告警。与此同时,鞑靼小王子不断进攻大同,进窥京师,北部边防战事频发,需粮孔急。因此,这一时期的开中法具有如下特征:

1.由于战局紧张,兵马频调,开中由纳米为主变成粟米、麦、豆、草、马齐抓,以应急需。成化元年（1465年）五月,绥德、宁夏缺边储,巡抚副都御史项忠请改庄浪、凉州已开未中淮、浙盐召商中纳,淮盐每引米豆各 9斗,浙盐 6斗 5升。同一天,巡抚副都御史陈玠奏:"宁夏备边马缺四千五百余匹,请开灵州花马池等处盐课并借西安府地方行盐三年,召商中马补足,兵部核奏,从之。"[①]第二年五月,根据巡抚佥都御史徐廷章的请求,"又开中两淮、长芦、河东盐课 40 万引于延绥等处边仓以给军饷"[②]。成化三年（1467年）五月,因鞑靼小王子拥兵犯边,各仓乏草,根据赞理军务右副都御史王越的奏请,决定在大同纳草中盐。"淮盐六万引,每引纳谷草三十五束。山东盐一万引,引十五束。河东、陕西盐二万引,引八束。福建、广东盐各一万引,引俱十五束。"[③]成化四年（1408年）十一月,明军征满四,供给不给,"开中两淮、长芦、河东运司盐课司盐课五十三万二千余引于陕西平凉等处召商上纳"[④]。成化六年（1470年）十一月,延绥镇受到蒙古的进犯,向朝廷告警,各边缺马无法操练御敌。于是定河东盐运司中银纳马则例。"每盐一百引中纳上等马一匹,八十引中等马一匹。"[⑤]成化十年（1474年）七月,户部再定延绥甘宁等仓开中两淮等运司并广东盐课司成化七年等盐共 918 561 引。其中延绥仓 42 万引,甘肃仓 28 万引,宁夏仓 178 560 引。[⑥]成化十一年（1475年）七月,定拟中盐纳米给湖广边方军饷。"两淮成化六年分常股盐十万引,引米三斗五升,存积盐五万引,引五斗。两浙成化九年常股盐十万引,引二斗,存积盐五万引,引三斗

①《明宪宗实录》卷 17。
②《明英宗实录》卷 30。
③《明英宗实录》卷 42。
④《明宪宗实录》卷 60。
⑤《明宪宗实录》卷 85。
⑥《明英宗实录》卷 131。

五升。"①成化十二年（1476年）二月，户部尚书杨鼎奏："辽东缺粮，宜召商中淮、浙、河东、福建运司官盐总四十八万引。其存积盐，两淮每引米一石二斗，两浙九斗；常股盐，两淮每引米八斗，两浙六斗。河东五斗五升，福建七斗，命如所奏行之。"②同年十月，鉴于大同等边急缺草豆，而小王子虎视塞外的状况，明廷根据巡抚右副都御史张鏊奏请，决定了大同等处开中长芦、河东运司引盐则例："长芦运司盐十万引，每引豆四斗。河东盐二十万引，每引豆八斗八升。"③第二年（1477年）四月，小王子果然进攻大同，京师被迫进入戒严状态。兵部请甄别京营诸将，加强大同的战守。宪宗急忙召大学士刘健、李东阳、谢迁至平台商议。成化十九年（1483年），小王子再次大举进犯大同，败总兵官许宁，入河北顺圣川大掠，并以6000骑攻打宣府，进逼京师。明廷急命朱永充总兵官驰马至大同。朱永到达后会同宣府总兵周玉合击，才将小王子的攻势挡回。但这次失败，更暴露了边储空虚的问题。故而在第二年底，明廷根据浙江巡盐御史林诚的建议，"开中两浙盐课给三边、山西并大同，各开中四十万引。宣府五十万引。陕西一百三十三万一千六百余引"④。这次总计开中盐3 031 600引，是明代开中引盐数额最大的一次。

2.势要占中，败坏开中法。势要奏请开中，宣德、正统间已有之。但到成化年间，势要占中之风日甚，直接影响到开中纳粮体制的运行。势要占中的方式往往是直接向皇帝奏讨中纳盐粮，也有一些奸商投托势要获取中盐特权。例如，成化二年（1466年）十二月甲寅，"有吕铭等八人投托势要，奏：欲运米赴辽东，中纳成化二年两淮运司存积盐五万五千引。有旨自中出。允之。"⑤按明制：召商中盐，户部定则例，出榜召商，方许中纳，无径奏得允者。时马昂为户部尚书，不能执正，盐法之坏自此始。⑥十二月壬寅，定拟辽东边卫开中盐粮则例。太监李棠乞令家人于辽东地方开中成化二年分两淮存积盐五万八千引，诏特准一万引，不为例。成化三年（1467年）五月，户部"定拟辽东诸仓开中成化二年淮盐则例。金州、海州二仓各一万五千引，每引粟米一石。定辽左、右仓各一万二千五百引，引一石四斗。三万仓一下引，引一石一斗"⑦。可见，这

---

①《明宪宗实录》卷143。
②《明宪宗实录》卷150。
③《明宪宗实录》卷158。
④《明宪宗实录》卷259。
⑤⑥《明宪宗实录》卷34。
⑦《明宪宗实录》卷42。

次开中淮盐共 65 000 引,按则例,中纳粟米应 76 000 石。但其中 1 万引为太监李棠奏请,至此兑现。"至是户部尚书马昂定为则例界之。"①所以,这次实际开中淮盐当为 55 000 引。这表明势要占中这种违法行为已为皇帝认可,并逼使户部不得不让步屈从。其结果,势必是户部未开中前,势要已事先获悉并越过职能部门预先抢得盐引中纳特权。正像《明通鉴》作者所言:"上即位之初,太监李棠等乞开中辽东盐万引,许之。自是请者日众。"②这种不通过报中而占有开中盐引数的现象此后愈演愈烈。逐渐使依靠躬身转贩的开中商人失去获利的权益。势要通过"径奏"方式,将实际上并不参加边方开中的盐引数掺入户部开中盐粮总额中,使开中盐粮水分日多,纳粮体制受到一定程度的冲击。

总之,成化间势要占中以宦官为主,总额达 28 万引之多。势要占中危害极大。所以,成化十九年(1483 年)十月,户部议处大同边备事宜时即指出:"两淮运司见有成化十七年、十八年存积盐三十万三千余引,宜以二十万引召商于通州仓领米运赴大同交纳。每运一石与盐二引,量地添减。不出二引之数,限一月以里完即与支给,不许势要中卖致误军饷。"③尽管如此,第二年九月,还是有四名太监奏讨了全国最大的两淮盐的盐引 8 万多引。可见,成化时期官家是多么猖獗。

3.京运粮已成为北部边储开中的一种重要方式。正统以来,盐粮折银的办法已稀疏地出现。但到成化年间,这种方式已由个别向一般发展,逐渐带有普遍意义。不过成化年间通过国家财政拨银到边,然后召商纳马、纳粮中盐或籴买,并不是每年这样。因此,叶淇变法前的这种办法,只能称做京运银,而不能混同于京运年例银。例如,成化二年(1466 年)八月,"命发内帑银于甘肃市马以给官军。其大同、宣府、辽东缺马,则以河东运司盐,三处各开十五万引,每上马一匹中盐百引,中马八十引,召商中纳转给"④。成化五年(1469 年)四月,又"给辽东备边银四万两及令广宁等仓开中长芦、福建、两淮运司盐五十九万引,每引米、豆中半输纳"⑤。可见,这时京运银和纳米中盐、纳马中盐互为补充。成化十四年(1478 年)春正月,根据巡抚陕西副都御史程宗等人

①《明宪宗实录》卷 42。
②《明通鉴》卷 34。
③《明宪宗实录》卷 245。
④《明宪宗实录》卷 33。
⑤《明宪宗实录》卷 65。

的奏请，"命陕西各边开中沧盐。榆林诸仓开中河东官盐三十万引。固原诸仓中两淮成化十一年存积盐一十万引，两浙十一、十二年存积盐十万引。甘肃诸仓两淮十一、十二年存积盐十万引，河东官盐二十万引。银粮则依时价定立则例。"①

4.成化时仍将开中法应用于赈灾、济漕和抚治流民。成化五年（1469年）二月，"开中淮、浙等运司盐课十八万引于荆、襄、南阳等处赈济。两淮盐每引纳粳粟米、小麦八斗，两浙盐六斗，长芦盐五斗，山东、福建盐俱四斗，河东盐三斗五升。"②该年十月，因陕西旱荒，人民缺食，依巡抚都御史马文升的奏请，"开中两淮、两浙、河东引盐80万引于兰县缺粮仓分上纳。"③成化十年（1474年）九月，户部以淮安、徐州、临清、德州诸运河备京储措拨已尽，应及时措置以防急用。于是定拟开中盐引纳米麦则例："临清广积二仓，两淮盐十万引，引粟米五斗，麦则五斗五升；长芦、山东盐十万引，引粟米二斗五，麦三斗；常丰、德州二仓，两淮盐五万上，引粟米五斗，麦五斗五升；两浙盐五万引，引粟米四斗，麦五斗五升；两浙盐十万引，引粳粟米四斗，麦四斗五升；长芦、山东盐四万引，引粟米二斗五升，麦二斗。淮安常盈仓，两淮盐十万引，引粳粟米四斗，麦四斗五升；长芦、山东盐八万引，引粳粟米二斗五升、麦三斗。徐州广运仓，两淮盐十万引，引粳粟米四斗，麦四斗五升；长芦、山东盐八万引，引粳粟米二斗五升，麦三斗，得旨从之。"④这次济漕共开中盐100万引，按则例折算为粮食总计达82.6万石。其中，粳粟米39万石，麦则43.6万石，如再将粳粟米按粟谷出米率70%折算，则为米27.3万石，麦43.6万石。

表4-5 明成化年间奏请开中统计表

时间	奏请单位	纳粮地	折率	品种		资料来源
成化元年（1465年）正月	户部郎中阎本	遵化永盈仓	粟米9斗4斗	淮浙盐长芦盐	20000引20000引	《明宪宗实录》卷13
五月	宁夏巡抚陈玠	宁夏		马	4600匹	《明宪宗实录》卷17
成化二年（1466年）正月		贵州永宁普安	6斗5升	云南安宁黑白井盐	70000引	《明宪宗实录》卷25

①《明宪宗实录》卷174。
②《明宪宗实录》卷63。
③《明宪宗实录》卷72。
④《明宪宗实录》卷133。

176

时间	奏请单位	纳粮地	折率	品种		资料来源
		四川 永宁仓	8斗 6斗 5斗 4斗 3斗	上流 辽海 仙泉 太宁盐 永通盐		《明宪宗实录》 卷31
八月	敕命	大同 宣府 辽东	上马一匹 中马一匹	中盐100引 中盐80引	河东盐 各15万引 共45万引	《明宪宗实录》 卷33
成化三年 （1467年）五月	右副都御史 王越	大同	每引谷草35束 谷草15束 谷草8束	淮盐6万引 山东盐1万引 福建、广东、河东、陕西盐 2万引		《明宪宗实录》 卷42
八月	户部尚书 马昂	金州 海州	米一石	淮盐15000引		《明宪宗实录》 卷45
		定辽左仓 定辽右仓	米1石4斗	12500引		
		三万仓	1石1斗	10000引		
十月	棠蓬台	万亿仓	米6斗5升 豆2斗5升 草30束	50000引 5000引	两淮存积盐	《明宪宗实录》 卷47
			米3斗 豆1斗5升 草15束	55000引	两淮存积盐	
成化四年 （1468年）		陕西平凉	米5斗豆2斗 米2斗豆4斗 米1斗豆5斗	两淮盐 长芦盐 河东盐	共计 532000引	《明宪宗实录》 卷60
成化五年 （1469年）二月		荆襄 南阳	米麦8斗 米麦6斗 米麦5斗 米麦4斗 米麦3斗5升	两淮盐 两浙盐 长芦盐 山东福建盐 河东盐	共计 180000引	《明宪宗实录》 卷63
四月	右副都御史 彭宜	广宁等	1石2斗 3斗 4斗米豆各半	两淮 长芦 福建	共计 590000引	《明宪宗实录》 卷63
十月	兵部尚书 马文升	陕西阆县	米1斗5升	两淮 两浙 河东	共计 800000引	《明宪宗实录》 卷72
成化六年 （1470年）	户部	延绥	盐100引 中纳上马一匹 80引 中纳中马一匹	河东盐		《明宪宗实录》 卷85

时间	奏请单位	纳粮地	折率	品种		资料来源
成化八年 （1472 年）	林聪	大同 玉林	谷草 8 束 谷草 2 束	两浙存积盐 160000 引 河东存积盐 300000 引		《明宪宗实录》 卷 100
成化九年 （1473 年） 二月	户部	松藩	5 斗 4 斗 3 斗 2 斗 5 升 1 斗 5 升	上流、华池 通海、新罗 富义、罗泉 大宁 云安	100058 引	《明宪宗实录》 卷113
成化十年 （1474 年） 六月	户部	延绥	米 4 斗豆 2 斗 米 3 斗豆 1 斗 米 1 斗 5 升豆 1 斗 米 1 斗 5 升豆 5 升 米 2 斗豆 1 斗 米 1 斗 3 升豆 5 升 米 1 斗 5 升豆 5 升	淮盐 10 万引 浙盐 10 万引 山东盐 5 万引 河东陕西盐 5 万引 河间长芦盐 2 万引 福建盐 5 万引 广东盐 5 万引	918526 引	《明宪宗实录》 卷131
成化十一年 （1475 年） 五月	守臣奏清	云南	米 6 斗	黑白井盐	177000 引	《明宪宗实录》 卷137
七月	户部	湖广	3 斗 5 升 5 斗 2 斗 3 斗 8 升 8 斗	两淮常股盐 河东盐 两浙常股盐 存积盐 云南盐	10 万引 5 万引 10 万引 5 万引 5 万引	《明宪宗实录》 卷143
成化十二年 （1476 年） 二月	户部尚书 杨鼎	辽东	米1石2斗 米 8 斗 9 斗 6 斗 5 斗 5 升 7 斗	两淮存积盐 常股盐 两浙存积盐 常股盐 河东盐 福建盐	总计 480000 引	《明宪宗实录》 卷150
六月		陕西甘凉 肃州	米 4 斗豆 2 斗 米 1 斗 5 升豆 5 升 米 3 斗豆 2 斗 米 1 斗豆 5 升	淮盐 河东盐 淮盐 河东盐	各 20 万引 各 10 万引	《明宪宗实录》 卷154
十月	巡抚右副 都御史张鉴	大同	豆 4 斗 豆 8 斗 8 升	长芦盐 河东盐	100000 引 200000 引	《明宪宗实录》 卷158

177

二、弘治朝（1488~1505 年）

明孝宗即位后，任贤抑奸，整顿茶马，广开言路，力纠乃父统治时之弊，出现了弘治"中兴"。这期间，又是开中法由纳粮为主转向纳银为主，亦即"叶淇变法"的完成阶段。其特点是：

1.继续推行开中纳粮。弘治元年（1488年）五月，左都御史马文升，巡抚都御史罗明奏请招商纳粮西北。遂命甘肃等处仓场开中云南黑、白井盐 2 万引，四川盐课提举司盐 4 万引，山东运盐使司盐 4.5 万引，两淮运盐使司存积盐 4.5 万引。[1]同年十一月，"命于辽东召商报中两淮都转盐运使司成化二十三年分存积盐十万引，常股盐二十万引以备边储。"[2]弘治三年（1487年）七月，命大同、宣府开中两淮引盐召商纳米豆以实边储。"大同开成化二十二年及二十三年存积、常股盐共二十六万五千三百六十引，宣府十六万引，辽东三十四万引。"[3]当时，蒙古小王子、火筛控弦数十万，对明朝西北边镇不断进犯，构成严重威胁。为此，明廷弘治十年后连年大规模地在西北开中纳粮。弘治十一年（1495年）十月，在延绥、宁夏开中两浙弘治八年存积盐 4.6 万引，长芦弘治元年至七年存积并常股盐 24 430 引，四川弘治四年、五年盐 14 550 引，福建弘治十年见盐 3 万引，两淮弘治四年、五年、七年常股、存积盐 9.5 万引。[4]十二年（1496年）九月，又在榆林开中两淮弘治六年常股盐 10 万引，云南弘治六年见盐 3 万引，四川弘治七年见盐 4 万引，长芦弘治十年存积盐 3 万引。[5]十四年（1498年）三月，再在怀庆、固原、靖虏开中两淮弘治十年存积盐 5 万引，两浙十二年常股盐 130 890 引，长芦十三年常股盐 99 600 余引。[6]这三次总计在西北开中盐高达 600 470 引。弘治十八年（1505年），小王子果然大举进攻，攻陷西北要塞花马池、清水营诸地，引起关中恐慌，京师震动。幸亏粮储充足，兵部尚书刘大夏措置有方，才挡住了小王子、火筛的凌厉攻势，没有使"土木之变"的悲剧重演。

---

①《明孝宗实录》卷 14。
②《明孝宗实录》卷 20。
③《明孝宗实录》卷 40。
④《明孝宗实录》卷 143。
⑤《明孝宗实录》卷 154。
⑥《明孝宗实录》卷 171。

2.清理盐法、食盐折银、叶淇变法。明朝的北部边防到弘治初积弊全面暴露。军卫缺员,马政败坏,盐法阻滞,茶法不行的现象十分突出。为了扭转危局,孝宗相继任用了余子俊、马文升、刘大夏三位名臣为兵部尚书,大力整顿盐、茶、马政,并在军事上确立了以宣、大为中心,以守为长策的战略防御方针。弘治二年(1480年)二月,明政府决定从全国最大的两淮盐场入手清理盐法。不久,负责此项工作的户部左侍郎李嗣奏言:两淮运司递年挈过引盐无虑百余万,而商人所缴截角引目十无二三,不严为之禁,则奸商投机不已,盐法为之益坏。孝宗将奏章发下户部讨论。最后,户部提议让全国各盐运司、提举司每岁造册缴部,以凭稽考,得到批准。这次清理说明,盐政机关历年过账的引盐数目与开中商人实际交回的截角引目差距大到十之七八。换句话说,两淮盐场的引盐数额实际只有十分之二三真正用于开中商人纳米中盐。其余一大半已为奸商影射,势要占夺。那么,如果任此发展下去,盐法势必如李嗣所言越来越坏。所以,户部建议全国各盐政机关,每年除将秤过引盐数额造册报部外,必须将商人所缴角引目同时造册缴部。这就是要堵塞盐务漏洞,防止盐政官吏欺上瞒下,搞两本账的把戏。另一方面,这次清理也证明,开中法弊端积重难返,名存实亡。因此,尽管令盐司每岁造册交部,实际能收到多大效益,能否扭转此大势,孝宗心里边清楚,户部更不必说。但作为职能部门总不能见死不救,也应尽量想点起死回生之招。所以,这次清理盐法已是强弩之末。弘治四年(1488年)十一月,巡按监察御史周谈奏:山西户口食盐钞请如例折收银两,留贮官库准给官军俸粮,户部覆奏,从之。这又说明,解决边储只有变通其他办法,不能死守旧规了。同时也说明原任户部尚书该交权换班了。所以,就在这年,户部尚书李敏由成化中曾官大同巡抚,熟悉边情,孝宗初入为户部侍郎且能为国惜财的叶淇代替。叶淇出任后,非常清楚成化中皇帝挥霍,宦官折腾,西北用兵,纳米困难重重,致使国库日空,边塞缺饷的现状。因此,上任第二年(即弘治五年),便变开中之法,"请召商纳银运司,类解太仓,分给各边"①。叶淇变法的正负效应并生,"商无守支之苦,一时太仓银累至百余万。然赴边开中之法废,商屯撤业,菽粟翔贵,边储日虚矣"②。这正符合事物一分为二,时势至此,不欲为之必为之的规律。但是,任何事物都有个过渡渐变过程。叶淇变法后,纳米中盐为核心的开中方式并未也不可能马上废止。它和京运银同行并存了一段时期才走完自己由主变次、由次到亡的历程。弘治六年

179

---

①②《明史》卷80,《食货四》。

（1490年）九月，命于甘肃开中两浙运司弘治三年常股盐8万引，四年存积盐75 096引。福建运司四年额办盐94 900余引。两淮运司六年存积盐5万引，召商上纳粮草以备军饷。"复命户部运太仓银六万两。" ①弘治八年（1492年）八月，又在甘肃凉州开中两淮、河东、云南三运司盐共509 930引。②同时开始了纳粟中茶的开中办法，"各茶马司茶四百万斤募人入粟以实边储"。③而且，终弘治一朝，一直是纳米中盐与运司纳银双轨并存。弘治十四年（1403年）正月，"命送太仓银六万两，陕西布政司官库银四万两并开中两淮运司弘治九年常股盐十五万引，四川盐课司九年、十年盐十八万七千二百四十余引于延绥以备边储。"④弘治十六年（1505年）二月，"开中河东运司弘治十四年拖欠存积盐一十二万六千引，每引价银三钱，以助宣府边饷，准今年岁例之数。"⑤这是典型的纳银中盐。

此外，弘治时继续沿用开中赈济、备边的方式，并将开中方式引申到王府食用中去。例如，弘治十年（1497年）十月，户部会同各官廷议总督漕运并各处巡抚都御史等官所奏事宜。其中就有"请于山西开中两淮等运司存积盐二十万引以备各王府及官军俸粮，并边储赈济之用"⑥。

3.盐弊难革的见证——张鹤龄家奴奏讨盐引。皇亲国戚历来难治，其家奴更是狐假虎威，无恶不作。弘治十六年（1503年）正月，商人朱达乞以长芦运司正统五年至成化十六年雨水冲没等项引盐69300余引，俱免追盐课，每引各纳价银五分于官，别用价自各场买余盐补数贩卖，"户部执不可，上特许之"⑦。朱达是寿宁侯张鹤龄家人，张鹤龄是张敬皇后弟，孝宗妻弟，与其弟张延龄骄横不法，曾放纵家奴在北京南部的故乡强夺民田，此时又以消折盐课乞于户部，尚书倪钟说没有此事，恰巧长芦运司造文册至通政司掌司事礼部右侍郎沈禄，沈禄与张氏为姻亲，也告其事，并抄一份送张鹤龄。同年二月，监察御史聂贤等亦言："朱达奏买引目，欲以一倍之利而盗国家十倍之利，以一引目而影射百十余引，群小得以假借声势到处凌轹官府，任意拣买场分总权得以投闲，盗卖官府，亏损正课。此盐一行商盐必沮。伏望收回成命，将达等

①《明孝宗实录》卷80。
②③《明孝宗实录》卷103。
④《明孝宗实录》卷176。
⑤《明孝宗实录》卷196。
⑥《明孝宗实录》卷130。
⑦《明孝宗实录》卷195。

处以重罪,为将来之诫,仍敕户部通行清理盐法,都御史并巡盐御史禁治势豪私贩并总催侵欺,惟收本色盐课,庶盐法流通,公私便利。奏入上曰:此事已处分矣,姑置之。"[1]弘治十八年(1505年)三月,户部郎中李梦阳上奏批评时政,他特别强调了容忍张鹤龄赤裸裸地滥用皇恩给王朝造成的长期损害,结果被下狱。五月,外戚庆云侯、寿宁侯家人及商人谭景清等奏请买补残盐至180万引。户部尚书韩文条陈盐政积弊七事,论残盐尤切。孝宗采纳,未及行而死,放在武宗登极诏中。二侯复奏乞,下户部重议,韩文等再三执奏,力持不可,但武宗竟答应。

第六节　叶淇变法后的盐政诸弊

明武宗在位时宠用八党,盐法更坏。正德初,虽令大臣王琼、张宪等分道清理,但收效甚微,势要占中愈演愈烈。正德元年(1506年)内阁及言官再次讨论皇戚中盐问题,诏下廷议。户部尚书韩文说:"盐法之设,专以备边。今山、陕饥,寇方大入,度支匮绌,飞挽甚艰。奈何坏祖宗法,忽边防之重。"[2]谭景清还陈乞如故,韩文等劾其桀悍,请绳之以法。武宗刚立,见众意难违,暂将此事搁置一边,但后来奸商勾结宦官打通关节,皇帝意"中旨许之"[3]。不久,织造太监崔杲又如法仿效奏讨长芦盐12 000引,户部只予6 000引,帝欲全给,大学士刘健等力争,李东阳言辞尤急切。武宗不悦,刘健等反复疏争,始从部议。

一、武宗朝(1506~1521年)

终正德一朝,盐法混乱,其特点是:

1.继续清理盐法。正德初户部尚书韩文力抑权幸,惜财节用。鉴于盐法败坏,在他建议下,派大臣王琼、张宪分道清理。正德二年(1507年)闰正月,户部主事钟文杰清理云南、四川盐课,条上十二事,其四为定银盐。他说:"四川大宁场额盐1 320引,每引折银2两,然大宁卤碱之地,每岁可增1 000引。云南黑井场额盐18 664引,每引折银七两,然黑井碱卤多柴草,每引可增银七

---

[1]《明孝宗实录》卷196。

[2]《明史》卷186,《韩文传》。

[3]《明史》卷80,《食货四》。

钱,乞将二处照数督征折色解部,其余井盐场并令照旧召商中纳。"①但是,由于以刘瑾为首的"八党"乱政,韩文被罢免。为了报复韩文带头上疏反对自己,刘瑾又用"罚米法",让韩文输米千石至大同,不仅使家素清贫的韩文家业荡然,一贫如洗,而且使清理盐法很快流产。

2. 开中难以维持。正德年间,私盐盛行,王府奏讨,织造乞请,致使一般商人无利可图,纳米中盐难以维持,明政府只好实施召商籴买的变通办法。正德八年(1315年)正月,"户部以宣府、大同、延绥、宁夏、甘肃各镇军储不给,请开中两淮、长芦、河东、山东、福建、两浙运司及四川盐课二百二十五万二千五百余引以备支用。其路远米贵处所无人报中本色者收价转发各城堡,召商籴买,或折放听军士自买,从之。"②同年十月,河东巡盐御史张士隆奏:"河东盐课每年额办数少,开中数多,以至盐课并引目俱不能敷。请以现在引目不拘年份挨次给领,欠少盐课额外从宜捞补,引目移南京户部刷领,以后暂停开中。户部议从之。"③第二年十二月,户部请令山西运司每岁盐花盛结,"于常额外再捞二十万引开种,以备王府禄粮之用"④。但是纳粮中盐已无法维持,到正德九年四月便出现了"山东盐引奏开长年无人报中"⑤的难堪局面。正德十四年(1519年)六月,又以长芦盐4 000引给南京供应机房太监刚聪以供织造。

3. 纳银中盐。正德十年(1515年)十一月,户部以各边粮草缺乏,请开中两淮、长芦、河东盐课,"宣府、大同各二十三万八千一百引,计得银十万两。辽东十一万九千四百八引。蓟州十九万一百十八引,各得银五万。山西雁门等关十二万引,银三万,从之。"⑥十五年七月,又开中两淮盐课十五万引于蓟州召商输纳粮草。

4. 权幸奏开残盐。正德十一年(1516年)六月,"顺天府宛平县民马成先报中两淮运司余盐一十二万余引,后因尽绝奏乞改拨仪真、淮安批验所余盐。户部执奏,引盐开中俱有定则,岂可令奸商阁利,阻坏盐法。请治成罪以为奏

①《明武宗实录》卷22。
②《明武宗实录》卷96。
③《明武宗实录》卷105。
④《明武宗实录》卷119。
⑤《明武宗实录》卷111。
⑥《明武宗实录》卷131。

扰之戒,诏不许,仍令报中。"①可见,马成并非一般商民,而是投托势要并能通天的奸商。

二、嘉靖朝(1522~1566年)

明世宗在位期间,是明朝社会矛盾全面爆发时期。宫婢造反,阁臣倾轧、兵变迭起、南倭北虏猖獗,农民起义不断,这一切都预示着明王朝的统治已进入风雨飘摇、行将灭亡的前夕。在此大气候下,开中盐法更是弊窦丛生,每况愈下。其特点是:

1.引盐阻滞、私盐盛行。早在成化三年(1467年)十月,走私盐货已十分猖獗,明政府不得不申明禁盐事例,时私盐类多越境货卖,官盐不通,而盐法遂为所坏。两淮巡盐监察御史左钰奏"今后夹带兴贩官私引盐越境者经该官司擒拿,追门买食者依律问斩,盐至二千斤者问发充军,民终本身。军舍余丁股里者发边卫,沿海者发辽东铁岭卫,庶几奸弊革而盐法通,从之"②。

2.盐丁逃亡,盐法败坏。由于盐法受到破坏,盐丁大量逃亡,到明世宗嘉靖时盐法之弊日盛一日。嘉靖十一年(1532年)正月,户部奏派盐引言边额引并预备客兵及补岁用不敷三项,共该盐 1 670 507 引,而各运司岁办额盐只该 1 341 924 引有奇。计额外增益殆 30 余万引,引目有限,而开中无穷,存积愈勘而分派难继,恐非经久之法。十三年(1534 年),给事中管怀里进一步谈及盐法之坏其弊有六。"开中不时,米价腾贵,召籴之难也。势豪大家,专擅利权,报中之难也。官司料罚,吏胥侵索,输纳之难也。下场挨制掣,动以数年,守支之难也。定价太昂,息不偿本,取赢之难也。私盐四出,官盐不行,市易之难也。有此六难,正课壅关。"③这番议论,可谓切中要害。

总之,开中法的实施固然经历了由盛到衰的变革过程,但对山西商人的崛起的确功不可没。日本学者寺田隆信在《山西商人研究》一书中有过系统阐述。《明实录》及明人文集中也保留有不少山西商人响应开中法榜召,纳粮贩盐,进行各种商贸活动的记述。《明孝宗实录》弘治十四年八月壬申条巡抚大同都御史刘宇的上奏中写道:"大同十一州县军民,铁器耕具,皆仰商人从潞州贩至……"明人吕楠也讲"夫宣府,朝廷之北门也。直隶、河南、山东西之

---

①《明武宗实录》卷 138。
②《明宪宗实录》卷 47。
③《明史》卷 80,《食货四》。

刍粟皆输于此。两淮、长芦、河东诸盐商皆业于此。"①

第七节　明中后期边方开中纳粮制的彻底解体

　　明代中后期边方开中纳粮制解体,到万历时不得不实行纳盐法,这是关系国计民生的重大问题。其原因复杂,牵涉面广,确实值得探究。《学术研究》1993 年第 3 期发表了刘淼先生《明代势要占窝与边方纳粮制的解体》一文(以下简称刘文)对此作了可贵的探讨,尤其是对势要占中、买卖引窝的剖析颇具价值。但文中一些观点以及结论存在着以偏概全的缺陷。

　　刘文第二段称"迄今为止,治明盐史者,大都依明代官修史书,将边方纳粮制解体归咎户部尚书叶淇的所谓'变法',唯日本学者藤井宏另持一说,认为与叶淇无关"。笔者对此难以苟同。因为山西大学历史系王守义先生早在 20 世纪 50 年代即有此观点。他说:"弘治五年叶淇毅然主张废止开中制度以及商屯制度是一个势所必然的结局。开中盐引的弊病多如牛毛,国家赋税遭到莫大损失。边军粮饷早已由中央政府输送'年例'供应,在此情形下,叶淇只是就已形成的局势,加以法令的规定,以挽回财政损失而已。"②此外,刘文结论中所言"而纳粮制解体的真正原因,实在于势要占中卖窝营利,而不在所谓的'叶淇变法'",也只说对一半。我认为势要占中卖窝营利只是纳粮制解体的重要因素之一,要弄清纳粮制解体的真貌,必须从以下 4 个方面详加剖析,才能说明问题。

一、明前期北边的粮饷供给体制

　　明初,朱元璋为解决驻防北部边镇抵御元军的数十万明军的粮饷供给,采取了屯田、民运粮、开中法三套制度,亦即军士屯种自补,百姓向北边输纳,商人纳粮中盐三结合。习惯上将上述方式生产运输到边镇的粮食分别称为屯粮、民粮、盐粮。军屯早在明朝建立前的 1358 年就已施行,洪武元年(1368年)后不断推广,成为明前期,特别是洪武年间支撑北部边镇粮食供应的主体。规定边镇军士由政府拨划空闲荒地,配给耕牛、农具、种子进行垦殖。每名军士授田 50 亩,其目的是寓兵于农,解决边储,减轻国家财政负担。正如朱元

①《吕泾野先生文集》卷 7,《赠秦宣府序》。
②王守义:《论明代的商屯制度》,载《南开大学学报》,1950 年第 2 期。

璋所说:"养兵而病农,莫如屯田。现在海内安定,边境无事,如使军队坐食百姓,民必受害,非长治久安之术。故令天下卫所督兵屯种,以便兵农兼顾,国用以舒。"①军屯在洪武年间收效甚大。例如,辽东镇,起初主要靠从山东、天津海运粮食。到洪武三十年,由于都指挥马云、叶旺在当地督促军士大力屯种,收获日多,朱元璋因此谕户部:"近闻彼处军饷颇有赢余,今后不需转运,只令本处军士屯田自给。"②永乐以后继续完善军屯制度,还曾颁行"红牌事例"作为督促兵士交纳屯粮和考核卫所军官实绩的依据。军屯的目的是解决边饷,进而减轻国家财政负担。但因北部沿长城一线多高寒地带,屯田产量因地而异,不能完全解决边镇兵马所需的全部粮食。以地处高寒带邻近塞北的大同镇为例。洪武八年大同都卫屯田 26 496 顷,岁收粟豆 99 240 余石。③而据《明会典·边粮》知大同镇额设马步官军 135 718 人,马、骡、驴 51 654 匹,需米、麦、豆 932 564 石,草 169 190 束。其中屯粮 513 904 石,民运粮 418 860 石。④由此可见,屯粮与民运粮是大同边兵饭食的主要来源,而明初的屯粮仅占后来定额需粮 93 万的 1/10。因此,明政府每年还得征调北直隶、山东、河南、山西、陕西数省农民将交纳后的粮食亲自运送到指定的边镇。这就是所谓民运粮,各镇民运粮的数额多在 10 万石以上,详情见表 4-6:

表 4-6　明代九边原额屯粮、民运粮表

单位:石

边镇	辽东	苏州	宣府	大同	山西	延绥	宁夏	甘肃	固原	合计
屯粮	700000	116600	250000	513904	80000	65845	107497	613188	324266	2761300
民运粮		110000	270000	418860	68033	280000	200000	246744	42130	1635740

资料来源:《明会典》卷 28《边粮》条例。

　　由此表可知,屯粮占主,民运粮次之。不过,具体到每一边镇情况又略有区别。如辽东镇,屯粮便可自给;延绥镇,民运粮为主;宣、大两镇则是民运粮多,屯粮较少。

　　但在交通不便,靠车拉驴驮的封建时代,要把数十万石粮食运到边镇绝

①《明太祖实录》卷 93。
②《明太祖实录》卷 255。
③《明太祖实录》卷 96。
④《明会典》卷 28。

非易事。它对农民来讲既妨碍农作，又耗费巨大。故而在洪武三年（1370 年）六月，山西行省将这一带有普遍性困难的问题上奏中央，并以大同粮储自山东运到雁北太和岭路远费重的事实，提出了用淮盐招商开中的变通办法。朱元璋觉得开中法利国、便民、惠商，便下令全国推广。商人纳米换盐的比例，依军情缓急，米价高低，路途远近酌定。永乐以后，开中法进一步完善，中纳的范围随着国防的需要日趋广泛，逐渐由洪武时的纳米中盐、纳钞中盐扩展为纳铁中盐、纳麦中盐、纳豆中盐、纳马中盐、纳茶中盐等 12 种方式。从而使盐在社会产品交换中充当了几乎全能的媒介角色，并且极大地刺激了明代前中期农业、手工业的发展，成为边粮供给的重要辅助手段。

总之，明前期北部边镇的粮饷供给是屯田、民运粮、开中法三位一体的供给体制。三者中屯粮为主，民运粮、盐粮为辅。这三者有如三根木柱支撑着北部边储，构成北边供给的有机整体。到隆庆时，穆宗曾问九边军食问题，户部尚书刘礼乾说："各镇原有屯田，一军之田足以赡一军之用，后屯粮不足，加以民粮，民粮不足，加以盐粮，盐粮不足，加以京运。"[1]这基本上说明了军屯败坏后的衍变过程，也反映了明前期屯粮、民运粮、盐粮共同构成北部粮饷供给体的事实。这种纳粮制若要解体，势必是三方共构体的崩坏，而绝非某一方面的原因可致。三者之间既互相依存又互相影响，这一关系贯穿始终。

二、明中后期北边纳粮体制的逐渐败坏

到明中期，剧烈的土地兼并浪潮不断地冲击着北边纳粮制的物质基础。在这股狂潮中，屯地被侵占，民田遭侵吞的现象愈演愈烈。所以，从宣德年间开始，屯田制、民运粮、开中法便不同程度地出现了问题。

边镇各级管屯将官、镇守太监以及王府、势豪等抢占屯地，私役屯军之事时有发生。都司卫所官员"往往占种膏腴、私役军士，虚报子粒"[2]。屯军不堪忍受压迫便不断地逃亡，他们是政府用超经济手段强制屯垦的主体劳动力，这些人的流失和屯地的被侵占，自然使屯粮减少，民运粮部分追加。例如，山西所属夏税、秋粮计 2 273 167 石。洪武、永乐间，自存留外，仅输给大同各卫并雁门、偏头 2 关。正统末年，蒙古犯边，又以太原府、泽、潞等州税粮输之宣府。成化二年（1466 年），用兵河套，复以各税粮输之榆林，自此存留数少。[3]

①《典故纪闻》卷 18。
②《明英宗实录》卷 108。
③《皇明世法录》卷 65。

屯地又被侵占,于是屯田制逐渐瓦解。

民运粮负担的加重与屯粮的减少和蒙古骑兵的频繁入犯均有关联。同时,民运粮任务的加重又带来了农民承受不起被迫负欠的问题。山西平阳府所属州县"秋粮当输入大同天镇诸卫,道里一千里,民苦挽运,负欠累年"①。宣德五年闰十二月,户部奏称甘肃、宁夏、大同、宣府、独石、永平等处俱边境要地,民粮艰于转输。"比年虽召商中盐,途程险远,趋中者少,供不敷。宜暂许各处寓居官员军余有粮之家各纳米豆,不拘资次于淮、浙、河东等处支盐。"②这些官员军将之家何以能有如此多余粮食用于纳米中盐,供应宣、大、甘、宁数处边镇军储,恐怕与大量占种屯地,私役军士不无关系。同时,户部的奏折说明宣德后民运粮的负欠,屯地的侵占,开中法的破坏已不是山西省的个别现象,而是边镇普遍存在的问题。到正统以后,随着政治的日渐腐败和商品货币经济的刺激,统治集团的贪欲犹如决堤洪水一发不可收拾。于是中纳实物换取食盐销售权的专利证券——盐引更成为权贵、勋戚、武将、奸商等特权势力争夺的目标。这批社会蠹虫,利用各自的身份特权,纷纷占窝奏讨,从中牟取暴利,以致造成引盐壅滞、私盐泛滥。尽管明政府曾三令五申严禁势要中盐以减少盐课流失,但收效甚微,因为皇帝本人就是破坏禁令的罪魁。可以说军屯是北边粮饷供给体制的主体枝干,民运粮为其供血源,开中法有如从体外输液。这三者既互相依存又互相影响,如果一旦败坏,便意味着北部边方纳粮体制基础的破坏和动摇。

三、边储由纳米为主转向纳银的内外条件

（一）明中期开中纳米的若干弊端

1.守支长久,报中日少。洪武、永乐间,盐法严明,开中法实施顺畅,商人纳粮后持引到指定盐场便可支盐。但进入明中期后,由于米价日涨,开中项目渐多,加之势要染指,盐不定支,商人持引守候经年支取不到食盐,严重挫伤了盐商报中纳米的积极性。为此,明政府不得不一再降低盐与米的中纳比例,并于宣德五年（1430 年）实行"兑支"法。即商人持引在本盐场支取不到盐时可以到别的盐场支取。许多商人因守支之苦,多不愿到边地报中纳粟。正统五年正月,两淮都转运盐使司奏称:各处中盐客商,"有自永乐中候支盐,到今

①《明英宗实录》卷7。
②《明宣宗实录》卷74。

187

祖父子孙数代不能支盐,生活百般艰难者。请如洪武中例,给钞还其资本以便民。事下行在户部会议,以为洪武中每盐一引给钞二十锭,今请加十锭,有愿候支盐者勿强,从之。"①可是从洪武到正统近百年间,物价已涨数倍,宝钞不断贬值,况且随着商品货币经济的发展,民间交易多用银而不用钞。所以,名义上偿还资本,实际上等于转嫁负担,摧残商人。这对普通中小商人来讲,原先可以获取一定利润的盐引到此已成多年不能兑现的空头支票。此后,明政府又把淮、浙、长芦等盐按一定的比例分为"常股"与"存积"两类来刺激商人报中的积极性。但旧的矛盾还未彻底解决,新的问题随之而生。争中"存积"盐的结果使"常股"盐更加壅积滞销,"存积"盐供不应求。商人仍因守支之苦而越来越不愿报中纳粟。这是导致开中纳米难以维持长久的一个重要原因。

2.势要占中,巧取豪夺。所谓势要,通常指明统治集团中有权有势、身份地位显贵的那一部分特权阶层。这批人主要包括皇亲国戚、边镇官将、受宠宦官、盐衙官吏。其中典型者如正统时的宦官金英、通政使李锡,弘治时的庆云侯周寿、寿宁侯张鹤龄等。金英曾强取淮安府民船60余艘载盐牟利。李锡在正统十二年十二月指使家人输米1 200石,欲支盐2 500引,刑部以"官四品以上子弟家人不得中盐、竟小民利"劾奏,昏庸的明英宗仍听令李锡支盐。到成化以后,势要奏讨占窝成分。"每岁户部开中年例,方其文书未至,则内外权豪之家,遍持书札,预托抚臣。抚臣畏势而莫敢逆其势,重得与数千引,次者亦一二千引。其余多寡各视其势之大小而为之差次。"②边镇到处都是权力与盐引的等级交易。在大同,权贵"每占盐一引,则可不出大同之门,坐收六钱之息。一引白得银六钱,积而千引,则中坐致六百金,万引可得六千金"③。这种依靠特权倒卖有价证券的行为,其利润之高,危害之大是不容忽视的。它以损害国家边储,败坏开中制度的巨大代价肥了一小撮社会蠹虫。

3.官商勾结,破坏通关。到明中期,商业贿赂严重,一般开中商人要投托势要勾结不法官吏也不容易,必须以巨额钱财贿赂交结权贵。而这又不是普通小本商人能办到的。所以明中叶后,躬身转贩的开中商人不断缩减,投托势要的不法奸商越来越多。他们捣鬼的手法或是纳粮掺假或是虚出通关。早在宣

---

① 《明英宗实录》卷63。
② 《明经世文编》卷246。
③ 《明经世文编》卷409。

德年间,便有奸商在纳粮时以次充好。到正统时,随着政治腐败,贿赂公行,竟发展到串通不法官吏,掺以灰土泥沙。正统六年(1441年)六月,户部右侍郎张凤说副总兵吴亮奏贵州缺粮,移文令于龙江盐仓过称客商盐内支5700余引赴镇远等府收贮备用。结果发现龙江仓盐米"多杂以灰、土、泥沙,到彼价低,不堪易米给军"①。此外,按明制,商人纳米到边仓后,由仓场官吏验收,且盐引上注明纳粮品种、数量及应支盐额,并加盖印章,称作"通关"。但到正统时,一些奸商通过贿赂管仓官吏,少纳甚至不纳米却能盖印通关去盐场支盐获利。这比掺假危害更大,它使边仓未收到粮食,盐场却支付了盐,国家蒙受了双倍的损失。

4.走私猖獗,盐税流失。洪武时下场支盐不准多支更不许夹带。永乐朝已有公侯都督倍数多支,景泰年间走私渐盛。"比者如商中盐,应者绝少,盖因私盐多而官盐阻滞。"②正统年间,法弛贿兴,走私更甚。宦官王振打着皇帝旗号"倍支官盐,船挂黄旗,府州县望风拜跪"③。成化以后,吏治日坏,甚至发展到武装走私,公然与官府抗衡。他们"结党朋,操利器,与官司捕役抗争一旦之命,赴眉睫之利"④。当时敢于造"遮洋大船,列械贩盐"⑤者已非小生产私有者,而是强有力的富商巨贾、权门贵戚、闾里世族、军卫势豪。这样就造成了明中期"人得私贩,官盐沮坏,客商少中,无以济边用之急"⑥的不良局面。从而使国家盐税流失,财政收入大减。

(二)社会经济的发展和折色制的产生

明代中叶,社会经济出现了前所未有的发展。随着商品经济的发展,东南沿海地区的许多市镇有了资本主义生产关系的萌芽,商品货币化的趋势越来越明显。到正统初年,明政府在一些地方征收赋税时,改实物为折色。岁征金花银814 000余两。田赋由实物折征白银,是赋役制度史上的重大变革,标志着商品货币和经济的发展进入新的历史阶段。此后,各边镇民运纳米也逐渐向折色纳银制迈进。例如,辽东镇、宣府镇、大同镇、甘肃镇于弘治至万历年间先后折征。

---

①③《明英宗实录》卷80。
②《续文献通考》卷20。
④《明经世文编》卷409。
⑤《明史》卷80。
⑥〔万历〕《陕西通志》卷8。

四、边方纳粮制解体的完成

从以上分析不难看出,边镇供给体制由纳米为主向纳银制转变已是大势所趋。这一转变的根源在于明中期社会经济的发展,特别是商品货币经济的兴盛。成、弘之际是这一转变的关键阶段。而弘治五年(1492年)的叶淇变法,既反映出盐业开中折色制的实现,又标志着这一转变的基本完成。为此有必要对成、弘之际的时局和开中法实施情况再加分析。

成化(1465~1487年)时期,由于统治集团的奢侈腐朽和宦官汪直的奸欺国政,弄得明朝的财政、边防危机空前严重。统治集团对盐政之弊束手无策,只得在千疮百孔的开中制度上做文章。这一时期开中的规模方式空前,其特点有:

第一,由于西北战局紧张,兵马频调,开中方式由纳米为主扩张到纳粳粟米、麦、豆、草、马以应急需。成化元年(1465年)五月,兵部根据巡抚宁夏都御史陈玠所奏,开花马池盐召商中马以补足宁夏所缺4 500匹马。[1]成化三年(1467年)因小王子拥兵犯边,决定在大同开中两淮、山东、河东、福建、广东盐共10万引,纳草实边。[2]此后又在成化六年、十二年、十三年间,分别于延绥、大同、宁夏诸边实施纳马中盐、纳豆中盐、纳草中盐等办法解决燃眉之急。

第二,将开中法运用于赈灾、济漕和抚治流民,进一步加重了政府的财政危机。成化五年(1469年)二月,开中淮浙等运司盐课18万引于荆、襄、南阳等处赈济。[3]同年十月,又开中两淮、两浙、河东盐80万引于陕西赈灾民。成化十年(1474年)九月,为补充各仓所缺以备急用,于是定拟开中盐引纳米、麦则例,仅济漕仓储共开中两淮、两浙、长芦、山东盐100万引,[4]按明制折算,则纳粮食达82.6万石,合132 160 000斤。

第三,势要奏讨,败坏开中。成化朝势要通过奏讨占窝之事最为严重,直接扰乱了开中纳粮机制的正常运行。势要不经户部允许直接通过皇帝奏请开中的恶例始于成化二年。此例一开,奏请日众,数额之大惊人,而且,许多势要实际上并不参加边方开中,从而使报中与纳粟脱钩,成为开中纳米制败坏的重要因素。

①《明宣宗实录》卷17。
②《明宣宗实录》卷42。
③《明宪宗实录》卷63。
④《明宪宗实录》卷133。

第四,纳米中盐、纳银中盐、京运年例银、盐钞银共同支撑北边供给。正统年间明政府通过国家财政调拨银两接济边储。例如,大同镇在正统七年始有京运。正统十二年(1447年)令每年运银10万两于辽东籴买粮料。①京运银起初是临时性的,后来逐步发展成定例,且数额越来越多,故称"京运年例银"。京运银、纳米中盐、纳马中盐、纳银中盐已逐步成为北部纳粮制的重要补充形式。成化十年,巡抚右副都御史刘敷疏请两淮水乡灶课折银,"每引纳银三钱五分"②。这是盐课折色的开始。四年后,明政府命陕西各边中开河东、淮、浙盐共80万引,明确规定"银粮则依时价订立则例"③。成化十九年两浙盐课也许折银,"每正盐一引,浙西场银七钱,浙东场银五钱"④。由此可见,到成化朝,由于屯田制的崩溃,边防、财政危机的加剧,纳银中盐、京运银已成为纳米中盐的重要辅助形式。不过,这时开中纳米的传统方式仍占很大比例,开中折银尚处于试点阶段。即所谓"成化间始有折纳银者,然未尝著为令也"⑤。

公元1488年,明孝宗继位后,为了矫正其父统治时奸佞充斥、财政困窘、边防危机的状况,孝宗先后任用余子俊、马文升、刘大夏、叶淇等名臣整顿茶马、清理盐法。第二年,明政府决定从全国最大的两淮盐场着手整顿盐政。不久,户部左侍郎李嗣经调查奏称:"两淮运司递年掣过引盐无虑百余万,而商人所缴引目十无二三。不严为之禁,则奸商影射无已,盐法为之益坏。"⑥这就说明,地方盐政机关每年出库过秤的引盐数额与开中商人实际交回户部的截角引目悬殊,盐课收支严重不符,利税绝大部分已被势要、奸商勾结盐场官吏假借开中之名装入私囊。孝宗让户部商议对策,户部建议全国各盐政机关,今后每年除按以往将掣过引盐数额造册报部外,同时将商人实际缴回的截角引目附后报部,以便稽核。意即通过两份明细分类账簿一块上报主管职能部门接受监督,防止地方欺上瞒下,搞两本账的把戏。但是,开中纳米之弊已积重难返,岂是一纸空令所能扭转。弘治四年(1491年),江苏淮安人叶淇代李敏出任户部尚书。他十分清楚盐法利弊和边储状况,故在上任第二年便对开中纳粮制进行改革。"召商纳银运司,类解太仓,分赴各边。"叶淇变法的核心是

191

①《万历会典·京运年例》。
②《浙江通志》卷83。
③《明宪宗实录》卷20、卷174。
④《续文献通考》卷20。
⑤《明史》卷80。
⑥《明孝宗实录》卷23。

把纳米中盐改为纳银中盐,进而解决国家财政困难,堵塞地方盐政机构和不法势力假借开中名义,利用盐引不纳粮却支盐获利的漏洞。并通过国家财政调拨的方式运银到边。当然。叶淇变法也产生了一些负面问题。变法确实因取消商人运粮到边导致了商屯撤业、边地粮贵的后果,但边储空虚的责任不在叶淇,而是变法前早已存在的问题。试想屯粮被夺,民粮交不够,盐粮运不到的情况下,京运年例银也是不得已的办法。所以,解决了财政收入,也就有了解救边储的方法。反之,解决不了财政危机,军需供给便成问题。当然,叶淇变法也没有彻底解决明代引壅诸弊,但它符合明代中后期社会经济发展的总趋势,不失为一种挽救时局的应急措施。

综上所述,明代中期边方纳粮制的解体是牵涉诸多政治、经济、军事状况的体制转换问题。它与屯田制的废弛,民运粮的负欠,开中法的破坏密切相关。其根由则在于明中期社会经济的发展变化,特别是与商品货币经济发展带来的田赋折征、民运粮折纳、运司纳银制一系列变化有关。至于势要占窝,王府奏买食盐、太监奏讨盐引等均是盐政弊端的各种表现。他们是专制皇权卵翼下扰乱社会经济的消极腐败因素,是败坏国家利益的蛀虫,但如果将此视作边方纳粮制解体的原因而忽视社会经济发展变化的内在要素,就难以真正把握纳粮制解体的实质。

第八节　明代晋帮的形成及其特点

晋帮是明、清时期崛起的一大商业集团。这个集团是借助明政府"开中法"的实施,利用山西靠近北方边镇的有利地理位置形成发展起来并到清代达到鼎盛的。他们主要经营盐、米、丝、茶、铁器、棉布、洋铜、木材、皮货、汇兑等军需民用品,活动范围起先以黄河流域的北方地区为主,其后又扩展至长江流域和珠江三角洲,号称"足迹半天下"。到清代,晋商不仅垄断全国的金融,而且把势力拓展到日本、朝鲜、东南亚、俄国、中亚等地区。成为货流天下、汇通天下,足迹遍天下,雄踞国内商界,称雄国际市场达 500 年之久的强大商业集团。

晋商在明代前期开中法和商屯实行过程中崛起,活跃在北部边镇,这仅是开端。晋帮正式形成在明代中期。

一、明中叶边患的严重与边饷的增加

明中叶,随着屯田制的瓦解和朝廷的腐败,国势日益衰落。正统年间的"土木之变"已暴露了国防的虚弱。到成化年间(1465~1487年),蒙古势力已进入河套地区,并把河套作为侵扰内地的基地,不断抢掠延绥、平凉、灵州、固原以及大同等地。嘉靖时,北虏南倭形成夹击之势,蒙古族军事势力不断地袭扰延绥诸边,成为明朝的大患。蒙古骑兵不断入犯山西、陕西直至京畿等地。嘉靖二十九年六月,俺答率军犯大同。以贿赂严嵩子严世蕃而出任宣大总兵的仇鸾惶惧无策,只好故伎重施,重金贿赂俺答,要俺答不要进攻他的防区。俺答接受重赂以后,遂引兵东去。八月,俺答由蓟镇攻古北口,直逼通州,京师告急。当政的严嵩要兵部尚书丁汝夔坐等俺答跑掠自去。蒙古军烧杀数日,明军杀了数十个百姓的人头,冒功请赏。昏庸的明世宗加封仇鸾为太保,并赐金币。该年按干支纪年是庚戌年,故史称"庚戌之变"。

"庚戌之变"后,边患日趋严重,边饷猛增,军费开支较之明初成倍增长,数额惊人。

二、边商向内商的转变

明中叶折色制的实行使商人在北边纳粮开中无利可图,作为开中法基础的商屯制度很快瓦解,于是原以北方边镇市场为活动舞台的山西商人,将其活动场所逐渐向内地转移,特别是向盐业居全国之冠的两淮、江浙地区转移。当时,许多山西富商迁居淮浙,向各有关运司纳银领取盐引,演变为以在内地活动为主的商人,史称"内商";而继续留在边境地区纳粟报中的沿边土著商人便被称为"边商"。转为内商的山西商人以贱价收买边商所领的盐引,下场支盐获利甚厚,成为巨富。

山西商人进入两淮,特别是扬州后,不仅在当地从事盐业贸易,而且还迁居入籍,在当地安营扎寨。万历四十五年(1617年)"盐政纲法"实施后,他们中的一些人名列纲册,进而向垄断商人发展,成为有名的两淮盐商和扬州盐商集团的主干。此外,在长芦、河东盐区,山西商人也有很大的势力。

明清时期的国内商界,除了久负盛名的晋帮、徽帮外,还有洞庭帮、龙游帮、广东帮、四川帮、福建帮、山东帮、扬州帮、天津帮等数十个地域性商业集团。各帮之间竞争激烈,互相争夺商业市场,在长期的竞争发展中,形成各自的鲜明特色。

三、晋帮的主要特点

(一)以地域和血缘关系为纽带

山西商人乡土观念浓厚,晋帮多是以同乡或同宗为纽带组织和发展起来的。按照乡邑区域又组合成若干个小商帮,著名的如平阳帮、泽潞帮、蒲州帮、太谷帮、祁县帮、平遥帮、汾州帮、忻定帮等。许多山西盐商都是世代相传的盐商世家,如清代著名的考据学家阎若璩就是明朝正德年间太原帮中迁居扬州的盐商世家的后裔。在长期的商业实践中,晋帮商人以会馆为活动场所,扬长避短,逐渐以地域为组合纽带,摒弃家族血亲的干扰,实行了"三爷不用,避亲用乡,股份合作"一系列进步的用人组织措施。

(二)勤俭吃苦,诚信不欺

山西境内山多川少,自然条件差,这种地理环境陶冶了山西人不畏艰险、勤俭吃苦的品行。在明、清时期无论是戈壁沙漠不毛之地的新疆、内蒙,还是海涛汹涌天险绝壁的岭南川康,到处都有山西商人的足迹。当时的山西商人曾自豪地说过:"凡是飞鸟能到的地方,就有山西商人在做生意。"故而有"晋俗勤俭"的美称。明人谢肇淛对晋商和徽商做了对比后认为,晋商"其富甚于新安"的原因之一便是"新安奢而山右俭世"[①]。

诚信不欺,是山西商人的成功因素之一。商人的本性本是唯利是图,不择手段。故而尔虞我诈,欺瞒哄骗,缺斤短两是多数商人的共性。可是山西商人却认识到守信不欺才是经商长久取胜的成功之道,认为经商虽亦以营利为目的,凡事则以道德信义为根基。所以,许多山西商人把守信不欺作为经商准则教育子弟。如商人樊现对子侄说:"谁说天道难信呢?我南至江淮,北尽边塞,做生意时,人以欺诈为计,我以不欺为计,因此,我日兴而彼日损。"另一商人王文显对子孙说:夫商与士,异术而同心,真正的商人必是处财货之地而修高明之行。清初商人范永斗也是由于明末以来与"辽东通货财,久著信义"而受到清政府的垂青,被赐业张家口,成为富极一时的皇商。又如许多山西商人到内蒙做生意时,春初常把货物赊给蒙古族人民,待秋后蒙民将牛羊养得膘肥体壮时才结算。正是由于晋帮商人讲究商德,守信不欺,因而路子越走越宽,生意日益兴隆,买卖经久不衰,利润逐年增多,并能够在与其他商帮势力角逐中不断壮大,终于发展为国内商界瞩目的强大商业团体。

194

①谢肇淛:《五杂俎》。

（三）尊奉关公、以"会馆"为活动场所

晋帮商人在竞争角逐中，为了团结一致，除供奉财神外，都要供奉关羽，把尊奉关公，作为他们的共同信仰。所有山西会馆以及商人家中，都悬挂关公像，有些地方还建有关公庙，定期举行祭祀活动。如移居扬州的山西盐商，嘉靖年间建起一座关壮缪侯庙，每年阴历五月十三日，山西蒲州迁居扬州的盐商，必定举行盛大的祭祀活动，饮酒唱戏，公议商务。山西商人为什么要供奉关羽呢？一是因为关羽是山西籍人，二是因关羽以忠义著称三国，故而通过尊奉关羽，把关羽作为精神支柱，以忠义来团结同乡商人。

会馆大多是在关帝庙基础上建立的。商人原本四处流动，为追求财富和利润奔走各地的。但为了便于本乡商人的利益与活动，许多山西商人集资修建了专供本行业本地区团结同伙、协调同行商业活动的公共场所——会馆。明中叶后，在北直隶、山东、江南等地的山西商人相继建起了同乡会馆。这些会馆建在通都大邑及商业繁华的地方。据记载，山西商人在京师的会馆始建于明代嘉靖、隆庆年间，著名的有"颜料会馆"、"丝绸会馆"[1]等。本省商人到北京做生意或探亲访友，本省士子到京城参加科考，会馆都给以食宿之便。到清代，会馆更加普遍，除京师外，开封、德州、南京、扬州、汉口、苏州、佛山等地都有山西商人的会馆。据统计清嘉庆年以前北京现存会馆碑刻资料 32 个，其中晋帮会馆 13 个，嘉庆二十四年（1891 年）在京山西平遥颜料商有 36 家，乾隆三十五年（1770 年）河东烟商在京有 52 家。而早在康熙年间，山西商人便在九省通衢的商业重镇汉口建立了山陕会馆。汉口山陕会馆已具有同业会馆的性质，其中包括了许多行业和山西省内的区城帮商人，即太原帮、红荣帮、汾州帮、卷茶帮、闻喜帮、汾西帮、花布帮、西药帮、土果帮、西油帮、陆陈帮、匹头帮、皮货帮、众账帮、核桃帮、京口帮、均烟帮、红花帮、当帮、皮纸帮、汇票帮。

（四）"合伙"经营

"合伙"经商，这是晋帮商人较普遍的经营形式。伙计，即使不出资，但作为商业经营者，作为资金增值的参与者，同样享受分红的权利。晋帮商人通常多是自己出资，然后吸收一些品行端正的乡邑人做伙计，并把经营业务委托给伙计去办，而伙计也以认真负责的态度忠实履行自己的职责。明人沈思孝对晋商实行伙计制的记述颇详，他写道："平阳府、泽州、潞安府，富商大贾甲

---

[1]谢肇淛：《五杂俎》。

天下，非数十万不称富。他们以品行相交处，其合伙经商者，名曰'伙计'。一人出本钱，众人合伙经营。虽不发誓但绝无私藏。祖父偶尔以子母利息借贷于别人而中途死亡，贷者放弃已几十年，子孙出生并知道祖父负债后，必定要勤劳苦作还清所贷。所以，那些资本富厚的人，争着要得这类人做伙计，因其不会忘掉已死的岂能背叛仍活的。那么贷者放小息于前，获大利于后，所以有无资本都可以合伙做生意。而且富人积蓄不藏于家，而尽散发于伙计。估计某人的产业，只数他有大小伙计多少，则数十百万财产屈指可至矣。因此，富人不会速贪，穷人可以立富，他们治理产业有方而且品行端正。"①

（五）重视商品信息，预测行市，垄断市场

晋帮商人对商品信息十分重视，经常通过各种渠道了解商业信息，预测行市，掌握各地物资余缺及影响商业经营因素的情报，在商业总号和分号之间，往往是五日一信，三天一函。在各会馆之间也经常互通商业情报。而且，晋帮商人把贱买贵卖、把持行市、利用信息、占领市场作为获取高额利润的手段。典型的如平阳（今临汾）富商亢氏，他是大典当商，当有人另开当铺与其竞争时，据说亢氏为垄断当铺行市，便派人把家藏的金罗汉送到别人开的当铺内典当，每个金罗汉当银 1 000 两，每天当一个，连续当了 3 个月，当铺主人着了慌，忙问来人何以有这么多金罗汉？来人说：我家主人有金罗汉 500 尊，现只当了 90 尊，尚剩 410 尊准备来当，当铺主人得知来当者原是富商亢氏后，自知不是对手，便托人与亢氏协商，请将金罗汉赎去，然后闭门歇业躲走。

（六）投资土地，形成商人、地主、官僚三位一体的结构

土地是宝贵的自然资源，在传统的封建农业社会里更是发家致富的资本。而且土地具有稳定不担风险等优点，所以许多山西商人经商致富后大量购置土地。"以末致富，以本守之"的正统观念在不少山西商人身上表现得特别突出，他们不是将资本大笔地投资商品生产，而是用于买房、置地、纳妾，甚至挥霍浪费窖藏货币。例如商人李因笃的祖父起初仅有宅一处，田二百亩，经商致富后广置田宅，发展为拥有八九百亩良田的大地主。又如蒲州商人范世达经商成功后也大量买占田地，"久而资益巨，占良田数百亩，积缗钱以万计"②。再如祁县有富商渠小舟，人称"万财主"，资产达三四百万两，但他认为获取高额利润后把其资本扩大经营不如窖藏起来保险，特别是社会不太安

---

①沈思孝：《晋录》。
②张四维：《处士东出范公暨配孺人王民、柴氏墓志铭》。

宁时,更不能扩大投资经营。当他投资的商号获利后,出于"今天赚一万,明天能赔二万"的考虑,竟抽了不少股份,把大量货币窖藏起来。

明代后期,官与商的关系十分紧密,官商合流权钱交易的趋势日益加强。例如,万历年间的王崇古和张四维,王崇古担任宣大总督,而他的弟弟则是北部边防有密切关联的盐商。张四维的家庭也是一个有势力的盐商世家,他的父亲和三个兄弟都是经营盐业的大商人。后来,王张两家又结成姻亲。在官商盛行的时代,官僚利用商人的财力支撑而讨好上司,保官升迁,商人则凭借官僚的权势贪婪地获取暴利,二者狼狈为奸,互相利用。又如清代的皇商范氏家庭,在平定准噶尔叛乱中随军运送粮草军饷有功,范毓馪被授为太仆寺卿,用二品服,范毓谭被赐为布政司参政。范氏祖辈也被追赠为骠骑将军、资政大夫、夫人、宜人等,而毓字辈和清字辈任现职的不下17人,范氏实际已成官商合一,炙手可热的豪贵。这就形成了明清时期地主、官僚、商人三位一体的经济关系,就使得中国封建社会后期的商人、地主和官僚成了"通家"。

上述特点仅是笔者研究发现的几个主要方面,缺漏之处定有。不过从中可知晋帮商人作为具有地域性特色的商业集团之梗概。这些特点中既有积极开拓进取的一面,又有落后保守封建的一面。前者正是明清时期山西商人辈出并发展为在国内外商界占有举足轻重的地位,执华夏金融牛耳的强大商业集团的根本所在,而后者又恰是晋帮及其票号商人在清末民初衰败的重要因素。历史是一面镜子,晋帮商人的兴盛衰落与自身的特点密切关联。这也为我们振兴山西商业经济提供了一些可资借鉴的经验教训。

第九节 晋帮的发展

随着明中期社会经济的发展,商业的繁荣,晋商的经营规模日渐扩大,尤其是运司纳银制实行后,许多晋商发展为拥资数十万至百万的富商大贾。

一、经营规模的扩大

晋帮商人借助明政府开中法和折色制的实施,不断扩大经营规模,很多商人从小商贩发展成为大粮商和大盐商。如李因笃的祖先,原是山西平阳府洪洞县人,起先仅是种田百姓兼做小买卖,到开中法实施后,他的曾祖父贩运粮食到延安柳树涧上,纳谷数千万石,供养安边、定边、安塞边军数万人,可见其经营粮食之多。平阳府商人王玺靠往辽东贩运商品,仅十余年就成了巨富。

商人王一鹤开始经商时,靠贷款在里邑卖布,后来到江浙一带贩棉布到九边去卖,资产日厚。以后又去淮浙、扬州经营盐业,成了大盐商。

晋帮商人经营规模的扩大还表现在势力范围亦即活动地域的拓展。在运司纳银制实行之前,他们的活动舞台主要为黄河流域的北方地区,到明中叶开中法改为折色制后,晋商大量地向淮浙地区移居,逐步进入了全国范围的流通领域,活动范围扩大,西起西域、东到边东、南到岭南、北迄漠北的广袤土地上都有晋商的足迹。另据谈迁《枣林杂俎》记载,明末崇祯年间,山西商人已把势力伸展到海外,曾往日本贩卖人参。

二、经营项目的增多

伴随着活动范围的扩大,晋帮商人经营项目亦增多。他们除继续经营盐、粮、丝、茶外,举凡军民用品无所不营,盐、米、棉布、铁器、丝绸、木材、瓜果、金融典当、牛马牲畜、香药草料、陶瓷器皿应有尽有,形成种类繁多的各色商人,其中主要的有:

1.盐商:盐是人民生活中的日用必需品,其销售自汉武帝官营以后长期被政府垄断。明代开中法施行后,政策口子稍微宽松,商人通过纳粟中盐,从政府控制的食盐专卖权中获得一小部分利益。当时山西商人通过运粮到边镇换取盐引进而销售食盐的很多,如平阳府商人王玺在河东盐区、蒲州商人展玉泉在长芦皆是经营盐业的商贾。而在淮安、扬州山西盐商更多,史称:"扬州流寓入籍者甚多,明中盐法行,山陕商人蜂拥而至。"

2.粮商:明初为了解决北边地区的粮饷供给,实行了以盐引召诱商人运粮到边的开中办法,进而导致了晋帮商人兴起于北方边镇市场,向距离山西较近的辽东、宣府、大同、延绥、宁夏诸边镇大量贩运粮食。其时参与开中法活动的晋商,都是盐商兼粮商。到英宗正统年间(1436~1449年)边饷由纳实物转向了纳银,在北边兴起了大宗粮食交易市场,晋商更为活跃,他们采用各种办法廉价买进粮食,当政府购买粮食时,即将粮食贩运到北边,从中获利。所以,很多山西商人都是利用政府的军事需要进行粮食贸易而崛起的。前述商人王玺、李因笃的曾祖父都是运粮到边镇获取厚利的粮商。成化年间,又有蒲州商人雷太初利用政府在西北用兵之机,去甘肃贩卖粮食,大获其利。凡此种种,都说明晋帮商人经营粮食甚多。

3.丝绸商:中国的丝绸业具有悠久的历史,在明朝中后期,更有了长足发展,江南地区苏杭的许多市镇和山西潞安府都是当时有名的丝织业中心。晋帮商人中经营丝绸的亦不乏其人,如平阳府商人席铭就是以经营丝绸起家的大富商,他游历吴越、楚魏,泛舟江湖,在大江南北贩卖丝绸,成为蒲州首屈一指的丝绸商。当时像席铭一类走遍江南,远贩塞北的商贾极多,他们多从浙东一带求买丝绸,然后贩卖到四方赚钱。因为浙东地区桑麻遍野,是蚕丝棉纻的出产地,所以当时全国四面八方的商人都来此批发取买,虽秦晋燕周大商贾,也不远数千里来浙东求买罗绮缯布之类的丝织品。

4.棉布商:明中叶以来,以松江、苏州为中心的江浙地区的棉纺织业发展迅猛,竞争激烈。松江府、苏州府、镇江府一带的棉纺织业在市场竞争的推动下日益兴盛,所产棉布,行销全国,在秦、晋、冀、鲁等华北各省及九边诸镇大量畅销,而这些棉布大多是由晋商从江南贩运来的。政府除用棉布为边军制作冬衣御寒外,还将棉布和棉花折为军饷发给士兵,棉布还可以代纳民运粮,交换马匹、银两等。从《明实录》中可以看出,由山西商人输往宣府、大同两镇的棉布数额相当庞大,正统元年六月,仅起运宣府折粮棉布就达25万匹。褚华在《木棉谱》中记述他的六世祖明末在苏州开设棉布批发庄的业务情况时指出:“秦晋布商皆主于家,门内客商常数十人,为之设肆收买”,足见当时山西布商之盛。

5.冶铸商:山西煤、铁资源很丰富,太原、泽州、阳城、五台等地均储藏有大量的铁矿石,因而历代有经营矿冶业的山西商人。到明代,北方边镇屯田所需的铁器耕具多由山西商人贩至,交城所产云子铁,更是锻造边军武器的上等材料。商人中凭开矿而致富的不乏其例,典型的有张守清。据历史记载,张守清是山西人,少年贫困去了五台山,当时各矿主铲利交争,经常互相杀伤,张守清每每为他们剖析评决,片言服众,威信极高。后在山中鼓铁贩卖,分利给矿工并请老师教育其子弟,还时常周济僧侣穷人,被众人拥戴。晋中有宗室向他借贷的,有和他缔结姻亲的,他皆以礼相待,重金馈赠,终于由无产者成了坐享富贵的大冶铸商。

6.金融商:晋帮商人经营金融典当业在明、清两代是颇具盛名的。在明代,金融典当业基本成了山西、陕西、徽州商人的专业。况且,高利贷资本和商业资本是孪生兄弟,晋商在贩卖盐粮获取商业利润之后,经常抓住政府、土著商人和一般农民青黄不接缺乏资金的机会发放高利贷。武宗正德十三年(1518年),宣府镇巡官及管粮官奏称:“各路兵马会于宣府,粮草所费,需银六十七万五千一百余两,预备借诸商人”,户部奉旨答复说:“如粮缺则发库银籴买,银两不够就向富商借贷。”隆庆时,常有山西商人前来延绥镇,将巨款交与土商朋合营利,各自立下契约文券,写明出资本的计利多少,亲自输纳的,分息多少,互通有无。当时,政府滥发盐引,盐商困于守支,淮浙两地私盐泛滥,淹滞官盐,沿边土商无法支持,就出高利息向晋商借贷,晋商乘机发放,并以贱价收买土商的盐引大发横财。

7.木材商:明代山西商人中经营木材者也不乏其人。尤其是到明代中后期,统治者大兴土木,建造豪华的宫殿陵寝。据《明文海》记载,嘉靖年间(1522~1556年),山西木材商人在北直隶,以至于当地地方官员曾令山西巨商伐采皇木,采买金额至三十余万两。由于山西人的经营,减轻了当地人民的这项苦差役。万历二十四年(1596年),又有山西商人从五台山运输木料,沿新落河至赵堡口一带贩卖。

三、资本的增值

晋帮商人经过200多年的经营,积累了巨额的商业资本。成为一支财力雄厚,在全国商界占有举足轻重地位的强大商业集团。当时,平阳府、泽州、潞安府都有不少拥资数十万,财雄天下的富商大贾。在国内商界,只有新安商人可与它分庭抗礼,而在北方则名列首位。当时,晋帮巨商的资本已在百万以上。到明中叶,晋帮商人已成为全国出类拔萃的大富商。嘉靖年间,严嵩的儿子严世蕃曾数说天下富豪,将资本百万以上的列为第一等,全国共17家,其中山西三姓,徽州二姓,由此可见晋商资本的蓄积程度以及在全国的地位。

总之,明代晋帮商人的经营规模在不断扩大,活动范围遍及全国。到明代中后期,晋帮商人已发展成为拥有巨额资本的地域商业团体。其经营规模和项目的增广已充分地说明晋帮是一支实力雄厚,具有自身特点,在全国商界占有举足轻重地位的强大商业集团。他们在开中法实施的过程中招民垦种,转运粮草,贩卖铁农具等军需产品,对巩固明代的边防贡献很大;他们在长期的贩运贸易过程中,不仅个人积聚了大量资本,而且促进了各地区间的经济联系,扩大了国内外市场,对明中叶以来产生的资本主义萌芽有积极的推动作用。晋帮商人的崛起,引起了山西境内社会风尚的变化,"农本商末"的传统观念产生了动摇,商人的社会地位不断提高,士大夫再也不以经商为耻,弃农经商、弃儒从商的人越来越多。雍正皇帝朱批:"重利之念,甚于重名,子弟俊秀者,多走经商贸易的路子,其次充为胥吏,至中才以下,父母才让读书应试。"社会风尚的这种巨大变化,是对过去耕读传家、科举及第、升官发财传统观念的有力挑战,从历史发展的总趋势来看,有着十分深远的意义。

第五章
晋商活跃的十大市场

第一节　晋商与明代北部边镇市场开发

明代以来,晋商称雄国内外商界达 500 年之久。他们于明初崛起于北部边镇,明中叶又抓住机遇驻足扬州,及时向长江流域和珠江流域拓展,尤其是在隆庆间"封贡互市"后,晋商将南方的物资源源不断地运往北部。入清以后,晋商通过水陆两路,以船载、车拉、驼运等方式把南方的丝绸、粮米、茶叶、瓷器、铁具运往北方及俄蒙、日本、朝鲜销售,同时将东北的参茸、西北的毛皮、云贵的药材、新疆的玉石、蒙古的畜产贩往全国。晋商适应远距离商业交易的需要,于道光初创办票号,实现了商业资本向金融资本的飞跃。晋商的崛起、发展和兴盛,为北部商业城市的形成和发展,为南北物资交流,为农村剩余劳动力向城镇的转移,为边疆地区的巩固和统一的多民族国家的形成和发展做出了不可磨灭的贡献。

元、明、清三代,虽然全国的政治中心一直在北方,但财赋出自东南。在明代,由于元明交替的特定历史背景,出于巩固国防的考虑,明政府注重了北部边镇沿长城一线的军事防御和经济开发,相继实施了藩王守边、军屯、开中、商屯及财政调拨京运年例银等一系列充实边储的措施。晋商正是在这一历史时期崛起和发展壮大,并参与北部开发的。明代晋商对北部市场开发的贡献主要体现在以下 6 个方面。

一、晋商在明代北部商业经济活动中扮演了主角

晋商借助明初政府开中法的实施崛起商界,为明前期北方边镇市场的形式和此后一批商业城市的发展繁荣奠定了基础。明初为防御蒙元势力南下,在北部九边重镇驻扎了 80 余万军队,形成庞大的军事消费区。为了解决这条绵延万里的边境线上军队粮饷供应问题,洪武三年(1371 年)六月,朱元璋采

纳山西行省的建议,实行了利国、便民、惠商的开中制度,于是占有地利与河东池盐之便的山西商人捷足先登,纷纷纳粮中盐,成为北方边镇粮食市场的主力。这样,一个以晋商为主体,包括陕西、山东等其他地域商人在内的大批商人参与交易的边镇市场逐步形成。如景泰年间,"山西、河南、正定、保定、临清等处军民客商往大同、宣府输纳粮草军装,及贩马、牛、布、绢、香茶、器皿、果品……"①。当时的北边市场可分为3类:

1.边镇市场。这种市场主要集中在九大边镇。如九边之一的大同镇,原是天寒地瘠、生物鲜少、风沙遍地的荒凉边城,由于13万驻军消费和大量商人的交易,使大同的商业景观出现了"繁华富庶,不下江南"②的盛况;固原镇原来地荒人贫,弘治末年,为适应商人开中,"乃拓其外城,奏移验盐所于此,由是商贾流通,公私两便"③;延绥镇其时兵马云集,全赖商人接济军需,"每年有定额,往往召集山西商人,领认淮浙二盐,输粮于各堡仓给引,然后前去江南盐运使司,领盐发卖,大获其利"④。

2.边堡市场。明代九大边镇每镇的外围卫所林立,营堡密布,设有许多大大小小的粮仓,在此也形成数量规模仅次于边镇的交易市场。《延绥镇志》记述道:"镇外及营堡俱有市,而沿边村落亦间有之。"⑤又如云中第一要冲杀胡堡"汉夷贸迁,蚁聚城市,日不下五六百骑"⑥。此外,得胜堡、新平堡、张家口堡等地每年交易马骡牛羊各成千上万匹。

3.关市。晋商在通往北部边镇的关口要隘也开设了不少市场。比如杀虎口与张家口时有"西口"与"东口"之称,商业相当繁荣。明嘉靖二十三年(1544年),为适应军事和贸易的需要,杀虎口建筑城堡,城周长2里、高3丈5尺。万历四十三年建新堡,名平集堡,周长2里。到明末清初,杀虎口关市征税额仍达银13 000两,张家口10 000两。⑦

---

①《明英宗实录》景泰四年十二月辛亥条。
②《五杂俎》卷4。
③《本朝本省人物考》卷95,《秦纮传》。
④《明经世文编》卷447,徐宗:《边盐壅滞疏》。
⑤[康熙]《延绥镇志》卷2,《食志·市集》。
⑥《明神宗实录》万历四十五年六月丙申条。
⑦黄鉴晖:《杀虎口关的消长隆替》,载《晋商史料与研究》,山西人民出版社,1996年版,第200~201页。

二、明中叶后,山西商人进军全国

明中叶,随着屯田制的瓦解和开中法的破坏,特别是"土木之变"与"庚戌之变"后,边防危机日趋严重,边饷猛增。另一方面,社会经济尤其是商品货币经济迅速发展,原来的纳粮中盐逐渐变为以盐卖银,以银济边。弘治五年(1492年)户部尚书叶淇变法,把开中法改为折色制,将本色(粮食)中盐改为折色(银两)中盐。随着折色制的实施,山西商人继续活跃在北部市场,又大批南下,以扬州为中心,进军全国市场,并通过南北物资转运,将南北市场有机组联,相互促进,共求发展。另一方面,折色制使商人在北边纳粮开中的利润比原先大为减少,于是原以北边市场为主要活动舞台的山西商人开始分化,一部分继续留在北边市场纳粟报中,称边商,大部分晋商则向盐业居全国之冠的两淮、两浙地区转移,称内商。转为内商的山西商人根据活动区域和市场的变化转为主营盐业的大盐商。故王世贞说:"晋多大醯贾。"其市场也由原先的北边拓展到了全国各地。明人张四维在《贺洛川陈君恩赐荣亲序》中记述了碧山公的经商范围时称:"自甘鄜、银绥、云中、上谷、辽左诸塞以及秦、燕、青、豫、扬、吴、蜀、楚,通都大邑,凡居货之区,莫不有碧山公使矣。"而且,明中后期晋商不仅扩大了活动地域,还在传统的商业市场基础上拓宽了市场内涵,主要有:

1.金融市场。商业资本和高利贷资本是孪生兄弟,晋商在北边市场纳粮卖盐获取大量商业利润之后,便抓住政府财政紧张、土著商人资金周转不灵和一般农民春夏之交青黄不接的机会发放高利贷,从事金融贷借活动。武宗正德十三年(1518年)宣府镇巡官及管粮官奏请:"各路兵马会于宣府,粮草所费,需银六十七万五千一百余两,预备借诸商人。"户部奉旨答复道:"如粮缺则发库银籴买,银两不够就向富商借贷。"①不难看出宣府镇当时粮草不足、银钱也不够的窘况,只好先向山西富商借贷渡关。

2.证券市场。早在明代中叶,晋商就在北部边镇开设了初级证券交易市场。隆庆时,在南方市场发财的山西商人经常前去延绥镇,将巨款交与土商朋合营利,各自立下契约文券,写明出资本的计利多少,亲自输纳的分息多少。②实即入股分红,通过证券交易融通资金。其时,政府宏观失控,滥发盐引,淮浙两地私盐泛滥,挤夺官盐市场,沿边土商困于守支之苦,资金无法周转,只好

203

---

①②张海鹏、张海瀛:《中国十大商帮》,黄山书社,1933年版,第13页。

通过订立契约向晋商借贷。晋商乘机发放，并以贱价收买土商的盐引。待机从中赚取差价获取厚利。这种有价证券交易，已经带有期货交易的萌芽因素。

3.粮食市场的商品化。明前期北部边镇市场以粮食为大宗。当时边镇的粮食来源有四：一是民运粮，二是中盐所纳的粮米，三是军屯所产之粮，四是商人招民垦种的粮食。富商大贾意识到纳粮中盐运费太贵，运粮不如买粮，买粮不如种粮更为经济便宜时，"于三边自出财力，招游民，垦边地，艺菽粟，岁时屡丰"的结果。《明史·食货志》对商屯有类似的表述。到明中叶，由于权贵、势要的染指和买卖引窝，开中、商屯均受到破坏，边镇粮食市场无人报中本色，米价波动无常。于是从正统年间就开始从户部太仓库，以军费的名义按规定数额拨给各边镇银两，称"京运年例银"。弘治五年后，开中制由纳粮改为折银，更促进了边地粮食生产和交易市场的商品化。如正德五年（1513年），户部因宣府、大同、延绥、宁夏、甘肃各镇军储不给，请开中两淮、长芦等运司盐课222.25万余引，以备支用。"其路运米贵所处，无人报中本色者，收价转发各城堡，召商籴买或折放，听军士自买。"[1]不言而喻，明中期以后边镇的粮食市场已开放，粮价基本由市场供需自发地调节。

4.马市由官营转向民营。明代前期的官方贸易主要有朝贡贸易和马市。辽东马市始于永乐三年。正统三年（1438年）大同设立马市，旋因蒙古族扰边，尤其是土木之变、庚戌之变前后，马市一度关闭。但蒙汉民族间互通有无的经济联系无法长期割断，故而成化十四年，复开辽东马市，又过半个世纪。在嘉靖三十年（1551年）诏开宣府、大同马市。马市从永乐到正统十四年为官营阶段，嘉靖后基本为民营阶段。这主要是因为官营不适应少数民族交换的需要，阻碍着民族经济。山西商人在马市由官营向民营的转化过程中发挥了积极作用，如山西太谷县商民侯朝快曾向大同巡抚告发镇守太监把持马市。明代中期后，马市规模不断扩大，蓟镇、大同、延绥、山西、宣府、甘州、凉州、兰州、张家口、来远堡、德胜堡、杀胡堡、开原、广宁等处都有马市，极大地便利了蒙汉民族间的生产生活需要。

三、隆庆五年"封贡互市"实现后，晋商在国内市场进入全面繁荣阶段

马克思说："商业依赖于城市的发展，而城市的发展，也要以商业为条

---

[1]《明武宗实录》正德八年七月辛亥条。

件。"①隆庆五年的"封贡互市",改变了蒙汉间200余年来时战时和、商业贸易时进时停的被动局面,为明后期社会经济发展,尤其是商业城市的兴盛开辟了道路,北部边镇市场进入全面繁荣阶段。南北物资交流频繁,晋商空前活跃,完成了北边市场——全国市场——海外市场的大跨越。其表现有:

1.边镇市场繁荣。一直紧闭的京师门户宣府镇"自隆庆五年北虏款贡以来,始立市场,每年互市,缎匹买自江南,皮张易自湖广",②"市中贾店鳞比,各有名称,如云南京罗缎铺、苏杭罗缎铺、潞州绸铺、泽州帕铺、临清布绢铺、绒绵铺、杂货铺,各行交易铺沿长四五里许,贾皆争居之"③。大同更是"军民杂处,商贾辐辏"④,明人李长鼎盛赞当时南北商品交流:"燕、赵、秦、晋、齐、梁、江、淮之货,日夜商贩而南;蛮海、闽广、豫章、楚、瓯越、新安之货,日夜商贩而北。"⑤

2.民市活跃。明代后期民市点多面广,便于民间交易。隆庆以后,东起辽东,西至山西、宣府、延绥、固原、宁夏、甘肃、新疆等边地均设有定期或不定期的民市,有墟市、月市、集市等。少数民族以牛羊、皮张、马尾、毡裘等向山西商人换取粮食、布匹、耕具、锅釜及其他日用百货,交易额极大,一派繁荣兴旺景象。《明史·方逢时传》称"九边生齿日繁,守备日固,田野日辟,商贾日通,数千里不闻兵革,边民始知有生之乐"。

3.开辟海外市场。伴随着明后期海禁开放和私人海外贸易的发展,晋商不仅足迹遍天下,占有大江南北、长城内外各处市场,而且开辟了海外市场。万历年间,襄陵县西梁村贾人,已兴贩于海外。⑥与江浙丝绸齐负盛名的山西潞绸当时已"转输于省直,流衍于外夷,号称利数"⑦。据明末史学家谈迁《枣林杂俎》载,崇祯年间,山西商人已把市场拓展到了海外,曾往日本贩卖东北人参。⑧

互市图

---

①《资本论》第3卷,第371页。

②《明经世文编》卷452,梅国桢:《请罢榷税疏》。

③《宣府镇志》卷20,《风俗考》。

④《皇明要法事类纂》卷42。

⑤《李长鼎集》卷19。

⑥〔光绪〕《襄陵县志》卷22。

⑦〔顺治〕《潞安府志》卷1。

⑧谈迁:《枣林杂俎》。

四、晋商为农村自由劳动力向城镇的转移开辟了道路

在开发北部市场过程中，晋商起了吸引农村人口进入城市从事第二、第三产业的拉力作用。元末明初，山西经济发达，人口密度比河北、陕西都高。尤其是晋南一带，地少人多的矛盾相当突出，如平阳府"土陕民稠，每挟资走四方"①。因此，洪武、永乐年间18次从山西洪洞大槐树下大规模向外移民绝非偶然。地狭人稠同样是山西人弃农从商、富商大贾辈出的重要因素。晋商兴盛之时，雄踞全国十大富帮之首。晋商资本吸纳了农村大批自由劳动力，缓解了人多地少的矛盾。加之山西人乡土观念浓重，尊奉关公、合伙经营、以地域和血缘关系为纽带是最为明显的三大特点。所以，山西商人外出经商后，拉引大批本乡本土的亲友邻里到外地从事第二、第三产业，形成了许多商人家族，如蒲州张氏、王氏，②介休范氏，灵石王氏等。再者由于生活习惯趋同的缘故，晋商的服务行业也多援引使用乡人，如晋中祁县一带商人喜欢吃面食，许多祁县商人到北京、张家口做生意后，剃头的、理发的、开饭馆的也多用祁人。如此吸附滚动，就使数以万计的山西人走口外、闯关东、涉大漠、寄洮陇。明代蒙古地区"板升"（房屋）现象的出现，也是大批晋北人逃移的结果。内蒙古呼和浩特市至今有数十万山西商人的后裔，其中汉民的80%来自山西，许多街巷都以山西地名命名。

五、晋商对明代卫所向县置的演变产生了积极的助推作用

明代实行卫所军制，在北部边镇沿长城一线设置了九大军事重镇。"九边"周围又分布着成百上千个卫所。一个卫驻有5 600人，一个千户所有1 120人，一个百户所有120人。卫所起初以驻扎兵马为主，到明代中后期，随着一批又一批山西商人的前往，加之嘉靖年间实行募兵制后，卫所兵将家丁及家眷不断繁衍滋生，特别是嘉、万以后边将任意募兵买马，扩充部属，人员日渐膨胀。同时伴随着当地经济、文化的发展，到清初雍正年间，许多原属军事辖区的卫就逐步演变成行政区域建置县。如山西现在的左云县、右玉县、阳高县、天镇县等就是由明代的左云卫、右玉卫、玉林卫、阳高卫、天镇卫演变而成，甘肃省的山丹县也由明代山丹卫演化而来。这一演变不是个别现象，在明

①《平府府志》卷29，《风俗》。
②张正明：《晋商兴衰史》第七章《山西商人家族》，山西人民出版社，1995年版。

代的卫中带有一定的普遍性。山西商人在其演变过程中的助推作用不可忽视。

六、晋商对民族团结、边疆稳定、国家统一做出了贡献

晋商在明代200余年的商业贸易活动，不仅促进了区域经济联系、城镇的兴起，而且密切了汉族和蒙古、回、藏族、维吾尔等各族人民的友好关系，对加强民族团结、开发边疆、维护统一的多民族的国家做出了不可磨灭的贡献。

综上所述，明代晋商的兴起和发展关键是顺应社会经济发展的需求，抓住了三次历史机遇，不断拓展市场，扩大经营项目，滚动前行并推动社会历史进步。明代晋商对北部市场的开发为清代晋商的鼎盛奠定了基础。目前，《中俄睦邻友好条约》第16条对发展和加强中俄21世纪经贸关系作出了规定，现代晋商应抓住这一契机，扩展对俄贸易，积极参与大西北开发，重振山西商务，再现晋商辉煌。

第二节　北京——清代晋商的大本营

北京是我们伟大祖国的首都。明清时期既是中国的政治、军事、文化、信息中心，又是全国的商贸、物流、客流重心。特别是进入清代，晋商依托京城，商业贸易辐射全国，进入鼎盛阶段。前门、安定门、德胜门外商铺林立，货物山积，繁华无比，大栅栏、琉璃厂、打磨厂一带，其店铺、字号、票号、银号、钱铺、会馆之多，经商从业人员之众，资金流通额之大，在国内首屈一指，对京城经济、文化的发展，民众生活的便利发挥了极其重要的作用。

一、八大皇商率先受宠崛起，基本垄断京师、张家口、库伦一带的商业贸易

山西商人由于早在明末就与辽东通货财、久著信义，因而得到进入山海关入主中原的清朝统治者的垂青。顺治元年（1644年）清王朝定鼎北京，即诏张家口"八大商人"进京，"宴便殿，赐上方服馔，隶内务府籍"。从此，王登库、靳良玉、范永斗、王大宇、翟堂、梁家宾、田生龙、黄云龙等，取得政治经济特权，被誉为"皇商"，持有特许凭证"龙票"，垄断了清初京师——张家口——库伦一线的对蒙贸易。康熙皇帝平叛葛尔丹期间，山西"皇商"除承担军需供应外，还组织了随军贸易队，康熙三十五年（1696年），北征告捷，"皇商"范永斗之孙，范三拔之子因"力任挽输，辗转沙漠万里，不劳官吏，不扰间

阁,克期必至,且省国费以亿万计。将帅上其功,赐(范毓馪)职太仆寺卿,用二品服,弟毓醇赐职布司参政"①。从康熙三十八年起,范氏兄弟长期为清王朝的范湖、许野、湖口、淮安、北新、扬州等六个造币厂,由高丽、日本贩铜。②雍正五年,《中俄恰克图条约》签订后,山西商人率先进入恰克图,修筑买卖城,经营茶叶、丝绸、瓷器,与俄国商人交换牲畜、皮毛、木材等,成为著名旅蒙商。

二、山西票号大都驻足京师,以京城为大本营向全国各地发展

山西商人在北京的分号成为各商号人流、物流的中转基地,许多票号在京城发行纸币,极大地带动了京城的金融贸易。

北京是清代中国的金融中心。山西票号自道光初年创立后,虽以平、祁、太为老巢,但为了发展业务,扩大商业势力,纷纷入驻京师。笔者据《山西票号史料》统计,清代著名的山西票号日昇昌、"蔚字"五联号、天成亨、日新中、怡和信、协同庆、百川通、乾盛亨、谦吉升、蔚长厚、云丰泰、松盛长、汇源永、永泰庆、合盛元、大德兴、大德通、元丰玖、三晋源、存义公、长盛川、大德恒、大盛川、志成信、协成乾、锦生润、大德川、大德玉、义诚谦等票号,都把北京作为大本营,设立重点分号,并代管保定、天京一带的分号,成为本号其他分号人物、物流、信息流的中转站。除光绪后期和民国年间设立的八家小票号乾成亨、其德昌、祥和贞、义盛长、永泰裕、巨兴隆、兴泰魁、大德源没有插足北京市场外,其余票号都在京城设立分号,甚至后期的南帮票号天顺祥、阜康、源丰润、义善源也都纷纷挤进北京市场。而且北京的山西银号、票号还发行过纸币,当时称为银两票,俗称"小票"。"小票是同帮各号在北京特地发行的,其他各地一般没有。小票原本为收交银两方便,票号开具的一种临时银两票据。当时北京银号有印行的一两、二两、三两的'银两票'。票号的小票是临时写的,最小的是五十两,最大的是一万两,二三百两的最多,一千二千的也不少,每家票号开出的小票有一二十万两,二十多家票号的小票在北京市面流通的总有三百多万两。小票起初只起拨兑银两作用,由于票号有信用,有些人拿上小票就当'钞票'来使用,多日也不来兑现。王公官员的家属还把小票保存起来,积累私财。"③

另据清人徐珂《京师钱市之沿革》讲,光绪庚子以前,京师钱市通行之

---

①〔乾隆〕《介休县志·人物》。
②《皇朝文献通考》卷14,《钱币二》。
③《乔殿蚨访问记录》,1961年11月。

物,共四种:"一、生银(银锭、碎银);二、大个儿钱(虽有当十样,实不过抵制钱二文);三、银票;四、钱票。盖当时银钱虽通行于津沪间,而京师则以国库出入,俱有银两计算。……银、钱二票,为票号、钱店、香蜡铺(京师的香蜡铺也兼兑钱,故得发行纸票)所发行。其数多寡无定,而势之所趋,咸以多发纸票为扩充营业之资本。幸而获利者,其营业愈盛,而所发之票,信用愈著。一旦拙于调度,营业失败,则受其害者,不知其几千百万矣。源丰盛(润)、义善源倒闭后之情形,其最显著也。"①

总之,山西票号在北京设立分号之多,资本实力之巨,从业人员之众,商界影响之广,在全国首数第一。民国年间上海的《申报》曾发表一篇文章,概述清末民初票号在京城的盛衰。"北京商业之盛衰视乎官吏经济之能力,北京官吏为商家惟一之顾客,此亦商业特别之状况也。前清商业之巨擘,首推票号、金店、钱号,次则绸缎、皮货、洋货铺,下到茶叶、干果等店。资本多则数百万,少亦十余万,交易之广阔以票号为最。盖票号、金店与官吏为直接之贸易,征来动辄数十万。缘前清京外解中央专款,皆由票号汇解,捐纳官职悉托金店代办,票号与金店实为户、吏两部代理收款之机关。汇水之丰厚,佣费之繁重,固无论矣。甚至上下其手包解包力,弊窦不可胜言。自民国建设政府以来,中交行代理国库,京外解款悉归两行经理,票号商业一败涂地,金店因捐输停止,改为专营首饰事业。钱号因政府禁止其发行小票,无利可图,改为银钱兑换,所获利远不如前"。②

三、山西商人在北京的会馆最多

商人会馆是商人联络乡谊,协调商业活动的场所。明代永乐年间会馆兴起于北京,其后,各大城市的外籍商人纷纷建立会馆,为同乡聚会、应试或来此城者驻足场所,故有"会馆之设,肇于京师,遍及都会"之说。③山西商人明代在北京前门外芦草园、打磨石、晓市大街、大栅栏及北京广内炉神庵分别建立了颜料会馆、临汾东馆、临襄会馆、临汾西馆、潞安会馆五处。因此,明代北京虽有山西商人会馆,但为数不多。进入清代,随着国内的统一和边疆地区的开发,山西商人足迹遍天下,会馆数量规模大增,全国各主要通都大邑几乎都

①《清稗类钞》第 17 册,第 50 页。
②《申报》,1918 年 10 月 14 日《北京商业之悲观》。
③苏州历史博物馆编:《明清苏州工商业碑刻集》,1981 年版,第 19 页。

有山西商人修建的会馆。诸如山东聊城,湖北钟祥、汉口、当阳、江陵、郧内、随州、公安、沙市,河南洛阳、舞阳、淅川、社旗,广东广州、佛山,青海西宁,湖南长沙,福建福州等地都建有山陕会馆。北京、天津、上海、南京、济南、扬州、镇江、杭州、芜湖、吉林、沈阳、重庆乃至新疆巴里坤,内蒙多伦诺尔,外蒙库伦(今乌兰巴托)等边远地区都建有山西会馆。据李华先生《明清以来北京工商碑刻选编》和《京城坊巷志稿》、《津门杂记》及各地方志记载,明、清两代山西商人在全国各地共建会馆88所,其中建于清代的会馆为83所,占93%;而在清代晋商所建的83所会馆中,建于北京一地的会馆高达39所,占到总数的47%,几乎接近山西商人在全国所建会馆的一半。参看表5-1:

表5-1　明清时期山西商人在北京修建的会馆

序号	地点	会馆名称	创建及沿革	资料来源
1	北京前外芦草园	颜料会馆	明中叶山西平遥颜料商建	李华《明清以来北京工商碑刻选编》
2	北京前外打磨厂	临汾东馆	明代山西临汾商建乾隆年重修	同上
3	北京前外晓市大街	临襄会馆	明代山西临汾、襄陵商建。原名山右会馆,康熙五十三年改称	同上
4	北京前外大栅栏	临汾西馆	明代临汾商建,清重修	同上
5	北京广内炉神庵	潞安会馆	明代潞安铜、锡、炭商建	同上
6	北京南堂子胡同	太平会馆	清初太平县商建,乾隆四年重修	同上
7	北京广安门大街	河东会馆	清雍正五年河东烟商建	同上
8	北京小蒋家胡同	晋翼会馆	清雍正十一年翼城布商建	同上
9	北京前外鹞儿胡同	浮山会馆	清雍正七年浮山商建	同上
10	北京五道庙	襄陵会馆	襄陵县商建	《京城坊巷志稿》
11	北京骡马市大街	三晋会馆	山西商建	同上
12	北京王广福斜街	汾阳会馆	汾阳县商建	同上
13	北京崇外北官园	介休会馆	介休县商建	同上

序号	地点	会馆名称	创建及沿革	资料来源
14	北京崇外新开路	曲沃会馆	曲沃县商建	同上
15	北京崇外贾家花园	三晋会馆	山西商建	同上
16	北京草厂头三条	太平会馆	襄汾县商建	同上
17	北京阎王庙前后街	三晋会馆	山西商建	同上
18	北京紫竹林	赵城会馆	赵城县商建	同上
19	北京估衣街	山西会馆	山西商建	同上
20	北京鞭子巷	山西会馆	山西商建	同上
21	北京宣外大街	翼城会馆	翼城县商建	同上
22	北京宣外大街	永济会馆	永济县商建	同上
23	北京上斜街	山西会馆	山西商建	同上
24	北京广宁门大街	洪洞会馆	洪洞县商建	同上
25	北京广宁门大街	河东会馆	河东商建	同上
26	北京李铁拐斜街	襄陵会馆	襄陵县商建	同上
27	北京百顺胡同	太平会馆	襄汾县商建	同上
28	北京百顺胡同	晋太会馆	山西商建	同上
29	北京板章胡同	平定会馆	平定县商建	同上
30	北京粉房琉璃街	解梁会馆	山西解州商建	同上
31	北京虎坊桥	曲沃会馆	曲沃县商建	同上
32	北京皮库营	太原会馆	太原商建	同上
33	北京宣外椿树上二条	盂县会馆	盂县氆氇商嘉庆二年建	《明清以来北京工商碑刻选编》
34	北京前外西柳树井	平定会馆	平定州商建	同上
35	北京前外佘家胡同	襄陵北馆	襄陵县商建	同上
36	北京虎坊桥	襄陵南馆	清初襄陵商建	同上
37	北京右内白纸坊	手工业造纸同业公会	山西造纸商建	同上
38	北京粉房琉璃街	汾水会馆	山西商建	《京城坊巷志稿》
39	北京鹞儿胡同	平介会馆	乾隆年平遥、介休商建	仁井田陞《北京工商行会资料集》
40	通县教子胡同	通州晋翼会馆	清乾隆四年翼城商建	《明清以来北京工商碑刻选编》
41	北京西河沿	代州会馆	代州商建	《京城坊巷志稿》
42	北京小蒋家胡同	河东会馆	河东商建	同上
43	北京小蒋家胡同	平阳会馆	临汾商建	同上
44	北京三条胡同	临汾会馆	临汾商建	同上

四、许多山西名老字号的创业发展大都和北京有关

1718年六味斋北京铺面

不少现存的山西名老字号都和北京有一定的渊源关系。"六味斋"源于乾隆三年创始于北京以酱肘子为贡品出名的天福号，太谷"广誉远"的名中药龟龄集、定坤丹由北京宫廷传入山西民间。北京的琉璃厂、琉璃河、琉璃渠皆因山西匠人在北京烧造琉璃而得名。"都一处"则是乾隆皇帝御笔亲题。

第三节　汉口——晋商货物集散大市场

汉口素有"九省通衢"之称。在清代，随着长江航运的发展，汉口由一个弹丸小镇发展为全国货物流通、转运的巨大市场。五口通商后，汉口进一步成为国际大商埠。山西商人以汉口为后方基地，在此贮存、加工、转运茶叶、丝绸、棉布、瓷器等日用百货，然后，转运到张家口、归化、库伦、恰克图、莫斯科等欧亚市场。鸦片战争后，随着西方列强的侵入，外国洋行、银行也纷纷插足汉口，成为中外客商云集、各种货物交易、货流天下仅次于上海、广州的国际大商埠。晋商在汉口这个大舞台扮演了重要的角色。也为汉口的发展繁荣做出了自己的巨大贡献。

一、弹丸小镇的崛起

在清代，长江中上游的货运量激增，汉口因此成为全国著名的水陆大码头。这主要是由于洞庭湖流域的开发，长沙成为江南四大米市之一。而岳阳成为湘江等江河的货运中转站。另一方面，由于陕南山区和鄂北丘陵地带的开发，唐以后陷于停滞的汉水航运重新活跃起来，襄、樊成为商业城市。于是，除粮食为大宗外，川陕的木材，江汉平原的棉花，湘蜀的丝、茶以及南北土产，都汇入长江航运。

　　长江中上游货运发展的结果,就出现了汉口镇这样联通九省的大商业城市。汉口明初还是一片荒洲,属汉阳县。嘉靖二十一年(1542年),整个汉阳县人口不过2.5万。到康熙六十一年(1722年),单汉口镇即有人口9.9万,嘉庆十八年(1813年)增至12.9万,成为巴蜀、关陕与华中和东南贸易的枢纽,号称"九省通衢"。不仅长江上游和湖南、陕南的商货在此汇集,淮盐、苏布、东南的洋广杂货也在此集散。商贾云集,粮食、盐货、棉布、茶叶、油料、纸张、药材、广货号称"八大行",鸦片战争后,年贸易额在1亿两以上。

　　汉口是天下四大市场之一,地当长江左岸汉水汇合之处,通过长江、洞庭湖和汉水,与云、贵、川、湘、桂、陕等行省相通,因而是联结西南与中原的一大市场。1745年(乾隆十年)汉口镇周围已经是"户口二十余万,五方杂处,百艺俱全"的工商业城镇,以"盐、当、米、木、花布、药材六行最大,各省会馆亦多,商有商总,客有客长,皆能经理各行各省之事"。"江湖数千里,商帆贾舶,千万成群","不特为楚省咽喉,而云、贵、四川、湖南、广西、陕西、河南、江西之货,皆于此焉转输"。汉口既是各省货物的集散市场,又是工场手工业活跃的场所。单铁器制造业,"有铁业十三家,铁匠五千余人","派买铁行之铁,督各匠昼夜赶造农器数十万件,约工价五万两"。正由于汉口工商业的发展,票号设分支机构也比较早,而且在长时期内,是每家票号必去设分号的城镇,票号家数之多,超过所有设分号的城镇。

二、晋商在汉口的商号经营茶业

　　由于汉口在山西、陕西茶商贩运茶叶中具有很重要的枢纽地位,所以在汉口的茶商分为红茶帮、盒茶帮和卷茶帮三大帮,经营着红茶、三九砖茶、三六砖茶、二四砖茶、半斤砖茶、贡天尖茶、千两卷茶、百两茶、五斤贡尖茶、合茶、皮包茶等名目的茶货。按光绪七年(1881年)记载,属于山西太原、汾州两府的茶商共有38家。计太原、汾州两府红茶帮15家为:大德玉、裕庆成、宝聚公、大升玉、天顺长、祥发永、大泉玉、乾泰魁、兴泰隆、独慎玉、达顺成、久成庆、大昌玉、兴隆茂、广和兴。太原

包装茶叶

府盒茶帮23家为：庆丰元、长顺川、长裕川、翁盛泉、隆盛元、乾裕魁、大道恒、天聚和、协成泉、祥泰厚、复泰谦、大德昌、德巨生、长盛川、兴隆茂、义泉贞、大德兴、聚盛泉、巨贞和、大涌玉、裕盛川、义生合、谦泰兴。按说，红茶、砖茶、帽盒茶三种茶，"湘鄂产居多，闽赣较少，向为晋商所运"。

三、上海超越广州、汉口成为中国进出口贸易第一大港

19世纪50年代初叶，上海已超过广州，成长为中国对外贸易吞吐量最大的港口。

40年代下半期（1845~1850年），广州输出的茶叶，由7600万磅下降到5500万磅，生丝由6800包下降到4300包，进口的棉花由7700万磅下降到6400万磅。对英国的贸易额，由3100万元下降到1600万元。进口的美国商船由93只下降到70只。

上海茶叶的输出则由380万磅上升到2200万磅，生丝出口由6400包上升到17000包，对英国的贸易总额，由1100万元增加到1200万元，进口的美国商船，由17只上升到62只。在出口方面，在1846年由上海出口的茶叶只占全国出口的1/7，1851年就增长到1/3，紧接着在1852年超过全国出口的一半，1853年又进一步几乎达到70%。50年代中期，中国茶叶出口，基本上集中在上海、广州、福州3个口岸，而1855年上海一处出口的茶叶，超过广州、福州两口之和的30%。

四、外商轮船进入汉口排挤中国帆船

进入60年代，长江的开放，激起了洋商争先恐后涌入长江航线。1861年3月18日上海英国领事颁布《长江通商收税章程》后不到一个月，美商琼记洋行的火箭号轮船便开往汉口，接着英国的怡和、宝顺、沙逊、吠礼查和美商的旗昌、同孚等行的轮只便接踵而至。

1861年9、10月间，恭亲王和英国公使共同拟订另一个《扬子江英国贸易暂行修订章程》，章程规定：汉口、九江为对外开放口岸，1863年1月1日，《长江通商统共章程》正式生效，洋船在沿海和内河航线开始大规模排挤华船的行径。下面试以汉口进出口贸易价值的统计资料说明轮船对长江航线中国帆船的排挤情况（表5-2）。

表5-2　进出口洋船货运价值统计(1863~1873年)

年代	汉口银两(两)	洋货占(%)	土货占(%)
1863年	18707391	26.4	—
1864年	19747501	27.7	72.3
1865年	22139064	36.2	63.8
1866年	27695485	40.4	59.6
1867年	30195232	34.7	65.3
1868年	26565087	29.2	70.8
1869年	27606321	29.1	70.9
1870年	29809671	31.1	68.9
1871年	34504218	27.1	72.9
1872年	31868356	24.3	75.7
1873年	35598699	23.9	76.1

资料来源　刘广京：《势力的对抗》，第154~155页。

从表5-2可知，在1863~1873年间，经由洋船运送的货价从18 707 391两上升到35 598 699两，即在短短10年内增加了90%。所谓洋船包括悬挂外国旗帜的帆船，但可以肯定，90%以上都是经由外商轮船运输的，而且这个时期以前，外商轮船尚无权进入长江。

五、汉口山西票号占主，家数是全国第二

上海通商后，虽然川滇等省有些货物转自上海购买，但汉口仍不失我国中部商贸重镇之地位。1858年又辟为对外开放的商埠，外商和外轮相继来到汉口，商业愈盛，金融业随之日益起色。当汉口商业恢复后，票号在汉口设立的机构是全国各城镇最多的。比如，1882年上海有票号25家，而1881年汉口却有票号33家，比上海多8家。这33家票号是：

云丰泰　存义公　新泰厚　蔚泰厚　协成乾　兴泰魁
乾盛亨　汇源涌　巨兴隆　志成信　协同庆　谦吉升
巨兴和　松盛长　协和信　元丰玖　百川通　三晋源
蔚长厚　蔚丰厚　合盛元　日昇昌　蔚盛长　大德兴
其昌德　天成亨　祥和贞　大德恒　裕厚永　日升裕
蔚隆和　和盛信　义盛长

前24家是上海有的，后9家是上海没有的。汉口票号、钱庄的汇票对于洋货渗入西南穷乡僻壤的过程也起着重大的作用。汉口一向被称为"江海贸

易"的"总汇"。20 世纪 60 年代初开埠以后，这个"总汇"立即成为上海进口洋货转销西南地区的必经要道。80 年代以后，国外远洋船只已可直达汉口，但那里仍然还是上海大量洋货的转运中心。洋货进入汉口的具体办法是：中国商人从上海贩货到汉口转手出售，至于汉口和上海之间的资金周转则依靠两地的钱庄或票号的汇票调拨。同时，设在汉口的钱庄或票号又对洋货向西南内销给予资金通融上的便利。

1877 年，汉口杂货行倒闭，亏及正昌钱庄，几被拖垮，经各存户维持，1878 年勉强开业。该年 4 月 10 日店主逃匿，店铺被查封，亏负各存款六七万两，以票号元丰玖、协成乾为最多。同年 5 月 7 日，草纸街一铁号倒闭，倒账四五万两，被累者有票号和钱庄。工商业的接连倒闭，"汉口市面日渐萧条，即各帮有名字号多有坍倒之"，1884 年的几个月中，又有源兴顺、源兴永、诚意丰等货行倒闭，亏欠票号、钱庄贷款甚多，蔚泰厚票号"被累最重"。

第四节　天津——晋商在北中国进行商贸的进出口大港

一、天津的地理位置和北中国商贸中心地位

天津地处华北平原的东北部，北依燕山，东临渤海。离首都北京 120 公里，是海上通往北京的咽喉要道，又是连接华北、东北、西北地区的交通枢纽。从天津到东北的沈阳，西北的包头，南下到徐州、郑州等地，其直线距离均不超过 600 公里。天津还是北方十几个省市通往海上的交通要道，拥有北方最大的人工港——天津港，有 30 多条海上航线通往 300 多个国际港口，是从太平洋彼岸到欧亚内陆的主要通道和欧亚陆桥的主要出海口。管辖 13 区，5 县，有汉、回、蒙、满、壮等 41 个民族。其地理区位具有显著优势，战略地位十分重要。

自古以来，天津是我国北方重要进出口贸易口岸，也是华北、东北、西北土特产重要的贸易地，南北客商云集。进入清代，天津发展为北中国的经济中心。全国各大商帮都在天津市场立足，比如广东帮、潮汕帮、闽粤帮、宁波帮、山西帮、东北帮以及京帮等等。山西商人自明代开始在天津商界便崭露头角，经清康熙、雍正、乾隆、嘉庆、道光年间的长足发展，进入了鼎盛时期。伴随着山西工商业、票号的兴隆，天津逐渐发展成为我国北方的商业都会、金融中

心。晋商不仅垄断了天津贸易,而且通过天津港显著的地理优势进行进出口贸易。直至当今,天津仍是山西货物进出的主要港口。比如 2006 年,全国第一产焦大省山西,年产焦炭 9 200 万吨,占全国的 1/3,焦炭出口量约占全国总量的 80%,在国际贸易市场占比起家过 50%。其中 80% 的焦炭经天津港出口到世界各地。下面就明清以来天津晋商主要行业进行论述。

二、天津晋商的主要商贸行业

明清山西商人在天津的商贸投资活动呈多元化,这些多元的投资推动了天津城市的发展,构建了以天津为中心的北方商业网络,加速了近代天津城市的社会转型过程。下面择要介绍天津晋商的主要商贸行业:

（一）盐业

天津长芦盐的开发,曾是天津开埠前期经济发展的两大支柱之一。明清时的长芦盐商,多由山西迁徙而来。明代蒲州（今永济）商人王海峰,当蒲州人大多西去秦陇、东到淮浙、西南到四川经商时,他却深思熟虑看中了人们不愿意去的长芦盐区。当时长芦盐由于官僚显贵、势豪奸绅上下勾结,使这一盐区的运销不能正常进行,商人纷纷离去。但王海峰在了解该盐区运销史、盐政情况的基础上,审时度势,断然决定在长芦盐区经商,并向政府提出了整顿盐制、杜绝走私的建议。后来,长芦盐区经过整顿,盐的运销又繁荣起来,盐商又蜂拥而至,长芦盐区的税收也随之比过去增加 3 倍多,王海峰自然成为该盐区的著名富商。明代大学士张四维说:"海峰王公者,雄奇人也。……胸中有成筹矣,人所弃我则取之,人所去我则就之。"清代山西盐商之所以能崛起,也是因为清朝借鉴了明代王海峰这一做法,即允许商人自备工本捞采池盐的办法,全部实行了"畦归商种"的政策,废除了官办制,废除了盐丁制。

（二）票号

清代的康、乾时期,晋商进入鼎盛时期,天津的晋商实力亦愈加雄厚。史载,清道光四年（1824 年）,山西平遥县雷履泰在天津开设了"日昇昌"颜料铺,以后又开办了"日昇昌"票号。日昇昌、蔚泰厚等早期晋商票号在省外最早出现于天津。第二次鸦片战争后,天津是开埠通商口岸,商业发达,又是洋务运动的中心,在天津的票号分号一方面经营与政府有关的公款汇兑,如各地解缴的海军、铁路等洋务经费等,另一方面承汇各地商品流通的资金往来。而票号对后者的作用更为重要。比如,票号给外国洋行在内地采购提供信用支持。在山西票号开展之前,各洋行就曾数次派人到内蒙等地采购皮毛,始终不能顺利开展。20世纪80年代后洋行买办取得了天津票号的信用支持，才大规模经营张家口和内蒙等地皮毛的收购。如天津沙逊洋行买办得到在张家口设有分号的天津恒益裕票号的信用支持，到张家口收购皮货时，用天津票号的汇票付款，当地的卖家用汇票与票号或与该票号有金融联系的商家兑现，洋行则在天津与票号结算，从而完成了资金周转。洋货和茶叶等也是如此进行资金周转的。"各行商业无不赖市面流通，以资挹注。即外行各商取借于钱业，钱业以各银行、票庄为周转，声气相通，互相维系。"因此，在天津的票号，是维系天津与各地经济联系的金融枢纽，天津口岸与内地的货物流通实际上也是金融的流通，天津票号对促进全国乃至全世界的商品流通做出了重要贡献。在天津票号分号的数量，1850年前后只有日昇昌一家，同治年间增加到16家，资本额达300余万两。到19世纪末有25家。其中只有一家"源丰润"为上海票号，其余均来自山西。此时的晋商已具有操纵天津早期金融界的实力。正如20世纪初，天津海关买办派伦（Lewis S. Palen）评论：1900年前天津市场资金大约有6 000万两白银可以以现款或信用提供给商家，其中票号占2 000万两，外资银行与政府官员在征收与交库期间留备流通的政府款项为1 000万两，另外的1 000万两是本地商人购货贷款的。虽然此估计并不一定准确，但说明了票号在天津金融市场的位置。另外，据估计，当时天津的票号"全部放款达数百万两"。庚子事变天津沦陷，银钱业大多停业倒闭，票号暂时收庄。随着对外贸易的发展和推行清末新政，城市经济迅速恢复，1905年有票号分号26家，达到顶峰。但是，这时上海票号"义善源"及其天津分号"源丰润"的倒闭引发了天津的金融恐慌，连累商家甚多，票号的信誉和实力大减，以后，随着国外银行的增加和票号倒账不断，票号伴随着清王朝的灭亡而衰落。到1916年在天津注册的票号仍有19家，而到20年代几乎没有了票号的踪迹。

（三）金融业

山西商人在天津的金融业在辛亥革命时进入第二阶段。辛亥革命后，票号势微，但大德通、大德恒两家以及三晋源等将票号改组为银号（钱庄）。他们沿袭山西商人传统朴实稳重和重视信用的优良作风，以经营一般银号存放款及汇兑业务为主。当时天津银号有两派，在宫南北大街的一派称东街，以做现事为主，即做投机生意；另一派在针市街，称西街，以放架子为主，不做投机生意，这是银号的主业或称为正统派。虽有战争因素使山西票号纷纷破产的不利影响，但乔家的大德通、大德恒两号重视信用，稳健经营，仍受到社会上的广泛赞誉,对重建山西帮金融业的对外信用做出重要贡献,同时也对在天津经营工商业的山西商人给予资金上的有力支援。以大德通为例,大德通既积极吸揽存款,交结一些殷实货行如纱布、五金、颜料及当所等,又联系一些官僚大户,如清庆亲王奕劻、那相等。当然,能结识这些稳定而又优质的客户主要还是因为该号作风正派、重视信誉、存户放心。该号注重调查研究,既掌握往来客户资信情况,又能及时了解市场动态,精心掌握资金投放时间,使资金调度灵活,很少在市面临时拆借。特别值得一提的是1933年实行废两改元以前,因各地白银成色标准不统一,衡器砝码各异(当时有库平、关平、漕平),再加上各地资金供需不平衡,当时天津各银行对外地银两汇款,如何折算兑换率,都要向大德通请教各地行情,或委托该号代办。北伐以后,山西帮官僚资本家孔祥熙经营的裕华银行在天津设立分行,以后山西帮仁发公、益恒昌、豫慎茂、华兴、广源、万德等银号相继开业,山西帮在天津银钱业中又逐渐活跃起来。"七七"事变后,敌伪统治,陷入困境,国民党政府于1948年8月19日宣布取消法币,实行金元券,银钱业实力消耗殆尽,大德恒、仁发公等银行相继停业,唯有大德通一直维持至1949年9月解放后,始申请歇业,在天津有悠久历史的山西帮金融业完成了历史任务。

(四)颜料业

颜料是人民生活中缝制衣被不可缺少的辅料商品之一。当时科技落后,没有化学工业颜料和现代化的机器印染技术,只能依赖商人从产地将颜料贩运到天津再转销东北和西北各地,因此天津颜料业有广阔的市场。平遥颜料是最先进入天津的。嘉庆年间,平遥商人在天津开设了西裕成颜料庄,逐步形成行帮。如德昌公、公裕、福兴恒等都是当地著名的颜料帮。1860年,天津开埠以来,日本、德国等外国颜料大量进口,颜色鲜艳,品种繁多,深受我国广大消费者欢迎。特别在我国北方寒冷地带,衣着一直是单调的黑蓝等深色服装,因此天津大量的进口颜料销路顺畅,在第二次世界大战期间,德、日等国进口颜料断源,颜料价格猛涨,颜料商人获得厚利。国产颜料以在天津享有盛誉的公裕颜料庄为主,是山西帮颜料商的首户,该号不但贩运各种颜料,而且该厂生产公字牌硫化氢,一时成为天津名牌产品。此厂直至解放后1955年才改为公私合营。

(五)煤炭业

山西省是我国煤炭重要产区,京津地区无论生产用煤或是生活用煤,都愿用山西煤炭。阳泉煤,解放前是京津地区冬季取暖最好的煤炭,可以说家喻户晓,每到冬季争相购买。大同煤灰少,燃烧力强,最适合轻工业用煤,天津各纱厂、毛纺厂以及化工厂等都愿用大同煤,尽管价格比开滦煤价略高一两元左右。20世纪30年代初金城银行附属通成公司经营煤炭,曾与保晋公司(即今阳泉矿务局)和大同矿务局签订包销合同,在京津推销,每年销售量约在10万吨左右,以后大同矿务局还在天津设立办事处,自营销售业务。当时日商宇高商会也代销大同煤炭,除在当地销售,并有少量出口。在天津口岸日本轮船用煤,也由宇高商会供应大同煤。"七七"事变前,山西煤炭在天津民用工业用煤及出口都取得一定成绩。金城银行因其附属公司包销保晋阳泉大砟、大同煤炭,与两矿建立良好关系,以后并聘大同矿务局梁上椿、续子宪担任北京通成公司经理及天津金城银行副经理,该矿与金融业关系更加密切。

(六)货栈业

栈房行业应属第三产业,是面向客商经营的一种仓储货物事业。19世纪天津有货栈百余家,与地缘结合的色彩极为浓厚,一般只接待同一府县及其他有特别信用关系之人留宿,兼营货物存放。当时在城北的针市街一带栈房密集,其中集义栈、晋义栈、德兴栈、易馨栈等栈房专为山西的洋布和杂货商人服务,盛兴栈则为山东、直隶洋布商人提供落脚之处。货栈是山西帮行商内属落脚之处。天津货栈业务主要是提供住宿、代理外地客商存货、提供市场行情,办理代购、代销、代办运输、保险、纳税、报关等一切便利客商的服务业务。另外货栈还接待常来包房的外地客商。其中有合法牌照,也有没有合法牌照的,就地经营各项业务。天津银钱业称这些行商为内局老客,派有专职业务员下内局揽存款和放贷款。山西帮货栈常来住行商老客,主要货源是皮毛、大枣、核桃、棉花、药材、花椒等土特产。老客到货栈落脚之后,如果急需用款,存货未出手之前,货栈可以凭老客存货为担保,借给一部分款项,一般约30%~50%,待存货售出之后即行还清,货栈按约计高息,从中获利。货栈对老客服务,逐项收取佣金,在存货售出之后,还要按收回货款总额再收佣金2%。天津货栈业是城乡贸易不可或缺的纽带,尤其三北边远地的农牧民,商人们将自己所产的土特产运到天津出售,换回一切所需生产和生活资料,只要委托货栈代办都可迎刃而解。

(七)皮毛业

天津皮毛行业,也是山西帮主要经营行业之一。在天津,山西皮毛商人主要经营寿阳和榆林的羊皮,西宁和内蒙古羊毛、羊绒,以及西北的牛、马、驴皮、狐皮、黄狼皮等。康熙末年,蒙古的皮毛行业尚不发达,皮张、毛类也很少外卖或外运。当时只有一些沿边省份，诸如山西、河北等处的皮毛匠，春来冬归，为普通农牧民擀毡、熟皮，缝制皮衣裤、蒙靴等，以供一时之需。嘉庆时期，皮毛买卖行业虽有发展，但规模仍然很小，成交数额极其有限。即使是从事皮毛加工的小手工业者也大多不通过商业渠道购进原料，而是由各毡房派出工人，给附近牧民剪毛，然后将工抵毛，换回原料，或者是直接向牧民买进皮毛，大出大进的皮毛生意并不很多。如果有也是供应本地，很少外运。甚至连归化城这样大的皮毛市场，由附近各旗运入的皮毛，大部分就地销售，只有少量的羊毛运往邻近的晋北左云、浑源、右玉等地，皮张最远运至张家口、大同等地。

　　咸丰以后，天津口岸被列强打开，蒙古皮毛才开始进入国际市场，变成资本主义国家的原料供应地。其时，德国的德华洋行、隆昌洋行，美国的慎昌洋行、美丰公司，英国的怡和洋行、和记洋行等，除直接派遣自己的买办到各重要市镇或牧区收购原料外，还在张家口、归化城等地设立了分支机构或代理处，采用各种手段抢购皮毛，以致引起皮毛价格上涨，出口量的不断增加。一些买办和汉商等，因皮毛生意有利可图，也参与角逐，大量采购，再通过天津出口，变成大的收购商、批发商。归化城大盛魁历来以乌里雅苏台、科布多为其商业基地，它的主要业务是放印票账，做牲畜交易。对于皮毛收购，则因运输困难、售价低廉、销路不畅等原因，视为可有可无的买卖，因此对库伦、买卖城的商务起初并不积极开辟。天津口岸开放后，随着皮毛输出急剧增加，大盛魁及时增加经营项目和路线，大量收购毛类、皮货，并加强了库伦方面的业务。除外蒙古西部的皮毛驮运归化城转运天津出口外，张家口、库伦道上的皮毛运输也日益繁忙。洋行初设归化城时，大盛魁的各种皮毛，经牙纪作价大部分兜售于洋行，后来它改变了这种做法，在天津自设"盛记"毛庄，直接经营出口业务，获得巨额利润。但是，好景不长，随着第一次世界大战的开始，山西省在天津出口的皮毛行业也陷入了萧条。20世纪30年代初投入生产的天津华北制革厂，创办人为王晋生，是山西太谷人。他是留美制革专家。完全用进口设备，以科学方法生产各种皮革，行销华北及东北各地，初期营业情况甚好。当时欧洲局势紧张，皮革系军需物资，进口货源减少，华北制革自然顺畅。"七七"事变以后，日军把皮革列为军用物资，华北各地运津之牛、马、驴等大牲畜皮革，要尽先卖给三井洋行，供应军用，三井不要的货，才准许民营工厂收购，使华北制革厂原料来源发生困难。虽然银钱业多方给予支持，但这个用先进方法制革的新型企业，终被逼得奄奄一息。

（八）印染业

印染业是棉布加工行业，主要漂染各种色布如青、红、蓝、灰、漂白等色布，大量行销西北及东北各地。无论从产量及产值来看，都是很可观的。"七七"事变以前，天津染布庄与印染厂是天津重要行业之一。在20世纪30年代初，天津印染厂共有47家，在印染业中历史悠久，产品质量优良，声誉素著的老字号是山西帮义同泰。天津印染厂的业务一方面接收纱布庄的委托加工，同时也自染自营。敌伪时期纱布列为统治物资，市场纱布货源奇缺，黑市价格猛涨，纱布成为投机筹码，染厂大都自营染布销售，参与投机行列，而山西帮义同泰仍坚持正规经营，以染整为主，生产经营遭受巨大损失。日本帝国主义投降以后，通过棉麦借款，大量外棉进口，原来被迫停工的各纱厂，在中纺控制下，逐渐恢复生产，后因法币贬值，纱布价格猛涨，工厂销货吃亏，再加上当时东北和西北交通阻塞、限制出境等原因，无法大量外销，天津印染厂业务始终没有起色。"八一九"发行金元券，冻结批发物价，天津印染业全部陷于停顿破产边缘。直到1956年社会主义改造，全行业公私合营，多年的山西帮老字号才完成了历史任务。

（九）海鲜货

天津有辽阔的海域，其海产品种类繁多，物美价廉。而与天津毗邻的华北、西北等地却常年吃不到海产品。正是由于天津的地理优势又为聪明的晋商提供了契机。晋商用内地的大豆、皮毛、马匹等换取天津的海货。

（十）日杂百货

山西帮在天津经营海杂货、南纸、红白糖、藤竹货、烟丝以及绸缎呢绒、棉花、碱面及五金等。这些商号当时在天津也有相当的活动能力和信誉，其中历史悠久享有盛誉的如宫南大街秀升锅店经营的阳泉铁锅，北门外中和烟铺经营的甘肃兰州青黄烟丝，六必居的酱菜等至今传诵不已。

三、天津的山西商人

天津因为是中国北部的重要口岸，明清以来，大批山西商人前往从事商贸活动，因此天津居民中有近1/10的人口是山西人，在天津随处能见到山西人，也随处能听到熟悉的乡音。

（一）王益荪

清末民初的天津，盐商是一个活动异常活跃的社会群体。在老百姓熟知的天津"八大家"里，有以盐业起家的"益德王"。"益德王"三个字之所以能在近代天津历史上叫响,是因为王家的祖业在王益荪这里发扬光大。王益荪不仅做盐商,开钱铺、当铺、海货店,投资房地产等,还资助开办了现在天津的南开大学。

深受父亲王奎章的影响,王益荪对子女的教育从不放松。比起父亲来,他对新鲜事物的接受能力更强,希望子女和家人能得到更加系统正规的新式教育。接下父亲创办的家馆后,王益荪除继续聘请张伯苓教授家馆外,又聘请一位英国人教英文、一位德国女士教德文,还聘请了语文、数学、物理、化学教师来教他本人和他夫人及姨太太们学习。同时他还从国外购买了大量的先进科学仪器,订阅了大量的外文书报杂志。随着求学人数的增加,便与严修的私塾合并,成立了私立中学堂,由张伯苓负责。由此发轫,这所学校逐渐发展成了南开小学、中学,并最终建立了南开大学。光绪三十二年(1906年),学校在天津城西南的"南开洼"建立新校址,严修又开始为筹募经费四处奔波,王益荪这回更是鼎力相助,出银10 000两。在他的带动下,天津盐商纷纷慷慨解囊。通过天津各界的共同努力,学校共筹得经费26 000余两白银,教室、办公室、宿舍、礼堂等很快建成。校长仍然是张伯苓教授。王益荪与严修的结缘,"益德王"与南开的结缘也最终成为晋商捐资办学的典范,其见识和坚韧的精神难能可贵。

（二）王子寿

原名王道福,山西灵石人。1915年在天津法租界公裕当做学徒,1917年公裕当由张勋出资接办,改为松茂当,继续任职。1926年被推荐为元亨当经理,不久转做曹锟经营的公懋当经理,又兼陈光运经营的德华当监理和曹锟女儿经营的永聚当总经理。先后被选为质业公会理事长和当业公会会长一直到1951年,王子寿在典当业共计40年,写有《天津典当业四十年的回忆》一文。

（三）李士铭

李家是清末民初天津八大家之一,祖籍山西。李士铭为光绪丙子(1876年)举人,援例为户部候补郎中,云南司行走。1905年清王朝宣布实行君主立宪,在各地设咨议局,选举议员,他们有权指陈地方利弊和筹划地方治安。直隶在天子脚下,再加上总督袁世凯的主持,推行新政最为得力,是当时的"模范省"。1906年天津府首先试办地方自治,在天津府衙门内设立"天津府自治局",1907年,天津举行了历史上第一次投票选举,通过投票,选举出议员30人,由他们组成了"天津县议事会",天津盐商李士铭被选为议长,北洋大学堂教务长。自己除经营盐务外,还开设瑞恒、瑞牲等五家银号。

（四）许敬敷

山西祁县人,原系大德通票号学徒出身,以后票号改组银号时任大德通银号天津分号经理。许敬敷经营作风谨慎,精通业务,尤其是对西北各地白银成色和内地汇兑,如何计算汇兑率等,了如指掌,是天津钱业中老资格的知名人士之一,30年代曾被选为天津钱业公会理监事。

（五）王晋生

原名健,山西太谷人。先后毕业于上海圣约翰学校,天津高等工业学校。1909年考取官费留美,1916年获哥伦比亚大学化学硕士学位,同年回国。曾任天津高等工业学校教员,1917年创办华北制革公司,自任经理,以先进化学方法制革,为华北制革业之首创。1933年应聘为南开大学化学系教授。

（六）续子宪

原名续斑,山西崞县人（今原平县）。清末民初留学日本,1919年回国参加接收青岛及胶济路主权。北伐以后,曾任职河北交涉公署,1930年入晋北矿务局筹组山西煤业公司,以后大同矿务局在天津设立办事处,任副经理,在天津市场推销大同煤炭,并试办出口业务。因与金城银行附属的通成公司签订代销合同,与该行往来甚密,40年代初被聘为天津金城银行副经理、益成公司经理、同安公司经理。

（七）赵遂初

山西介休人。在天津经营颜料生产多年,是颜料行业中知名人士之一,曾被选为颜料业同业公会理事、理事长。竞选国大代表因资历问题,未被批准。1948年,国民政府在南京召开国大代表会议期间,赵遂初曾在南京抬馆游行,以示决心,轰动一时,后经批准为国大代表出席会议。

（八）樊世荣

山西汾阳人。清末在天津开设"德昌公"颜料庄总号,分号遍布北京、上海、广州、香港。其中"骆驼牌"颜料驰名华北,享誉全国,几乎独占颜料市场。

四、山西商品经天津港进出口情况

清末,中日贸易日益发展,在中国海上进出口贸易中占据了第一位,日本帝国代替了英帝国的霸主地位。中日贸易的发展,大多都是经天津港进出口。下面是经天津港进出口的山西商品。

第一,粮食的运销。

乾隆以前粮食是禁运的，所以关外的余粮无法运到关内。乾隆初年，可以"酌量变通"，"不必禁止"了。如此，则内地人民多得米谷，可无粮食之虞，而口外余粮亦获贸易之利。乾隆三年（1738年）开禁以来，商人就把关外粮食贩运至关内。后来，为鼓励商人贩运，乾隆五十九年（1794年）又"减奉天商贩豆麦等项，经过直隶、山东关津税"。由奉天向关内运粮，向来是经辽河水运至牛庄，再由牛庄海运至天津，或转销直隶、山东地方，或再由天津转口运至江浙一带销售。从而天津成为海上重要的粮食转运码头。上海、宁波的沙船装运大米北运天津，在津换购山西的黄豆、青豆贩运江浙。所以，天津海船多达四种，即江苏"沙船"、"宁波船"、宁波"猪耳船"和本地"改秋船"，这些船北航至牛庄、锦州，南航至上海。

关外有充足的余粮可供外运，关内各种货物也须运往关外，因而辽河和海运很发达。据载，道光初年，由天津至奉天采买粮食的商船有500余只，仍不敷运粮之需，可见，山西商品经天津港口之繁忙。然而，随着帝国主义的入侵，天津港口也成了洋货入侵山西省的入口。尤其是外国农产品的销晋，山西出现了谷贱伤农的惨状。民国十八至二十一年（1929～1932年）山西农产品价格情况见表5-3：

表5-3　民国时期部分年份山西农产品价格表

单位：元/市斤

品名	1929年	1930年	1931年	1932年	1932年较1929年下降%
小麦	0.087	0.033	0.034	0.028	67.82
小米	0.078	0.028	0.032	0.024	69.23
黄豆	0.030	0.026	0.013	0.013	56.66
棉花	0.400	0.290	0.350	0.350	12.50
花生	0.210	0.130	0.080	0.130	38.09

资料来源：《山西省30年物价统计资料》。

以棉花生产为例：由于外棉大量进口，山西棉花价格连续下跌，一度时期，曾跌至每市斤0.20元，棉农亏损不堪。因此，棉田种植面积大减，产量随之大降。由此可见，国家强盛时，开放的港口会带来繁荣，而当国家危弱时，开放的港口只会带来更严重的凋零。

第二，皮毛业的运销。

皮毛业是山西省传统的出口商品。主要出口品有羊皮、牛皮、马皮、驴骡皮、羊毛、羊绒、驼毛、驼绒、猪鬃、猪毛、猪羊肠衣及其他皮张。

表 5-4、表 5-5 是各类皮货业在民国部分年间经天津港的出口情况：

表 5-4　民国时期部分年份山西省羊皮及羊皮衣出口情况表

时期	羊皮数（张）	价格（元）	粗细羊皮衣（件）	价格（元）	合计（元）	指数
1921年	642422	775592	30524	192032	967615	100
1922年	444441	296137	48694	833379	1129516	116.73
1923年	321952	303862	39914	935892	1239754	128.12
1924年	357265	309568	56392	984114	1293682	133.70
1925年	620638	726055	53524	348633	1074688	111.07
1926年	670299	781737	38595	351025	1132762	117.07

说明：表中数字，其中有一小部分销于外省，无法剔除。另外，产品的一部分是由西北各省收购来省加工后出口的。

表 5-5　民国时期部分年份山西牛马驴骡皮出口情况表

时期	牛皮		马皮		驴骡皮	
	数量（张）	价格（元）	数量（张）	价格（元）	数量（张）	价格（元）
1926年	7251	48585	1940	11157	9605	30710
1927年	5096	33391	2132	9329	2143	9954

除了以羊皮为主的出口外，还有其他诸如狐皮、猫皮、狼皮等的出口，详见表 5-6：

表 5-6　民国时期部分年份山西动物皮张出口情况表

品种	狐皮	獾皮	狼皮	黄鼠狼皮	狗皮	猫皮	兔皮
年份	1926年	1926年	1926年	1937年	1926年	1926年	1926年
数量（张）	2826	302	117	6200	3987	9605	2269
单价（元）	9.5	0.52	10.0	2.00	1.46	0.47	0.24

注：本表所示价格均为平均价格。

资料来源：李洛之著《天津之经济地位》。

通过上表羊皮的出口情况可见一斑，皮毛行业的出口规模是相当大的。

第三，煤炭的运销。

山西煤炭，以蕴藏丰富，品种齐全，质地优良而著称于世，为本省得天独厚的矿产资源。民国四年（1915年），国民政府应国际博览会之邀，通令各省遴选特产运往巴拿马参展。山西选送到巴拿马展出的不同种类的煤炭，在此次博览会上引人注目，以上乘的品质，繁多的种类，初次在外界崭露头角，被外国行家誉为"煤中皇后"而名满天下。到民国六年（1917年）时，晋煤开创了它在历史上的第一次出口。如表5-7：

表5-7　1917~1924年经天津海关出口的晋煤

单位：数量(吨)，单价(海关两)

年份	1917年	1918年	1919年	1920年	1921年	1922年	1923年	1924年
数量	1007	2901	5275	11096	26824	29318	44748	30032
单价	4.5	4.62	5.12	6.75	7.88	8.00	8.1	8.67
总计	4531.5	13402.62	27008	74898	211373	234544	362450	260377

资料来源：《山西通志——对外贸易志》

到民国十四年（1925年），日本利用中国人民抵制英货的时机，趁机抢占中国市场，进行对华商品倾销，日煤以比其国内低得多的价格竞售。当时山西口泉煤运至塘沽需运费七元以上，把成本除外，单就运费一项，已超过日煤的售价。日煤倾销几乎堵塞了山西煤炭的出口，除了日本市场所特许的大同煤炭以外，其他煤种已无多大销路，自此出口骤减，一蹶不振。直至"九一八"事变，日本攻占东北及"一·二八"上海抗战的关系，中国对日实行经济绝交，晋煤无出口。抗战期间，日本大肆掠夺山西煤炭运往日本，仅大同一地，就被掠夺走4500万吨煤炭。

第四，土特产品的运销。

自从天津开埠，山西商人大量出口土特产品。民国时期山西实际输出商品在100种以上，其中7类60余种商品是历年来传统的较大宗出口品，本省出口物资，以经天津出口为大宗，也有少部分是通过上海、汉口两个口岸出口的。

表5-8民国时期部分年份山西土特产出口情况表

品种	棉花	核桃	大麻	花椒	杏仁	白瓜子	黑瓜子	黄花菜	小茴香
年代	1927年	1936年	1938年	1936年	1926年	1926年	1926年	1926年	1926年
数量	180万斤	190万斤	150万斤	17.6万斤	52.5万斤	87.3万斤	1.05万斤	8.61万斤	5.10万斤
地区	平遥	汾阳孝义	长治长子	平顺晋城	汾阳离石	沁县榆社	晋中晋南	大同长治	清徐平定

第五,药物类。

山西的许多药物都在海外颇著声誉,有相当一部分经上海、天津、汉口、郑州等地远销到香港、日本、南洋等国家和地区。主要有太谷广升远、广升誉等号的龟龄集、定坤丹、党参、大黄、连翘、甘草、麻黄、柴胡、冬花、猪苓、龙骨、长山药等。

综上所述,近代天津的发展与山西商人的商业贸易活动有着密切的联系。山西商人利用天津优越的地理条件,便利的交通,谱写了一部辉煌的商业历史。而山西商人的商业活动也推动了天津城市的发展,构建了以天津为中心的北方商业网络,加速了近代天津城市的社会转型过程。

第五节 恰克图——中俄边贸大口岸

中俄两国是近邻,到清代雍正五年《中俄恰克图条约》签订后,中俄边境的一个小村——恰克图一跃而成为亚洲腹地出现的第一座国际商埠。恰克图口岸的繁荣极大地推动了中俄两国边贸经济的发展,每年都有数以十万记的茶叶、瓷器、大黄、丝绸、铁器和其他日用百货从中国内地输向库伦、恰克图、伊尔库茨克、莫斯科,并转运到欧洲各地销售。同时俄国、蒙古的皮毛、呢绒、牲畜等畜产品也通过恰克图—库伦—归化—张家口一线进入京津和中原地区。从 1692 年俄国第一支商队进北京到 1905 年西伯利亚大铁路通车,恰克图市场繁荣了整整 200 多年。由此,恰克图就成为两国互通有无,经贸发展的重要枢纽。造就了以"晋帮"商人为主,"京帮"为辅,总人数多达 50 余万的旅蒙商贸集团,进而带动了边疆地区的开发和内地张家口、天津、大同及俄国西伯利亚一批城市的发展。并引起了伟大的革命导师马克思的注意和评论。

一、恰克图市场兴起的背景

公元十六、十七世纪以后,沙皇俄国经过彼得大帝改革,不断地向亚洲东部扩张,并积极寻求通往中国的商道。1689 年 9 月 8 日中俄签订了历史上第一个平等的《尼布楚条约》。1692 年彼得大帝向北京派出了商人伊台思带领的第一支商队,向康熙皇帝提出了六条要求,其中第一、第二条是有关边境问题的,第六条是关于在华建立东正教堂的,其余三条都是要求扩大与中国的通商贸易,并请中国商人到俄罗斯莫斯科做生意的。第三、四、五条内容即:

3.请汗派遣商人到皇都莫斯科城去,每人可携带一千普特或更多的纹银,他们可以购买他们所需要的一切俄国和德国货物。

4.请指示那些商人携带宝石、花布及迄今未曾从中国输入俄国的其他货物,还有中国出产的烟草和姜蒜之类的东西,输送给沙皇陛下。

5.请汗派遣中国人携带各种货物赴沙皇陛下的俄罗斯国进行贸易。

当时,清朝对俄罗斯的认识非常模糊,认为自己是世界的中心,周边其他民族都是"蛮夷",把俄国视作"罗刹"(满语,意为强盗),这三条要求被清政府拒绝。同年 2 月 5 日理藩院答复伊台思:"……举世皆知四夷向中国上表进贡请求通商,但中国向无遣使四夷通商之必要。此事应无庸议。"但此后俄国派往中国的商队数量规模不断增加,为减免进贡的商团队来都城北京,雍正五年(1727 年)《中俄恰克图条约》签订,恰克图开为互市场所。不过仍有不少俄罗斯商队借朝贡名义来北京贸易。1733 年监督俄罗斯馆御史庆奏:"俄尼斯互市址,宜在于边境,其住居京师者,请禁贸易。"清政府采纳了建议,截至 1755 年的 60 多年间共有 20 余支俄国商队到达北京。这一年后北京贸易停止,边境贸易成为中俄贸易的唯一形式。恰克图市场日渐繁荣,双方贸易额直线上升。以茶叶为例,1762~1785 年间每年从恰克图输出的茶叶近 3 万普特(一普特为 16.38 公斤),仅 1781~1785 年的 5 年间就增长了 5 倍。[1]18 世纪的最后 3 年增长的速度更猛,1798 年为 46 997 普特,1799 年为 52 343 普特,1800 年为 69 580 普特。[2]这些货物主要是山西商人经张家口贩运过去的。何秋涛在《朔方备乘》卷 37 的《俄罗斯互市本末》中写道:"其内地商民至恰克图贸易者强半皆山西人,由张家口贩运烟茶缎布杂货前往易换各色皮张毡片等物。"

二、恰克图市场的创建

恰克图市场创建之初,俄国非常积极,中方相对保守。1728 年 6 月 30 日,俄国宫廷直接插手恰克图市场的规划和设计,对恰克图市场的建设作出了非常明确具体的指示:恰克图市场,应该是一个正方形的市场,每边各长 200 米,市场的四个角各筑一个城楼。在这个正方形的市场内,开设 32 个货摊……货摊的大小,可分成两种:一种是长宽各五米的正方形货摊;一种是长 6 米宽 3 米的长方形货摊。还应修建一个商品陈列所,长 32 米,宽 6 米。底层修建 24 所商店。商店的上面一层是仓库。每个商店还应有一个像圣彼得堡的

---

[1][2]西林:《十八世纪的恰克图》,伊尔库茨克俄文版,第 109 页、第 68 页。

商店一样的屋顶走廊。市场的外面应建筑围墙，以防草原上的野火。……这些商店租给私人使用。俄国军队也参与了新商埠的建设。在很短的时间里官方就调集了350名雅库茨克团的士兵，还从乌丁斯克调来了30名哥萨克，25辆大车和一些马匹以及数十名工人。搭起6个帐篷和一所有12个粮仓的大院；建了一座配有大酒窖的酒店；盖起了32座供商人居住的房子，每座房子宽3俄丈，长4俄丈。在贸易城的中心位置盖起了长16俄丈、宽3俄丈的楼房，上层24个仓库，下层是同样数目的铺面。……所有这些都是俄官方出资修建的。1728年俄方的贸易城建成。两年后，又建起一座规模宏伟壮观的教堂。

1729年，紧挨着俄方的贸易城，中国方面也盖起了一个同样大小的贸易城，取名买卖城。不过中方的买卖城则是中国的商人们个人集资建起来的。这种差别来源于两国政府对边境贸易在认识上的巨大差异：俄国政府认为建立双边贸易是两个国家官方之间的事情，至少主要是官方的事，而清政府则把恰克图的双边贸易只看做是商人自己的事情，完全是属于民间行为。商人们自己掏钱朝恰克图监管部门购买地皮，自己动手营造店铺和库房。

为了管理恰克图，俄方建立了萨那特衙门，派出一名监察监收关税；监察的手下配有一名管事和几个服役人员。同理，中方"设监视官一名，由理藩院派出，每二年一更。……"北京还派出一名护军统领到买卖城监管商人。对于新建立的恰克图商埠清朝政府实行了严格的管制，凡入市贸易的商人，都必须领取理藩院颁发的部照（亦称信票、龙票、票证），无票者不准入市。初期对于走私的商人惩罚极为严厉，一经查出，其货一半归官，一半奖赏稽查人员。

在恰克图市场，中俄两国商人相处十分融洽。在俄国人过节的时候，中国买卖城的官员扎尔固齐带领着他的随员和中国商界头面人物到俄国人这边来共同庆祝。为了礼貌，中国人都穿着贵重的衣服，满面春风地前来做客。瓦西里·尔申这样写道："有一次过节，我在税务总监的家里见到了买卖城里的扎尔固齐及随员和一些商界巨子。中国人衣着非常讲究，扎尔固齐穿着一件贵重的海獭皮马褂。……当提议举杯庆祝皇帝陛下健康时，扎尔固齐以及全体中国人都肃然起立，与俄国官员及公民们一起欢呼——'乌拉'，兴高采烈地举起酒杯。这个场面我觉得非常美好。中国人满面春风，尤其使我高兴。炽热的感情总是使人陶醉的。平时，扎尔固齐也来会见税务总监，有时是正式拜会，接洽公务，有时则是不拘礼节的拜访。但向来他都带着许多人，并由蒙古骑兵及俄罗斯哥萨克卫队簇拥着。扎尔固齐彬彬有礼，对俄国人一般很客气。

交谈通过翻译用蒙古语或满语进行。由于不断交往和经常在许多事务上打交道,所以中国人对俄国商人的态度都很友好,很随便。……他们甚至在不做买卖的时候也从早到晚呆在恰克图,串门、吸烟、聊天。如果当时主人正忙于做某件事,可以完全不必照应他们,而他们自己也同样不去麻烦主人。因此正如俄国人所说的,他们是每日都来的常客……"

"商人们都可以自由出入买卖城,而其他人则要得到边防长官的许可才能进入。只有在春节那三天,才能享有充分的自由进入买卖城。那时,人们成群结队地赶到买卖城,观看中国人的彩灯和焰火。看他们放的各种各样的花炮和五彩缤纷的礼花腾空而起,继而又像万道银色的瀑布从天飞落。买卖城狭窄的街道上,彩灯成行,辉映如昼。人们拥挤在这里观赏中国艺人和变戏法的精彩表演。游人虽冻得发抖却乐不可支。阴历年的庆祝活动在无炮架的小炮的轰鸣中开始,然后扎尔固齐通过翻译接受我方边防长官和税务总督的正式新年祝贺。俄国商人也赠给自己的中国朋友小小的礼品表示祝贺。买卖城很快就热闹起来了,到处是穿红着绿的人群。"

三、发展中的闭市波折

恰克图市场的发展也不是一帆风顺的。由于走私和俄国商人的不法行为,恰克图市场在两个半世纪中,曾经历过几次闭市的挫折。

第一次闭市发生在乾隆二十三年(1758年)。由于市场初建,双方商人和边民(主要是俄方的商人)在经商过程中不适应,不遵守市规,同时发生俄境布里亚特人越境抢劫事件,造成恰克图地方治安状况不良。于是清政府对恰克图市场实行了限制贸易,对手续不够健全的商户严加盘查。"自奉文查禁以来,赴恰克图、库伦贸易者只数十家,小商依附行走者二十余家,其余百余家多已歇业。"一名管理恰克图市场的官员,方观曾请求皇上体恤商民、放宽禁令,使恰克图市场恢复往日的繁盛。乾隆皇帝批复奏折:"所奏甚是,即有旨谕。"规定:华商赴恰贸易一律要领取票证,归口理藩院管理;票证的发放交由归绥将军衙门和察哈尔都统、多伦诺尔同知衙门。商人至库伦由办事大臣理藩院司官负责稽查。至恰克图再由恰克图理藩院司官稽查,层层盘查。于是恰克图贸易复盛如前。

乾隆二十九年(1764年),恰克图市场再起风波,俄境布里亚特匪徒窜入喀尔喀杀害我一边防卡伦驻卡官员,抢掠财物,正当此事尚在奉旨切责之时,又发生"俄罗斯渐逾禁约,私收货税"的违约事件。造成恰克图的第二次闭市。俄国单方征收中国商品的入口税,自然引起中国方面的强烈不满。经与俄方交涉无效,乾隆帝龙颜大怒,于是下令再次关闭恰克图市场。到乾隆三十三年(1768年),清廷派驻库伦办事大臣庆桂协同喀喇沁贝子奉皇帝的指令与俄方官员会商多次,后以"俄罗斯知悔过……乞求交易"上奏朝廷。公元1777年,发生恰克图的第三次闭市。起因与前两次大同小异。闭市时间是3年。最后一次是1785年,闭市时间2年。

四、兴盛

恰克图中俄贸易,在乾隆二十年(1755年)以后,开始兴盛,交易额直线上升,到乾隆42年(1777年),俄国输入者1 484 712卢布,输出则为1 383 621卢布,合计2 868 333卢布。同年,恰克图的进出口贸易平均每年达800万卢布,恰克图对外贸易关税收入竟占俄国全部关税收入的38.5%,在俄国对外贸易中占很重要的地位。广州与恰克图,一南一北遥遥相望,并列为中国对外贸易水陆两大码头。

在恰克图从事对外贸易的旅蒙商上百家,其中较大的商号有"福源德"、"天和兴"、"大升玉"、"恒隆光"、"锦泰恒"、"久成兴"、"独慎玉"、"永玉亭"、"天庆隆"、"祥发永"、"大泉玉"等15家。在众商号中经营时间最长,规模最大者,属山西榆次常家,到清末在恰克图数十个较大山西商号中,常氏独占其四,称得上对外贸易世家。次者为太谷曹氏,曹氏在恰克图设有"锦泰恒"和"锦泉涌"二庄。"锦泰恒"在莫斯科、张家口设有分号,主要经营茶叶、绸缎的出口,其经营资本及经营规模为恰克图众商号之冠。

恰克图市场的中俄贸易进入道光时期(1821~1850年)为空前繁荣阶段。俄国各阶层的饮茶者与日俱增,大大刺激了茶叶进口量的急剧增长。尤其是西伯利亚一带,以肉食为主的游牧民族,达到了宁可一日无食,不可一日无茶的地步。只茶叶一项,在恰克图的输出额,在1727年为2.5万箱,到光绪年间(1821~1850年)增加到6.6万箱。茶叶在1850年占全部输出额的75%。1728年丝织品输出额为白银4.6万两,棉布为4.4万两。在恰克图输入的商品也逐年增加。1777年,恰克图的贸易总额为2 868 333卢布。1845年增加到1 362万卢布,恰克图的中俄贸易达到了顶峰,中国成为俄国在亚洲的最大市场。

恰克图市场内堆积如山的茶叶包

五、市场的巨大作用

恰克图市场茶叶贸易的繁荣,对我国内地的种植业、加工业以及交通运输业的发展也起到了积极有力的推动作用。边疆城镇的发展得到促进,像归化、库伦、张家口、包头、乌里雅苏台、科布多、海拉尔、齐齐哈尔、集宁等中小城市,有不少就是在茶路贸易的催发下成长和发展起来的。随着商道的繁荣,大批的从事运输、建筑、食品、缝纫、旅店等方面工作的人,从内地涌向边疆。这种流动是双向的,欧洲的文明和中国中原的文明,向这里传递了新的科技成果,新的思维方式和大量的信息。

恰克图市场使西伯利亚发生了巨大的变化。大批的移民从人口稠密的俄国欧洲地区涌向这里,比斯克、托博尔斯克、新西伯利亚、上乌金斯克、下乌金斯克、伊尔库茨克、赤塔……从西到东沿着与中国接壤的边境涌现出了一大批繁荣热闹的城市和村镇。昔日寒冷荒凉的西伯利亚逐渐成了富足和自由的象征。

革命导师马克思盛赞中俄恰克图贸易。他在《俄国对华贸易》一文中指出:"这种由 1768 年叶卡特琳娜二世统治时期订立的条约规定下来的贸易,是以恰克图为主要的(如果不是唯一的)活动中心,恰克图位于西伯利亚的南部和中国的鞑靼(即蒙古)交界处,在流入贝加尔湖的一条河上,在伊尔库茨克城一百英里,这种在一年一度的集市上进行的贸易,由十二个中间人经营。其中六个俄国人,六个中国人。他们在恰克图会商,由于贸易完全是以货易货,还要决定双方所应提供交换的商品比例,中国方面提供的主要商品是茶叶,俄国方面提供的土棉织品和毛织品",又说:"由于这种贸易的增长,位于俄国境内的恰克图就由一个普通的要塞和集市地点发展成一个相当大的城市了。"

六、衰落

第二次鸦片战争后,列强各国迫使清政府签订了一系列不平等条约。俄国商人获得了由陆路进入内地可免税的特权,中国从内地到北方边境全部对俄国开放,又增加了从科布多经归化、张家口到天津和从新疆经嘉峪关、兰州到汉口两条运输线。俄商将砖茶装轮船从汉口经天津转海路运往俄国,由于边境口岸的增多和天津海港的对外开放,通过张家口运往恰克图的货物越来越少。从公元1850年到1890年40年间,贸易额下降了75%。1903年俄国西伯利亚大铁路正式建成通车,中俄商品运输经海参崴转口,不仅缩短了时间而且节省了运费,这就极大地影响了恰克图的贸易业务。1911年,沙俄策动外蒙独立,第二年又强迫袁世凯签订《中俄声明文件》,此后,俄蒙举行恰克图会议,签订《中俄蒙协议》。北洋政府承认外蒙自治,张家口—库伦—恰克图商道一度中断,旅蒙商号数亿元的货物资产被外蒙没收,恰克图市场走向衰落。

第六节 杀虎口——山西人走西口闯出的市场

引子:《走西口》。

女:哥哥你走西口,小妹妹我有句话儿留

　　手拉着那哥哥的手,送哥送到大门口

男:哥哥我走西口,小妹妹你实在是难留

　　手拉着那妹妹的手,送哥送到大门口

女:紧紧地拉住哥哥的袖

合:痴心的话儿说不够

　　只恨妹妹我(你)不能跟你(我)一起走,等着哥哥回到家门口

女:哥哥你出村口,小妹妹我有句话儿留

　　走路走那大路口,人马多来解忧愁。

　　　汪汪泪水扑沥沥地流,只恨妹妹不能跟你走

　男:哥哥我出村口,小妹妹你别担忧

　　　将咽下那离别愁,劝妹莫把眼泪流

　女:紧紧地跟在哥哥身后

　男:难舍难分我不忍走

　合:虽有千言万语也难叫你(我)回头,等着哥哥回到家门口。

　女:哥哥你走西口,小妹妹我苦在心头

　　　这一走要去多少啊时候,恨你也要白了头。

　男:哥哥我走西口,小妹妹你别难受

　　　无论要去多少时候,妹妹总在哥哥心头。

　合:紧紧地拉着哥哥(妹妹)的手,汪汪的泪水肚里流,岁岁年年我(你)也要等你到白头,身死也要回到家门口……

　　"西口"就是杀虎口。"走西口",这首在晋、蒙、陕、冀交界处家喻户晓、人皆传唱、广为流传的二人台剧种,其朴实的语言、细腻的风格和荡气回肠的唱腔,悲怆、缠绵、高亢、真切,脍炙人口,给人们留下了极其深刻的印象,真实地反映了山西商人闯口外时家人恋恋不舍的别情。

一、地理位置

　　从历史上看,杀虎口由于地处中原与蒙古交界处,军事地理位置十分险要。古人称"其地在云中之西,扼三关而控五原,自古称为险寨。"因为它倚长城,汇两河,扼三关,控五原,绾南北,所以雍正年间修成的《朔平府志》也讲:杀虎口"直雁门之北,乱嶂重叠,崎路险恶,数水交汇,绾毂南北,自古称为要塞",尽管其名称屡有变更,先秦两汉时称参合口,隋唐时称白狼关,宋改牙狼关,明正统十四年(1449年)改称"杀胡口",嘉靖二十三年(1544年)增筑杀胡堡,康熙三十五年(1696年)又改"杀虎口",但其位置决定了在历代汉族与异族征战中,杀虎口都首当其冲,成为兵家必争之地。史书记载"周征猃狁,秦汉伐匈奴、隋唐击突厥、宋讨契丹、明平鞑靼、清康熙皇帝讨伐蒙古叛匪葛尔丹,均经由此地"。康熙帝还特意命令勋戚重臣,统禁军精锐数千,驻扎右玉城,与直隶宣化、陕西、宁夏相为犄角。

二、马市商缘

　　明初,为防蒙古骑兵南犯,在北部边防沿长城一线,相继设置了辽东、宣府、蓟州、大同、太原、延绥、宁夏、固原、甘肃九大军事重镇,史称九边。九边之一的大同在明代边防中处于重中之重的地位,一直为京师藩屏,是防御蒙古人南下的前哨基地。建有"城堡六十四座,敌台八十九座,墩台七百八十八座,额设马步官军135 778人,马、骡、驴51 654匹"《大明卷典》卷28《边粮》。每年供应米、麦、黑豆672 564石,马草246万束。镇内驻军数量战斗力都优于其他边镇,"神京外逼,虎穴其冲,且重倍百诸边"①。整座大同城周围,卫所林立,墩堡密布。

杀胡堡属于大同镇右玉卫下边的一个重要边防关卡,有明一代278年间,特别是"土木之变"前后和嘉靖年间,明蒙之间的战争大不隔年,小不逾月,几乎每次杀胡口都是首当其冲。在明代,每逢大同战事吃紧,北京便进入戒严状态,明朝皇帝就坐卧不安。因此,宣大总督地位最重,入京则为兵部尚书,有时就由兵部尚书兼任。

然而,总打仗也不是个办法。一方面,每次战乱都造成明蒙双方关系紧张,外交破裂,来往阻绝,经济受损,百姓遭殃的恶果;另一方面,游牧经济与农耕经济的天然互补依赖性导致了蒙汉人民都厌恶战乱,希望和平相处,进行贸易往来。这是明代马市和"封贡互市"产生的社会经济根源。明初,政府于永乐三年在东北设有马市,西北设有茶市,通过官方渠道同少数民族进行茶马互市物资交易。到明代中期,许多边境市镇都进行贸易。"镇外及营堡俱有市,而沿边村落亦间有之。"②英宗正统三年(1438年)四月,明政府正式设立大同马市。大同巡抚卢睿报请英宗皇帝正式批准军民按公平价格购买蒙古人的骆驼、马匹、牛羊、皮毛,蒙古民族则通过牲畜换取茶叶、粮食之类生活用品。达官指挥李原负责交涉翻译。大同马市分布在杀胡堡、镇羌堡、得胜堡、弘赐堡、新平堡五处。

杀虎口马市在明代起伏较大,马市从性质上来说不是完全意义上的自由贸易,而仍属一种官方经营的有限制的朝贡贸易范畴,难以满足蒙古贵族的需求。加之规模不大,军事纠纷不断,故处于时开时停的状态。瓦剌部酋长也先,贡马互市,每次派数十人,但因明朝管理不善,赏赐金帛无数,得到的只是少量名马等奢侈品,但大同每年支应贡边的费用就高达30万两白银,入不敷出,而蒙古贵族由于贡市尝到甜头,不断加增入贡的人员规模,明朝当权太监

---

①王士琦:《三云筹俎考》卷4,《军实考》。
②《延绥镇志》卷2,《食志·市集》。

王振又随意裁减马价,引起也先不满,于是大举入寇,致使"土木之变"、"庚戌之变"的发生,马市贸易两度中断。

嘉靖三十年(1551年),大同总兵仇鸾奏请复开马市,嘉靖帝诏准宣府、大同两处开市。为吸取先前的教训,明政府特派兵部侍郎史道负责管理马市贸易,可是因为嘉靖朝权奸严嵩当朝,军务废弛,边防虚弱,明朝无法维护正常的边贸,蒙古贵族不断地入掠。嘉靖帝误认为边衅起自马市,于是因噎废食,召回史道,并于嘉靖三十一年(1552年)第二次停罢大同马市。但是蒙古各部离不开中原的茶叶、布匹、铁锅、针线等生活必需品,马市停后,唯一的交易渠道堵塞,以致走私不断,蒙古贵族进入山西抢掠更甚。

三、封贡互市

杀胡口马市设立后,由于军事方面和贸易方面需求旺盛,发展势头不错,嘉靖二十三年(1544年)进一步扩展规模,于是在杀胡口内东侧约200余米处修建城堡,城周长2里,高3丈5尺,名为"杀胡堡"。隆庆四年(1570年),俺答孙子把汉那吉来降明,明蒙和好通商封贡互市之议再起。第二年二月,宣大总督山西人王崇古上《确议封贡事宣疏》,提出处理封贡互市的八项建议。包括"赐封号官职,以臣服夷酋","定贡额,以均赏赉","议贡期贡道,以便防范","立互市,以和华夷","审经权,以严边备"等。[①]朝廷经过一番争论,决定宣府、大同马市复开,边贸再度恢复友好交易的繁华场面。之后,明政府又增开陕西三边、大同威远堡、张家口、山西水泉营等多处马市。

"封贡互市"实施后,杀胡口市场繁荣,购销两旺,成为云中五座边堡市场中第一繁盛要地,并且很快在万历后期步入第一次发展高峰。万历四十三年(1615年)明政府在杀胡堡南百米处又建一座新堡,名为平集堡,周长2里,高仍是3丈5尺,与旧堡同。后来新旧两堡之间增筑东西墙,合二为一,连成一体。前后左右开门,东西南北四通,成为周长540丈的云中第一大市场。当时的杀胡堡市场分为官市、私市两类。官市又分大市和小市两种,大市每年一次,小市每月一次。开市的日子,市场贾店鳞比,按行业交易,价格随行就市,铺沿长四五里。蒙古族人民以金银、牛羊、骡马、皮张、毛绒之类畜产品换取晋商贩运来的绸缎、食盐、布匹、铁锅、茶叶、瓷器、糖料、碱面等生活日用品,热闹非凡。后来,这种限定在一定场合、期限的官市交易,还不能满足蒙汉

---

①《明经世文编》卷317。

人民的需求,于是又产生了各种形式的"私市",这是一种在杀胡堡周围一带不定期、无固定铺面及其方便灵活的地摊式民间交易,蒙汉人民通过这种灵便的方式更多地交换各自所需的生产、生活用品。从此,北方蒙古诸部一直服从明朝政府的领导,明蒙双方基本保持着和平互市的友好关系。史称"东起延永,西抵嘉峪七镇,数千里军民乐业,不用兵革,岁省费什七"[1]。很快出现了"九边生齿日繁,守备日固,田野日辟,商贾日通"的繁荣安定景象。出入杀胡堡关口的货物激增,到万历后期,杀胡堡市场贸易量跃居山西首位,号称云中第一要冲,出现了"汉夷贸迁,蚁聚城市,日不下五六百骑"[2]的繁华热闹盛况,每年过往交易的驼马、骡驴、牛羊达 20 多万匹。而且商营占 80%,官营只占 20%。且看表 5-9:

表 5-9 隆庆五年官商市易马匹统计

市　　场	市易总数	官营数（匹）	商营数（匹）	商占%
得胜堡	7370	1370	6000	81.4
新平集	3726	726	3000	80.5
张家口堡	10993	1993	9000	81.8
水泉营	6941	2941	4000	57.6
合　　计	29030	7030	22000	75.7

资料来源:《明穆宗实录》卷 61。

不过,明代后期,杀胡堡市场在发展过程中也出现了官商勾结垄断排挤中小商人的问题。马市不等价交换形成的丰厚利润,不仅商人之间竞争,而且各处管理马市的官吏家奴倚仗权势欺行霸市、排挤普通商人。杀胡堡马市设守备一职掌管。天启七年(1027 年),杀胡堡守备麻岌的家丁张库,违禁走私蒙马,麻岌以盘诘致死,反而借故嫁祸商人。太谷县商人侯朝快对麻诘纵奴枉法,滥施淫威,刑讯逼供商人的做法十分不满,将守备告到大同巡抚衙门。巡抚上奏皇帝。皇帝认为麻岌稽察马市,是其职掌。事因家丁张库引起,首祸有归,何必借"故枉引勘平人之律",且一事二律,前后矛盾,显致失平。因而对麻岌和商人赦而不究。

四、设关征税

清王朝入主中原,统一内外蒙古地区,内地与口外的经贸交往在明后期

---

[1]《明史》卷 222,《王崇古传》。
[2]《明神宗宣录》万历四十五年六月丙申条。

已有的基础上更加频繁。杀胡口与张家口成为内地通往蒙古地区的两大关市口岸,专门设置监督掌管收税,归清中央财政。顺治七年(1650年)开始,杀胡口设立中央政府的税务监督机构——户部抽分署,负责征收山西东起天镇新平堡,西至陕西神木一线200多里的边口出入税。商税按物价,牲畜税按头数来计算。课税方法分"过税"与"坐税"两种,"过税",即货物经过关口时课之以税,"坐税"即货物到店发卖时课税。税收项目主要有盐茶烟税、米面糖税、荤腥腌腊海菜香料税、干鲜果品税、冠履靴袜棉毛丝麻税、皮毛骨角税、器物税。铜铁锡税、牲畜交易税等十余类上百种。除了口外的贡品、驾辕的骡马、运回口内的灵柩不纳税外,其余一切过往商品基本上都要照章纳税。顺治十八年(1661年)六月,户部确定杀胡口关税起征定额为13 000两白银,比张家口还多了3 000两。

康熙中年,政策进一步放开,允许山西雁北一带边民去口外归化城(今呼和浩特)种地做生意,俗称"走西口"。康熙三十八年(1699年),又批准山西大同朔州等地殷实商人去大青山伐木售卖(《清圣祖实录》卷193)。乾隆元年,归化城、杀胡口开征木材税。前三年,每年税收自300余两至600余两,乾隆四年(1739年)酌定每年征收446两白银。

由于内地特别是大批山西人去口外谋生,消费资料需求增加,进而又带动了山西大同等地煤炭、汾酒、胡麻油、烟叶等物资的出口贸易。油、烟、酒开始在杀胡口并不征税,后来因出口数量越来越多,户部奏准于乾隆二十六年(1761年)开征烟、酒、油税。

杀胡口自顺治年间设关至乾隆中期的100年间,市场日益兴盛,关税不断增长。到乾隆中期,每年征收的正额关税由13 000两增加为32 300余两。增长1.48倍,盈余12 100两,两项合计高达44 400余两。同期,朔平府实征地丁银14 684两。右玉县实征地丁银1 724两。两项相加不及杀胡口关税的一半。而杀胡口关税分别是朔平府田赋丁税的3倍、右玉县田赋丁税的25倍。关税的增加表明进出口货物数量的增多,杀胡口进入了自明万历以来第二次发展高峰期。

关税的稳定增加,除了税源充足,征缴及时足额外,还与加强稽私征管,堵塞漏洞措施有关。

杀胡口关沿边墙和黄河为界,东西长达200余里。按照规定,"商人运载货物,例须直赴杀胡口输税,不许绕避别处私走"。为此,清政府采取三条措施:一是加强稽查,责令山西、陕西巡抚转饬该地方文武员弁实力稽查。二是

239

杀虎口驿站

设卡堵截。为了防止归化城货物顺黄河南下入陕,或由托克托城渡浑河入陕偷漏税款,在托克托城设有黄甫川税局和木税局,在大同得胜口、河保营设卡堵截。三是增配力量。杀胡口税关——户部抽分属直隶户部,属条管,衙门挂着"户部钦差"匾额,内设科房、班房、库房。科房是税收征缴入账机构,管事叫"经承",负责经手承办征税事项,下设"稿书"、"贴书"之类文秘记账人员40人;班房是稽私警卫机构,首领称头役,手下有60名巡视稽查的巡役。另有看管库房人员数十名。巡役、贴书、管库承差人员主要由当地人通过关系花钱捐职。大体上捐一个科房吏员需花3600两银子,捐一个班房需1600两,看管库房需1000两左右。税关监督则由户部宗室贵族充当,一年一换,轮流捞钱。

表5-10 "差满回京斋交盈余银"奏折内之监督、税收与盈余情况表

时间	监督	所征税银	解户部正项	解归化城	解工部正项	开销用银	盈余	上缴	备	文献编号
雍正元年	偏图						10470			40202,1253
乾隆二年	萨齐库	21742	12322	2120			7300			40202,1253
乾隆十三年	吉住	34752	18470		8346		4045			002541
乾隆四十四年	藻愣额	36273	16919	446	7200	3473	8233			025632
乾隆四十五年	博庆	36376	16919	446	7200	3466	8344			028460
乾隆四十六年	藻愣额	36622	16919	446	7200	3473	8582			031990
乾隆四十八年	海庆	36893	16919	446	7200	3473	8854			033918

时间	监督	所征税银	解户部正项	解归化城	解工部正项	开销用银	盈余	上缴	备	文献编号
乾隆五十三年	祥林						9983	内务府4000	余银5983赏祥林	042810
乾隆五十四年	庆岱						10596	内务府4000	余银6596赏庆岱	042810
乾隆五十四年	舒瑞	39436	16919	446	7200	3466	11404			040914
嘉庆十八年	那木萨尔札布						17732	内务府176000	余银1732赏那木萨尔札布	048050
嘉庆十九年	恒安						17760	内务府16000	余银1760赏恒安	047924，048049
嘉庆二十年	恒桂						17800	内务府16000	余银1800赏恒桂	047924，048049
嘉庆二十一年	宽宁	45851					17817			047924，048050
嘉庆二十二年	福宁						17828			047924，048050
道光七年	祥康	46021					17963			058780
道光八年	呈麟	46029					17992			058780
道光十一年	富尔崇阿						18030	内务府17600	余银430赏富尔崇阿	051932，066799及附件
道光十二年	欲康	35961					18038	内务府17600	余银438赏欲康	051932，066799及附件
道光十三年	祥麟	35961					18062	内务府17600	余银462赏祥麟	051935，066799及附件
道光十四年	清平	46123					18070			051935，066799及附件
道光二十五年	宝麟	46248					18696	内务府18500	余银196赏宝麟	075620，078593
道光二十六年	德克精额						18711	内务府18500	余银211赏德克精额	078593

时间	监督	所征税银	解户部正项	解归化城	解工部正项	开销用银	盈余	上缴	备	文献编号
道光二十七年	嘉善	46256					18715			078589,078590,078593
道光二十九年	景玻						18713	内务府18600	余银113赏景玻	085143
道光三十年	承龄						18725	内务府18500	余银225赏承龄	085142,085143
咸丰元年	文秀						18722	内务府18500	余银222赏文秀	085142
咸丰二年	保衡						18734			085141
同治二年	松泉	43150					15610			097568
同治三年	俊达	44390					16834			097568
同治九年	文各	44431					16975			103840
同治十年	钟泰	44436					16981			103840
同治十三年	钟濂	44451					16979			103840
光绪四年	寿庆	27886					7230			103840
光绪八年	郅馨	34892					15919			103840
光绪十年	裕彬	34733					7262			127452
光绪二十七年	承慧	43541					16062			008084
光绪二十三年	松鄂	29725					8074	广储司	无赏	136889
光绪二十八年	钟福	11546								150413
光绪二十九年	恒廉	33258					12603			005998
光绪三十年	景清	38329					15330			162330
光绪三十一年	交鉴	43338					15485			008122
光绪三十四年	林景贤						17922			164450
宣统元年	汪德傅						15859			164450

五、兴盛诸因

抽分署职能类似国税局和海关,在清代属油水丰厚的肥差。有清一代杀虎口直接吃税费的有 100 家,成千上万人,间接吃税饭,搞三产服务的,诸如税店、商店、旅店、饭铺、娼妓、门役、下夜、搬货、印铁工匠等各色铺行人等近千家数万人。乾隆极盛时期的杀虎口有 3 600 余户,48 000 余人。构成杀虎口关的主要机构和人员有三大类,一是户部抽分署与所辖官吏,二是以经营茶叶、牲畜、木材为主的各种旅蒙商及所属员工,三是驻防绿营兵将及驿传道。当地老百姓习惯简称他们为三家半人家。此外每天过往关口的流动人口成百上千,货物车马更是络绎不绝,一派车水马龙、人畜杂聚的繁盛局面,形成这种兴盛格局的外部环境原因主要有三:

1.内外蒙古、西北广大地区市场广阔,呈点多、线长、面广态势,特别是西北部的唐努乌梁海、科布多、扎萨克图汗部、三音诺颜部及内蒙古六盟地区,陕西湟河、新疆乌里雅苏台一带,广大蒙、回、维吾尔各族人民所需绸缎、棉布、食盐、茶叶、铁锅、农具数量很大。明代靠沿边各马市有限供应,清代主要由杀虎口出口集散供应,从而带来杀虎口的空前兴盛。特别是雍正五年,中俄恰克图边贸市场兴起后,北部的大同、张家口、归化(今呼和浩特)、库伦、恰克图五大区城市场日渐兴盛,杀虎口市场处于中原和连接上述北部蒙古五大市场的枢纽地位。进出口贸物与日俱增。乾隆年间,古城一带过去由甘肃贩运的茶叶等货物,也部分地改为由杀虎口—归化城—科布多商道,无疑又使杀虎关出口货物猛增。

2.大青山以南,归化城以东以西,绵延数千里地区和河套一带,适宜农作物生长,而且"杀虎口外迤北 50 里,东西 50 里内"均系熟荒可垦殖地亩,而蒙族牧民不习惯耕种,因此清代大批山西商民去口外垦荒种地打工做生意,致使归化城人口激增,商民聚集,呼和浩特市汉人至今有 80% 多是清代山西走口外的商民。

3.进出口货物品种数量增多。明代由于长时期军事对峙、马市交易货物仅限于缎布、盐茶、牛马、牲畜皮毛四大类,铁器、铜器等可制作兵器的金属货物严禁出口。清代民族政策成功,内外蒙古与中原和为一体,疆域辽阔,贸易交往与日俱增,汉人大批移出垦荒,种地经商,消费需求猛增,铁锅、铁锄、犁、镢这类铁农具,以及车马、粮食、蔬菜、煤炭、酒、茶、布、油、碱、针线大量从杀虎口输往口外,出口货物的品种、规模、数量比明代增长了数十倍,详见表

5-11：

表 5-11　杀虎口关税征缴情况变化表

时间	税目	牲畜（匹）	金额（银）
万历四十五年 （1617 年）	绸缎、布匹、盐、茶、牲畜、毛皮、金银、日杂	马 200000	不详
顺治十八年 （1601 年）六月	绸缎、粮食、盐、茶、铁器、牲畜、金银、毛皮、农具、日杂	马 180000	额定 13000 两
康熙三十八年 （1699 年）	允准商人去口外伐木但未征税		
乾隆元年—三年 （1736~1739 年）	开征木税		木税 300~600 两
乾隆四年（1740 年）	木税		额定 446 两
乾隆二十六年 （1761 年）	开征油、酒、煤炭税	马 260000 羊 1750000 只	29600两 铜钱 18000 串
乾隆中期	盐、烟、茶、米、面、糖、海菜、香料、水果、鞋帽、皮毛、器皿、铜、铁、锡、牛、马、羊、骆驼、铁锅、镢、犁、锄、锹、木材、油、煤炭、烟酒、棉布、丝绸、蔬菜、蜡烛、枣、哈达、首饰、药材、潞绸、佛像、念珠、玉石、糕点	马 350000 牛、羊、马、驼皮 80 万张 羊毛、驼绒 20 万斤	正额 32300 两 盈余 12100 两
嘉庆四年 （1799 年）			实征正额 15414 两
道光二十一年 （1841 年）			实征正额 16919 两
光绪十九年 （1893 年）			实征正额 16847 两

六、衰落过程

杀虎口关自乾隆中期以后，逐渐走向衰落。衰落的标志之一就是关税锐减，直至民国后废关为止。从 1650 年设立到 1929 年杀虎关与塞北关合并，共存在了 280 年之久。它既见证了康乾盛世，又折射出清中后期的衰败。

据史料记载,乾隆中期年征正额达 32 300 余两,盈余 12 100 余两,共计 44 400 余两。这之后,税额未减,实征严重不足。道光二十一年(1842 年)实征正额 16 919 两,光绪十九年(1893 年)实征正额 16 847 两,只有乾隆中期税额的一半多一点。

不论正额和盈余,嘉庆、道光时期,由于内忧外患日甚,均不能按限上解。于是户部会同内务府上奏,自奉旨之日起,予限一月完缴,"倘逾限延宕,即由内务府参奏,勒限 20 日全数交清。如再不完,应革职监追"。但依旧不能按限上解,到了光绪十一年(1885 年),只好按应解应征银两减免四成。

杀虎口关的衰落除与国家衰败息息相关外,客观上也与归化关的开设有关。

归化关开设于乾隆二十六年(1761 年)。在归化未设关前,木植税及其他货物税,均归杀虎口关征解,而且归化的"同知",也隶属于杀虎关所在地的朔平府。归化设关之后,当地所征关税,也就不再归杀虎口关了。

从咸丰四年(1854 年)七月起,归化关又在西包头镇、萨拉齐(今土默特右旗)、托克托城三处设立牲畜税厅,凡一切货物,不经过归化城者,皆在上述三地纳税。这又使原属杀虎口关征税地区的关税归归化关了。这样就分流了一部分税款。

光绪二十九年(1903 年)起,归化关又在东路和林格尔、丰镇厅各地一律设卡,征收绒毛及牲畜各税。于是,归化关税收日旺,一超再超。

归化关额定关税缴银 16 600 两,铜钱 9 000 串。据记载,道光二十一年征银 23 565 两,二十二年为 24 036 两,二十五年为 23 418 两,二十九年为 22 749 两;光绪十三年为 65 279 两,十四年为 60 181 两。数字表明,道光年间所征银两,年均超过原额的 41% 以上;光绪年间超过原额的 27 倍以上。特别是光绪二十三年(1897 年)五月整顿之后,溢额大增,直至光绪三十年(1904 年)不仅正额和额定盈余均可收定,每岁还要多收银两五六万两。山西第一家兵工厂——山西机器局,就是动用归化关所收银两 5 万两兴建起来的。

随着山西人走口外带动内蒙地区经济的开发,过去靠内地供应的粮食、油、酒、烟、煤炭等等,也就做到了部分自给,减少了进口,使杀虎口关出口税减少。乾隆中期以后,"蒙古地方,颇种烟叶、杂粮,口内人民赴彼造作油、酒、烟筋在归化城一带村庄售卖",也就用不着全部靠长途贩运了,从杀虎口进来的贸物比以前减少。

中俄恰克图通商之后,北京—张家口—归化—库伦—恰克图商路大盛,张家口成为北方一大商埠,华商云集。咸丰后洋商也来到这里,成为蒙古、西北地区皮张绒毛转运天津出口的基地。

张家口的发展,使口外商品流通路线发生了重要变化。

一是归化城等口外地区所需中外货物的进口和皮张绒毛的出口,如果说前期是完全通过杀虎口关的话,咸丰、同治以后,一部分就经过张家口关实现了。归化城与张家口基本处于北纬一条线上,经丰镇至张家口约600多里,而以杀虎口至张家口也有740多里。运程缩短,费用减少,这是商人所普遍追求的。正是这一变化,使归化关在丰镇等地设关征税;京张铁路通车后,许多货物通过火车运输,这种变化愈为明显。

二是由上述变化引起,新疆乌里雅苏台、外蒙科布多所需要的缎布、茶叶等货,也部分地由采自归化城而转向张家口。

除上述原因外,衰落的内外因素还有两个:一是十月革命使山西旅蒙商号遭受沉重打击,迅速破产败落,二是杀虎口税务官吏贪污腐败。

俄国十月革命及外蒙独立,旧币废止,山西在莫斯科等地商人的资产或没收或受损,俄商所欠晋商资产分文无收,外蒙各部所欠大盛魁等旅蒙商号债务,一律不予归还,数十家山西商号破产倒闭,晋商遭受毁灭性打击。从山海关、杀虎口逃回山西旅俄、旅蒙商民多达十万,损失资财无数,商号大批破产,货源顿失,税款自减。另一方面,清代中后期,杀虎口关的税务官吏贪污营私也难免其责。清末民初,平绥铁路未修至丰镇之前,杀虎口的业务进出十分繁忙。养活了成千上万的官吏税役和一批黑店。他们官商勾结,税务差役猎鼠同穴,串同起来营私舞弊。于是,科房的财会人员在税款登记上做假账,征多报少,虚报冒领,班房的巡役敲诈勒索中小商户,不法商人偷税漏税,看管库房的衙役用肛门往出夹带银两钱物,甚至一些本分的人,负责清点制钱时,每数一吊也要从中扣下20文钱,称为扣底。杀虎口号称日进斗金斗银,但多数都被历任监督及属吏贪污贿赂捞入自己的腰包。据业内人研究及熟知内情的当地人估算,清代中后期,大概杀虎口关所收税款,国库至多能得到四成,监督和缉私的官吏能捞到四成,剩下的二成则分散落到杀虎口100多号花银子买来顶缺的差役的私囊。

凡此种种,导致了杀虎口的盛极而衰。

第七节　张家口——旅蒙晋商基地

张家口是一座具有悠久历史的古城,东接河北、山东,南达河南、湖北、安徽、湖南、江西、福建,西通陕西、内蒙、宁夏、新疆,为北出塞外直抵外蒙、俄国的交通要道。明清时期是我国北方著名的进出口贸易商埠,素有"旱码头"之称。以晋商为主体的旅蒙商以张家口为基地,和蒙古人民及俄国商人互易有无,活跃在张库商道和恰克图市场,对推动中俄,中蒙贸易,带动国内商品货币经济的发展和市场的兴起以及满足蒙汉人民的生产、生活需要诸方面都作出了重大贡献。

一、张家口的军事管理与八大皇商

(一)张家庄—张家口堡—张家口

张家口是一座具有 600 年历史的古城,其地名及其商业繁盛与山西商人和明清军事防务有着密切的联系。

今张家口大境门东西太平山中间原有一隘口,为扼守塞北和宣府重镇的大门,地理位置十分险要。明初只称"隘口"或"隘口关",为防漠北蒙古贵族南下进犯,沿长城一线设置九大军事重镇。洪武二十五年(1392 年),宣府镇驻军共 126 395 人。

由于张家口一带人烟稀少,据《宣府镇志》记载,洪武二十六年(1393 年),调山西余丁充之,迁来大约有 3 万多人,山西人占了很大比例,因有张姓人氏来此隘口定居,这就使"口"与"张家"发生了联系,久之,"隘口"一名遂被人们冠以张姓,称作"张家隘口"、张家庄,后来简化为张家口。宣德四年(1429 年)边将张文修(山西人)再次建城堡,命名为"张家口堡"(今堡子里)。《大清一统志》记载:"张家口堡,明宣德四年(1429 年)筑,周四里有奇,门二,嘉靖中改筑,周三里有奇,城外有池。"成化二十一年(1485 年)又筑长城,嘉靖年间,张家口上、下堡先后筑成;隆庆四年(1570 年)鞑靼首领俺答臣服受封,张家口辟为蒙汉"互市之所";开张家口、大同、辽东 3 处马市,到后来开到 13 个边口。万历初年,山西市易边城的商贾麋集于张家口,并在此定居、设店,从事对蒙贸易。"马市"设于今大境门外正西沟街,故有:"敌来市,即率我吏士商民,裹粮北向,而遇合之。藩汉错址,贸易有无,锦蕞野处,市罢散去,其抚赏亦然"的记载。①万历四十一年(1613年)扩建城埂续筑来远堡(今市圈),贸易更加繁荣,日渐成为塞北的一个著名商埠。马市、互市吸引了大批内地商贾,最多的是山西商人。仅张家口、大同、水泉营三市"官市易马7 000多匹,民间易马、骡、驴、驼、牛、羊达22 000多匹(头)"。

明后期,努尔哈赤反明,建都盛京(今沈阳),因不能入关贸易,便派人到张家口通过山西商人王登库、范永斗等8人摄取内地物资,以供给军需。对此,乾隆《万全县志》记载道:"自本朝龙兴辽左,遣人来张市易,皆八家主之。"

(二)山西"八大皇商"

顺治元年(1644年),清王朝挖开来远堡西北角的明长城,建筑起大境门。②自此,将明王朝时的蒙汉贸易市场移至大境门外正、西沟,称为"外管市场"。为限制蒙汉民间的经济联系,清王朝赐张家口为山西商人之永业,诏张家口山西"八大商人"进京,宴便殿、赐上方服馔,隶内务府籍。从此,王登库、靳良玉、范永斗、王大宇、翟堂、梁家宾、田生兰、黄云龙等,取得政治经济特权,被誉为"皇商",垄断了清初时的对蒙贸易。其中范氏家族在张家口有商店6座,房产1 000间,土地106顷。他家的"大玉川"茶号仅在福建武夷山就有茶山5 000亩,茶场7座。康熙二十八年(1689年),中俄《尼布楚条约》签订,自此,每二年有俄商来张家口一次(马帮不超200匹),正西沟蒙汉贸易市场正式对外开放。雍正六年(1728年)八月一日,清王朝为实施中俄《恰克图条约》,也称《布连斯基条约》,由库伦护军扎尔固齐带领张家口旅蒙商,与俄国商人在中俄边界(今蒙苏边界)恰克图,进行了首次换货贸易。

二、张家口—库伦—恰克图的旅蒙商主体是山西商人

旅蒙晋商起源于明代马市和互市,俗称"跑草地"买卖的商人。起初,他们沿着古驿站开辟的道路,驴驮、肩挑、牛拉、驼运,三五结伙,数十成帮,由近及远,从南到北,横穿辽阔的内蒙古大草原贩卖,因他们懂蒙语,知驿道,故也被叫做"通事行"、"通驿站"。进入清代,特别是康熙平定葛尔丹叛乱后,随着内外蒙古的统一,旅蒙商更加活跃。活动地域由内蒙古向库伦、恰克图、莫斯科等地方拓展。

①《察哈尔省通志·艺文篇》。
②《清文献通考》卷33。

　　旅蒙业在组织上分京庄和山西庄两大派，大部分是"山西帮"，小部分是深州、饶阳、束鹿、辛集人，俗称"直隶帮"，也有拿着国家俸禄的旗人组成的商帮，俗称"京帮"。还有小本经营的蔚县、阳原、怀安、逐鹿商人，俗称"本地帮"。这些商人初时通称"通事行"，清末改称旅蒙商。京帮以北京安定门外黄寺一带为老柜，在张垣、大库伦、多伦诺尔以及各旗都有分柜和分庄，用人都是由老柜派（以河北、山东人多），供给全程路费，打发到各分柜、分庄，当学徒或是伙友。他们有一个传统的规矩，即伙友、学徒一律不准在外结婚；学徒 3 年期满后，方准回家省亲；伙友二年返家一次，掌柜的半年或一年回京述职（报告营业状况），顺便可以回家看看；各分柜对伙友学徒，如认为不堪使用或发生其他事故时，便供给旅费打发回京，听候老柜发落，分柜不准在外边"散人"。到旗下做买卖亦非常规矩，假如老死在外边，无论远近，柜上必将伙友的灵柩送回家乡去。山西庄则跟京帮不同，不但一切规矩不及京庄，分庄认为伙友不当时，随时随地可以"散人"。所以，山西帮旅蒙商人有不少商伙流落到草地，不能返家。

　　京帮与山西帮在贸易上各有各的贸易路线和经营作风。京帮多采办细货如绸缎、珠宝、玉器及砖茶等。山西帮多为粗货如布匹、生烟、皮鞋、油酒、米面等。大商号如大德玉、大升玉、大泉玉、独慎玉、大美玉等所谓十大玉，都是当时山西有名的大商号，资金多，人员多，制度严格。总号设在张家口，分号设在库伦（今乌兰巴托）、恰克图等地，人员分两班，一班出去，一班在家，三年一轮换。探亲假为一年，中小商号住皮毛毡，春去冬回，将货卖完回家过年，下年开春再走。输出的货物主要有砖茶、纸张、硫磺、火药、瓷器、铜铁制品、生烟、蒙靴、布匹、糖果、点心和各种日用杂货，以及上层人物用的珠宝玉器、金银首饰、绸缎玩具等，输入的货物主要是畜产品，如羊毛、天鹅绒、海獭皮、貂皮、毛织品、皮革制品、驼毛、家畜皮、野牲皮、黄油、奶食、蘑菇、珍贵药材（如鹿茸、麝香、羚羊角）以及牲畜（主要是马、牛、羊）。当时张家口桥西两堡和大境门外旅蒙业交易集中，被称为旅蒙巨商的有东西两口的大盛魁、天义德、元盛德三大商号，其中，大盛魁居首。大盛魁和元盛德两家的资本据《蒙古人民共和国通史》记载："其中第一家能够用 50 两重的元宝铺一条路，从库伦到北京（两千公里）；而第二家能够用骆驼在这条路上排成两行。"

　　运输工具只有两种：骆驼和牛车。骆驼有专业队，由回民或蒙民的个体户经营，他们养着一批骆驼专门跑运输，一年之间川流不息。在交易繁盛时期，数万只的骆驼和牛马车投入运输。一般是有几十到上百峰骆驼，五驼一行，一人赶一行,十行为一帮。最前的一人打商旗,最后的一人骑马压阵(也叫骑乘),是驼队的总负责人,同时也起押运、保镖、指挥的作用。随队备有枪支和跟随猎犬保护以防盗匪窃之。牛车(俗称老倌车),很简单,一条牛架一辆木轮车,每车载重四五百斤,一个人能赶五六辆。主要货物用骆驼,次要货物用牛车,由于牛车太慢,往返一趟库伦需要一年时间,因此京张铁路通车以后,市民有句谚语,"火车快,出不来大境门外;牛车慢,一年一趟大库伦"。

经营方法:晋商赶着牛车带上货物深入到牧区与牧民以货换货进行交换。其作价办法是,带去的杂货按张家口进货价加一倍作为对蒙民的销售价。蒙民的畜产品,按张家口的市价减一半为收购价。起码是两倍利润。

由于路程遥远,地广人稀,旅程困难较多,商人运送货物的车辆和驼脚不得不结队而行。据《清稗类钞》记载:"晋中行商运货往关外诸地,虑有盗,往往结为车帮,此即泰西之商队也。每帮多者百余辆,其形略似大轱鲁车,轮差小,一车均可载五百斤,驾一牛,一御者可御十余车,日入而驾,夜半而止,白昼牧牛,必求有水草之地而露宿焉,以此无定程,日率以行三四十里为常。每帮车必携犬数头,行则系诸车中,止宿则列车两行,成椭圆形,以为营卫。御者聚帐中,镖师数人,更番巡逻。入寝,则犬代之,谓之卫犬。"被称为沙漠之舟的骆驼,在这条国际商道上,是一支重要的运输力量,耐饥渴,善远行,每峰可载货四百斤。

民国十八年(1929年),国民党政府抗俄,中俄断交。旅蒙业在库伦四百余家分店,被外蒙古政府没收,人员大都蒙难,损失白银一亿多两。从民国十年到民国十八年(1921~1929年)间,由718家减少到569家。到了民国二十五年(1936年)以后只剩下13家。详见表5-12:

表5-12　清代到民国张家口旅蒙俄商家统计表

时　间	家　数	时　间	家　数
顺治年间(1644~1661年)	8家	咸丰年间(1851~1861年)	260~290家
康熙年间(1662~1722年)	30~90家	同治年间(1862~1874年)	290~350家
雍正年间(1723~1735年)	90家	光绪年间(1875~1908年)	350~404家
乾隆年间(1736~1795年)	90~190余家	民国十年(1921年)	718家
嘉庆年间(1796~1820年)	190~230家	民国十八年(1929年)	569家
道光年间(1821~1850年)	230~260家	民国二十五年(1936年)	13家

三、晋商的经营项目

（一）茶叶

茶叶是晋商经营的大宗出口产品，主要产自福建、湖北、湖南。清咸丰年间以前，晋商购茶大都来自福建武夷山。咸丰年间，采购区北移至湖北的崇阳、蒲圻、通城及湖南临湘。以湖北的羊楼洞和湖南的羊楼司为集散中心。所购之茶在武汉加工，焙制成不同规格、品味的砖茶。以规格的茶箱，装入不同数量的砖茶，以块数命名为："二四"、"三六"、"三七"、"三九"几个品牌。加工包装后，分两路北运：一路仍走旧道；一路由清政府招商局船运至天津起岸，再有骆驼接运，经北京、南口、土木、宣化运达张家口。这条运输路线是同治十二年（1873 年）开通的。张家口山西商人在武夷山的茶山有 20 多座。张家口的四大茶庄长裕川、长盛川、大玉川、大昌川，都是山西商人的商号。其中，范家"大玉川"在武夷山有茶山 5 000 亩，茶场 7 座。渠家"长裕川"每年从南方运往张家口的砖茶达百余万斤，有分号十余处，遍布半个中国。在张家口、库伦、恰克图一线从事茶叶的运销的商人多是山西商人。清代王先谦在奏疏中说："从前，张家口有西帮（山西商人）茶商百余家，与俄商在恰克图易货。"另据《朔方备乘》记载："其内地商民到恰克图贸易者，强（多）半皆为山西人，由张家口贩运茶叶，缎布，杂货，前往易换各色皮张、毡皮等物。"仅茶叶一项在恰克图的输出额，公元 1727 年为 25 000 箱，道光年间（1821~1850 年）增加到 66 000 箱。茶叶在 1850 年占全部输出额的 75%。茶叶的批发业主要分祁帮（祁县茶庄业）和榆帮（榆次县茶帮业）。从清代中期到抗战以前，每年销往内外蒙的青砖茶约在 15 万箱到 20 万箱之间。

祁帮茶庄业有以下 5 户：

兴隆茂、永巨祥、长圣川、聚圣川，这 5 户均为合资企业，总店设在祁县城内，资金每户都在 10 万元至 20 万元银元之间。从业人员每户都在 100 人上下（包括驻外地机构人员）。

榆帮茶庄业有以下 5 户：

大涌玉、大合诚、聚兴顺、义兴茶庄、瑞兴茶庄。

以上 5 户均为合资企业，总店设在榆次县城内，资金都在 10 万元至 20 万元银元之间，其中资金较大者为义兴茶庄，当时估计资金在银元 40 万上下，总经理康鉴三是榆次、太原商业界知名人士。

零售茶庄分京帮、口帮与晋帮。

京帮有吴德祥、启元茶庄。

口帮有怡心茶庄、聚春泰、天聚恒、瑞昌恒、春森茶庄、永升元、德馨玉、瑞兰香。

晋帮有天一香、天元香、天来香、天香辰、天生香、聚兴顺、大涌玉、中和泰。

零售茶行以上3帮从业人员共计约400人。

茶叶除销往恰克图、蒙古等地外，国内还销往大同、集宁、呼市、包头、五原、临河、陕坝一带。

第二次鸦片战争后，中国从内地到北方边境全部对俄开放，又增加了从科布多，经归化（今呼和浩特市）、张家口到天津；和从新疆经嘉峪关、兰州到汉口两条运输路线。此后，俄国商人可以到汉口等内地自由买卖，自由贩运，享有免税特权。而山西商人因纳税负担过重，受到打击。张家口的"山西帮"茶商，由兴盛时的100多家，减为20家。从公元1851年到1890年，通过张家口运往库伦、恰克图的贸易额下降了75%。

（二）皮毛业

皮毛业是晋商从俄国和蒙古输入的大宗产品。始于明代，大盛于清代，据申德华同志《皮都史话》所载："明宣德年间，张家口……上下城堡的皮毛作坊，已初具规模，基本形成了裘皮业、粗皮业、白皮业。"皮毛业包括皮毛栈、皮毛贩卖业、皮裘业、皮革业。皮毛贩卖业中又分粗毛、细皮、绒毛、马鬃尾、猪鬃、肠衣、羽毛。皮裘业中分粗皮、细皮。皮革业中分黑行、白行。各有各的技术、各有各的渠道。

1. 皮毛栈。皮毛栈是直接为旅蒙商服务的，主要业务是接受旅蒙商委托的畜产品，代其储存、保管、销售。商品售出后，按销售总额向买卖双方各提2%的手续费。储存期间不收栈租，只许代客买卖，不许自己经营，这是行规。另外要给货主安排食宿，根据商号大小、人员多少提供房间。皮毛栈代客卖货，并派有专职营销人员，必须是有技术、有经验、顾客信得过的人。每天早晨当皮贩子集中时开始卖货，现场打开大家看，看完以后用投标方法要价还价（在袖筒内摸指头），谁给的价大卖给谁，当场拍板成交。

2. 灵活的皮毛贩卖业。皮毛贩卖属于中间商，因为旅蒙商带来的货品种多，数量大，并且是不挑不拣一齐卖，因此，要求皮毛贩子灵活主动，为适应旅蒙商很快卖完皮货再买上工业品运走，时间紧，周转快的特点，皮贩子就采取你卖什么我买什么，你卖多少我买多少，你什么时候卖我就什么时候买，我一家买不起两家买,两家买不起联合起来大家买,反正不能叫你噎住。在卖货时采取相反的作法,完全服从买方要求,你买什么我就卖什么,你买多少我就卖多少,而且随便挑着买。比如,这个月卖牛皮黑行是要挑好的,他是用作皮鞋底、面、蒙靴皮、马鞍等,为了保证质量所以不要次皮。而白行是只挑次皮不要好的,他是用作车马挽具,反正是拉皮条,好次一样用,最后是好次皮都剩不下。

1884年(光绪十年),英、美、法、俄等国商人和国内北平、天津、山西等地客商纷纷来到张家口收购皮张和羊皮。由此,张家口有了"皮都"之称。当时,在张家口大境门外的西沟专门开辟了皮市、马市。1925~1929年,是张家口皮毛贸易和皮毛加工业的鼎盛时期。每年输入张家口市的皮子约800万张,毛、皮1 000多万金,牲畜、牛羊数十万。据张家口市工商局对1925年输入张市的各种皮张、毛皮调查统计,总计各种皮张839万张,其中羔皮300万张,老羊皮150万张,山羊皮100万张,灰鼠皮50万张,狐狸皮20万张,狼皮10万张,獾子皮50万张,牛皮150万张,马皮9万张。毛皮(含鬃)1 100万斤,其中羊毛900万斤,羊绒20万斤,驼毛150万斤,猪鬃30万斤。张家口皮毛最盛时期是1926年,据调查,每年内、外蒙古输入各种皮1 000余万张,各种毛绒2 600余万斤。每年输出到平、津的各种皮500余万张,毛绒2 000余万斤。1929年,在张库3 600里的商道上,旅蒙贩运的牛车有6万多辆,骆驼6 000多头。

(三)绸缎

绸缎的主要产地在江南,以苏绸、杭缎为上品。河南的曲绸,潞州(山西长治)的潞绸,山东茧绸各具特色;山东茧绸质地挺括,价格便宜,河南曲绸比潞州曲绸质量好,价格仅次于杭州花缎。

绸缎的采购由嘉靖年间开始,以江南为主,万历初年,山西市易边城的商贾都集于张家口,并在此定居、设店,从事对蒙贸易。张家堡(今堡子里)已是:"贾店鳞比,各有名称。如云:南京罗缎铺、苏杭罗缎铺、临清布帛铺、绒线铺、杂货铺等,各行交易铺沿长四五里许,商贾皆争居之。"①到清王朝中期,"大玉川"、"大德玉"、"公盛德"、"元盛德"、"大盛魁"等大商号,为方便采购,便于推销从俄商手中换来的丝绒、羽纱、哈达(薄呢)、毛毡等商品,都在广州、苏州、杭州开设了分号,实行以销代采的办法。一般商户,是靠季节性

①〔万历〕《宣府镇志》。

来张推销的批发商,有时也去北京、天津自采。

（四）生烟

生烟,又称"西烟",是初加工制成的烟丝,产自山西省曲沃县,其主要牌号有"东生烟"、"晋生烟"、"奎生烟"、"祥生定"、"日生定"、"月生定"、"晶生定"、"邓世宽"等近百个品种,都是以席做外包装,故称"囤",一囤装180大包,每大包10两（16两为一斤）,每一大包内仅有10小方包装。

生烟品种虽多,但各销一方,很少发生互相排挤、互相争夺市场的现象。如"东谦享烟厂"生产的"东生烟",远销于外蒙和苏俄,垄断了那里的生烟市场。（今苏联供应蒙古人民共和国烟丝,仍叫东生烟）;"邓世宽"是归化（呼和浩特）、包头一带的畅销品,民间有"没有邓世宽,席宴再肥,也不是好席"的说法;"人吃人参,牛吃麻糁",这是流行于乌兰察布盟的一句民间俗话。

（五）布匹

1.棉布（永机布）。清同治之前,老百姓的衣着全用永机布。榆次常家先祖常威就是肩扛榆次大布,步行到张家口堡子里贩卖起家的。后来,生意逐步做大,发展到库伦、恰克图,自常万达从乾隆时从事贸易开始,子孙相继历乾隆、嘉庆、道光、咸丰、同治、光绪、宣统7个朝代,沿袭了150余年,其"羌北庄"（对专门从事中俄贸易商号的俗称）也由初期的"大德玉"扩大到"大升玉"（道光八年成立）、"大泉玉"（道光二十五年立）、"大美玉"（同治五年立）、"独镇玉"（光绪五年立）等4个联号均设于恰克图。到清末在恰克图数十个较大的山西商号中,常氏独占其四,称得上对外贸易世家。

常家在张家口的铺号旧址

永机布是完全靠手工纺织成的棉布,幅宽不足尺半,颜色以本色棉花为主,有少量的条格布。永机布主要产自河北、河南、山东,以河北高阳的干机布为上品。永机布的采购集中在上述地区。到光绪年间,河北高阳、深县、饶阳的棉布商集中于张家口,在东赵、西赵、布电巷、武城街、明德南街开设了34家棉布店,方便了旅蒙行业的采购。

2.洋布。洋布是机纺织布,最初市场上卖的全是进口货,称之为"洋布"。同治年间,广州、上海、天津引进纺织技术和设备,生产出自己的机纺织布。主要牌号有:"双鱼"、"龙珠"、"炮车"、"彩球"、"世亲鸟"、"四君子"、"红五福"、"兰五福"等。以天津产的"红五福"白布销售量大。清末民初,"红五福"的销量占棉布总销量的80%以上。其原因是货币贬价,市面各种交易均可以五福布代币通用。因此,进货主渠道是京津两地。

（六）票号

清末,张恒商号晋商占十之六七,故晋商势力最厚,金融机关完全操纵。大者为汇兑商,专营汇兑本国各埠之事业,以收的汇费贴水为目的。小者为银钱店,专营本埠各商家来往借贷之事业,借入出小利,贷出则出大利,全市面通行货币除以银块、制钱通行外,并有钱帖（即制钱票）之发行,但发行钱帖非资本殷实之钱铺不得享此权利,霍宅在张家口的裕元永、裕元生就出票子。民国十二年（1923年）,张家口的票号、钱庄已多达42家。张家口堡的商号、票号、钱庄的投资人与经营者大多是晋商。著名的祁县乔家大院乔氏家族,在堡子里二道巷开办了宏茂票号。祁县的渠家也在张家口开设了茶店以及三晋源、百川通票号。太谷的曹家来张家口桥西经商,开设了锦泉涌、锦泰亨、锦泉兴票号、钱庄。张家口堡成为晋商招财进宝的聚集地。

早在清道光年间,资金雄厚的山西太谷北洸村曹家,为了扩大经营范围,便在张家口设立了"锦泰亨票号"。锦泰亨票号的创办,大大方便了曹家旅蒙商号的销售和采办业务。为了进一步适应国内外贸易发展的需要,曹家又分资在莫斯科、伊尔库茨克、库伦等地,开办了"锦泰亨分庄"。

清同治元年（1862年）,山西各帮银钱业,发现"任便通商"的张家口商贾辐辏,便接踵而来设立票号和分庄。当时山西祁县帮"大德通票庄",在张家口下堡鼓楼西开办了"大德通分庄"、山西平遥帮"百川通"也在张设有"百川通分号"。原设在张家口的太谷帮锦泰亨票号（今上堡碱店巷小学所在地）,也分资在上堡（今毛纺织厂处）设立了"锦泉涌坐庄"。坐庄又称为"增庄"。形式上增庄比分号还小,店内仅有三四人办理汇兑业务,但在业务关系上,却能行使总号的职权,因为它自身就是总号派出的金融机构,所以总号派出的分号和增庄人选,务必要办事可靠,能独当一面。

1919年（民国八年）苏联十月革命,中俄、中蒙贸易中断,直接影响了旅蒙商的贸易交流,山西太谷曹家在莫斯科、恰克图、伊尔库茨克和库伦的"锦泰亨"、"锦泉涌"、"锦泉兴"三家汇票分庄连累受损,共负外债80余万银两。曹家在张家口的锦泰亨总号，因补偿外庄经济亏损，无力经办，只好关闭。锦泉涌分庄虽扩大改为钱庄，为时不长也宣告倒闭。

（七）养驼

骆驼号称"沙漠之舟"，是旅蒙晋商的主要运输工具。张家口的旅蒙晋商一部分自己养驼搞运输，如"大盛魁"商号就有骆驼 20 000 头。张家口驼店40 多家，其中"晋生厚"驼店掌柜就是山西人。大部分晋商靠雇用当地养驼户帮助运输。张家口养驼户多是回民，这些人有的是阿拉伯、波斯人的后裔，元朝时成吉思汗曾从阿拉伯、波斯等国调 500 工匠到张家口搞建筑，后来定居下来，他们的后代有的干起拉骆驼的营生。有的是从宁夏拉驼到张家口做买卖的，见张家口到蒙古地是一条黄金运输线，便在此地扎下了根。

光绪年间，张家口的养驼业发展到顶峰，黑达子沟、白家沟、东驼号、西驼号、范家大门及西关街等地有 100 多家养骆驼的，养着 2 000 多头骆驼，数千人以拉骆驼搞运输为生，是一支庞大的运输队伍。当时，张家口的养驼大户有丁、马、郑、王、佟、闪、杜几家，养驼最多的是宣化郝家，他家养 1 000 多头骆驼。据养驼老人马聘儒回忆："在民国十三年（1924 年）以前张、宣两地驼运业实力雄厚，养 100 头以上者不下 30 家，50 头左右的也有 100~200 家。"这些养驼户一般都是从晋商和京庄外馆承揽货物，挣脚钱（运费）。一般一个伙计要拉 7 到 13 头骆驼。当时讲究上把子 7 头，下把子 6 头，一槽子 13 头骆驼。驼队由 100 头骆驼组成，每头驼一天吃 20 斤干草 5 斤黑豆，黑豆油性大，骆驼吃了上膘。东家给每个拉驼人 3 块现洋，领房的班头一个月给五块现洋，让他带着莜面、荞面和炸酱，负责驼队一路的吃住，拉驼人非常辛苦。张家口有个民谣叫《提起个拉骆驼》，其中有："提起个拉骆驼，几辈受饥荒，冬天冻个死，夏天晒的荒，夜晚蚊虫咬，受不完罪吃不完的苦啊，提起个拉骆驼……"后草地地广人稀没有店，一般拉驼人走到有水处，停下来拣些牛粪、枯草生火做饭，一般是吃莜面鱼子蘸盐水，或蒸荞面、莜面、白面混做的三代王（发面糕）。驼队从草原返张家口时，爱到蓝旗的乌日图的地方驮大青盐挣脚钱。盐商让驼队运盐实行九扣或加一的作法。九扣，就是驮 100 斤盐给 90 斤盐的钱。加一，就是驮 100 斤盐，再加上 10 斤稍脚，仍按 100 斤盐付运费。驼队为了不放空回来，只好受到欺人的剥削。

不仅大的晋商商号有自己的驼队，而且山西商人在内地也经营养驼业，如清代汾阳西关的郑家、西阳城的马家、三泉张家堡的田家都以经营驼运业发家致富。郑家建有规模宏大的马棚院，仅槽头马厩有 20 多间，养骆驼 99

头，还备有兽医、脚夫多人，常年奔走于山西、直隶、山东、张家口、库伦、恰克图。人畜风餐露宿，越沙漠，跨戈壁，时称驼帮。

（八）日用百货

日用工业品，历史上称为京广货（百货），经营这类商品最初购于广州，又都有个"洋"字，如洋火、洋腊、洋肚手巾、洋胰子、洋镜子、洋线、洋袜子、洋油灯等等。此外，口碱、口蘑也是晋商经营的用品。口碱、口蘑产自内蒙，在轻工业生产和人民生活中，是不可或缺的物资。口碱是用蒙古草原碱池的天然原碱熬制的，运到张家口后经过加热、加水熬成液体，然后滤出杂质，注入木模，再次凝固，即制成大小不同的碱块。因在张家口加工精制后转销全国各地，故在前面都加了"口"字，成了张家口的著名品牌和产品。清代中叶至民国200余年间，张家口碱商发展甚多，碱店有金城、元隆、德懋、德恒和裕源五大家，每年运来碱坯多则3万车，至少则1万车。当时，山西商人在张家口开设的经营日杂百货的店铺有：

义兴隆，主营杂货，经理张凤舞，山西人。

万合永，经营洋货，带醋房，经理郭连科，东家徐国正，山西人，民国十五年来此。3间门脸，后边有两间库房，18个伙计。

合义兴，杂货铺，掌柜姓杨，山西人，两间房。

万合成，大洋货铺，掌柜徐蛮子，山西人，3间门面房。

此外，万全城的三大财主，罗、霍、马也是山西商人。他们在明朝中叶先后从山西迁来，住在安全的万全城，在张家口开设店铺。霍家的先世从山西孝义迁至万全，到清末民初，他家的商号发展到10家，号称"十大裕"：裕元昌油酒店、裕元永汇兑庄、裕沅碱店、裕沅恒杂货铺、裕沅瑞杂货行、裕元宏杂货行、裕元生钱铺、裕盛和杂货铺、裕元当铺、裕元顺缸房。霍家的商号出口货为：盐、茶、油、酒、米、面、布匹、糖、海味、铁器、瓷器、皮制品等日常用品，入口货为皮毛、牲畜、盐、碱、碱坯、木料、蘑菇、奶食、鹿茸、黄芪，几乎无货不备，无物不收。霍家到霍老五时衰败，霍老五吃喝嫖赌五毒俱全，抗战爆发后，投靠日本人当了汉奸，后被镇压。

四、晋商在张家口的社会公益事业

晋商在张家口，不仅经营茶叶、丝绸、皮毛、盐碱、牲畜、日用百货等，而且社会责任感强，对张家口的发展贡献很大。在社会公益事业方面，也颇多建树。

（一）建庙

山西会馆：位于张家口桥西东关街东头。

榆次会馆：位于张家口堡子里"粮店"处。

汾阳会馆：位于张家口上堡市圈里。

太谷会馆：位于张家口下堡东关街路北。太谷商人建。每年五月十三举行神筵社会，唱戏 3 天。

关帝庙：位于张家口堡子里鼓楼北街路东。太谷、祁县、榆次商人共建。庙内设有"福佑社"，为钱行、杂货行议事之处。

（二）义冢

寄骨寺：山西商人或同乡在张家口病逝后，灵柩与席筒暂寄庙中，灵柩一年半载运回山西老家，席筒则放埋人沟草葬。

晋义社：旧社会山西人死在张家口，尸体运不回去，而寄埋尸骨的地方。

孤魂庙：这里埋葬的都是些终身未婚的孤身者或穷困客死他乡的商人与流浪汉。晋商和有慈悲心肠的人，便捐资在这里盖庙，名曰："孤魂庙"，以示哀怜。旧社会每到农历七月十五，堡子里城隍庙里的城隍老爷还要旗帜高扬、锣鼓开道，恶判前行，出府捉拿孤魂野鬼。

第八节　张库商道——晋商开拓的物流市场通道

交通运输是国民经济的命脉。在中国古代，由于蒙古草原与中原地区天然存在着农产品和畜牧产品的分工和交换，导致了蒙古牧民在生产生活中对内地各种商品的需求，并促成了汉唐至明清以来不断开筑的商道。其中，从张家口至库伦（今蒙古人民共和国首都乌兰巴托）的这条通商大道上的旅蒙商，自明中后期蒙汉双方通贡互市以来，中经康乾盛世的发展，到清末民初京张铁路建成和张库公路通车，一直活跃在这条运输线上。他们将中原的丝绸、茶叶、布匹、铁器等日用百货源源不断地输送到蒙古、恰克图、莫斯科、欧洲等地，同时把蒙古、西北、俄罗斯等地的皮货、毛绒、口碱等畜产品驮运销往内地，为中俄、中蒙边境贸易的发展兴盛作出了巨大贡献。

一、张库商道——联结中俄蒙三国贸易的国际运输通道

张家口是我国北方著名的商埠。特别是"张库大道"，正式开通为商道，恰克图开为互市场所后，张家口的商贾辐（辏），"外管"栉比（专做内外蒙

贸易生意者为"外管"），商务日繁一日。当时，张家口的大小商号达到7 000余家，市圈内有银行上堡6家，下堡32家，茶庄、毛庄各二三十家。大境门外的西沟有"外管"1 600多家，每年贸易额白银达15 000万两。此外，在北关元宝山一带，有养牛车户57家，南天门殷氏家族养牛千头，车七百余辆。有骆驼店数十家，最多养骆驼四五百峰。还办起了烧锅、粉坊、油坊、瓦窑、铁匠炉以及制革、擀毡等作坊。

"张库大道"，即张家口通往库仑之道路。该路的基本走向："自大境门外沿山路北行，约五十里，渡汉诺尔坝，最高点北张家口海拔出二千七百五十余尺，绵亘塞北，入蒙古高原，行五百四十里至滂江，又五百四十里至乌得，又五百八十里至叼林，又五百二十里至库仑。"

张库商道历史悠久，这条商道作为贸易之途，大约在汉唐时代已经开始。出现茶的贸易，不晚于宋元时代。《宋史·张永德传》载："永德在太原，尝令亲史贩茶规利，阑出橛外市羊。"700多年前，元朝定都北京，为加强其对岭北地区的统治，开辟了这条官马大道，但只限于"通达边情"，"布宣号令"。明朝对茶叶的贸易控制甚严，但是通过在塞外进行的茶马互市，仍然有相当数量的茶、布、帛等内地商品经张库商道流入蒙古，并辗转输往俄国。清代重修以北京为中心的驿路时，对该道进行了重点整修，列为官马北路三大干线之一。民国七年（1918年），张家口至库仑的汽车路修通。是年七月，北洋政府交通部给泰通公司长字第一号营业执照，发给大成公司长字第二号营业执照，随之又批准了官办的西北汽车公司，在张库路开办了长途客货运输。其后，民间公司纷纷效尤，争相购买汽车到库仑经商。至此，汽车猛增至90多辆。

张库汽车路修通后，市场更加繁荣，年贸易额达15 000万两白银，其中年销售砖茶30万箱，输入羊毛1 000万斤，羊皮1 500万之多，成为张家口商务的全盛时期。

259

二、晋商为张库商道的兴盛贡献巨大

晋商是旅蒙商的主体，从张库商道输往库伦、恰克图的茶叶、丝绸等大宗货物多由山西商人经营包办。他们深入到浙、闽、两广的茶区，垄断了一部分茶山、茶场、茶园，从茶叶的种植、采摘、加工、运输，都由茶庄经营。当年大玉川在福建武夷山有茶山 5 000 亩，茶场 7 座，每年把收来的茶叶，通过水陆两路运至武汉加工，将部分茶叶焙制成砖茶，然后分类包装运至北京。茶到北京后，由茶庄再雇骆驼运到张家口屯栈。每年茶事季节，张家口的骆驼队到了北京，从新街口到西直门，骆驼一过就是几百匹，使北京交通几个小时阻塞。

茶叶在张家口屯栈加工毕，由茶庄雇佣牛车经"买卖路"转运至"买卖城"（恰克图），所谓"买卖路"就是由内地至恰克图的商道。咸丰十年九月（1860 年）察哈尔都统庆昀奏述："由口赴恰克图道路，除军台外，商贾之路有三，分东西中：东路自乌兰坝入察哈尔正蓝旗界，经内扎萨克锡林郭勒盟之阿巴噶王，阿巴哈那尔贝子等旗游牧，入外萨克车臣汗部落之阿海公旗游牧，经达里岗爱东界，入车臣汗部落之贝勒等旗游牧，达于库仑，由库仑方达恰克图，此东一路也。西路自土默特旗翁混坝，河洛坝，经四刁部落沙木楞图什汗旗，至三音诺彦旗分为两路，其一西达乌里雅苏台科布多，其一东达库仑，由库仑达恰克图，此西一路也。中路自大境外西沟之僧济图坝，经大红沟，黑白城子镶黄旗牛群大马群，镶黄旗羊群，入右翼苏尼王旗，经图什业车臣汗部落之贝勒阿海公等旗游牧，渡克鲁伦海达库仑，方达恰克图，此中一路也。"上述三条路，以中路为最短，自张家口至恰克图，计程 4 300 余里，沿途山河阻隔，地旷人稀，荒草萋萋，旅人行商风餐露宿，且行且牧，就结队而行。山西茶商的贸易活动多是中世纪式的以物易物，即"我以茶来，彼以皮往"。茶商以茶叶从俄蒙商人手里换回皮毛、鹿茸、羚羊角、水晶、麝香、蘑菇、药材等贵重物品，张家口就是这些货物的集散地。随着山西商人深入到恰克图进行经商活动，俄国也形成了六大商帮，他们是：①莫斯科帮——经营呢绒、海象皮、海獭及其他俄国货；②土拉帮——经营羊羔皮、猫皮和小五金；③阿尔扎马斯克、伏克格拉帮——经营芬兰狐皮和北极狐皮；④托波尔斯克帮；⑤伊尔库茨克帮——经营皮革、貂皮、狐皮和毛皮套；⑥喀山帮——专营皮革制品。

张垣晋商，每年要由福建、湖北等地经过张家口向中俄边境输送数以十万担的茶叶及各类商品。依靠驼、牛、马运载。除了牛羊外，以驼运为大宗。

山西商人运往恰克图的茶叶，前期大部分来自福建武夷山。其时，运输多由福建省崇安县过分水关进入江西铅山县（又名河口），在此装船顺信江下蟠阳湖，穿湖而过，出九江口入长江，溯江抵武昌转汉水达樊城（今襄樊）起岸，由驼队接替运输，贯河南入山西泽州（今晋城）继续北上，经潞安抵平遥、祁县、太谷老号休整，然后再北上忻县、大同经天镇到张家口枢纽，转运恰克图。

中期办茶多在湖南安化。其运输路线分水、旱两路：长裕川茶庄采办茶货从祁县出发，入山进子洪口，经沁县、长治到晋城出太行山，过19站到河南赊旗镇，总计陆路1355里。从赊旗镇沿唐河顺流而下，经湖北樊城到达汉口，再南下过洞庭湖，到达湘西益阳县。到益阳后进山到湘西安化。水路乘船2655里。回来时一路由常德、沙市、襄阳、郑州入山西泽州继续北上抵达张家口运往恰克图；一路穿洞庭湖由岳阳进入长江，下水至武汉，转汉水上抵樊城，起岸北上，沿河南，到达汉口，再南下过洞庭湖到达湘西益阳县。到益阳后进山到湘西安化。水路乘船2655里，回来时经山西抵张家口转恰克图。

后期办茶在湖北省的崇阳、蒲圻、通城及湖南省的临湘。以湖北的羊楼洞与相邻的湖南的羊楼司为集散中心。其运输路线则为湘水入长江达武汉，转汉水至襄樊起岸，经河南、山西陆运到张家口。后期也有少量经山西北部的右玉县过杀虎口关抵归化（今呼和浩特市），再由归化转运恰克图的。

三、张库商道辐射四方

以张库商道为主干的运输线不仅带动了内地与张家口—库伦—恰克图的物资交流，而且驼队的运输商道像蜘蛛网似的通往四面八方，辐射到全国各地，从而在遥远的北方编织一个个黄金梦。

往东北方是：出大境门走正沟道朝天洼、平定堡、多伦、蓝旗、贝子庙（锡林浩特）、巴彦乌拉浩特、乌里雅苏台。

出大境门往西北方：走正沟或平门，翻过汉坝到张北、商都、化德、温都尔庙、赛汉塔拉、二连浩特、库伦（乌兰巴托），恰克图（俄蒙边界的俄国贸易市场，称为买卖城）。张家口至恰克图4300多里。

出张家口往西行，可到大同、集宁、呼和浩特、包头；经山西、陕西、宁夏到甘肃的兰州卸货，再揽上运输活运往青海的西宁。

出张家口往西南行，到山西雁北，出雁门关到忻州、太原、太谷、洪洞，最后到曲沃。

出张家口往东南行，到宣化、沙城、北京、沧州、祈州（河北安国，又称药

261

州）。清朝乾隆年间开始，祈州每年都举行春秋两季的庙会，全国药商云集此处，购买这里的薏米、紫苑、薄荷等20多种药材，买上药材就地外运。为此，张家口的驼队每到庙会时，都揽上往北京一带送的货物，卸货后到祈州买上药材或沿途再买些水果运到坝上贩卖。

也有的驼队专门为药商托运药材挣脚费。骆驼运输是夏天往北走，冬天往南行。也有的爱吃西路饭。而且各家都有自己的一条运输线。养驼大户杜金贵爱往西行，春天驼队驮着白布、棉线、瓷器、马靴等物资运往兰州、西宁，回来时捎着皮毛，往返要走半年。冬天时，他们就拉着骆驼且行且牧边揽活，溜溜达达往西南行。拉驼人一路上饱赏雁北风光；应县木塔、恒山悬空寺、五台山、杨家将祠堂等等，大开眼界。除了雁门关，他们到山区捎上柿饼子，到平原带些苇席，送到陆安府和太原府。最后经太谷、洪洞沿汾河南下来到晋南的曲沃为终点。曲沃盛产东升烟，十两银子买100斤重的一包。一个骆驼要驮300斤烟丝。驼队年年做贩烟丝生意，和这里的店家交上朋友，买烟时先把烟的定银交给骆驼店，店主提前和烟农联系好，等驼队一到，店主就领着驼队到村子里收烟，一般都到太子滩的地方去收烟运回张家口贩卖。驼队在这里住店，100头骆驼一天要交20块大洋的草料费，喂的料是碎豌豆和草料，一头骆驼一天吃4至5斤。驼队在长途运输中，为了防匪、防盗、防风、防冻就结成驼帮。一般几家到十几家联合起来，组织成几百头骆驼的浩浩荡荡的运输大队。

有一次，有一大批货物要运往宁夏、甘肃、青海。几个养驼大户承揽了这些活，他们雇了100多个拉驼人，带着13个帐子。为了防土匪打扰，还雇了张家口保安团的20多名军人，骑马背枪护送驼队。

清代前期张家口与西北边境贸易主要干线有以下商驼道路：

张家口通往内蒙古的乌兰察布、锡林郭勒、察哈尔、昭乌达盟等地。

张家口通往外蒙古的库伦、科布多、恰克图等地。

张家口通往新疆的乌鲁木齐、伊犁、塔尔巴哈台等地。

张家口通往俄罗斯的恰克图、伊尔库茨克、莫斯科等地。

是时，张家口为华北各省市商贾所趋之所。粮食市场除大境门、宣化区东西米市外还出现了玉带桥、宁远堡、宣化县深井以及万全县洗马林等粮食集市。

四、张库公路修通促进贸易的繁荣

在没有现代交通工具的情况下，只靠骆驼和牛车，要由南至北，横穿内外蒙古的沙漠和草原,是何等的艰难啊!对此,民国政府驻扎库伦的官员陈录《蒙事随笔》中,是这样记录的:"车之制",上柳杆为架,覆席蒙毡,前后洞然,风雨直入。夜为露寝,铁被重衾,猬缩冷卧;日则骄阳炎酷,咄咄逼人。两人蠼缩于其中,睡既不能伸足,坐又时为打头,虽携布幄,仅作餐飨之用。限于前程,宿车为卧行计。而绵绵斯道,几不逢人。自米盐薪水,无不咸备。百里逢井,数日不见人为常事。水味则苦咸而外,腥且臭,浊且涩,犹宝如玉液。长途举火,马矢(屎)代薪,炊灶作食,或带水适断,马矢难得,则并日而食。蒙地鲜有毡庐,谚称蒙古包。……五月中旬以后,至中元日,无风不异赤道。若艮地狂飙,披裘不及,则冷如隆冬云。

这样艰辛之道,每到运输繁忙时,仍有数百万头骆驼和牛车,日夜不停地奔走在张库大道上。驼行常数房相随,列队之驼,累百达千,首尾难以相望。驼铃之声,飘荡旷野,数里可闻;牛车也以百或数百结队而行,一辆辆首尾相衔接,长可里计。驼工和车夫们,为了自慰,边走边唱着:"火车快,出不了大门外(大境门),牛车慢,能到大囫囵(库伦)"。

民国七年(1918年)国民政府西北筹边使徐树铮,率国民边防军修通了张库大道。这条简易的土路,全长约二千五百华里,途经张北、滂江、乌得、乌苏赛、叼林和腊郝利,经大坝达库伦。张库通车,运输愈便,商务尤盛,仅张家口西沟"外管"中外商家增至1 600家,每年贸易额达白银15 000两,其中进口8 000万两,出口7 000万两,是张库商道贸易鼎盛时期。

五、古道悲歌

民国十八年(1929年),国民党政府抗俄,中俄断交。旅蒙商在库伦四百余家分店,被外蒙古政府没收,人员大都罹难,损失白银一亿多两。是年,"外管"市场,受库伦分号全军覆没之影响,当年关门歇业者达半数之多。其中百年以上的老字号有:"公和全"、"庆合达"、"大川玉"、"大盛魁"、"大德玉"、"大升玉"、"大泉玉"、"大美玉"、"独慎玉"等。如旅蒙业世家,常万达从乾隆年间于大境门外西沟开设"大德玉"杂货店起,子孙相承,历经乾隆、嘉庆、道光、咸丰、同治、光绪、宣统七个皇帝,280余年。由最初的"大德玉"扩大新建了"大升玉"(道光八年立)、"大泉玉"(道光二十五年立)、"大美玉"(同治五年立)、"独慎玉"(光绪五年立)4个联号,并在库伦、恰克图都设立了分号,到此全部关门歇业了。

第九节　龙票——清代对蒙俄市场的管理及旅蒙商的进出口贸易凭证

　　信票,俗称"龙票"、"部票"、"路票"、"票证",是清王朝为了加强对中蒙俄边境贸易,有效控制进入草原的商人,增加财赋收入实施的一项贸易管制制度。"信票制度"规定:凡进入蒙地贸易的商人,必须持有在张家口衙门申报,领取由理藩院颁发的"信票"。无票者视为走私,货物没收,人犯枷杖。此制度一直沿用至清末,对加强内地与边境的经济发展和贸易往来产生过积极的作用。

一、信票是扩大蒙汉民族贸易,限制垄断和走私的产物

　　自汉唐以来,通过张家口前往库伦的商道便是中原与边疆地区蒙汉民族的一条贸易大道。宋元时期,内地与蒙古地区经张家口进行茶马贸易开始出现。元朝定都北京,为加强其对漠北地区的统治,设置驿站,开辟了这条官马大道,虽只限于官方通达政令边情,但实际上官民贸易在所难免。明朝建立后,对茶叶、铁器的贸易控制很严。但是到明中后期,通过在大同德胜堡、杀胡堡,宣府张家口堡,太原水泉营和辽东数处进行的茶马互市,仍然有相当数量的茶叶、丝绸、瓷器、布帛等内地商品经张库商道流入蒙古,并辗转输往俄国。特别是隆庆年间,蒙汉实行"封贡互市"后,结束长期军事对峙的局面,一年一度官办的贡市规模日增,不定期的民市贸易更是在边塞遍地开花,久盛不衰。清朝入关后,在构建以北京为中心的驿路网络时,对张库大道进行了重点修整,列为官马北路三大干线之一。民国十年(1918年),张家口至库伦的公路修通,市场更加繁荣,年贸易额高达15 000万两白银。

　　不过,明后期的马市贸易仍是有限的管制型边贸。万历三年(575年),明王朝规定易马数量限定在35 000匹之内,远远不能满足蒙汉人民的生产与生活需要。因此,民市大兴,走私不断。明末,努尔哈赤龙兴辽左,处于东北一隅的后金军队,需多种物资以供军需,由于与明王朝的对立,不能入关进行贸易。因而,除不断地窜入内地进行军事掠夺外,常遣人混入张家口通过山西商人王登库、靳良玉、范永斗、王大宇、翟堂、梁家宾、田生兰、黄云龙等由张家口摄取内地物资,以供军需。

　　顺治元年(1644年),清军入关,定鼎北京,为了加强对蒙古地区的控

制,沿长城边口驻军设防,不准蒙汉人民自己进出长城。为限制蒙汉民间的经济联系,清王朝诏张家口八大山西商人进京,"宴便殿,赐上方服馔,隶内务府籍"。从此,八大商人被誉为"皇商",取得了政治、经济特权,垄断了清初时的对蒙贸易。

这种垄断贸易同样不能满足蒙古人民的需要。当康熙时,蒙古牧民和贵族王爷都迫切要求扩大蒙汉民族之间的贸易往来。康熙三十年(1691年)清王朝在多伦召集喀尔喀贵族和内蒙古四十九旗王爷会盟。会上贵族王爷和上层喇嘛们请求让更多的汉族商人进入草原贸易。康熙帝为笼络人心,答应了他们的请求。康熙三十五年(1696年),康熙北征告捷。两年后,葛尔丹与大小和卓木叛乱平定,内外蒙古统一。大一统的局面为蒙汉民族贸易创造了便利条件;另一方面,《中俄尼布楚条约》签订,中俄东段边界划定,俄国对华贸易需求激增。为了巩固对北方边疆的统治,加强对中、俄、蒙边界和贸易的管理,扩大清政府在北部草原的影响,规范旅蒙商贸业,限制走私活动,清政府决定进一步实施信票制度。

二、信票制度的实施及其内容

信票制度其实早在清初就已经开始实施。顺治二年(1645年),清王朝在张家口设章京衙门,首任章京是哈萨克哈,并谕之曰:"京等驻防之地,凡外藩各蒙古来张贸易者,俱令驻于边口(正西沟一带),照常贸易,毋得阻抑;其喀尔喀来张易马者,命驻口外(今张北一带),申报户部。"[1]自此,张家口蒙汉贸易市场,由明万历时的来远堡移至大境门外。同年,张家口的八大山西皇商带着信票,打着大清国商旗,拉着骆驼,赶着牛车,满载着内地丝茶等日用物资,走出大境门,浩浩荡荡进入蒙古草原,开创了历时300余年的旅蒙贸易兴盛局面。

雍正五年(1727年),《中俄恰克图条约》签订,双方规定以恰克图为互市场所。清政府对恰克图交易实行严格准入制度。凡是入市贸易商人,必须持有理藩院颁发的信票,无票不准入市。雍正十二年(1734年)五月十七,尚书查克丹等呈文送军机处文件(满文),就有如下的记载:"经查朱成龙所持票证,签有赴恰克图贸易商曹宽字样……朱成龙系山西汾州府汾阳县民,于去年十月持部颁票证,携带货物由张家口出塞……出塞时运二十车货物。"其货物计有:绸缎、黄烟、潞安绸、茶、火铲、勺、纽扣等。

265

---

[1]〔清〕《文献通考》卷33。

信票长约 4 市尺,宽近 3 市尺,四周饰有龙纹,用蒙汉两种文字填写。内填出塞赴蒙古、恰克图交易商人姓名、籍贯,货物名称、数量,并加盖印玺。每张信票,限货 20 车或茶 300 箱,除正税外,再交票规手续银 50 两。货随票行,沿途稽查,对无票运输之货物,视为走私;"私行贸易,立即缉拿,申报章京衙门,照无票赴蒙地贸易之例,拟以枷杖,货物一半充公,一半赏给原缉拿之人,即将该民逐回原籍"①。

信票开始由张家口章京衙门一地呈报理藩院颁发,到乾隆中期,中俄恰克图贸易越来越兴盛,交易额直线上升,俄国有大宗皮毛货物输入中国,中国的茶、缎、杂货等输往俄国。内地旅蒙商家也由康熙年间的 80 余家,发展至 140 多家,其中资本雄厚者 60 余家,依附之中小散商 80 余家,并逐渐形成了山西八大皇商和大盛魁、天义德、元盛魁三大号为主的旅蒙巨商。清前期,山西八大皇商垄断张家口对蒙俄贸易。康熙以后,大盛魁后来居上,成为旅蒙商的魁首。当年,山西大盛魁垄断了半数以上的旅蒙贸易,持有清廷的龙票,成为张垣的首户。蒙古牧民凡欲赊购商品者,须持有地方官吏负责担保的约据,上盖官印,俗称"印票",交给大盛魁。印票上写:"父债子还,夫债妻还,死亡绝后,由旗公还。"

张家口的四大茶庄长裕川、长盛川、大玉川、大昌川也是山西祁县人开的商号。尤其是大玉川,掌柜是范永斗的后裔,是清廷御帖备案的商家,持有"双龙红帖",这红帖就是通行蒙古草原的通行证。蒙俄商人看到红帖后,就放心大胆地同他们进行贸易。

三、信票制度的发展演变

信票制度在清朝顺治、康熙时只限于张家口章京衙门一地申报,由理藩院核发,户部备案。到乾隆中期以后,随着旅俄、旅蒙商家的激增和进出口贸易量的一再增长,原有的规定已远远不能适应商业贸易发展的需要。于是信票的申报地与票数到乾隆以后逐渐放宽并呈扩增趋势。

乾隆二十六年(1761 年),信票仍由张家口都统衙门申报,但比前期多。道光三十年(1850 年),仅张家口办出赴恰克图的信票就有 268 张。到咸丰后期,归化(今呼和浩特市)将军衙门、多伦诺尔同知衙门也取得了办票权。

到嘉庆时政策进一步放宽,朝廷对待商人的管理宽松了许多,而且具体做法上也有了许多变通。倘若商人运货至恰克图而又没有票证,被关卡查获,

---

①《朔方备乘》。

照　護

TSA HA UPH
BUREAU OF FOREIGN AFFAIRS

察哈尔交涉公所

為

發給護照事兹據駐口俄商璧光洋行華執事牛子長聲稱商

擬前往直隸山西兩湖漢口東三省等省考察商務採辦出口土貨攜

帶行李請發給護照等情前來合行填發內地商護照一紙凡沿途

經過地方關津稅卡希即查驗放行幸勿留難阻滯俾得無

誤行期而利遄往須至護照者

右護照給俄商璧光洋行華執事牛子長收執

中華民國　五年　五月　　　十三　　日

限十三個月　繳　借用無效

商人也不必担心像前期那样被罚个血本无归。政府为示体恤,可以允许货物先行,货主留人在卡候领票照。这就极大地便利了商人,同时也减轻了经商人的风险。这些政策表现出嘉庆执政的灵活性和人情味。后来又实行"朋户"和"朋票"制度。

"朋户"和"朋票"制度使赴恰克图做生意的"晋帮"、"京帮"商人群体就像滚雪球似的愈来愈大,其结果就是贸易规模和交易数量的迅速增加。据不完全统计,嘉庆二十三年(1818年),运往恰克图的中国商品为3 450驼(每驼约250斤,旧称每斤16两)和1 420车(每车约500斤),合计为157万斤。而到道光九年(1829年)就一跃而增长为9 670驼和2 705车,合计为377万斤。到鸦片战争前的1839年,每年茶叶输入俄国量平均为8 071 880俄磅,约值800万卢布左右。仅茶叶一项,合计价值可达1 240万卢布。

咸丰十年(1806年)后,清政府由于第二次鸦片战争战败和镇压太平天国起义,财政军费十分紧缺,为了缓解财政上捉襟见肘的窘境和驻防张家口的军费之不足,张家口的都统庆昀,奏请清廷每张信票在原有票规银50两的基础上,再增加厘金60两,获准。《筹办夷务始末》卷五十七记载道:"咸丰十年,因军饷支绌,奏准每商票一张,在察哈尔都统衙门,输厘金60两,凑拨察哈尔驻防常年军饷。"

同治元年(1862年),中俄签订《陆路通商章程》,其中第四款规定:"俄商路经张家口,按运津货物总数,酌留十分之二于口销售,限三日内禀明监督官,于原照内注明,验准单,方准销售,该口不得设立行栈。"此后,旅蒙商运往恰克图的货物量逐年下降。

光绪十年(1808年),清王朝被迫准许俄商在张家口元宝山一带划分五万平方尺租给俄商建造铺房货栈。随着清王朝的腐败加深,沙俄在中国的商贸免税特权一再扩增,各国洋行纷纷前来张家口设庄购货,半掠半买中国富饶的物资。到光绪二十八年(1902年),据《清外务部商埠通商档》记载:"各国在张家口买卖的洋行有四十余家",仅1921~1925年张家口外资洋行相继成立就有44家。当时在张家口的外国洋行有:俄国有隆昌等8家,英国的"德隆"、"仁记"、"商林"、"隆茂"、"平和"等10家,德国的"礼和"、"地亚士"、"兴隆"、"祥记"、"世昌"、"瑞记"等6家,美国的"茂生"、"德泰"等16家,法国的"扳维曼"、"立兴"等2家,日本的"三菱"、"三井"等6家,意大利1家,以及荷兰的"恒丰"等。这时,张家口成为西北地区最大的物资集散地。除此之外美国、日本、俄国在张家口还设有领事馆。

第六章
票号的诞生及其重大意义

第一节　票号产生前发达的山西金融市场

我国传统的金融业主要有：当铺、印局、钱庄、炉房、账局、银号、票号。清代金融业的发展，为票号诞生提供了条件。

1.当铺，亦称典当或质柜，是专门通过收取抵押品而放款的特殊金融机构。典当业起源很早，《周礼·地官》中就有典质的记载。春秋战国以来，高利贷继续发展。到汉代，动产抵押借贷已相当普遍。南朝佛寺僧徒放贷，更为中国古代典当业的一种特殊形态。

山西典当业历史悠久，在明代，经营典当业的山西商人名列全国前茅。进入清代，山西金融业发展居北方首位，民间间接融资渠道多于外省。当时全国"典肆，江以南皆徽人，曰徽商；江以北皆晋人，曰晋商"①。据资料统计，雍正二年（1724年）山西当时有当铺 2 602 家，占全国的 26%。清代前朝，山西是全国开设典当最多的省份。康熙年间全国有当铺 22 357 家，山西有 4 695 家，占 21%。咸丰三年（1853年）的统计显示，北京开设当铺者，晋商占 2/3。不仅家数多，而且影响和作用也很大。乾隆二十一年（1756年）七月山西巡抚明德奏称："查晋省当商颇多，亦善营运，司库现存闲款，请动借八万两，交商以一分生息。五六年后，除归新旧帑本外，可存息本银七万余两，每年生息八千六百余两，足敷通省惠兵之用。"②由此可知，典当业在山西是相当兴盛的。

2.印局，又称印子钱铺，是城乡商品货币经济发展不平衡的产物。早在明崇祯年间，北京城就有"印铺"出现。由于破产农民进入城镇谋生，就出现了从事小本生意的人群。做小本生意就需要有资本，适应这种需要，就出现了放"印子钱"的印局或印子铺。康熙二十年（1681年）两江总督于成龙在《兴利

①〔清〕李燧：《晋游日记》卷 3,山西经济出版社,2003 年版,第 73 页。
②《清高宗实录》卷 517。

除弊条陈》中就提到有人借八旗的势力放印子钱的情况。咸丰三年(1853年)通政使司副使董满山奏折称:"穷窭之人原无资本,惟赖印局挪钱,及资生理。"又称:"账局不发本,则印局竭其源,则游民失其业。"由此可知,印局的资金来源于账局,印局的放款对象,主要是城市贫民和依靠肩挑负贩为生的小商人。印子钱的发放,全为制钱。期限有朝发夕收的,也有以百日为限的。每日或每10日还钱一次,本利合算,还一次盖一次印,故名"印子当铺钱"。印子钱利息很高,通常为月息3分至6分,属于高利贷资本,印局多由山西商人开设。清朝张焘在《津门杂记》下卷中说:"印子钱者,晋人放债之名目也。每日登门索逼,还讫盖以印记,以是得名。"印局约在清末民初失去其历史作用,逐步消失。①

3.钱庄,最早叫钱桌、钱铺、钱肆,清道光以后才开始叫钱庄。钱庄从事货币兑换,收进银两,兑付制钱,是为适应清代银两和制钱两种货币相互兑换的需要而产生的。后来,钱庄又代替商人保管货币,并受商人委托办理支付事宜,签发钱帖、钱票,成为商人之间的支付中介。清同治、光绪之后,一些大的货币兑换商又把代保管的货币借给暂时需要货币的人。这样,货币兑换商就从支兑中介进而成为信用中介,商业资本转化为金融资本,与银行一样以经营存款和放款为主要业务了。但是众多的小钱庄,依旧从事货币兑换业务,并没有完全转化为金融资本。这部分钱庄,清末民初随着制钱货币的停止流通和废两改元,经济生活中不再存在两种货币兑换的需要,而逐渐消失。只有那些由货币兑换转化为经营存放款业务的钱庄,保存了下来。

4.账局,又名账庄,是经营所在城镇工商业存款、放款业务的金融机构。一般不设分店,有的即或设有分店,亦不经营汇兑业务。李燧在《晋游日记》卷三中写道:"汾(州)平(阳)两郡,多以贸易为生。利之十倍者,无如放官债。富人携资入都,开设账局,遇选人借债者,必先讲扣头。"②据宣统二年(1910年)清政府《银行通行则例》记载,京城共注册账局92家。第一家账局是乾隆元年(1736年)由山西汾阳县商人王庭荣出资4万两银子在张家口开设的"祥发永"账局。其后开设的还有永秦公、大升玉、隆胜永、大泉玉、保隆堂。③资本家与经理人都是山西籍人。

---

①《山西通志》卷30,《金融志》,第52页。
②李燧:《晋游日记》,山西经济出版社,2003年版,第73页。
③黄鉴晖:《山西票号史》,山西经济出版社,2002年版,第21页。

从乾隆元年（1736年）"祥发永"账局问世到咸丰年间，账局主要分布地，从北京、天津、张家口，山西汾、太两府，发展到库伦、东北和南方的闽、川一带，其规模和势力相当可观。山西商人不仅创办账局，而且一向占据优势。以咸丰三年（1853年）京城的268家账局商人籍贯统计，山西商人开设的有210家，占70%。而在210家山西商人中，介休县商人达118家，平遥县商人21家。其余孝义、汾阳、灵石、文水、祁县、太谷、榆次、太原、阳曲、崞县、忻县、偏关、盂县13州县商人共71家。①

账局的主要业务对象是工商业客户。《王侍郎奏议》称："闻账局自来借贷，多以一年为期，五六月间，各路货物到京，借者尤多，每逢到期，将本利全数措齐，送到局中，谓之本利见面，账局看后，将利收起，令借者更换一券，仍将本银持归，每年如此。"②除商业放款之外，账局也对清朝官吏放款，但利息较高，"扣这外，复加月利三分。以母权子，三月后则子又生子矣。滚利叠算，以数百金，未几而积至盈万"③。京城有一账局，于庚子事变歇业后清算，单是拉公旗的官账，"自嘉庆二十四年算到今（即光绪三十二年），本利共合八万余两"④。账局在一度时期几乎垄断了京师的商业放款。《翰林院侍读学士宝钧奏折》称："账局之放贷全赖私票，都中设立账局者，山西商人最夥，子母相权，旋收旋放，各行铺户皆借此为贸易之资。"⑤这段话反映出账局在当时京师金融市场上的垄断地位。但到宣统二年（1910年）设在京城的账局档案上只存52家。这52家总局设在京城的35家，张家口11家，山西太谷县2家，天津、保定、多伦、代州各一家。

5.银号，是明清时期伴随白银的流通使用而产生并一直延续到抗战时期的金融机构。明中叶正统元年（1436年）田赋折征白银，中国的银钱兑换商产生。到弘治间，商人中分离出一种专门从事改铸元宝，兑换银两、铜钱的商人。这种银钱商起初是由银匠首饰铺兼营，后来逐渐发展成专业的银炉、银楼、银桌、银肆。它比17世纪欧洲的汇兑银行早2个世纪。清代北京的银号，也称炉房。到康熙年间前门外建有银号会馆。乾隆时京城银号上百家。到抗战时，天津有银号38家，汉口有140家，张家口有43家。

---

①⑤《山西通志》卷30，《金融志》，第53页。

②《王侍郎奏议》卷3，《请筹通商以安民业折》，咸丰三三月二十五日。

③〔清〕李燧：《晋游日记》卷3，山西经济出版社，2003年版，第73页。

④《清民政部档》，见《山西通志》卷30，《金融志》，第53页。

综上所述,明清商业世家的兴起、中国传统金融业的发展以及民信局的出现和发展,都为山西票号的诞生准备了必要的条件。

第二节　票号产生的社会经济条件

票号,又称票庄或汇兑庄,是继账局之后我国封建社会晚期的一种金融信用机构。因起先大多由山西商人经营,故被西方人称为山西银行,开始主要经营汇兑业务,后来逐渐发展成集存、放、汇银行三大业务并兼营代理业务于一身的早期银行。票号作为中国封建社会母体经济发展中产生的一种新生事物,它的产生和发展有着深刻的社会经济背景和主客观条件,具体来讲,可归纳如下:

第一,明清之际社会经济的发展尤其是明中后期资本主义萌芽的出现对商业资本提出了新需求。中国传统工商业在发展中遇到了生产规模受资本扩张局限的困难和际遇。即一方面商家自有资本与异地经营所需资本不平衡的矛盾;另一方面工商业信用的产生和商业汇票的局部流通使用,为票号开始专营汇兑业提供了可资借鉴的经验和潜在机遇。

中国封建社会经济发展到明代中叶以后,由于社会生产力的提高、国外白银流入的刺激、国内田赋折征银两的实施,商品货币经济较前有了长足的发展。这种发展的显著成果便是东南沿海市镇工商业的勃兴、南北货运的流畅,进而产生了资本主义萌芽。这种发展势头经过明清鼎革之际短暂的挫折回落延续到清代前期,此即通常所谓的从万历到乾隆,特别是康熙、乾隆时期,国内政局稳定,加之边疆开发,驿路延伸,民族和睦相处,农业和手工业迅速恢复发展,商品货币经济较前更为活跃。国内市场拓展,全国各地不仅有为数众多的地方性区域市场兴起,而且逐渐形成了统一的全国性的区域流通大市场。

早在明代,大运河贸易、南北物资交流规模扩大,明人李鼎说:"燕赵、秦晋、齐梁、江淮之货,日夜商贩而南;蛮海、闽广、豫章、南楚、瓯越、新安之货,日夜商贩而北。"①这是明代市场扩大的一个显著特征。到了清代,随着湖南、鄂北、四川的开发,西北、东北的放垦,市场扩展,长距离贸易比明代更加发达。国内形成了规模宏大、号称天下四聚的北京、佛山、苏州、汉口四大市场。

①李鼎:《李长卿集》卷19《借箸编》。

清人刘献廷在《广阳杂记》卷4曾讲："天下有四聚,北则京师,南则佛山,东则苏州,西则汉口。然东海之滨,苏州而外,更有芜湖、扬州、江宁、杭州以分其势。"市场的扩大为各地商品的流转开辟了广阔的范围,清代仅粮食的流通,自北而南就有10条运道:①南粮经大运河北运京畿、山西、陕西;②奉天麦豆经海路运天津、山东;③奉天豆麦经海路运上海;④河南、天津麦粱经大运河运临清;⑤汉口麦谷经汉水运陕西汉中;⑥安徽、江西米经长江运江浙;⑦湖南、四川米经长江运江苏;⑧江浙米由上海经海路运福建;⑨台湾米经海路运福建;⑩广西米经西江运广东。可见,长距离贸易确实增大了。据专家估计,清代粮食的长距离运销约有45亿斤,为明代的3倍。棉布是当时仅次于粮食的第二位商品,"长距离运销量年约4 500万匹左右, 约占全部商品量的15％。"[1]粮、棉这两大宗商品都形成全国性市场流通。

毫无疑问,长距离的商品贸易自然对金融资本提出了新的需求,促使封建金融机构逐步突破地域局限和单纯兑换业务,逐步由单一的汇票向存、放、汇业务迈进。另一方面,区域市场、埠际贸易的开展使商品流通辐射面扩大,自然出现了不同地区之间大额资金调拨、债务清算和物资与现金平衡等新需求,加之当时银两与铜钱并行流通,各地交易的成色砝码千差万别,客观上需要专门的汇兑机构进行专业化运作,以满足社会经济发展的需要。

273

第二,传统的商业信用和早期金融组织账局、银号、钱庄既为票号产生创造了条件,但又不能完全解决工商业经营资本日渐扩大的困难。当商业信用发生和明代工商汇票流通后,对汇兑银两、清算债务发生了一定的作用。但商业信用并不能增加。而且商业资本的总量尽管在清代康熙、乾隆年间,我国北方地区的北京、天津、张家口及南方的上海都出现了工商业发生借贷关系的金融组织账局、银号和钱庄,但这3种金融机构的资金融通渠道主要局限于同城一地的范围,资金链延伸和业务覆盖面十分有限,难以满足长距离异地资金借贷调拨清算的需要。特别是乾隆后半期至嘉庆年间,国际国内贸易的发展引起埠际间货币流通量的不断增大和交易的频繁,典当放贷和钱庄账局的经营越来越不能适应商业贸易对资金的膨胀需求。

第三,随着市场扩大和长距离贩运的增多,镖局运现已不能适应与日俱增的资金交割需要。明清时期,在商品交易过程中,由于商人异地采购运销的

①许涤新、吴承明主编:《中国资本主义发展史》第1卷《中国资本主义的萌芽》,人民出版社,1985年版,第282页。

货物现银调拨的次数越来越多、金额越来越大,因此既安全又快速运送现银就成为一个突出问题。镖局就是伴随着这种商业贸易的需要应运而生的专门运现机构。所谓镖局,就是雇用武艺高超的镖师傅护送押运现银和贵重货物,称"走镖"或"护镖",平时则看家护院和坐店下夜。山西商帮遍布全国各大商埠,商品交易长途贩运中经常需要运现,故开设镖局者山西人居多,清代各商业重地尤其是晋中都有镖局,著名的如北京无敌、永胜镖局、太谷曹家镖局、平遥同兴公镖局、文水昌德镖局、张家口的三合镖局、河南赊旗广盛镖局、内蒙三岔口兴元镖局、江苏苏州昌隆镖局、河北张北三合镖局。这些镖局都雇用当地和外地身怀绝技的武林高手,当时人对华北地区五位著名镖师的赞语是:王(正清)家的枪,戴(二闾)家的拳,左(二把)家的弹腿天下走,安(晋元)家的大弓射出口,大盛魁的镖师不用吼。

但是镖局运现有两大局限:一是安全性有限,特别是清中期以后由于内忧外患日深,社会动荡不已,土匪溃兵四出,沿途已不安全,保镖并不能万无一失;二是起镖运现不仅费时且数额有限成本很大,难以适应日益发展的商品交易需要,所以寻求一种更为安全便捷高效的运现方式,解决商业交易中货币交割债务清算的现实问题已经迫在眉睫。

第四,明代商业汇票产生后,由于受到承汇能力和通汇地区的限制,远远不能适应埠际间货币流通的需要。而且流通区域仅限于京师和江南经济发达的局部地区。原因之一是民间没有专门的速递机构。清代嘉道年间,浙江宁波商人创办民信局后,结束了中国民间数千年书信难通的血泪史,为国内商民提供了快速传递书信包裹和捎寄少量钱物的便利。出现了"永利、正和、广大、福润、全盛、协兴、正大"等能邮通天下的八家大信局和七家收费较少的小信局。这就为票号投递号信、汇通天下准备了客观条件。

为什么票号首先由山西商人创办呢?原因如下:

第一,晋帮经过明中叶以来的发展,到了清乾隆年间,可以说已进入了它发展的兴盛时期,兴盛的标志是:足迹遍天下,资本雄厚,社会信誉高。

在明代,开中法实行后,围绕山西境内的盐铁丝棉生产和流通,以及政府在北部边镇推行的纳粮开中制度,西部边境的茶马制度等,山西商人北至宁夏、宣化、张家口,东北至北京、山东,东南至吴越,西南至四川,西至西宁、嘉峪关,已经足迹半天下。进入清代,随着清王朝对东北、内外蒙古、新疆地区的统一,晋商在中国所有行省的土地上,无不留下自己的足迹。至于那些大的都会,山西商人之多更为突出。苏州、佛山、汉口、北京是清前期全国四大市场,号称"天下四聚"。山西商人单在苏州的钱商就有 81 家。北京是各商帮云集的城市,建立工商会馆亦多。据统计,清嘉庆以前,现存会馆碑刻资料者共 23 个,其中晋帮会馆 13 个,江浙帮会馆 4 个,徽、陕、广、闽帮各 1 个,行业会馆 11 个。嘉庆二十四年(1819 年),在京山西平遥县颜料商就有 36 家。乾隆三十五年(1770 年),山西河东烟商在京有 532 家。如此等等,既说明晋帮足迹遍天下,同时也说明晋商的势力是很大。

晋商能够把它的足迹遍布全国, 一个重要的条件是它拥有雄厚的资本。在明代,山西商人的资本就超过徽州商人。清代以后,尽管山西南部富商势力有所削弱,中部富商却迅速崛起。仅介休、祁县、太谷、榆次等县拥有七八百万、三四百万,少则三四十万资产的财主就有 14 家。有了如此富贵的资本主,采用东(财东出资)伙(经理出人力)合作的办法,就可把它的商号撒在许多行省。同东的联号或一个字号的众多分号,在山西富商中比比皆是。即使那些不算富有的商人中,少则也在几个城镇设有联号或分号。远出外省的山西商人,没有联号的很少。

由于晋商遍布天下,资本雄厚,加之经营作风坚守信誉,因而晋商所到之处社会信誉很高。这就是说,山西商人的兴盛,为山西票号在机构、资本、社会信誉等方面都准备了条件。因为商人要由别的行业改营银行业,特别是汇兑业,社会信誉不高,客户不信任,要把汇兑业务开展起来,是相当困难的。

第二,晋帮商人为山西票号兴起提供了经营存放汇兑业务的经验。晋帮是个广大的地方商业集团。早在明代,山西商人既经营商品生产和交换,又经营货币资本借贷这一金融业。金融业由商业中分离出来,是社会分工的一个进步。金融业分两个层次,即依靠自有资本放债的当铺、印局和经营存放款业务起中介作用的银行。在金融业这两个层次的发展过程中,晋帮渐渐超过了其他商帮。

典当业起源很早, 在中国各行省分布也很广。明万历年间(1573~1616 年),长江以北典当多为徽商所开,晋商在他省当铺的记载还不多见。进入清代,情况发生了变化,晋商在江北经营典当业已经超过徽商。山西学政幕僚李燧,在周游山西各州府时,于乾隆六十年(1795 年)的日记中写道:全国所设典当,江以南皆徽人,曰徽商。江以北皆晋人,曰晋商。例如,河南省在清乾隆年间多次发生灾荒。遇灾农民,多向晋商求借融通。史载,乾隆五年(1740 年)灾荒,每有山西等处民人及本省富户,专以放债为业。乾隆五十年(1785 年)河南又一次发生灾荒,山西富户闻风前往放债,"准折地亩"数十万亩。

275

农民土地的丧失,引起官方注意,河南巡抚上奏皇帝,请求降旨,令山西富户减利让农民赎回土地。乾隆帝降旨,令该富户等减利听赎,并令河南巡抚,务将谕旨刊刻,遍行宣布。结果,自乾隆五十一年六月十四日(1786 年 7 月 9 日)至八月三十日(10 月 21 日),据各州县具报,共已赎归三十万五百余亩。

湖北省黄陂、襄阳、光化三县,据清档案资料统计,道光二十三年(1843 年),有当铺 50 座,其中,山西商人开设的就有 20 座。北京是当铺比较多的城市,咸丰三年(1853 年),京城有当铺 159 座,山西商人开设的有 109 座,占 68.55%。

上述史实说明,经过明清的发展,晋商已经在江北各省的典当业中占据优势,代替了徽商的势力。山西商人挤进典当业,并在竞争中占优势,这就说明它具有经营借贷的条件。

第三节　日昇昌票号的首创与蔚泰厚票号的继起

一、从西裕成到日昇昌

第一家山西票号的前身是平遥西裕成颜料庄。据 1960 年平遥县文史馆编《平遥票庄纪略》记载:"日昇昌的前身是西玉(裕)成,老号设在平遥县西大街路南,分号设在北京崇文门外草场十条南口,以买卖铜碌为营业。"又载:"当嘉庆间,山西商人在北京营干果业的很多,年终账期常有大宗款项托镖局运回山西,运费既高,且往往发生意外,雷履泰看出机会,即将这宗款项揽由西玉(裕)成拨兑,并无手续费。更且有在京需款,向外拨兑的,从此便有'内贴'、'外贴'等费用。以后业务日繁,获利日大,于是东、掌谈妥,改西玉(裕)成字号为日昇昌,专营汇兑业——时在道光四年。"

据票号专家陈其田在 1936 年的《山西票庄考略》中谈到北京日昇昌经理说:"该号颜料庄时代原名日升长。"另外,收藏家陈小健 1995 年在太原南宫买到一枚平遥人的 2.4cm × 2.4cm 的正方形"日昇长记"水牛角印章也可佐证西裕成颜料庄曾名日昇长,到了道光年间正式改为票庄,才改字号名为日昇昌。

平遥县人、曾任天成亨票号分号经理的史梦麟在《票庄纪略》中写道:"查票号首由平遥日昇昌之总经理本城雷履泰翁创办。昌记原本京货生意,北平商人贩运货物至天津销售,所卖款项,时受滞阻,每逢行市,咸不能济急。

雷翁精通商业,思索深远,因与同乡京官商议,由皇家派赴天津收买白米运京储仓,名曰老米者,将其银拨兑,书立票据,兑京使用。初无得(期)贴(费),继而占期贴费,货款亦续作汇。有时过远者,尚做隔年期扣,概未误事,是以信用耀于以外,各省名胜大埠,均设分庄,嗣后改办者、开设者,以祁、太、平三县为多。"[1]

新修《平遥县志》载:"嘉庆年间,在平遥众多的商号中,有一家叫西裕成的颜料庄,总号设在城内西大街,东家是西达蒲村李家。西裕成商号经营多年,资力雄厚,在京师、天津、汉口、成都等城市开设有分号。先后在汉口分庄和京师分庄任经理的雷履泰,在经营同乡、亲友少量汇兑银两的过程中,借鉴古代飞钱、便钱(或便换)的经验,克服账局只营本地借贷不经营汇兑的缺陷,逐步总结出一套较为完整的汇兑经营模式。当雷被调回平遥总号任经理时,建议东家将颜料庄改为专营银两汇兑和存放款业务的票号。经东家李大全同意,投资 30 万两纹银,于道光三年(1823 年)左右,正式成立了中国第一家票号——日昇昌,意在如日东升,生意昌盛。雷履泰出任大掌柜。

二、日昇昌业务的火爆

日昇昌票号成立后,解决了国家银行未出现前大宗款项银两往来的困难,并很快在全国 40 余个大中城市设立了分号,票号业务搞得红红火火。[2]从此,在世界东方中国发生了专营汇兑的中国银行业——山西票号。这是唐宋以来,中国飞钱、交子、会票的延续和创新,是一代商界风流人物雷履泰的创举,开拓了中国金融汇兑事业的新纪元。

日昇昌票号

---

[1]《山西票号史料》(增订本),山西经济出版社,2002 年版,第 13 页。
[2]《平遥县志》,中华书局,1999 年版,第 408 页。

（一）防伪问题的解决

在没有现代金融监管制度之前，从事金融业全靠经营商家信用，并需解决防伪诈骗问题。票号成立后，首先开办的是票兑业务。而票兑业务开通，信用和防伪就成了关键问题。日昇昌大掌柜雷履泰采用密押、背书、防伪印章和水印技术，成功地解决了汇票防伪问题。从日昇昌票号诞生到倒闭的105年间，从未发生过被冒领的现象。咸丰三年（1853年）雷履泰已经离开日昇昌，大掌柜换成了程清泮。其后，郝可久、王启元、张兴邦、郭村柄、梁怀文相继出任日昇昌大掌柜。日昇昌汇票的防伪技术，通过一代又一代掌柜和大小业务骨干，在经营实践中传承了下来。

（二）平色余利：票号的赢利空间

"平色余利"是经营票号特有的利润，也是日昇昌票号的大掌柜雷履泰成功地解决了换算银子成色差异而创造出来的。所谓平，是指天平，即称量器具；所谓色，是指银锭的含银量，即成色。平色余利，就是在鉴别平和色两个方面获取的利润。

清代货币实行银两和铜钱并行的制度。铜钱是计数货币，银两是称量货币，社会上的大额款项都是用银两来计数和结算的，所以山西票号汇兑的款项全部是银两。当时，用来称银两的天平砝码，不仅全国各地各不相同，即或是同一个城市，也是多种多样。例如，京师就有：京公码、京市平、京二两平、京二七平、京周行平等多种。天平砝码简称平码，平码的不统一，为山西票号开展汇兑业务带来了极大的不便。雷履泰为开展票号业务，在总结晋商设立本平经验的基础上，创立了日昇昌票号自己的本平。即自置一个50两的砝码，与各地使用的平码作比较，确定各地使用的平码称量100两纹银，较之用日昇昌票号自己本平所称100两纹银，大若干还是小若干。在换算过程中，不同的换算方法，所得的数值，又有一些微小的差别。雷履泰据此确定：收取客户的银两时，采用有利于票号的高数值；支付客户银两时，采用有利于票号的低数值；二者之间的差额，就是"平色余利"。雷履泰因此成为运用本平来为票号带来巨大利润的第一人。

日昇昌票号在用自己特置的本平、统一换算银两过程中，先取最有利于自己的数值，作为收取或支付客户银两的标准，并记入底簿，一体遵行，以此来赚取"平色余利"。"平色余利"对于一般客户而言，由于为数很小，都不在意；但对于票号而言，天长日久积少成多，就是一笔相当可观的收入，所以各家票号都特别重视这笔收入。各家票号都编有"银色平码歌"，要求业务员必须背得滚瓜烂熟，不出差错。这种平色余利，在经营汇兑业务以及存放款业务的过程中，在银两收交时都可以赚取到，从一些资料来看，通常约占营业收入的 5%~10%。据日昇昌票号部分分庄总结记载，咸丰二年（1852 年），清江浦分庄得平色银 1 218.52 两；咸丰三年（1853 年），江西（南昌）分庄得平色银124.47 两；咸丰六年 （1856 年）， 苏州分庄得平色银 882.02 两；同治六年（1867 年），苏州分庄得平色银 83 两；光绪三十三年（1906 年），北京分庄得平色银 1 215.25 两；天津分庄得平色银 1 338.87 两。[①]显而易见，票号的收入十分可观。

日昇昌票号的创立，用专业汇兑方式取代运载白银进行资金结算的方式，成功地解决了长期以来异地结算这个重大难题，使得整个社会中原本凝滞的商业血脉，顺畅了起来，资金周转速度大大加快，商业贸易迅猛发展，在中国金融发展史上树起了一座划时代的历史丰碑。著名经济学家马寅初对山西票号做过这样的评价："如是既无远途运现之烦，又无中途水火盗贼之险，而收解又可以两清。商业之兴，国富以增，票庄历史上这贡献，不可谓不大矣。"[②]正因为如此，日昇昌票号从它创建时起，其生意就十分火爆。恰如至今平遥县票号博物馆所存日昇昌当年的一副名联：

升临福地八方辐辏独居奇，

日丽中天万宝精华同耀彩。

三、蔚泰厚的建立与平遥帮的形成

蔚泰厚原是绸缎店，是介休侯氏开设的，因坐落在平遥西街，所以归属于平遥帮。毛鸿翙离开日昇昌后，很快就被介休北贾村的侯氏所聘用。北贾村的侯氏传至第十七世时，名叫侯万瞻，外出经商苏杭一带，专贩绸缎。传到侯万瞻的孙子侯兴域时，已有商号数十处，著名的商号计有：平遥的协泰蔚、厚长来、新泰永、新泰义、蔚盛长；介休的义顺恒、中义永；在晋南运城的六来信等。这些商号大多是杂货绸布茶庄和钱铺。侯兴域有六子：即泰来、恩来、庆来、迪来、章来、荣来。清嘉庆十三年（1808年），侯兴域年过花甲，便将其家产，除留一部分自己养老外，余皆分作六股，给了六个儿子。不久，侯兴域谢世。之后长子泰来、次子恩来亦相继去世，三子庆来成了家长，侯氏六门的生意皆委托侯庆来掌管。

①②《山西票号史料》(增订本)，山西经济出版社，2002 年版，第 629、675 页。

侯庆来（又名培余）主持家政后，为不忘其父创业之艰难，在其住宅的大厅中，悬挂有这样一副对联：

读书好经商亦好学好便好

创业难守成亦难知难不难

侯氏的商号以蔚泰厚的实力最为雄厚，是侯氏各商号之首。蔚泰厚坐落在平遥西街上，与著名的日昇昌票号仅一墙之隔。侯氏见日昇昌由颜料行改为票号后，生意兴隆，十分眼红，但经营票号又苦于没有熟悉业务的人才。恰巧日昇昌票号的副经理毛鸿翙受到排挤，没有事干，侯培余便趁机高薪拉了过来，委以重任。毛鸿翙在离开日昇昌时，就已下定决心，誓与雷履泰一比高低。他为了发泄对雷履泰的愤怒而贬低雷履泰，特为他的孙子取名毛履泰。毛鸿翙被侯培余聘用后，如鱼得水，在他的精心策划下，道光六年（1826年），侯培余投资 9.5 万两白银，将蔚泰厚绸缎店改为票号，聘任毛鸿翙为大掌柜，总号设在平遥县城西大街，主要经营汇兑及存放款业务。

第四节　两家票号的激烈竞争与发展

商家竞争是商业活动中的必然现象。正当的竞争有利于商业贸易的发展壮大。票号在清代的发展过程中既有合作，又有竞争。日昇昌票号和蔚泰厚票号的几度竞争就颇具典型代表性。

一、竞争根源：大掌柜二掌柜分道扬镳

日昇昌票号由于适应社会经济尤其是远距离贸易贩运过程中资金汇兑调拨的需要，业务十分火爆，分号很快遍及北京、天津、苏州、汉口、成都、银川等地。但就在日昇昌票号的业务蒸蒸日上、如日中天的昌盛阶段，高级经理层却发生了重大变故，大掌柜雷履泰和二掌柜毛鸿翙由合作到决裂，由共事走向反目，甚至互相攻击、诟骂、拆台。这种分裂对他俩人来说是矛盾的明朗和激化，但另一方面却有利于票号事业的发展，并由此注定了日昇昌票号和蔚泰厚票号长期激烈的竞争，双方谁也没有挤垮或吃掉谁，反而在竞争中都得到了发展壮大。

雷履泰以首创之功和高超的经营管理能力得到东家李大全的敬重，但二掌柜毛鸿翙绝非等闲之辈，其能力、水平与雷在伯仲之间，也非久居人下之流。雷、毛二人在票号创办之初尚能同舟共济，精诚合作。但随着业务的展拓

和意见的分歧，两人之间逐渐发生矛盾，并日渐恶化。有一次，经理雷履泰在号内患病，养病期间号中之事仍需向他请示汇报，二掌柜毛鸿翙颇感烦琐不便，也想趁机揽权，便向年轻的少东家李箴视建议说："经理在号养病，不甚安静，可请他回家休养。"涉世未深的少东家觉

雷履泰与毛鸿翙

得有一定道理，为大掌柜雷履泰的健康考虑，便在数日后跟雷履泰商量说："您染病多日，在号不能静养，可以暂时回家休养。"雷履泰虽心中对此议有些不悦，但嘴上却说："我也早有此意，今天就回。"于是少东家李箴视唤人驾车将雷履泰送回位于城内上西门刚修好不久的雷氏宅邸。数日后，少东家到雷宅去探望时，见雷履泰的案头放着不少写好的书信，内容全是撤回外地各分号的信札。李箴视一看大吃一惊，忙问雷履泰这是何意？雷履泰不慌不忙地说："票号是你家的，各分庄是我安的，撤回来我要交待你，没有其他意思。"李少东家见状忙说："雷掌柜的，我请你回家只为了能让你安心静养，以便早日康复，并无他意，想不到你如此多心，还是请雷掌柜去掉疑心，收回成命。"雷履泰不答应，李箴视再三求之，还是不允。少东家只好伏地跪请，直至深夜，并说："经理你不收回成命，我就跪着不起来。"雷履泰这才说："你起来吧，我想，叫我回家的主意，大概不是你的，而是毛某。"此后，雷履泰虽答应不收分号，但是久不上号，于是李箴视每日派人送酒席一桌，白银五十两。毛鸿翙见东家如此厚待雷履泰，而雷履泰许久不上号显然是冲着自己来的，便主动辞退出号。

二、竞争策略：一方广设分号、拓展业务；一方组建集团、联合抗争

其时，票号业方兴未艾，利源滚滚，不少商家心想经营只是苦于缺乏懂经营会管理的票号高级经营管理人才。所以，毛鸿翙在日昇昌受排挤出号后，很快就被与日昇昌一墙之隔，在平遥城内经营绸缎庄的介休北贾村巨商侯荫昌重金聘请，任为总经理。道光六年（1826年）在毛鸿翙的建议下，侯荫昌将蔚泰厚绸缎庄改组为票号，让毛鸿翙全权负责经营。毛鸿翙在蔚泰厚受到如此

信任和重用，决意在此大干一番，与日昇昌和雷履泰决一雌雄。侯财东除在蔚泰厚给毛鸿翙人力股一股外，又在新泰厚给毛顶了一股。毛鸿翙万分感激，又用加官晋爵的办法从日昇昌拉来两个熟悉业务的伙友郝名扬和阎永安，二人被运筹安排在蔚丰厚、蔚盛长的重要岗位。短短一年工夫，毛鸿翙为侯家运筹帷幄，调兵遣将，把业务搞得突飞猛进。

开始，雷履泰和毛鸿翙的争斗还局限于个人意气之争。相互间以对方的名字作为其子孙的名字进行攻击。例如，雷履泰给长孙取名雷鸿翙。毛鸿翙反戈一击，给自己的四个子孙起名叫毛履泰、毛履祥、毛履廷、毛履恭。不久，毛鸿翙为了在业务上胜过日昇昌票号，采取了集中兵力，群狼斗恶虎的联号集团战术。

原来，日昇昌票号成立后，雷履泰根据自己多年来根据市场需求和晋中商人经营药材、茶叶、布匹、绸缎、颜料、京广杂货的特点，择派精明干练，诚实可靠的伙友采取广设分庄，扩展业务的策略，先后在汉口、天津、北京、济南、西安、开封、成都、重庆、长沙、厦门、苏州、扬州、镇江等地设庄，招揽汇兑业务。这样，日昇昌的市场大展，业务量骤升。

对此，毛鸿翙采取强本固基、以建集团的策略回击雷履泰。道光六年（1826年）后毛鸿翙在将蔚泰厚绸缎庄改为蔚泰厚票号不久，建议侯东家在同年将自家原来经营的蔚盛长绸缎庄、天成亨布庄、新泰厚绸布庄、蔚丰厚绸缎庄均改为票号，组成"蔚"字五联号集团，联手合力与日昇昌展开竞争。并在日昇昌票号设立分庄的城市也设立自己的分号。"蔚"字五联号在毛鸿翙的悉心经理下，业务蒸蒸日上，分号数量倍增，气势咄咄逼人，不几年便大获其利。

雷履泰见状也不示弱，为了壮大总号实力，道光二十年（1838年），由日昇昌出资开办日新中票号，作为兄弟号联手与"蔚"字五联号抗衡，争夺市场和业务。日新中票号开办不久，便在北京、张家口、归化、三原、济南、周村、营口、周口、南京、苏州、镇江、芜湖、屯溪、汉口10处开设分号。双方的激烈竞争，很快由平遥城总部延伸到在外地的分号。

三、揽捐之争：日昇昌压价竞夺

清朝中叶，随着内忧外患加深，清政府政治日益腐败，卖官鬻爵公行，而且明码标价，不仅大小官职可卖，而且作为国家人才储备的国子监监生也可纳银捐买，并分为常捐、大捐，准捐纳生徒自行到户部国库交银，或托亲友上兑,经吏部、兵部验看,国子监发给证书。常捐只在京城举办,凡欲捐纳监生的人,依据规定的银两数,将定额银两交给京城银号,兑换成库平足色纹银,由银号代现上交户部,然后由国子监发给监生执照。大捐始于嘉庆五年(1800年)。当时,清政府认为,监生捐输是搜刮民财补救财政的好办法,而常捐只在京城,远不济财政所需,因而决定在全国各行省开办监生纳捐,因称大捐。后来捐生携银来,恐怕路远被盗,就在本省本地交纳银两,由票号汇兑到京,然后取银上交户部。这样,就为票号开增了一项代办捐生银两的新业务,利润也十分可观。特别是在江南经济发达的苏州、常德等地,捐银买监生资格的人为数不少,但是承办官员往往包揽加增,捐生每上交100两白银,他们借口成色分量不足。每百两多索银二三两不等。尽管这样,每年的捐纳费高达数十万。于是,蔚泰厚和日昇昌两家票号在苏州的分号围绕承揽捐生汇兑银两展开了争夺,但由于日昇昌在苏州设分号时间早,关系多,根底硬,所以,蔚泰厚票号在苏州争揽捐银业务一项暂时处于不利的境地。道光二十四年(1844年)四月二十三日,当昇时两家票号苏州分号在钱庄和报捐监生业务上竞争激烈。同年六月(农历4月23日),蔚泰厚苏州分号寄信京都分号说:"报捐业务皆被日昇昌减平揽去,是以只可不做。"

蔚泰厚票号苏州分号在给京都分号第91封信中写道:"苏州等江南富庶之地,捐取功名以及钱庄银店生意大宗火爆,但是咱蔚泰厚苏州分号概不能做分文,原因主要是因为日昇昌、广泰兴等号操纵把持,一再抬高价格。今年以来,收揽从九(品)监生,加色曹平,二十二微一些,二十、二十一(两)不等。照此价码,弟等实无化算,也就是认为价格不划算,所以,只可不做。"这封信,道出了票号之间竞价渔利,日昇昌排挤蔚泰厚苏州分号垄断苏州捐生兑银业务的一些内幕。

四、争汇海运经费:蔚泰厚暂时失利

道光以后,日昇昌与蔚泰厚的竞争日趋激烈,互有胜负,尤其在海运经费的争夺上,双方几乎使出全身解数,针锋相对,互不相让。

"海运经费"是票号开始汇兑地方上交中央财政款项最早的官款项目,利润可观,始于江苏省。明清两代定都北京,但财赋仰给于东南,每年通过京杭大运河从江南转输漕粮定额400万石左右,约占田赋总额的1/6。江苏省是江南富庶之地,是向清政府上解漕粮的大户。漕粮原来是由南北大运河运送到北京。道光四年(1824年)淮河在高家堰决口,朝野震动,次年运河水运河

道仍无法恢复,不得不试行海运解仓。漕粮改由上海海运至天津,由天津转解京郊通州仓。道光六年海运漕粮163万石。咸丰年间,黄河大改道后,黄河入海口由江苏转移到山东,运河水运体系彻底瘫痪,加之太平天国起义发生,江南战火不断,道路不宁,清政府只得专用海运,每年都在100万石左右。这样,400万石的漕粮定额就有一大部分汇兑银两到京籴买抵补。另外,由天津到通州也有一层运输费用,仍由江苏省解拨至天津,这就是海运经费的由来。

咸丰二年正月二十,春节刚过不久,蔚泰厚票号苏州分号托天成局给京号捎去的第70封信中写道准备汇兑海运经费:"再者海运经费之银,我号也许会(汇)些,大约总在二月二十间去矣。今天庆和动身回里,一并呈兄知之。"不料几天以后,由于日昇昌的竞争作梗,海运经费未能如愿。

同年正月二十七,也就是在蔚泰厚票号苏州分号发出第70封信一周之后,苏号又向京号发出第72封信,信中写道:今年粮船帮之会(汇)项看来甚少,道(倒)有一项海运经费,约有二十五六万两。前番海运时,天津所用之银十五万两,例系委员解去,不能兑会(汇)。今次海运经费,委员因路途不宁,不敢起解,再三恳求藩台俱要会(汇)去,连京使费十来万两,是以共有二十五六万两。前托元和县贾太爷给咱去说,来号言及已与咱号说过别位大人,无甚话说,素已知道咱号之事。唯大委员倪大人动雷霆之怒,说到去年存公银两系由咱号汇去,所交银两成色甚差,极不公道,已定不让在咱号兑汇。你可亲自到日昇昌去说合,今年银数甚多,料也不能全让他日昇昌一家汇去。今咱已托人情又去说倪大人,不知能汇与否,如咱号多少汇些亦尚罢了,如果尽让别号汇去,一则难免外人耻笑,二来明年存公银两亦恐难收汇矣。将此大略呈仁台知之,结果如何,随后再报。

二月初一,蔚泰厚苏州分号托正大局捎去第73封信,信中提到海运经费一事:咱号前托过几位朋友,都与粮道商酌分汇事。粮道谈及去年所交之银甚属不公之极,执意不教与咱兑汇,是此亦属无法。今闻从日昇昌汇去京交银七万余两,其余俱经委员送去。遇此海运年头,此项银两咱号不能收汇,唯恐下年存公之项,咱号亦不能汇矣。

此信去后,苏州分号受到总号批评。二月初八,蔚泰厚票号苏州分号托天成局捎去第75封信,信中详言未能承揽海运经费的苦衷。内中写道:至来信云收汇海运经费银两之说,实在一言难尽。早在去年及今年正月间,我等即托本府钟大老爷与元和县贾太爷教与咱号揽汇,伊等俱是满口应承,云及今年大委员是粮道倪大人,去年存公银两就是从宝号汇去,况今岁海运数目更多,约有二十五六万两,各委员俱向藩台恳求,因路途甚不宁静,现有西帮字号结实可靠,平遥数家票号兑去,自保无路途之虞。藩台,抚台皆已允准。众人举荐咱号与日昇昌,贾太爷来号已经说过,因为咱与聚锦定汇过京收伊银二万两。不料大委员倪大人次日进省,本府又谈及此事,伊云别号尚可,惟咱号不教兑会,如由咱号汇去,伊定不收,故亲自到日昇昌汇过银七万来两,净空期五十天,下余似教委员解去。此系已过之事,无须再论。近来生意实属艰难,况行中于稠,你抢我夺,适有一二宗项,不知落于何人之手,彼此各处务宜作养为要。

由此可见,此次海运经费争夺失手,关键是没有打通粮道倪大人这一重要关节。透过表象,我分析失利原因有二:一是日昇昌在倪大人身上下的投资本钱比蔚泰厚更大,二是倪大人的二公子从中作梗,诬称曾向蔚泰厚北京分号借三百两银子未与,由此结怨,导致倪大人一提蔚泰厚字号就反感发火,竟至分文不许蔚泰厚汇兑。同年二月二十一日,蔚泰厚苏州分号再给京号特快传递寄去第78封信件,信中述及此中原委。

再前报日昇昌汇去海运经费银6万余两,后又听说尚有应汇去银5万来两,咱又托委员王家佩老爷、钟大老爷、贾太爷等再三去说,将去岁交银之事俱皆叙明,咱已知过。谁料倪大人恼咱甚重,但提及蔚泰二字,大动肝火,钟本府与他有争执之言,伊执意又在日昇昌汇去银5万两,似此实属无法。据杨八元老爷说,去岁平色,本来不公,更兼有一番屈冤讲究。去年倪二少爷进京,不知是向何号要借银300来两未付。及至粮道进京,二爷们告诉是向咱号借用,咱号未与,粮道知情大为生气,云及我现在汇到你号银2万余两,况我少爷何至300金不补,似此实属岂有此理。此段屈情至今亦未明白,故而提及咱号即是生气。将此情由呈仁台知之。

从上述文件中不难看出,蔚泰厚票号与日昇昌票号在苏州等地的激烈竞争。撇开这次竞争成败不论,蔚泰厚票号打破了日昇昌独步天下的局面,极大地推动了票号业的发展。当然,雷履泰开创的日昇昌票号功不可没,道光二十年(1840年),雷履泰七十大寿时,平遥县绅商送他一块写有"拔乎其萃"四个金字的大牌匾,盛赞其始创票号业的伟绩。雷履泰、毛鸿翙、程大佩也成为票号业的杰出代表人物。后来,在平遥一带商界和民间长期流传着一句人们向往追求赞颂票号的俗谣:"人养好儿子,只要有三个,长子雷履泰、次子毛鸿翙,三子无出息,也是程大佩。"①

285

①《山西票号史料》(增订本),山西经济出版社,2002年版,第15页。

第五节　从平遥帮到平遥、太谷、祁县、太原西帮集团

19世纪五六十年代,随着日昇昌票号创立和"平遥帮"的形成,引起了邻近的太谷和祁县大财东、大商号的极大关注。于是他们便急起直追,纷纷效仿,投资票号。这样,很快便掀起了一个投资票号的热潮。

晋中太谷和祁县,自明中叶以来均以经商闻名于省内外,太谷的财力尤其强大。就以标期来说,山西之标分为两种,一为太谷标,即为太谷一县之标;一为太、汾标,即太原府所属之祁县、榆次与汾阳府所属之平遥、介休之标。卫聚贤对太谷在山西金融界之地位有过这样的评论:"在地域上讲,太谷也不是独偏于东而另划一区,实系太谷县在当时经济上占大势力,其一县之势力可抵榆次、祁县、平遥、介休等数县,故独立一标。且各路运汇来之现银,先集中太谷,办收交,开利率,悉以太谷为先,为准。又省库所收之银,其元宝上有太谷县孟家银炉所印的'孟合'二字,即当作十足银使用而不化验,可知太谷在当时经济势力之大。"[①]因此,当平遥日昇昌票号成立,生意蒸蒸日上之时,具有相当经济实力之太谷、祁县商人便先后急起直追,改营票号。在太谷最早经营票号的是志成信。据卫聚贤考证:"太谷沟子村关帝庙道光二十七年(1847年)碑有志成信布施,是志成信于道光时已经经营票号事业。"[②]同治十二年(1837年),该号另行改组,此后便专营票号事业。志成信在商界被誉为与"日昇昌"齐名的重要票号,且为"太谷帮"的领袖,实力相当雄厚。其北京分号名叫"志一堂",它的前身是建于康熙年间的"老"字号绸缎庄。志成信专营票号后,其合股东家有太谷沟子村的贠家即贠纯复堂和曹福善堂等19家。总号设在太谷城西大街,资本银3.4万两,分17个银股,每股2 000两,6个身股即人力股。其分号遍布北京、天津、上海、苏州、广州、汉口、沙市、南京、湘潭、济南、周村、开封、烟台、吉林、沈阳、锦州、太原、忻州、解县、运城、新绛、曲沃等20多处,很快就成为平遥帮的竞争对手。

太谷继志成信而起的还有协成乾票号。协成乾票号创办于咸丰十年

---

①卫聚贤:《山西票号史》,说文出版社,1994年版,第3页。
②《山西票号史料》(增订本),山西经济出版社,2002年版,第20页、第658页。

（1860年），东家有太谷县的吴道仲、张堂村、孙阜年、杜氏、房映宾、侯姓以及文水县人安立志。经理有吴士廉和程力川。总号设在太谷城内，资本6万两，折银股20个，另有身股20个。在北京、天津、归化、沈阳、营口、上海、苏州、镇江、芜湖、南京、汉口、广州等地广泛开设分号。很快发展为与志成信票号并称的太谷之领头票号，并成为在上海、汉口、苏州、南京、广州等地。①久负盛名的重要票号，是上海最早加入山西汇业公所的票号之一。在同行中享有很高的信誉，遇有急难事件，协成乾都能够出面通融协调，并为同行所折服。

祁县合盛元是一家起步早、发展快，在国内外享有很高信用度和知名度的票号。合盛元开办于道光十七年（1837年），由茶庄改组而成，是"祁县帮"中最早的票号。东家是祁县人郭源逢、张廷将。经理是渠寿昌、贺洪如、渠庆灏。最初资本6万两白银，分为10股，每股6 000两，总号设在祁县城内。先后在北京、天津、沈阳、营口、安东、西安、开封、上海、汉口、安庆等处，开设分号。更为突出的还在于它是国内第一家把分号开到国外去的票号，日本的神户、东京、大阪以及朝鲜的仁川，都有它的分号，②它是我国最早从事国际汇兑和结算的票号，在中国金融业史上具有划时代的意义。

此后祁帮又有大德兴票号和元丰玖票号建立。大德兴票号，于咸丰年间（1851~1861年）由茶庄改组而成，东家是祁县乔家堡的乔锦堂，其分号遍布全国各重要商埠城镇。据《上海通志馆未刊稿》记载，大德兴票号于光绪元年（1875年），在上海就加入了由14家票号组建的山西汇业公所。至光绪十年（1884年）正式改名为大德通票号。该号一直延续到1949年。

元丰玖票号，开办于咸丰九年（1859年），东家是祁县孙家河村人孙郐（原系巨兴隆商号东家），经理是平遥人王封晋，资本银10万两，总号设在祁县城内，曾在上海、重庆、北京、开封、汉口、天津、周村、济南、杭州等地开设分号。光绪元年（1875年）上海组建山西汇业公所时，元丰玖为14家票号之一。③元丰玖票号的资本来源于商业资本的转化，所以它主要是为商业铺户承担汇兑、存放款业务，与商业发展结下了很深的渊源。

咸丰五年（1855年），太原南郊西坟村巨商张登朝父子在省城太原水西门内鸡窝巷开设"义诚谦"票号，资本银8万两。到清末光绪年间，"义诚谦"

287

---

① 《山西票号史料》(增订本)，山西经济出版社，2002年版，第658页。
② 《山西票号史料》(增订车)，山西经济出版社，2002年版，第652页。
③ 张巩德：《山西票号综览》，新华出版社，1996年版，第143页。

票号在北京前门外打磨厂公和店、天津、上海、厦门、宁波、广州及陕西三原都设有分号,成为票帮继平、祁、太三帮之后太原帮的领头雁。

如果说,道光六年(1826年)蔚泰厚和"蔚字五联号"的问世标志着"平遥帮"形成的话,那么咸丰五年(1855年)义诚谦票号的创办,咸丰九年(1859年)元丰玖票号的开办和咸丰十年(1860年)协成乾票号开办,则标志着平遥、太原、祁县、太谷为主体的"西帮"票号的正式形成。可以说,道光至咸丰年间(1823~1860年),就是山西票号作为一个群体的创建和形成时期。山西票号在我国金融史上的辉煌业绩和崇高地位,并不是由哪一家票号单独创造的,而是由二三十家票号合在一起共同形成的。正因为如此,所以"平、太(原)、祁、太四帮"票号的形成,标志着山西票号群体结构的完全确立,它在我国金融发展史和山西票号发展史上,都占有极其重要的地位。"平、祁、太"西帮票号见表6-1到表6-4所示。

表6-1 平遥帮票号一览表

序号	票号名称	始营年代	经营年数	正本数额(万两)		东家姓名	大掌柜姓名	每股红利分配最高数额(万两)	分号数
				最初时	歇业时				
1	日昇昌	道光三年(1823年)	105	银身股各30个	38.28	李箴视……	雷履泰	1.6~1.7	35
2	蔚泰厚	道光六年(1826年)	95		35	侯崇基	毛鸿翙	1.2	33
3	蔚丰厚	道光六年(1826年)	90	17	28.32	侯崇基	阎永安	1	26
4	蔚盛长	道光六年(1826年)	90	20	24	侯崇基……	郭存祀	1	22
5	新泰厚	道光六年(1826年)	95		26	侯崇基……	侯王晋	1.5	26
6	天成亨	道光六年(1826年)	92	6	15.6	侯崇基……	李 公	1.2	23
7	日新中	道光二十年左右(1838~1842年)	20						14

序号	票号名称	始营年代	经营年数	正本数额（万两）		东家姓名	大掌柜姓名	股红利分配最高数额（万两）	分号数
				最初时	歇业时				
8	协和信	咸丰三年（1853年）	50			王栋	李清芳		4
9	协同庆	咸丰六年（1856年）	57	3.6	24.4	王栋……	陈平远	1.4	31
10	百川通	咸丰十年（1860年）	59		30	渠源浈……	武大德	2	23
11	乾盛亨	同治三年前（1862~1864年）	40		10	冀以和	武开升		21
12	廉吉升	同治三年前（1862~1864年）	20		10	李大全……	李续赓		11
13	蔚长厚	同治五年（1864年）	56	屋	25	常某	范积善	0.7~0.8	19
14	其德昌	同治初年（1862~1864年）	50			冀以和	宋聚源	0.2	5
15	云丰泰	同治年间（1862~1874年）	20			杨玉科……	白庚李		11
16	松盛长	光绪五年（1879年）	不久			英朴	程绪		12
17	祥和贞	同治十四年（1873年）	20			云丰泰			1
18	义盛长	同治十四年（1873年）	20						2
19	汇源涌	光绪七八年（1881~1882年）	4		6	渠源潮	段启祥		9
20	永泰庆	光绪十八年（1892年）	9	6		毛履泰……	段启祥		17
21	永泰裕	光绪二十七年（1901年）	不久	10		毛履泰	段启祥		
22	宝丰隆	光绪三十二年（1906年）	16	13		乔英甫……	宋聚奎		22

289

表 6-2　祁县帮票号一览表

序号	票号名称	始营年代	经营年数	正本数额（万两）		东家姓名	大掌柜姓名	每股红利分配最高数额（万两）	分号数
				最初时	歇业时				
1	合盛元	道光十七年（1837 年）	77	6	50	郭源逢……	渠寿昌……		14
2	大德兴	咸丰年间（1851~1856 年）				乔锦堂			
3	大德通	1884年由大德兴改	85	6	35	乔锦堂	高　钰……	1.7	20
4	元丰玖	咸丰九年（1859 年）	34		10	孙　郅……	王封晋……	0.3~0.4	3
5	三晋源	同治初年（1862~1865 年）	70		20	渠源浈……	武呼之	0.6	11
6	巨兴隆	同治三至十五年（1862~1874 年）	22		10				1
7	存义公	同治三年至六年（1862~1865 年）	54	6	24.6	渠宝廷……	颉鲜五	1.57	20
8	兴泰魁	光绪初年（1875~1882 年）	7			翟乾阳	钱某		1
9	长盛川	光绪十年（1884 年）	26		20	渠源潮……			13
10	大德恒	光绪七年（1881 年）	60	6	26	乔锦堂	阎竹甫……	1	25
11	大盛川	光绪十五至十六年（1889~1890 年）	40		10	张廷将……	颉匹麟……	1.08	18
12	大德源	光绪十四年（1888 年）	5		10	乔兰三	张孝义		

表 6-3　太谷帮票号一览表

序号	票号名称	始营年代	经营年数	正本数额（万两）		东家姓名	大掌柜姓名	每股红利分配最高数额（万两）	分号数
				最初时	歇业时				
1	志成信（在京名志一堂)	1821~1850年（道光时先兼营票号业务）	80	3.4	24	纯管堂……	孙宪仁……	1.4	24
2	协成乾	咸丰十年（1860 年）	54	6	18	吴道仲……	吴士廉	1.1	12
3	世义信	光绪十九年（1893 年）	29		30	杨生泰	罗长汗		
4	锦生润	光绪二十年（1903 年）	15	6	9	曹师宪……	张子宽		15
5	大德川	光绪三十三年（1907 年）	6		20	常万达	侯铭		4
6	三和源	光绪元年（1875 年）				常氏			1
7	大德玉	光绪十一年（1885 年）	29		22	常立训	党恽……	1.3	9

表 6-4　太原帮票号一览表

序号	票号名称	始营年代	经营年数	正本数额（万两）		东家姓名	大掌柜	每股利	分号数
				最初	歇业				
1	义诚谦	1855年	60	8	6	张登朝 张缵武 张续武（太原西坟）			10
2	巨兴源	不详		3.2		刘锦堂 王鹤龄 王鉴（太原阳曲）	贾世源 车耀笼	1884年欠外 3 万两外欠 36000 两	不详

291

第六节 票号与飞钱、交子、会票的异同

中国古代曾以贵重金属金、银、铜、铁、铅和粮食、棉布、丝绢、珠玉之类实物充当货币。汉代发明了造纸术,特别是唐宋以来,商品经济不断发展,货币流通十分活跃,终于产生了最早的纸币雏形——飞钱和交子,开辟了货币历史的新纪元。从而在推动中国封建社会经济发展中发挥了极其重大的作用。到明清时期,随着白银作为主要货币进入流通领域,商品经济更加发达,以晋商、徽商为主体的十大商帮空前活跃,进而产生了完备的信用票据——会票、票号。它们都是商品货币经济发展的产物,既有着内在联系,又有一定的差异,还和晋商有密切的联系。

一、基本概念及其内涵

（一）唐代的飞钱、便换、书帖

1.开辟了货币兑换的新纪元。唐代,随着商品经济的发展,在流通领域产生了一种用于异地款项汇兑的飞钱,俗又称"便换"。这是宪宗元和年间进行款项汇兑业务的凭证,接近于现在的汇票,但还不算完全意义上的纸币。《新唐书》卷54《食货志》载"宪宗以钱少,复禁用铜器。时商贾至京师,委钱诸道进奏院及诸军、诸使、富室,以轻装趋四方,合券乃取之,号飞钱。"另据《因话录》载:"有士鬻产于外,得钱数百缗,惧以川途之难赍也,祈所知纳钱于公藏,而持牒以归,世所谓便换者。"由此可见,商人把款项交给某地的某一机构或商家,领取票证,然后持票到该机构所属单位道府,核对凭据无误后,提取款项。接管汇兑的机构主要是各道的进奏院、诸军、诸使以及户部、度支、盐铁三司等机构,要求汇兑的主要是商人。唐代,诸道州府曾因铜钱少的缘故禁止铜钱流出本界,导致"课利有缺,商贾不通"①的后果,政府不得不解除这种禁令,以保护财政收入和贸易发展。另因体重价轻的铜钱对大商人贸易不便,所以客观上需要一种新的汇兑办法。飞钱为交兑方和承兑方都提供了方便,避免了带大量现金的不便;承兑方免去地方政府不断运钱到京的烦劳。满足了当时社会商业经济发展对资金调拨的需要。

除飞钱外,唐代还出现了一种类似于近代支票性能的信用票据,称为帖

---

① 《唐会要》卷89。

或书帖。帖上写明付款数额、出帖日期、支付日期、收款人姓名、出帖者签名，持此帖就可向指定商铺兑取现金。它和现代支票不同的是书帖"是临时书写，而不是印好的空白格式。"①胡寄窗先生认为书帖与支票不同处是："书帖是临时书写的便条，而支票则系预先印好的空白待填凭证而已。汇票在古巴比伦时代早已出现，而书帖则是世界上最早出现的支票。"②帖的出现，是唐代商品货币经济发展的一个新的标志。出帖人随时都可在款项数目内开票取款，存款机构凭票给钱。唐代嘉祐年间，有人取笔写帖给伍生说："持此于梳行郭家，取十千钱……遂持诣郭家取钱，郭如数与之。"③

2.实现了实物信用向票据信用的转变。从现存史料看，唐代中后期是实物信用向票据信用的转变阶段。当时社会上凭帽、杖等信物取钱现象十分普遍。《太平广记》中就记载有唐开元年间凭帽取钱情节："遂持帽诣王家求钱。王老令送帽问家人，审是张老帽否？其女云：前所缀缘线犹在。李问张是何人。王云：今有二千余贯钱在药行中。李领钱而回。"④另有拿卢二舅叔手杖领取到钱的经过。"波斯见手杖，惊曰：此卢二舅叔杖，何以得之？依言付钱。"⑤不过，唐代并没有一种专门接收存款汇兑的机构，各种行业店铺形式的存取款，多是因商业往来和其他人际间赊欠因素促成的。而且这类存取款一般是无须支付利息和收取手续费的。但唐代的飞钱对后世产生了重要影响。

（二）宋代的交子、关子、会子

1.进一步发展规范了飞钱的汇兑便换功能。宋代商品货币经济的发展水平更高，不仅打破了唐代的坊市限制，同时受唐代飞钱原理的启发，产生了更进步的货币兑换代用券——交子、关子、会子，而且便换钱务得到了宋朝政府的认可和推行。史称："太祖时，取唐朝飞钱故事，许民入钱京师，于诸州便换。其后，定外地闲慢州，乃许指射。自此之后，京师用度益多，诸州钱皆输送，其转易当给以钱者，或移用他物。先是，许商人入钱左藏库，以诸州钱给之，而商旅先经三司投牒，乃输于库，所由司计一缗私刻钱二十。开宝三年，置便钱

293

---

①彭信威：《中国货币史》，第 389 页。

②胡寄窗：《中国经济思想史简编》，中国社会科学出版社，1983 年版，第 294 页。

③吴曾：《能改斋漫录》卷 18。

④《太平广记》卷 23 引《广异记·张李二公》。

⑤《逸史·卢李二生》。

务,令商人入钱者诣务陈牒,即日辇至左藏库,给以券,仍敕诸州:凡商人赍券至,当日给付,不得住滞,违者科罚。自是毋复停滞。"①从上可知:一是宋代的"便换"制度是在商人实践的基础上,吸取唐代飞钱的经验教训,构筑的更加规范,且有专门管理机构"便钱务"的官营商运汇兑制度。二是宋代的便换制度严密有序,从商人向三司投递牒→输钱左藏库→领取凭证券→到诸州兑换各个环节紧扣,而且定有商人持券至指定地点必须当日给付,不得拖延停滞,"违者科罚"的约束惩治机制。三是正因有限期兑付的保障机制,所以信用得到保持,既加快了资金周转速度,提高了办事效率,又收到了商业发展,财税增多的显著效果。商人便钱从至道(995~997年)时170万贯到天禧末年(1021年)复增113万贯。

2.演变创新为新的金融汇兑工具——交子、关子、会子。交子最先产生于北宋时期的四川。北宋同时流通的货币有铜钱、铁钱。但四川境内只流通铁钱,铁钱分量重,单位价值比铜钱低,买卖商品用铁钱支付极不方便,不能适应大额异地贸易交换的需求。当时成都富商大贾云集,商品交易日增,所以,常来成都做大宗生意的富商,为免除携带运输铁钱的劳苦和旅途安全,就把

交 子

现金交付本地素有声望信誉的殷实商人铺户,收款商铺把存放现金的数额临时填写入用楮纸制作的票券,交给存款方。这种临时填写存款金额的货币代用楮券称为交子。经营此类货币信用业务的商铺称"交子铺户"。这样,四川商民之间,私自采用交子之法,开办铁钱兑换业务,产生了一种类似飞钱而又只在一省区域内流通的交子。交子铺户收到现钱后,发给楮券,上写收钱数额,并在楮券上隐秘记号,以便辨认。持票存款人兑取现钱时,需支付每贯三十钱的息钱,即3%的手续保管费。后来发展为富商16户主办交子业务,习称"私交子"。

私交子产生不久发生收钱户不能偿付兑取现钱,信用缺失引发多起争讼问题。宋仁宗天圣元年(1023年),北宋政府鉴于私交子的信用

---

① 《文献通考》卷9,《钱币二》。

不足引起的债务纠纷,决定整顿交子业务并收归官营,同时在四川设置益州交子务,派京官二人担任监官,主管交子发行兑换,史称"官交子"。北宋政府进一步发展了民办交子,对商人交钱换取的票据进行了统一和规范,确定了每张楮券的票面值,发行数量也按比例控制,还用铁钱作为储备金。同时,保留私交子3%的手续费,商人兑取时继续割取30文的息钱,并将楮券的流通兑钱时间延长为两年一届,从而有效地规避了交子的信用风险,方便了商人在商业交易中使用楮券,使交子初步有了类似银行券的功能。

关子是南宋根据军事需要发行的兑钱凭券。南宋朝廷曾在婺州(今浙江省金华市一带)屯驻大军。为解决巨额军饷问题,在绍兴元年(1131年)仿北宋便钱务,设御前关子务,开始印发关子。规定商人纳钱于婺州榷货务,领取到关子券后,便可前往杭州、越州等地榷货务兑换现钱。

时隔6年,临安商民私造便钱,由富户主持发行,称作会子。它比交子、关子更便利灵活,可以直接进入市面流通。起初,政府为避免其妨碍关子,对会子采取排斥态度,但后来看到会子流通在融通民间资金、发展商业贸易、繁荣市场、增加税收诸方面都有益,于是就在绍兴三十一年(1161年)设置会子务,将会子的印制发行权收归官营。官方会子允许在国都临安城内外与铜钱一并流通。至此,会子的地位由民间上升为南宋政府的法定流通货币。

3.普遍推行,延伸到国家经济和国防领域的重要部门。宋代交子、会子由于顺应社会商品经济的发展需要,因而具有较强盛的生命活力。它在宋代经历了一个由商人在局部地区实行,到政府规范统一管理,再推广到社会经济的主要领域和职能部门的发展演进过程。交子先在四川流通,宋太祖开宝三年(970年)设置专门机构便钱务。到宋太宗雍熙年间(984~987年)由于战事吃紧,宋政府又把交子进一步推广,扩大了它流通的地域和兑取物资的范围,使交子延伸到军政部门,演化为专卖制度下商人参与折博茶盐商贸的交引。"雍熙后,用兵切于馈饷,多令商人入刍粮塞下,酌地之远近而为其直,取市价而厚赠之,授以要券,谓之'交引',至京师给以缗钱,又移文江淮荆湖,给以茶及颗末盐。"[1]郭正忠先生据此说明,宋代商人在茶盐贸易中采用了飞钱汇兑业务是有道理的。[2]这样,交引制的实行既通过放松政府对茶盐专卖品的控制解决了军费问题,又使商人得以贩卖茶盐获取利润,可谓一举两得,利

①《宋史》卷183,《食货下五》。
②郭正忠:《两宋城乡商品货币经济考略》,经济管理出版社,1997年版,第260~263页。

国惠商。后来,宋政府为了满足西北驻军的军需要求,采用折中法,令商人输粮草至西北边地,发给交引,让商人到京师或指定地区换取现钱或茶、盐、钒、香药、犀象之类专卖品。"国朝……商贾之欲贸易者入钱若金帛京师榷货务,以射六务、十三场茶,给券,随所射与之,谓之交引。愿就东南入钱若金帛者听,入金帛者记直予茶如京师。"①熙宁二年(1069年),"以河东公私共苦运铁钱劳费,诏置潞州交子务"②。

可见,交引制的实质仍是异地延期付款,只是支付对象有了拓展,除现钱外,还包含了政府原属禁榷,现在让利于商民的专卖品。所以说,唐代飞钱原理与宋代禁榷制相切换整合形成新的交引制。它是唐宋时期社会商品经济发展与封建专卖制矛盾斗争的产物。

(三)元代在货币制度方面的革新

货币革新方面,元朝建立后将以往用铜钱作为价值尺度的习惯改变为以白银作价值尺度,这是中国货币发展史上的一个重要变化。元代在统一全中国以前,也是发行以白银为价值尺度的兑换纸币,到至元二十四年(1287年)正式发行不兑换纸币,这是我国第一个发行不兑换纸币的王朝,也是世界货币史上最早实行纸本位制的国家。而宋代的楮币原则上还是一种兑换纸币。元王朝接受了南宋会子膨胀和金人交钞膨胀的教训,故对纸币发行采取稳健政策。而且,元代在货币理论方面贡献颇大。叶李(1242~1292年)的钞币条画十四条对钞银兑换比价、新旧钞折算、准备金制度、防止物价上涨、打击伪劣币、惩治官员舞弊都有高深独到见解。卢世荣的设立平准周急库建议如果实施,将是近代银行制度的滥觞。王祎的《货泉议》是我国历史上第一个主张实行黄金或白银铸币的人。叶子奇关于货币流通"引水渠与泄水沟"的认识尽管不能与马克思用蓄水池的收放来比喻"贮藏货币"对流通中的货币的影响相提并论,但很不容易,确属难能可贵。

(四)明清两代的会票(汇票)

1.会票的产生。会票早于票号,产生在明代后期,是一种信用票据,清代沿用。鸦片战争爆发,五口通商,外国银行进入中国内地后,一些政府公文和官员的奏折函件中开始使用"汇票",而民间经营汇兑业务的票号,直到清末仍然沿用"会票"的字样。到了20世纪以后,官方、民间、银行诸方都将这种

---

①《续资治通鉴长编》卷100,天圣元年正月记事。
②《文献通考》卷9,《钱币二》。

用来进行异地汇兑业务的专门信用票据称作"汇票"。

明初,法定的流通货币是铜钱和宝钞,并禁民间以金银交易,只准以金银换宝钞。但因银贵钱贱、钞币贬值时有发生,事实上民间交易多用银。明代中叶以后, 商品货币经济的发展进入前所未有的历史阶段。随着正统元年(1436年)赋税折征金花银,弘治五年叶淇变法,万历初年张居正一条鞭法的相继实施,社会经济活动及百姓日常生活中对白银的需求空前高涨,在江南许多市镇大额现金转运已经越来越不能适应商业贸易的需求和异地资金结算。于是,随着市场的扩大,贸易的频繁,在明后期的一些城市,以票据结算代替现金清算的会票应运而生,流通日广,为长途大宗贸易提供了方便。所以,货币的白银化、会票的产生是适应中国当时商品经济发展与货币流通加快的必然结果。

2.会票的使用。会票是一种信用票据。这种票据有时是由货币持有者将款项交付承办会票的店铺,取得会票;有时是由某地的殷实店铺或权贵开出,注明钱数,加盖特别印记,而后由持票人到指定的城市和店铺去如数领取。明人的记述反映了隆万年间京城与江南使用会票及有人利用假会票骗同乡的情形"先是,苏克温听选,以父恩善文贞公(指徐阶),故客其门。时有里人马姓者,携资客于京,克温觇知之,往纳交,叙乡情甚密,其人已笃信克温。克温乘间绐之曰:闻君将以某日归,孤身涉数千里,得无患盗乎? 我当为君寄资徐氏官肆中,索会票若券者,持归示徐人,徐人必偿如数,是君以空囊而赍实资也。长途可帖然矣。马姓乃深德克温,即以一百五十金投之,克温佯入徐肆,若为其人谋者,出持赝票示之曰:资在是矣。其人亟持归,付徐人,徐人以为赝,不与。"[1]这一记载说明,会票的使用已不是个别现象,而且在明代的文学作品中也有反映。明末小说《豆棚闲话》就记载着徽商使用会票的事:徽州典当商汪彦让儿子汪华带本金一万两银去苏州新开一当铺, 但其子不善经营,不及一月,万两金钱,俱化作庄周蝴蝶。无奈之下,汪华"寻同乡亲,写个会票,接来应手"。

会票到清代继续沿用。不仅文献多处提到,而且有实物佐证。清初,许多外地商人往京师转运大宗货物时出于安全和便捷考虑,"委钱与京师富商之家,取票至京师取值,谓之会票"[2]。又如清初平南王部下吴六奇,答谢救命恩

①范濂:《云间据目抄》卷3,《记祥异》。
②[清]《皇朝经世文编》卷52,《钱币》。

人查伊璜,说:"我藩下浙省有当铺估客,即写会票,赠以千金,而裘马衣装盘费,又及千金"①。目前,国内见到最早的会票实物便是 1982 年发现的 23 张徽州休宁谢氏家藏清代康熙会票。②这 23 张会票分为即期会票和远期会票两种,共涉及金额 11 980 两白银,既有商人之间汇兑的"商业汇票",又有替他人代办汇兑,类似于今天"银行汇票"的会票。兑付的期限,既有"见票即兑"、"见票兑付"、"验票兑付"之类的即期会票,也有"三月内准兑"、"四月终兑"、"六月内兑清"一类的远期会票。此外,会票票面上还有使用平砝、兑付办法的说明文字,会票形制规格基本具备现代银行商业票据的要求。

（五）清代的票号

1.票号是专营汇兑的信用机构。票号是 19 世纪中叶伴随社会经济发展、商品流通扩大、统一市场形成、国内外贸易增多的客观需要而产生的我国封建社会末期的重要信用机构,是账局的延续和发展,是中国早期的银行。票号之前,中国没有异地专营汇兑、存款、放款三大业务的金融机构。飞钱、交子、会票进行的汇兑都属兼营,钱庄,银号主要业务是兑换银钱,附带鉴定金银成色以及兼营存放款。乾隆元年（1736 年）晋商在张家口开设的第一家账局虽主要经营工商业存放款业务,但早期只设在一城一地,没有分支机构,不经营异地汇兑,仍属商业和银行业混合经营的经济组织。异地资金主要靠镖局运现。其后,山西商人借助资本雄厚、商铺分号广布、商业信用卓著的优势,顺应远距离长途异地贸易对大额资金结算的需求,在道光三年创造性地将传统汇兑业从一般商业中剥离出来,到清末光绪三十二年（1906 年）在全国近百处通都邑市建起汇兑网络,分号达到 500 余家,实现了"货通天下""汇通天下",开创了商业资本向金融资本质的飞跃的新时代。成就了晋商称雄商界五百年,一度执金融界之牛耳,在国计民生中发挥重要作用,堪与威尼斯、犹太商人比媲美的强大商帮地位。

2.票号是完备的信用票据。票号诞生,标志着中国自成体系的信用票据日益完善。晋商创办票号,大量流通使用各种商业票据和银行票据。晋商称为"帖子",按各自性能分别称凭帖、兑帖、上帖、上票、瓶帖、期票等。凭帖属于本票性质,兑帖、上帖属于汇票性质,上票属于商业汇票范畴,瓶帖类似于银行系统自身划拨融通资金的票据,期票属于期约性质的票据,又分即期期票

①《庄氏史案本末》。
②《文献》,1985 年第 2 期。

298

和远期期票两种,即期票据上写有"见票即付"、"验票兑付"的标识,远期期票一般不在接票当天兑付,而是注明指定期限,如"三月内兑"、"六月兑清"等。

二、飞钱、交子、会子、会票、票号发展的共同规律

从大量史实来看,无论飞钱、交子、会子,还是会票、汇票、票号都属信用票据的范畴,是不同历史时期社会经济发展与货币流通供求矛盾的产物。因而这几种信用票据的发展演变既有共同规律,又有个性特征。其共同点:

1.当时社会经济发展与货币流通供求矛盾的产物,集中表现为市场拓展、商贸经济进一步发展后原有的货币政策,特别是货币流通数量与周转速度跟不上的矛盾。

飞钱在唐代后期宪宗年间表现得最突出。当时社会经济的格局是秩序混乱新旧整合时期。一方面,唐王朝经过开元之治进入天宝盛世,为社会经济打下了雄厚的基础,形成一定的商品市场交易体系;另一方面,表面繁华现象掩盖潜伏下的政治危机、社会矛盾很快激化,引发了使唐由盛而衰的安史之乱,整个社会经济秩序格局(包括货币流通体系)一下子被打乱。尽管宪宗在位时已是乱后近50年, 但政治上藩镇割据尾大难掉的格局已使中央国家机器的运转和地方经济的运行秩序杂乱无章,乱麻难理。社会经济的核心——金融体制自然表现出紊乱。于是固有的经济基础和货币流通矛盾及民众企盼经济恢复、生产发展的态势迫使商人寻求新的便捷方式——飞钱,这也正是货币短缺、物价不稳导致唐宪宗时而以钱少,禁用铜器,时而又禁行飞钱想理顺货币流通心态的体现。同理,宋代的交子、明代的会票、清代的票号也都是由于货币流通不能适应远距离大额商品贸易需要的产物。

2.先在民间商人从事商贸经营实践的基础上创新的金融工具。由于具有良好的社会信誉、商业信用、流通功能、增财效果,多能引起政府重视并收归官营得到推行。北宋在四川成都设置交子务、开封设置便钱务,南宋在婺州设置榷货务、临安设置会子务。明代会票由权贵把持,清朝让票号承汇兑付官银军饷,并在票号基础上创办大清(户部)银行,基本都经历了民间商人先行—产生社会影响效力—政府出面规范管理推行的过程。这一规律可简化为民办—社会效应力—官营。

3.飞钱、交子、会子、会票、票号的产生时代,出现时间、经营主体都充分反映了商品货币经济的发展演变规律。他们都产生于中国封建社会商品货币经济发达的唐、宋、明、清四朝绝非偶然，且出现时间基本上是在王朝中后期，多是在各朝社会经济发展到有一定的基础和规模，商品市场经济空前活跃，货币流通供求难以满足市场和远距离商贸需求的时候。交子表面看在北宋前期才施行，但实际上在唐末五代四川民间就一直使用，所以，其实质是唐后期飞钱流通延续，变种不离宗的结果，不然就难以解释北宋刚建国就能在宋太祖开宝三年（970年）设置便钱务。宋朝人在《宋史·食货志》中也承认是"太祖时，取唐朝飞钱故事，许民入钱京师，于诸州便换"。可以说北宋立国在经济政策方面打破常规较早地接受了唐后期的文明进步成果，使得宋代商品货币经济发展水平跃上了超前的新高度。而且，票据属金融资本衍生物范畴，从事信用票据飞钱、交子、会子、会票、票号的流通交易业务实际上即迈入资本市场的早期萌芽门槛，既要有雄厚的资金实力，又必然伴随市场风险。所以唐、宋、明、清，最早从事或兼营飞钱、交子、会票、票号的多是资本富厚的富户、富豪（权贵）和殷实商铺。宋代四川交子由16户富商主持，明代会票由徐阶等权贵富豪操纵，清代票号由富商大贾甲天下，非数百万不称富的晋商首创也绝非巧合。总之，上述信用票据的产生、发展、演变过程符合市场经济的规律，也多次地验证了商品货币的流通演进轨迹。

4.交通是导致飞钱、交子、会子、会票、票号产生的不可或缺的因素。史实表明，交通既是社会经济和城市发展的制约瓶颈，也是中国古代信用票据催生的重要因素。唐代飞钱产生在"安史之乱"后，唐宪宗时曾因钱少，禁民间用铜器，就是因为货币不足，而铸造铜钱的原料因藩镇割据，各地交通运输受阻，道路不畅的缘故。同样，交子在宋代最早流通于四川，也是因为川境缺铜钱，流通铁钱，铁钱单位价值比铜钱低而分量却重，加之蜀道艰难，运输大额钱货极其困难，所以，成都商人率先创行飞钱。北宋熙宁二年（1069年）在山西潞州设置第一个交子管理机构的根本原因也是太行山区交通不便"以河东公私共苦运铁钱劳费，诏置潞州交子务"①，同理，当晋商由明到清将市场从九边重镇、黄河流域拓展到长江流域、珠江三角洲，不断地涉沙漠、越戈壁、跨江湖、过岭南从事商贸活动的时候，最头疼的难题还是交通困难，远距离长途贩运货物，资金调拨结算慢。实践出真知，晋商首创票号，开银行之先河，将中国传统信用票据业务发展到极致水平，终于成就世界商业史上五百年的辉煌。

①《文献通考》卷9，《钱币二》。

三、飞钱、交子、会票、票号的区别

（一）经营主体和方式不同

票据本身不是商品，但它进入商业流通充当结算债权债务的支付工具时就有了价值。历史上发行经营飞钱、交子、关子、会子、会票、票号之类票据的主要是有相当资金实力的富户和殷实商铺，但又有一些不同。除票号属专营汇兑机构外，其他信用票据都属兼营。唐代经营飞钱的是官私合营，既有商人、富室，又有官方机构进奏院、诸军、诸使。经营方式是由进奏院、诸军、诸使、富室作为出票方开出票券，商人执一半，另一半由出票方寄往商人原籍，商人返回本地后去相应的本道机构去合券，两联合会核对无误，便可支取兑付。可见，飞钱是一种带有汇兑功能的两联支付凭证。交子的经营主体是先私营，后官营，也就是先由成都等地的富户和商人发行，后来宋政府收归官营、设置交子务、榷货务，并且从发行数额、流通方式、支付时限、票据监管等方面进行了完善，铺户把存放现金的数额临时填入用楮纸制作的票券，交还存款的一方，并加密记以伪欺伪，带有一种空白支票的性质与功能。并确认了交子铺可以加收 3% 的手续管理费。同时根据军事需要，扩大了交子的使用范围，产生了盐引、茶引、矾引、犀象引等一系金融衍生产品。特别是到南宋时期，民间除交子外，会子大量流通使用，并在杭州等地出现了中国最早的证券交易所——金银钞引交易铺。

会票的经营主体是商人和权贵。明代中后期，商人在大量长距离贩运贸易中使用会票，由于有利可图，一些权贵势要也兼营会票。隆万时期的大学士徐阶家就有徐氏官肆发行经营北京—松江间的会票。这种会票的格式保密措施已相当完备，能够验出真假会票。会票在清代前期，中期广泛流通使用。道光八年（1828 年），江苏巡抚陶澍的奏折就反映了清代"天下四聚"之一的苏州大量使用会票的情形："苏城为百货聚集之区，银钱交易全藉商贾流通。向来山东、山西、河南、陕甘等处每年来苏置货，约可到银数百万两，与市廛钱价相平，商民称便。近年各省商货未能流通，来者日少，银价增长，然每银一两亦不过值钱一千一百六七十文至二百余文不等。自上年秋冬至今，各省商贾俱系会票往来，并无现银运到，因此银价顿长，银价愈贱，竟至每银一两易制钱一千二百八九十文至三百余文不等。"[①]当时，东北的人参到苏州贩卖，商

301

---

①《山西票号史料》（增订本），山西经济出版社，2004 年版，第 28 页。

人也系会票来往。商人牟纯儒在苏州卖参得银 3 万两。因道途遥远，银数过多难以携带，"现银随在彼处贩卖绸缎各商会兑，写立会票携来"①。但由于受到承汇能力和通汇地区的限制，远远不能满足大宗远距离埠际间贸易流通的需要，于是到清中叶，随着民信局的产生，山西票号将会票由兼营推向专营。

票号是我国封建社会末期的重要信用机构，是账局的延续和发展，是中国银行业的鼻祖。票号的经营主体是商人，以山西商人为主，江浙商人为辅。经营方式最为灵活广泛，管理系统完备，业务最大，有存放汇三大业务和代理业务。汇兑方式有票汇、信汇、电汇 3 种，票号的信用、印制、防伪、密押、水印、股份、技术操作和组织管理达到了中国封建社会信用票据的最高水平。到清后期，一度执金融界之牛耳，在国家财政中发挥了积极的支柱作用，汇总了大量的官饷、京饷、协饷和赔款。票号的机构扩展到全国 90 多个城镇，形成了全国性的银行网络，对社会经济发展作用重大。

（二）信用程度不同

票据是建立在信用基础上的书面支付凭证。出票人和承兑人都有按照票面规定履行支付款项承诺的义务。尽管历史上发行经营票据的多为有一定资金实力的殷实商铺富户，但由于社会经济发展水平、商业信用水准的不同，飞钱、交子、会票、票号的信用有着明显的区别。分析史实可知，票号的信用度最高，实行了预提护本，严防底空，标期清算，失信惩罚顶标制度。飞钱的信用度也可以，现在没有见到唐代飞钱诈骗和失信的历史记载。而交子、汇票的信用度就要差些。尤其是北宋真宗时，成都 16 家富户经营交子铺，所发私交子由于信用度不足，总出现问题，引发了多起债务纠纷。所以到宋仁宗天圣元年（1023 年），政府下令禁止发行私交子，同时在四川设置益州交子务，由京官二人担任监官，主持交子发行，史称"官交子"，官交子面额固定，发行额也有比例，并用铁钱作为储备金。明代的会票也存在信用不足问题，由于部分权贵染指经营，社会上出现了伪票赝品，及一些不法之徒出具伪票坑骗顾客的事例，典型的如徐阶的门客苏克温利用假会票诈骗同乡人马氏 150 金的案例。

（三）流通范围不同

从流通区域来看，唐代飞钱主要在京师长安和大商人集中的诸道之间使用，属局部范围。北宋交子的流通范围起初局限于四川境内，后来扩展到开封、洛阳、太原、长治等地，雍熙以后，由于西北战事发生，交子延伸到西北部

302

①《山西票号史料》（增订本），山西经济出版社，2004 年版，第 28 页。

分用兵的地区。南宋会子初行,限于浙江,后通行苏、浙、皖、赣、湘、鄂数省,上述长江流域六省,官方的漕粮赋税结算、民间典卖田宅牛马舟车,乃至婚丧嫁娶都可以使用会子。关子主要流通于浙江州与杭州、金华等有榷货务的地方。会票是明清时期商品经济发展、白银大量使用的产物。明代会票主要在北京和南方苏、松、嘉、湖等商品经济发达的东南沿海地区流通使用。到清代,会票在北方大量使用,至嘉道年间,南北物资交换,商人在南北方之间的大宗货物购销均携带会票交易。清朝中后期道光三年(1823年),山西票号产生后,商业资本和金融资本的结合更加广泛,各家票号的各种信用票据的流通使用更加频繁。随着票号业务的拓展和分号的迅速增多,全国范围内18个行省的繁华都市城镇的商埠几乎都有山西票号的分支机构。以山西祁、太、平、介为中心,以北京、天津、汉口、上海、开封、广州、成都、济南、奉天、张家口、苏州为枢纽,向全国各地辐射。北起恰克图、奉天,西至迪化(新疆乌鲁木齐)、兰州,东到营口、登州,南至岭南两广,西南至成都、拉萨都有山西票号商人在活动。据统计,清代后期光绪年间,全国共有475地近500家票号机构存在,晋商号称"足迹遍天下"、"货流天下"、"汇通天下"。特别是到清末,票号的流通范围走出国门,远达俄罗斯、印度、日本、朝鲜、东南亚等地。

　　总之,欧洲的票据起源于12世纪,意大利金钱兑换商发行的兑换证书,类似今日本票,比唐代的飞钱晚5个世纪。但到了公元15世纪后,欧洲的商品交易多以市场票据结算。16世纪,法国开始有了背书制度,17世纪,西方有的国家进入票据成文法时期,此时中国进入明清交替之际,会票在商业交易中大量使用。18世纪,英国使用支票。到19世纪,各国票据制度随着国际贸易的发达逐步健全,并广泛使用欧美票据。到19世纪末和20世纪初,欧洲各国对于票据相继立法,其后逐渐形成两大法系,即以《英国票据法》(1882年)为基础的英美法系和以《日内瓦统一汇票、本票法公约》(1930年)为代表的大陆法系。之后,随着国际贸易的发展,非现金结算方式(NON-cash Settlement)取代现金结算。目前,国际上进出口业务广泛使用的是信用证(Credit)结算方式,而且,发展更新极快,1994年1月1日《跟单信用证统一惯例》(UCP500)开始实施。现在UCP600开始使用,并开展了保函、保理等新业务。我国尽管明清时期票号已十分发达,但由于长时期受"左"的观念和计划经济的约束,直到对外开放后的1995年5月10日,第八届全国人民代表大会常务委员会第十三次会议才正式通过《中华人民共和国票据法》,规定自1996年1月1日起施行。当前,我国已加入WTO,全球经济呈一体化的趋势,我国的国际贸易迅猛发展,资本市场方兴未艾,前景喜人。到 2006 年,进出口总额 17 607 亿美元,同比增长 23.8%,国家外汇储备达 10 663 亿美元。这就要求我们进一步加强对国际经贸的研究,在预测的同时注重对本民族经济发展规律,特别是对信用票据发展演变规律的研究和借鉴,以便更好地服务于国家的改革开放,促进我国经贸业的健康发展。

第七章
票号的组织架构与业务运营模式

第一节　票号的组织架构与风险防范

晋商是中国历史上存在时间长达 500 年之久的商帮。在长期的经商过程中，晋商积累了大量资本和经营管理经验，富甲海内。票号无疑标志着晋商发展进入最兴盛的辉煌时期。票号实行所有权与经营权的分离，东家作为资本所有者不参与票号的具体经营与管理。东家最主要的责任就是选一个德才兼备的大掌柜，然后全权授权经营，形成高度放权的委托代理关系。票号的组织管理实行总号集权制、总号统辖分号制。票号组织机构，一直保持因事设人、精简高效的原则。总号统管分号一切，从分号机构的设立，到分号经理和重要伙友人选的任命、调遣，均由总号决定。总号与分号的关系十分密切。票号在全权授权经营的治理结构下，创立了一套严格的风险管理防范的制度。这套制度包括组织架构，对经理的聘用，员工的管理，财会制度，防伪制度，以及相应的督察制度。

一、历史背景

中国漫长的封建社会长期实行"重农抑商"的政策，但到明清时期也有过比较发达的商品经济，于是必然有为之服务的金融业。这类金融业包括典当、印局、钱庄、账局、银号和票号。票号从事大宗存贷款及银钱汇兑，产生于道光初年。票号的产生是历史发展的必然结果，产生于晋商也有其历史必然性。晋商是中国历史上存在时间最长、也是最成功的商帮，在长期的经商过程中，晋商积累了大量资本，富甲海内。客观上有资金汇兑清算的需要。而且晋商奉行"以义制利"，其诚信和商德饮誉海内外。资本、信誉和分号正是金融业成功的基础，晋商在票号产生前的典当、印局、钱庄和账局的经营中都相当成功，这是票号产生于晋商的基础。

票号经历了发展、辉煌与衰亡的不同阶段。1823~1853 年是票号的形成时期。1853~1863 年是票号受第二次鸦片战争和太平天国起义影响的受挫时期。1863~1893 年是票号的鼎盛时期。这一时期，票号的业务一方面以商人为主要客户；另一方面，因政府经费运现道路的阻隔转向以政府财政汇兑和贷款为主，因此，票号的业务和利润大增。1893~1911 年是票号的危机时期，20 世纪初的战乱和动荡沉重打击了票号，随着清王朝的衰亡，政府信用的垮失，使严重依赖清政府的票号迅速衰败。清政府灭亡时，欠票号白银 700 余万两，导致挤兑逼提，票号遭受致命的一击。

票号不仅创造了汇通天下的业绩，而且建立了一套行之有效、至今仍有启示意义的制度。票号在其存在的近 100 年间，经手的银子少说也有十几亿两，但从现有资料看，基本没有发生过被诈骗、内部人携款外逃或贪污等事件。100 多年前的票号居然比今天的银行还经营得好。当然，票号的成功有其特殊历史环境，但它的许多成功经验，尤其是完善有效的制度建设，在今天仍然是有现实意义的。走近票号，取其真经，正是我们研究票号的目的。

二、票号的组织结构

现代企业理论强调，企业的效率来自产权明晰，而且最有效的产权形式是股份制。票号实行的正是股份制，票号的资本称为银股，分为正股与副股。正股是原始股，即初始的投资，通常由多个投资人出资。每股高者有 1 万两银子，低者有 2 000 两银子，中间有 5 000 两银子。股东多者有 20 多个，少者也有近 10 个。例如太谷志诚信共有 21 个股东。在这些股东中有一家最大，称为大东家。正股中还有倍本银和护本银，由原有股东所分的红利转化而来，以便增加资本，防范风险。正股不拿利息，只参加分红。银股中的副股是由东家、大掌柜及其他高层管理人员的分红转化为股份，但副股只拿利息，不参与分红，相当于向票号的贷款。由这种资本结构可以看出，它已经具备了现代股份制的两个特点。股权多元化和大额控股权相对集中。在票号中代表所有者决策的是大股东，其他股东仅是参与分红。

票号实行完全的两权分离，即所有权与经营权的分离。东家作为所有者只管两件事：任命大掌柜和主持 3~4 年一个账期的分红，不参与票号的具体经营与管理。东家最主要的责任就是选一个德才兼备、懂经营、会管理的大掌柜，然后全权授权经营。这体现了"疑人不用，用人不疑"的原则。这种全权授权使票号出现了一批极为优秀的职业经理人。在这种委托代理关系下，东家承担无限责任,大掌柜有经营管理实权,但不承担经营中的风险。这也决定了东家在选择大掌柜时是极为慎重的。在票号的历史上,选人不当的事基本没有发生过。在大掌柜选定之后,就由大掌柜选择并组成自己的管理团队。大掌柜是票号经营管理的最高领导,全权处理号内外事务,既有决策权,又有执行权,包括内部制度的制定与执行、人员的选用、分号的设立与管理、资本调度及其他决策。大掌柜下设二掌柜,协助大掌柜处理全号事务,尤其是内部制度实施以及员工的考勤、生活安排等事务。大多数票号还设有三掌柜,协助二掌柜工作,主要负责柜台日常业务。这三人属于高级管理层,是票号管理团体的核心,但以大掌柜为中心。总号一般是一正二副,设总经理1人,统辖全局。设协理1~2人,负责督促全号人员、接待顾客以及管理号中其他事务。设管账先生1人,负责经理全号账目、银钱出纳之责。协助管理账目的副管账及帮账若干人(帮账多由学徒担任)。设文牍先生1人,办理号中对外书信。设录信2~3人,誊写号中往来书信。设营业(俗称跑街)1~3人,了解行市、银根松紧、客户资信,接洽存放业务。另有练习生若干。此外,还有坐掌柜一人,负责管理门市业务(如兑换银子等)。这种管理框架已有现代企业的财务部(管账)及业务部(跑街)。各个部门和不同职务的人分工明确,责权利一致。这就保证了票号有效正常地运行。而且,机构简单,人员精干。总号人员各司其事,各负其责。分庄码头,视业务规模,以总号形式缩减编制,一般3~5人,北京、天津、上海、汉口大庄,也不过7~10人,例如日昇昌票号,在光绪二十年(1894年)有分号24处,当时实有伙友110人,每号平均不足5人。参见图7-1:

307

图7-1 票号总号人员及组织机构(一般15~20人左右)

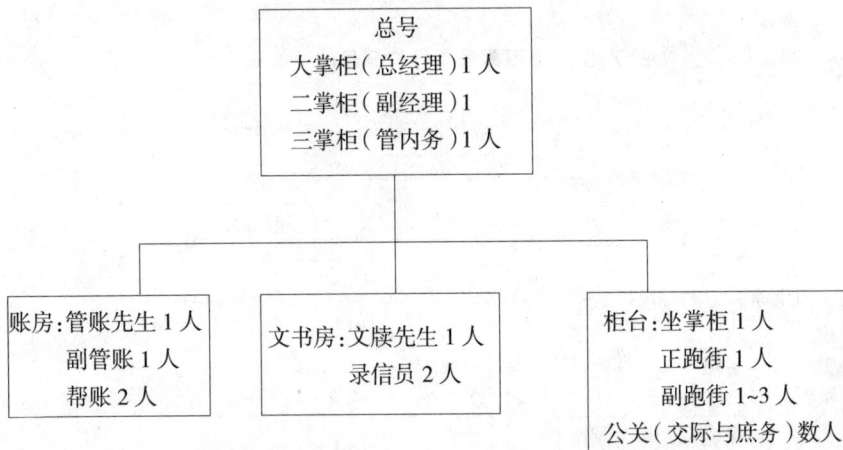

```
                    ┌─────────────────────┐
                    │        总号          │
                    │  大掌柜(总经理)1人  │
                    │  二掌柜(副经理)1    │
                    │  三掌柜(管内务)1人  │
                    └──────────┬──────────┘
          ┌──────────────────┼──────────────────┐
┌─────────────────┐ ┌─────────────────┐ ┌─────────────────────┐
│ 账房:管账先生1人 │ │文书房:文牍先生1人│ │ 柜台:坐掌柜1人      │
│    副管账1人     │ │    录信员2人     │ │     正跑街1人        │
│    帮账2人       │ │                  │ │   副跑街1~3人        │
└─────────────────┘ └─────────────────┘ │ 公关(交际与庶务)数人│
                                          └─────────────────────┘
```

为了适应票号在全国甚至海外进行业务的需要,在总号之下设分号。票号的组织管理实行总号集权制。总号统管分号一切,从分号机构的设立,到分号经理和重要伙友人选的任命、调遣,均由总号确定。总号的业务,大半靠在外各分号经营,所以总号与分号的关系十分密切。为了便于管理,票号还实行重点分号划片分管办法,如天津、保定分号,挂靠北京分号管理;江西、湖南分号,挂靠汉口分号管理;汕头、香港分号,挂靠广州分号管理。

图7-2 山西票号总号组织结构

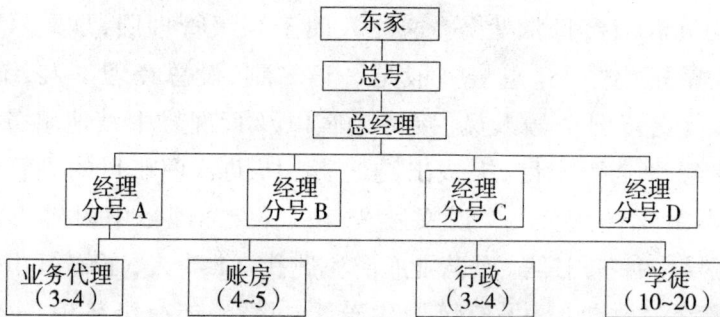

票号组织机构,一直保持因事设人、精简高效原则。分号的设立由大掌柜决定,人员由总号派出。但分号也有一定的自主权,在不违反号规前提下可以独立从事业务,从全局来看是整个票号这盘棋上的一个棋子。其业务方针策略由总号调度,有时也单独考核分号的业绩。这表明,票号采用了垂直式管理的集权组织模式。这是因为票号的经营原则是"酌盈济虚,抽疲转快",以加速资本的流转与运营。业务多为"北存南放"和"南银北存",即吸收北方达官贵人的存款,到东南部商业发达地区放贷。票号实行垂直式集权管理与它们的业务特点是一致的。这就是现代组织行为学中所讲的战略目标决定组织架构。

图7-3 山西票号总号与分号的组织架构

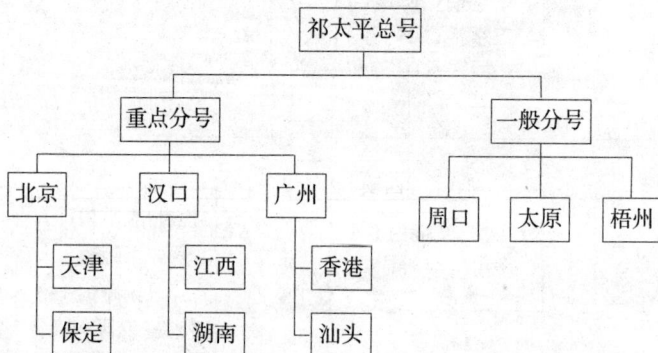

图 7-4　清末山西太谷票号上海分号的人员设置

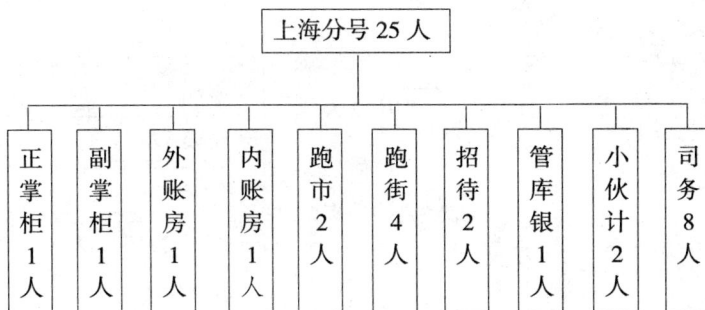

```
                           ┌──────────────┐
                           │ 上海分号 25 人 │
                           └──────────────┘
```

正掌柜1人	副掌柜1人	外账房1人	内账房1人	跑市2人	跑街4人	招待2人	管库银1人	小伙计2人	司务8人

图 7-5　日昇昌票号总分号结构图

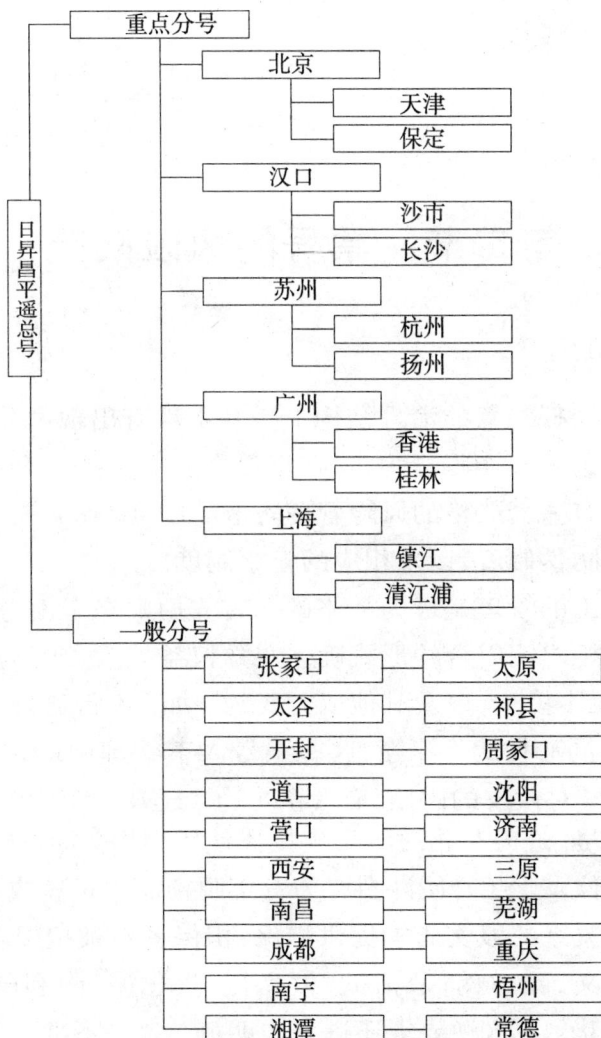

日昇昌平遥总号

重点分号
- 北京
  - 天津
  - 保定
- 汉口
  - 沙市
  - 长沙
- 苏州
  - 杭州
  - 扬州
- 广州
  - 香港
  - 桂林
- 上海
  - 镇江
  - 清江浦

一般分号

张家口	太原
太谷	祁县
开封	周家口
道口	沈阳
营口	济南
西安	三原
南昌	芜湖
成都	重庆
南宁	梧州
湘潭	常德

图 7-6   清末百川通票号汉口分号的人员配置

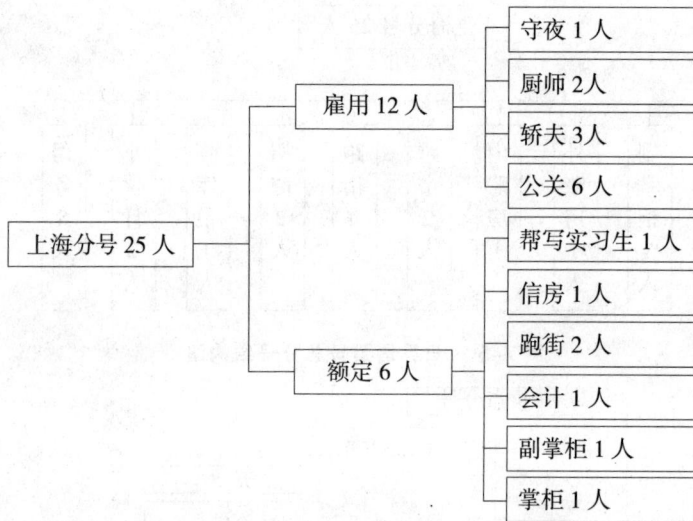

```
                            ┌─────────── 守夜 1 人
                            │
                            ├─────────── 厨师 2 人
                 ┌─ 雇用 12 人 ┤
                 │          ├─────────── 轿夫 3 人
                 │          │
                 │          └─────────── 公关 6 人
  上海分号 25 人 ─┤
                 │          ┌─────────── 帮写实习生 1 人
                 │          │
                 │          ├─────────── 信房 1 人
                 │          │
                 └─ 额定 6 人 ┤          跑街 2 人
                            │
                            ├─────────── 会计 1 人
                            │
                            ├─────────── 副掌柜 1 人
                            │
                            └─────────── 掌柜 1 人
```

第二节   票号的风险防范

一、防范机制

票号在全权授权经营的治理结构下，基本没有出现过分号经理人贪污、携款私逃或其他被客户诈骗行为，这在世界企业史上是一个奇迹。这个奇迹的出现首先在于有一套严格的风险管理防范的制度。这套制度包括对员工的管理，财会制度、防伪制度，以及相应的督察制度。

票号中对员工的管理是极为严格的。首先由财东全面考察经理人选，一旦选定，东家、掌柜之间以合约形式确立双方权益关系。包括被聘经理入股数量、财东出股及股本多少，以及其他双方要约。如"不得藉公济私"，"不得玩忽泄沓"、"务必同心协力"等等，这些票号人事管理中最首要的问题，都要写在合约上。票号对伙友的聘用，有"请进"、"迁升"两种形式。请进是指对杰出人才吸收入号。迁升是指对练习生提拔使用。请进杰出人才，使山西票号聚集了大批优秀伙友。迁升使许多有为青年脱颖而出迅速成长。进入票号要有与票号有业务关系的股实店铺提供担保，担保者对被担保者负全责。票号要求员工"重信义，除虚伪；节情欲，敦品行；贵忠诚，鄙利己；奉博爱，薄嫉恨；喜辛苦，戒奢华。"这种要求还进一步明确为"十不准"：不准携带家属，不准嫖妓宿娼，不准参与赌博，不准吸食鸦片，不准营私舞弊，不准假公济私，不准私蓄放贷，不准贪污盗窃，不准懈怠号事，不准打架斗殴。违反者开除，不仅本票号，而且同行亦永不录用。许多票号还有更细的规定，如分号的人给家里带信、带东西，先要交总号检查，由总号转交等。这种对人的管理强调了员工的身份等级和对员工的人身控制。也许它不符合现代以人为本的理念，但在当时的历史条件下是允许的，也是有效的。

票号有一套相当完善的财务制度。晋商的簿记制度是由明末清初山西思想家傅山先生创立的龙门账。它把全部商业活动按性质、渠道划分为进、缴、存、该四类，分别设立账簿核算。"进"指全部收入，"缴"指全部支出，"存"指包括债权在内的全部资产，"该"指包括投资在内的债务。这一套会计账目在本质上类似意大利人创立的会计体系。票号的财务账目是在此基础上形成的，但账目更为详细。各票号账簿多至十几种，有万金账、流水账、总账、汇兑账、存款账、放款账、现银（钱）账、埠际往来账、浮账等。账目总体上分为作为原始记录的流水账，分门别类的分类账，以及记载现金来往的现金账。同一笔经营活动分别记入不同账目中，互相核对就可以防止内部人贪污等行为。1879 年山西大旱，有湖广捐款 1 万两由三晋源汇至太原的一家小票号巨兴源，官府未及取出，被该号王鉴、车跃龙、贾世源私吞，此事在 1883 年张之洞抚晋要求藩库盘底账，查账时查出。这表明票号的财务簿记制度是有效的。账簿登记要做到日结、月清、年总结，大账期分红盘底。在总号与分号之间，由分号做出"月清"和"年总结"，按时报回总号。总号对各分号经营盈亏状况一目了然。票号向财东报告经营业绩，先由总号汇结各分号年总结后，再加总号本身业务，综合编制成"清单"向财东报账。票号对账务管理的基本要求是"账账相符，账款相符，撇除死呆，不留虚浮"。票号账务管理严格，故对账房先生、帮账人员的选拔十分苛刻。一要人品好，二要脑筋灵，三要写字好，四要打算盘出手快。

票号实行"认票不认人，见票即付"的原则。为了防止假冒设计了一套防伪密押制度。这套制度包括精心印制会票，如蔚泰厚的会票由平遥一处印制，绿线红格，并有水印"蔚泰厚"三字；票纸有数，如有报废必报总号备案；书手固定，由一人书写，笔迹可辨；附加暗号类似今天的密码，又称密押制，其原则是"月对暗号，日对暗号，银总暗号，对自暗号。"用"谨防假票冒取，勿忘细视书章"这 12 个字分别代表 12 个月，用"堪笑世情薄，天道最公平，昧心图自利，阴谋害他人，善恶终有报，到头必分明"这 30 个字代表 30 天；用"生客多察达,斟酌而后行"代表 1 到 10,用"国宝流通"代表万千百十。对自暗号是再加一个暗号,如在会票上写"谨慎生盘"。这种暗号还定期更换,以免泄密。这种制度既保证了业务畅通,又防止了外部人造假诈骗。尽管这样,在民国十年(1921 年)天津的山西票号还受了日本毒贩平野秀三的诈骗,损失 50 万两的白银。平野秀三是日本贩卖金丹和鸦片的毒枭,和山西票号业务往来不少,天津的各家山西票号都给他贷款,结果到民国十年,被骗 80 万。

为了保证这些制度的实施,票号中还有相应的督察制度。票号的监督管理贯穿于票号业务活动的各个方面,并有专门监督手段和制度。总号一般设置协理,坚持一年一度的"巡边"督察,是票号对遍布全国各分庄码头实行监管的有效手段。票号协理对各分号每年都要进行详细督察,从业务经营到账务管理,从分号经理的功过到伙友的得失,从号章号规的执行情况到思想作风,一一考察,赏罚严明。票号监察办法日臻完善,逐步形成了规范的监督制度和禁条。对票号防范风险起到了很好的作用(参看下图)。

图 7-7 票号风险类型与防控机制

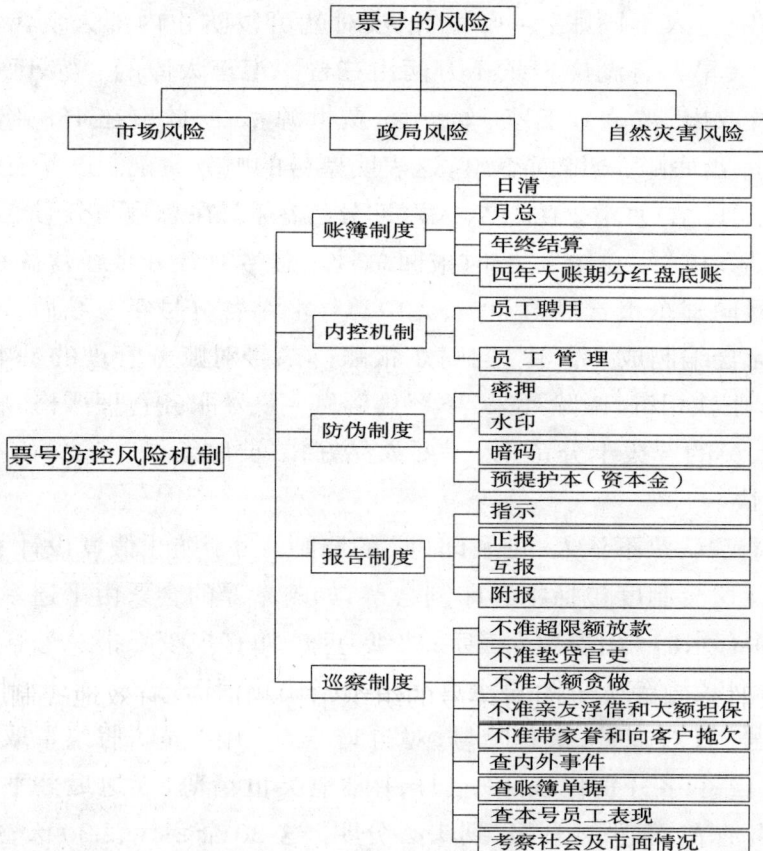

二、利弊得失剖析

票号存在的历史有 100 余年，真正的辉煌也就是 30 多年。在当时历史条件下，它有其本身无法克服的时代局限性和后期保守的弱点。许多使它成功的因素也成为使它走向衰亡的因素。如信用贷款，两权分离下的全权授权经营使职业经理人得以最大地发挥自己的才能，但离开了所有者的制约，也会出现今天所说的内部人控制问题。以封建伦理道德为基础的制度和文化不能适应改变了的条件，使其中人治与保守的负面作用日益显著。票号晚期以政府业务为主，对政府的依附是它成功的条件之一，但也留下了随清王朝灭亡而衰的隐患。

在票号中尽管所有者（东家）并不参与经营管理，但并不等于不负责任。东家要用自己的财产承担无限责任，就决定了他必须关心财产的使用，这个问题当时是靠认真选大掌柜来实现的。东家对票号的关心与控制还在于产权明晰。

票号的组织治理结构远远没有达到现代企业的完善程度，但它适应了当时那个时代的实际情况。票号的组织结构当然不是我们今天银行改革模仿的榜样，但票号制度中所体现出的责权利一致、管理严格有效、慎选经理与学徒，以及认真实施的精神都与建立有效公司治理结构的思路一致。具体做法无法仿效，但核心精神是应该学习的。

一个高效的职业经理人队伍是票号成功的保证。这支队伍的建设靠制度，尤其是激励机制和约束机制，也依靠思想道德建设。这是票号宝贵的经验。也许票号的许多做法今天已经不适用，例如生活上的供给制，以及把关公作为精神偶像。但其基本思路是正确的：物质刺激加精神激励。我们所要做的是在现代条件下如何实现这两种激励并举。我们缺乏的是票号中那一批敬业的职业经理人。但这些人并不是天生的，而是市场培育的结果，是制度的产物。造就这种人才的"原料"并不缺，缺的是如何把他们加工成才的机制与市场。

金融业是高风险的行业。票号在其经营过程中通过人事管理、财务管理、密押制度及监察制度等方面与票号的组织结构相适应，有效地控制了经营过程中的风险。

在票号产生的相当长时间内靠的是企业信用，政府没有任何管制，其建立不用审批、注册，也没有任何类似当今的银监会之类外部制度监督约束，甚至不纳税,直至 1906 年才有了第一部"银行法",这时票号已走向衰亡了。但票号在没有外部硬性制约的情况下自觉守信,严于律己,没有引起重大挤兑、破产风潮,还促进了商品经济发展,这不能不说是一个奇迹。票号这种重视商业信用及自觉的自我约束机制很值得我们学习、深思。如何建立银行和整个银行业的自律约束机制也是我们面临的一个问题。仅仅靠外部制约是不够的,银行要有内控机制和自律意识。

现代银行业务比票号繁杂得多,但票号的基本原则和许多做法仍值得后人借鉴。越钻研票号,我们就越会觉得它是一笔可贵的精神遗产。

第三节 汇兑业务

一、票汇

山西票号成立后,汇兑是其主要业务,同时吸收以往商铺兼营会票的经验,首先开办了票汇,而且把会票由兼营推向专营,标志着我国汇兑制度的变化和成熟。唐、宋、元、明以来,虽然国内局部地区随着商品货币经济的发展有了飞钱、交子、会子、会票流通,但还不被社会各界广泛承认和工商部门大量使用,而且会票制度也不很完善。票号成为会票专营业之后,既强化了社会分工,克服了以往历代商铺兼营会票的局限性,又可以满足全国各地随着商品经济发展,市场扩大带来的通过四面八方汇款调拨大额资金的需求。所以,严格地说,票号成立并开办票汇专门业务,标志着国内货币清算方式发生了根本性变化,是中国汇兑制度正式建立和成熟的里程碑性标志。

(一)认票不认人

票汇,即用会票形式办理汇款业务的一种汇兑方式,因为汇兑双方收交汇款的唯一凭据是会票,故称票汇。

票号会券与以往工商会票相比较似有区别,会券是印制的,规格统一,所写的汇款人、汇兑金额、收取时间、印鉴各项内容也很规范。工商会票则印制规格、书写内容格式都不太统一规范。

山西票号各家使用的会票尽管格式略有区别,但都是在吸收前人的经验,尤其是明清以来工商会票的格式内容的基础上,且在实践中逐步加以改进,最后形成了比较统一和规范的会票格式和填写内容,并随着明清时期传统造纸手工业和印刷术的不断进步,会票的印制越来越精致完善。从现存的会票纸来看,百余年内基本上是折叠形式的,高约 23 厘米,宽为 10 厘米,共有 4 个折面,开首头面印有"会券"二字和图案,中间一面印有竖格,用来书写汇兑客户名称,银两数额、兑取日期,平色比率等内容,出票年月日期和开立票号印章另占一面,尾面印"信行"二字。会票书写完整后,加盖了各种图案形状的印章鉴,成为商业流通中的信用票据,交给汇款人,收款人见票后持票至交汇地。凭票取款。

票号的票汇,像商业兼营会票时一样,依据兑取期限的不同,亦分为即票和期票两种。即票是见票兑付,限数日内支取;期票是约定付款期,可以限期兑付的会票。具体期限双方商定,比如说:"见票后(或出票后)15 日,一月,三月,半年兑付。"

期票,一般不允许客户不到期提前支取,但如果客户急需用款,而兑付期限未到,票号也灵活变通,允许提前兑付。不过需支付一点利息补偿。即客户提前兑付的时间, 要按当年当日的利息率支付给票号利息。这在当时称做"认利预兑",实际类似现在银行的"票据贴现"业务。 如,道光二十四年(1844 年)四月,蔚泰厚苏州分号在其《京都往来信稿》中就有"认利预兑"的明确记载。这封号信说明早在现代银行产生前一百多年,山西票号就已经开办了"票据贴现"业务。

除即票、期票之外,票汇还有一种两联单制,中为骑缝的"对票"。一联交给客户,一联存在开出的票号,支付方票号兑付后,就把"对票"再寄回原开立的票号。这标志着票号业务在实践中逐步走向严密完善。

票号的会票实行"认票不认人"的兑付制度。认票,就是兑付票款,每页被确认是本联号签发的会票,如被认为有假,或是别号开出的会票,即使抬头字号无错,也不兑付。不认人,即会票抬头是天成号,而日新中号持票来取款,只要会票本身无假、照付。这种制度,确立了会票的无上权威性,具有便利顾客,便于会票流通转让,有利于商品交换,推动社会经济快速发展的积极作用,因而为社会所称赞,实施百余年不废。但是"认票不认人"也有缺陷,那就是如果会票被人抢夺盗取或遗失,在来不及挂失之前,汇款就有被冒领的危险存在。正因此,有的客户要求替他保险,于是票号在汇票上临时加盖"讨保交付"或"面生讨保"两种戳记,以及支付款时代客户盘问取款人真伪等方法,尽量为顾客保证汇款安全。

经过不断实践,票号后来规定会票不慎遗失,可以挂失,挂失办法因时因地而异。最主要的方法是向承付汇款票号挂失,声明作废,同时向有属地管辖权的地方官府报告备案。清末各省成立商会后改向商会备案,在沿海开放城市有外商的地方还要向外国驻当地领事团报告并转饬外商洋行知晓。在天津、上海等大城市则可登报声明作废,《山西票号资料》中记有不少客户在《申报》、《大公报》上刊登会票遗失启事。此外,汇票为了保证使用和赢得客户,还有一套防假办法,如书写字迹、密码、暗锁、水印,特别符号等保密防护制度,保证了票号和客户双方的正当经济利益,没有发生过假汇票骗取汇款的事,受到世人称赞,也为当今银行防范风险提供了有益的借鉴。

（二）认票又认人

票号的会票实行"认票不认人"制度长达百年,由于有一套严密的防伪挂失制度配套,得到客户和社会各界的公认和赞许。但到清末光绪年间,由于时局复杂、外国洋人势力干预,票号曾实行过一段时间的"认票又认人"制度。光绪三十三年九月,天津发生过拾票者借洋人势力要挟取钱,按"认票不认人"规矩,横生狡辩,酿成交涉事件。于是,天津众钱商经过会议,决定实行"认票又认人"制度。公议无论何号遇到此类事件,"先赴商号总会声明银数、号数,继由商务总会函知出票之家,准其照数领银,不得借口延客"①。考虑到拾票者不属于偷盗窃取,定例按 10% 酬谢,比如失票百两,酬银 10 两,但酬银最高不得超过 300 两,以防私相接受。谢银由出票家扣存,俟拾票者来取时,验票付银。庚子年后,票号开始粘贴印花,汇兑会款领汇后要出具手续。

二、信汇

票号汇兑方式除票汇之外,还经营信汇和电汇,信汇一般适用于与票号交往较多,汇兑款项较大的工商业客户和富户。信汇根据收付款的先后不同,又分为顺汇和逆汇两种,具体情况,视业务内容和收付方式而定。

（一）顺汇

顺汇是信汇的主要方式,其主要特点是:甲地先收款,乙地后付款。具体做法是,工商铺户或个人把款交给票号,票号即向其联号发信,文中写明承汇某某商号银两若干,用何种度量平砝收交,银两的成色如何,每千两收汇兑手续费若干,此地本平大或小多少,何日交款,吃空期能有多少天等相关内容,联号凭文按期交付汇款。详见蔚泰厚苏州分号道光二十四年（1844 年）四月从北京分号汇往苏州分号 1 000 两白银的号信。

①《山西票号史料》(增订本),2004 年版,第 687~688 页。

（京师分号四月初五日）今收会去万全号关批定纹银一千两，无票砝，言定在苏州五月初三日无利交伊，平照前比咱平每百两大三钱八分，吃空期一个月，贴过咱费银六两，至日妥交。

这里的"无票砝"是说这宗汇款无会票、无具体平砝，收交银两折算，按比本平每百两多三钱八分交汇即可，这也就是说万全商号农历四月初五从蔚泰厚北京分号汇出纹银 1 000 两，加上 6 两汇兑手续费（汇费每两六厘）约定当年五月初三在苏州分号按本平每百两多三钱八分的折算率，提取 1 003 两8 钱白银。简言之，万全商号从北京交汇（加汇费 6 两）1 006 两白银，一月后在苏州分号可取 1 003 两 8 钱白银。在这里，蔚泰厚票号除得到汇费银 6 两，按北京与苏州两地银两成色差价支付外，这 1 000 两白银因在汇兑时空上有一个月的空隙可作为流动资金贷放使用，这就是"吃空期一个月"的含义。

（二）逆汇

逆汇是相对顺汇而言的，其主要特点是：乙地先付款或先收款，然后甲地再收款或再付款。逆汇与顺汇的共同点，都是甲地主动承揽业务，区别主要在于甲、乙两地哪个先收款或先付款。逆汇这种信汇方式有其特殊意义值得称道，它把存款和放款与汇兑业务结合进行，在银钱汇划当中含有融通资本的内容。乙地先付款，甲地后收款，是放款与汇兑的结合，乙地先收款，甲地后付款，是存款与汇兑的结合。这种存款和放款与汇兑结合的逆汇，是按照票号与客户双方对资本的需求不同而开立的，客户乙地需钱但甲地又无款可汇，采用放款与汇兑结合的方式。票号乙地缺银，而甲地银根亦紧，就与客户拨兑，采用存款与汇兑结合的方式。因为是存放款与汇兑的结合，所以票号与客户双方都要按照当时当地的汇费和利息交易。下面是日昇昌票号张家口分号，道光三十年正月初十（1850 年 2 月 21 日）号文中的两件事：

又定会过二月初一日迟早三五天，苏（州）交西批银一万五千两，四月镖京（师）口（张家口）随便交咱，迟交日期按月（息）四厘三口规与咱行自外，每千两贴咱银四两。

前信后定会过，九月初一日汉（口）收下芦足银三千两，咱在口年，四月镖分交，自收银之日，各依各标口规马伊行息外，每千两贴伊银六两（日昇昌票号张家口分号《汴梁往来书信》）。

这两份号信，前者为放款，后者为存款，都与汇兑结合进行，除有放利息之外，都有汇费（即"贴咱"和"贴伊"）。同时，前者还说明，客户在苏州借了票号款，归还时在京师，张家口两地都可以还贷，给了客户以很大的便利。

总之,山西票号在 19 世纪中叶大量开办逆汇业务,可谓一举两得。既是社会上许多大工商业客户外地设庄投资发展的需要,又是票号本身在各分号间调拨头寸,融通资金的需要。当时一些规模大的工商业客户在异地经营时往往碰到这种情况,乙地贩货用款,需要甲地拨兑,或者乙地贮货有资金闲置,而又需要调回甲地,这就为票号开办逆汇业务提供了社会经济基础。同时,票号开展这种业务,也与自身头寸调拨,各分号资金盈缺不一有关。乙号有闲置银钱放不出去,甲号就主动找客户用逆汇方式汇出,乙号头寸较紧,甲号就主动揽收乙地存款,用逆汇向乙号存入。这样做的好处,对票号来说,既揽收了存款,放出贷款,又省去银两在甲乙两号间的运输调拨,克服了各分号间现银盈绌,资金周转的困难,堪称运筹之奥妙,也解决了工商业客户在实际经营中货款协济的困难。正由于逆汇具有许多妙用,票号中人把这种高超的经营方法概括为“酌盈济虚,抽疲转快”,后人进一步总结为“银企互助、互利双赢”的经营规式。

三、电汇

电汇是山西票号汇兑业务的第三种方式。1889 年,随着中国电报事业的兴起和发展,山西票号开始有了电报汇兑业务。

19 世纪 80 年代,洋务派在创办近代军事工业和民用工矿企业的同时,也把西方的电报、电讯事业带进中国。1880 年,李鸿章率先在天津设立电报总局,第二年 4 月开始铺设津、沪间的电线,当年 11 月竣工。电报局初由官款垫付,1882 年开始筹集商股,改为官督商办,因其快速高效利便的功能,很快得到官民的认可,电报业逐渐拓展,几乎遍及全国各主要城镇。到 1907 年,全国共有 118 个城镇的电报局允许民用。但当时一般普通军民百姓因收入极低且电汇费用高昂,除非特别紧急之事很少使用,民用主要是商用。

随着电报事业的发展和商用趋势的扩增,山西票号顺应时势,于 1889 年前后开始使用电报传送紧急文件,并办理电汇业务。这是因为一方面电报为票号总号与分号及分号之间传达重要指示,联系紧急业务,传递市场信息和头寸提供了极大的方便。另一方面,工商业发展对大宗款项划拨的快捷需求,也在客观上要求票号开办电报汇兑业务,而且电汇比以往的票汇和信汇具有省时、快捷、方便诸多优点,既为社会经济所必需,又使汇兑方式得到了长足发展。到此,中国传统汇兑制度,除票汇与信汇外,又增加了近代科技成果电汇的方式。票汇、信汇和电汇,经由山西票号继承、创办和发展,在全国形成了汇兑业务网络,既为票号"汇通天下"创造了条件和便利,也为我国现代银行业经营汇兑业务开了先河,还为社会经济特别是商品经济发展做出了重要贡献。

山西票号在四川成都、重庆等地设有分号,因其地处西南,交通不便,信息常阻,所以重庆电报局开办以后,各票号遇有紧急要务,均利用电报,互相咨询签复,十分利便,但电汇,虽极迅速,又能济急,妙不可言,唯事不能瞒人,与保密稍有不便。于是各票号都编订了各家使用的密码暗号,用阿拉伯数字组合成不同的人名、地名、号名。但电汇对票号筹款和保密还是有被人破译的危险。因此,这一新生事物出现之初也有的票号企图阻挠或不办理电汇,蔚泰厚票号曾同各票号一道开办了电报汇兑,不久又决定停办。为此该号北京分号经理李宏龄曾在 1891 年专文据理力争,反对停办电汇,并说出了停办电汇影响业务必然失败的道理。"各省电汇银两已展运行,若咱号一家不用电汇,势必耽误主道。"[①]其后蔚泰厚票号总号醒悟过来,取消了一时想停办电汇的错误做法。

外国银行在华发行的钞票

————————————

① 李宏龄:《同舟忠告》。

第八章
票号严明的制度及其用人之道

第一节　放权型经理负责制

一、东掌精诚合作

在山西票号成功的经营管理之道中,用人是最关键的要素,特别是东家与大掌柜之间的精诚合作聘用,完全是建立在信用和才干基础上的。也就是说,大掌柜与东家之间的合作是基于以下两方面因素考虑和促成的。

1.高度信任,用人不疑。东家与大掌柜的关系是财东把巨额资本交给大掌柜使用,并委托他大胆放手去经营管理,平时不加过问,静待年终决算时大掌柜的报告,而自己又要对票号的亏损承担无限的责任。这种委托代理关系,如果没有东家的高度信任和用人不疑的肚量是无法想象和运作的。因为按照这种无限责任制,如若有了亏损东家就要承担全部赔偿的责任,即包括投入票号资本总额以外的全部债务。而实际主持经营管理的大掌柜,则概不承担赔偿损失的责任。这就在客观上给大掌柜留下了一条退路和规避塞责的借口。那么这个缺陷就得依靠晋商的经营理念,商业信用和用人格品行来填补,也就是通过信用,才能和道德支撑的用人理念来弥补的。

2.慎择精选,决不反悔。任何事物都是一分为二,利弊相随的,财东大胆放权就有既出血本还要承担损失的双重风险,这就要求财东在选用掌柜,经理时,必须选准人,不能走偏看错了人。也就是说财东必须认真审慎地聘用掌柜。因此,票号东家在正式聘用大掌柜之前,要对被选对象大掌柜的祖宗三代尤其是本人的经历、事功、人格、品德、才能、交往、经验等,进行全方位立体式的透视考察,有的还要经过长期的考验和试用,然后才正式聘用。票号掌柜通常都是从号内学徒伙友中一级一级锻炼提拔起来的,也就是说在实战中成长过硬的。而一旦聘用,东家就遵守中国传统的"用人不疑,疑人不用"的用人原则,高度信任,大胆放手地委托其全权经营。而且对不属于主观能力和努力,因客观原因,诸如无法预料和抗御的天灾人祸造成经营损失的,财东也不追究责任,反而追加资本,令其重整旗鼓,继续放手大干。如太谷曹家财东对掌柜3次赔21万白银仍给本钱终赚大钱的事例就是票号财东高度信任放手使用的典范。曾在大德恒票号任过经理的颉尊三在其《山西票号之构造》中对此赞道:"最足使人玩味者,即财东将资本委诸经理,不加过问,静候结算时报告,苟非人力所能制止而丧失资金,财东不但不责经理失职,且加慰勉,立即补足资金,令其重整旗鼓。盖以商业赔赚,犹如兵家胜败。"[1]

由此看出,财东对商战中经营赔赚的认识如同"胜败乃兵家之常"一样高明。倘若不是出于主观失误而是客观原因招致损失,更需励其前进,这样才能放长线钓大鱼,换回败局,终成胜果。

二、经理全权负责

由前述可见,财东对经理是一种高度信任,放手授权,不加任何附加条件和约束,让经理全权负责,充分施展才干本领的良好合作机制。换句话说,财东把能提供的条件,能解除的顾虑,能承担的风险全部大包大揽下来,那么,能否经营成功就看掌柜经理的能耐水平了。对此经理的反应是:

1.受人重托,竭诚报主。经理接受财东的聘任后,出于对东家的感激和无条件的全权委托只能以诚报诚,全身心投入经营管理、赚取丰厚利润,进行回报,来不得一丝苟且和半点疏忽大意。否则,既对不住东家,也对不住自己,还要受到社会伦理道德和自己良心的谴责,并影响到自己以后在商业界和行业圈内的地位和名誉,所以只能受人委托,竭诚相报。按辩证法来讲,这种彻底放权的东掌合作关系对双方来讲表面上没有任何的条件,实际上是一种无形的软约束。因为既然财东全方位地彻底的放权,那么经理也势必全身心地完全地卖力。《山西票号之构造》又写道:"经理倘若环境不佳,恐怕损失血本,必挥具铁腕预筹退步,决不肯稍有疏虞,故营业范围系以环境为比例,活动为主旨,务使操纵自如,决不行险侥幸,致碍个人人格,同事地步,财东资产,此义之表现也。"[2]许多票号的经理系伙计出身,一干就是几十年,全身心地经营,有的甚至累死在经理岗位上。

2.放手施展,全盘操办。山西票号分平遥、祁县、太谷、太原四帮,前后共

321

---

[1][2]卫聚贤:《山西票号史·附录》,说文出版社,1994年版,第324页。

有 40 多家,总号都设在票号的故乡发源地——平遥、太谷、祁县和太原。每家票号的分号少则几家多则 100 家。总号的大掌柜,是整个票号经营管理的设计师和总调度。每个分号都由大掌柜选派经过严格挑选、德才兼优的伙友去创办。他们开业的地点,所使用的图章、砝码、号规等要件,都从总号带去,所有资本均存总号,设置分号时不另拨资本,只给以川资路费和开办费用,开办后如若营业需要款项,由总号统筹调拨,各个分号互通有无,互相声援,互通信息,其经营原则是"酌盈济虚,抽疲转快"。由此形成了资本储存总号,利润统归总号计算,全号上下内外一本账,以总号为中心,分号为枝干的运转格局。总号大掌柜指挥一切,分号经理独当一面,负责当地的具体业务,号自为战,人自为战,平常指挥沟通依靠"号规"和"号信"来维持。票号中的委托代理关系如下:

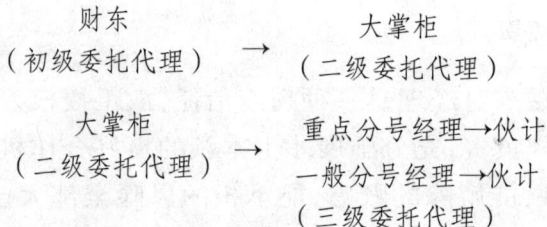

财东　　　　　　　　　大掌柜
（初级委托代理）　→　（二级委托代理）

大掌柜　　　　　　　　重点分号经理→伙计
（二级委托代理）　→　一般分号经理→伙计
　　　　　　　　　　　（三级委托代理）

第二节　激励型学徒制

一、票号遴选学徒的严格规定

1.地域规定。在籍贯上的选择,非山西人,非平遥、太谷和祁县之人,一概不用。这种情况,山西票号创建之初,就已形成了社会舆论。宣统二年（1910年）贺黻晃指出:"按山西票庄组织之纲领,最有可观者,唯雇用店员一项,为他商所弗及。查山西票庄同业者,关于雇用店员之规定,限于山西人,他省之人不得援用。"[1]事实上,只有在票号中顶有较多身股的业务骨干,才有资格推荐学徒,而这些业务骨干全部来自山西票号故乡,因此,造成票号选用的学徒也全部来自票号故乡——平遥、太谷、祁县、介休、汾阳、文水一带。

2.保荐规定。学徒进入票号,必须有保荐人（或保证人）推荐,而保荐人

---

①《中国经济全书》第 11 册,第 192 页。

（或保证人）还"必须与总号有利害关系"；票号的东家不得向本票号推荐学徒。如大德通票号 1904 年的号规就规定："各连号不准东家荐举人位，如实在有情面难推者，准其往别号转荐。"①

3.连带责任规定。保荐人（或保证人）与被保荐人（或被保证人）具有责任连带关系。学徒如有舞弊行为，保荐人（或保证人）必须赔偿损失。卫聚贤记载："练习生有保荐人而无押金，将来如有舞弊情事，由当日保荐人赔偿损失。"②保荐人要为练习生的舞弊行为赔偿损失这一规定，决定了保荐人绝对不会轻易向票号举荐练习生，更不会举荐自己并不了解或没有深交的练习生。

4.个体素质规定。学徒还必须具备以下的个人条件。各票号对学徒的要求大同小异。如"志成信所定招收伙友规则，年龄必须十五以上，二十以下，身高须满五尺，家世清白，五官端正，毫无残缺，语言辩给，举动灵敏，善珠算，精楷书；""又如协成乾招收伙友规则，除年龄身家大致相同外，更须仪态大方，习于礼貌，书算合格，不惮远行者方为合格。"③

5.考试进号规定。学徒经过考试并合格后方能进票号。"票号收练习生，以为培养人才的根基。欲为练习生，先托人向票号说项，票号先向保荐人询练习生的三代做何事业，再询其本人的履历，认为可用，再分口试和笔试两种。"④

6.业务技能规定。票号要求学徒具备的业务技能，包括珠算、手抄拟文稿，办理汇兑，存放款业务、能说蒙俄语，熟记银两成色及其平码歌诀等。进号十年内不设座位，通常叫"站柜台"。每天早上 6 点开门营业，到晚上 10 点左右关门，除吃饭和大小便外，要站十几个钟头。晚上练字打算盘。但由于山西票号的身股制度，拓宽了遴选人才的视野和渠道，各总号与总号之间，或分号与分号之间，都是三、五天通一封信，互报市面行情，而这些信件，多半都是由学徒来写的。"说起打算盘，要求也很严。背口诀，记位数，既要快，又要准。晚上管账先生结账时，让小伙计们坐下来打算盘。他故意把数字念得特别快，就看谁出手快，打得准。念完后，让各人报数。打对了，没说的。如果两次三次

①《山西票号史料》(增订本)，山西经济出版社，2002 年版，第 613 页、第 599 页。
②④卫聚贤：《山西票号史》，说文出版社，1944 年版，第 57 页。
③李谓清：《山西太谷银钱业之今昔》，《中央银行月报》1937 年第六卷第二期，第 187 页。

打不对,管账先生就把算盘一夺,撵你出去,以示惩罚。"①至于背诵砝码及"银色歌与平码歌",更是要求快而又快,准而又准。设在边陲地区的分号,伙友们都必须精通外语会骑马。徐珂在《清稗类钞》中,有这样一段描述:"其在蒙古者通蒙语;在满洲者通满语;在俄边者通俄语。每日昏暮,伙友皆人手一编,习语言文字,村塾生徒无其勤也。"②另外,为了在少数民族地区开展业务,还针对这些地区缺医少药的状况,学习医疗知识和针灸技术等内容。

山西票号对学徒的遴选是极其严格的。这种严格的遴选制度,就为其后的严格训练、严格管理以及票号的成功,奠定了基础。贺黻晃指出,非山西人不用,"实则由资本主利用本省之人而便于节制也。又按山西票庄营业规则,凡分设支店,皆隶属于本店,并不假分店以自主之权,故其用人,亦属本店选定。其所以倚重本店者,实因本店为资本主之所在地,凡事必由资本主裁夺,不令财权旁落故也。其规则之严如此。所以山西票庄营业,自清初迄今,其中同业间未闻有危险之事,未始非雇用人之限制,有以绝其弊端耳。"③

二、职业道德培训

基本道德规范主要有重信义、除虚伪、节情欲、敦品行、贵忠诚、鄙利己、奉博爱、薄嫉恨、戒奢华等。其中,信用教育和信义教育是重点和中心。信用是人们之间的一种承诺关系,是人们信守自己的承诺不随意改变行为的选择,也是人们利用承诺来达成某种交换关系的社会活动方式。信用作为一种承诺关系,其实质和核心就是诚实。在中国传统伦理道德中,信用被奉为立人之本,成事之基,是人们必须遵循的社会交往准则。票号对学徒进行职业道德教育,就是要求学徒,必须恪守信用,言而有信,不食其言;要做到重承诺,守信用,以诚待人,表里如一;绝不能朝三暮四,翻云覆雨,说的是一套,做的是另一套。只有做到恪守信用,言行一致,才能受到他人的尊重、得到他人的理解、肯定和扶持,才能保证自己行为的顺利和有效。否则,将会受到他人的鄙视、猜疑、阻挠,会造成寸步难行的尴尬局面。

利以义制,以信义取利,是晋商的传统美德。许多商号都是通过尊奉和祭

---

①《我所目睹的复恒当号规》,见《晋商史料与研究》,山西人民出版社,1996年版,第396~397页。

②徐珂:《清稗类钞》第17册"农商类",第70~71页。

③贺黻晃:《中国经济全书》第11册,第192页。

祀关公,进行这一传统美德教育的。晋商祭祀关公,不仅是因为关公是山西人,更重要的在于关公"义行天下"、"义薄云天"、"义冠古今"的人伦师表,在人们的心目中,关公就是"义"的化身。票号教育学徒,崇拜关公、祭祀关公,就是要求学徒必须做到"仁中取利,义中求财",必须守信用,保信誉。绝不做坑害他人、买空卖空等伤天害理的事。大德通票号1884年的《号规》就规定:"各码头凡诸物钱盘,买空卖空诸事,大干号禁,倘有犯者,立刻出号。"[1]

然而,不论是业务和技能的培训,还是职业道德培训,票号训练学徒强调学习和使用相结合,在干中学,学中干,边学边干。山西票号这种训练学徒的办法,从日昇昌票号创办之初就开始了,此后上百年间,由众多票号一代代传承下来。曾在山西票号当过学徒、做过业务的乔殿蛟回忆说:

"票号用人,全要经过总号训练。训练以后,总号派出去驻号,分号无权用人。总号训练学徒一般是三年,到期派往分号做事。……训练期间,有三个阶段:

"第一阶段,主要是练基本功,做日常事务,打水、扫地、擦抹桌椅,侍候掌柜等一切杂活,晚上练习写字和打算盘。每个学徒差不多都要做一年多时间这样的活。其所以必须经过这个阶段,一来票号杂勤之事理必得有人承担,二来掌柜为的是从平素生活中看学徒有没有出息,心眼多不多,为人正不正,宜不宜做票号的生意。一句话,要看学徒是否对掌柜忠诚勤俭。当我做学徒的时候,大家都是抢着干活,只怕掌柜的不要,哪敢偷闲。

"第二阶段,掌柜口传训练,教念'平码银色折',而且必须背熟记牢。平色对票号做生意很重要,要记不住,出去就做不了生意。即使做了,也要把有利的事,做成没利的。因为各平码的折算虽然一般都合理,但因为小数中还有一定差异,所以收交银两各该用什么平码对票号是有关系的。除这些以外,开始做些帮账、抄信的事。

"第三阶段,对少数学徒,也是掌柜认为最有出息的学徒,还要教做生意的办法。[2]经过多年实践总结,在许多山西票号中流传着这样的学徒歌谣:

黎明即起,侍奉掌柜;五壶四把(茶壶、酒壶、水烟壶、喷壶、夜壶和笤帚、掸子、毛巾、抹布),终日伴随;一丝不苟,谨小慎微;顾客上门,礼貌相待;不

①《山西票号史料》(增订本),山西经济出版社,2002年版,第595页。
②《乔殿蛟访问记录》1961年1月,见《山西票号史料》(增订本),山西经济出版社,2002年版,第613页。

分童叟,不看衣服;察言观色,唯恐得罪;精于业务,全会精髓;算盘口诀,必须熟背;有客实践,无客默诵;学以致用,口无怨言;每岁终了,经得考验;最所担心,铺盖之卷;一旦学成,身股入柜;已有奔头,双亲得慰。"①

三、班期考核、试用和轮岗

学徒在总号三年训练期满并经考核合格后,才能被派往分号做事。票号对于学徒期满的考核,特别强调通过实践来检验人,识别人;特别注意侧重实际能力,他们认为"人心险于山川",难于知晓,"故用人之法,非实验无以知其究竟"。所以,学徒通过学徒期满考核后,还必须进行班期考核。班期考核是更为重要的考核。

山西票号的业务,大半是分号在外经营的,所以总号与分号的关系、分号与分号的关系,都十分密切。学徒被派往分号后,就要将所学到的经营知识,运用于存款、放款、汇兑等业务活动中,自然而然,站柜台、记账、跑街、写信等日常工作,都是必不可少的。学徒在分号班期做事时期,既是学徒将训练期间所学到的知识和技能运用于具体业务实践的时期,同时也是票号对学徒继续进行业务考核的时期。这七年或七年以上的考核至关重要。事靠人做,实际才干如何,必须有一个实践锻炼过程,任职时间太短,不利于造就人才。只有在较长的班期内,通过具体的业务实践,经过由不懂、不熟到精通和熟练的锻炼,才能真正掌握必要的应变能力和交易能力。要正确评价一个员工的才能与业绩,必须放在一定的班期内,观察他的整个做事过程,这也就是设置班期的初衷。最初班期多是四年,除与其账期结账分红相吻合外,也有节省费用的意思。在交通不便的时代,派往分庄的职工,近则数百里,远则数千万里,虽沿江河有舟船行驶,但徒步行走和雇用车马是最多的,所以职工往返一趟,不仅费时数月,且要耗用大量路费,加大企业成本。从节省费用着眼,也不允许班期太短。当光绪中叶我国开始修建铁路以后,特别是京汉、正太、京沈、津浦、沪宁铁路通车后,城镇间运行时间大为缩短,旅费亦大幅度下降,所以,京、津、沈、沪、汉等沿铁路的分庄,班期也有减为三年、二年半或二年的,但没有铁路的许多地方,班期依旧四年或三年。

票号为了使学徒得到全面锻炼,为将来独当一面或担任经理奠定基础,学徒在分号班期期间,还要不断调动。据颉尊三记载:"票号之用人,何尝按

---

①曹振武:《晋商习俗》,《晋商史料与研究》,山西人民出版社,1996年版,第490页。

公例而行,特以久办外事者,常常喃规律之太严,久办内事者未经求人之难,均是只知其一,不知其二,每因各执一词,辩论不清,引起意见之争,碍于业务。故久办内事者必使其去办外事,久办外事者必令其办办内务,彼此事理通达,自能免除隔阂;并含有互相监督,各守本分之效果。""再者,一旦升为领袖,如学得偏面知识,设遇不肖同事,欺尔不明,易于发生盗账诈取各弊。未内外明白,不能防范未然。""市面情形,因地而异,老游于此,彼庄之事,未必详明。故有一班而调任数处,或一处一班而不克续班之例,意在使号之人对各地情形知底细,设有一庄领袖另有调用,别人前往接替,下马便可能伸手做事,并可防杜同人弊端。盖一经交替,须交代清白,负责报总号也。"①

学徒在分号做事期间,对其考核,极端严格。有的票号规定:"自本店选定派往分号之后,经过三年,必令回山西本店一次,由资本主传询一切,无差误者,仍派遣各支店就业。如有劣迹可疑,即拘送地方官追询;若确有浮支冒滥等弊,有家产者,则没收其家产;无家产者,即奴其妻子,以为赔偿,决不宽容。"②

学徒被派往分号做事期间,3 年或 5 年不准回家,就连给家里写信、捎东西,都要经过总号检查后,才能转交家人。卫聚贤说:"分号路远者,如东三省蒙古新疆等,每五年回家一次,名为'下班',在家居一年,后改为 3 年。现在平津上海等地,因交通便利,每两年回家一次。在太原及祁县者每年给予假期两个月,到分号上下班的路费,均归号中。下班时先要到总号,将己身随带衣物,录一花折,开明支使银两,随身如数结束。"③

四、身股的取得及其激励意义

山西票号在历史上首开现代企业全员入股分红之先例,不过,在山西票号中的学徒取得顶身股的资格,必须具备两条:第一,3 年的学徒训练,并经考核成绩合格;第二,7 年或 7 年左右班期做事,并无过失和失误。可见票号学徒没有 10 年或 10 年以上的经历是根本不可能顶上身股的。3 年的学徒训练和 7 年或 7 年以上的班期做事,实际上,就是票号员工对于人力资本进行投入的时期;从顶上身股参与分红起,票号员工就开始取得了对于人力资本

---

① 《山西票号之构造》1936 年未刊稿,见《山西票号史料》(增订本),山西经济出版社,
　2002 年版,第 611 页。
② 《中国经济全书》第 11 册,第 192 页。
③ 卫聚贤:《山西票号史》,说文出版社,1944 年版,第 59~60 页。

进行投入的回报。也就是说,票号员工从顶上身股参与分红起,他们就成了知识、技能和经验的载体,加入到了以大掌柜为总代表的身股队伍之中,成为票号中具有更大增值力的人力资本。

票号学徒取得身股资格的意义在于企业全员分红,劳资协调,利益风险共享。票号员工从顶上身股参与分红起,其身份和地位就发生了重大变化。也就是说,他就由原来被东家雇佣的一般蓝领员工转变成有自己股份在内的票号身股的白领享有者阶层,随着经济地位的提升,他可以与东家一起参与分红,和掌柜、经理一道参与业务经营运作。票号员工身份和地位的这种巨大转变,反过来,又成了学徒们和还没有顶上身股的员工们学习的榜样,奋斗的目标,成为激励他们刻苦训练,认真敬业地工作,经受各种考验的力量的源泉。

第三节 严厉型号规制

一、号规使经营管理制度化、规范化

没有规矩不能成方圆。山西票号的成功与其号规是密切相关的。各家票号都制定了有本号特点、内容较完备的号规。一部号规,就是一家票号的规矩和缩影。因为号规从业务经营到规章制度,从东掌、经理到伙友、学徒,在兼顾各方利益的基础上,都作出了严格的规定和具体的要求。号规是总经理即大掌柜进行经营管理的依据和利器,也是山西票号之所以能够不断地上规模、上档次、上水平的制度保证。号规的颁布,就使大掌柜推行的经营管理纳入了正规化、制度化的轨道。保证了票号的规范运营。兹以大德通票号的《号规》为例,进行考察。

大德通的《号规》保存下来的共有 6 件,分别定于 1884 年、1888 年、1901年、1904 年、1913 年、1921 年,其中以《1884 年新号议定号规》最为典型。

(一)1884 年新号议定号规①

1.一议:新事招牌,起为"大德通",里外一切账簿,齐今年正月初一日,务将账皮各为注明。至于票业一门,仍是"同兴裕",不过将一切账簿账皮,都添写"新记"二字。至于外边出名,无论茶务、票业,皆是以"大德通"招牌,以图永远。

---

①《山西票号史料》(增订本),山西人民出版社,2002 年版,第 595~597 页。

2.一议：茶票生理，本属一号，所立账簿规式，俱有成章。不过茶票两庄，祁铺各号资金五万两，取其逐年分别，每庄长银若干，庶可一目了然，好为估算。

3.一议：各码头平素来往，以及将来结账，仍是营（营口）归沈（沈阳）、津（天津）归京（京都）。至于由外请用未下班人位，辛金并缴费等项，是何出结，皆照向章，毋庸更改。

4.一议：祁铺内外周行借贷，皆是茶号一门办理，"同兴裕"所占银两，除讫资银五万两，用多用寡，皆向茶号周借，勿论逢标、平时，按长年利计贷。设有余剩，随时下账。每年票号与茶号，贴伙食一千两，祁铺年底一账。

5.一议：各码头勿论票贷、货务，虽以结利疲账定功过，原以激励人才起见，容之其间，大有分别，总以实事求是，果尔本处多利，他方未受其害者为功。倘有只顾自己结利，不虑别处受害者，殊乖通盘筹划，大公至正之意。此等办法自有公论，兄等善自酌量，勿谓将来赏罚轻重不公也。

6.一议：各码头总领，务须各乘天良，尽心号事，不得懈怠偷安，姿意奢华，是所切望。换班回里，务将手中事件，逐一交代别任接办。将已身随带衣物，录一花折，开回支使银两，随身如数结束。未下班者，齐冬月底一律结祁，勿蓄分毫蒂嫌，并将伙等通年功过，随即另信题祁。

7.一议：各码头凡诸物钱盘，买空卖空诸事，大干号禁，倘有犯者，立刻出号。唯生意之中，原以通其有无，权其贵贱为经营。遇景逢情，囤积些实项货物，预与祁铺达信，请示可行与否，遵祁信办理，不得擅自举办。违者无论有利无利，按犯号规重罚不怠！

8.一议：勿论何路码头人位，吃食鸦片，本干号禁。姑念近年世道不古，沾染既深，悔莫能及，若竟顶真，心犹有所不忍，是以东伙从宽定议，除前已染此弊者，责令悛改外，齐此往后，再有故犯其病者，依号规分别办理。如有先染已改者，以血性论；并有未曾习染者，以朴实论；纵有寻常过患，准其以此抵消。试思此宗规条，于身得益，于事不误，何不乐而从之，是则有所厚望焉！

9.一议：各码头地方，难免有赌钱之风，坏品失节，乱规误事，皆由于此，不管平时过节，铺里铺外，老少人等，一概不准，犯者出铺。至于游娼戏局，偶蹈覆辙，早早结出，刻不容缓，难免效万，严之禁之。

10.一议：码头人位，不准向相与之家浮挪暂借及街面置货买物，亦不许拖欠账目。如有私事，号中不准不管，轻则降罚，重者出铺。其相与字号之伙，向咱用借者，咱亦不准支应，谨记预防，违者议处。

11.一议:自今世道,咱处一带,逢标过节,银两松紧不常。咱号事体,虽赖东家盛名,易于通融,但地皮松紧,利息增昂,吃亏败名,大有可虑,是以预为呈知,以免两误。凡做家中交款,估划标前一月,可以得信,即可收会。若期过于促近,零星固可照收,若大项即宜暂避。且四标万宜分别,春夏两标,疲时多而快时少;秋标虽则平和,犹有露快之势;犹冬标至冬腊两月,地面事多之际,快多疲少,深宜谨防,如做生意,谨记是幸。若夫往家抽交生意,零星小宗,固无限制;如做宽有中成宗收项,亦要早信关照。不然,倘遇银势疲滞,必受余银之背。通盘估谋,纵然生气秀气,诚虑得偿失,此情不但与家中为然,即各路彼往来,亦是如此办理,总之勤信关照,乃生意中之要纲也。

12.一议:各码头上下人住,在外支取银钱,或随下班结祁,或齐冬月底结祁,倘有蓄欠分毫两者,以管账者自问。除本人重罚外,管账者定按徇情隐匿议处。如有过分滥支人物,准管账者随时据实报祁,不得含糊,直至给予严厉的处分。

13.一议:各码头人位,换班回里,毋庸言矣。告假者,脚费自备。设遇因亲或家政有要事者,总领酌夺,顶下班回祁者脚费,俱系公出。余别归里者,一应花费自出。

14.一议:各码头就外请进人位,未下班前辛金,务以齐年就外拨清,随地出于缴费之内,侯下班后,祁铺才能录底开支。唯是衣资不可拨出,待至下班,由祁出去,再为起拨,以昭划一。

15.一议:凡两口售货,相与货账字号,不准再放与借贷,设若失错,单行难当,双行更难支持矣。谨之戒之,犯者出铺。

16.一议:凡两口遇年分兴盛,利息较大,不免有贪放借货物之嫌,首项小次虑保重,虽即背利息忽略之事,总以不做为上,万勿含糊。倘若失错,是谁贪放,定罚不怠。

17.一议:自此往后,凡顶身股人位,务要各合各节,不得潦草糊率,致犯号规。若犯出铺之条,何时说话,何时结楚,系按历年清抄算结;设有零月,不候年终清抄办理,定以应支开结。

18.一议:号内身股,每年应支:一分以一百二十两,九厘一百一十两,八厘一百两,七厘九十两,六厘八十两,四五厘七十两,三厘六十两,二厘五十两,春冬两标祁铺下账。除应支外,不准格外长支,倘有强颜硬问者,面阻勿怪。

19一议:凡独做票庄码头,应拨衣资,"同兴裕"出账。唯两口、兴化镇以及南路办有要茶务者,茶号拨给。

20.一议:茶山人位,以及屡路发货者,号中即拨衣资,制衣添裳,以应按实价统计,才为公允。然而历年已久,今番亦未便骤挽前风,是以从权,彰明酌定,勿若是针工、线、里、扣,一应应用之物,以实价七扣结账。此情亦只可经办茶货人位照办。若是票号,以及售货人位,无论南北,不得依此为例,均以实价结账,违者议处。

21.一议:两山采办砖茶,务宜拣好买到,押工齐楚,押砖总要齐实,洒面均匀,以期到两口不受买主之挑驳。虽云如此,还要四处尽心检点,节省缴费,生意之间,南北相关,总以取利为佳。倘不尽心治理,货色低次,工不精细,必致有碍门市,那时置货者难辞其咎,望慎勿忽是幸。

22.一议:后首盼个时势转佳,若能将此种人才,不免枝占码头,票贷归于票庄统辖,货业归于茶庄统管,做法等等,各与各业相同,以归划一。

23.一议:各处人位,皆取和衷为贵,在上位者固宜宽容爱护,慎勿偏袒,在下位者亦当体量自重,毋得放肆。倘有不公不法之徒,不可朦胧含糊,外请者就便开销;由祁请用者,即早着令下班回祁出号。珍之重之。

24.一议:凡伙等从各路捎带物料,果有己身必用之件,或家中难买之物,朋友之中,尚且成酬,何竟自伙?不过致劳不可令号中贴钱,上下一体,莫分厚薄。倘经买者不公或多结少结,谁错之银,拨记谁账。

331

25.一议:勿论老少人位,每逢下班归里,总得先到祁铺,然后回家,不准私先回家,然后到铺。如与别伙捎带物件,亦应先送本号留底转寄。并非疑忌之见,欲使路伙利于身驾耳。

26.一议:各路结账时,务将浮账暂记花名,以及票货宗项随结账上,逐一花开回祁。如有隐蔽,移搁别处款项,总领写账者,均得重咎不怠,慎之慎之,勿蹈怨尤。

27.一议:凡咱买货码头,除零星出售,现清货银外,若卖银期划价之家,随信务将用主字号报祁,以便内外了然。逢标遇期,收结票贷货银,稍有缓期误银之家,不特许报祁知,与各路亦得通报,毋得擅报平安过局,自取掩耳盗铃欺蒙之咎。此弊殊深痛恨,戒之戒之。

28.一议:各码头人位下班之期,除沈、营以三年为限,其余皆二年半为限,如俟下班之期,人位能于调开,毋庸候祁信吩咐。倘夫位缺乏,抽调不开,即可曲委数月,一俟松容再行下班,各宜禀遵是善。

29.一议:勿论何路码头人位,凡为总领者,每月拨衣资银二两,副班者每月一两。唯初学生意者，五年以内，每月五钱；五年以外照副班者同行。设有经营二三年进号者，亦以初学生意论。皆是以从祁动身之日起，回祁之日止，由祁拨给。倘有不回祁者，到年终祁铺核估，齐年终拨销，来年再为起首。如年年拨清，不照旧规回祁一次拨给，庶可将伙等应得之银，年年列于支账，不至各为长支，实则有应得衣资银抵补，此亦为名实不符起见也。

（二）号规的地位和作用

山西票号的《号规》，是总经理用以进行经营管理的总纲。上述《1884年新号议定号规》，系由大德兴改大德通牌号时新立的。大德兴原系茶庄，于咸丰年间（1851~1861年）已经兼营票号业务，但是直到光绪六年（1880年）在上海成立"山西汇业公所"时，使用的还是大德兴的牌号，而没有使用大德通字号。《1884年新号议定号规》说明，由大德兴牌号变为大德通字号后，依然是茶务、票业同时经营（不过已分设账簿），直到1888年合账重议号规时，票业才成为主业。从《1884年新号议定号规》来看，值得注意的有以下几点：

1.该号规规定，"齐今年（1884年）正月初一日起""改名大德通"票号后，无论茶务、票业，皆是以"大德通"招牌对外联系和往来，也就是说，更名大德通票号后，还将继续经营原来的茶货贸易，并且规定"茶票两庄，祁铺各号资金五万两"，各立账簿，分别结账。还规定"祁铺内外周行借贷，皆是茶号一门办理"，票号所占银两，"除讫资银五万两，用多用寡，皆向茶号周借，勿论逢标、平时，按长年利计贷。设有余剩，随时下账"。由此可见，票号与茶号，对于祁铺总号而言，是一个字号，是一家；但对内部来说，票号与茶号又是分别独自核算的两个部门。

2.关于"买空卖空诸事，大干号禁，倘有犯者，立刻出号"的规定；关于"以实事求是，果尔本处多利，他方未受其害者为功"的规定。既是晋商经营理念的生动体现，又是晋商为维护其整体利益和社会信誉而采取的有力举措。

3.关于"各处人位，皆取和衷为贵，在上位者固宜宽容爱护，慎勿偏袒；在下位者亦当体量自重，毋得放肆"。这是将"搞好团结，尽心号事"列入号规，就成了全号从上到下，所有员工都必须遵守的规则。

4.《号规》既有关于享有顶身股者，必须恪尽职守、违者惩处的规定："凡顶身股人位，务要各合各节，不得潦草糊率，致犯号规。若犯出铺之条，何时说话，何时结楚，系按历年清抄算结；设有零月，不候年终清抄办理，定以应支开结。"又有关于享有顶身股者，每年应支银两的规定："号内身股，每年应支：

一分以一百二十两,九厘一百一十两,八厘一百两,七厘九十两,六厘八十两,四、五厘七十两,三厘六十两,二厘五十两。春冬两标祁铺下账。除应支外,不准格外长支,倘有强颜硬问者,面阻勿怪。"这样,就把对享有顶身股者的严格要求和必要的回报,都写进了号规,从而有力地调动了享有顶身股者的积极性。

5.关于员工回家路费的规定:"各码头人位,换班回里,毋庸言矣。告假者,脚费自备。设遇因亲或家政有要事者,总领酌夺,顶下班回祁者脚费,俱系公出。余别归里者,一应花费自出。"养病地资、伙食待遇的规定:"勿论何路码头人位,凡为总领者,每月拨衣资银二两,副班者每月一两。唯初学生意者,五年以内,每月五钱;五年以外照副班者同行。设有经营二三年进号者,亦以初学生意论。皆是以从祁动身之日起,回祁之日止,由祁拨给。"其后,重议号规又规定:"各码头衣资,议定分号京、申、沈、沙、安、津、汉、重、度、济、汴,正班每月拨给衣资银三两,其顶生意协理,每月拨给衣资银二两,以及辛金及出外多年者,每月拨给衣资一两,出外未下班者每月拨给衣资银五钱,三年以外,照辛金、副班者行。"其他地方分号人员的衣资银均依例递减。各码头人位按工作年限和职务高低,每月拨给衣资银和伙食费,一律由号中供给。所有这些规定,就使回家路费以及衣资、伙食等费用,全部制度化了,全部得到了《号规》的保证。

6.《号规》也有些规定很不合理,乃至侵犯人身尊严的规定,比如:"勿论老少人位,每逢下班归里,总得先到祁铺,然后回家,不准私先回家,然后到铺。如与别伙捎带物件,亦应先送本号留底转寄。并非疑忌之见,欲使路伙利于身驾耳。"就是说,所有人员回家时,必须先到祁县总号,进行检查,所带银两和东西,都要有分号出具的证明,包括给别人捎的东西。不准私先回家,然后再到总号报到。还说这"并非疑忌之见",真是此地无银三百两。尽管如此,但《号规》毕竟对号中的重大事情和日常工作,都作出了明确而具体的确定,得到了制度上的保障。

总之,《合约》在肯定资本的所有权与经营权分离的基础上,保证了经营者独立自主的经营地位。而《号规》则在系统协调各方面利益的基础上,赋予了身股总代表大掌柜经营管理的实施大权。这是一个历史性的巨大进步。

二、最后一份《1921年东伙合议号规》

《1921年东伙合议号规》是大德通现存的距今最近的一份《号规》,同

1884年的《号规》相比，值得关注的内容有以下几点：

第一，规定"我号牌号名称，一仍其旧，不必变更"；对于票号的账期，仍以"四年合账"，但增加了"每到二年，分功过励优惩劣一次"。

第二，对经营中的一些具体的利息等作了规定："各庄存款利息，长期年息不得过七厘，短期半年月息不得过五厘，二三月者月息不得过四厘。设有特别情形，必须申明理由，尤须留意存主人性（强硬或和平），注意行之，勿可滥为收存。往来存款出席，京、申、津、汉四处可试办。缘有好存货栈、保险公司等便，为手续甚繁，俟由申采访章程寄家审核后，分布实施。"

第三，对号中所交往的字号也有规定："各庄共交字号，宜定限数；上上招牌，迟票借贷不得过三万元，上招牌不得过二万元，上中招牌不得过一万元。中牌必须审慎，分庄连支，一并在内，不得逾越。倘有特别，必须申明。"还要求"各庄首领，每星期必须实地阅看账簿折据。如立票据，亲自签字盖章，不得假手于人。如首领因公外出，即副帮代行签盖亦可"。

第四，对衣资银的规定更加详尽，各庄分为甲乙两等，京、申、济、安、津、汉、汴、城都会大地为甲等庄，口、包、彰、向等朴素为乙等庄。兹规定甲乙庄如下：

（1）甲等庄首领衣资每月拨银六两；甲庄副帮每月拨给衣资银四两；甲庄伙每月拨给衣资银三两；甲庄初出门伙友每月拨给衣资银二两（按物价昂贵，随风时尚，花费固属不够，然出门孜孜子，学习尚虑不及，何讲衣物齐楚，有志者不为也）。

（2）乙庄首领每月拨给衣资银五两；乙庄副帮每月拨给衣资银三两；乙庄伙友每月拨给衣资银二两。

同时规定："路伙添置衣服，必须先思时局浮夸，家计困难；如实必用，商明本庄首领协理认可后才准，否则不得任意口立。如裁缝工资线扣，以及平日零费，分文均出自己身，倘有开出公账，查出以犯号规论。所拨衣资，每到年终，由祁号拨。各庄伙友所支之款，仍照旧冬月内扫数结祁，丝毫不得留蓄。下班时，按物开折花吉，计算原用实数若干，针工另写一笔，如有物价不符，除物留件或重结外，同庄之首领伙友，亦有应得之处分。衣资既从丰结银，各庄首领，有统属一庄之责，应当鞠躬率属，洁己奉公。如下帮赏点物件，虽是己出，亦须维纳，以期维持俭德。"

第五，这次的《号规》还制定了一个重大的制度——稽核制度，规定："每年正月初八，选派稽核一人，分巡各庄稽核。当选员不拘住家住外，临期带祁信前往。稽核之事如左:第一,专查内外事件;第二,账簿折据;第三,本号人位优劣;第四,审查社会之情形,定进退之标准。稽核售货员往返各处之川资旅费,一切零用。开单结祁,各庄不得酬送分文。己身置买衣物等件,实记实结,运费厘税,一同结祁,以取正己正人。稽核员每到一庄,协同首领,对本庄伙友,宣读章程一遍,然后依章程次第认真实行查核。如有违章情节,若系伙友所犯,稽核与首领权事之轻重,有黜陟之权,不待商祁,勒令回祁出号。此层务须破除情面,勿稍瞻徇,有负职责。"

第六,对于川资路费,也定有规章:"住路之伙,往来下帮,一律以三等客票。领袖之行李定为一担半,伙友只准一担,多则自出。沿路花费,开折报明,如阳奉阴违,查处以犯号规论。"

第七,规定"各庄立议事录一本,凡遇号中要事,或有可议之事,须公共讨论,各自书名,新录所见,决权操于总号。见解言论,图谋设想,各出自由,每到半年,原本寄祁,以便采择。"

此外还对各庄官商疲账的拖欠等作了一些具体的规定,相较于1884年的《号规》,这《号规》中的一些规定更为具体。

三、大德通《号规》的变迁

如果说《1884年新号议定号规》是对大德通的经营管理的一个初步规范的话,那么之后大德通《号规》的不断修订则是大德通经营管理不断完善的过程,而这也能从《号规》的不断变迁中反映出来。

在《1884年新号议定号规》制定颁布后四年,大德通就又在1888年拟定出了《1888年合账重议号规》,该《号规》对1884年的《号规》主要作了如下的变动:

第一,随着经营的发展,对应支银两的规定做了改动。《1888年合账重议号规》中规定"各顶身力,每年应支:一俸者以一百五十两,九厘以一百三十五两,八厘以一百二十两,七厘以一百一十两,六厘以一百两,五厘以九十两,三厘以八十两,二厘以七十两,一厘以六十两,每年春冬两标下支。除应支外,分文不准长支。"也就是说随着经营的良好发展,顶身股每年应支的银两有所增长。此外,还增订了人力故股,规定:"一厘至六厘,四年结清,七厘至一俸,六年结清。若初顶身股,未经账期而故者,勿论多少,三年结清。若功绩异常,或临故有毁之事,宜加宜减,众东另议。"

第二,关于衣资、伙食待遇的规定也有改动。《1888年合账重议号规》则规定："各码头衣资，议定分号京、申、沈、沙、安、津、汉、重、度、济、汴，正班每月拨给衣资银三两，其顶生意协理，每月拨给衣资银二两，以及辛金及出外多年者，每月拨给衣资一两，出外未下班者每月拨给衣资银五钱，三年以外，照辛金副班者行。市洞两山、东西两口、兴化、营口、周村正班，每月拨给衣资银二两，唯迁全已衣资，亦照二两拨给，多年协班每月拨给衣资银一两，初出未下班者，每月拨给衣资银五钱，三年以外，照副班行；以及清、水、源、徐、通、治路货人位，随协班便一两；赤峰、季、曲、阜正班，每月拨给衣资银一两，初出未下班者，每月拨给衣资银五钱，三年以外照一两拨给。以上俱系自出行之日起，至下班之日止，但有零日，即算一月，逐年在祁出账。"相比《1884年新号议定号规》的规定，对地方分号作了区别对待，人员的衣资银均依例递减，各码头人位按工作年限和职位高低，每月拨给衣资银和伙食费，一律由号中供给。

第三，增加了一些新的规定，诸如要求"各码头每月与祁实誊月清折，年终誊一总结账"；"各码头通年缴费，年清年款，不准日积月累"；"各码头禁止亲友浮挪暂借，与亲友字号，相与之家不外当承作保"；"各码头首领不准就外请用人位"等等一些新的规定，对各分号的经营管理进一步作了规范。

到了1904年，大德通在号规中又增加了《1904年合账众东添条规五条》。规定："此后遇有用项，如向号借使银两，至多每股只准借银三千两，逾期不限。各连号不准东家荐举人位，如实在有情面难推者，准其往别号转荐。"对享有顶身股者每年应支银两又有所增长，"各项身力每年应支，一俸者以二百两，九厘半以一百九十两，九厘以一百八十两，八厘半以一百七十两，八厘一百六十两，"七厘半以一百五十两，七厘以一百四十两，六厘半以一百三十两，六厘以一百二十两，五厘半以一百一十两，五厘以一百两，四厘半以九十五两，四厘以九十两，三厘半以八十五两，三厘以八十两，二厘半以七十五两，二厘以七十两，一厘半以六十五两，一厘以六十两。号伙故股一厘至三厘者以三年清结，四五厘者以四年清结，六七年者以五年清结，八九年者以六年清结，一俸者以七年清结，生意亦一俸，当过领袖以八年清结。如有俸股，请进未有四年而故者，一厘至五厘二年，六厘以上者三年清结。同时对衣资又作了重新规定："各码头衣资又有分别，京、申、营、济、沙、安、厂、广、川、津、沈、汉、重、汴、宁、长、正班每月拨衣资银三两，此项生意协班，每月拨衣资银二两，如辛金协，一般说来及伙以出外多年者，每月拨衣资银一两，初出外未下班者，每月拨给衣资银五钱，三年以外，照一两拨给。所有口、村、同、包、清、河、坝、原、关、苏、烟正班,每月拨给衣资银二两,多年协班,每月拨给衣资银一两,如初出未下班者,每月拨给衣资银五钱,三年以外,照一两拨给。以上俱系自出行之日起,至下班之日止,但有零日,即算一月,逐年在祁出账。"

《1913年大德通、恒记并众东共议号规》则进一步制定了九不准:"不准在外巨数支使,以致祁无纪律也;不准私自捎物,致累人格也;不准就外厚道,致滋舞弊也;不准私带亲族,影射号中银钱也;不准私行囤积,放人名贷款也;不准奢侈滥费,以耗财力也;不准侵蚀号中积蓄也;不准花酒赌博,致堕品行也;不准吸食鸦片,致干禁令也。"这主要是对票号人员的一些道德的规范。

此外,大德通还有一份号规是1901年大德通在成都开设分庄时专门为该庄拟定的,称为《1901年为蜀庄拟章程四条》,主要规定了"宗旨宜坚定,择主宜认真,操守宜讲明,自立宜切究"这样四条原则。

从大德通1884年的号规和1921年的号规以及这两份号规中间的这些变迁可以看出,随着时间的推移,大德通票号在规章制度方面都在不断地进行完善和改进,员工的股银待遇也在随着经营业绩的好转而逐渐增多,以使其能够恰如其分地指导票号的经营。正是因为有这一套完善的号规的规范制约,才使得大德通在众多的山西票号都已歇业之后仍能够坚持经营了几十年。

四、号规的开拓创新

山西票号是通过号规进行管理的,从大掌柜到一般伙友,都必须严格遵守。大掌柜在依据号规进行经营管理的过程中,在整体协调各个方面利益的基础上,又形成了许多开拓创新的管理规则,最重要的有以下几个:

（一）组织机构一体化管理

山西票号的总号都设在平遥、太谷、祁县,其分号遍布全国各地。票号的业务,大半靠分号在外经营,所以总号与分号的关系十分密切。分号经理由总号选派资格较优者担任,携带总号图章砝码等各种要件以资凭信。资本皆存总号,设立分号时,不另加资本,只给川资及开办费。

关于分号设立,有各种不同情况,据卫聚贤记载:"山西票号分号之设立,有因各大商埠必须设立者,如平津沪汉等。有因自己营业范围而设立者,如志成信、协成信、协成乾在广东,大盛川、锦生润在蒙古。有因择垫官吏（注:择垫是奔走于政界中人物,择其体态、履历、程度、交际等,估计其将来可以得到位置,于是先行垫款运动,待其挂牌,乃派人随至所任所,作为会计,按月扣除垫款,至扣完为止。垫款固然利息大,但也有白垫了的。《官场现形记》中有一段关于此事的记载,票号中人有以其言之过甚。但道光二十一年藏源捐簿上,已列有此款数十宗可证)随至官吏任所收账,因而设立者。"①又曰:"设立的手续,由总号选择干员,携带图章砝码,并路费及开办费若干前往。不必携往大宗资本,因系汇兑,与自己的各分号或其他的票号往来拨兑。比至标期,如缺少现款,再由附近分号从标局运现接济。"②遍布全国各地的分号,都是由总号大掌柜决定设立的,分号经理都是由大掌柜任命的,在分号里,每个人担任什么职务,顶多少身股,也都是大掌柜说了算。所以,各个分号对于大掌柜的旨意,都是言听计从,大掌柜怎么指挥,分号就怎么干。山西票号总号的大掌柜,就是从总号到各个分号的大统管和总指挥。

根据一体化的管理准则,山西票号总号要求各个分号,必须根据"通盘考虑,密切配合"的原则,来经营自己的业务。如若为了自己分号赚钱而使其他分号遭遇损害,就要受到总号的惩处。例如,大德通票号光绪十年(1884年)的号规明文规定,分号经营,对本处有利,要以他方不受其害为功,如果"只顾自己结利,不虑别处受害者",即或盈利,因为违背了"通盘筹划"原则,也要受到惩罚。③

根据一体化管理准则,山西票号特别注重信息。在当时交通极不发达的条件下,山西票号特别注重总号与分号之间、分号与分号之间的书信往来。因为分号的一切重要业务往来,都必须得到总号的批准;总号为了对各分号的经营状况作出正确判断,又必须及时掌握各地的银价、汇率等商情。及时掌握信息,就成为山西票号的突出特点。电汇业务开通后,又使山西票号的一体化管理,更加强化、更加灵活。卫聚贤记载:"分号对于总号,时有信件,报告营业兼及当地行市。平时用平信,急时用专信,电报通了则用电报。同时并将营业情形及行市向各分号互报,以便互通消息。又如甲分号有余款,视乙丙分号之缓急,分送各地,以便周转。甲分号应会得法,得利为多。因为甲分号之功,但得到红利,均送总号,在总号总结下分红利,是以和分号多互相救济。"④

(二)票号资本股份化经营

根据三晋源票号掌柜杨景灏回忆:"票号资本分为正本和副本两种。正

---

①②卫聚贤:《山西票号史》,说文出版社,1944年版,第74页。
③《大德通设立时号——光绪十年新号议定号款录》,山西财经学院收藏。
④卫聚贤:《山西票号史》,说文出版社,1994年版,第74~75页。

本是股东的合约投资,没有股息,享受红利。每股几千两到一万两。一家票号的资本,大约十几股。副本有两种情况:一是东家、经理及顶身股伙计遇账期,由分到红利中提留一部分,存入号内,一般称做'统事'或'获本'。'统事'、'获本'不分红,只得利息,不能随意抽取。二是票号东家存款。所以,票号的实际资产都是大大超过其名义资产的。这种不列入票号的正账而潜存于票号中的资本,是构成票号副本的一个重要部分。"①

山西票号除了银股以外,还有身股。徐珂记载:"出资者为银股,出力者为身股。"②但不论是银股还是身股,全部实行股份化管理。股份化管理是山西票号的创新和特色。所谓股份化管理,就是将银股和身股全部按股份来管理的制度。银股的股份化,就是将东家的资本,不论是独资的还是合资的,全部等分为若干股份,账期限满后,按股分红;身股的股份化,就是将本号职工以自身劳动所顶的股份,从一厘到十厘不等,统一按十厘为一股计算,账期满后,与银股一起,按股分红。

山西票号从日昇昌开始,就实行了这种股份化的管理制度。日昇昌是由李氏一家投资的独资票号,但还是把李氏所投的 30 万两白银,划分为 30 股,加上身股 40 股,共 70 股,一起进行分红的。③这就说明,日昇昌票号从一开始,就将银股和身股全部股份化了,实行了股份化管理,实行了按股分红的绩效管理制度。

山西票号全部采用了这种股份化的管理机制,致使股份化管理成为山西票号的最大独创和最大特色。山西票号这种按股分红的管理制度,实际上就揭开了中国近代股票市场的先河,在中国金融发展史上实属重大创新。

(三)资本周转市场化运作

山西票号从总号到分号都是紧紧围绕市场中轴运行的,也就是紧紧围绕开拓市场、占领市场、扩大市场进行管理的,这样,就使山西票号的管理具有很大的灵活性、多样性和创造性。管理为市场服务,在开拓市场、占领市场和扩大市场的过程中发展和完善管理,就构成了山西票号管理的又一个重要创新和重大特色。其集中表现就是"酌盈济虚,抽疲转快"。

山西票号的分号很多,由于各地区的经济状况和经营状况各不相同,致使各票号的现金盈亏、行市好坏亦不相同。有的票号现金盈余,有款放不出

339

①②③《山西票号史料》(增订本),山西经济出版社,2002 年版,第 581 页、第 582 页、第 638 页。

去,资金闲置;有的票号现金短缺,利率上升,却又无款可放。在这种情况下,山西票号按照一体化管理准则,运用"酌盈济虚,抽疲转快"[1]的办法,巧妙地解决了这一矛盾。各个分号都从各自的利益出发,积极加以响应,相得益彰,各得其所。前面说过的"倒汇"或叫"逆汇"的汇兑业务,就是这样创造出来的。这样既解决了乙地多余银两放不出去的问题,又使甲地赚取了汇费和利息,还帮助商人摆脱了资金缺乏的困境,并树立了山西票号良好的信用形象。

第四节 票号的财务管理制度

山西票号在长期的经营实践中,创立并完善了一整套财务管理制度,其账簿种类之多,组织之完备,计算之精密,管理之严密堪称商家典范。尽管由于战乱和时局动荡的影响,有些票号商家的账簿散失丢弃,但从现存的主要票号遗留的账簿来看,其内容和分类都极完善,许多理念和记账方式已走在了时代之前列,让后人赞叹不已。而且各家票号商号的账簿都有底清、款详、各目分类细致无误的特点,使得各号财东、掌柜对自己商号的各项经营状况、盈亏底细十分清楚,对于商务决策无疑发挥了重要的统计决策功能,也是晋商成功经营的一个关键环节。

一、龙门账的基本原理

龙门账:明末清初山西阳曲人傅山,不仅是一位著名的史学家、文学家、医学家和书画家,近据查考,他在会计学方面也作出过贡献。他参考当时官厅会计和"四柱清册"记账方法,为山西票号设计出来一套既简单又明确的适用于民间商业的会计核算方法——"龙门账", 这是我国会计科学发展过程中的一个成就。

(一)龙门账的要点

将民间商业中的全部经济事项,按性质和渠道科学地划分为进、缴、存、该四大类,分别设立账目核算。所谓进,是指全部收入;缴,是指全部支出(包括销售商品进价和各种费用支出);存,是指资产并包括债权;该,也称欠,是指负债并包括业主投资。当时的民间商业,一般只在年度终了办理结算(即现在的年终决算),就是核实和整理一年的经营成果,以便向业主作交代。年

---

[1]范椿年:《山西票号之组织及沿革》,《中央银行月报》第4卷第1期。

结,就是通过"进"与"缴"的差额,同时也通过"存"与"该"的差额平行计算盈亏。如果"进"大于"缴",就有盈利,否则,就有亏损。它应该与"存""该"的差额(即盈亏)相等。这四大类的相互关系,可用公式表示:

进－缴＝存－该………………………(1)

每当办理结算时,便可运用上述会计公式来验算两方差额是否相等,并据以确定当年盈亏。傅山将这种双轨计算盈亏,并检查账目平衡关系的会计方法,形象地称为"合龙门";"龙门账"也由此而得名。

(二)龙门账的记账程序比较科学

它的具体程序是:发生的一切经济事项都是根据原始单据登记流水账(即序时账);然后根据流水过入誊清(分类账),有的还分设总清(总分类账)和分清(明细分类账);年终总结就是根据誊清账上的余额编制进缴表(相当于西方借贷记账法中的损益计算书)和存该表(相当于西方借贷记账法中的资产负债表)。

它的账务处理程序如下:

经济事项 → 原始单据 → 流水账 → 誊清 → 进缴表 存该表 →合龙门

为进一步阐明"合龙门"的会计原理,现以结构图举例说明如下:

| 该 | 存 |
| 8000 | 8600 |

二者差额相等

进	缴	存－该＝盈利
		8600－8000＝600
6000	5400	

上面的试算表中所反映的四大类账目,其相互关系是:

该＋进＝存＋缴………………………(2)

会计公式(2)也就是会计公式(1)移项的结果,通过对进缴表和存该表两表差额的"合龙门",又还原于会计公式(1)了。

(三)龙门账对中国会计发展的贡献主要有两方面

第一,促使记账方法向复式记账发展。由于"龙门账"需要对进、缴、存、该进行全面的、连续的核算,过去单式记账法难于满足这方面的要求,促使记账方法向复式记账发展。清末民初出现的"三脚账",便是在"龙门账"的基础上发展起来的。"三脚账",除对转账事项要求同时记入来格和去账外,凡涉及现金收支的多项,只记对方,每日结出现金余额参加平账(和目前实行的现金收付记账法原理相似)。后来又在"龙门账"的基础上发展到"四脚账",更具备复式记账的某些条件了。"四脚账"分上下两格,上格记来账(如各户来账、业主投资等各项收入),下格记往账(如各户去账、资产、费用、现金存款等)。"四脚账"要求上下两格的金额相等,并把这种平账的方法称为"天地合"。

第二,发展了记账原理,为现代商业会计奠定了基础。"龙门账"能够根据商业经济活动的特点,对错综复杂的经济现象和千丝万缕的经济关系,比较科学地划为四大类,并阐明了进、缴、存、该相互间的依存关系,提出了"合龙门"的科学原理,这无疑是对会计学的重大贡献。傅山善于用比喻手法深入浅出地表达会计原理。把各种账冠以"流水"二字,含义十分生动明确,这是他从实践中总结出来的,认识到资金运动和物资流动就应该像流水那样川流不息。现代会计管理强调清仓利库,减少积压,通过零库存,加速资金与货物的周转,就是这个道理。西方会计把轧账叫做平衡,傅山把轧账叫"合龙门",意思就是同治水筑堤坝最后要合龙一样。傅山提出在账目中"有来源必有去路"、"逢长必短"等成语,既通俗又浅显地讲了把资金来源和资金去路"合龙",发现一方多了,必然另一方有遗漏的道理。我国现行的增减记账法,其原理与"龙门账"的原理相似。商业系统首先将全部账户分为:①经营资金及其来源的账户;②经营过程的账户。属于前者的有资金去路类和资金来源类账户,"龙门账"中的"存"和"该"就相当于此类(龙门账中的"该",不包括本期实现的利润);属于后者的有收入类和支出类账户,这与"龙门账"中的"进"和"缴"基本相同,又如商业会计中的两个主要会计报表——经营情况表和资金表,它们的基本结构与"龙门账"的进缴表和存该表也基本相同,特别是经营情况表和资金表之间的勾连关系,正是"合龙门"的原理。通过动态报表——经营情况表中收支对比核算出来的盈利,应该与静态报表——资金表中资金去路和资金来源(不包括本期实现的利润)对比计算出来的盈利相吻合。

二、山西票号的账簿管理与分类及细目

山西商号、票号账簿是旧式簿记,在龙门账原理的影响下,其组织完备,

登记详密。账簿多至几十种,主要有万金账(东伙开办时合同、股利分配等)、流水账(借贷、汇款、杂支、汇费、利息、与各庄来往汇款)、老账(即流水分类记)、浮账(即活期存款)、汇兑账、存款账、放款账及各地往来总账、本埠往来总账等。

现以大德通票号的账簿为例,主要有流水账、老账、现金账、浮记账四种。

流水账:各项交易,均须与此账内先加分录,然后过入老账,故可称为各种账目之原始账,如同银行簿记之日记账。账内抬头之下分上下两方,上方记载收入,下方记载支出。

老账:即依流水账各个抬头,分别记载之账簿。该账包含全部财产变动之综合,故据此可知财产状态及营业损益。此账名称虽多,但亦不外入出老账与收取老账两种:入出老账专载营业上损益,即票号之损益部分;收取老账,系表示营业上对内对外之一切资产与负债,收即票号之负债部分,取即票号之资产部分,出入老账合计之余额,即等于收取老账之余额。如要清抄,入即新收,出即开除,而收取即是实在也,其金额即银行之纯益金。

现金账:为合计库存而设,凡逐日出入现款,必须登记此账,其收付合计之余额,即本日库存之数。

343

浮记账:为省时间而设,因当年票号极盛时代,逐日交易,事务过繁。如往来存款一种,增加特多,若逐宗计入流水,再由流水抄入老账,实非二三司账员所能胜任。于是为提高工作效率,乃设此账,将往来存款及同仁暂计等项,不过流水,径登此账,待日终结算时,只将收取两方之合计数,一笔移转于流水账。即浮计账共收取若干,乃如数结出所余,而结算时浮计账余额系老账之一项,须列入实在内。

但上述类中,又可分为若干种,兹依大德通所用账簿,分类罗列于下:

老账、万金账、钱来往宝账、银来往宝账、各铺来往宝账、外该借贷账、该外借贷账、各路存户汇项账、汇银宝账、收出满加账、出入平色宝账、收贴费、现利、捐项印账、未到期票项宝账、外庄入本账、应支账、辛金衣资账、杂使宝账。

现金账——现金宝账
浮计账——浮银宝账[1]
(天津义善源票号所设账簿)

[1]卫聚贤:《山西票号史》,第75~77页。

长期账一册　规元账一册

局所账四册　各记账五册

各号账二册　炉房账二册

洋元账二册　往来账一册

暂记账一册　存条账一册

拨条账一册　名有账一册①

清代晋商用过的算盘

根据刘式如《大德通票号》一文记载，大德通票号记事和银钱账簿约有 30 多项，包括：

汇票号码账：各票号分号汇票一律由总号编制号码，三联单式，每到年终各分号将用过的汇票存根及正汇票、副汇票寄回总号。

承保账：记载承保亲友、商号名称。

进号账：记载工作人员进号日期等。

起程账：记载工作人员供职与休假时日等。

衣资账：记载工作人员应得衣资数。

衣物账：记载工作人员自己所携带之衣物。

路费账：记载工作人员起程携带路费数额。

带物账：记载工作人员委托亲友捎带之物。

回家账：记载工作人员住家时日。

汇款账：记载商品名称、汇款数额、汇出日期、汇费额。

流水账：各项收支均先计入此账分录。

万金账：记载财东姓名、资金额、顶身股人员之身股数额。

浮计账：往来存款、应收未收和暂时性存入、支出等，先计入此账。

各庄往来账：记各地分号银钱往来数额、次数时间。

未到期票账：汇款尚未取走时记入。

同业钱铺账：记载收入支付数额。

内部浮计账：财东、顶身股人员收支往来。

职工支使账：薪资人员收支往来。

借贷账：记放款数。

收借账：记存款数。

---

①《义善源倒闭清准持卷》，《天津商会档案》"业务类"，1911 年卷号 436。

缓期账：放款一时收不回的记入此账。

屡年账：记无希望收回之款。

加色账：记银色差次之数。

汇费账：记汇款所得之汇费。

收付利账：存付款得出利息账。

清抄账：年终决算称清抄。

应支账：顶身股人员应支（借支）款。

未支账：从万金账拨来未支红利数。

杂使账：杂费日用开支。

现金账：为核算库存而设置，逐日出入现款必须记入，收付合计之余额反映当天的库存数。

现换账：此账分为三种，即钱银现换账、钱洋现换账、银洋现换账。此账所记为票号内部换算货币使用之款项。

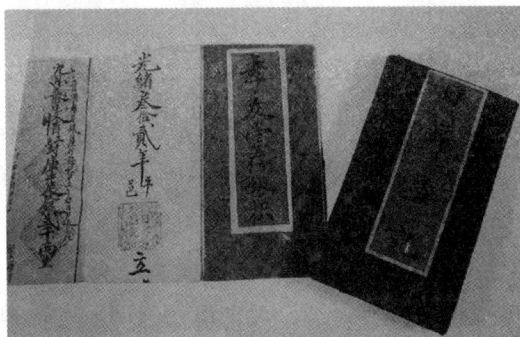
日昇昌账本

三、年总结与清单

（一）年总结与清单的作用

票号的营业，不管有几十个分号，总号都能了然。总号掌握分号的全部业务实绩，是通过分号报送"月清"（即报告分号本月业务活动实绩）和"年总结"（即报告分号一年内业务实绩）的制度进行的。报告的时间，月清在月底，年总结在冬月底（旧历十月底）。报告使用旧式账纸，如同账本一样。报告内容，首先是各项总结起来的数字，并写在前面；其次，关于各项总结数字的具体花名、地名及数字，都写在后面。比如汇兑，有的票号的"年总结"前面只写一宗共收各处会票本平足纹银若干两，至于收的是哪些码头，什么日子，收的是谁的等具体宗项，都在后面。有的票号除在前面已分写"收平遥会票足银若干，收苏州会票足银若干"等等以外，在后面还要把每处的一宗一项报告给总号。这样，总号看过之后，不仅可以稽核数字，而且可以明了都是做了谁的生意，有哪些投入和花销，有没有问题。如果总号看过后，认为有问题，就通过业务信件指示分号。

月清和年总结，既是分号向总号的报账，也是分号的营业决算，盈亏一概了然。

关于清单,它是总号汇结各分号年总结后,再加上总号本身的业务,综合编制的向股东报账的一种方式,类似近代银行的决算报告。清单内容分为外该与该外两大项,最后结出本年的营业损益。清单既作年度向股东的报告,也作大账期的报告。年度与大账期的差别是:前者只是核算损益,后者还要算出每股应分红的数字。

（二）日昇昌分号光绪三十二年正月初一日至十二月底营业兴盛时清单

外该项目	宝银两、钱、分
京津口（张家口）铺账	172188.60
赤锦（州）铺张	228970.39
庙铺张	195956.88
城铺账	103195.88
沈阳（铺张外该宝银）	126185.2 两 104948.25 两 共 221133.37
营口（铺张外该宝银）	94968.25
获（鹿）铺账	125027.91
借贷账	35975.50
满加账	12491.25
年终满加利	946.34
来往传唤支使账使该	893.36
来往账	14031.12
众伙应支账	691.00
众伙支使账	1262.75
各铺并各庄支家具（共作）	300.00
复生疲账外该银	480.61
现存	381.34
共 计	1113926.23

该外项目	宝银两、钱、分
原本	64000.00
上年提备津锦沈铺垫款	15000.00
祁太平忻四处借贷	731410.37
祁太平忻四处满加宝银	188649.22
年终利	23944.22
满加利	3902.75
热（承德）铺账	34622.73
各庄汇各未交	98.19
共 计	1061977.73

四、银行轧差清算

山西票号数十家，"汇通天下"，各地分支机构相互之间在一定时间之后总会发生汇差。由于交通工具和通讯设施落后，当时是"月清年结"两种账由分号向总号报账，月账、年账均以"收汇"和"交汇"两项分列，既有细数，又有合计，均按与各分号和总号业务清列，总号受到报来的清账，核对无误后，将月清收汇和交汇差额分别计入各分号与总号的往来账，收大于交，差额为分号收存总号款项数；交大于收，差额为总号短欠分号款项数，互不计息，因全号实行统一核算。这种方法是现代银行清算相互轧差办法之源。

晋商在长期的经商活动中逐步创设和建立起一套具体完备而细致严密的簿记制度，使得各号掌柜或财东对自己票号的各项经营状况知晓明白，这对于决策有重要的依据作用，也是晋商在自身发展中不可忽视的重要环节。

票号后期财务制度受到了冲击，突出表现为：债权、债务清理困难。辛亥革命后，汉口的山西票号经政府批准设立清理处，商会制定了清理章程。章程大概有三章：第一章四条，把工商企业债务分为四类；第二章四条，各类债务折减分期清理办法；第三章十条，债务清理的有关规定。如第一章，甲，文字伤残，大概是企业损失不大，抵偿债务仍能继续经营者，是为一等债务。"乙，现在营业资本及不定产抵偿债务，适足敷衍者，是为第二等债务。丙，损失较巨，勉强复业，而抵偿债务尚须设法借贷者，是为第三等债务。丁，损失既巨，确系无力营业，经清理处调查，并无虚饰者，是为第四等债务。"第二章规定，一等债务免利还本，限民国三年（1914年）底还清；二等债务八折偿还；三等债务六折偿还；四等债务文字伤残，怕是要低于四折，甚或全部免还。其中，二等、三等债务限民国四年（1915年）年底还清。这说明工商业被破坏的严重性和银钱行号贷款损失的程度。正如该章程第三章中说："各钱庄各票号所受之损失，即系各商铺该欠之款项。"

合盛元票号曾兴盛一时，东渡日本设庄，是中国银行业国外设庄的鼻祖。但是，经辛亥、壬子之变，早于大多数票号于1913年"停利还本"，歇业清理。因为北京、天津两处债权要求以京津之账单独清理，故清理分三处进行，即北京、天津和祁县。祁县清理处，处京津之外，包括所有全国各地之债权债务的清理。比如，奉天的债权债务，1913年7月，有存款37 691两白银和7 150元银圆，至1920年一月，存款只留下8 686两，贷款尚有238 481两。这说明存款支付了2/3以上，贷款却大量未能收回。

第九章
票号在竞争和风险中曲折发展

山西票号正当发展壮大的黄金时期，国内外局势发生了急剧变化。太平天国起义和英法挑起的第二次鸦片战争相继发生，山西票号在以人为本理念和以身股为本的经营管理体制下，充分发挥"本少利厚快速高效"这种经营模式的优势，大掌柜当机立断，迎接挑战，先后两次裁员撤庄，保存实力。正因为如此，所以一旦条件变化，形势好转，很快便能走出低谷，踏上迅速恢复发展的坦途。

第一节　中外战乱中的两次撤庄裁员

19世纪五六十年代山西票号两次裁员撤庄，是当时国内外形势的剧烈变化引起和决定的，是在以身股为本的经营管理体制下，大掌柜当机立断的正确决策。

一、国内形势的剧变

清咸丰元年（1851 年）一月，洪秀全领导的太平天国农民革命在广西桂平县金田村爆发。起义军从广西出发，经湖南、湖北、江西、安徽，一路势如破竹，于咸丰三年（1853 年）二月攻克南京，建立政权，定都南京，改名天京。太平军从占领湖北武昌府和汉阳府开始，就与清军展开了长达 4 年之久的拉锯战。定都南京后，又举行了北伐和西征。在此期间，凡是太平军与清军发生激烈交战的地方，城市经济都遭到严重破坏，人口外逃，工商业倒闭，城市建筑被毁，许多工商业城镇，都出现了一片萧条景象。后来，由于太平天国领导集团的内讧，石达开又率领十余万精兵，离开天京转战江西、浙江、福建，继而又转战湖南、广西、湖北、四川，1863 年 6 月，在大渡河兵败身亡。与此同时，天京的太平军则于 1860 年 5 月，一举击败清军江南大营，乘胜东征，攻占苏州，直逼上海。苏州与各地的经济联系,被迫中断,直至1864年,太平军失败。正当太平军失败之时,另一支农民起义军——捻军,又方兴未艾,转战于河南、湖北、山东以及陕西、山西、直隶等地,一直坚持到1868年,才告失败。在此期间,南北交通,一度受阻,许多城镇的商业贸易甚至中断。

太平天国革命和第二次鸦片战争期间(1851~1864年),革命战争与外国入侵相互交错,社会更加动荡不安,丧权辱国的条约,一个接着一个,大片国土被割,外国侵略势力进一步深入内地,鸦片贸易合法化,白银外流,市场萧条.在这种形势下,票号要保存实力,只有撤庄裁员。

二、第一次撤庄裁员

1853~1856年,太平军与清军展开了长达3年大规模的激烈争夺战,交通中断,业务萧条,山西票号总号鉴于时局的变化一再号令江南各分号的大掌柜撤庄缩业。为了避免或减少损失,各地不得不撤庄裁员。汉口至南京是两军激战的主要地区,因而设在汉口、屯溪、芜湖、扬州、清江浦、南京等地的分号,便先后收撤。与此同时,山西票号设在苏州、京师和天津的分号,也都在不同程度上收缩业务。苏州是国内四大区域性市场之一。苏州之繁盛,完全是由外省的富商大贾,挟资而来,进行贸易形成的。太平军定都南京后,虽然也曾使苏州的"商贾皆挟资以归",①但由于江路不通员工被裁,就连分号经理也逃脱不了裁减的命运。例如,蔚泰厚苏州分号经理刘庆和与他的好友孟子元,都被裁减。幸好平遥的广聚银号用人,刘庆和与孟子元才去了广聚银号做事。②又如日昇昌票号苏州

蔚泰厚

---

①黄鉴晖:《山西票号史》(修订本),山西经济出版社,2002年版,第173页。
②卫聚贤:《山西票号史》,说文出版社,1944年版,第350页。

349

分号,汇兑业务原来连接着全国二三十个大中城镇,到 1856 年时,汇兑业务只能通往平遥、京师、三原、沙市、重庆、成都 6 个城市,汇兑业务量下降到 153 315 两,其中京师、三原两地,计 139 081 两,占 90.72%;汇入的城市也只有平遥、京师、开封 3 地,汇入仅有 149 892 两,其中平遥、京师两地,占了 93.93%。①

1853 年 5 月,太平天国名将林凤祥、李开芳率领的北伐军,自扬州、浦口北上,转战安徽、河南,进入山西,入直隶,直逼天津,震动京师。山西票号设在京师和天津的分号,或者收缩业务,或者暂时撤离,也出现了金融呆滞,店铺歇业,商旅逃散,伙友失业的现象。

从总体上来看,第一次撤庄裁员,主要是在长江流域的一些城镇进行的,战乱停止后,又在汉口和扬州恢复设庄,重新营业。但在南京、屯溪、芜湖、清江浦等地,则一直没有恢复设庄。唯独汉口恢复设庄后,生意很快便出现了兴盛的势头,史载:"商人同外埠的业务往来,多由富裕的山西票号占先,它的作用几乎与英国的银行同样重要。""同时听说利率也不高于英国的一般利率。"②

三、第二次撤庄

第二次撤庄,主要是在 1856~1864 年间进行的。其时,英法联军攻占了广州、大沽口、天津、北京等地;太平军则转战于江苏、江西、湖北、四川等省。所以这一次撤庄裁员的范围很广,影响很大,南起广州,西至成都,东到上海,北至京师,全都包括了进来。咸丰三年(1860 年)二月十六日《翰林院编修卓枟奏折》称,其时京师金融市场一度混乱,"京城内外接连关闭钱铺将及百家,实为骇人听闻。"③许多票号,也都先后撤庄裁员,有的甚至倒闭。例如,盛极一时的日新中票号,就是在这次撤庄风潮中于咸丰十一年(1861 年)倒闭的。日新中票号创办于道光十八年(1838 年)至道光二十二年(1842 年)间,由日昇昌票号出资开办,总号设在平遥。其分号遍及北京、张家口、归化、三原、济南、周村、营口、周口、南京、苏州、镇江、芜湖、屯溪、汉口等 14 处。④日新中票号经营时间虽然不长,但其存款、放款和汇兑业务量相当可观。特别是北京分号十分兴隆。道光三十年(1850年)时,存款 36 683.65 两,放款达 68 469.81

---

①③④《山西票号史料》(增订本),山西经济出版社,2002 年版,第 41、44、643 页。
②黄鉴晖:《山西票号史》(修订本),山西经济出版社,2002 年版,第 175 页。

两;咸丰二年(1852年)时,存款达 84 975.07 两,放款达 49 860.01 两。①

在这次风潮中没有倒闭的票号,大都纷纷裁员。例如,日昇昌票号从咸丰十年(1860年)十二月至咸丰十一年(1861年)十月,屡向各处分号发信,决定收撤京师、张家口、开封、沙市、长沙各庄,并通报各处不要再做上述几处的收交之票。这次向各分号分发撤庄的信件中,没有苏州和天津分号的名字,说明这两地当时已经撤庄。从撤庄的信稿来看,实际要收庄的城市不止京、口、汴、沙、长 5 处,就连偏处西南的重庆和成都的分号,亦随时都可能收撤。比如,十二月十八日的收撤信中就说:"至于京、口、汴、沙、长均已定收庄,不可做此几处收交之票,亦不可存银,总以寻下交项再可做收项,以待时势而动,若成(都)重(庆)之地如不碍事,我号尚可暂行小小而做,收南交北。重成若坏,我号各码头亦得暂行归结。"②据黄鉴晖先生统计,日昇昌票号这次裁员过程中,由分号回到平遥总号的有 18 人,辞退出号的 19 人,死亡 1 人。在辞退出号的 19 人中,由分号回铺 11 人,总号职工 8 人。③以上仅是咸丰十年十二月二十四日至十一年八月间回铺和辞退员工的情况,在这前后回铺和辞退者可想而知。就按以上统计,日昇昌在短短一年内至少已裁减 20 人,裁减比例相当大。

四、低谷时期的业务状况

战乱期间,各家商号和票号先后撤庄裁员,所以大多数票号业务量明显下降,但由于及时采取了应对措施,票号元气未伤,大都保存了原有的实力。尽管倒闭了一批金融机构,诸如,京都的聚发源、义兴永、隆盛长、万成和、万盛成、光泰永、隆和永,均于咸丰三年(1853 年)先后倒闭了,④但同时又有许多家票号问世,比如,大德通茶庄,就是 1851~1861 年间,开始兼营票号,大德通票号就是 1856 年创办的;百川通票号,也是 1860 年创办的;乾盛亨票号、谦吉升票号、蔚长厚票号、云丰泰票号,都是 1862~1864 年间先后开办的。这就说明,票号在当时还是很有市场的。正因为如此,所以,很多家票号才会出现一边撤庄,一边营业的状况。例如,日昇昌票号从咸丰十年(1860 年)十二月,就已决定收撤京师、天津、张家口、开封、沙市 5 个分号。按说,已定收撤的

351

---

① 《山西票号综览》,新华出版社,1996 年版,第 98 页。
②④ 《山西票号史料》(增订本),山西经济出版社,2002 年版,第 48 页、第 666 页。
③ 黄鉴晖:《山西票号史》(修订本),山西经济出版社,2002 年版,第 179 页。

分号,总号就不应该再做收撤分号之间的汇兑业务了,然而事实恰好相反,总号仍然在同决定收撤的分号做生意,仍然同决定收撤的分号有汇兑往来。当然,没有决定撤庄的分号,其业务有一个突出特点,就是在整个票号遭受挫折的时期,个别票号的盈利还是相当可观的。例如,蔚丰厚票号,咸丰九年(1859年)结账分红,四年共赢利82 499两,当时资本只3万两,年利润率达68.74%,银股与人股共17.7个,每股分红达4 660.97两之多。①

第二节　从低谷走向兴盛

在国内外形势发生剧烈变化的紧要关头,山西票号在大掌柜的指挥下,采取了卓有成效的应急措施,为形势好转后重新走向兴盛奠定了基础。

一、走出低谷的历史机遇

太平天国农民革命战争和英法发动的第二次鸦片战争,其性质截然不同。但任何事物都是辩证的。这两次战争,都对当时商品货币经济和山西票号的发展,带来了错综复杂、巨大而深刻的影响。战争一方面延缓了票号向东南沿海一带的发展,甚至在一些已经建立了分号的地方,又不得不收缩业务,撤庄裁员;但另一方面,由于战争切断了向北京运输京饷的通道,又为山西票号大量承担汇兑京饷、协饷业务,赚取巨额利润提供了千载难逢的历史机遇。再比如,第二次鸦片战争结束后,随着《天津条约》和《北京条约》的签订,中国又被迫对外开放了11个通商口岸,加上第一次鸦片战争《南京条约》规定的开放商埠,中国开放通商口岸已达18处。

这种状况,一方面加深了我国的半殖民地化的进程,使广大劳动人民处于水深火热之中;另一方面又导致洋货大量涌入,不仅使中国成为西方资本主义国家销售工业品的重要市场,同时也使中国的丝绸、茶叶、棉花、豆类、烟叶、花生等一大批土特产品卷入了世界市场。随着民族工商业的兴起和商品货币经济的发展,又为山西票号的发展创造了条件。然而,外国银行诸如丽如银行、汇丰银行、亚细亚银行、华旗银行、德华银行、麦加利银行的先后开办,又夺去了山西票号的许多生意。只有这些洋行势力达不到的地方,才给山西票号留下了一点发展的空间。山西票号就是在这种错综复杂的夹缝环境中,

---

①黄鉴晖:《山西票号史》(修订本),山西经济出版社,2002年版,第185页。

由低谷走向兴盛的。

二、汇兑"京饷"业务的开办与发展

票号汇兑公款业务的开通，是从汇兑京饷开始的。清朝政府官吏的俸禄、八旗兵饷以及皇宫用费，都是靠各行省和海关的地丁钱粮、盐课、关税等项征收的白银运往京师保证供给的，时称"京饷"。咸丰二年（1852 年），太平天国占领武昌和汉阳后，同清军展开了长达四年之久的拉锯战。咸丰八年（1858 年）太平军又摧毁了清军的江北大营，十年（1860 年）再破江南大营，乘胜占领苏州，两军在湖北、江西、安徽、浙江等地展开激战。长江以北，又有捻军转战于江苏、安徽、湖南、山东、山西、河北等省。在这种情况下，东南各省和海关都无法按照规定时间足额向北京运送京饷了。比如咸丰十一年（1861 年）各省应运送京饷 700 万两，实际只运送到 100 万两。京饷的严重短缺，已经威胁到政局的安定，在这种万般无奈的情况下，清朝政府才不得不准许通过票号"汇兑"来交纳京饷，以解救燃眉之急。

同治元年（1862 年）十月户部奏请："查此次提解银两，以广东一省为宗……如刘长佑业经到任，即由新督设法办理，或绕道行走，或由商人汇兑，或由轮船运津转解，总期妥速解到以应急需。"[1]户部的奏请得到允准后，便立刻通知广东迅速"设法汇兑"。清政府批准广东京饷可以通过"汇兑"上交之后，其他各省也都纷纷效尤。这样，就开通了山西票号汇兑京饷的新业务，这就是山西票号汇兑公款的开始。

从同治元年（1862 年）清政府允准广东京饷汇兑以后，京饷汇兑的地域范围日广，且数额越来越大。从同治元年（1862 年）到光绪十九年（1893 年）间，经由山西票号汇兑的银两如表 9-1。[2]

由表可见，这 30 年间，票号汇兑京饷多达 5 864.3 万余两，平均每年汇兑京饷达 189 万余两。山西票号汇兑公款的发展，不仅表现为汇兑京饷数额的增多，而且还表现为汇兑公款项目的增加，比如，"协饷"、"铜本银"、"洋务运动经费"等，都成了山西票号汇兑的项目。

---

[1]《山西票号史料》（增订本），山西经济出版社，2002 年版，第 75 页。
[2]据《山西票号史料》（增订本），山西经济出版社，2002 年版，第 132~133 页资料录制。

表 9-1 同治元年到光绪十九年山西票号汇兑京饷表　　　　单位:两

年　代	汇兑京饷
同治二年（1863 年）	1390985
同治三年（1864 年）	561567
同治四年（1865 年）	1279130
同治五年（1866 年）	2351369
同治六年（1867 年）	4128463
同治八年（1869 年）	2765941
同治九年（1870 年）	370729
同治十年（1871 年）	145000
同治十一年（1872 年）	2 831429
同治十二年（1873 年）	1549980
同治十三年（1874 年）	100000
光绪元年（1875 年）	4527550
光绪二年（1876 年）	3836012
光绪三年（1877 年）	2333587
光绪四年（1878 年）	21335
光绪五年（1879 年）	1790075
光绪六年（1880 年）	2959197
光绪七年（1881 年）	2399900
光绪八年（1882 年）	1425433
光绪九年（1883 年）	2213628
光绪十年（1884 年）	243498
光绪十一年（1885 年）	2830970
光绪十二年（1886 年）	2795688
光绪十三年（1887 年）	104919

三、汇兑"协饷"业务的开办与发展

据统计,从同治四年(1865 年)起,山西票号又开通了汇兑协饷的业务。所谓"协饷",就是指由户部分派各省和海关运往各地供驻军的兵饷和贫困地区的经费。同治四年,山西平遥县票号汇兑陕甘新协饷银 20 000 两,其他协饷银 60 000 两;同治八年,汇兑其他协饷 30 000 两;同治十年,汇兑其他协饷 20 000 两;同治十一年,汇兑其他协饷 90 250 两;同治十二年,汇兑其他协饷 118 454 两;光绪元年(1875 年),汇兑其他协饷 325 000 两;光绪二年,汇

兑陕甘新协饷银 798 115 两，汇兑其他协饷 160 000 两；光绪三年，汇兑其他协饷 447 812 两；光绪五年，汇兑其他协饷 10 000 两；光绪六年。汇兑其他协饷 756 271 两；光绪七年，汇兑其他协饷 678 127 两；光绪八年，汇兑陕甘新协饷银 353 504 两；光绪九年，汇兑其他协饷 552 285 两；光绪十年，汇兑陕甘新协饷银 26 000 两；光绪十一年，汇兑其他协饷 307 250 两；光绪十二年，汇兑陕甘新协饷银 200 000 两；汇兑其他协饷 306 302 两；光绪十三年，汇兑陕甘新协饷银 30 000 两；光绪十四年，汇兑其他协饷 50 000 两；光绪十五年，汇兑陕甘新协饷银 948 363 两，汇兑其他协饷 132 000 两；光绪十六年，汇兑陕甘新协饷银 2 127 392 两，汇兑其他协饷 270 000 两；光绪十七年，汇兑其他协饷 825 421 两；光绪十八年，汇兑陕甘新协饷银 50 000 两，汇兑其他协饷 416 500 两；光绪十九年，汇兑其他协饷 1 428 355 两。据不完全统计，从同治四年到光绪十九年（1865~1893 年）28 年间，山西票号共汇兑协饷银 11 537 401 两，每年平均汇兑达 41 万两之多。

从光绪元年（公元 1875 年）起，山西票号又开通了汇兑"铜本银"的业务，这一年汇兑铜本银 190 000 两；光绪六年，汇兑铜本银 10 000 两；光绪七年，汇兑铜本银 20 000 两；光绪八年，汇兑铜本银 10 000 两；光绪九年，汇兑铜本银 30 000 两；光绪十五年，汇兑铜本银 120 000 两；光绪十六年，汇兑铜本银 80 000 两。总计 460 000 两。①

四、汇兑"洋务运动经费"业务的开办

光绪二年（1876 年），山西票号开通了汇兑"洋务运动经费"的业务，这一年汇兑海军经费 30 000 两；光绪三年，汇兑海军经费 124 366 两；光绪五年，汇兑海军经费 14 667 两；光绪六年，汇兑海军经费 765 015 两；光绪七年，汇兑海军经费 60 000 两；光绪八年，汇兑海军经费 41 246 两；光绪九年，汇兑海军经费 278 736 两；光绪十年，汇兑海军经费 20 000 两；光绪十二年，汇兑海军经费 465 908 两；光绪十二年，汇兑海军经费 44 928 两；光绪十四年，汇兑海军经费 120 000 两；光绪十五年，汇兑海军经费 403 994 两；光绪十六年，汇兑海军经费 577 643 两；光绪十七年，汇兑海军经费 1 109 965 两；光绪十八年，汇兑海军经费 1 314 592 两；光绪十九年，汇兑海军经费 99 213 两。合计汇兑海军经费共 6 370 300 两。

①《山西票号史料》(增订本)，山西经济出版社，2002 年版，第 132~133 页。

另外,光绪十七年,汇兑铁路经费 70 000 两;光绪十八年,汇兑铁路经费 100 000 两;合 170 000 两。光绪八年,又汇兑其他洋务经费 75 781 两。

以上汇兑"洋务运动经费"总计 6 616 081 两。①从同治元年(1862 年)到光绪十九年(1893 年)的 31 年间,票号汇兑京饷、内务府经费、其他经费、全国各地汇往上海的借款、陕甘新协饷、其他协饷、铜本银、洋务运动经费(包括海军军费、修铁路经费及其他经费)等,全部加在一起,总共 81 408 180 两,按 31 年平均,每年汇兑 2 544 005 两,其中京饷 189 万余两,占年平均汇兑额的 74%,可见,汇兑京饷仍是其主要部分。

五、汇兑河工银两

治河是清代三大政(盐政、漕运、治河)之一。票号在光绪年间也为黄河水利事业汇过款项。光绪十三年(1887 年),户部将未解三批京饷银 32 000 两,地方银 100 000 两全数交由票号汇解,清江浦漕运总督衙门,由河南派员驰赴提解,以堵郑州黄河决口之用。

六、票号与官府相互勾结利用关系的形成

同治元年(1862 年)清政府允准广东京饷交由票商汇兑,实际上就是官府利用票号的开始。此后,广东省和粤海关依靠票号垫解京饷的情况,一年比一年严重。广东省和粤海关之所以如此,其中一个重要原因就是,一旦没有票号的垫汇,京饷就不能如额按期上解。同治八年(1869 年)四月十九日,接任两广总督的瑞麟就说,自他接任之日起到九月止,广东"粤、潮二关征税共解到银六十万一千余两。除解部库京饷、文储司公用,造办处米艇、内务府造办处金价,总理衙门三成船钞并支还美国欠款、粮道普济堂广用、税务司经费、船钞、通关经费及协解陕饷、西征军饷各款,统共解过银八十九万二千余两。覆计所征已不敷银二十九万余两之多"。在税款入不敷出,相差多达 29 万余两的情况下,京饷"定限极严",协款"亦属急需",等解均不容缓,只有"与银号商借",方可"缓急通融",为此,他"仰恳天恩,俯念关税征不足解",允许广东省、关通过票号通融,暂行垫款汇解。②嗣后 20 多年,广东省与粤海关一直是靠票号"通融",予以垫汇京饷的。

①据《山西票号史料》(增订本),山西经济出版社,2002 年版,第 132~133 页统计表测算。
②史若民:《票商兴衰史》,中国经济出版社,1999 年版,第 179 页。

　　尽管同治元年（1862年）允准广东京饷交由票商汇兑以后，政府官员中就票号汇兑京饷问题有过多次争论和反复，如有些省曾一度停止汇兑，有的省汇兑和运现并行，也有的省是汇汇停停，停停汇汇。但从全国来说，始终没有一律停止过汇兑。造成这种局面的原因相当复杂，但就是在这种从未彻底停止过的汇兑公款的过程中，各级官员特别是地方官府和地方官员与票号之间，逐渐形成了一种相互利用乃至相依为命的关系。

　　据部分清档统计，粤海关从同治三年（1864年）到光绪十六年（1890年）间，曾先后请协成乾、志成信、谦吉升、元丰玖、新泰厚，借垫清廷指派"西征"军费、洋务军费等款项142万两。正如光绪十年（1884年）福州将军兼闽海关负责人穆图善给皇帝的奏折所说："历年所以无误饷款者，全赖各号商通挪汇解。"[1]票号为地方官府和海关解决燃眉之急，地方官府和海关为票号支付较高的汇费，这些都是顺理成章的事。粤海关监督毓清在奏折中说："同治元年十二月间承准户部札知奏催京饷案内：行令设法汇兑，总期妥速等因。适值军务未靖，路途多有阻滞，当即遵照部行，与殷实银号筹商汇兑。唯向有汇费一款所需甚巨，经奴才与银号再三酌核，力求减省，议定每千两给汇费银四十两，发交该银号设法汇京。"[2]毓清说"与银号再三酌核，力求减省"，依然是"每千两汇费银四十两"，这个数额是比较高的。据黄鉴晖研究统计，其时工商汇费，每千两通常仅只7两。粤海关每千两汇费银40两，较普通工商汇费高了5.7倍。福建官款的汇费，每千两竟高达58两之多。不仅如此，官款从收汇到交汇一般间隔都比较长，通常都是八十天到三个月，这样又比普通工商汇款一个月的限期多了近两个月。官款的数额通常又都很大，占有大笔官款的吃空期，票号就可以放款取息，得无本之利。因此，对于票号来说，汇兑官款是极其有利的。黄鉴晖先生根据原福建地方官员的家信研究发现，这高额汇费中还包括了要交给地方官员的好处费在内。据黄鉴晖测算，在高额汇费中，票号只能拿到一半左右，另一半是要交给有关官员的。[3]在这种情况下，地方官府和当地票号之间的关系，自然就日益密切，由相互依赖不断向相互利用的关系发展。

　　票号在为各省、关借垫京、协各饷以及汇兑公款的过程中，一方面与政府

①孔祥毅：《金融票号史论》，中国金融出版社，2003年版，第144页。
②《山西票号史料》（增订本），山西经济出版社，2002年版，第77页。
③黄鉴晖：《山西票号史》修订本，山西经济出版社，2002年版，第154～255页。

官员的私交日益密切，另一方面又深切体会到了交结官员所带来的巨大利益。所以，各家票号都在交结官员方面，下工夫，卖力气。《山西票庄考略》曾有这样一段描述："票庄交官的伎俩，无微不至，各省试子入都应试，沿途川资，概由票庄汇兑。川资不足，可向票庄借款。对于有衔无职的官员，如果有相当希望，靠得住的人，票庄也喜欢垫款，替他运动差中。既放外官，而无旅费赴任者，也由票庄先垫，寒儒穷士感激票庄济急，一旦发达，则公私款项必尽存于票庄。清末捐官风气甚盛，票庄代替生员及富家子弟在京运动捐功名。票庄经理走熟衙府，手续敏捷"。因为各级官吏或捐官谋缺者，直接向户部交款，库内必有若干挑剔。贪官污吏吃拿卡要，层层关卡，层层剥皮。票庄上结尚书、郎中，下交门房、库兵，手续娴熟，交款无阻。票号交款，自库兵以至郎中，分别等级行贿，逢年过节，必赠款送礼，腊月二十到除夕，每日两、三辆轿车，专门拉包送礼，自管事至老妈子，都有名单，按名奉送。对王公大人，均在相公下处，殷勤招待。官僚乐意拉拢票庄，自然是图个人私利，他们以公款存储票庄，好做私下的人情。个人的私款、贿赂的横财，自然是以存入票号为最相宜。因为票庄与官吏有密切的关系，私人款项，可以代守秘密，如遇查抄处分，绝不敢实告，所以官僚很喜欢利用票庄，朋比为奸。特别是太平军起义后，清王朝财政拮据，捐纳功名之例，大开特开，"文官可至道台，武职可待为游击，京堂二品，各部郎中，鬻实官并卖虚衔，加花翎而宽封典。票庄乘机居间揽办，得利优于其他汇款。"①

由此可见，票号结交官员，犹如周瑜打黄盖，是两厢情愿的事，所以一拍即合，并且一发而不可收，随着时间的推移，愈演愈烈。例如，大德通票号的掌柜高钰，为了结交户部尚书赵尔巽，赵调任哪里做官，大德通就跟到哪里，大德通票号简直成了赵尔巽的私人账房。庚子事变期间，高钰为了迎接銮驾，又绞尽脑汁精心策划，把慈禧和光绪安排到大德通票号下榻，还为他们提供大笔应急费用，从而博得慈禧和光绪的欢心。这样，终于为大德通乃至整个山西票号带来了巨大的利益。又如，协成乾、志成信两家票号之所以能够独揽广东粤海关税款存储及汇解京师国库款项，就是通过结交官员办成的。协成乾驻广东分号经理无一任不与粤海关监督为磕头之交。协成乾票号北京分号经理杨哲臣，与户部尚书戴鸿慈、那桐以及慈禧太后的亲信李莲英等，都是把兄弟。

①孔祥毅：《金融票号史论》，中国金融出版社，2003年版，第67页。

第三节　清中后期四次停兑运现之争

票号汇兑方式与封建装鞘运现体制是截然不同的两种运银机制。由于票号汇兑官款出现于非常时期,且与封建装鞘运现制度相背,因而,不仅不会取得封建政府的支持,而且统治集团中一部分顽固守旧势力,不顾时势,一味限制禁止汇兑京饷,成为汇兑制度发展的障碍。

必须指出,清政府财政款项的上解下拨,采用装鞘、委员、沿驿路传送现银的制度,毕竟是封建官府承办的落后制度,有着种种弊端:首先,每鞘规定装银1 000两(合16两秤31公斤半),要上解10万两,就要用鞘100个,这样,不仅地方要支付制鞘费用,到户部交银还要缴抬杠费、开鞘费、库吏饭食费等百余两,成本费用很高,因之有奏章说:"臣闻各省解京之款,每银千两需部费百余金,前经御史何冠英奏参,至今交库千两,尚需费六七十两"。①其次,运送饷鞘要动用大量舟车、马匹、役夫和护兵,沿驿站传送,既浪费人力、物力,又增加驿站耗银和政府公费。其三,解饷委员还领有一笔优惠的费用,视路途远近,每解万两给费300~800两。所有这些费用,已经大大超过票号汇兑公款最高的汇费(4%)。如果再发生意外,或饷鞘被抢,或饷鞘落水,那浪费就更大了。1967年,山东省寿光县因岁灾歉,饷鞘过境被抢。②再如,1867年,湖南遵令停汇后,一次上解"京饷十七万两,连饭食、加平计装一百七十一鞘,行至直隶定州城北过河时,适值山水下发,有一艘船载饷鞘二十三条被水沉没",经过一番打捞,捞到十九鞘,还有四鞘没找到。③

这都说明,封建装鞘运现制度,如果说在过去正常社会秩序和交通运输条件不被破坏下,尽管成本大也是可行的,但在19世纪60年代国内汇兑已经通行的情况下,就显得落后,不利于社会生产力的发展,有必要改革了。可是,封建官员却认为,装鞘运现是圣主遗训,拼命要维护它。反对和禁止票号汇兑京饷,使汇兑制度在京饷领域迟迟不能全面推行。

封建专制反对和禁止票号汇兑京饷,自1863年至1893年始终没有停止。禁令之下,一些省关停止汇兑,另一些省关时停时汇,但多数省汇兑京饷

359

①清档,《上谕档》,咸丰三年十二月初五日。
②《皇朝经世文续编》卷32,《户政四》。
③清档,直隶总督刘长佑同治六年九月十五日奏折。

一直没有停止,这里重点记述一下禁汇的几次较大争议。

一、第一次禁汇京饷(1863 年 8 月~1871 年 2 月)

这 8 年间,户部具奏咨令禁汇不断,是持续时间最长的一次。禁汇理由,概括起来是:银贵物价涨,汇票之弊。以御史谢膺禧奏疏为代表,他说:"臣见近来各省解部之款,每以道路多警为辞,率用银号会票,乃从前未有之事。此端一开,流弊有不可用言者,夫各省地丁、关税等项,银两均有定式,并熔成铸县名、关名、年月日、匠役姓名,故平色从无不足,款项毋容牵混,法至善也。若会票者,委员潜携至京,觅投所兑银号,银号存银无多,则供给委员用度,俟措买足数,再行缴纳。且市间之银,并非商人自外运京也。凡领得官库银两之人,无不就近向钱铺兑换钱票、现钱,便于使用。钱铺零星兑收,汇兑赴市兑换别铺钱票与钱,备抵本铺票存,彼此架空渔利。故兵丁每月领银时,钱铺必勒价贱买,会票到京用银时,钱铺必抬价贵售。解部之款,动逾巨万,会票一到,银价立昂。去冬(1862 年)岁暮已迫,会票积多,银价大涨,已属明证。如同时并到,市银不敷应用,则购足者先尽缴纳;不足者俟库中放出,由钱铺兑换复鬻于市,再行办理。如此出入输转,以十万两计之,十次即抵百万会票之用。在库中视之已进百万之帑,以京中计之未进一两之银。窃恐银日少而价日昂,百物之价无不因之以涨,而民生以困,是用会票之弊。"

因此,他"请旨饬下各省督抚、各关监督、嗣后解部之款,仍照例熔成纹银批解,毋得借口路警,率行汇兑;其业经奏明汇兑者,到京交库时,由该管大臣督饬库官认真兑验;若未专折奏明,蒙擅用会票,查明从严办"[1]。同治皇帝根据御史们的奏议,着户部妥议具奏。[2]

由此,户部接连奏准咨行各省督抚停汇解现:

1863 年 8 月,"以部库多收一批汇兑,京城少进一批实银,奏请饬下各省应解京饷,非道路十分梗塞,不得率行汇兑"。[3]第二年 12 月,户部奏明"酌停汇兑,请各省将部拨银两依限筹解,委员装鞘亲交库,不得率行汇兑"。[4]

1867 年 12 月 12 日,皇帝根据内务府奏请,令各省关汇解内务府公用银

---

[1]谢膺禧:《京饷宜解实银疏》,同治三年,《皇朝经世文续编》卷 31。
[2]〔清〕《上谕档》,同治三年五月初一日。
[3]清档,两广总督官文同治二年七月二十五日折片。
[4]清档,福州将军英桂同治四年三月初五日奏折。

两,务将起程日期、限交日期、汇兑某款银两、汇兑字号详细奏明,不准"迁延时日,影射不交。"①1869 年 5 月 21 日,户部具奏奉旨:"严饬各该督抚、监督等,将部拨地丁、盐课、关税、漕折等项,及应解洋税项下四成扣款,依限筹解,派员装鞘亲交库,概不准再行汇兑。"②1871 年 1 月 15 日,户部又一次具奏奉旨,严饬不直接解运,坚持汇兑京饷的闽浙、两广、四川各总督,福州将军,江苏、浙江、福建、广东各巡抚,一定要"装饷鞘,委员解京,不得再行汇兑"。③

与此同时,吏部为配合禁止汇兑京饷政令的推行,解除解饷委员怕解现路途承担风险,以补缺和升官衔为诱饵,重新修订了解饷优惠章程。装鞘解饷,向有定章,只要委员安全解到,按路远程近及官职等次,官衔低的升迁,候补的补实缺。所以解饷是个肥差,官吏们纷纷竞争。原因是一旦充任解饷委员,既可以捞一笔丰厚补贴费用,又可以交结京师高级官吏借机进京活动肥差。正是这个缘故,吏部以提交升衔补缺来推动禁止的执行。1864 年 10 月吏部行文各省,解饷新章规定:"嗣后无论道路远近,及州县佐贰杂职等官,管解银数有三万两以上者、未补实缺人员以本班尽先补用,如已于另案得有本班尽先准补缺者,以应升之缺升用;如任内已有应升案,只准保奏升衔。五万两以上者,准其指定应升官阶保奏。"④

利益驱动,人之天性,只要委员解现,破例准予补缺升衔,无疑有着巨大的诱惑力。

在户部各次咨令和吏部解饷新章的推动下,确有山东、河南一部分省关京饷汇兑停止了,但广东、福建、四川等一些省关没有停止,说明完全靠行政手段处理京饷这种经济问题难以奏效。因为,在资本主义国家的掠夺和封建统治者的挥霍下,一些省关税收有常,拨款无度,离开票号垫汇,京饷就无法按限上解,岂是政府一纸行政命令能解决的。

广东、福建等省没有完全停汇京饷,事实俱在,毋庸讳言。问题是禁止汇兑的理由实在有点荒唐。

众所周知,汇兑同货币流通一样,在一城一地是有进有出的,有的要从京城汇往外省,有的由外省汇来京城,而且这种汇出和汇入,对某票号来说,一

361

---

① 清档,内务府大臣瑞常同治六年十一月十七日折片,《上谕档》,同治六年十一月十七日。
② 清档,福州将军文煜同治八年九月初七日奏折。
③ 清档,闽浙总督英桂等同治十年正月十六日奏折。
④ 清档,湖南巡抚李翰章同治四年九月十八日奏折。

般总是基本平衡,倘若由于汇出和汇入差额过大,那就要出现两种情况:汇出大于汇入,大量货币闲置必须寻找周转出路;汇入大于汇出就要发生支付危机,需要从外地调入现银来平衡。所以说汇兑本身是不会造成"部库多收一批汇兑,即京城少进一批实银",市银不敷应用,银贵钱贱,物价上涨,民生日困的。即使京饷由于汇兑,外省未运现银,那京城外流的现银也必然减少,这是商人一定要顾及到的,林则徐形象地作出一个比喻,用来说明商人是考察市场银两流通的,而做官的却未必知情。他说:"夫银之流通于天下,犹水之流行地中,操舟者必较水之浅深,而陆行者未必过问;贸易者必探银之消长,而当官者未必尽知。"①

如果硬把银贵钱贱的罪过强加在汇兑头上,那就更无道理了。因为,汇票来京虽不是现银,但现银仍在中国国土上,只不过不在京城,而在外省罢了,市场会自发调节银钱供需,怎能是汇兑造成银贵钱贱呢?

银贵钱贱,是19世纪30年代以后中国一个严重的社会问题,主要原因在于鸦片战争后,资本主义国家的不断入侵,造成鸦片、洋货倾销,中国白银大量外流。在道光之前,银钱比价基本是1两纹银易制钱1 000文。30年代后比价拉开,1两纹银易1 200~1 300文、1 600余文、1 800文,最多2 000余文。当地生活等日用品社会上习惯以制钱计价交换,因而银贵钱贱,物价就上涨。对于这个严重的社会问题,许多人都在谈论,并提出各种不同的主张。在清道光朝,占多数的意见是鸦片输入造成白银外流,是银贵钱贱的症结,主张查禁鸦片以堵漏银,这是符合史实的。一些御用文人不顾史实,硬说是汇兑造成银贵钱贱,显然是颠倒是非,为外商输入鸦片开脱罪责。至于六七十年代以后的白银外流致使银贵钱贱日益严重,还有另一个重要原因,就是清中后期社会经济畸形发展,国际贸易的大量入超。

二、第二次禁汇京饷(1876~1878年)

这次是由御史和给事中马相如、和宝、崔穆之、刘锡金等言官再次挑起的。其理由,概括起来仍是老调重弹,不外乎汇兑亏国害民。

事实面前,御史们虽然也承认京饷由解现改行汇兑,具有"既轻且便"②,

①《林则徐集·奏稿》卷中,中华书局,1965年版,第599页。
②清档,御史和宝光绪二年十一月二十日奏折。

"可节驿站递送之费,又可免沿途意外之虞"的作用,①但硬说汇兑弊多利少,务要禁绝。

光绪二年,和宝说汇兑一亏国二害民。所谓亏国者,即各票号汇项交库,"无非搜刮京师之银"。"各银其所恃者,与各钱铺素皆联为一气,一有汇银之信,预将银价高抬。语云'利之所在人爱争趋'。自然集银于市,在银局惟便收银上库之计,在钱铺不过多开取钱之票耳。是故名虽有某省饷项到京,其实并无一两外解之银入库"。所谓害民者,"银价日由市定,虽官府不能操其权,其价之减也,或因积者多而买者少,或因库拨巨款有购办之用,此尚无甚关系,其价之增也,或两三月或三四月后,外省必有汇兑饷项到京,此历险不爽者,惟银价一增,物价无不随之倍增。在大商贾计本谋利,尚无可虞。小民只此有限资本,日觅微利,以养身家,当银价减少时,日获者多,日费者少;适银价增时,日获不见盈余,日费转多亏欠。而旗、汉军民人等糊口维艰,遂至冻馁之不免"。所以,"现在都中物价之昂日甚一日,虽因钱贱银贵之故,其原实由于汇兑京饷之所致也"。②

同年十二月,给事中马相如附和说:"京师自入冬以来,物价随银价日增,民生日蹙,盖由于实银之见绌。实银以饷税解库为大宗。各省解交之款,以道途不便,汇兑居多,解官但斋批文以行,到京取给于号商,而实银不至焉。实银见绌,职此之故。自(咸丰)变通钱法以来,当十钱行不出百里,银价增至数倍,是钱不流通,以致钱轻而货重。近来是行汇兑,实银不解于部库,银价更倍于昔,是银不流通,遂致货重而钱轻。"因此,他请旨饬下"所有现行汇解各省,以后一律改解实银,不得似前汇兑。"③

给事中崔穆之又说:"近来银价每两易京钱十八千有奇,④自清朝以来,京钱原以制线三十三文为一百,后又有三十文为一百者,五十文为一百者。实为数十年来未有之事,然尚随时加增无已。在仕宦之家,素封之户,以银易钱,日用所需尚易措手;所苦者贫困小民、佣工、负贩,自食其力,服苦竟日,所得钱文无几,不能赡其室家,即一射亦难得果腹,饥寒交迫,哀鸿满目,家堪悯恻。是有妨民食者,由物价之未平,物价之未平,由银价之日涨。层层推究,皆

---

①清档,给事中崔穆之光绪三年十二月十三日奏折。
②清档,御史和宝光绪二年二月初七奏折。
③清档,给事中马相如光绪二年十二月初七日奏折。
④京钱,据福格著《听雨丛谈》卷七言。

因（汇兑）京中实银短少所致。"①

御史刘锡金说："查近年银价过大，以致诸物价较前贵至数倍，民间糊口维艰，推原其故，其弊有二：一由京饷之不解实银，一由私钱之不能禁止。"②

上述说法，归结为一句话：现银短缺，物价上涨，汇兑京饷之故也。初看起来，这种说法也有一定道理。比如：由于汇款集中，上库须筹交现银，市场银根一时较紧，是完全可能的。但光绪年间市场银根陡紧，银价高抬，主要原因是甲午战争后中国赔银 23 000 万巨款之故，绝不会在汇兑京饷到来之前的"两三月或三四月"就出现涨价，即使"实银短少"、"实银见绌"，或"银不流通"，"物价之昂日其一日"，本来是资本主义国家侵略中国的结果，怎能说推其原是"实由于汇兑京饷之所致也"？这实质是本末倒置，把一时的现象当做问题实质的片面看法。正因为禁止汇兑京饷的意见不切时弊，虽然是针对闽、浙、粤、蜀等省关一直不停汇饷而动奏议的，结果只能是一方面根据御史们的奏议，皇帝降旨饬各督抚不准再行汇兑；另一方面皇帝又根据各督抚的奏议实情允准汇兑。

三、第三次禁汇京饷（1884 年 1 月）

这次发生的直接导火索是阜康票号倒闭，亏欠汇兑公款引起的。这次禁汇与过去比较，有三点不同：第一，不仅是京饷不准再行汇兑，而且"所有应解部库银两、各衙门饭银、京员津贴，以及各省协饷，概令委员亲赍，不准再行汇兑"；③第二，从此开始要管理票号业，令纳资给贴，没有户部执照者不准营业；第三，引起设立官办银行的动议。

官商胡光墉开设的阜康票号因囤积生丝倒闭亏及一部分官款，因而户部于 1884 年 1 月 2 日具奏，请旨饬各督抚应解京协各饷一律停止汇兑，得到皇帝允准，并咨令各省关遵照执行。户部惟恐各省关积习相沿，借口委解之难，仍行汇兑，以致造成类似阜康倒欠公款之事再度发生，1884 年 3 月 5 日又依据吏部处分则例规定具奏，如各省关再行汇兑造成公款损失，"无论款项多寡，概着令汇兑不慎之员全数赔缴"，以为严定处分，"庶各省关知所儆惧，不敢视汇兑为成例"④。

---

① 清档，给事中崔穆之光绪三年十二月十三日奏折。
② 清档，御史刘锡金光绪三年××折片。
③《光绪朝东华录》第 2 册，第 1666 页，中华书局，1985 年版。
④《光绪朝东华录》第 1 册，第 1666 页，中华书局，1985 年版。

　　这次看似动真格的,然而,同过去禁汇结果一样仍然无效。福建省和闽海关说他们汇兑京饷,令票号先向户部投纳交款,然后再由票号向闽省关领款,不存在倒欠公款的危险,所以仍坚持交票号汇兑。四川省总督则说,成都只有山西帮票号,向来没有南帮票号,西帮与南帮不同。南帮票号"或根底未深,或交易太滥,不免凌虚蹈空之弊,其倒闭实由自取";而西帮票号,"均系殷实,懋迁有无,多历年所,公私款项从无亏短,与南省阜康有别"①,故仍请准汇兑。只有广东省藩库上解京饷停汇解现,其余关税、厘、盐课等项下拨款仍行汇兑,成为解现与汇兑并行的省关。

　　1884年10月23日,慈禧太后降旨,因中法战争军饷紧要,令军机大臣、户部等妥议筹饷章程。户部所拟筹饷章程中有一条是"汇兑号商入资给贴"。户部在奏议中说,"查农民力田皆完纳丁漕,贩商当商亦纳厘税。惟京外各处富商分设汇兑票号,毫无交官之款,凭空罔利,坐拥厚资。即以钱铺而论,查刑部定例,不准私自开设,不准私自出票,如违照例治罪,律有明条。乃近来票庄纷纷任意添设,全无限制。奸商设为骗局,始则扬厉铺张,继则侵蚀关闭,流弊滋多,上年胡光墉所开阜康即胡通裕票号②,倒欠公私款项极多,尤为多恶!嗣后京外汇兑票号,应令请领部帖以便稽查,拟参仿牙帖办法,如有汇兑票号,由地方官查明实系殷实富商,责令各票号出具连环保结,申请呈领部帖,方准汇兑绅民私款,每号每年应令纳帖课银六百两"③。不领帖者不准营业,无部帖者则照私自开设钱铺例治罪。按说,农民种田纳粮,经商者缴厘税,典当和钱铺纳税,④票号当然也应该纳税领帖。这是清政府管理票号业的开始。这个政令下达后,浙江、四川、直隶、陕甘、山西、广西、山东、吉林、河南、江西、江苏、贵州、新疆、闽浙等省总督、巡抚、将军经过调查,认为在各省之票号皆系分号,票号总号在山西或顺天府,议复恳请户部令山西巡抚和顺天府府尹统一办理,但直至1887年10月,因"海疆撤防,故未举办",⑤时值河南郑州黄

①丁宝桢:《川省应解京饷仍发商汇兑片》,光绪十年正月二十四日,见《皇朝道咸同光奏议》,卷26(下)。
②胡通裕票号,即阜康票号之别名,只在杭州一地称"胡通裕"。
③《光绪朝东华录》第2册,中华书局,1958年版,第1875页。
④清律规定,典当每铺每年纳税银五两。京城钱铺实行五户连保,向顺天府交银注册。
　　凡注册者,当时被称做"挂幌钱铺"。
⑤《光绪朝东华录》第2册,中华书局,1958年版,第2348页。

河决口,因而户部 1887 年 11 月 5 日具奏,改纳资给帖为河工捐输免领部帖。经过一番议论,最后由在京票号统一捐输 12 万两结案。①对票号仍未实行注册管理。

应当清楚,在禁止汇兑京协饷和令票号纳资给帖的同时,1885 年夏,英商怡和洋行克锡格、密克等串通李鸿章,借阜康票号倒闭亏欠公款之际,企图集华洋商股开设官银行,包揽官款存汇,以操我之利权。他们一方面说,仿照西国银行办法,集华洋商股为本,不需要国家"公帑",只要经办得人,运筹合法,"于国家利益实多",而且只有"我自设官银行,流通银币,示商民以大信",才能收回汇丰等银行(通过借款、收买华人股份)所"隐占中国利权";另一方面又说,"官无以取信于民,商亦不能取信于商,若由户部及外省委员开设,恐信从者少,资本万缺",要想银行办得"经久",只有"纠正中外众商之力"才行。②这实质是既不要清政府办,也不要外省绅民办,说穿了是要英商与卖国贼李鸿章办,打着收回被汇丰银行"隐占中国利权"的幌子,又把我利权攫为克锡格、密克等英人所有。这就是强盗的逻辑!

对此奏议,户部按其草拟章程,逐条批驳,认为"皆所谓奸富之术",不准开设。"奸富之术"有三:第一,"该洋商徒因阜康银号倒闭,包揽官款为其成本";第二,"暗行钞票,强轻为重";第三,"买船、买火器及出使经典,镑价涨落,合中国银行市数听其出入自便。"③但李鸿章并不甘心,与海军衙门总理奕譞串通,多次晤商,坚持要办。奕譞为了掩人耳目,初说:"官银行一事,起初以假票为虞,以阜康为鉴,更恐一朝失和,该行洋人席卷出去"④,"户部银行说帖,与臣奕初议所虑各节大致相合"⑤,后来又说,"臣悉心思索,并于 1885 年 10 月 12 日约请军机大臣额勒和布、阎敬铭等人会商",因户部"仍执初议",使其未能得逞。最后,奕譞将其经过及洋商克锡格等递他密件两件、密克递他暨李鸿章密件各一件,于同年 10 月 24 日一并奏呈慈禧太后、光

---

① 清档,陕西巡抚叶伯英光绪十四年正月初八日奏折说"据在陕汇兑号商公禀,业由京城各总号共捐银十二万两。"但《申报》1888 年 1 月 5 日报道:"兹闻各汇号联名赵顺天府递呈,愿共报效银十万两",1888 年 6 月 11 日又报道:"现经京师各汇号遵章各捐银六百两,一律缴齐。"

② 清档,《李鸿章议设官银行节略》《官中档案》,奏 8:4。

③ 清档,户部说帖《论银行经管国家款项之弊》,《官中档案》,奏 8:5。

④《官中档案》,奏 8:14。

⑤《官中档案》,奏 12:10。

绪皇帝御览,就此结束了李鸿章与洋人勾结开办官银行,操我利权的罪恶活动。

四、第四次争议(1889年)

光绪二十五年(1889年)正月,军机大臣奉上谕令各省督抚,将应解部库各款一律实银赴京交纳,不得借口搪塞。不久,给事中潘庆澜附奏部库不宜收受汇票。但福建、广东等省关奏明原因后仍准汇兑。唯有四川省改为汇兑与解送现银并行。

官场的两派之争,反映到社会舆论上,也有京饷不宜汇兑和京饷汇兑便捷两种意见的对立,《申报》在前后一年多的时间里,就曾代表上述两种意见发表评论。主禁派意见刊于1884年4月25日《解饷不宜常由号商汇兑论》。而1885年7月25日,《论号商汇兑之便》则是代表主张京饷汇兑意见的。

总之,在四次大的禁汇争议中,既说明封建专制顽固地坚持装鞘解现制度,是我国汇兑制度发展的障碍,以及英国趁阜康票号倒欠官款之际,妄图开设官银行操我利权之野心;又说明封建专制虽貌似强大,但它终究不能把汇兑京饷禁绝。这也可以说,历史发展是不以人的意志为转移的客观规律。这种禁汇争议,现象上虽发生在封建统治集团内部两派之间,实则它们分别代表着两种势力的较量,反映了当时封建政府、外国势力、票号商人及各种利益集团的矛盾纷争,是中国半封建、半殖民地社会经济发展不平衡的产物。

第四节　清欠收账高手宋聚奎

商界贷款难收,疲账难理,官司难打古今皆然。乱世出英才。在众多的票号人才中,各有特色千秋。学徒出身的宋聚奎不仅善于经营管理,而且胆识出众,清账有方,在动荡局势中能收回欠款,打赢官司非常不易,被聘出山后,开拓创新,多有成就,后终因积劳成疾,年刚60岁便病逝。

一、学徒出身,崭露头角

宋聚奎(1847~约1910年),平遥梁赵村人。幼年聪颖好读诗书,但因家境贫寒,无钱完成学业,十几岁便弃学入蔚泰厚票号当学徒,学徒期间,苦练基本功,每日早起晚睡,除三壶四把不离手外,练书法打算盘,背码歌一丝不苟,受到掌柜和伙友的赞许。

　　光绪初年,由于清政府腐败,内忧外患日深,导致人心不古,世风日下,票号生意也不像早期那么好做,欠债、呆账、三角债时有发生,令票号掌柜伙友十分头疼。蔚泰厚是当时一家仅次于日昇昌规模的大票号,这时也遇到了疲账问题。不久,蔚泰厚湖南分号被当地无赖绅商饶姓人倒下疲账,数额很大,双方官司打到湖南巡抚衙门,但由于饶某仗着本地人熟关系众多,花钱打通省府关节,企图一拖二赖三不还,最终把钱骗到手。因此,案件久拖不决,活动花费上万银两,耗了七八年也没有任何结果。

　　蔚泰厚平遥总号经过商议,决定派年轻有为的宋聚奎去湖南追讨一试。面对众多伙友束手无策的状况,宋聚奎一针见血地指出:"饶某当地绅商,在湖南各种关系盘根错节,神通广大,省府欺负我们人生地不熟,袒护乡人,如想在湖南要回款项,诚恐费力无果,难上加难,不过湖南省归两江总督节制,此案非到两江总督衙门去讨要辩理,不能成事。"大伙听后,甚为赞成他的主张,于是一致公推宋聚奎为首领,赴江苏南京的两江总督衙门上诉。

　　清代两江总督位高权重,因辖管江南财赋重地被清廷看重,当时辖有今江苏省大部,浙江省、湖南省、江西省局部,在全国总督中的地位仅次于辖管天子脚下的直隶总督而远高于其他总督。有点类似于今天上海市和广东省的经济地位,面积比沪粤还要大。因此,到两江总督衙门打官司决非平常易事,但毕竟离开了湖南省府的关系掣肘,多少总要比湖南有点希望。宋聚奎先是打探清两江总督的生活出行规律,然后在道上拦轿告状。但总督大人收状纸后不知是因公务繁忙,应酬过多,还是根本不把此类民间案件当回事,很长时间没有一点消息,半年多过去也没有处置此事,更没有升堂审断。万般无奈之下,宋聚奎只得在寒冬腊月年关前夕带领两人在总督衙门哭诉悲愤之冤,一连7天,声震内庭。总督大人闻知想起此案,并稍有动心地说:古有名士申包胥为救国搬借兵哭秦廷,今此人年关大节不归晋里而哭诉,看来确有冤情,于是传令春节过后开庭审理。湖南绅商闻知又去南京打点活动,但毕竟两江不在湖南,而且法理证据确凿,公堂对质,事非昭然,天道公理、法律证据都在蔚泰厚票号一方。所以,这场长达七年的商业诈骗案件,最后山西终告胜诉。宋聚奎因功受到蔚泰厚平遥票号的嘉奖、重用和青睐,此后在商界特别是票号业内名声大振。

二、才能出众,赴任汉口

　　此后不久,鉴于宋聚奎在业务和对外交涉中的出众才能,蔚泰厚平遥总号决定升调宋聚奎去江南第一大码头,号称"九省通衢"的汉口分号任掌柜,总领南方各省业务,以便进一步发挥他的杰出才干。

宋聚奎到汉口走马上任后,果然不负厚望,业务大展,收银猛进,汉口分号效益较前倍增。光绪二十一年(1895年),宋聚奎在蔚泰厚票号的人力身股已达九厘,位居副总经理之职。时在甲午中日战争(1894年)后的第二年,由于中国又败,中日《马关条约》签订,清政府被迫割让台湾,赔款白银二亿两,加上俄、法等三国干涉还返的赎返款3000万两白银,腐败无能的清政府最终赔日款额高达23000万两白银。受此大环境的消极影响,设在东北的蔚泰厚盛京(今辽宁沈阳)分号经理赵某放出的20万两白银的贷款也形成疲账难以收回,吓得不知如何办好,甚至连平遥总号也不敢回。蔚泰厚平遥总号决定再调宋聚奎去盛京收结账款。

其时,宋聚奎因久住南方,水土不服,气候潮湿,关节疼痛,身体状况很差,恐怕难以胜任。拒绝前往又感到对不起东家的信任和栽培。正在宋聚奎内心深处处于矛盾两难时,他的兄长其昌德总经理宋聚源巡视分庄业务到达汉口。亲兄弟相见,凡事好说心里话,宋聚奎就此事征求兄长意见,他哥说:"号事为重,应尽之忠,不及顾身。"于是宋聚奎打定主意,抱着病体从汉口启程北上。

宋聚奎到盛京后,凭着自己多年的清欠经验,不避艰难恐吓,多方交涉活动,使疲账收回,20万现银连本带利如数入账。他的才能又一次得到验证。当时清政府见票号利厚,外资银行纷来,也有了筹办国家银行的计划。可是开办银行非同一般儿戏,必须有一批精通金融业务,擅长内外交涉,具有高级管理才能的人充任,于是西太后密遣铁路总办冯辛找到宋聚奎,意欲让其出任总经理。宋以身体有病,诚恐难以担当重任为由婉言谢绝,未予应允。光绪二十二年(1896年),宋聚奎带盛京分号赵某回到平遥,蔚泰厚总号为奖赏他再次收回巨额疲账,在平遥搭台唱戏3天,演唱《完璧归赵》、《下河东》等传统剧目予以庆祝。其后未久,宋聚奎因身体确实有病辞号回家静养。

三、力请难推,再度出山

时隔7年,到光绪三十二年(1906年),四川省官办浚川源票号经理山西介休洪山村人乔世杰、四川省布政使许涵度、川边大臣赵尔丰等,筹集白银26万两,合股开办宝丰隆票号。乔世杰是山西人,与宋聚奎为莫逆私交,加之久混金融界,熟知宋聚奎的人品和杰出才干,故力请宋出山,担任宝丰隆票号总经理。宋聚奎起初以病体虚弱，修养尚未痊愈为由推辞。乔一再力请，并登门直言道："我们所请者，不独因兄才高，且为老练"，经过多次反复恳请，宋聚奎碍于老友情面，最后不得不答应下来。

宋聚奎由晋抵川一路考察，出任宝丰隆票号经理后，大胆开拓创新，鉴于京城、东三省和江南各家票号分庄遍设，利源有限的现状，他另辟蹊径，向西南腹地挺进，全力开辟大西南市场，先后挑选招收伙友300余人。总号仍设在平遥，分号设在成都、重庆、自流井、雅州、打箭炉、巴塘、里塘、西藏、印度。占领西南市场后，又把触角北延，在北京、天津、汉口、常德、芜湖、云南、陕西、太原、曲沃、解州、绛州20个大中城市设分庄。这样，宝丰隆以大西南为基地，辐射全国，远达人迹罕至的雅安、康定、拉萨，并把业务拓展到中亚印度等地。因其业务大头多来自官款，加之有川边大臣赵尔丰、四川省布政使许涵度入股做后盾，其生意十分火爆，盛极一时。宣统二年（1910年）清算结账时，每股分红利高达2 600余两。在清末所有票号都不太景气的大气候下，红利能超千两者，仅宝丰隆票号一家。

宋聚奎出任宝丰隆票号后没几年，终因劳累操心过度，积劳成疾，不久病逝。一位精通业务、识见超群、才干卓著的票号人才刚过60便离开了人世。

第十章
票号鼎盛的标志与衰落原因

第一节 巨额利润来源

一、汇费收入

汇兑是票号营业的大宗。汇款时,票号按各地银两之成色,路途之远近、银根之松紧、汇兑之逆顺(顺汇、逆汇)、数额之大小,另加汇费,亦称汇水。这是票号利润的重要部分。

票号的汇费没有固定的数额,由票庄与顾客面商确定。汇水的大小,往往因人因地而异,平常计算汇费,则以两地平色的高下、市场的淡旺、月息的大小、路途的远近为估定的标准。一般情况,在交通便利的通都大邑,每千两仅需二三两的汇水,若是交通不便的地方,每千两的汇水达二三十两,有时高至七八十两。新疆每千两汇水多达百两。平遥帮票号一贯坚持薄利多销准则,汇水比祁、太两帮略低。另外按汇兑方式不同,汇费相应有别。普通情况,电汇费用高于信汇,一般为 1%~2%,信汇汇费高于票汇。货行汇款费用根据市场快慢而决定的。比如货行往汉口汇款,除考虑成色外,要看汉口行市的疲快,如

汇费(汇水) {
交通便利 (平遥——北京——天津)0.2%~0.3%
交通不便 (平遥——成都——重庆)2%~3%
距离偏远 (平遥——拉萨)7%~8%
距离最远 (平遥——新疆)10%
距离较近 (广东——上海)2%
光绪年间 (上海——天津)3.6%
(南昌——北京)3%
(河南——北京)1.3%
(浙江——上海)0.6%
}

果汉口"疲",汇水较小;如"快",汇水就大。具体多少,由票号与货行临时决定。各地对上海、汉口汇兑银两时有行市。每日的行市,是早晨在"市上",由众票号和货商确定。

同治以来的汇费,广东省和粤海关,4%~6.3%,福建省5.3%,浙江省4%,浙海关4.8%,江海关4.9%。1902年,上海的汇费猛涨至20%~30%。

汇费规则:电汇>信汇>票汇

二、利息收入

票号存款收取利息。同治光绪年间,公利款项往票号存。国家的丁赋、官饷、协饷,各省政府官吏的私蓄,各地区性商户的余资都存票号。同治以前,每家票号原始资本,不过十余万两,后来获利,倍本,每家本钱亦不过增至二三十万,三四十万。同治年间,获利增至六七十万,后来公私款项由于票号信用卓著,无一不存票庄。所以每家存款到同治、光绪年间猛增至二三百万甚至七八百万,而且公款都不要利息,私款利息不过二三厘,票号以此无利息巨款,转放贷款可得八九厘的利息。如此,利息存贷差利润很高。特别是借贷给赴外地就任官员的盘缠差旅利润更大。例如借金一万两,仅交现金7 000两,剩余3 000两扣为利息,日后该官吏偿还之时,仍以万金纳付。山西票号每年之获利,实以此项贷付金,占其大部。

三、平色余利

清代银两与铜钱并行,各地银两成色不统一。而票号又特立平色,各号不同,自成一个系统。各地分号的秤,都以总号的秤为标准。票庄收进银块时,常借口成色不足,故意压贬其价格,甚至有的取巧于秤砖的大小,而减轻其分量。汇款人因损失甚微,多不予计较,天长日久,积少成多,出入频繁,长年累月计算起来,票号所得的利益很大。由银两成色的折合所得的利润,有时比汇水还多。因为成色的计算是票庄方面独断,汇水可以商定,票庄既得平色折换的利益,对于客户,也乐意减低汇水,借此笼络人心。

平:清代交易,多以库平为准,但各地有各地的平,而又有各商号的平,票号每家自创置一平,凡收入银两,约长千分之二三,积少成多,每年也有笔收入,占全部收入的10%左右。

色:银的成色不一,而且无绝对的标准,任人估计,票号凡收入银两,总说成色不足,减低千分之五六。

这样一增一减,票号就从中获取一笔可观的收入,参见表10-1:

表 10-1　日昇昌六个分号一年内平色取利统计　　　　单位:两

分号地址	年度	得余平色银两	总占收入的%
江西	咸丰三年(1853 年)	124.47	7.8
清江浦	咸丰三年(1852 年)	1218.52	24.53
苏州	咸丰六年(1856 年)	882.02	20.89
扬州	同治六年(1867 年)	83	1.16
北京	光绪三十二年(1906 年)	1215.25	5.0
天津	光绪三十二年(1906 年)	1338.87	4.42
合计		4862.13	六地平均 10.63

四、其他收入

捐款。清朝中后期监生捐官鬻爵成风,票号因与官场有往来,官员等托票号代销、代捐亦有手续费,经手的多了,这笔手续费也不在少数。

表 10-2　日昇昌票号利润表　　　　单位:两

分号地址	年度	利润来源					
		汇水	利息	其他	来标得色	平色	合计①
江西	咸丰三年(1853 年)	1471.85				124.47	1596.32
浦号	咸丰二年(1852 年)	3744.72②				1218.52	4963.24
苏州	咸丰六年(1856 年)	3340.89			224.00	882.02	4222.91
维扬	同治六年(1867 年)	7083.67				83.00	7166.67
	同治六年前合计	15641.13				2308.01	17949.14
北京	光绪三十二年(1906 年)	6188.75	16628.73			1215.25	24256.73
天津	光绪三十二年(1906 年)	9574.28	19357.11			1338.87	30270.26
开封	光绪三十二年(1906 年)	10020.41	1525.50				11545.91
道口	光绪三十二年(1906 年)	5241.90					5241.90
西安③	光绪三十二年(1906 年)	8200.87					8200.97
上海④	光绪三十二年(1906 年)	6342.33	22599.60		103.29		28941.93
扬州⑤	光绪三十二年(1906 年)	4648.87	10459.15				15108.02
浙江	光绪三十二年(1906 年)	7278.24	15314.05				22592.29
汉口	光绪三十二年(1906 年)	17426.36	11519.06				29048.71
沙市	光绪三十二年(1906 年)	10226.63	6902.29		327.29		17128.92
长沙	光绪三十二年(1906 年)	3943.21	6371.56	8784.00			19188.77
桂林	光绪三十二年(1906 年)	6813.67	138188.96				145002.63
梧州⑥	光绪三十二年(1906 年)	166819.70	6159.89				173015.59
营口	光绪三十二年(1906 年)	46776.33	3275.54	4258.37			54300.24
	光绪三十二年(1906 年)	309501.65	258337.44	13042.37		2554.12	583762.87
合计		325142.78	258337.44	13040.37	327.29	4862.13	601712.01

注:①各号"总结账"。②系除付外净得现利,不是汇费收入的全部。③包括"三原分号"的收入。④包括"芜

湖分号"的收入。⑤包括"清江浦分号"的收入。⑥包括"南宁分号"的收入。如果把这4处加上,合计该表为22个分号的收入。

由表10-2可见,汇费是日昇昌最大之利源,占54%,利息次之占42.9%,平色又次之占0.8%。但若把同治六年前与光绪三十二年分开来看,同治前利润只有汇费和平色两项,而光绪末年不仅有了放款息收入,而且数额相当大,在某些分号中放款息收入又大大超过汇费收入,这说明存放款在票号业务中已经很重要了。以简单平均看,每一分号利润之收入,同治前只有4 487两,而光绪末年则达到41 698两,10倍于过去,可谓大矣。

第二节　大账期分红

一、红利分配办法

各家票号每逢三年、四年一次的大账期,就要根据营业状况和各人所顶股进行分红。又有所谓"人股"分配法者:"人股"即俗所称"顶身股",并不实缴股金,即以全部管事伙友之心力,作为若干股,得与实缴各股东均分红利之谓也。如百川通除以实缴资本银额分为10股外,更以各地分庄经理伙友,作为"人股"20股。4年结账,红利即以30股平均分配。如此,则富有者出资,办事者出力,分作股份,利益均沾。①票号分红按照劳资两利,按绩取酬,按股分红与按要素分配结合的方法进行,以大德通票号为例,从中可见该票号光绪中期、光绪后期,民国十三年的分红情况。

二、大德通票号分红账

(一)1889年分红账

五年(光绪十一年至十五年,即1885~1889年)共获余利足平宝银二万四千七百二十三两零三分。

共银俸银股二十九分七厘,每股以八百五十两开:

乔宅在中堂银股一十二分,应分得余利宝银一万零二百两。

乔宅保和堂银股一分五,应分得余利宝银一千二百七十五两。

乔宅既翁堂银股二分五,应分得余利宝银二千一百二十五两。

---

①杨阴溥:《上海金融组织概要》,第88页。

乔宅保元堂银股一分五，应分得余利宝银一千二百七十五两。

秦宅九德堂银股二分五，应分得余利宝银二千一百二十五两。

培德马己①人力一分，应分得余利宝银八百五十两。

输辉李己人力一分，应分得余利宝银八百五十两。

鸿图申己人力七厘（十一年正月至十三年终），应分得余利宝银六百二十九两一钱七分。

聚瑞郭己人力六厘，应分得余利宝银五百一十两。

映耀罗己人力六厘，应分得余利宝银五百一十两。

师舆郭己人力五厘，应分得余利宝银四百二十五两。

振铎王己人力五厘（十三年正月至年终），应分得余利宝银一百七十二两二钱一分。

瀛海张己人力四厘，应分得余利宝银三百四十两。

廷全许己人力四厘（十三年正月至年终），应分得余利宝银一百三十七两七钱七分。

郝荃己人力三厘，应分得余利宝银二百五十五两。

锦章史己人力三厘，应分得余利宝银二百五十五两。

高钰己人力三厘，应分得余利宝银二百五十五两。

应升刘己人力三厘，应分得余利宝银二百五十五两。

焕楷高己人力三厘，应分得余利宝银二百五十五两。

永和昌己人力二厘，应分得余利宝银一百七十两。

敦明王己人力二厘，应分利余利宝银一百七十两。

嵩年冯己人力二厘，应分得余利宝银一百七十两。

范涛己人力二厘，应分得余利宝银一百七十两。

廷柱许己人力二厘，应分得余利宝银一百七十两。

调元赵己人力二厘（十三年正月至年终），应分得余利宝银六十八两八钱八分。

计开故股：

振基梁己人力六厘，应分得余利宝银五百一十两。

迪功温己人力四厘，应分得余利宝银三百四十两。

①"培德马己"系票号对伙友的称语与写法。培德系名，马系姓，即马培德己股是也。但姓名只两个字者，则不是这个写法，而直写郝荃、高钰等。

溯曾阎己人力三厘,应分得余利宝银二百五十五两。①

(二)1908年分红账

四年(光绪三十一年至三十四年,即1905~1908年)共获余利足平宝银七十四万三千五百四十五两二钱五分(撇备酒席银六百六十五两二钱五分)。

共银人股四十三分九厘五毫,每股应开余利银一万七千两。内有:嘉恒己前后二年四、二厘,每股以六千八百两、三千四百两开支。忠懋王佩己三十一二年新顶人力三、一厘五,每股以一万二千七百两、八千六百两开支。

乔宅在中堂银股一十二分,应分得余利宝银二十万零四千两(每股倍本、公存二千、一千两,共倍存银二万四、一万二千两)。即每股本二千两,共倍银三千五百两(应为二万四千两)。每股公存款一千两,共存银一千五百两(应为一万二千两)。

乔宅保和堂银股一分五,应分得余利宝银二万五千五百两(每股倍本、公存二、一千两,共倍存银三、一千五百两)。即每股本二千两,共倍银三千五百两(应为三千两)。每股公存一千两,共存银一千五百两。

秦宅既翁堂银股二分五,应分得余利宝银四万二千五百两(每股倍本公存二、一千两,共倍存银五、二千五百两)。即每股本二千两,共倍银三千五百两(应为五千两)。每股公存一千两,共存银一千五百两(应为二千五百两)。

秦宅九德堂银股二分五,应分得余利宝银四万二千五百两(每股倍本公存二、一千两,共倍存银五、二千五百两)。即每股本二千两,共倍银三千五百两(应为五千两)。每股公存一千两,共存银一千五百两(应为二千五百两)。

高钰己人力一分,应分得余利宝银一万七千两,应公存银一千两。

永和昌己人力一分,应分得余利宝银一万七千两,应公存银一千两。

郝荃己人力一分,应分得余利宝银一万七千两,应公存银一千两。

志纯余己人力九厘,应分利余利宝银一万五千三百两,应公存银九百两。

宗禹王己人力八厘五,应分利余利宝银一万四千四百五十两,应公存银八百五十两。

振铎王己人力七厘,应分得余利宝银一万一千九百两,应公存银七百两。

源绍渠己人力六厘五,应分得余利用职权宝银一万一千零五十两,应公存银六百五十两。

①《大德通光绪十五年分红账》。

赵儒己人力六厘五,应分得余利用职权宝银一万一千零五十两,应公存银六百五十两。

钦元范己人力六厘五,应分得余利用职权宝银一万一千零五十两,应公存银六百五十两。

本厚程己人力六厘,应分得余利宝银一万零二百两,应公存银五百两。

瑞麟武己人力五厘,应分得余利宝银八千五百两,应公存银五百两。

云堂李己人力五厘,应分得余利宝银八千五百两,应公存银五百两。

宗璜渠己人力五厘,应分得余利宝银八千五百两,应公存银五百两。

兆兰孟己人力五厘,应分得余利宝银八千五百两,应公存银五百两。

云汉高己人力五厘,应分得余利宝银八千五百两,应公存银五百两。

广峻乔己人力五厘,应分得余利宝银八千五百两,应公存银五百两。

守信吕己人力五厘,应分得余利宝银八千五百两,应公存银五百两。

永楷郝己人力四厘五,应分得余利宝银七千百万六百五十两,应公存银四百五十两。

……(详元赵、史明、国泰王均为人力四厘五,故略)

玉堂杨己人力四厘,应分得余利宝银六千八百两,应公存银四百两。

……(墙辉何,大经符、述明张均为人力四厘,故略)

嘉桓李己人力前后二年按四、二厘,应分得余利宝银五千零八十两,应公存银二百两。

堃士武己人力三厘,就分得余利宝银五千一百两,应公存银三百两。

……(致和韩、怀珍段、景章韩、武镜、云照高、献玺贺、志渊张、道峻渠、汶清马、梁濠、培樟衮、本澄渠、忠懋李均为人力三厘,故略)

光远高己人力二厘,应分得余利宝银三千四百两,应公存银二百两。

……(维统周、秀拊岳、芳春李均为人力二厘,故略)

宜三陈己人力一厘五,应分得余利宝银二千五百五十两,应公存银一百五十两。

……(天锡权、映漳李、荣缓刘、其汉宗、廷安李、生莹范、王佩均为人力一厘五,故略)

计开故股:

廷桂许己人力九厘,应分利余利宝银一万五千三百两,应公存银九百两。

朝瑸韩己人力七厘,应分得余利宝银一万一千九百两,应公存银七百两。

高璞己人力四厘五,应分得余利宝银七千六百五十两,应公存银四百五

377

十两。

兆鸿何己人力三厘,应分得余利宝银五千一百两,应公存银三百两。

通垣陈己人力一厘五,应分利余利宝银二千五百五十两,应公存银一百五十两。①

（三）1925 年分红账

四年共获余得足平宝银一十二万七千五百七十八两零七分。四年,连上账留存,共长足平宝银三十万零四百一十二两一钱四分。

本年冬账提存备充足宝银三万七千两。

内有儒彬——己宗源源前三年三里,一厘五每股以六千两,后一年以二厘五毫,每股以二千两开支。妆楫已十,四,一年新顶人力□厘每股以六千两开支。共银人股三十二俸八厘,每股应开余利银八千两。

乔宅在中堂银股十二分,应分得余利宝银九万六千两。

乔宅保和堂银股一分五,应分利余利宝银一万二千两。

乔宅保元堂银股一分五,应分得余利宝银一万二千两。

秦宅九德堂银股二分五,应分利余利宝银二万两。

……（高云汉、郝莶均为人力一分,应分银同上,略）

梁濠己人力七厘五,应分得余利宝银六千六百两。

献玺贺己人力七厘,应分得余利宝银五千六百两。

云昭高己人力七厘,应分利余利宝银五千六百两。

庆详孔己人力六厘,应分得余利宝银四千八百两。

崇午张己人力六厘,应分得余利宝银四千八百两。

汝楫徐己人力四厘,应分得三年余利宝银二千四百两。

肯拘张己人力三厘五,应分得余利宝银二千八百两。

……（扬国榴、戴鸿奎、李九成、申振歧同上,略）

学英胡己人力三厘,应分得余利宝银二千四百两。……（武畏三、郝焕章同上,略）

儒彬宗己前三后一年按二厘五应分得余利银二千三百两。

任晰己人力二厘五,应分得余利银二千两。

……（段瑞川、燕喜、侯封国、武中才同上,略）

清灏股人力二厘,应分得余利银一千六百两。

---

①卫聚贤:《山西票号史》,第62~70页。

成璪王己人力一厘五,应分得余利银一千二百两。

宗源李己人力前三后一年按一厘五,应分得余利银一千两。

恒保范己力一厘,应分得余利银八百两。

……（罗悦发、王如山、阎锐翰、程贻祥、刘宣汉、高荫宣、梁荣申、阎振家、阎敬圣、赵风山、许宽同上略）

计开故股:

高钰己人力一分,应分得余利宝银八千两。

调元赵己人力七厘分,应分得余利银六千两。

其汉宗己人力六厘,应分得余利银四千八百两。

书瀚张己人力三厘五,应分利余利银二千八百两。

苗秀己人力一厘五,应分余利银一千二百两。[1]

第三节　山西票号与近代工商业

山西票号的前身大多是晋商经营的商号,它是晋商商业资本发展到金融资本的产物。正是晋商的发展,对于汇兑业产生需求,催生了票号。产生于商业的票号,其最初的服务对象主要是工商户。由于当时的商业大多与手工业作坊紧密结合,前店后厂、前铺后库乃其基本经销格局,实际上早期的手工业与商业是相连的。后来,洋务运动兴起,票号开始把注意力转向资本主义近代工业,向近代工业借贷,向厂矿、铁路、轮船投资,但力度欠缺,从而与近代工矿业形成了一种游离不定的关系。

一、票号起于商号

提到票号,许多人会问:为什么票号的创办者不是早期的金融资本钱庄、银号、账局,而是商业资本? 票号不是产生于商品经济相对发达的江南重镇,却产生于相对闭塞的山西? 如果说后者可以归之于明清之际称雄天下的山西商人——"富者之称雄者,江南则推新安,江北则推山右"。"山右或盐或丝,或转换,或窖粟,其富甚于新安"。天下首富推及晋商,因而晋商具备了创办票号的资本条件。那么,前者就得从当时商业经营的基本特征说起。

旧中国的商业大多是具有产业特征的商业,一些行业中的大商业,实际

---

[1]《大德通民国十四年分红账》。

上是商业和工业混合经营的企业。这些企业的典型特征就是前店后厂,产、运、销一体,在产地进行加工,然后运销外埠,既设店铺,又设手工工场。晋商不仅不能例外,而且表现得更为典型。在当时的山西,盐业、冶铁业、烟行、颜料行以及茶行、药材行等行业一般都实行产销一体,商业工业混合经营的模式。由于既要生产又要销售,那么从原料采购、加工制作到贩运销售就是一个相对复杂的过程,其中的各个环节,不是在一城一地能够完成的,涉足多个城镇是其必然结果,因而就有了异地营销网点的设置。日昇昌票号的前身西裕成颜料庄是如此,经销河东盐的盐商是如此,驰名中外的"定坤丹"、"龟龄集"制造销售者太谷县广誉远也是如此,曲沃县制造旱烟的烟坊更是如此。

以首创票号的平遥颜料商西裕成为例:

明代以来,山西潞州(今长治市)、泽州(今晋城市)地区是全国三大丝织专业区之一,丝织业和棉织业带动了染坊和颜料业(制作和经销)的发展。平遥,汉时称京陵县,后改称平陶县,故有"古陶郡"之称。平遥地处同蒲铁路要冲,由于交通便利,逐渐发展成山西省汾州府的一个重要的商品集散地。于是,颜料业在具有交通之便和传统商业的平遥兴起,并得到了长足的发展。平遥人不仅在当地经营颜料业,而且把生意做到北京、天津、成都等地,形成了一个较为庞大的颜料商群体,几乎垄断了京、津的颜料市场。据不完全统计,1819 年(清嘉庆二十四年)仅在京城的平遥颜料商就有 36 家。西裕成颜料庄是为数众多的平遥颜料商中规模最大、资本最为雄厚的一家。西裕成颜料庄由平遥县达蒲村李氏开设,清雍正年间开始经营颜料业,采取自产自销,产销结合的方式。总号设在平遥县城内西大街,分号设在北京崇文门外草厂十条南口。

像西裕成这样的商号其分支机构一般都涉及两个以上的城镇,这就有了异地兑拨的便利条件。而当时的钱庄、银号则一般是只在一地经营,同城汇兑结算,外地没有自己的网点设置。这样也就是票号的创始者不是银号、钱庄以及账局等旧有的金融资本,而是颜料商及其他商业资本的原因所在。

事实上,由于经营的需要,唐宋以来一些大的富户、商号长期以来就一直兼营汇兑和存放款业务。有资料说明,大约在 17 世纪后期,这种现象更普遍。1682 年(清康熙二十一年)前后,北京打磨厂"日成祥"几位商人就在兼营汇兑,其中的 23 张汇票被完整地保留了下来。票号所做的只是将其系统化、规模化、专业化。

有鉴于此,纵观山西的三大票帮,几乎无一例外地是出于商人和商号。其具体情况如表 10-3 所示:

表 10-3　山西票号的根源

票庄名称	创设时间	投资者(东家)	前身	初资本银
日昇昌	1823年	平遥达蒲李家	西裕成颜料庄	30万两
蔚泰厚	1826年	介休北贾侯家	绸布庄	9.5万两
蔚丰厚	1826年	介休北贾侯家	绸布庄	17万两
蔚盛长	1826年	介休北贾侯家	绸布庄	12万两
新泰厚	1826年	介休北贾侯家	绸布庄	15万两
天成亨	1826年	介休北贾侯家	细布庄	6万两
协同庆	1856年	榆次聂店王家	典当行	3.6万两
百川通	1860年	祁县渠家	茶行	不详
合盛元	1873年	祁县郭、张两家	茶庄	6万两
在德恒	1881年	祁县乔家	茶行	6万两
大盛川	1889年	祁县城内张杰等三人	大盛魁商号	10万两

二、票号的主要客户是工商户

票号产生之前，中国没有完整意义上的近代银行，金融业的基本职能——信用与货币兑换(以兑换为主)分别由典当和印局、钱庄(主要在南方地区)和账局、银号(主要在北方地区)承担。然而,无论是早年的钱庄、银号,还是后起的账局,都不经营银两的异地汇兑业务。直至 19 世纪初期,埠际间的货币清算依旧沿袭着传统的起镖运现方式。

明清之际,山西商人遍布全国各大商埠,随着国内市场的拓展,交易次数的增多和用银数额的越来越大,由商人自带现银来往于各商埠之间的方式越来越不能适应日益发展的商业贸易的需求。另一方面在山西的商业繁盛之区祁县、太谷地区习武之风由来已久,祁县是戴氏心意拳的发祥地,太谷号称心意拳之乡。在需求与供给相统一的前提下,山西人开设镖局者众,安晋元在张家口开办的"三合镖局"、王福元在内蒙三岔口开办的"兴元镖局"以及"志一堂"、"长胜"、"三义"、"无敌"等镖局,迄于清末仍然存在。

社会的需求是不断发展变化的。从 18 世纪后期到 19 世纪初叶,我国的商品经济和国际贸易有了长足的发展。鸦片战争前,全国粮食、棉花、棉布、生丝、丝织品、茶、食盐七种商品的商品值达到 38 762.4 万两;50 年间中俄贸易由 135 万卢布猛增到 1 316 万卢布;同期中国对欧洲的进口贸易额由 554.5

万两猛增到 2 717 万两。与国内外贸易相伴而生的是货币流通量的迅速增加,大量的货币在各城镇间频繁调拨,原有的现金运送方式远远不能满足现实的需要,成为经济发展的瓶颈。商品经济的发展呼唤金融的异地拨兑服务。

中国的金融汇兑可以追溯到 1 000 多年前的唐代,称为"飞钱",系在京师长安经商的各地商贾与官商之间的一种拨兑行为。历经宋、元、明三朝,逐渐演变成商人和民间异地银钱往来的"会票"。后来,金银异地汇兑的一个必要条件——民用通信诞生了。大约在清嘉(庆)道(光)年间,亦即 19 世纪初,由浙江宁波商人创办的民信局开设于南北城镇之间,从而结束了历朝历代只有传递官方文书的官办驿站,没有民间通信的历史。一花引来万花开,各地纷纷效法,民信局如雨后春笋般发展起来,迅速遍布全国各主要工商业城镇,形成初具规模的邮递网络。

由于民信局的开设和发展,使得金银的异地汇兑具备了现实的可能性。也就是在这个时候,独具慧眼、敢领风气之先的山西商人把经营的目光投向了金融汇兑业。大约在 19 世纪 20 年代初,平遥颜料商西裕成颜料庄的总经理雷履泰深感平遥与京师间货款靠起镖运现,既费时费资,又担风险,一旦路途银两有失,就会给经营带来困难。于是,他学习京城商号和商人兼营会票的经验,萌生了在京晋商人之间用拨兑法代替运现的主张。先是为自身的货款和利润调拨找雇主拨兑,后来雇主为货款调拨也找雷拨兑,这样就渐渐地经营起京师的会票来。日积月累,拨兑的好处日益显现,兼营会票已经不能适应商品经济的客观需求,东(东家,亦即出资方)掌(掌柜,亦即负责经营的总经理)共同认定异地汇兑大有可为。于是,西裕成颜料庄改称"日昇昌"票号,专营会票。

日昇昌兴旺的业务,丰厚的利润,吸引了各行各业的商人转而投资票号业,"此后,自道光初年起十数年间,继续成立之票号为数更多,可分为平帮、祁帮、谷帮、太(原)帮四帮。"总号设在太原的统称太帮,计有义诚谦。总号设于平遥者统称平帮,计有日昇昌、蔚泰厚、蔚丰厚、蔚长厚、蔚盛长、新泰厚、天成亨等 7 家;总号设于祁县者统称祁帮,计有大德兴、大德恒、存义公、三晋源、合盛元、中兴和、大盛川等 7 家;总号设于太谷者统称谷帮,计有志诚信、协成乾、大德玉 3 家,共 17 家。票号成立初期三四年间,在南方各主要城市的经营活动就十分活跃。道光八年(1828 年)时任两江总督的陶澍在提到苏州金融流通的情况时说,苏州"为百货聚集之区,银钱交易全藉商贾流通,向来山东、山西、河南、陕西等处每年来苏办货,约可到银数百万两。……自上年秋冬至今,各省商贾俱系会票往来,并无现银运到"。随着票号汇兑业务的发展,异地兑拨逐渐代替了曾经盛行的起镖运现。

综上所述,我们可以得知票号的产生首先是工商业经营带动城镇经济的需要,它首先体现的是一种供求关系。适应工商业经营需要而产生的票号,其服务对象自然首先是工商业。事实上,票号的固定客户也主要是大商贾。

在货币经营史上钱庄、银号占有相当重要的地位,经历了前后几个世纪(由明清时到抗战前)的漫长过程,直到鸦片战争前才由兑换银钱和铸造银元宝发展为开始向官吏、旗兵、市民放账。鸦片战争后的咸丰末年,部分钱庄(钱铺)、银号才开始经营工商业存、放款业务,并使工商业存、放款业务逐渐成为其主要业务,具备了借贷资本的性质。由山西商人创办、有"中国最早的银行业"之称的账局中最早的一家是"祥发永",1736年(清乾隆元年)由山西汾阳商人王庭荣出资开设。账局虽是以对工商业放账而得名,但是由于其多设于京师及近畿,以及向候选官吏放账的初衷——账局最早见于史书在乾隆年间,而且多是记述它向候选官吏放账:"月选各官,借贷赴任,放债之人,乘隙居奇,创立短票名色,七扣八扣,辗转盘剥"——一般研究者非但不将其划入借贷资本之列(视之为高利贷资本),甚至于"长期被史学界遗忘,无人提到它"。

区别于钱庄、银号以及账局的是:票号从经营汇兑起,大的商号就是它的主要顾客,由汇兑而放款,几十年中这个服务对象基本没有变化。据《奉天商会档案》记载,奉天是关外最大的市场。道光年间,票号在奉天设分号之后,各行店铺,"所需流动资金,全恃借贷一项。"厦门近郊口岸,是商业集中地区,福建之茶运往南洋,欧美各国糖货运往北方,并从营口、天津等地运回大豆、豆油和豆饼以及转口香港,外商输入之工业品,载货轮船川流不息,日出入口岸船只多至十余艘。聚集在这里的店铺,向票号挪借资金,"常在六七十万之谱"。文圃茶叶店是有名的茶庄,资本十数万两,采办武夷山所产各种名贵茶叶,远销外洋。1883年,店主杨芝庭因周转方面出了问题被迫将店铺抵押出去,后设法向票号借款融通,方得赎回继续经营。蔚长厚汉口分号在光绪三十三年(1907年)一个年度内共计向31户贷款948 000两,户均30 500两。具体情况如表10-4所示:

表 10-4　蔚长厚汉口分号光绪三十三年放贷情况

单位:两

贷户字号	收回贷款	收入利息	贷户字号	收回贷款	收入利息
源成号	80000	1765.50	厚昌号	15000	293.63
恬生福隆记	15000	254.16	春元号	20000	344.22
昇昌号	30000	516.34	阜昌隆	20000	355.32
济康号	20000	338.67	永茂礼	15000	520.65
恒丰允	45000	730.38	大丰号	35000	715.58
启大号	20000	362.72	晋康号	3000	69.95
德丰号	20000	486.71	吉泰衣庄	19000	466.85
源茂隆	140000	2827.74	豫记号	15000	412.07
承丰号	45000	886.45	万颐号	30000	824.15
大成恒	40000	636.62	厚昌号	5000	86.39
大昌号	85000	1646.45	晋昌号	15000	279.45
信成号	35000	662.53	汇康号	25000	528.05
德源号	25000	488.57	百川盛	25000	495.97
同大号	20000	370.13	晋裕号	20000	351.62
益大号	20000	351.62	大生号	6000	131.48
来章号	35000	726.05	谦和玉	5000	83.28
合　　计				948000	19009.27

另据黄鉴晖《山西票号史》记载:汉口鲍家巷的"西广顺"号,是经营川广各杂货的商铺,自清乾隆年间创业以来,在广州、上海、扬州、重庆、成都等城镇设有分庄,兼营汇兑。汉口4家票号给它借款5万多两。1881年7月,因故突然倒闭。其倒闭原因,除世界资本主义压抑茶价造成损失外,倒闭导火线就是因为上海分庄向广州分庄开去一张会票,广州分庄不能付银而将会票退回引起猜疑,而成变局的。

三、票号曾向近代工矿业放贷和投资

19世纪60年代,中国发生了洋务运动,机器工业开始出现。先是官办,后是官督商办,再是官商合办,最后是商办。据统计,至19世纪90年代初,洋务派创办的制造枪炮、船舰和弹药的军事工业有19家,资本4 500万两;民用工业有23家,资本1 700万两。民族资本创办的大大小小的近代企业有136家,资本约500多万两。

工场手工业有赖于银行信用,从工场手工业向机器工业过渡的过程中,银行信用更"是资本主义生产方式发展到它所能达到的最高和最后形式的

动力"。而在当时的历史条件下,票号居于全国银行业的重要地位。中国第一家大银行"中国通商银行"成立于 1897 年,比山西票号晚了 70 多年,在此之前票号无疑是中国银行业的主角,所以在机器工业的发展过程中自然而然地银行起着中介的作用,或汇划经费和资本,或实施借贷。这方面的记载有很多:

1866 年,左宗棠奏准设立福州船政局(马尾造船厂),设有转锯、机器、铸铁等八个分厂和一座船坞,雇佣工人两千左右,聘请法国人做正副监督、技师和工头。船厂除开办费外,日常所需之费由粤海关供给。1874 年 1 月 29 日,因粤海关税款不敷使用,向福州票号一次性借贷现银 8 万两。

1872 年,李鸿章在上海设立轮船招商局,这是洋务派由办军事工业转向办民用工业、由官办转向官督商办的标志。轮船招商局除先后借用官款和招得商股银洋外,在购买轮船、收买旗昌洋行的经营过程中曾不断向外商和国内银行业借款,据统计,1877~1879 年短短的两年之中,共借欠洋华商款 3 149 000 两,其中华商占 55.23%,而在向华商的借款中有一大部分是借自票号的。

票号不仅向官办企业借贷,也向民族资本主义工业借贷。

1885 年,广东南海商人叶雨田投资 18 000 两,与他人合股在营口开设东盛和、东生长、东和昌三个杂货庄以及东生怡、昌平德两个机器榨油坊,经营豆油、面粉、糖等杂货,豆油、豆饼主要销往广州和香港。昌平德油坊坐落在辽河边,占地 60 亩,筑有码头和出油管,厂区铺设铁路,与火车站相连,自备驳船两艘。逐渐发展成为拥有"一百余万产业和股票"的民族资本企业。叶氏企业在发展过程中不断得到票号贷款的扶持,据 1907 年的统计,叶氏众企业仅欠票号贷款即达二百余万两。

山西保晋矿务公司是 1907 年(清光绪三十三年)成立的民族资本企业——机器采煤业,是在山西人民反抗英商福公司掠夺山西矿权和赎回矿权后,接管福公司机器设备组建设立的。保晋公司成立,首先遇到的就是交付福公司 275 万赎款的困难。根据赎矿合同,赎款分四次交付,第一次在光绪三十四年当年交一半,所余部分于随后的三年每年四月各交 45.8 万余两。假如不能依约付款,合同作废。第一次交付的全部款项 137.5 万两均借自票号。

在向近代工业借贷的同时,票号资本也直接投资兴办资本主义民族工业,渠本翘是一个典型代表。

渠本翘,出生于祁县有名的票号商渠家。1902 年他联络祁县相与、太原天合成钱庄的乔雨亭,出资5 000两白银,从山西商务局手中买下了"管理不善,累赔日重"的晋升火柴公司,易名为"双福火柴公司"。双福火柴公司由乔雨亭负责经营,渠本翘作为主要出资方,对于公司重要设备的购置,重大经营决策的实施,有最后决定权。由于不断注入资金和实行了关键性的技术改造,生产迅速发展,最初的几年里平均年利润5 250元。第一次世界大战时,借进口火柴锐减,市场短缺之机,"双福火柴公司"得到空前的发展,产品不仅畅销全省各地,而且远销邻省,资产达到20余万元。

1907年,渠本翘投身于争矿运动,出任民族资本主义工业——山西保晋矿务公司第一任总经理,并在短短一个月的时间内通过各票商凑足巨额赎银137.5万两,以借贷的形式支付给英国福公司。同时,渠本翘还动员票号向成立后即遭遇资金运转困难的保晋矿务公司入股投资。具体情况如表10-5所示:

表10-5 平遥、祁县两帮票号向保晋公司投资一览表(单位:两)

票号	帮别	股数	银两数	票号	帮别	股数	银两数
蔚泰厚	平遥	600	3000	大德通	祁县	600	3000
百川通	平遥	600	3000	大德恒	祁县	600	3000
天成亨	平遥	600	3000	三晋源	祁县	600	3000
日昇昌	平遥	600	3000	存义公	祁县	600	3000
蔚长厚	平遥	600	3000	大盛川	祁县	600	3000
蔚丰厚	平遥	600	3000	合盛元	祁县	600	3000
新泰厚	平遥	600	3000	世义信	祁县	600	3000
宝丰隆	平遥	600	3000	中兴和	祁县	300	1500
平帮票号	平遥	1200	6000				
合　计						10500	52500

必须指出的是,在太平天国运动被镇压之后,清朝的政治经济一度出现"中兴"的局面,大批民族资本主义得到发展,洋务运动也带来大量商机。然而,在对这些企业的股权投资中,山西票号的参与有限,与其当时掌握的庞大资金极不相称。经济史专家张国辉就曾遗憾地称,"回顾19世纪六七十年代,当中国近代企业处在发动时期,人们始终不曾发现票号与近代企业之间有什么金融联系的事例"。

对近代民族企业支持较大的是当时势力较弱的"南帮"票号。而当时的南帮票号,比如严信厚的源丰润、胡雪岩的阜康、王炽的天顺祥等,都对实业有大量的投资。比如,云南的天顺祥票号经理王炽,就受巡抚唐炯的委托,为云南铜矿承担招股业务,分赴四川、广东、汉口、宁波、上海等地招股。这已经初具华尔街投资银行的雏形了。上海的源丰润的实业投资也比较广,如对汉冶萍公司投资近 13 000 两、对宁波通久源纱厂投资 84 000 两、对宁波海口商轮投资 7 400 两, 对通州大生纱厂投资 9 000 两, 对宁波通利原油厂投资 2 200 两,对海州海丰面粉公司投资 19 000 两。在源丰润投资的这些企业中,有不少发展极为成功。

表 10-6　源丰润票号投资企业资金数额表

单位:两

投资公司厂名	银两数	投资公司厂名	银两数
浙路公司	6216	宁波通利源油厂	2220
汉冶萍启矿公司	12950	江西瓷业公司	2112
苏路公司	37	通州大生纱厂	9000
宁波通久源纱厂	84360	赣丰油厂	5000
宁波海门商轮局	7400	海州海丰面粉公司	19000
宁波光明机器公司	370		
合　　计			16685

　　关于票号与工商企业的关系,还有一个耐人寻味的问题。票号一蹶不振、全面没落的时代,正是民族工商业在辛亥革命后抓住第一次世界大战的空隙大发展时代。如果播种得当,银企合作互助,票号本应该有一个收获时期。

　　在美国的投资银行中,绝大多数银行家如摩根、高盛、雷曼兄弟、科恩·洛布,都凭着为工商业融资而发家。翻开每家投资银行的历史,都可以看到他们扶持起来的著名大公司、企业家。然而,在山西票号史上,较难找到他们对民族资本的支持。尽管他们为了博取利差,进行“北存南放”,但他们对工商业的作用不够,黄鉴晖先生也承认,“南帮票号资本家,对于近代工业发展胜于西帮票号资本家”。

　　尽管票号也做存贷款,然而,存贷款绝不是票号的特色,更不值得拿出来炫耀。在日昇昌票号开业之前,早就已经有账局,账局正是以存款和工商业放款为主。1852 年,太平天国北伐军逼近北京,账局收账跑回山西,原先靠账局提供流动资金的北京市面,顿时一片萧条。这种只提供流动资金,动乱时一跑了之的作风,被后来的山西票号经理“继承”了。

　　相比之下,当年华尔街的摩根银行,在美国还没有中央银行时,在 1907年的金融危机时,为市场提供了最珍贵的流动资金,客观上承担了“中央银行"的义务和责任。一个溜之大吉,一个独撑危局。两种风格、两种境界、两种魄力,已经预示了以后的两种命运。

战乱与票号的关系,并非简单的负面影响。山西票号的几次大发展,可以说都是间接来自于战乱。第一家票号日昇昌的出现,就和白莲教起义阻断运银道路有关。太平天国起义,使得南方各省向北京运银子的道路中断,票号因此取得了汇兑官款的大生意,原来的现银装鞘(鞘是运银的容器),改成了票号汇兑。各地的汇费不同,每 100 两银子,票号收取的手续费多则八九两,少则二三两,油水很大。尽管后来清政府曾经下旨禁止票号汇兑官款,然而,这道命令没有实际效果。八国联军入侵之后,为了支付《辛丑条约》赔款,清政府更是离不开票号。正是汇兑换赔款,把票号的生意带上了巅峰。

对于票号来说,汇兑官款的手续费,只是好处之一;更大的好处在于,汇兑官款的时候,可以将汇兑的官款,放出去赚利息,这项收入带来的利润更大。光绪年间,滚滚而来的银子,叫东家和掌柜伙计们红利倍增,然而,他们忘了自己一直在悬崖边走钢丝,由于缺乏居安思危的忧患意识和改组银行的魄力,注定了几年之后的票号大溃败。

第四节　票号的家数

清代后期光绪年间,票号进入鼎盛期,每家票号分红多者高达二三万两,少者亦达一万余两。全国各地共有 700 家票号存在。《山西票号史料》第 468 页,清末票号在全国各地分号家数统计为 95 地 475 家。此数有遗漏,实有家数远多于此。例如该书称沈阳有 9 家,但同书 1 266 页,光绪三十四年奉天商会档案记载则有 11 家,漏掉 2 家;另如第 817 页记载成都有票号 13 家,而该书称成都有 10 家,漏记 3 家。其他,如哈尔滨、保定、承德、清江浦、宜昌、香港、百色、康定、里塘、喇嘛庙、文水、徐沟等有票号的地方也都漏掉。再如汉口,光绪七年有票号 32 家,而该书表中只记 22 家,漏掉 10 家。经过笔者对《山西票号史料》一书反复考证,前后参阅,发现漏掉有票号的地方和票号家数实多记少的情形确实存在。又经过半年多的仔细考证,逐一核对,发现清末全国各地共有 700 多家票号,远不止 475 家。

表 10-7 清末全国各地票号家数统计表

地名	家数	地名	家数	地名	家数
沈阳	12	南京	10	开封	10
锦州	8	安庆	1	禹县	1
安东	1	芜湖	1	洛阳	1
营口	10	正阳	1	周家口	10
哈尔滨	1	济南	12	孟县	10
长春	1	多伦	1	道口	1
吉林	1	赤峰	1	清化	1
北京	31	热河	1	怀州	1
天津	24	周村	10	西安	19
保定	1	济宁	1	沙市	11
承德	1	太原	20	长沙	10
恰克图	1	太谷	25	湘潭	10
苏州	20	忻州	10	常德	10
上海	25	解州	10	成都	13
镇江	10	运城	10	重庆	15
淮安	10	新绛	10	万县	1
扬州	10	汉中	1	广州	10
清江浦	2	三原	10	香港	1
通州	1	兰州	10	汕头	1
张家口	21	宁夏	1	梧州	10
兴化	10	凉州	10	桂林	10
泊头	10	甘州	10	百色	1
库伦	1	肃州	10	云南	1
介休	10	迪化	10	贵阳	1
张兰	10	福州	10	丰镇	10
文水	1	厦门	10	赊旗	1
宗艾	1	杭州	1	泸州	1
平遥	20	南昌	10	巴塘	1
汾阳	10	武昌	1	西芷	1
大同	10	汉口	32	自流井	1
河口	10	宜昌	1	雅州	1
交城	1	打箭炉	1	里塘	1
徐沟	1	祁县	23	喇嘛庙	1
徐州	1	曲沃	10		
亳州	1	归绥	20		
合　　计				103 地	766家

第五节　李宏龄——票号改革家

一、李宏龄其人

李宏龄（1847~1918 年），字子寿，山西平遥县源祠村人。平遥是山西票号三大帮之一的发源地，其地"当四达辐辏之冲，晋商汇号聚施于斯"①。李宏龄先世以业商致饶，后遭战乱中落。同治初，李宏龄学贾于本县某钱庄，学成而钱庄败。同治七年（1868 年），经同乡曹惠林推荐，入蔚丰厚票号。该票号的财东是山西介休北贾村侯氏。资产很雄厚，据《清稗类钞》记载，侯氏的资产达七八百万银两。侯氏所开办的票号、商号"几遍行省"，除蔚丰厚票号外，还有蔚泰厚、蔚盛长、天成亨、新泰厚票号，蔚新长、义盛长、同裕成、同裕达等钱庄及商号。这些票号、商号在当时都很有气派，在用人上要求很严格，不仅须有可靠的保荐人，而且要进行严格的业务考核，合格者方可录用。李宏龄经邑人曹惠林介绍而入号，以他的才干，渐为主事者所器重，先后担任过蔚丰厚票号北京、上海、汉口等分庄经理。李宏龄经营票号凡 40 余年，对票号的发展其功甚大。而且为人极重义气，事业发达后，不忘当年的保荐人号人，当曹惠林病故后，曹家极为贫寒，李宏龄便主动负责赡养其妻儿子女十余年，直至其子女长大，能自谋生计。李宏龄又善于观察形势，当清末社会经济发生激烈变化，以汇兑为主要业务的票号发生危机时，李宏龄针对票号业的弊病，率先倡言票号改革。后来，他的票号改革思想和计划，因被守旧派极力阻挠而未果，愤而著述《同舟忠告》、《山西票商成败记》等，详细记述了票号改革的思想、计划和经过。晚年，闲居故里，卒于家。

二、高超的经营管理策略

李宏龄在担任蔚丰厚票号分庄经理期间，值时局激烈动荡，先后发生了甲午之战、庚子事变、两宫去世等事件。在时局变故面前，一些商人常因经营失措，而导致失败，但李宏龄却能独具远见，应付自如，其主管之票号，不仅能免遭损失，而且能予增值，用他自己的话来讲，尚可"聊以自慰"。②为什么别

---

① 卫聚贤：《山西票号史》。
② 李宏龄：《同舟忠告》。

的商人失败而李宏龄能成功呢？经商似同作战，每次战役的成败往往决定于作战思想和策略的正确与否。李宏龄的经商思想，总结起来主要有以下几个方面：

1.眼光独特，能识大体。李宏龄经商不仅考虑本号之利益，而且顾及与本号发生业务关系同行的利益。这样做，可以避免因连锁反应而带来"一损全损"局面的出现。所以，当与本号发生业务联系的商家发生危机时，李宏龄不仅不落井下石，而是设法联合同业，从各个方面给予支持，帮助其渡过难关。光绪二十九年（1903年），李宏龄主持蔚丰厚票号北京分庄时，市面因讹言蜂起，人们纷纷向炉房提兑现银，炉房旦夕即败，政府忧之无计。所谓炉房，即冶铸金银业者，票号及商号都有银存放在炉房。面对京师炉房所处的困境，李宏龄认为如不帮助炉房渡过难关，必将产生连锁反应，影响整个市面。便带头出面联合同业，以巨款接济炉房，市面乃定。光绪三十四年（1908年）冬，光绪帝和西太后两宫先后去世，银市动摇，炉房再次发生危机。李宏龄又一次联合同业给予支持，稳定了银市。于是，京师士农工商各界"莫不交口颂君才贤"，李宏龄"独以任侠、识大体名震京师"。①

2.诚信义利，善待客户。李宏龄认为顾客对商号，好比观众对演员。没有观众，演员无从谈起；没有主顾，也就谈不到商号。因此，顾客和商号，顾客是第一位的。商号要争取和吸引顾客，就必须对顾客讲信义。在这个基础上，顾客就会增多，生意也愈兴隆，达到"人己两益"。庚子事变，京师陷落后，京官走上海者纷纷持京师票券要求在沪兑换银两，而上海诸商皆不予以兑换。时李宏龄正主持蔚丰厚上海票庄，他以事出非常，应当照顾顾客利益，便独排众议，酌量予以兑换。由是蔚丰厚票号名益显，生意愈盛。

3.掌握行情，随机决策。李宏龄认为，经商只要看准行情，该做的绝不放过。而且市场变化多端，不一定都要按总号布置去做，"将在外君命有所不受"，必要时可以灵活行事。光绪十九年（1893年），李宏龄由京赴沪，途经扬州时，恰逢总号有电致扬州分号，令不得收上海之银，否则以违号规论处。扬州分庄的款项大半来自上海，扬州分庄经理白子直接此来电后大为作难，便求教于李宏龄。李宏龄分析形势后，认为扬州照收上海之款有利可图，做生意不能不考虑赔赚，因此主张照收上海之银。不想扬州白子直怕总号责怪，畏缩不敢做主。李宏龄慨然说：这个机会不容放过，如果总号以违令见责，全由我

①陈立三：《平遥李君墓表》。

承担,与扬州分号无关。白子直遂按李宏龄主张,照收上海之银。结果,年终结账获利三万多银两。总号接到账单,得知扬州获利,大加赞赏,殊不知原是李宏龄的主张。李宏龄抵达上海后,适值银市疲惫,生意清淡,经向伙友调查了解,原来伙友对官款汇兑库费、平码等规定不很熟悉,因而不敢贪做。李宏龄认为,官款汇兑利益丰厚,不可不贪,而零星汇兑,则可权宜收之。同时,将库费及平码一一开列,让伙友熟记。不久,上海分号在李宏龄的主持下,生意越做越活,日益兴隆。总号经理侯星垣赞扬说:"狼行千里吃肉,宏龄在上海大为出力,可嘉!"①光绪二十六年(1900年),李宏龄由上海取道汉口返晋。途经汉口时,汉口分号经理侯克明对李宏龄说:"江西奏定每月接济甘饷三万银两,由南昌分号领汇,可是总号信电俱至,让递禀退办。南昌各钱铺闻讯,纷纷来汉口探听汇费,企图领汇。果若如此,则我南昌分号在江西将无立足之地。"李宏龄说:"既然总号措置有误,何不向总号写信说明情由。"侯克明说:"此事我不便插手。"李宏龄说:"总号不知外情,我等岂能坐视成败?我虽是过路人,且不能不管。愿与侯兄联名致信总号,说明情由。"同时,由李宏龄返籍面陈总号。后来,李宏龄返籍向总号陈述后,总号也未提出异议。而南昌方面由于接受了李宏龄的建议,不失时机地抓住甘饷的汇兑业务,大获其利,并且受到了总号的表彰。

4.改换码头,先收后放。所谓码头,就是指票商所活动的商埠。李宏龄认为,票号分庄经理,每到一个新的商埠主持工作,应先收款后放款,不急于求成。光绪二十四年(1898年)五月,李宏龄奉令调汉口主持工作,下车伊始,便命伙友将所有外放款项收回,放款容缓一步后再徐徐去做。是年八月,汉口遭战乱,死伤人数千,烧毁房舍货物无数,是百年未有之大灾。结果,不少商号因放款收不回而倒账,以致歇业。惟蔚丰厚票号汉口分庄在李宏龄的主持下,未受损失,营业照旧。据李宏龄称,他有此举,原是受前辈张徽五的指教。当年,张徽五曾对李宏龄说:"凡改往码头,前任所放款均宜收清,以后再徐徐去做。"李宏龄正是遵此老成之言,而受益匪浅。

5.运筹全局,拓展业务。在山西商人中,由于受封建观念的影响,往往对经商所获利润,不用在扩展业务上,而是把银两窖藏起来。李宏龄很反对这种做法,他主张把所获利润用在扩展业务上,光绪二十九年(1903年),李宏龄回到北京,一友人对他说:"当年八国联军进北京,贵票号怕战乱受损失,曾

---

①《山西票号史料》,山西人民出版社,1990年版,第566~568页。

预先将数万两银两起运回原籍，不想标营刚出彰义门，就被歹徒抢掠而去。我想当年若是老弟在京主持，断不会将这么多的现银运回山西，而是在京接济众商，这样时至今日生意变化将无穷矣！"友人的肺腑之言，使李宏龄颇为感动，叹道："生我者父母，知我者鲍叔也。"①

三、力主票号改组银行

（一）国内外同行的激烈竞争与票号业务流失

清季，正当票号业务繁盛之际，却遇到了新的困难。首先是来自现代银行的挑战。从光绪二十三年（1897年），中国通商银行成立之后，到1911年，国内一共设立了官办和商办银行17家，他们所拥有的资力虽各不相同，但都以开展汇兑为主要业务之一，这便使一向以汇兑业务为主的票号受到影响。掌握中国通商银行全权的盛宣怀就说过："惟承汇官商款项，必须格外迁就招徕"，"通商银行不赚亦要收，况西号（按：指票号）亦未必有此章程。"②显然，通商银行是针对票号而争夺汇兑业务。此后，盛宣怀又恳求清政府"敕下户部通行各省关，嗣后凡存解官款，但系有通商银行之处，务须统交银行收有汇解"。③经过盛宣怀的多方拉拢，使通商银行在官款的收存和汇解上也获得了一定的数额。之后，户部银行和交通银行分别在光绪三十一年（1905年）和光绪三十三年（1907年）成立。他们利用清政府的特权，对票号的业务造成了更大的威胁。户部银行总号在北京、上海、天津、汉口、库伦、恰克图、张家口、烟台、青岛、营口、奉天等地都设有分号。1906年，清政府批准，凡设有户部银行分支的地方"应行汇解存储款项，均可随时与该行商办"。④接着，在《议改各省解款章程》中规定："凡各省如有应行汇解部之款，一律由户部银行总交京师，其未设银行之处，暂仍其旧，待银行成立之后，再改新章。"这些规定，严重地影响了票号的汇兑业务，通商、户部、交通银行利用各自所握的权力，在汇兑业务上因利乘便，有力地削弱了票号一向据有的优越地位。据统计，1906年票号汇兑公款额达2 250余万银两，其后逐渐下降，到1911年只剩下530万银两，几乎减少3/4以上。

其次，外资银行极力与中国票号争夺汇兑业务。到19世纪末20世纪初，

①《山西票号史料》，山西人民出版社，1990年版，第568页。

②《中国通商银行董事会文件》卷1。

③盛宣怀：《愚斋存稿》卷2。

④清档度支部档案，光绪三十三年十月银行科北档房呈裕字第9号。

外国银行在华势力日益扩张,对票号的业务造成极大的威胁。如天津对上海的棉纱款项年汇兑额约1 000万两,其中由外国银行经办的竟占一半。中国钱庄、银号经办的约占30%,而票号经办的只占20%。江西巡抚李勉林曾说:"近年通商口岸洋商亦多设银行,西商(按:指山西票号)之利,稍为所夺。"①

(二)只有改革票号,组建银行才有出路

国内银行和外国银行势力扩展对票号造成的威胁,京都祁县、太谷、平遥票帮分庄致山西总号的公函中曾有详尽叙述,该函称:甲午、庚子之后,票号经营渐见困难。其原因"固由于市面空虚,亦实以户部及各省银行次第成立,夺我利权;而各国银行复接踵而至,出全力与我竞争。默计同行二十余家,其生意之减少已十之四五,存款之提要,更十之六七也。即如户部银行所到之处,官款即归其汇兑,我行之做交库生意者,至此已成束手之势。我行存款,至多不过四厘行息,而银行则可行五六厘。放款者以彼利多,遂提我之款,移于彼处。且彼挟国库、藩库之利,有余利则缩减利息,散布市面,我欲不解不得也。不足则一口吸尽。利息顿长,我欲不增又不得也。彼实操纵大权,我时时从人之后,其吃亏容有数乎?至于外国银行,渐将及于内地,所有商家贸易、官绅存款,必将尽乎所夺。"②久住沪、汉见多识广的李宏龄,对于山西票号面临的形势,也有一个比较深刻的分析。他说:"同治以后,东西洋各银行,已渐次侵入,夺我利权。迨经庚子之变,中国当道注意财权,大清银行之议,遂遍于全省。夫论信用力之强弱,我票商经营二百年,根深蒂固。何事不堪与人争衡,而银行一设,未免相形见绌者,其间亦自有故。以存款而言,彼则五六厘,而我则四厘也。以运款而言,彼则钞票,而我汇兑也。而且金库全归该行,贷借必有抵押,已难相提并论。而尤足寒心者,一遇倒账,外洋银行则凭借外力,大清银行则倚仗官权,同属财产关系,而彼各挟势力以凭陵。"③其实,早在光绪三十年(1904年)清政府组织户部银行时,曾请山西票号入股,并请票号中人组织银行。无奈山西票号总号主持人,大多墨守成规,不惟不愿入股,即人员亦不准分庄派员参加,以致坐失良机。户部银行改由江浙绸缎商筹办,这便是后来江浙财团兴起的最初经过。光绪三十四年(1908年)李宏龄鉴于票号大势已去,认定只有改组为银行才有出路,乃于游历过日本的祁县票商渠楚南一起,

① 江西巡抚李勉林复奏:《申报》1901年7月2日。
② 陈其田:《山西票庄考略》。
③ 李宏龄:《山西票号成败记》。

联合京都祁、太、平三帮票庄,致函山西总号,要求改组为银行。同时,致函各地票庄,征求意见。各地票庄纷纷来函,表示响应京都票庄的建议,要求改组票号。李宏龄在《山西票商成败记》中记述着这件事情的经过时说:"宏龄自幼肄业票庄,目睹时局至此,非改组银行,无以收权利平等之效。适戊申(1908年)春驻京师,与渠学士楚南商定改组章程,先函达总号,商酌四次,当面陈述者两次。是岁冬渠学士返里,复亲莅各总号,开陈利害。"京都各票庄在李宏龄的带头下,也联名致函总号,陈述改组银行的必要。函中称"……晚等焦灼万分,彷徨无措,连日会商,自非结成团体,自办银行,不足以资抵制,不足以保利权。盖开办银行如押款、担保等事,票号所不便为者,银行皆照例为之,倒账可无虑也。况既为银行,如保护等事,票号所不能享之权利,银行独能享之,生意可发达也。兼之资本雄厚,人位众多,自可多设分庄,即外洋各埠皆可逐渐分设,挽回利权,难以数计。以我晋商之信用,票号之殷实,不难为中国第一商业。且权在票号,操纵仍可自如;人皆晋人,生计可保不绝。又何乐而不为哉?或虑出资后将有亏折,将何以处?不知银行可定为有限公司,即使亏折殆尽,不过其已出之资,不能再认赔累也。平时多积公积,即防亏折,又虑无人可用,不知银行为票号公开,每家不过酌拨数人,已足敷用,无庸再事搜罗也。又虑界限不清,生意难做,不知公开银行,正如我晋之开小号字号,做东另立账簿,另占地方,获利之后,按股均分,均不虑其混淆也。或问开银行后,即可保票号不废乎?不知正以票号不能久存,故立银行以补救之,纵使票号尽废,有银行尚可延一线生机,否则同归于尽而已。"①同时,李宏龄还与同仁制定了票号改组为银行的具体计划,该计划称:①每家各出资本银三、五万两,作为有限公司。②集股本500万两,每股100两,每月4厘行息。③银行应名为晋省汇丰银行,悉尊票号做法,略改其不便之处,以合银行规则。④公举熟习商情、声望素孚之人充银行经理。已商请渠氏出任经理,渠氏甚为欣允。⑤银行成立后,除内地繁盛各处均设分庄外,可渐推及各国商埠,以保本国利权。

（三）保守势力的阻挠与流产

但是,由李宏龄发动的这一票号改革计划,遭到了总号守旧派的极力反对。李宏龄在《山西票号成败记》中记述说:"其时,各号之执牛耳者,首推总号某公,闻之大不为然,于是一般庸庸碌碌无敢异议号事之隆替、股东之生死关系也。而各号执事决如此之大计,竟不商之股东。为之东者,亦甘被欺蒙,视

---

①陈其田:《山西票庄考略》。

吾言为无足轻重。诗云:诲尔谆谆,听我藐藐。人心如此,尚信所至,居然异口同声,函劝总号,谓不及早变计,后将追悔无及,方期众志可以成城。不料某公阅之,乃愤然曰:银行之议,系李某自谋发财耳。如各埠再来函劝,毋庸审议,径束高阁可也。宏龄至是如冷水浇背,不得不闭口结舌,而筹办银行之议,烟消云散矣。"李宏龄在这里说的总号某公,即指蔚泰厚票号总经理毛鸿翰。当时,山西祁县、太谷、平遥三帮票号虽有 20 余家,但以平遥侯氏的"五连号"(即蔚泰厚、蔚丰厚、新泰厚、蔚盛长、天成亨)势力为大,在"五连号"中又以蔚泰厚票号势力最大,故蔚泰厚票号总号经理毛鸿翰在各票号中影响最大。但毛鸿翰从光绪二十四年(1898 年)出任蔚泰厚总号经理以来,长期住在平遥县城,对于外界一切大事,漠然不知,加之已经 66 岁,精力衰落,思想保守,意在维持。这样,李宏龄等发动的票号改革计划,就在毛鸿翰等为代表的一些守旧势力的阻挠下成为泡影。

四、历史见证改革家的远见卓识

李宏龄虽是个商人,但他不是一般的商人,而是一位具有政治头脑,观察事物敏锐,洞察时局,具有进取精神的商人。李宏龄对于封建主义、帝国主义对民族商业的压迫,具有一定的认识。他在《山西票商成败记》中说:"遇倒账,外洋银行则凭借外力,大清银行则依仗官权,同属财产关系,而彼各挟势力以凭陵,如丁未营口东盛和之事,银行收十成而有余,票行收五成而不足,尚何公理之可言哉?"一个封建社会的商人,能对封建政权和外国资本主义对民族商业的压迫,作出如此比较深刻的分析,的确是很不简单的。当然,他的这一思想认识,与他平时好学,了解世界形势分不开。陈立三在《平遥李君墓表》中称赞说:"君虽治商,而好读儒生性理诸书,有所得报,膺而躬行之,所与游多一时之名士。"又如,李宏龄思想比较开放,具有开拓精神,在人与物的矛盾中,很重视人的主观努力。前述扬州票号和江西票号业务,在与总号要求向背时,李宏龄就能不拘泥于总号的要求,主张灵活行事。关于票号的前途,李宏龄也认为只要改革就会有前途,而这要靠人的努力。当票号改革计划遭到守旧者的破坏时,他质问道:"果天数乎?抑人事乎?愿以质诸世之有识者。"[1]面对金融业这一大变革,李宏龄率先发动票号改革,可谓有远见之举。尽管"诸大号主者皆不用",结果,"不数年国变作,全国俶扰,汇商业遂不

---

[1]李宏龄:《山西票号成败记》。

支,——如君言"。①但李宏龄的票号改革思想,确实代表了当时商人中的进步思潮。而今,我国资本市场已对外开放,外资银行从 2006 年 12 月起已准许经营人民币业务,国有商业银行的股份制改革刚刚起步。虽时代有别,但中外银行的竞争难免,我们或许应从票号的教训和李宏龄的改革主张中得到一些历史启示。

第六节　票号衰落的国内外历史原因反思

晋商在明代借助开中法崛起,明中后期形成商帮。到清代中叶,晋商实现了商业资本向金融资本的飞跃,创办票号,汇通全国,货流天下,走向鼎盛,一度执全国金融界之牛耳,在中国近代金融界活跃了近百年。但到 19 世纪末 20 世纪二三十年代,由于受到国际上资本主义世界第一次经济危机大环境的影响和国内封建王朝制度的更替,以及中外银行的排挤,票号逐渐走向衰落,直至最后消亡。

一、票号衰落前后的国际经济政治大环境

19 世纪后半期(1879~1915 年),世界各主要经济大国均实行金本位制,国际金融体系平稳运行半个多世纪。同时,伴随着工业革命的成功,西方新兴的各资本主义国家纷纷到中国进行武装侵略,殖民掠夺,倾销商品和输出资本。19 世纪四五十年代以后,中国自给自足的自然经济随着第一次鸦片战争后的五口通商,缓慢被动地被卷入世界资本主义市场。但到 19 世纪末至 20 世纪二三十年代,国际经济、货币、贸易、金融体系剧烈动荡和急剧混乱。由于帝国主义列强对殖民地的争夺引发了第一次世界大战,战后恢复金本位制的努力又惨遭失败,触发了 1929 年到 1933 年世界性的经济大萧条。其中银行的大规模倒闭是导致大萧条最直接的原因。仅美国银行倒闭的数量从 20 世纪 20 年代平均每年的 500 家左右上升到 1930 年的 1 350 家,1931 年的 2 293 家,1932 年的 1 453 家。受其国际经济大环境和国内政局的影响,中国在 19 世纪八九十年代也相继爆发了几次金融风潮。

———————————————

① 陈立三:《平遥李君墓表》。

二、国运日衰,票号陷入越来越艰难的境地

票号自 19 世纪 90 年代以后,因保守、缺乏开拓精神和丧失 4 次改组银行的机会,日益走向衰落。票号兴起于清代鼎盛时期,衰败于清末民初政治腐败之时,兴衰都和当时的社会环境有关。

崛起于明中叶的晋商,入清以后,在康雍乾三朝由兴而盛,得到了空前的发展。清道光初年票号的创办,可以说正是其发展兴盛的一个重要标志。原因除了晋商自身的奋发图强及其与清政权结托之外,在客观上与当时国运的昌盛,为它提供了比较广阔自由的市场天地有关。清入主中原后,经过康雍乾三朝一个多世纪的励精图治,成为世界东方的泱泱大国。正是国家命运的昌盛,康乾盛世的出现,才使晋商乘势而起,其势力在国内迅速扩张的同时,还伸展到了俄罗斯、日本、印度、东南亚地区,并且成为恰克图中俄贸易中的主角。

然而,从乾隆中期以来,清政府安于现状,人为地与世隔绝,既无视西方国家工业革命后迅速崛起,更没有忧患意识,洞察西方列强正在不断扩大其殖民统治,企图对世界进行瓜分的严重形势。"持盈保泰"定然满而招损,导致国运的衰微。正如马克思所指出的:"一个人口几乎占世界三分之一的大帝国,不顾时势,安于现状,人为地隔绝于世界并因此竭力以天朝尽善尽美的幻想自欺。这样一个帝国注定要在一场殊死的决斗中被打垮。"仅仅过了近 100 年,一些迅速崛起的西方国家,便向自诩为天朝大国的清帝国耀武扬威,用坚船利炮轰开了帝国的大门,鸦片战争后,中国国运日衰,越来越深地陷入被动挨打割地求和的屈辱地位。

鸦片战争后,随着《南京条约》、《虎门条约》、《望厦条约》、《黄埔条约》、《天津条约》、《北京条约》等一系列不平等条约的签订,清政府割地赔款,丧权辱国。列强强迫清政府开放的通商口岸由起初的五口不断增加,租界日益扩大,内地航行权、内地开矿权、内地收购权、铁路修筑权,以及贸易、关税自主权相继丧失,大片国土被掠夺。而甲午战争后,列强又掠取了在中国的口岸设厂权、税收控制权和对中国政府的贷款优先权等等,更使国家备受蹂躏,陷入万劫不复之惨境。在国家主权丧失,中国愈来愈深地陷入半殖民地半封建社会的情况下,晋商纵有浑身解数,也很难施展,它在与外商的商贸活动中,已无平等竞争可言。非但如此,清政府为避免因商衅而引起的争端,又往往对晋商进行压制或令其捐纳大笔银两。晋商在这内外双重压迫下,只好忍气吞声,这从它与俄商在茶叶贸易中的前后变化上,便可以清楚地看到国运

衰微对它造成的严重损害。本来，晋商经过百般艰辛开拓出茶叶之路后，在道光十七至十九年（1837~1839年）间，它从恰克图每年输往俄国的茶叶达807万多俄磅，价值800万卢布。可是，第一次鸦片战争后，1851年沙俄强迫清政府签订的《伊犁塔尔巴哈台通商章程》，使俄商享有在伊犁、塔城修造住房、货栈，以及免税贸易等特权，并在茶业贸易中挤垮晋商。

清中后期，票号承担了清政府的京协饷等巨额款项的汇兑、借垫，以及战争赔款、借款的筹措和债券的发行重任，表面上看起来似乎使晋商的荣耀显赫一时，但实际上所暴露的却是清政府国库的空虚，财政的拮据和中央集权制的削弱，反映的是清政府政治上的腐败无能与经济上的权益丧失。

因此，国运昌盛，百业兴旺，国运衰微，百业凋敝，此乃亘古不变之理。在清王朝江河日下这样一种趋势下，票号的命运是不会从根本上好起来的。

三、西方资本主义经济掠夺，加速了票号的衰落

19世纪40到90年代，西方帝国主义对中国经济侵略活动的扩大和加深，加剧了中国国家命运的衰败，并因此而加速了票号的衰落。

自鸦片战争后，帝国主义将其商品向中国大量倾销，并在航运业、工矿业、金融业不断增加资本输入，这不仅使票号已占有的商品销售市场和客户来源日益缩小，而且也因此构成了对票号业务的严重威胁。《北京条约》签订的第二年，赴晋售卖货物的外国洋行仅有英国天津洋商宝顺行1家，但仅仅过了10年，到同治九年（1870年），即增加到英、德、日、美、法、荷兰等6个国家53家洋行。这些洋行将洋布、棉纱、百货、日用、化妆、五金、文具、食品等货物大量输入山西，"1861年，进入天津港的船只222只，总吨数54 322吨"。①到光绪二十一年（1895年），"进入天津港的商船已达1 052只，输入货物971 964吨"，②货物输入量是1861年的近18倍。山西当时被各洋行视为是"华北商业都会"。由此可知，输入山西的洋货不能不占很大比重。并且，各洋行还对山西的土特产大肆收购，最多时有35家。他们在大同、忻县、交城、寿阳、潞安以及晋南等地，大量收购各种生熟皮张、羊绒、羊毛、驼毛、皮衣、皮袍、皮褂、草帽辫和蚕茧、丝麻等土产。这些土产的价值，在光绪三十年（1904年）即达白银346万多海关两，直至宣统三年（1911年）这一期间，每

---

① 《商务报告（1866~1868年）》，天津。
② 佟飞：《天津开埠初期的洋行和买办》，《天津日报》1964年4月22日。

年都维持在 200 万～300 万多海关两。①不仅如此,晋商在国内外其他商埠的贸易额也因洋货的大量倾销而逐渐减少,过去一些被晋商基本垄断了的商品供给基地,也被外商相继掠夺而去。如晋东南长治的荫城,在乾隆、嘉庆时,即已成为全国铁货集散中心,铁货"行销全国,每年交易额达一千多万两"。1870 年德国人李希霍芬来山西后说:"在欧洲的进口货尚未侵入前,是有几亿的人是从凤台(晋城)取得铁的供应的。大阳(晋城市大阳镇)的针供应这个大国的每一个家庭,并且远销中亚一带。"可是,"如今欧洲的五金货物的竞争,限制了这种贸易,以致销量仅限于中国北部"。而外国机制针向中国的输出,却与年俱增。同治六年(1867 年),洋针进口量价值白银 53 671 海关两,到光绪七年(1881 年)增加到 334 969 海关两。因而,1887 年以后,"几乎没有人再使用土针了"。

如果说,外国商品的大量倾销对票号的影响,比较而言,还是间接的话,那么列强为扩大对中国的经济侵略,在并不减少其商品倾销的同时,继而又向中国进行的大规模工矿业、运输业和金融业资本输出,则更使票号雪上加霜。据统计,甲午战争前,在华设立的外资银行仅有 7 家,其分支机构 15 个,而从 1895 年到 1913 年间,即增加到了 13 家,其分支机构也扩展到了 85 个。19 世纪 70 年代,在华的外资银行,其业务主要是侧重于外商和本国洋行贸易商的汇兑,以及向其本国在华所设工矿、运输企业的贷款,极少对华商放款

借贷。从 19 世纪 70 年代开始,在华外资银行不仅利用其设备完善,办事效率高,汇兑费用低的优势,将一批原来靠票号汇兑的商家争夺到了自己的名下。而且,为使所存大量资金通过流通获取利润,又以低于票号的利率,放贷于沿海和长江中下游地区正在日益兴起的钱庄。

---

① 《山西外贸志》(上册,初稿),1984 年版,第 132~135 页。

同时,外资银行依恃其雄厚的实力,通过政治借款,发行纸币,很快垄断了中国的金融财政。英人赫德长期把持中国海关。在此情况下,山西票号由内地向南方沿海发展的势头,受到挫折,并遭外资银行掀起的几次金融风潮冲击,加之清末以来,中央和各省为解决财政困难,又设立了一些新式银行和省官银钱局,票号受到中外势力的夹击。

四、科学技术的落后,使晋商失去了竞争能力

市场经济,实际上就是在价值规律支配下的商品竞争经济,商品竞争能力的强弱,有着多种因素,其中生产商品的科学技术的发展程度如何,则是一个十分重要的因素。晋商走向衰落,固然是由多方面因素凑成的,但中国科学技术的极其落后,不能说不是一个重要的原因。

19世纪60年代前后,当清政府中不少人把西方国家的一些科学技术还视为"奇技淫巧"而不屑一顾,在要不要学习吸收西方先进技术"以夷制夷"的问题上争论不休的时候,西方国家已经在广泛地使用蒸汽机、珍妮纺织机,许多科学技术也已被应用于机械、冶金、铁路交通和海上运输,从而使其社会生产力空前提高。正因为如此,在列强争夺殖民地的大高潮中,不但用枪炮轰开了大清帝国紧紧封闭着的大门,而且通过对中国攫取的各种特权,将其商品源源输入生产力落后而市场又十分广阔的中国。

西方国家输入中国的商品由于都采用机器成批生产,在运输上又使用了大马力的轮船,再加上它在关税上享受的种种优惠,所以,成本低廉,质量也好,在市场上有很强的竞争力。鸦片战争前后,中国的对外贸易还处于出超地位,但从1877年起,便变为入超。列强通过向海外不断进行的殖民掠夺和国内资本的积累,在大量向中国输入商品的同时,又将其巨额资本用于中国开办航运、轮船修造、矿山开采、土特产品加工以及金融业。

再从当时曾称雄于中国商界的晋商来看,它所经营的商品,多属农副业产品和手工业产品,而这些产品的生产又几乎是延续了几百年乃至上千年的那些传统技术和工艺,设备十分落后陈旧,生产规模狭小,因此,产品的成本大,价格高。这样,在与洋货的竞争中,就很难占到优势,由以往的上风逐渐退至下风。如山西的铁业制品,曾经是晋商经营的主要商品之一。由于山西无烟煤极多,可就地取材,遂形成特别炼铁方法。当南方几个产铁地因森林砍伐严重,致使木炭缺乏,冶铁业渐衰后,山西铁业即代之而兴。"直至十九世纪之中叶,以一隅之地竟足以供给全国,其行销远及欧洲。"可是随着洋铁和洋铁

制品的源源涌入,晋商经营的土铁及土铁制品,其数量便急剧下降,有的甚至再无人过问。土铁和其他土铁制品几乎被洋铁完全代替,以致山东烟台海关贸易的一份报告中,忧心忡忡地说道,洋铁销售"很可能一年比一年地增加下去"①,这意味着晋商销售的土铁将会一年比一年地减少下去。

科学技术的落后,不仅使晋商在商业贸易上受到限制,而且对它所经营的票号也产生了极为不利的影响。当票号于太平天国运动后期正走向兴旺之时,却受到了在华外国银行的严重挑战。因为19世纪70年代初期,列强通过运用先进科学技术,使交通、通讯方式发生了很大变化。1871年,上海与伦敦之间海底电线接通后,欧亚之间商业信息传播的迅速,不但使上海的外国洋行可以及时掌握两地间某些商品的行情,据此而购进或售出可以得利的货物,而且,上海的外国银行,也能够随时了解上海及伦敦以及欧美日汇划之时价,并以此向天津、汉口、烟台等地之外国银行通报信息,定出铜钱、洋银之时价与利息。因此,这些地方的外国银行,于当日上午11时前即可定出本日汇划时价。外国银行正是利用先进的通讯工具,通过对汇划时价的随时确定,控制了中国金融市场,并从中外两种汇划时价的时差中牟取巨额利益。同时,通过对商品信息的及时掌握,操纵着中国的商业贸易,它们一方面积极贷款给本国洋行,以增强其在商业贸易上同中国商人的竞争实力,另一方面则欲擒故纵,采取对华商的贷款"限时归还"或当货物交易进入频繁紧张时刻却不肯放款等手段,来控制华商。上海在19世纪70年代到20世纪初发生的几次金融风潮,正是外国银行操纵中国金融和贸易市场的结果。而晋商的票号,由于通讯联络设备的落后,致使其信息不灵。19世纪80年代初,在上海发生的金融风潮中,山西的蔚长厚等家票号所以受到很大损失,就是因为当上海金融市场已潜伏着危机时,它们仍放款于泰来钱庄,可是在市场急需大量资金周转时,外国银行却一反常态,拒绝给华商短期信用贷款,由于泰来钱庄的倒闭,使票号贷给它的7万多银两付诸东流,于是票号纷纷要求收回通融钱庄的贷款。正因为信息不灵,票号在有些场合不得不跟着外国银行行事。这次金融风潮后期,当银行拒绝提供拆款后,山西票号又改变了原来暂不拿回贷款的做法。这样,票号不但在经济利益上受到很大损失,而且其做法也招致了社会的微词,影响了它的信誉。

① 《山西金融志》(上册,初稿),1984年版,第144~146页。

五、晋商与清政府的结托导致了自己的苦果

晋商与清政府及其封建官僚的结托，虽然给它带来了巨大的利益，但是却也给它的衰落埋下了深深的隐患，最终随着清王朝的垮台而走上衰败，真可谓福祸相倚，成败于斯。可以说，晋商与清政府及其官僚的结托是导致它衰落的重要原因之一。

晋商衰落的隐患，其实在康乾时期，即已潜伏，而咸丰初年推行捐输、捐纳后，则初露端倪，及至它承担了清政府京协各款的汇兑、借垫后，这种隐患更为加深。因为当初在统一、平叛的用兵以及皇帝的巡幸活动中，晋商的不俗表现，虽然是对国家的"报效"，但因此却也使朝廷觅到了一个可以挖掘利用的财源。果然，捐输一法推行后，尽管晋商已竭尽全力，捐输了巨额银两，清廷也明知山西商人"急公好义，踊跃输将，数已不少"，可是由于朝廷财政紧张，"库藏支拙"，仍以"山西较之各省尚称富裕"为由，于咸丰三年（1853年）又先后5次发出谕令，要求山西商人再行捐输。晋商在咸丰六年（1856年），又捐输白银201万两，几年来山西商人先后共捐输白银"数逾千万"。这就使晋商在财力上受到无底洞一般的损伤。晋商为求得虚假功名进行了大量捐纳，则正中清廷下怀，结果是朝廷得了实力，晋商大破其财后，得到的只是一些空名，这又使晋商丧失了不少元气。而这并非事情的全部，捐输、捐纳的推行，看起来对于朝廷克服财政困难发挥了一定作用，但它所产生的负面影响确实至深且巨。各级官员为了邀功请赏，在捐输中对百姓的强摊硬派，巧取豪夺；在捐纳中，从中央到地方各级官员的上下其手，中饱私囊，再加上票号、钱庄的从中拨弄，凡此，都不能不引起百姓与朝廷的对立，并极大地败坏了吏治，从而加速了清王朝的腐败。因此，清政府推行的捐输、捐纳，从整体和长远来讲，可以说是得不偿失，甚至是饮鸩止渴。而晋商在其中的积极活动，不仅没有给自己带来什么实际的利益，反而在财力上受到了很大损失，并且，由于它的推动，在加速了它依赖的清王朝的没落的同时，也造成了自己生存发展的危机。

清王朝被推翻后，票号就没有上次那样幸运了。战乱中，兵匪的劫掠和纸币的贬值，使票号受到了很大损失，如日昇昌票号在四川、陕西各庄的损失，以及清室贵族的放款，就"总计损失白银300万两以上"。天成亨票号仅汉口、西安、成都3处，即被土匪抢劫现银100多万两，待大局已定，共计损失200多万两。但更多的损失，则是因清政府而蒙受。清政府因用兵对票号催逼

提款,大批官员对票号的倒账和追索,像一条条绳索套在了票号脖子上,勒得它喘不过气来。因此,票号与清政府的结托,不能说不是其衰落的一个主要原因。换句话说,票号与清政府的结托,给自己种下了苦果。

对此,当时票号的一些参与者以及后来的票号史研究专家大都予以认同。如有关日昇昌票号倒闭的原因,1915年初的《大公报》就认为,除其"营业之中心在南不在北","两次革命均受绝大影响";"现金缺乏"、"往返折扣"过重,欠外之款项如数付出并按原利未停这三项原因外,所以关闭如此迅速,其中一种即是官逼提款,"广西官府催逼甚急"。其实,类似遭遇,并非日昇昌一家。志成信在北京的分号也是如此,由于它以往放贷于南方省份的大部分款项在辛亥革命中几乎损失殆尽,而清政府提用现款又刻不容缓,结果在应收款400余万两,应付款仅200余万两的情况下,不得不宣告倒闭,号中经理人员连同股东,均被押入刑部狱中。可是,清政府欠票号的银两却"屡恳无效,如铁路(同蒲)即归国有,路矿借款理应清偿",但却无法清偿。并且许多清廷官员也落井下石,他们存于票号之款项催逼提去,而借票号之款却赖着不还,此类款项,仅太谷一家票号就大约有二三百万两,最后该票号因无偿还能力而被北洋政府查封。还有一些票号因所存款项告罄,在债权人的一再逼取下,只好拍卖房产予以清偿。正如曾任过蔚丰厚票号北京分庄经理的李宏龄所说:"辛亥事起,商务破坏,迄壬子秩序初定,除大清银行按照改革成例付之清理外,其余各银行均可恢复原状。独我西帮票商,外欠则处处倒账,欠外则人人提取。"山西商业专门学校的研究也肯定地认为,"辛亥以来,吾晋之商务破坏,不堪言状矣","盖票庄汇兑存款,率多政府军饷协饷,或官僚等私财……故一朝变起,军饷逼提,急如星火,贷款散漫,收集无术,已自有无可奈何之势矣。"陈其田则指出,辛亥革命中,山西票庄损失尤甚,"因为票庄的繁荣是依附清廷的官僚而来,一旦官僚消灭,票庄无说凭依,自然不能存在,此理甚明"[1]。这就直接道出了票号与清廷及其官僚结托后荣辱与共的因果关系,说明了票号衰落的一个重要原因。

从这里,也可以清楚地看到,在腐朽的封建制度下,包括晋商在内的商人们,为了寻求政治上的保护和经济上的利益,往往不得不以金钱与统治者结托,实际上正是这个制度导致了晋商的必然衰败。由于统治者对商人们的恩赐与倚重,主要的并非为了商业的发展,而是要通过对他们的利用驱使,更好

---

[1]陈其田:《山西票庄考略》,商务印书馆,1937年版,第41~42页。

地维持其专制独裁统治,在封建制度行将没落的情况下,更是如此。所以,商人们为寻求统治者庇护所投入的资本,是要担很大风险的,它要比在市场竞争中的风险更大更多,晋商的最终衰落,再一次说明此点。

六、浓厚的小农意识

晋商大多出生于农民家庭,即使后来成了世家大户的商人,他们也多是在其家乡安土重建,而他们活动的场所主要又是中国的广大乡村,因此,在自然经济基础上产生的小农意识,不能不影响到他们,给他们事业的发展造成消极作用。这是晋商无论如何也躲避不开的客观事实。

小生产意识或农民意识,最突出的表现就是稍有成就即安于现状,不思进取,很少有开拓精神。再就是目光短浅,不能够高瞻远瞩。这种表现,在晋商身上也比较明显。他们所持的"守成求稳""持盈保泰"的治商方略,他们不谙时势,对一些良机的错失,正是其小生产者意识的突出反映,也是其走向衰落的重要原因之一。如在票号股份上,晋商实行的"倍股"、"预提护本"制,这本是无可厚非,但它在整个股份中因此所占比重过多,则不能不影响到金融业务的扩展,大多数票号之所以留很大比重的"倍股""预提护本",从表面上看,是为了防止底空,防范金融风险,而实际上恰恰反映了晋商求稳怕变的心态。再如在对钱庄的放款上,19 世纪 80 年代以后,随着对外贸易的发展和国内工矿企业的兴起,当许多钱庄通过向外国银行和票号拆借,将其资金纷纷投放于各种企业时,晋商凭借其实力,本来也应该效法钱庄,将资金放贷于企业的,可是晋商担心企业因亏赔无法偿还其借款,而对此表现出了相当的冷淡。仍然固守着只对官方和大商的汇兑和借贷这一经营方略,使自己在这一大好际遇面前与企业的结合失之交臂,错过了一次促使自己发展壮大的机会。但是,另一方面,晋商却因为对金融市场信息掌握的迟钝,及其对外国银行在中国纷纷设立后,中国金融形势的错综复杂性知之甚少,不但在金融风潮已露端倪时仍向钱庄借贷,而且在金融风潮中不得不跟外国洋行之风,结果使自己受到了经济和政治上的双重损失。

特别值得一提的是,晋商在中国新式银行兴起中的麻木与固执。甲午战争后,清政府为挽救其危亡,在推行的新政中,把组建新式银行列为一项主要内容。这意味着,中央新式银行将承担起国家财政金融的重任,由此,过去一直由票号汇兑京协各饷的业务权力,将由国家银行收回,也预示着票号赖以生存的命脉将被割断。然而,晋商对如此严重的危机和挑战却麻木不仁,仍坐在过去辉煌的光环里,沾沾自喜,有恃无恐,总认为他们的票号凭其经济实力和良好信誉,完全可以平安无虞。因此,不但对一些有识之士对票号改革图强的主张斥之为蛊惑人心,而且对于清政府的几次邀票号参加新式银行组建工作,加以拒绝。大清银行成立后,1908年李宏龄与渠本翘曾筹划将祁、太、平三帮票号联合起来改组为银行,第二年,京都的山西各票庄通过各埠山西票庄再次提出改组银行之主意,但都遭到了票号中一些权威人物的坚决反对。正是晋商的因循守旧,不识时务,缺乏战略眼光,"识机知微者寥寥无几",因此,失去了一次次起死回生乃至发展的机会,终于被时代所淘汰。辛亥革命一起,茫然自大,坐享其成之票庄一败涂地。此时,如若各票商资本充裕者,能顾全大局,团结固体,设法弥缝,"虽不能恢复旧观,亦何至全军覆没"。可是,"各庄执事者,私心自己,不顾全局,而财东犹茫然无知,一筹莫展,于是无力者相继倒闭,有力者孤掌难鸣,遂相率而归于衰败之途。说者谓不结团体,谓山西票庄失败所由来。而泥古不变,夜郎自大,财东号掌尽养成一种骄满颓废,全无新识与改进勇气之人物,尤为失败之大原因"。从以往研究晋商学者的这些论述中,可以清楚地看到,晋商存在的浓重小生产意识,确实是导致其走向衰落的一个重要原因。

七、生活上奢侈腐化、挥霍浪费

除了上述客观原因外,一些晋商家族后期生活上的奢侈腐化、挥霍浪费也是票商衰败的原因之一。比如太谷曹氏家族,传至曹克让时,生活糜烂,全家大小每日山珍海味,每逢婚丧嫁娶喜庆之日,大摆宴席。男女老少又皆食鸦片,家中平日存储鸦片达万两以上。家中佣人有300多人,每年家用开支在10万元以上。曹氏入不敷出,最后终因挥霍浪费而破产。又如平遥李氏家中雇有许多佣人,仅老妈子、丫鬟、保镖、护院就有数十人。李氏一家人,生活也是阴阳颠倒。白天睡觉,黑夜打麻将、吸鸦片。吃饭也是想吃就吃,随要随到。有时厨师因火力不旺,就把馒头蘸上油扔到灶火里,以应付李氏一家人的"快餐"。

第十一章
明清时期山西十大著名商家

明清时期，伴随着晋商的崛起和发展，全省各地兴起数十家经商致富的富商巨族。比如明代蒲州王家、张家，大同天城卫薛家。清代万荣阎景李家，平阳亢家，榆次聂店王家、车辋常家，太谷北洸曹家，沟子村贠家，城内孔家，祁县城内渠家，乔家堡乔家，灵石静升王家，平遥达蒲李家、邢村毛家，西赵董家，乔家山乔家，介休张原范家、北贾侯家，北辛武冀家，太原西寨阎家、西坟张家，定襄湖村邢家，临汾下靳王家，襄汾丁村丁家、南高刘家、师庄尉家、北柴王家、南赵杨家，临县碛口陈家，兴县牛家、孟家沟刘家，汾阳城内牛家、西关郑家、赵家堡孙家、杏花村王家，柳林穆家，阳城南安阳潘家，洪洞马二村许家，汾西师家沟师家，定襄河边阎家，长治市郊区中村申家，高平赵家等。关于清代晋中几家富家大族，清人徐珂在《清稗类钞》中有其家产记载，可以说是当时的富豪排名榜。清代山西民间则有"四大财、八小财，七十二家毛毛财"的说法。也是按各家族的财富多少排列的。鉴于介休范氏已有不少研究成果发表，故而略去。

第一节　王、张、马——三位一体的官商联姻巨族

中国封建社会，官商勾结、权钱交易的现象屡见不鲜，给社会经济和下层民众造成了深重的灾难。特别是到明后期，由于社会商品货币经济的发展，金钱拜物教的盛行，官商结合的现象愈演愈烈。许多官商靠皇权的庇护，依仗权势在经济领域的各个方面吮吸国脂民脂，鱼肉百姓，贪污受贿，敲诈勒索，给当时的社会经济造成了巨大的危害。明后期，山西蒲州官商巨族王崇古、张四维、马自强三家既做官又经商，并互相联姻的现象属于典型的地主、商人、官僚三位一体的官商家族。

一、王崇古家族

王崇古（1515~1588年），字学甫，号鉴川，山西蒲州（今永济）人。明代中后期著名将领。嘉庆二十年（1541年）中进士，初任刑部主事，郎中，后外放为地方官，相继担任安庆、汝宁二府知府，不久迁常镇兵备副使。当时适逢倭寇猖獗，东南沿海人民的生命财产不断地遭受损失，而一些明朝军队又腐败软弱无力抵抗，致使倭寇在江苏、浙江、福建一带四处抢掠，无恶不作。王崇古率领常镇军民奋起抗击来犯之敌，将侵扰常镇的倭寇追击至靖江歼灭。之后他又同抗倭名将俞大猷一道逐倭出海，为嘉靖年间中国人民抗击倭寇的反侵略斗争立下了功绩。

王崇古自幼熟知兵法，喜谈兵，又由于抗倭有功，逐升任陕西按察使，河南右布政使。当时明朝的外患，除了东南沿海的倭寇外，盘踞塞北草原的蒙古诸部也是明廷一大劲敌，时称为"南倭北虏"。隆庆初年，王崇古以功升右副都御史，不久又以兵部右侍郎兼右佥都御史，总督陕西、延绥、宁夏、甘肃四镇军务。此时，吉囊子吉能据河套为蒙古诸部酋长，不时地进犯上述四镇，王崇古奏明皇帝，发给四镇旗牌，抚臣得以军法督战，基本上摧垮了占据河套地区的蒙古地区的主力。他"在陕七年，先后获首功甚多"。经过王崇古的苦心经营，西北边陲暂时获安。但活动在河套以东，宣府、大同边塞一带的蒙古俺答部此时又强盛起来，对明王朝的北部边塞尤其是京师重地构成重大的威胁。俺答还招纳以汉人赵全等人为首的亡命徒数万人，日夜操兵练武，治城郭宫殿，自立为王。并且自嘉靖二十年（1541年）起，扰犯边境长达30余年之久，明廷虽对俺答许以高官厚爵，但仍不能制止他的侵扰，闹得明朝统治着坐卧不安，边臣因失事获罪者很多，而且宣大之患在京师附近，属心腹之患，比陕西四镇的边患更让统治者伤脑筋。明廷也曾以高官重金悬赏捉拿赵全，但没有奏效。边兵守将为了敷衍塞责，常贿敌求和，甚至杀边民来冒功请赏，致使敌骑肆无忌惮更加猖獗。隆庆四年（1570年）正月，明廷只得再度调王崇古总督宣府、大同、山西三镇军务，令其担当起守护京畿的重任。王崇古走马上任后，首先大胆改革以往不合理的边防措施，对内严整军纪，严禁边兵出入边境泄露军机，对外则派出大批熟悉蒙古情况的人去刺探敌情，并采取分化瓦解，招降安抚的政治攻势，结果取得了显著成效，更为重要的是，王崇古在宣大总督任内，还不失时机地促成了明朝与俺答的"封贡互市"。

形成"俺答封贡"的起因是把汉那吉事件。把汉那吉是俺答第三子铁背台吉的儿子,自幼丧父,由俺答抚养成人。长大后娶大成比吉为妻,因感情不和,把汉那吉又聘俺答的外孙女三娘子为妻,俺答见其貌美,夺为己有,把汉那吉衔恨,遂于嘉庆四年(1570年)十月率妻子等10余人降明。大同巡抚方逢时接受其投降,并报告宣大总督王崇古。王崇古认为以此机会可以制服俺答,除掉赵全,于是冒着身家性命的危险奏请明廷采用与俺答封贡互市的办法缓和边乱问题。这一建议引起朝廷内部的争议,受到兵部一些保守大臣的非议,他们以敌情叵测,先帝明禁互市为由极力反对。但大学士高拱、张居正却高瞻远瞩,大力支持王崇古的建议。隆庆五年(1571年)二月,王崇古上《确议封贡事宜疏》,提出了处理分贡,互市的八项具体建议,反复阐述了发展边境贸易与安定边防相辅相成的辩证关系。这年三月,明蒙封贡互市的协议正式达成。俺答缚赵全等10余人以献,明廷封俺答为"顺义王",其余蒙古诸首领,也被封都督同知、指挥同知、正副千户、百户等职。明廷准许蒙古各部族入贡互市。这一过程,史称"俺答封贡"。此后,王崇古广招商贩,听命贸易。很快便使布帛、菽粟、皮革自江淮湖广集聚塞下,出现一片贸易兴旺繁荣景象。经济的发展带来了政治和军事的稳定。自此"边境休息,东起延永,西抵嘉峪七镇,数千里军民乐业,不用兵革,岁省费什七。"

表 11-1 王崇古家族世系表

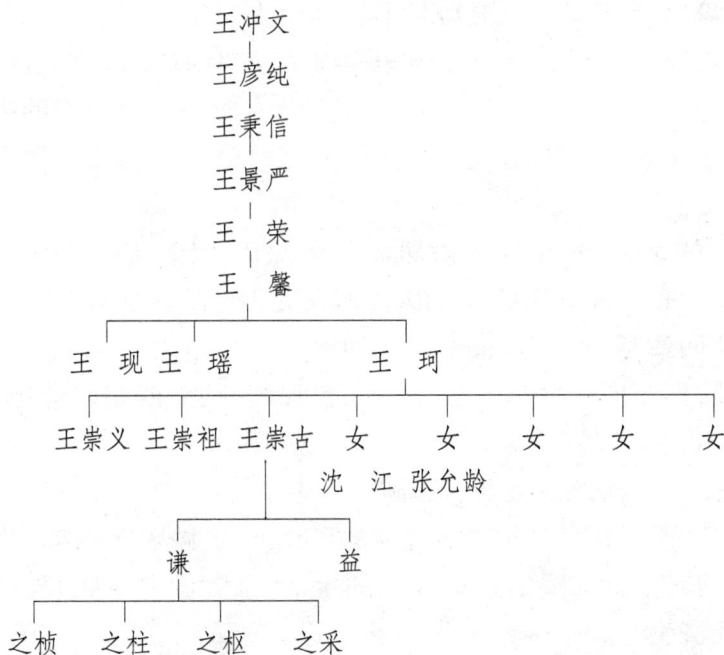

王冲文
|
王彦纯
|
王秉信
|
王景严
|
王 荣
|
王 馨
|
王 现　王 瑶　　　王 珂
|
王崇义　王崇祖　王崇古　女　　女　　女　　女　　女
　　　　　　　沈　江　张允龄
|
谦　　　益
|
之桢　之柱　之枢　之采

王崇古之家明初从汾阳迁到蒲州,在王仲文、王彦纯、王秉信、王景严、王荣明确姓名的祖先中没有官僚。祖父王馨是邓州的学正。到了父亲王瑶这代开始从商。在祖父的任地邓州、湖北襄阳、陕西之间开展贸易,资产日渐丰富,曾经是经营杂货之类,从事"张掖、酒泉之间"贸易的商贾。蓄积大量资本后,又帮助军粮输送。"还把盐卖到淮、浙、苏、湖之间,往复数年,资本丰厚",作为盐商的家族,自己与弟弟保存长芦盐的盐引。王瑶的兄王现即王崇古的伯父也是商人。王崇古兄弟姐妹八人,男三人,女五人。长兄王崇义按父命成为盐商。次兄王崇祖早逝。老三即王崇古。姐妹当中,长姐嫁给侨居蒲州的沈氏家。沈氏也同样是商人之家。

王家第一代成功的商人为王现、王瑶兄弟。他们的父亲为河南邓州学政,大概相当于今天的县教育局长。王氏兄弟是靠自己成功的。王现本来也是读书的,但未成功,遂经商。他曾经向西至洮陇、逾张掖、敦煌,到玉塞、金城。由此转而入巴蜀,沿长江下吴越,又涉汾晋,践泾原,过九河,翱翔长芦盐场之城,最后客死郑家口。他经商40余年,足迹半天下。而且,"善心计,识重轻,能时低昂,以故饶裕,与人交信义秋霜,能析利于毫毛,故乐取其资斧,又善审势伸缩"。"以义制利",王瑶在明弘治年间其父为邓州学政时就"贸易邓、裕、襄、陕间",而且"资益丰"。正德年间又行货甘肃张掖、酒泉间,复货盐淮、浙、苏、湖间,往返数年,资乃复丰。当时人对他的评价是:蒲善士,为养而商也,生财而有道,行货而敦义,转输积而手不离简册。经商还读书,张王两家的第一代人都是经过自我奋斗,诚实经商而成功的。但他们的第二代人成为大盐商,就靠了朝中有人当大官。张王两家的姻亲也都是名震一时的富商达贵。

王崇古的姐妹中,长姐嫁侨居蒲州的沈氏,沈氏是盐商家庭。《条麓堂集》卷28载:王崇古舅沈廷珍"以家务服贾……故南帆扬越,西历关陇",由于善于经商而致富。沈廷珍长子沈江即王崇古长姐之夫,也是商人。王崇古二姐嫁张允龄,即张四维之母。王崇古三姐嫁阎一鄂,四姐嫁监生宁夏,五姐嫁庠生刘一直。

王崇古一生身历七镇,勋著边陲。尤其是封贡一事,促成了汉蒙人民明后期常时期的和平互市的友好关系。他的所作所为主观上固然是为维护封建统治服务的,但客观上对安定边地人民的生活,节省政府军队开支,发展汉蒙两族人民的经济生产,保卫国家统一和促进民族友好确实起到了较大作用,应予充分肯定。

二、张四维家族

张四维,(1526~1585 年)是王崇古的外甥,字子维,号凤磐,山西蒲州(今永济)人,张家也是当地巨族。嘉庆三十二年(1553 年)张四维中进士,选庶吉士,授翰林院编修。隆庆初,充经筵讲官,万历年间入阁,成为明代中后期的重臣。

隆庆四年(1570 年),蒙古俺答部由于"把汉那吉"事件,愿意归顺受封,明蒙"封贡互市"议起,明朝统治集团内部对此事议论纷纷,意见不一。宣大总督王崇古审时度势,力主与俺答进行封贡互市,得到大学士高拱、张居正的大力支持,但受到部分守旧官僚的反对。张四维四处游说,终于促成封贡互市的实现。大学士高拱认为他很有才干,适逢另一阁臣赵贞吉致仕,便想推荐他入阁。隆庆六年(1527 年)正月,隆庆帝死,万历皇帝即位,罢免首辅高拱,由大学士张居正出任首辅,推行改革。张四维的政界靠山已倒,因而他只好暂时退隐称病家居,伺机再起。

张四维出生于盐商家庭,家产厚富,号称素封。据《明史·张四维传》称:"四维家素封。岁时馈问居正不绝。"为了早日重返政坛,他一面每年不停地送厚礼讨好张居正,一面结交慈圣太后的父亲山西人武清伯李伟为内援。万历二年(1547 年),张四维终于得以回朝。第二年三月,张居正请增置内阁成员,推荐张四维入阁,于是他被任命为礼部尚书兼东阁大学士,入预机务。当时,张居正当权,大小政事皆由其裁决。而且张居正对同僚十分蔑视,加之张四维由张居正荐进内阁,故而不敢与之抗衡,张四维只是紧随其后例行公事而已。所以,在张居正任首辅这段时间,张四维虽为阁臣,但政绩平平,无什么建树。万历十年(1582 年),张居正病逝,张四维继任首辅,正式执掌国家大权。由于他原先曲意奉承张居正,因此相互间自然有矛盾摩擦,只是张居正生前,他隐忍不发,不敢公然与张居正闹对立。张居正死后,张四维知道朝野有不少人因改革怨恨张居正,为了收揽人心,便于皇太子出生颁诏天下时,乘机攻击张居正的改革措施。为了进一步笼络人心,张四维招引名士,将张居正的政敌及部分受其压抑的官员大批起用,一时获得了舆论和新贵的赞誉,稳固了自己的势力集团,但这样做却使张居正所倡导的改革运动夭折。

不过,由于张四维出生于商人地主家庭,生活在商品经济十分发达的明代嘉靖、隆庆、万历时期,因而他对商业在国民经济中的重要地位及其作用方面有比较进步的认识。在中国封建社会中,重农轻商的观念是很顽固的。但

411

张四维却一扫以往传统观念，认为商人与士、农、工一样平等，商业在国民经济生活中起着不可或缺的重要作用，统治者应将商业与农业同样予以重视和发展。所以在张四维的一生中不仅没有轻视商业和鄙弃商人的言行，而且还为许多商人撰写过墓志碑铭，颂扬他们经商致富、益国济民的高尚品行，热情地讴歌了许多商人不辞辛苦、惨淡经营、艰苦创业的事迹。"自甘、鄜、银、绥、云中、上谷、辽左诸塞沿以内，若燕、秦、青、豫、扬、吴、蜀、楚，通都大邑，凡居货之区，莫不有碧山公使焉。"①尤其是在他的文集《条麓堂集》中保留了大量关于山西商人发家致富的事迹和经商之道，为后人研究明代商品经济的发展状况提供了翔实的资料。张四维在发展商业经济和促成封贡互市中起过进步的作用，但他在张居正死后没有继续推行旨在发展社会生产，挽救明王朝统治危机的进步改革，而是秉承了万历帝和一些守旧派官僚的意旨。废止了张居正生前的许多改革措施，从而使政局混乱，经济受到破坏，社会矛盾更加尖锐，加之以万历帝为首的统治阶级更加奢侈腐化，终于加速了明王朝的灭亡。所以，客观地讲张四维没有顺应历史发展的潮流，反而阻滞了业已开始的改革进程。

表 11-2　张四维家族世系表

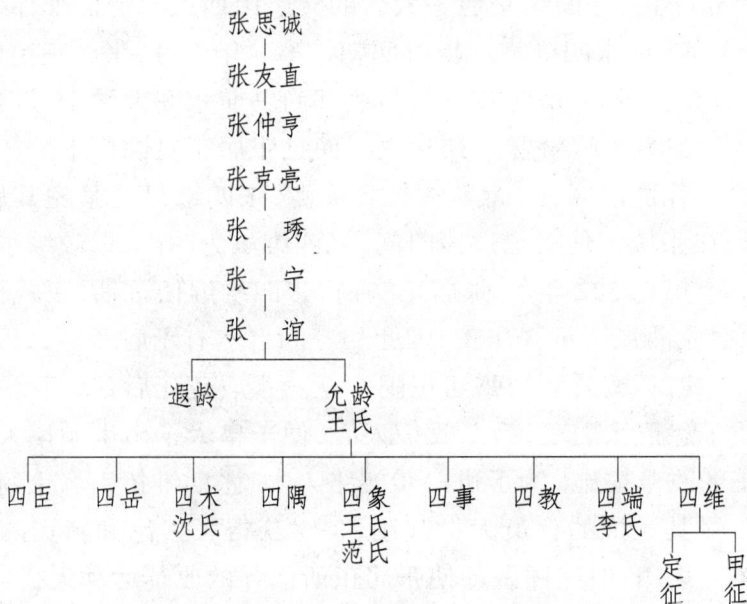

张思诚
|
张友直
|
张仲亨
|
张克亮
|
张　琇
|
张　宁
|
张　谊

退龄　　　允龄
　　　　　王氏

四臣　四岳　四术　四隅　四象　四事　四教　四端　四维
　　　　　　沈氏　　　王氏　　　　　　　李氏
　　　　　　　　　　　范氏
　　　　　　　　　　　　　　　　　　　　　　定　甲
　　　　　　　　　　　　　　　　　　　　　　征　征

---

① 《明清晋商资料选编》，山西人民出版社，1989 年版，第 59 页。

　　张家第一代成功的商人是张允龄。他自幼失去祖父和父亲,由祖母和母亲抚养成人。"穷人的孩子早当家",张允龄年幼时就掌理家政。他长大后发愤从商远游。他先去西北,在皋兰(今兰州市)、浩(今甘肃碾伯县东)、张掖、酒泉经商。后来又到南方,来到淮、泗、渡江入吴;还溯江汉西上襄峡,往来楚、蜀之地;也曾北上沧州。前后 20 年,足迹半天下。应该承认,张允龄的成功不仅取决于他奔波于各地的勤奋,还在于他的经商天才。他善于抓住商机,往往判断无误。他为人轻财利而重信义,南北所到之处,颇为众商人所敬服。张允龄教育子女极严,长子张四维得以中举为官。

　　张四维本人是九兄弟的长子。弟弟中有四瑞、四教、四事、四象、四隅(幼殁)、四术(幼殁)、四岳、四臣。之外还有姐妹二人,其中继承父业的是三弟张四教。张四教(字子淑)于 16 岁从事商业,远游"历汴、泗,涉江、淮,南及姑苏、吴之境,所经纪起居,咸从人意"。张四教同前述的沈廷珍情况一样,擅长数学,围绕商业上金钱的麻烦也能准确地处理。数学上的知识为了个人的商业经营和利润追求当然是必要的,而这对合伙投资者的共同经营时,就更为重要了。张四维的妻王氏出生于同住蒲州的商人之家。祖父王冕早年亡故,二男当中,一人步入诸生之道,另一人王恩成为商人。王氏即是王恩之女。二弟张四维的妻李氏也同样是蒲州大通里人,祖父李季曾在兖豫之间从商,当时在蒲州有"看人家的贫富订婚约"的风俗。从家境看主要在于资产,说明了视金钱为第一的价值观的存在。李季的继母张孺人则认为"嫁女只是择婚,多赀又能如何"。五弟张四象的妻也是蒲州人。原来以制作香油为业。曾祖父王寅是山西商人。话少,谦虚的人品,以"金草之艺"娴熟武术而突出,使同行的商人放心。弟四象第一妻王氏早逝,紧接着又娶了范氏,范氏的曾祖父范世逵也是山西商人。张四维的一女儿嫁给陕西同州人马自强的儿子马慥。马自强成为张居正内阁的大学士之后再娶。同州也与蒲州一样是陕西商人的出身地。马自强的弟弟马自修"弃儒业,在麟、延、商、洛之间贩粟",是典型的陕西粮食商人。其家庭是"三世同居,会食数百指"的大地主兼商人家族。

　　张四维在官场飞黄腾达后,由于家族中亲友业商及地位显赫的缘故,当地很多商人死后花钱托人找他写碑铭,因此他写了很多没有直接姻戚关系的蒲州出身的商人的墓志铭。其中有韩玻、徐昂、徐臬等。还为弟张四教的友人新安商人吴珽、吴昭兄弟的父亲写了"寿双松吴翁七十序"。弟弟通过哥哥的关系拓展市场业务和交往范围,因而,张四教不仅善于交朋友,而且路子越走越宽,交际范围不断扩大,其交游范围不再局限于山西商人,还涉及新安商人等。如上所述,倡导隆庆和议的王崇古和张四维不仅出生于山西商人之家,其周围多数也是山西商人,以这种多重的姻戚关系结为一体。

张四维的 3 个弟媳妇分别出自当时的巨商王氏、李氏和范氏。张四维的女儿嫁给内阁大臣马自强长子马慥,马自强之弟马自修是著名的陕商。王崇古的大姐嫁给侨居蒲州的盐商沈廷珍之子沈江。这两家组成了一个庞大的亦官亦商的家族联盟。有这样的背景,在商场上自然是无往而不胜。正是这种背景,使张王两家的第二代在财富上远远超过了第一代。张四教 16 岁就外出经商,历汴泗,到江淮,南至姑苏、吴兴之境,所经营贸易,常出人意料。在随其父经营长芦盐业时,熟悉盐务分布、调度,有操纵能力。对于都具有经商才能的人来说,官方背景就很重要了。张王两家能实现盐业垄断当然与经商历史长短和官方背景都有关。在当时的盐业中,他们通过姻亲关系结合起来,势力更大。他们家在北京、蒲州都有房产。张允龄晚年回蒲州居住,在城东十里建有别墅一座,凿地疏圃,屋建其中,园中花卉四时皆开。

三、马自强家族

马自强生于明正德八年,卒于万历六年,字体乾,陕西西安府同州人,和张四维同为嘉靖三十二年进士,初任翰林院庶吉士,后历任中央政府要职,神宗即位后,因系皇太子旧交,很受信任,擢任礼部尚书。万历六年,张居正服葬归乡后,马自强又被加授太子太保兼文渊阁大学士,参赞机务,在位六个月病故。其父马珍(1479~1506 年)生有四子,他是次子。长子自勉(1509~1596 年)曾任顺天府通判,四子自道(1523~1576 年)任山西平定州州判,都是官场中人。惟三子自修(1516~1609 年)经商。他的经历,据韩炉写的墓志铭[1]称:"公先未冠,已释儒业,治农田,寻贩粟鄜延商洛间,崎岖跋涉,家计浸裕。"可见,他是活动于陕西省内鄜州、延安、商州(商洛)和同州之间的大粮商。马自强的次子慥生于嘉靖二五年,卒于万历四八年,万历二年中进士。由于他父亲马自强与张四维在嘉靖三十二年同年中进士,万历年间又同朝为高官,加之山西与陕西素有结"秦晋之好"风俗习惯,所以马慥的第一夫人便娶张四维的女儿,这从马慥的墓志铭中可以看出。由此而来,王、张、马三家就结成了姻联姻、亲套亲,官僚、地主、商人三位一体的通家巨族。下面是王、张、马三氏亲戚关系表:

---

[1]《散官允庵马公墓志铭》,《马氏世行录卷五》。

表 11-3　王、张、马三氏亲戚关系表

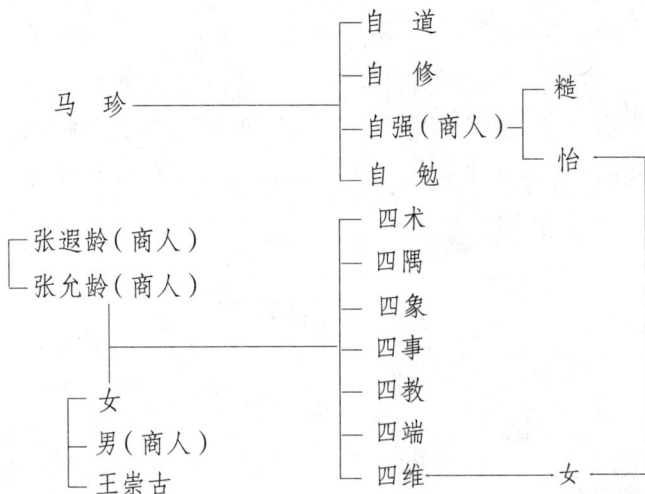

```
                          ┌─ 自 道
                          │
                          ├─ 自 修
                          │              ┌─ 糙
马 珍 ─────────────────────┤
                          ├─ 自 强（商人）┤
                          │              └─ 怡 ─────────────┐
                          └─ 自 勉                           │
                                                             │
                          ┌─ 四 术                           │
                          │                                  │
张遐龄（商人）┐            ├─ 四 隅                           │
             │            │                                  │
张允龄（商人）┤            ├─ 四 象                           │
             ├────────────┤                                  │
             │            ├─ 四 事                           │
             │            │                                  │
女 ┐         │            ├─ 四 教                           │
   │         │            │                                  │
男（商人）┤  │            ├─ 四 端                           │
   │         │            │                                  │
王 崇 古 ┘   │            └─ 四 维 ───── 女 ─────────────────┘
```

　　由以上 3 个家族史实可见，山西出身的高级官僚中，往往有商人子弟或与商人结为姻亲。尽管官员本人不一定是商人，但如果以一家乃至一族为单元去考察，官僚和商人、地主三位一体化的特征非常明显。而且，这种关系又因亲戚关系而得到加强。官僚，依靠商人的财力支援而诞生；商人，凭恃官僚的权力去不断地追求财富。两者关系中显示出来的最大的特征，就是"官商"的存在。

　　官商勾结的弊病和互相利用，是显而易见的。比如，王崇古任宣大山西总督，是北边防卫的最高负责人。他弟弟当了与北边防卫有密切联系的盐商，其弟弟利用哥哥的特权地位谋利，是不言而喻的。因此，在当时也受到了政府中监察系统的弹劾和批评。明人王世贞就说："四维父盐长芦，累资数十百万。崇古盐在河东。相互控制，二方利。"隆庆年间，巡盐御史郜永春视察河东盐政回朝，报称盐法之坏实由于势要横行，豪商专利，意指张四维、王崇古为势要之家，因为张四维的父亲，王崇古的弟弟皆为大盐商，张、王两家又是姻亲，同为河东盐池所在地蒲州府的豪门大户。张四维为此上奏申辩，并请辞职，高拱极力庇护他，隆庆帝也降旨安慰挽留他，故而未去。

　　总之，中国封建社会是一个有了权便有钱，有了钱就能买权的社会。从商就离不开官。只有与官员交结，依靠权力才能成为巨富。中国商帮中的成功者，都会以某种方式和权力结合。或者是亦官亦商，官商一体，如徽商中的大盐商那样,或者是用合法或非法的手段交结官员,如晋商中的票号那样。明代山西蒲州(今永济市)的张、王两家和陕西马家就是官商一体的典型。官商合流虽然在封建社会是不得已而为之,有时也有公私两利的情况,如票号汇兑官饷和借款给清政府,但更多的情况下是为贪官污吏徇私枉法、销赃窝赃、买官卖官服务的。有时,由于利益驱动,商人还用金钱、美女、房产、珍宝把官员拉下水,成为不法官吏腐化堕落的保护伞和温床,严重影响到国计民生和社会风气的败坏,这就是至今我们仍然反对和整治"商业贿赂"的历史根源与现实需要。

第二节　临汾亢氏

平阳亢氏,人称"亢百万",约从清初开始发迹,至清末时,仍家运隆盛,资产盈千累万。在清代巨商的排行榜上,山西平阳亢氏名列前茅,其巨额资产当仁不让地占有绝对份额。亢氏家族自清初因经商起家,到清代末年时,资产已达数千万之巨,财力之雄让富得流油的晋中巨商也自愧弗如。世人常说:富不过三代。然而亢氏家族从清初起家到清代末年近 300 年中始终昌隆不败。在商场搏击中,亢氏能积累起如此庞大的家产且长保兴隆原因就在于他们所涉足的盐、粮、当本来就利润丰厚,而且是国计民生中不可或缺的大宗商品。在经商发家后,他们不断投资搞规模经营,从而能够获得较为持久的垄断利润。尤其是当某一行业经营不顺时,仍有其他行业继续支撑,亢氏就是在多元化、规模化经营中占据优势,从而能长期立于不败之地。

清王朝定鼎北京时,曾把招抚晋商作为一项既定国策。一个表里山河的省份何以如此富名昭著?这与晋商善于经商、积资丰盈有很大关系。在清人徐珂撰写的《清稗类钞》中,有一份对闻名天下的山西巨商开出的一个资产排名榜,其中平阳亢氏以资产数千万银两位居首位,名气之大远远超过今天炒得火热的晋中曹、乔、侯、渠、常诸家族。

亢氏在家乡平阳的气魄,据称是"宅第连云,宛如世家"。在扬州,还有被当地人呼为百房间的"亢园"及"亢家花园"。一次山西大旱,民生艰难,只有亢百万不惧。有当地民谣为证:"上有老苍天,下有亢百万。三年不下雨,陈粮有万石。"这位敢与苍天等列的亢氏何以积累起偌大家产?

对于亢氏庞大资产的来源,民间有这样一种流传版本,说:亢氏之富缘于得到了明末在北京起义军领袖李自成遗金。明代李自成在京城确曾拷掠故明官吏,没收大批金银财宝,从北京撤兵时确实曾铸有大量银锭,也满满拉了几车运出北京。但据此而认为亢氏拾金而富,实在漏洞百出。天上不会掉馅饼。更不会让亢氏保持近300年不衰。事实是,亢氏之富缘于经商,而且还是一个大商人。他经营着极富厚利的盐业、粮食及典当行业,在全国很多地方都有产业,同时亢氏还经营过钱庄,亢家在北京的钱庄,直到1948年北京解放才结束。

一、小本经营,盐业起家

盐是国计民生中不可或缺的日用品。明清时人称:天下第一等商人是盐商。务农辛劳,一年难获一倍之利,经商可得三倍之利,而盐商则能取五倍之利。因为盐是关系国计民生的行业,政府把持极严。汉代实行盐铁官营政策后,历代都垄断盐利。明代时,因为经营食盐,造就了"平阳(今山西临汾)、泽(今山西晋城)、潞(今山西长治)豪商大贾甲天下,非数十万不称富"的盛况。尤其在平阳,由于地近运城盐池,经商条件便利,因此涌现出的盐商数量最多。在盐业的影响带动下,平阳一带商贾云集、百业繁盛,为一方盛会。在商业氛围的熏陶下,这里百姓少有贱商、鄙商的世俗观念,有的只是对经商致富、发财起家的渴望。资财丰盈的财主自不必说,即便是寻常百姓,只要有可能,也多会顺便做点儿生意补贴家用。亢家祖籍山东,明万历年间亢氏家族的先辈因逃荒而流落到平阳后,也试图以经商来改变人生的命运轨迹。

亢氏家族第一位经商者是亢嗣鼎的父亲。他从小本生意——卖豆腐做起,渐渐积累了点儿资金。在人生的风云际会中,他有幸得到了贵人——平阳赵知府的帮助,从此商业慢慢走上正轨。到其子亢嗣鼎时,家中已有不少积资。亢嗣鼎生于明末、卒于清康熙末年,成年后,他娶了一家富户千金,在妻家的帮助下,亢嗣鼎突破了平阳的小圈子,开始到扬州经营盐业,并从此走上了日进斗金的致富快车道。

当时清代的盐业实行的是官督商办,由盐运使负责控制盐的产销和税收,以及对盐商的管理。商人在纳银换引后,取得了合法的销售权,然后运往指定区域进行销售。在全国11个产盐区中,两淮盐区煮盐场多,产量之大约占总产量的1/4。而这里的盐税更是占了天下盐税的一半,在清王朝财赋收入中影响巨大。由于两淮盐销售的地区是江苏、江西、湖南、湖北、安徽、河南等经济发达、人口众多的地区,因而盐利最高。在经营两淮盐的扬州,集聚着四方豪商大贾,仅扬州的侨寓寄户者,就不下数十万。在扬州盐场,以晋商和徽商最有势力,有上百户之多。亢嗣鼎到的就是大清版图内最大的盐场——扬州。

清代,扬州盐务由两淮盐运使专职管理,其中也包括对盐商的管理。作为垄断行业,盐业经营向有"大鱼吃小鱼,小鱼吃虾米"之风。亢嗣鼎是如何打通盐运使、并进而在扬州盐界立足的,目前已无人知晓。但可以肯定的是,亢氏成功地跻身盐商之列。仅据乾隆年间的盐价行情看,当时每斤盐从两淮产出的成本价10文银,另加官方收税七文银,共计成本17文。但运到汉口后,市场价却在五六十文不等。减去运费外,每斤盐的利润至少在2到3倍。如此高额利润,盐商焉能不富?

亢嗣鼎成为盐商后,靠着出色的经营手段和交际手段,很快就在两淮盐商中异军突起,积累起了庞大资产。当时能在扬州称富的,非盐商莫属。在这里,百万以下资产的只能算是小商。拥资千万的才能算富商。而在扬州,亢嗣鼎的富名与安氏齐名,有"南安北亢"之说。这个南安指的是康熙年间的盐务总商安麓村(也有说是安禄村),是两淮盐商中的头面人物,据说他在接待客人时,灯笼挂到十里以外。亢氏与安氏齐名,足见其在扬州商界的资本和权势何等显赫。

扬州因为集中了大批富商,故而风俗奢靡,尤其是盐商,竞奢斗富,花费动辄上万、甚至数十万,阔绰得让人咋舌。亢氏作为盐商巨商,生活更是奢华,据称他在扬州城西北角虹桥小秦淮河附近建了一处"亢园",自头敌台起,至四敌台止,临河造屋百余间,被当地人称为"百间房",如今是扬州瘦西湖公园的一部分。同时亢氏还在小东门外,建有"亢家花园"一处。此外,亢氏在家乡平阳也是"宅第连云,宛如世家"。亢氏在扬州的生活起居也相当讲究,排场之大等同王侯。据说,清代大戏——《长生殿》刚刚排出,亢氏就在自己家的戏班子排演,光置办乐器、服装、道具就花了四十万两白银。

亢氏在扬州的资产到底有多少,很难说清。《清稗类钞》中称其有数千万,应该不虚。据说,康熙二十年(1681年)清廷因国库空虚,向全国22个省增派捐款,亢嗣鼎奏请将山西摊派的银两全部负担下来。

靠着积累起的巨额资本,亢氏在扬州盐业经营上占据着很大优势。尽管随着后期盐业不断改革,市场准入门槛逐渐降低,竞争更加激烈,利润趋薄,有的盐商甚至被迫退出盐界。但对大盐商亢氏来说,造成的冲击并不大。况且,亢氏以盐起家后,同时还经营着其他行业,有效地保证了大量商业利润源源不断地收入囊中。

二、盐业为主,兼营粮食

亢氏以盐起家后,开始涉足多种经营。当时,粮食同棉花、棉布、丝织品等一样为生活日用大宗商品。作为国计民生的重要物资,粮食市场具有市场需求量大、利润稳定的特点,因而吸引了不少商人的目光。作为传统商人,亢氏很自然地把目光投向了比较稳妥有利的粮食行业。

清代,由于商品经济的繁荣,城市人口大量增长,农村经济作物的比重增加,粮食市场空前活跃起来。南方因商品经济发达,商业市镇空前增多,流动雇佣人数不断,对粮食的需求也集中。早在明后期时江浙、闽粤地区的商品粮,已达1 000万石。清代以后,这些地区的商品粮需求比例更高,大约达到了3 000万石左右,江浙、两湖及四川等地的需求量每年持续在数百万至千万石左右。此外,苏南浙北是全国最大的商品粮消费地,也是全国最大的粮食集散转运地,由此销往天津、山东的关东豆麦约在100多万石左右,销往北京、山西、陕西等地的粮食也有数百万石之巨。长沙、沙市等四大米市每日流通交易的大米数额成百上千石。在清代工部侍郎程含章的奏疏中,提到的当时粮价,称:现在市集粮价每麦一斤、制钱四十余文,小米一升、制钱五十余文。以后,随着粮食需求旺盛,价格一直保持稳中有升的态势。因而经营粮食只要达到一定数量,利润也是相当可观的。另外,亢氏的家乡平阳府地处临汾盆地,盛产小麦、棉花,是山西主要的产粮区,素有山西金麦仓之称。

有着丰厚利润的刺激,再加上便利的经营条件,亢氏毫不犹豫地在许多地方投资开了自己的粮店,既做长途贩运的批发生意,也兼做零售买卖。亢氏在北京投资最多。当时的京城作为全国政治、经济、文化中心,是人口辐辏、流动人员多、消费旺盛的大都市。亢家资巨本大,举凡出手,气势就相当阔绰。京城规模最大的粮行位于正阳门外,是京城最重要的粮食交易中心,它的主人便是平阳亢氏。

亢氏在平阳老家的粮库据称有数千之多,在京城的粮行储备有米粮万石。据说,亢家人从老家平阳出发至京,一路上30多天的路程,沿途从不住店,每晚都住在自己商铺。一次,亢家数十辆牛车拉着粮食浩浩荡荡地赶往京城时,遇到了一个无赖纠集一帮恶棍想要打劫,押车的掌柜送给他们十几石粮食后,这帮人仍不善罢甘休,惹得后来一位王爷出手帮忙。能惊动王爷,可见亢氏势力之大,交结之广,实力之强。

亢氏家族既做粮食批发,又做粮食零售生意。怪不得康熙年间家乡大旱、民不聊生时,独有亢氏满不在乎。从康熙五十九年(1720年)三月到康熙六十年(1721年)六月,连续15个月的大旱,临汾当地两年颗粒无收。临汾知县魏星煜为此动员当地富户捐粮,设粥厂赈济饥民。亢氏自然也出力不少。

三、民间投资,典当致富

除了盐、粮外,亢氏还经营着高利典当业。

清代时的典当业与盐业并称商界两雄。伴随着城乡商品经济的发展和繁荣,典当行业成为解决民间百姓短期融资、调节百姓余缺和保管物品的重要行业,在全国普遍盛行。由于通常典当以月计息,就是当天赎回也要付一个月的利息,且利率远高于法律规定的月息3%、年息36%的标准,因而成为赚钱最快的暴利行业。当时这一行业,绝大多数由晋商和徽商经营,同时权贵势要经营典当的也不在少数。作为大商人,亢氏怎能放过这个转瞬即赚的暴富行业的诱惑?亢家以盐起家后,当仁不让地插手了典当业务,迅速投资建了一批当铺,这也是亢氏涉足金融业的开始。亢家的当铺到底开了多少,现在无据可查,但从亢氏在家乡平阳的当铺生意上,也不难算出其实力之强、势力之大。

据说,康熙年间,亢氏在平阳府开设有一个大典当铺,营利颇多。于是,有人眼热,就在亢家当铺附近也开设了一家。当时在典当行有个不成文的规矩:为了防止典当大户之间相互竞争而受到削弱,在城内只准有一家大当铺,其他外来典当户不得插足设店,而当地的小当铺受大当铺约束,只在各自的小范围内受理业务。这家店铺的开设并没有征得亢氏同意,自然招致了亢氏相当的不满,于是决心挤垮这家当铺。

亢氏没有拿出自己的身份去恐吓这家当铺。他财大气粗,有的是钱。于是,亢氏决定先声夺人,恶性竞争,便派人到这家当铺中典当一尊金罗汉,要价银1000两。这家当铺看来了生意,痛快地接受了。第二天,此人又拿来一尊金罗汉,开价还是1000两银子。第三天又是如此。一连几天,每天这个人都来当一尊金罗汉,这家当铺的掌柜都硬着头皮接了。可是此后连续3个月中,每天这个人都当一尊金罗汉,这可让当铺的掌柜着实吃不消了。当铺主人着了慌,眼看着资金差不多都被套走,急忙请教当者还有多少金罗汉要当。来人眼睛都不抬一眼地说:"这算什么,我家有500尊金罗汉,现在才当了90尊,还有410尊金罗汉要拿来当哩!"然后扬长而去。这家当铺主人大吃一惊,急忙差人四处打听,请教来人的东家是谁。得知是平阳府的巨富亢氏的家人后,当铺主人才明白原来是亢百万差人要挤走竞争者。他自知不是亢氏的对手,只好请了当地有名望的人出面与亢氏协商,请其将金罗汉赎回,自己甘拜下风,关铺远走躲开了事。亢氏不战而胜,仅此一招就让对手主动退避三舍。由此可见,亢氏的实力有多雄厚。

四、致富秘诀:多元经营与规模化

与晋中富户不同的是,亢氏并没有涉足垄断全国汇兑一脉的票号业,在以传统商业为主的经营过程中,亢氏从清初发迹,到清末衰败,保持了200余年的繁荣。总结亢氏的致富秘诀,至少有三点是值得重视的。

其一,亢氏的发迹离不开对时势和市场的判断以及合理的配置资源。在从商之初,人们不可避免地面临着行业的权衡取舍,如何做出成本与收益合理的最优方案,是比较难的。由于亢氏清楚地认识到在传统社会要想快速致富,插手垄断行业是来钱最快的。而在清代,不管是盐业还是粮食、典当,都是炙手可热的行业:盐商,向来是垄断行业,有着巨额垄断利润可图;粮商,靠地区差价和囤积居奇可以稳获厚利;典当,厚利可图,加之业务向来繁盛,利润自然丰厚。在资本有限的情况下,合理使用资本,才能达到资源优配,进而以最快的时间获得利润。亢氏资丰财盈,靠着这三大行业,在商业经营中稳扎稳打,成为晋商首富。

其二,多元化经营。商业经营方略至关重要。任何一种行业都与其所处时代,所提供的社会条件,及其他一切经营项目和方法有关。而盐、粮是当时社会条件下利润最丰厚也是最稳定的行业。亢氏的多元化经营,使亢氏在占领不同市场的同时,有效地保证了他的后续发展空间。另外当一种行业经营暂时受挫时,多元化经营使商家在其他方面有更大的回旋余地。当今处在瞬息万变的经营环境中,许多企业也选择了多元化经营的战略。只要在扬长的基础上,做特色经营确实有助于商家的业务领域不断扩展,进而形成规模经营,在竞争中胜人一筹。

第三,规模经营带来市场占有率扩大。利润是引导商业选择的直接因素。在传统社会,影响商业利润的直接因素有两个:一是买卖差价,另一个就是交易数量。因而规模很大程度上能决定竞争力大小。任何社会,同行在争夺顾客、市场和资源上都存在着竞争。在传统社会的商业竞争中,任何一方想要在市场中站稳脚跟,规模化经营是个绝对优势,能够使商家建立起行业壁垒,操纵价格,进而在竞争中将对手排挤出市场。

第三节　祁县乔家

2006年,随着央视一套黄金时间热播完45集电视连续剧《乔家大院》,人们再次把目光投向晋商和乔家。晋商的诚信和乔家艰难曲折的创业史成为人们街谈巷议的热门话题。由于我国市场经济的快速发展带来人们希望且认同发家致富的心理,也因前些年电影《大红灯笼高高挂》,特别是2004年春节期间七集《晋商》系列片隆重推出后引发社会各界广泛反响的铺垫辐射效应,加上这次小说和影视对近年来晋商学术研究成果的吸收和大胆的艺术加工渲染,使各界人士对晋商和剧中主人公乔致庸产生了浓厚兴趣,引发了各种各样的评议。为此有必要探讨历史上真实的晋商、乔家及乔致庸其人。

一、晋商兴起与乔贵发包头创业及粮食期货生意

晋商是明清时期称雄于国内外商界500年之久的强大商业集团。

乔家发迹始于乔致庸的祖父乔贵发。乔贵发从小父母双亡,家中一贫如洗,幼年时不得不寄人篱下,投靠祁县东观镇舅父家中,颇受舅母歧视。稍长大后回到乔家堡村,独自过着无依无靠衣不裹体的光棍生活。为了糊口,他经常给人家帮佣,村中如有红白喜事、起房盖屋,苦力差事总是他干,早年艰苦的生存环境造就了他吃苦耐劳朴实正直的性格。有一次,其本家堂侄娶亲,乔贵发照例去帮忙,不料受到势利亲友乡邻们的嘲讽,新人拜亲时,有人竟把他同富裕亲戚比较,嫌他穿得破烂,不让认他,并当众羞辱他,引来众人哄堂大笑。乔贵发正当血气方刚之年,人穷志不短,一怒之下便于清朝雍正初年出走口外归化城闯荡。开始在一家店铺当伙计,而后给东家赶骆驼,冒着风沙酷暑,长年累月往返于大漠戈壁。再后来稍有积蓄便从小本生意起步,卖蔬菜、生豆芽、磨豆腐、开草料铺。到雍正末年自己独资开设广盛公杂货店,生意日趋兴隆。此后逐渐发展为以日用百货为主,兼营钱庄、当铺、粮行的中小商人,为乔氏家族日后的发展奠定了基础。

凭着坚韧不拔的毅力和吃苦耐劳的精神,乔贵发在包头一干就是30年。到乾隆初年,其商业规模如同滚雪球一般越来越大,除复盛公、复盛西两座当铺外,还经营着复盛公粮店和复盛菜园。乾隆十六年(1751年),年已48岁的乔贵发才回到老家祁县成亲。他没有按门当户对的风俗,聘娶有钱人家的女子,而是打定了"贫贱之交不可忘"的主意,出人意料地和早年有恩于他的

一位程氏寡妇结婚。程氏带着一个十几岁的儿子，名叫全德，婚后又生二子，取名全义、全美。其后乔贵发将商业房产分为三堂，长子全德分"德星堂"，次子全义为"保和堂"，三子全美名"在中堂"。乔全德生一子，名致祥；乔全义生二子，名致中、致远；乔全美也生有致广、致庸两个儿子。其长子乔致广早死，次子乔致庸即在中堂主人。

祁县乔家堡乔氏家族，上溯发迹始祖乔贵发之父乔壮威，下迄当今传人，有确凿名字可考者已历八世。其谱系如下：

表 11-4　乔氏家族世系表

```
贵 发（发迹始祖）
├─ 全 德（下略）
├─ 全 义（下略）
└─ 全美
    ├─ 致广 ── 景岱
    └─ 致庸
        ├─ 景仪
        │   ├─ 映霞（德和堂）
        │   │   ├─ 健 ── 燕□
        │   │   └─ 亿 ── 燕和
        │   └─ 映璜（慎俭堂）
        │       └─ 任 ── 燕生、燕祺、燕刚、燕隆、燕明
        ├─ 景俨
        │   ├─ 映庚（九如堂）
        │   │   ├─ 傑 ── 志敏、志勤
        │   │   ├─ 倜
        │   │   └─ 仕
        │   ├─ 映元（积善堂）
        │   │   ├─ 信
        │   │   ├─ 佶 ── 源生、春生、谷生
        │   │   ├─ 俍
        │   │   ├─ 倬 ── 森涛、松寿
        │   │   └─ 伍
        │   ├─ 映奎（四知堂）
        │   ├─ 映雯（敬和堂） ── 亿
        │   └─ 映宬（八桂堂）
        │       ├─ 伟 ── 志东
        │       ├─ 佑 ── 燕华、燕冀、燕湖、燕祥
        │       └─ 保
        ├─ 景侃 ── 映辉（谦益堂） ── 俊、俣、佖
        ├─ 景偶 ── 映霄（鹏飞堂） ── 仁
        └─ 景儋 ── 映南（德润堂） ── 侠
```

《乔家大院》剧中开头多次讲到高粱霸盘，这是借太谷曹家在东北做高粱生意典故发挥的杰作。有一年夏，曹家掌柜回家路过辽阳，在高粱地里拉屎

时折断一棵高粱秆,无意中发现虫害,当时许多商家见高粱长势喜人,以为秋后高粱价格必大跌,纷纷抛售。曹家商号则由虫灾联想到秋后高粱必减产涨价,于是大量低价买进高粱,结果秋后大赚一笔。这一方面说明市场风险,同时可见只要留心时时处处有赚钱商机,另一方面也牵涉到晋商的粮食期货贸易。

"民以食为天",自古至今粮食是关系到国家安全和人民温饱的头等大事。也是晋商经销的大宗商品。清代嘉道年间,晋中商人开设了中国最早的粮食期货交易。嘉庆三年(1798年)乔家广盛公商号在蒙古包头等地做一种带有期货萌芽叫"买树梢"的生意,农牧民在春季向商号贷款,以所种青苗和所养牲畜作抵押,议定粮食、牲畜价格,到秋后照原定价格交粮畜。这比1848年美国芝加哥农产品期货交易早半个世纪。到道光十四年(1834年),晋商在晋中寿阳粮食市场进行买空卖空的期货合同交易更为普遍。当时的大学士寿阳人祁寯藻在著名农书《马首农言》中有详细记载:"更有甚者,买者不必出钱,卖者不必有米,谓之空敛。因现在之米价,定将来之贵贱,任意增长。此所谓买空卖空。"这是典型完备的农产品期货交易。可以说晋商是我国最早的期货经纪商人。

二、买树梢——中国最早的粮食期货交易

期货交易是由现货交易发展而来。目前,理论界公认的世界上最早的粮食期货交易,在13世纪比利时的安特卫普,17世纪荷兰的阿姆斯特丹和18世纪日本的大阪就已出现期货交易的雏形。现代有组织期货交易萌生于19世纪40年代的美国芝加哥期货交易所(CBOT)开始的农产品交易。其实,在此之前50年,也就是中国清朝乾隆年间(1736~1796年),山西商人乔贵发在包头所从事的买树梢生意,是中国上最早的粮食期货交易。到清中叶,山西商人在晋中寿

17~18世纪的塞上商业城市——包头

阳的粮食交易市场上更形成了比较完善典型的农产品期货交易。

乔贵发在包头跟农民先订合同议价,秋后结算,被称为"买树梢"。其原意是:春天树梢上只有绿叶和花朵,而到秋天这枝树梢上能挂多少果子则很难确定,如果春天以一个价格买了树梢,到秋天果子丰硕而繁多则大赚了,到秋天果子干瘪而稀少则大赔了。于是,象形取意,便将这种买卖称为"买树梢"了。这种"买树梢"的买卖确实是我国最早的期货交易。

三、买树梢得暴利

乔贵发开设草料铺后,因善经营、有办法,比同行技高一筹,所以也赚了几年大钱。于是,长袖善舞,钱多善贾,他的买卖也就愈好做了。粮食丰收价低时,他可以比别人更多地购进囤积;粮食歉收价高时,他又可以动用库存,比别人少购高价粮草。这一翻一折,便可比别人多赚些钱。乔贵发赚钱后,并没有自鸣得意,反倒受到更大的启发,有了更大的想法。原来,包头所在的土默特川,经过几十年的开发,大片草原垦为农田,粮食产量倍增。而这些农民中,携家带口落户的还不多,大批的农民往往是春来冬去,种粮食出售,然后把卖粮挣上的银子带回老家。这种生产经营模式,导致了粮食的储存弹性很小,价格弹性就大了。再加上地处北国,有风寒之害;靠近黄河,有水涝之灾;使历年的粮食收成很不稳定。结果,使包头每年的粮价或跌或涨,难以平稳,让农民小商人招架不住,却给了大商人以可乘之机。

凡事利害相连,风险之中往往蕴含着巨额利润。要把这风险排除去获得里面的巨额利润,一要有大本钱,二要有大本事。有大本钱,才能在粮价跌落时大批买进;有大本事,才能预测到买进粮食后市场粮价会上扬上涨,甚至暴涨。一般人遇险而却步,自然与其中的巨额利润无缘。乔贵发此时已有了相当深厚的经商道行和眼光,他能预见风险,也能看到裹在风险里面的巨额利润。开始,他在粮食丰收、粮价低落的秋天,摸准行情,大量买进囤积,到第二年春季粮价上扬时再抛出。这一进一出,也就三五个月时间,却相当于做日常买卖一年的赚头!他觉出,由于对粮价剧烈波动的担惊受怕,这些农民普遍有一种求稳的心理。另外,他们冬去时把卖粮的银子全部带回,春来时却舍不得多带一文钱出来,在春夏之季他们往往手头拮据,急需银子。根据农民的这两个特点,乔贵发又发现了发财的机会:在他们刚刚春种夏耘,尚未秋收时,便给他们一个稳定的粮价,让他们吃了"定心丸";同时按这个粮价和订购的粮食数量付给他们银子,帮他们拮据的手头宽裕起来;秋后则不管市场粮价如何,都

425

按这个价格和数量交割粮食——他给了农民两个方便，自己也得了两个方便：夏天放银子的高利息和秋天买粮的低价格。农民急于得到现钱，或乐于得到稳定的粮价，纷纷与乔贵发合作了：乔贵发在春夏之际按商定的粮食价格和粮食数量付给农民银子，到秋天不管实际粮价多高，他都按商定的价格和数量从农民那里收回粮食。这种做法，有如现在提倡的订单农业。乔贵发善于算计，更有眼光，敢冒风险，这种生意赚头大，风险大，需要的胆量大，操作的难度大，这种风险利润都很大的买卖，让同行们瞠目结舌。于是，他独占鳌头，投机获利，他的草料铺很快成了包头地面上财力最雄厚的商家。

四、买树梢栽跟头

商场如战场，有赢也有输。后来，乔贵发把草料铺的日常买卖撂给秦某去管理。他对这些细水长流的小钱已经看不在眼里了。认为几个小钱不值得下大的辛苦，买一把树梢就顶它一两年的买卖！等他喝足玩够，觉得该给铺里赚些钱时，便像往常一样带上银子去土默特川转悠"买树梢"去了。以前细致的气候分析没有了，扎实的农田察看没有了，谨慎的决策判断没有了，定价付钱时精明的讨价还价也没有了。这年秋后的市场粮价大大低于"买树梢"的定价，乔贵发在这一次"买树梢"生意中栽了大跟头，狠狠地赔了一笔钱，几乎把老本也赔进去！乔贵发十几年时间经过千辛万苦积攒来的商业资本积累，只经过这一时一事就几乎化为乌有了！

五、乔致庸发家致富秘诀

乔家在晋商中属于一流，但不是龙头老大。资本在晋商中不算最多，大院没有王家大，员工不比大盛魁多，办票号没有日昇昌早。电视剧把晋商的许多创举汇聚在乔家，聚焦于主人公乔致庸，使乔家大院成为全方位、多视角、宽领域展示晋商风采的代表典范。那我们现在就看看历史上真实的乔致庸。

乔致庸（1818~1907年），字仲登，号晓池，山西祁县乔家堡人。乔全美次子，名字取不偏不倚中庸之意，乳名亮儿，人称"亮财主"，享年89岁，在乔门男性中寿命最长，是乔氏家业中兴的奠基人。他生活在内忧外患日益严重的清朝中后期，一生历经嘉庆、咸丰、同治、光绪四朝，是一位血性张扬，具有爱国心和正义感的开明商人。

嘉庆二十年前后，乔家广盛公商号改称复盛公。嘉庆二十三年（1818年），乔致庸出生时，乔家商业已一派兴旺。不幸的是幼年时父母就先后去世,于是由兄长致广抚育。从小入私塾读书,立志以仕进光宗耀祖。不料他刚考中秀才,兄长乔致广又离世,因家业无人管理,不得不弃儒从商承继祖业,挑起当家理财的重任。乔致庸处事豁达大度,胆识过人,待下宽厚,能按儒家思想指导商业经营活动,主张人弃我取,薄利多销,维护信誉,反对采取不正当的卑鄙手段骗取钱财,坚持以"首重信,次讲义,第三才是利"作为经商准则。他经常告诫儿孙,经商之道诚信第一,商家必须重视信用,以信誉赢得顾客;其次要讲义,不能用坑蒙拐骗伎俩坑害别人;第三才是利,推崇以义制利,不赚昧良心黑钱。由于他善于筹划,知人善用,经营得当,乔家商贸金融在他手上有了长足发展。复字号不仅称雄于包头市场,而且拓展到内蒙,并延伸到北京、天津、东北三省。

　　乔致庸先后娶过6个老婆,生有6个儿子,10个孙子。在他执掌家业时,在中堂家资千万盛极一时,商业遍布全国各大商埠及水陆码头,乔家跻身于全省富户前列。可谓妻儿成群,家大业多。他还大兴土木,所建房屋占到乔家大院的2/3。鼎盛时期,乔家分布在全国各地的钱庄、当铺、粮店、茶庄、货栈有200处,光是当铺库房就分为金、银、铜、铁、锡、珍珠、玉器、皮货、衣物几十间,每间都有专人看管。流动资金700万~1 000万两白银,加上土地、房产,估计总资产高达数千万两。折合人民币数亿元。

　　乔致庸一生重视教育,广行善事。光绪三年(1877年),山西遭遇历史上罕见的大旱灾,赤地千里,寸草不生,全省人口减半,饿死数百万。据光绪八年版《祁县志》记载,乔致庸在家乡出巨款赈灾,在乔家堡大街上设立粥棚,救济灾民。还亲自到粥棚检查米粥的稠稀,合格标准是竹筷能插立粥中而不是倒浮在粥面,救活甚众,受到褒奖。渠本翘创办祁县中学,孟步云创立女子学校时,乔致庸均以重金赞助,深受时人推崇。

　　他治家比较严谨,亲手为乔家后代订立六条家规:一不准纳妾,二不准虐仆,三不准嫖妓,四不准吸毒,五不准赌博,六不准酗酒。他反复告诫子孙说:家业要想长久兴盛,就千万不能吃喝嫖赌。为人做事怪人莫深,待人要丰,自奉要约,恩怕先益后损,威怕先紧后松。多次强调"气忌燥、言忌浮、才忌露、学忌满、胆欲大、心欲小、知欲圆、行欲方。"

六、乔家票号为何坚持最久

　　乔家创业于包头,发展壮大得益于茶庄,鼎盛的标志是票号。乔致庸发展商业的最大贡献莫过于开办大德通、大德恒票号。

清朝中叶，适应社会商品货币经济的发展和长距离异地汇兑的需要，自道光三年（1823年）平遥第一家日昇昌票号创办以来，由于高额利润驱动，票号如雨后春笋般兴起，并呈迅速发展趋势，到光绪年间进入鼎盛阶段。乔家的票号在上海也有分号。

1843年上海开埠后，中外客商云集，外国银行纷纷而来。到20世纪初，上海很快发展成为远东商贸金融中心。票号、钱庄、外资银行一度在上海呈鼎足之势。起先，外国洋行要采买中国内地土特产品必依靠票号在全国的汇兑网络。因此，票号与钱庄、外国银行常发生一些业务往来关系。每个票号都和四五个基础牢固信誉好的钱庄订立往来合同，常把游资交给钱庄保管，需用时候随时提取。有时票号也将闲余款子存放外国银行。因此，当时上海汇丰银行的一位经理曾对晋商的信用程度给予这样的评价："二十五年来汇丰与山西商人做了大量的交易，数目达几亿两，但没有遇到一个骗人的中国人。"山西商人的信誉使外国人心服口服。

大德通票号的前身是大德兴茶庄。大德兴茶庄在咸丰年间开始兼营汇兑，山西巡抚曾国荃在太原传集通省富商借钱助赈，乔家一次捐出白银36 000两，曾国荃亲题"福重琅环"巨幅匾额相赠。当时乔家三堂主事乔致庸认为露了富，从太原回来就在同治初年投资银两开了大德兴、大德恒票号，专营汇兑。其后又设分号于上海、汉口、天津。光绪十年（1884年），乔家众兄弟集资把大德兴正式更名为大德通票号，实行股份制经营，资本银10万两。其中在中堂大股6万两，保和堂7 500两，保元堂7 500两，既瓮堂12 500两，九德堂12 500两。到民国十八年（1929年），大德通票号改组银号时，资本增加到100万两。改组后，由在中堂独资，分为十股。总号设于祁县小东街，分号遍设于北平、天津、上海、汉口、济南、石家庄、周村、哈尔滨、归绥、包头等地40多处，省内太谷、文水、平遥、交城、徐沟、清源各县，均设有代理庄，每年可赢利80多万两。

乔致庸晚年认为6个儿子都不是理想的继承人，只有长孙乔映霞性情忠厚，聪明能干，故对映霞寄予厚望，颇多教诲，希望孙子立大志，成大器。他死后，其子景仪，孙映霞均能承袭祖训遗业，乔家商业和票号由于资金雄厚，能用人才，加之经理高钰经营管理有方，在1900年八国联军进攻京城前夕，审时度势，预先下令京、津、鲁地分号撤庄，并将各分号现银调回祁县总号。西太后经山西逃往西安时，高钰又与随驾大臣桂月亭书信联络，将光绪、慈禧安排在大德通票号款待，赢得了官场赏识和社会声誉，因而在清末民初，其他商家票号受战乱纷纷倒闭的不利局势下继续坚持经营。直到"九一八"事变后,由于日本帝国主义侵占东三省,乔家在东北的票庄撤回,业务逐渐收缩。

1935年,国民党政府实行法币政策,禁止银元流通。不久法币贬值,大德通、大德恒票号遭受重大损失。时隔两年,抗战全面爆发。1937年11月8号日军侵占太原,山西全境工商业在战火中损失惨重,市面萧条,大德通、大德恒票号总号被迫由祁县迁往北平,惨淡经营。1940年以后,在日军"整顿金融"暴政的劫掠和国民党通货膨胀政策的双重打击下,乔家票号奄奄一息。1948年新中国成立前夕,北平国统区物价飞涨,伪钞暴跌,存户挤兑,贷款难收,大德通、大德恒票号关闭歇业,清债善后。至此,前后历时80年,曾经在金融商业界显赫一时的山西乔家票号彻底结束。

第四节　榆次常家

一、家族源流

据《常氏家乘》记载,榆次车辋常家原籍太谷县惠安村。始祖常仲林,曾栖居太谷县敦坊村,明朝弘治初年,流落榆次车辋,受雇于刘姓大户。常仲林为人忠厚诚实,深得刘家信赖。于是,刘家许其婢女与常为妻。常仲林于1500年(明弘治十三年)入车辋村籍,正式在车辋安家落户。

常仲林生有一子,名廒(二世)。廒生3子,依次为廷和、廷美、廷玉(三世)。四世生有6男,每门2人。五世"登"字辈,8男,廷和大门5孙,廷美二门2孙,廷玉三门1孙。七世"进"字辈,大门长子失传。八世,大门人丁5人,二门人丁兴旺,男子多达24人,三门失传。到九世,各门人丁变化更趋明显,全族男丁41人,大门占6,二门则占35。二门廷美之后,最兴旺的是常登云长子常端一支与三子常位一支,常端4子、11孙、15玄孙,常位4子、8孙、14玄孙。1777年(清乾隆四十二年),常氏编修第一部《族谱》时,全族"户口四十余家,人丁百四十有奇"。

南、北常始祖常威,系常家八世,属常登云之二子常正一支。常威之父常进全为常正长子,常威为常正长孙。常威有子3人,除二子常万旺迁居张家口万全县菜园村外,长子常万玘成为南常鼻祖,三子常万达成为北常鼻祖。

表11-5　常氏家族一至九世谱系

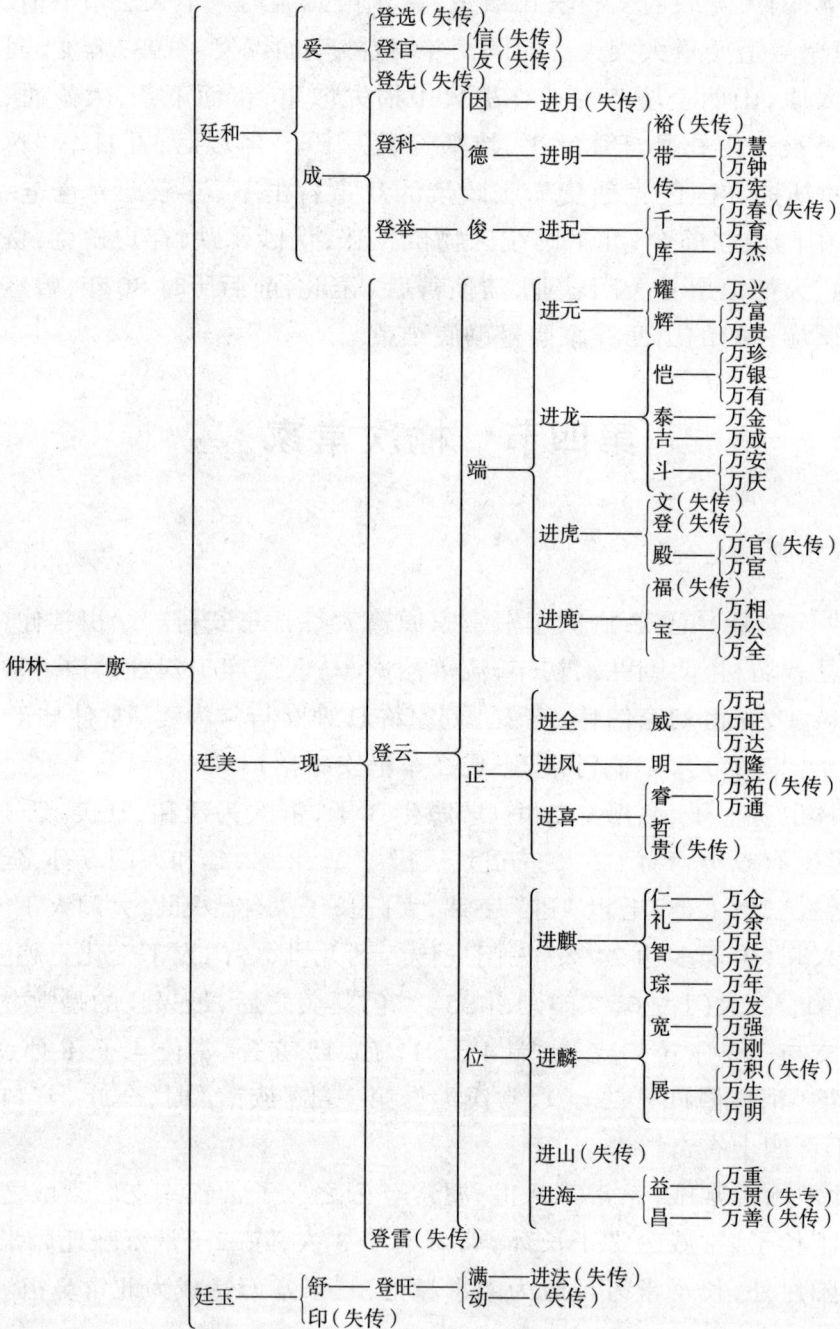

仲林——廒

- 廷和
  - 爱
    - 登选（失传）
    - 登官——信（失传）、友（失传）
    - 登先（失传）
  - 成
    - 登科
      - 因——进月（失传）
      - 德——进明——裕（失传）、带——万慧／万钟、传——万宪
    - 登举——俊——进玘——千——万春（失传）、库——万育／万杰
- 廷美——现
  - 登云
    - 端
      - 进元——耀——万兴／万富、辉——万贵
      - 进龙——恺——万珍／万银、有——万金、泰——万成、吉、斗——万安／万庆
      - 进虎——文（失传）、登（失传）、殿——万官（失传）、宣
      - 进鹿——福（失传）、宝——万相、万公／万全
    - 正
      - 进全——威——万玘／万旺、万达
      - 进凤——明——万隆、万祐（失传）／万通
      - 进喜——睿、哲、贵（失传）
    - 位
      - 进麒——仁——万仓、礼——万余、智——万足、琮——万立／万年
      - 进麟——宽——万发、万强／万刚、展——万积（失传）／万生、万明
    - 进山（失传）
    - 进海——益——万重、万贯（失专）、昌——万善（失传）
  - 登雷（失传）
- 廷玉
  - 舒——登旺——满——进法（失传）、动——（失传）
  - 印（失传）

表 11-6　"南常"十至十七世谱系

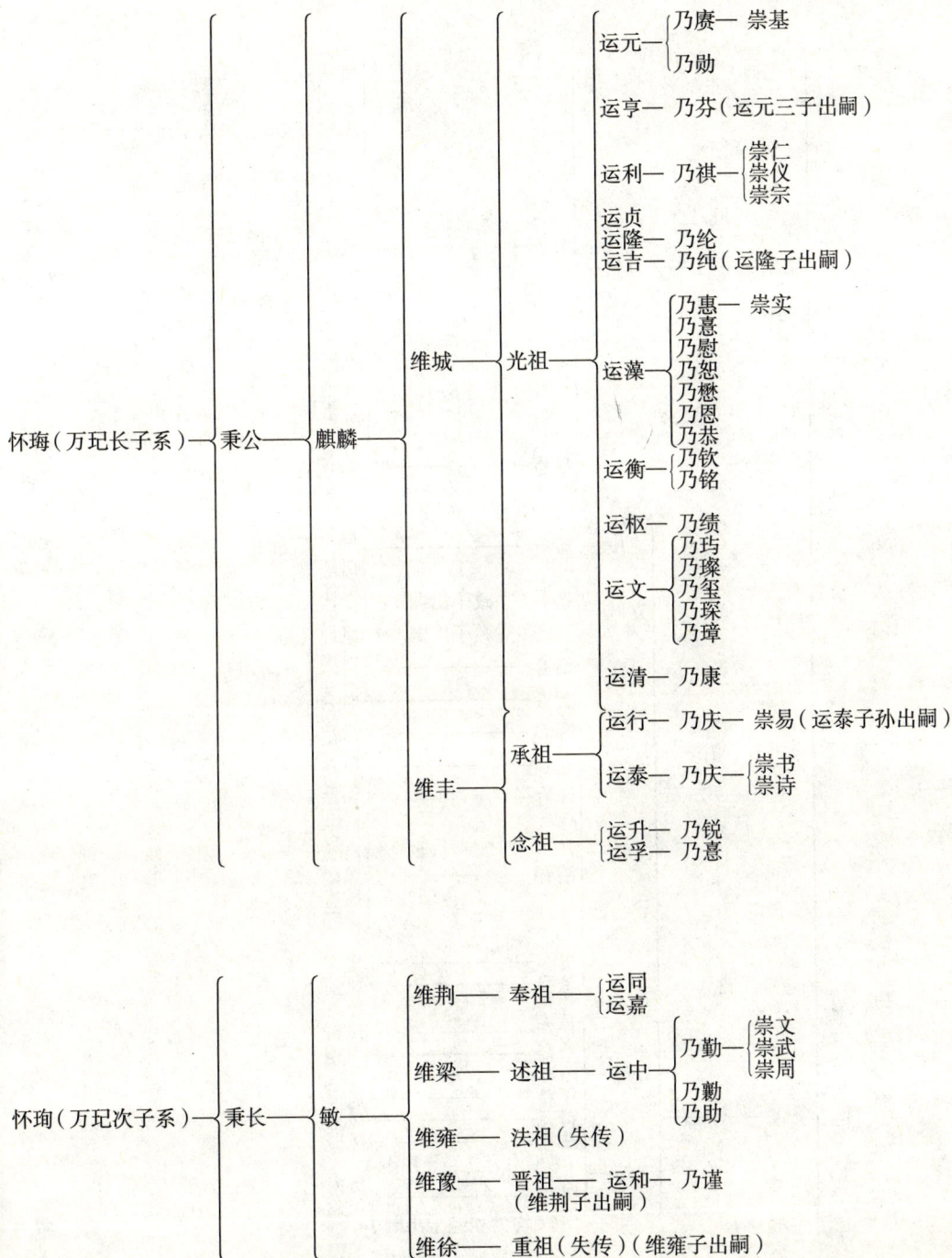

```
怀珝(万玘长子系)—秉公—麒麟—┬维城—光祖—┬运元—┬乃赓—崇基
                              │          │     └乃勋
                              │          ├运亨—乃芬(运元三子出嗣)
                              │          ├运利—乃祺—┬崇仁
                              │          │          ├崇仪
                              │          │          └崇宗
                              │          ├运贞
                              │          ├运隆—乃纶
                              │          ├运吉—乃纯(运隆子出嗣)
                              │          ├运藻—┬乃惠—崇实
                              │          │     ├乃憙
                              │          │     ├乃慰
                              │          │     ├乃恕
                              │          │     ├乃懋
                              │          │     ├乃恩
                              │          │     └乃恭
                              │          ├运衡—┬乃钦
                              │          │     └乃铭
                              │          ├运枢—乃绩
                              │          ├运文—┬乃玙
                              │          │     ├乃璨
                              │          │     ├乃玺
                              │          │     ├乃琛
                              │          │     └乃璋
                              │          └运清—乃康
                              └维丰—┬承祖—┬运行—乃庆—崇易(运泰子孙出嗣)
                                    │     └运泰—乃庆—┬崇书
                                    │                └崇诗
                                    └念祖—┬运升—乃锐
                                          └运孚—乃憙

怀珣(万玘次子系)—秉长—敏—┬维荆—奉祖—┬运同
                          │          └运嘉
                          ├维梁—述祖—运中—┬乃勤—┬崇文
                          │               │     ├崇武
                          │               │     └崇周
                          │               ├乃勰
                          │               └乃助
                          ├维雍—法祖(失传)
                          ├维豫—晋祖—运和—乃谨
                          │    (维荆子出嗣)
                          └维徐—重祖(失传)(维雍子出嗣)
```

431

表 11-7 "北常"常万达长子谱系(十至十七世)

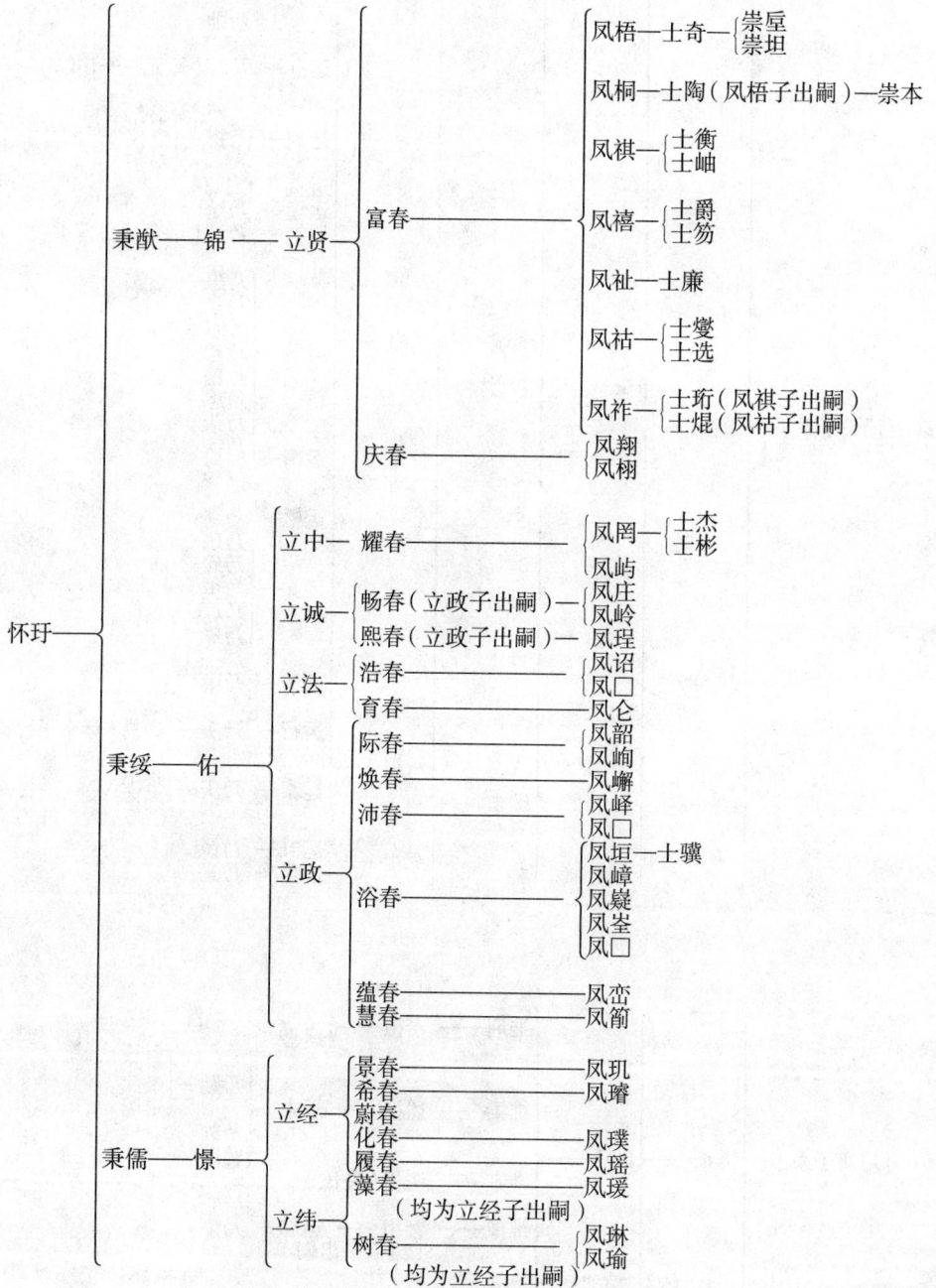

432

```
怀玗
├─ 秉猷─锦─立贤
│        ├─ 富春
│        │    ├─ 凤梧─士奇─┬ 崇垕
│        │    │            └ 崇坦
│        │    ├─ 凤桐─士陶(凤梧子出嗣)─崇本
│        │    ├─ 凤祺─┬ 士衡
│        │    │       └ 士岫
│        │    ├─ 凤禧─┬ 士爵
│        │    │       └ 士笏
│        │    ├─ 凤祉─士廉
│        │    ├─ 凤祜─┬ 士燮
│        │    │       └ 士选
│        │    └─ 凤祚─┬ 士珩(凤祺子出嗣)
│        │            └ 士焜(凤祜子出嗣)
│        └─ 庆春─┬ 凤翔
│                └ 凤栩
├─ 秉绶─佑
│        ├─ 立中─耀春─┬ 凤冈─┬ 士杰
│        │            │      └ 士彬
│        │            └ 凤屿
│        ├─ 立诚─┬ 畅春(立政子出嗣)─┬ 凤庄
│        │       │                  └ 凤岭
│        │       └ 熙春(立政子出嗣)─凤珵
│        ├─ 立法─┬ 浩春─┬ 凤诏
│        │       │      └ 凤□
│        │       └ 育春─凤仑
│        ├─ 立政
│        │    ├─ 际春─┬ 凤韶
│        │    │       └ 凤峋
│        │    ├─ 焕春─凤嶙
│        │    ├─ 沛春─┬ 凤峰
│        │    │       └ 凤□
│        │    └─ 浴春─┬ 凤垣─士骥
│        │            ├ 凤嶂
│        │            ├ 凤巍
│        │            ├ 凤崟
│        │            └ 凤□
│        ├─ 蕴春─凤峦
│        └─ 慧春─凤箭
└─ 秉儒─憬
         ├─ 立经
         │    ├ 景春─凤玑
         │    ├ 希春─凤璿
         │    ├ 蔚春
         │    ├ 化春─凤璞
         │    ├ 履春─凤瑶
         │    └ 藻春─凤瑷
         └─ 立纬─┬ (均为立经子出嗣)
                 ├ 树春─┬ 凤琳
                 │      └ 凤瑜
                 └ (均为立经子出嗣)
```

张家口是旅蒙晋商基地,许多晋中商人由此地发迹。清代外贸世家榆次常家无疑是其中成功者之一。从八世常威到张家口经营榆次大布时起,经过数代经营,常家终于发迹。此后常家以张家口为基地,不断将商业网点扩大至广大蒙古地区,从而成为晋中的显赫商族。常威的儿子分家析产后,常氏家族分为北常、南常两大支。其中南常以国内贸易为主,其富不敌北常。北常以对俄贸易为主,在200余年商业经营中,建立起了以"十大玉"为主的庞大经营网络。常家在经营上坚持多元、多业,尤其是茶叶。当时常家不仅是恰克图最大的对俄茶商,还是闻名后世的"茶叶之路"的开创者。在金融领域,常家曾涉足过票号、账局。同时作为商业世家,常氏家族还有一个最大的特色就是"引儒入贾",既商且儒。这不仅表现在其经营理念、精神支柱、为人处世的根本原则上,也表现在商业组织内部要素的优化上。因此,常家是名副其实的晋商"儒商第一家"。

二、从张家口起家到归化、恰克图发展

在中国传统社会,农民面朝黄土背朝天,终日劳作,仍难温饱,且为沉重的赋役负担压迫。在生存的重压下,他们普遍对发财致富有着热望。俗话说:要想富,庄稼带店铺。在商业贸易活跃的山西晋中一带,一部分农民在不弃稼穑的同时,肩挑负贩、走街串巷赚些活钱以补贴家用,还有些人怀揣着发财致富的梦想,不惜背井离乡寻找出路。榆次车辋常家的先辈也是这样走上从商路的。

在榆次、太谷一带有三个出了名的穷地方,民间有顺口溜说道:"走东阳、串西阳,德音、庞至、烂车辋。"常家先祖就落户在这个所谓的"烂车辋"村里。从明末清初时第七世常进麟辈开始,常家先祖们开始了以商业改变命运的努力,但艰辛的闯荡并没有带来梦想的财富。到第八世常威时,常家仍没有脱贫致富。常威是个有想法、有胆识的人,他不甘心于一辈子过"三十亩地一头牛,老婆娃娃热炕头"的传统生活,为了能够过上吃穿不愁的日子,常威也开始经商。他把经商的第一站选在久负盛名有"旱码头"之称的汉蒙贸易关口——张家口。张家口是"口北三厅"之一,从明隆庆五年(1571年)被开辟为汉蒙交易点以来,晋商就捷足先登、赶赴这里发展。到明末清初时,张家口就形成了由王登库、靳良玉、范永斗、王大宇、梁喜实、田生兰、翟堂、黄云龙等八大晋商垄断的贸易格局。常威来此经商时,张家口已经是一个商贾云集、百货汇聚的商贸重镇。大批来自各方的商贾游贩、工匠名伶使这座昔日边塞

充满了生气。常威初到张家口闯荡商海时，本小资薄，只得从最艰辛的挑担生意开始。

蒙古游牧民族少事生产，衣食日用均仰给中原，这给做旅蒙贸易的商人带来了巨大的商机，当时的生活日用品都有市场。常威经销的便是家乡盛产的棉布。由于明代普及种棉，加之榆次地方官极力倡导，到清初时起，榆次棉布成为当地特产，因为边幅比一般棉布宽，故称"榆次大布"。这种布纱支较粗、密度较高，故而耐磨经穿，受到当地蒙民的欢迎，常威因此生意兴隆，很快积攒起一点家底。常威是个有恒心和毅力的人，靠着坚韧的毅力和不懈的干劲，到康熙五十年（1711 年）左右，常威终于在张家口租赁了一家铺面，开办了第一个商号"常布铺"。据说，常威能够很快在张家口摆摊设铺缘于一次偶然的机会。当时常威进了一大批白布，刚运到张家口，就赶上当地一位王爷过世。由于官府强令民间穿孝，一时张家口市场白布相当紧销。常威的这批白布也因此成了市场上的抢手货，不仅很快销售一空，还让他大赚了一笔。靠这笔赢利，加上以前的积攒，常威的第一家布店很快开业。在张家口扎下根后，常威带着堂兄弟常千和长子万玘、次子万旺经常往返于晋中、张家口两地。生意扩大后，常布铺不仅经营棉布，同时还增加了绸缎一类的高档货。

张家口是常家的福地。常家布铺在此开店后，生意越做越红火，规模也越扩越大，这为常家向外发展提供了可能。在积累起最初一些资本后，常威父子随即将生意销售网点扩大至归化、包头、多伦和库伦等更多的蒙古市场。这时，常家在张家口的第一家字号——常布铺也因此改扩为"大德玉"杂货店。常威父子颇具经营眼光，他们在榆次大布的基础上，以市场为主导，不断关注市场变化情况，及时将生意向外扩展。到雍正六年（1728 年）时，大德玉杂货店已经成为一家颇具规模的字号。

常威在商海闯荡几十年，积攒起丰厚的家资。当他准备颐养天年时，为三个儿子主持分家，除了二儿子常万旺自愿弃商务农、在张家口万全安家置地外，大儿子万玘、三子万达均承继父业。其中万玘以所分资产另建了大德常字号，继续以布匹、百货为主，稳扎稳打，开拓国内贸易。万达则承继大德玉，以张家口总号为中心，继续扩展生意，形成一个辐射整个蒙古的商业网络。

常万达（1718~1796 年），是个雄心勃勃的人。在他接手大德玉后，肆机扩大发展。这时《中俄恰克图条约》的签订给了他一个契机。

雍正五年（1727 年），应俄方通商请求，中俄双方签订了《中俄恰克图条约》，规定在两国边境建立祖鲁海尔、恰克图、尼布楚三个贸易通商点，允许两国商民在这 3 个地方建造房屋、商店，免除关税，自由贸易。张家口为塞外商贸孔道，是远出库伦、恰克图的必经要道。恰克图开市的消息一经公布，常万达敏锐地意识到这里潜藏的巨大商机。常万达在多年从事旅蒙贸易中，已经从零星的俄方走私商人处看到他们对中国商品的极大兴趣，据此他认为中俄贸易的前景广阔，恰克图市场必定会火爆起来。

尽管恰克图正式开市初期，参加交易的只有 10 名俄商和 4 名中国商人，贸易额一直在数万卢布左右徘徊，但常万达坚信这是一片值得期待的市场。在《中俄恰克图条约》签订十余年后，当许多商人还在徘徊观望、举棋不定时，已经年迈的常万达毅然率子北上开拓新的事业。他利用清政府给赴俄边界贸易商人开创的一切便利条件，在了解俄商的市场需求情况后，决定以茶叶经营为主，同时兼营丝织品、瓷器、手工艺品等。乾隆初年，常万达以张家口总号"大德玉"的名义，在恰克图开设分店，向俄商出口茶叶及绸缎等商品。这时的恰克图市场上，丝织、茶叶都是俄方商人颇感兴趣的东西，需求量也大。常家作为最早到恰克图贸易的一批中方商人，抢占了市场先机。所谓"人离乡贱，物离乡贵"。中方出口的商品远途运输到恰克图后，价格翻了数倍，与商人长途贩运付出的劳顿、辛苦相比，回报也是相当丰厚的。当时的恰克图市场，实行的是政府规定的物物贸易。在常家对俄出口茶叶等物品的同时，换回了俄国的银锭子、粗制银器以及羊牛、皮毛、毛织品、玻璃器皿等物品。这些物品运回内地后，其价倍增。常家也在一来一去中稳获厚利。

随着恰克图交易数量的不断攀升，这个边境小城商贾云集、买卖日盛。恰克图也因此一跃而成为百货云集的漠北繁富之地和中俄边境贸易的最大市场。来此贸易的商家数量也与日俱增，由最初的寥寥数家发展至嘉庆初的 60 多家，而且这些商家绝大多数是晋商。

为了在日益激烈的竞争中获胜，常家在恰克图坚持勤俭办店。大德玉商号赢利后，常家将丰厚利润源源不断地投入扩大经营。作为边境贸易准入口，恰克图自开市以后，其间有过四次不愉快的"闭市"风波。事件起因于俄方屡次在边境制造事端惹怒了乾隆皇帝，于是下令闭市。闭市的负面影响对中俄双方商人最大。闭市后，俄商回到伊尔库茨克，以晋商为主的中方商人退回张家口或归化。开市的遥遥无期，曾让许多晋商从观望到失望。面对挫折和损失，常氏当家人保持了相当的冷静和耐心。他们在张家口继续经营，广泛发展其他贸易，同时伺机待发。"囤得千日货，自有赚钱时。"此后每次恰克图重新开市，常家卷土重来的规模就更大，获利也会更丰厚。

作为赴恰克图贸易的晋商第一家,在恰克图从开市、繁茂再到衰落的近 200 年间,常家的生意也经历了兴衰嬗变的相同轨迹。常家最盛时,在恰克图的商号除了大德玉外,还增设了大升玉、大泉玉、大美玉、独慎玉、大珍玉等几大字号,其中独慎玉在俄国首都莫斯科还设有分店。据当时人回忆说,当时常家的字号在恰克图的几条街上都有分布。其中大升玉在中巷子,独慎玉在东巷子,大泉玉在西巷子。当时在"独慎玉"当学徒的沈家屯张氏老人回忆说,那时"独慎玉"店里主要经营茶叶、绸缎和其他杂物,所谓"上至绸缎、下至葱蒜",要啥有啥。他们的字号在库伦、贝加尔湖一带和莫斯科都有分号。

这样,常家在历经乾隆、嘉庆、道光、咸丰、同治、光绪、宣统七朝,长达 150 余年的外贸中,以"塞外码头"张家口为大本营,以"大德玉"为中心、"五大玉"联袂经营在恰克图形成了外贸网络格局。在恰克图十余个晋商大字号中,常氏一门独占 4 个,由此被誉为"中国外贸第一世家"。

三、茶叶为主,多元经营

顾客是上帝。能否赢得顾客,关键是要及时甚至提前预测、了解到他们的需求,并设法满足他们的需要。如果做不到这点,终将被顾客所遗弃,后果是无须赘言的。无论什么时候需求就是市场导向。常家的商业网络主要面对的是蒙古市场和恰克图市场,尤其是恰克图对俄贸易更是常家生意的大宗。

"行情摸得准,生意做得稳。"18 世纪末期,随着俄国饮茶之风在全国盛行,对中国茶叶的需求日增。尤其是西伯利亚一带以肉食为主、生活在高寒地区的游牧民族,饮茶之风日炽,几乎达到"宁可一日无食,不可一日无茶"的地步。据当时常家独慎玉字号的学徒、沈家屯张氏老人回忆说,外贝加尔湖周围居民不论贫富,年长年幼,都爱饮砖茶。茶是他们日常生活中非常重要的饮品,从早晨起他们就将吃面包喝茶,当作早餐,不喝茶就不去上工。中午饭后也须有茶,每天喝茶有 5 次之多,好喝茶的人能喝 10~15 杯。每当运茶货的骆驼队到达贝加尔湖后,俄国人就团团围住驼队,争着用皮毛、牲畜换取茶叶,有时甚至跳起舞来,迎接驼队的到来。正是由于俄国各阶层普遍风行的饮茶之风,大大刺激了恰克图市场上中国茶叶的出口额急剧增长。由于茶叶的销路特别好,在恰克图做茶叶生意的商家也越来越多。雍正年间时恰克图买卖城只有数家商号兼营茶叶,以后随着俄国茶叶需求量迅猛增加,恰克图集聚的茶商及茶庄也越来越多。

进驻恰克图后,常家的对外贸易逐渐转向专事茶叶贸易。常家最早是从棉布、丝绸贸易发家的,涉足茶叶经营的时间略迟于太谷、祁县等晋商。论财力,常家当时的财力一般,算不上大买家;论时间,常家入门较迟,在抢占茶叶市场的过程中,不可避免地会面临较为激烈的竞争。但常家先辈以超凡的决心和毅力较早地介入了恰克图,从而在恰克图茶叶市场上占有了突出优势。在常家的影响下,其他商贾竞相效仿,恰克图茶商也因此激增至100余家。

在激烈的市场竞争中,常家坚持信誉第一,重信誉胜过重利益的经营方针,在茶叶经营上,坚持质量第一的原则。"百里不贩粗。"质量好坏是商家对主顾讲信誉,对主顾负责的一种保证。

茶叶产自中国南方,当时国内公认以福建武夷山一带茶叶质量最佳,为元明时期的御贡珍品。武夷山距恰克图路途遥远,为了保证茶叶质量上乘,常家等恰克图茶商不远万里到此长途采购。当时的茶叶生产以农户自产为主,生产分散,且质量无法保证。为了保证货源充足、质量稳定,常家还在武夷山茶区包买茶山,雇当地茶农采茶,在自己开办的作坊里进行加工。通过包买形式,以常家为代表的晋商实现了对茶叶生产的部分控制权,从而保证了茶叶质量稳定、货源充足。

太平天国起义爆发后,南方数省卷入战火之中。受此影响,晋商通往福建的茶路一度中断。赢利是生意人永远的追求。茶路断决后,商人们被迫面临着权衡取舍,如何在成本和收益的权衡中做出决策显得非常棘手。有的商人曾涉险到武夷山茶区贩茶,但大多数情况下,这样的努力是徒劳的。恰克图巨大的市场诱惑与茶路不通后的货源断决曾困扰了晋商一段时间。还有什么可供选择的折中方案吗? 在苦苦等待茶路再开期间,这些迫切需要茶叶的商人没有坐以待毙,他们积极地寻找着新的出路。这时湖南、湖北交界处的羊楼司、羊楼洞一带虽然茶源稍差,但却是蒙俄市场上极受百姓欢迎的粗茶。于是晋商将此开辟为新的茶叶基地,大规模地雇佣当地茶农制造砖茶。作为开辟新茶区的有力推动者,晋商由采购、加工到销售,实行一条龙管理,在产运销环节的控制上更进一步。常家在湖北的蒲圻、崇阳、岳州的临湘、巴陵等产茶区,都建有采买基地,同时在距蒲圻县数十公里的羊楼洞,还有自己开设的制茶作坊,这种兼工带农的商贸格局,使茶叶始终在茶商的监督、管理、指导下运作,有效地保证了茶叶的质量。

茶叶属于不易保存的娇嫩商品,从武夷山茶区到恰克图的万里跋涉期间,如果保存不当,极容易造成损失。在保存方法较为原始、运输条件落后的情况下,常家的茶叶经过一路颠簸、运抵张家口中转站时,还要进行再翻晒和精加工,然后贴上各字号标签再运往恰克图。质量就是信誉。正因为常家对茶叶的质量追求精益求精,常家的砖茶在以物易物的蒙俄市场上信誉很高,甚至可充银钱使用。这为常家日后深入俄境、扩展茶叶贸易提供了可能。鸦片战争后,随着列强插手茶叶贸易,恰克图茶叶市场销售状况受到很大冲击。与获得深入中国内地茶区购茶、开茶厂的俄商相比,以常家为代表的晋商无论加工成本还是运费均大大高于俄商,一定程度上影响了生意发展,但其永远的质量追求和一贯的信誉却征服了消费者的心,使其在逆境中仍保持了一定的市场份额。这也是常家能把分号开至俄国境内乃至欧洲其他国家的原因。

在恰克图的众多茶商中,常家始终保持着领头羊的地位。常家的茶叶经营规模巨大,实力超群。在这个面积不大的边境买卖城,常家集中了大德玉、大升玉、大泉玉等几大玉联袂经营的销售网点。据说当时从恰克图销往西方的出口茶叶中,至少有1/4是常家经营的。由于市场份额最大,常家成为恰克图茶商中举足轻重、气势不凡的大商家。

除了茶叶大宗外,常家的外贸经营品种之多,有“上至绸缎,下至葱蒜”之说。再加上在恰克图市场“彼以皮来,我以茶往”的物物交易,常家将换回的牲畜、皮毛、呢绒等货物,也运至国内其他商业网络进行销售,如此获利倍增。

四、规模效益——十大玉

不管在中国传统社会,还是当今社会,要占据商业活动的主导地位,规模化是不容忽视的。企业的规模本身对实施什么样的市场战略有着直接的影响。所以小企业尽管有灵活、集中的特点,能够对市场变化做出迅速反应,但由于自身实力问题,很难如大企业那样投入高成本。规模经营的意义就在于它能够做成小企业很难做到的事,能够对突如其来的风险有较强的应付能力,能够建立起大规模的高效生产设施,利用经验曲线全力以赴降低成本,尽量压缩各项管理费用,从而实现总成本较低的战略。这对其以总成本优势挤占市场、以产品质量、服务速度、清洁卫生等优势树立信誉、确保市场需求的持续稳定增长、甚至挤垮竞争对手有着不可低估的作用。

在商业竞争上,常家正是以规模经营的优势获得了较强的竞争力。

早在常威从张家口发家时起,常家就看中了张家口这块风水宝地。在这个号称"塞外码头"的地方,商贾如云、货流如织。作为北方汉蒙贸易的重要商埠,这里不仅是商品的集散地,也是大批进出口货物赖以中转的要道和对蒙俄交易的必经要冲。从常家第一家商号"常布铺"开始,常家商业开始在张家口深深扎根。雍正初年,大德玉取代常布铺后,常家生意从棉布经营扩展为多头经营,棉布、绸缎、茶叶等只要好卖,无所不营。在跟随父亲多年商海闯荡中,常威的长子、三子积累起丰富的从商经验,历炼出善于发现财富的眼睛。家大业大纷争大。为了避免大家庭同居共财产生内耗,常家先辈主持为数子分家,将产业已一分为三。这次分家不仅没有导致各自削弱,反而使长于经商的长子万玘、三子万达放开手脚在商海搏击,各自有了自己的经营阵地。

长子万玘从大德玉分得资金后,另立一个新字号"大德常"。常万玘颇具经商谋略,他在涉足恰克图市场不久,即把对俄贸易的业务转给幼弟万达,自己则专注国内贸易。他经营坚持稳扎稳打,以布匹、百货为主,与子孙相继创办了十多个以"德"字为标志的字号,号称"十大德",遍及全国14个省。

三子万达子承父业,在承继大德玉的同时,专注于在库伦和恰克图等地从事对外蒙古和俄罗斯的茶叶、绸缎和布匹等贸易。随着贸易额不断攀升,常万达的生意越扩越大,并陆续增设了"大升玉"、"大泉玉"、"大美玉"和"独慎玉"等玉字联号。在长期对俄贸易中,这些"玉"字五联号的生意重心不断地转移到以茶叶为大宗,牢牢占据着恰克图茶叶市场的老大地位。除了在恰克图的字号外,常家在国内还有其他玉字联号,号称"十大玉"。这些商号广布于南起苏杭,北到恰克图,西至重庆,东到沿海,东北到奉天(今辽宁沈阳)的大半个中国范围。这些商号分布在山西

大珍玉商号实物

的榆次、太谷、长治、太原、大同、繁峙,北方的北京、天津、保定、定州、沈阳、洛阳、开封、社旗,南方的上海、南京、苏州、襄樊、汉口、河口(江西)、福州、成都、崇安,内蒙的绥远、归化(今呼和浩特)、包头、多伦、赤镇,外蒙的库伦、乌里雅苏台、多伦诺尔等城镇的分号密布、交叉,从而形成了庞大的商业网络。

在以对俄出口茶叶为龙头的恰克图五大玉的领头下,这些商号将换回的俄国皮毛、呢绒、牲畜等商品,通过内贸网络进行销售,形成以外贸促内贸,内贸服务外贸的良性循环系统。

如常家商业以茶叶为主,在从南方茶区到全国各地及内外蒙古、恰克图贸易过程中,不仅分庄网点密布,而且为了保证茶叶供给充足、质量稳定,常家通过包买的形式控制了茶叶的生产、收购环节,并在茶区建茶场加工茶叶。干预茶叶生产最主要的目的是赢利。如何及时地运抵市场,如何减少中间环节的利润分割是获利多少的主要因素。为了保证万里茶运不出任何差错,常家在请专门的承运商负责运输的同时,自己还要负责押运。为了能按期交货,常家商号还采取商品运销相结合的办法,即组织马驴驮帮从陆上运输,雇运船只海上接运,待砖茶由南方运到山西泽州府后,改由自己的驼帮,日夜兼程,先运到张家口。在此常家先要由专人负责清点、验明茶叶的品种及数量,再由验茶工开箱验茶,刷净砖茶六面浮屑,放风后重新包装入箱,再运往恰克图贸易。正是常家在产、供、销上实现了一条龙的贸易产业链,从而减少了中间环节,管理更加方便,从而有效保证了常家在恰克图市场的百年商业信誉。

外贸的正常运转促使常家内贸进一步繁荣。除了恰克图商号外,常万达名下的十大"玉"字商号是以茶叶为主,多业经营,诸如"大兴德"、"笃信诚"、"天德顺"、"成吉厚"、"大德宏"、"大合店"等商号都是上至绸缎,下至葱蒜,几乎无所不包的杂货商号。从俄商手里换回的大部分货品通过这些涵盖较广的分号,源源不断地销往山西、北京、天津、沈阳、上海、苏州、汉口等地。

尽管常家两门的众多商号经营重点各不相同,但有一点是共同的,那就是他们都以张家口为大本营。这与张家口地理位置特殊,向为北方商贸重镇有关,也与常家从此发迹有关,由于长期在这里做生意或经此到恰克图、库伦等地贩卖货物,常家从就近交易,采购、销售两头兼顾出发,也愿意选择张家口。因此,常家生意除特殊情况外,大多以张家口为大本营,通过全国各地网点、分庄,向外辐射。常家以张家口为中心,遍及大江南北的商业网络虽各有独立的经营核算账簿,但常家的各商号总号对分号的管理放之不散,收之有力,在集中管理的原则下,各商号间互为援引,从而打造了对外的"五大玉"与遍布全国的内贸"十大德"内外商业网,在内贸促外贸,外贸牵内贸的良性循环中,常家庞大的家族商业集团保持了长期的滚动发展局面。

五、兼营票号

在长期的经营实践中,常家的管理者始终坚持一业为主、多业并举的原则,出发点是不仅为了扩大利润空间,同时也是分化各业经营风险的良方。出于这两种考虑,常家在商贸起家的同时,还广泛涉足票号、账局金融领域。

在晋商集中的北京、天津、张家口、太原等商业重镇,大宗业务较多,尤其是长途贩运的业务,需要垫支的资金数目大、周转期又长,在资本不足的情况下,急需社会信贷的融通与支持。同时在社会不稳、安全系数较低的情况下,各商号之间的资金调拨也成为困扰商家的大问题。在此情况下票号业应运而生。从平遥商人雷履泰首创票号以后,票号生意发展迅速,利润丰厚胜过普通商业经营。在厚利的吸引下,晋商巨富纷纷涉足票号经营。常家是清中期时晋中首屈一指的巨富,又与票号兴盛的平遥、太谷、祁县紧邻,自然也早有创办票号的想法。

从常家第十世常立训主持商务开始,常家先后有数家商号改营票号。如常家创办时间最久的老号大德玉,本是一家以茶叶为主,兼营布匹、杂货的商号。光绪十一年(1885年)时常立训主持改组为票号。常家是外贸世家,资本雄厚,出手气度也不同凡响,30万两白银的注册资金在众多票号中显得尤为阔绰。大德玉总号设在太谷城内,另在北京、天津、沈阳、锦州、营口、归化、上海、苏州和汉口等地设有分号,在包头、张家口、南京、奉天、库伦、恰克图等地设有办事机构。常家的票号管理同大多数票号一样,实行的是"股份制"经营,业务骨干在票号内享有不等的身股数额。大德玉订有一整套严格的规矩,不管在账务管理上,还是对人事管理上,是项项有规,件件有序。与其他票号稍有不同的有两点:一是曾学习"大盛魁"的经验,设立了"财神股"作为"护本风险基金",一般不能挪用。另一点是,票号的经理不用外人,是由十二世常恽及常立训本人先后执掌的。大德玉票号经营以稳健、谨慎著称,除了实行严格的"认票又认人"的汇兑核办制度,还与官钱局建立了长期、稳定的存放款关系。正因为"大德玉"票号资金雄厚,网络畅通,管理严格,经营有方,故大德玉虽进军票号界较晚,但在营业28年中,获利达到200余万两白银之多,不仅是山西票号业中的佼佼者,也是太谷帮中的首号。

在大德玉的影响下,常家万玘一支也将麾下的大德川商号改组为票号。大德川前身为经营布匹、绸缎、日用杂货的商号,总号设在张家口。光绪三十三年(1907年)大德川共投入资本20万两,由太谷田乔村人侯铭任大掌柜,

441

正式改组为票号。大德川总号设在太谷县城,并在北京、上海、济南、汉口、镇江、周村、天津、安东(今丹东)、亳州、徐州、张家口、开封等地设分号 12 个。大德川票号是整个山西票号业中开设较晚的一个,实力也不算弱,开业之后数年,收入也很可观。但由于正值票号业整体走向衰落之际,故影响并不大。

六、时局剧变,实业撑不住的家业衰落

19 世纪末伴随着清政权的摇摇欲坠,内乱外祸迭起。这无疑给在恰克图商战中已经伤痕累累的晋商雪上加霜。光绪十六年(1890 年)记载,常氏尚有字号十大玉,主要经营于张家口、归化、奉天、昌图、营口等北方地区。大泉玉、大升玉、独慎玉又主要是做张家口、恰克图和俄国莫斯科及西伯利亚等地的国际贸易。光绪二十六年(1900 年)庚子事变中,由于俄国军队侵占奉天,抢劫焚烧,使常家商业遭到很大破坏。此外八国联军在北京的烧杀抢掠,也使常家在京商号被洗劫一空。光绪二十七年 (1899 年) 德国军队又扰乱张家口。光绪三十年(1904 年)日俄战争又使常家许多重点商号在战祸中损失惨重。宣统元年(1909 年)外蒙在沙俄的操纵控制下与祖国分裂,使常家茶叶生意遭到重创。此后 1917 年俄国十月革命胜利后,苏联对华茶采取关税壁垒政策,使常家的经济命脉悉被断绝。

在家族商业频遭厄运,庞大的家族开销巨大的压力下,常家的后继财东为了挽救家族危亡,曾先后做过创办家庭工业、投资工业等努力。如清光绪二十二年(1896 年),十四世常望春组织常氏妇女种桑养蚕,设立敦睦蚕桑局。这个家庭工业开办后,常氏族人从购进原料,置买机器,都做出了相当大的努力,他们还从北京延聘教师,招收徒工 10 多人,试制丝织、络带。投产后,丝织物销售山西各地。光绪三十四年(1908 年),常家又设立了敦睦织布厂,在厂内设教室数间,聘教师授夜间课,前后培养出纺织工人 100 余名,产品在山西一带深受欢迎的同时,也为家族带来过一定收益。可惜流动资金不足,被迫于1921 年歇业。1921 年时,常赞春、常旭春等人还筹集资金,在太原创办了范华印刷厂,这个厂经营了 35 年,一直到 1956 年公私合营才宣告结束。与此同时,常家还先后与祁县乔家出资 5 000 两白银,办起“山西火柴局”;给“晋华纺织厂”投资 4 000 银元等。

这些努力并没有挽救“大厦将倾”的局面。由于辛亥革命后,常家商业已基本破产,所剩的如河北丰镇的“天亨永”、山西榆次车辆的“同济”药店、要村的“晋隆祥”、榆次的“瑞隆裕”及奉天、南京等地小商号企业和部分房地

产业,但由于经营乏人,开支浩大,终究未能救家。

其兴也有因,其衰也有由。从大清康熙年间发迹至辛亥革命后衰亡,常家商业活动历时二百余年,曾经创造过辉煌数代的骄人财富。常家之所以兴旺发达,既与中俄边境恰克图开市的历史机遇有关,也与创业者常威的广阔胸襟、坚韧毅力、逐利四海、敢为天下先的胆略有关。常家以茶叶为主在对俄贸易中称雄,尤其在外贸实践中,审时度势,扬长避短,获得成功。在中国外贸史上写下了辉煌的一页。尽管在半封建、半殖民地的中国,由于内忧外患不断,世事风云巨变,常家无可挽回地衰败了,但这是晋商整体命运的衰落,同国家命运密切攸关。作为封建时代的商人,这个曾经在商界显赫二百余年的外贸世家留下了许多值得后人吸取的经商真经。

第五节 太原张家

晋商是明清时期称雄于国内外商界 500 年之久的著名商人。洪洞移民中以农为主,后来从事士、农、工、商各业者都有,有成就、有作为的大有人在,在众多移民后裔中,弃农经商、弃儒从商成为富商大贾者不乏其人,太原南郊西峰村张氏即是其中之一。

据《张氏族谱》记载,西峰张氏先祖系陕西神木县人,明代洪洞大槐树移民时将先祖发送到山西省太原县皇陵村。村北有明太祖朱元璋之孙,晋王朱棡的儿子,宁化王朱济焕的坟墓,习惯上称西坟,因其先祖成了看墓的雇农,从此定居西坟。以后陆续移民,形成申、林二户,张、范两家的村落。

民国后期,因坟名不雅,西坟村改称西峰村,皇陵村改称黄陵村。新中国成立后直到 1965 年"文化大革命"前仍有王坟两座土丘,20 世纪 70 年代修大寨田时夷为平地。张族先祖定居西坟,至今繁衍 17 代百余人。

约在明万历年间,张族先祖除看守王墓躬耕几亩薄田外,为了全家生计,开始走街串户,铲刀磨剪赚点零花钱资补家用,随后又开了烧饼铺,迈开经商第一步。至于后来扩大经营时的资本来源,张家一直流传说:明万历末年,有一天,适逢盛夏酷暑季节,暴雨淘天,冲毁道路,出行不便,有位白发老翁手牵两头载货毛驴,声称想在先祖住处暂时避雨,次日雨过天晴,路面仍然崎岖难行,老翁言明所卸货物临时寄存,连声告别致谢而去。谁知老翁一走数年未见踪影。偶然一天家人共议,这批货物究竟是啥,应开封查看是否变质?结果打开一看全是金银。家人放好又等了多年仍无音信,后在等无可等的情况下,在

表 11-8　太原黄陵西坟村张氏世系表

```
                              张泰
                               │
                             张大成
                               │
                             张登朝
        ┌──────────────┬──────────────┬──────────────┐
      张续武          张缵武          张绳武          张继武
      ┌──┴──┐      ┌────┼────┐        │        ┌───┬───┬───┐
    张百  张百    张百  张百  张百    张百      张百 张百 张百 张百
    祯    川      龙    鹏    凤      通        铨   镇   钧   锐
      │    │    ┌─┴─┐ ┌─┴─┐         ┌──┼──┐         │    │
    张克  张俊  张镜 张昌 张根 张牛   张义 张八 张德   张欲  张仆
    明    明    明   明   只   小     明   斤   明     明    奴
                   │    │       ┌──┴──┐  │             │
                 张守  张保     张广 张广 张广 张广      张大
                 义    玉       仁   居   谨   勤        毛
```

陕西亲友劝告下，动用这批金银在陕西省三原县开设了几处"义诚张记"商号。

三原县地处陕北的南口，是一个货物集散地。陕北的粮食靠汉中接济，汉中的余粮经三原发卖到西北各地。由于明中期与蒙古不断交战，争夺河套地区这块肥沃富裕之地，固原镇、延绥镇常年有数十万驻军，军需粮草甚大，张家的粮行生意十分红火。隆庆、万历年间蒙汉议和，实行"封贡互市"后，边塞贸易更加繁荣。张家很快发展为以粮食为主，兼营日杂百货，葱蒜绸缎无所不有的联营商号。经过先祖张泰、张大成、张登朝、张续武四代人的辛苦经营，到清代乾隆、嘉庆年间逐渐进入兴盛阶段，张家商号数十座，在三原临街盖了半道街，人称张家街。嘉庆二十一年（1816年），晋园坟（西坟）重修观音庙，村民募捐银钱，从碑文记载看，大多家户只捐叁贰两，甚至壹两几钱，而张家除以"义诚张记"商号名义捐银 26 两外，张大杰又以个人名义捐银 13 两。可谓买卖兴隆，利润滚滚，富甲一方。

咸丰初年，太平天国起义。清朝长江以南半壁江山一度丢失，腐朽统治受到沉重打击，国内局势十分混乱。为了保护张家财富，三原生意亟待清理整顿。张登朝召集张绳武、张缵武、张继武、张续武四个儿子商议。老大、老三是读书人不太敢冒险去,老二面对动荡不安的局势也面有难色。唯有老四张续武胆略过人,武功超群,恐巨资受损,义无反顾前往陕西三原,以财东身份结清张家商号的本金、红利以及库存。将所有资产银两,雇用马帮 32 匹骡马往回驮运。其时张续武年仅 16 岁,他身挎坎刀只身骑马保镖,昼行夜宿运送银两,每过村镇大喊"过镖啰",沿途贼寇响马虎视眈眈,本想一口吞掉所带金银,可见少年单人独马,威风凛凛,摸不清他有多高武功,虽生贼心,但终未敢下手,竟然一路平安无事将全部金银财宝归家入库。其父张登朝大喜,按照事先约定,将一半资产分给老四,另一半分给其余三兄弟。

张族第九代张大成,张大吉弟兄二人分居另过,张泰随其大儿张大成为西畔,张大吉为东畔,张大成这一支脉,以示饮水思源光宗耀祖。从光绪 14 年(1855 年),大兴土木建筑,改善居住环境。为了体现家庭观念,则更多显示出"贵精而不贵丽,贵在新奇大雅,不贵纤巧烂漫"的民宅特色,将住宅建筑发挥到极致。它所处的西峰小村落,虽在黄土丘陵前沿,建筑显现出商儒并重的豪贵式样。

庞大的建筑群,建筑面积占地可达 8 860 平方米。住宅十处,长工房、碾磨房各四处,后花园一处,南楼院的各种作坊一处。建筑形式,严格遵循明清以来盛行的宗法礼制秩序,孝祖敬宗,长幼有序,男女有别,尊卑有分,首先因势利导,层楼叠院参差错落。

院落格局均有差异,堡墙高筑,堡门严实,西畔另有防盗高门,院群北部有打更楼,防止放任自流夜空人静盗贼横行。

太原南郊西峰村张家宅院

新建住宅四门分居,大部是三进院,进大门门中有门,主庭为长辈待客寝居,晚辈以序排列,佣人杂役在外院住宿。主庭皆有出厦抱柱,立栏卧嵌,五角六兽,猫头滴水,院落整洁壮观高雅典朴。

在建筑住宅的同时,新建一座"吕祖庙",依照太原纯阳宫,耗资银48 000两,占地12亩,建筑形式除楼台殿阁,另有偏院一所。大庙全貌红墙黄绿琉璃瓦,前门系木结构牌坊,上有"蓬莱仙境"横匾四字。进入庙内首先映入眼帘的是西墙的九龙壁,八条小龙盘曲着一条大龙,张牙舞爪,让人有点毛骨悚然。面对戏台两侧的钟鼓二楼,楼底为旁门,左门上悬着"飞龙",右门有"伏虎"的砖雕,气势磅礴,引人入胜。

二进院纯系节日乐园,南北设有看台,西面是壮观的演艺台,抱柱上的楹联发人深省。

上联:今事即古事欲知今事看古事
下联:戏情是世情要知世情看戏情

三进院往前仰望是大殿,供奉吕祖的金銮殿堂,院内古柏参天,遮阴蔽日,两株繁茂的樱桃衬托着南北藏经房的庄严。往里再走是四进院,向前观望就是"灵宝洞",全是沙石磴的石洞,爬上二楼是"瀛洲妙境",托扶栏杆上三楼是"玉皇阁",玉皇大帝的宝殿。在20里外就能看到吕祖庙在明媚的阳光下熠熠生辉。吕祖庙在1948年毁坏。

清朝中叶,适应社会商品货币经济的发展和长距离异地汇兑的需要,自清道光三年(1823年)平遥第一家日昇昌票号创办以来,由于高额利润驱动,票号如雨后春笋般兴起,并呈迅速发展趋势。故而在咸丰五年(1855年),张登朝力主在太原水西门内鸡窝巷开设"义诚谦"票号,资本银18万两。由于财力雄厚,张续武经营有方,"义诚谦"票号发展势头很好,成为票帮继平遥、祁县、太谷三帮之后太原帮的领头雁。到清末光绪年间,"义诚谦"票号在北京前门外打磨厂公和店、陕西三原,以及天津、上海、厦门、宁波、广州都设有分号。张家在全国的商号共计101座,仅在太原的房产即达250间,土地7 000余亩,雇工400余人。除了票号、商铺、土地外,张家还投资矿产业。太原西山的开化、风峪、冶峪、桃杏、虎峪、白家庄都有张家的煤窑。最大的三座机器窑是太和、保和、中和煤窑,其余手工煤窑圈养着400多头大黄牛,数十辆骡马车往河北等地运煤。每逢盛夏山洪暴发,通往煤窑的路面冲毁,煤炭不能外运时,黄牛返乡耕地复播,种地开矿两不误。既有商贸又办实业。西峰本村还有粮库、油坊、磨坊、染坊、烟坊、药坊、豆腐坊、织布厂等十几座手工作坊,另有仿照纯阳宫建的占地12亩的家庙,晋源镇、晋祠以及城内侯家巷、铁匠巷、鸡窝巷、开化寺、西羊寺、米市街一带都有钱庄、绸缎、粮食等各种商铺,当时张家号称太原县首富。

1911年辛亥革命推翻清统治。清政府的山西巡抚被杀,乱军趁混乱烧杀抢掠一个晚上,张家的巨资与票号商铺被洗劫一空。其后,债权贷款难收,存户上门挤兑,只好变产还债。加之外地商号的掌柜见时局大变,顿生不忠奸心,有的掌柜竟然坑东(家)杀伙(计),使巨额资产流失。1913年"义诚谦"票号被迫歇业倒闭,但关闭时张家票号账上仍有资本6万两白银。至此,历时200余年的西峰巨商张氏家族退出风云晋商舞台。

张族巨富之因,除了先祖吃苦耐劳、善于经营外,最主要的是家教严整,诚信为本。家有书房私塾,免费供本村子弟读书。张登朝曾以"苦持家利社会勤奋终身,睦邻里乐助人世代源流"为家规,常教育张姓后人舂米磨面,拉煤运炭。西峰张家扶贫济困的事例众口皆碑。后代子弟中也不乏英才。第十三代张德明系留日生,第十四代张广居民国二十六年(1937年)毕业于北京师范大学外语系,曾任南京大学外语系教授。新中国成立后调外交部出任中国驻印度尼西亚大使馆参赞。中印关系恶化后,使馆被砸,他身负重伤,腿部几乎残疾,回国后任国家情报总署编辑。

第六节　太谷曹家

曹氏始祖曹帮彦于明洪武初年,推卖沙锅来到太谷,正式落户于北洸村。

据《曹氏家谱》记载,曹氏迁居北洸村后,历十三代都是单传独室,计为邦彦——润枝——赟□——复玉——顺□——文折——彪枚——仲高——礼谓——希举——应桐——孟荣——国文。

从十四世曹三喜闯关东开始,家业才逐渐壮大起来。曹三喜生有两子,即曹玉蕃、曹玉台。曹玉蕃有曹兆鹏、曹兆鹇两个儿子;曹玉台生有一子即曹兆远。十六世曹兆鹏生有5子,曹兆远生有7子。

1803年(嘉庆八年),十六世曹兆鹏、曹兆远兄弟分家,财产按人口均分。为公平起见,也为避开"五七"忌数,曹兆远将三子曹士俊带资过继曹兆鹏,这样两门均为6子。以居住方位称曹兆远一支为东门,曹兆鹏一支为西门,俗称东六门、西六门。

分家后,东西两门在各自发展中,西门中落。东门曹兆远,让其6个儿子各自成家,各立门户,即民间所称的一门、二门、四门、五门、六门、七门,他们合股经商,以股取利。

曹氏十七世东六门六兄弟各自设立堂名:大门曹士清称钟鼓堂,二门曹士奇称馨宜堂,四门曹士杰名留青堂,五门曹士义名德善堂,六门曹士英名双合堂,七门曹士元名五桂堂。各门以堂名进行商业活动,分取红利。

道光年间,十八世振字辈 20 余人相继成长起来,在他们父辈的堂下又分出许多堂。其中:馨宜堂(曹士奇)分出怀义堂、庆余堂、三立堂、永怀堂;留青堂(曹士杰)分出福善堂、敦古堂;德善堂(曹士义)分出承德堂(培义)、承善堂(培智)、承业堂(培番)。

十九世又分出不少堂,堂名如下:怀义堂分出从范堂;三立堂分出德慎堂,以后又有启圆堂;承德堂分出承志堂;承善堂分出承福堂;承业堂分出贞静堂。

光绪年后,又有二十世"中"字辈,二十一世"克"字辈,二十二世"师"字辈相继成长起来。

东六门十七世以后的谱系如下:

表 11-9　东六门十七世以后的谱系

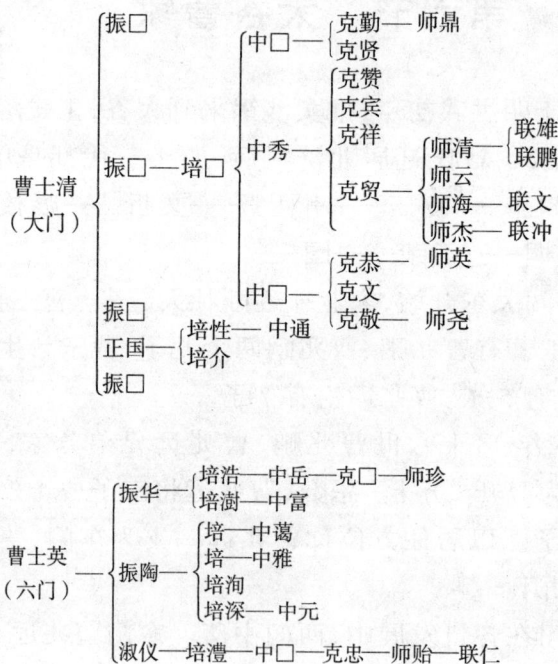

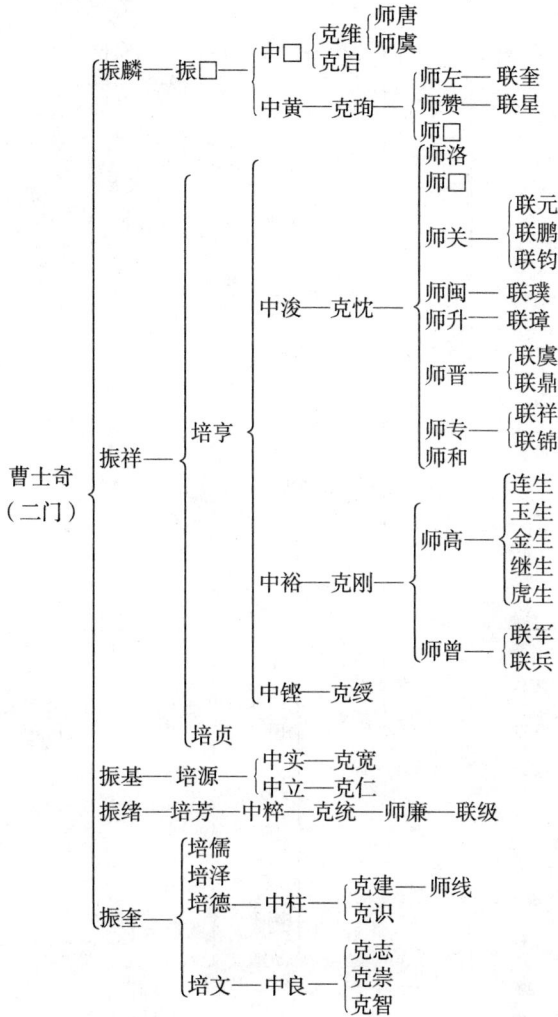

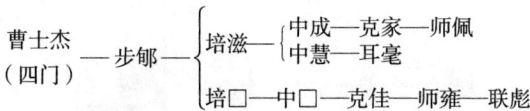

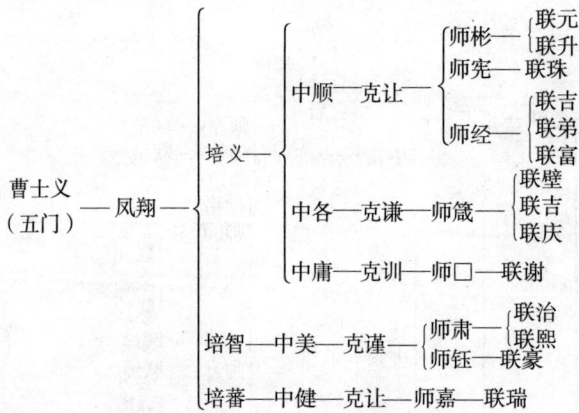

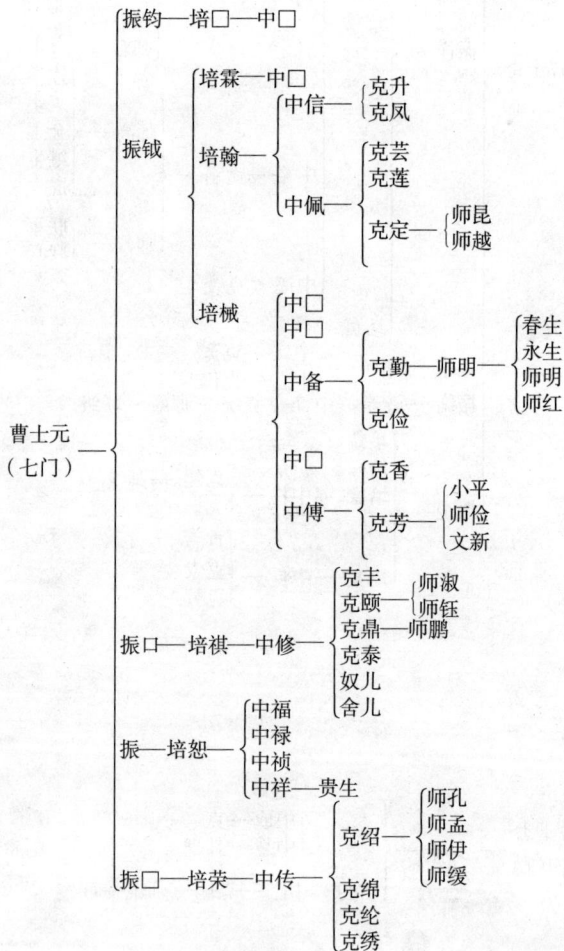

北洸曹氏家族中，曹三喜勤劳刻苦，善抓商机，创业起家。其子曹玉蕃、曹玉台和其孙曹兆鹏、曹兆远继承其产业和经营之道，使曹家发展成名震山西的商业巨族。曹兆鹏、曹兆远分家析产后，曹兆远的"东六门"继续在商界大展宏图，到清末达到极盛时期。其间曹家在商界英才辈出，代不乏人，堪称贸易世家。

从 17 世到 21 世，曹氏家族商业的主持者和商界的代表人物有：

第十七世、曹兆远之五子曹士义，是位励精图治的商业经营管理人才。1803 年（嘉庆八年），曹氏家族分为东西两门，东门集股组建"六德公"，"六德公"的第一任专东即为曹士义。曹士义率弟兄 5 人，苦心经营，当年就新增商号两个，并买断了西六门名下的几乎所有商股，为曹氏商业的发展打下了坚实的基础。

第十八世、曹士义之子曹凤翔，在其父去世后被公推执掌六德公，约在道光、咸丰年间，是曹氏六德公商业大发展时期。曹凤翔继承其父的经营方略，一方面加强商号内部管理，进一步完善号规，大胆放权于各号掌柜，另一方面积极向外扩展势力，以太谷为中心在山西境内发展到榆次、太原、黎城、屯留、长子、襄垣、潞安等地，东面到山东济南，南面到徐州、上海、湖南等地；以朝阳为根据地发展到张家口、林原、平泉、赤峰、开原、沈阳等地。仅道光 30 年间就新增商号 30 余家。其中有太谷励金德账庄、三晋川账庄、彩霞蔚绸缎庄、锦泰亨银号以及富生峻钱庄等有名的大商号。这个时期六德公迅速发展，积累了巨额财富，为曹氏商业的鼎盛奠定了坚实的物质基础。

第十八世、第七门曹士元之子曹振钱（1828～1882 年），字仲黄，是一个亦儒亦商的人物。他走的本来是科举仕途之路，弱冠之年参加府试即拔补郡库弟子员，随后又考中高等食廪饩。参加秋试未能考中举人，便转而致力于经史子集的勾考参稽。后来因长兄病故，他挑起了主持家政的担子，将主要精力放在经商上。他的小传说他"做事干练，有谋略，七门之商事全赖之经营。颇能仗义疏财"。咸丰年间，以捐资助饷而被授予教谕之职，加中书科中书衔，做了负责一县教育的小官，走了一段仕途。晚年退休，致力于教子课孙。

第十九世曹培义。约生活在咸丰至光绪初年。这是曹氏六德公商业突飞猛进的发展期。咸丰初年，太平天国运动爆发，曹氏在徐州复羊县的双合堂毁于战乱，曹培义果断地为徐州各地当铺四面筑起炮台，并雇炮手护卫。不久，又在太谷南山浒泊口范家庄购得山寨一座，筑起一座石砌的豪华宅院，名曰迁善庄，供家人夏季避暑、战时避险所用。咸丰、同治年间，在他主持下，新设商号计有十几座,开辟了恰克图、库伦商道,对蒙俄贸易频繁,形成了颇具规模的货源组织及包装、运输、销售一条龙商业集团。

第二十世、曹培智次子曹中美,主持期间,六德公增设商号多达70余座,总堂经济实力雄厚,最大账庄励金德把江南作为其发展重点,在江苏徐州投入资金6万两白银开设宝丰萃(典当业),后陆续投入资金6万两白银开设锦丰庆、锦丰焕、丰冶通3座钱庄,在上海开"换记油坊"等等,使江南成为曹氏的又一个商业中心。同时,对蒙俄贸易异常活跃,在蒙古的库伦、俄国的莫斯科、德国的柏林、法国的巴黎、英国的伦敦设锦泰亨小号,在日本、朝鲜设三晋川小号等等。出口商品从单一的茶叶发展为兼营丝绸、曲绸、青铜工艺品等,并捎回头脚货,在锦泰亨等商号行销。大宗的银元源源不断地运回曹家老号励金德账庄,曹家成为山西颇具实力的富商大贾人家。

第二十一世曹克让(1866~1920年)1894年(光绪二十年)后主持曹氏家族事务和商务。1900年(光绪二十六年),义和团起,曹克让与族长曹润堂、曹中洸村成立团练,辛亥革命前后,太谷境内不断有溃兵骚扰,曹克让出资修筑村防,召集村中青壮年日夜守卫。1911年(宣统三年)十月,太原新军起义,宣告独立,新成立的军政府急需大量军饷,曹克让捐送了大量现金,还捐出三多堂妇女的簪钏钗珥。

第二十二世曹师宪(?~1953年),字章甫,1920年后,成为三多堂主事东家。当时正是曹家商业衰落的时期。由于连年战乱、银元改制和外国银行势力的挤压,包括曹家在内的许多票号相继倒闭。俄国十月革命后卢布贬值,使曹氏家族在俄商业连连亏损,元气大伤。1925年,曹师宪主持开设"耕实斋",组织家佣种地、卖粮、卖菜,运煤拉炭,以补充家用,可见此时曹氏商业的窘境。1931年,"九一八"事变后,曹家在沈阳的志诚银行被迫与抚顺义德银行、沈阳奉天实业银行合并,虽然名称仍沿用"志诚银行",但实际被日伪控制,已不属于曹家。与此同时,曹家在东北的商号也纷纷停办、倒闭。曹师宪见商业颓败乃大势所趋,转而寻求新的出路。1934年(民国二十三年),托孔祥熙为其找到了河南某地财税部门的工作,后升迁至省税务局长。新中国成立前夕,他辗转全国各地,处理曹家在各地商号的善后事宜,1952年春夏间,时任沈阳志诚银行副董事长的曹师宪派妻子陈静淑为代表,与曹敬轩一同前往沈阳,代表二门生意总代表、股东曹孝章(师关)、曹介夫(克绍),将曹家在志诚银行的股份全部捐献给国家。

第二十二世曹师肃(1902~1992年),字敬轩,是三多堂最后一位主事东家。幼入家塾,精通书法、篆刻、武术,为人和善,常以资助人。1937 年日军侵入太谷时,他率家人及朋友避难于青龙寨,不顾自家安危,毅然将自卫用的枪支弹药献给抗日政府,并说:"我的枪不给中国人,难道能交与日本人!"1952年,与曹师宪之妻陈静淑一同前往沈阳,代表曹家将志诚银行的股份全部捐献给国家。1955 年,到辽宁省开原县将开原城区曹家商号"渊泉丰"的全部资产(折合人民币 11 万余元)捐献给政府。1956 年,曹师肃在开原县参加工作,历任光明副食商店(公私合营后的渊泉丰商号)的副经理、经理。

第七节　介休侯家

侯氏原籍陕西,南宋孝宗隆兴元年 1163 年迁入介休县北贾村。清康熙时,侯氏家境一般。自十七世侯万瞻外出苏杭一带贩运绸缎逐步发家,到其孙侯兴域时,侯家在外地已有商号数十处,资产逾几百万两,介休人称其为"侯百万"。

侯兴域,字蔚观,生于清乾隆年间,他在继承祖业的基础上,苦心经营,使侯氏商业达到顶峰。侯氏商品号以经营杂货绸布茶叶和钱铺为主,著名的商号有设在平遥的协泰蔚、厚长来、新泰永、新泰义、蔚盛长;设在介休张兰镇的义顺恒、中义永;设在晋南运城的六来信等。侯兴域生有 6 子,即泰来、恩来、庆来、迪来、章来、荣来。1808 年(清嘉庆十三年),侯兴域将其家产除留一部分自己养老之外,分作 6 股给 6 个儿子。

侯兴域去世后,三子侯庆来主持家政,掌握全族商业。侯庆来精明干练,经商有方,把在平遥开设的商号都改为"蔚"字号。道光初年,在毛鸿翙的建议下又把蔚字号改营票号,形成著名的"蔚字五联号"集团。经过道光、咸丰、同治 30 多年的发展,蔚字号声势日增,后来居上,在全国各商埠设立了 30 多个分庄,成为晋商金融业的巨头。

从侯庆来到其孙侯从杰一代,侯氏商业一直处于平稳发展阶段。侯从杰去世后,由其妻王氏代管蔚字号商事,人称王氏为"侯四太太"。此时,侯家豪华奢侈之风极盛,仅侯从杰的葬礼就费银 1 万多两。侯氏家族中的侯奎是介休县赫赫有名的挥金如土的阔少爷,他曾经用钱票点火吃水烟与他人斗富争胜。这时的蔚字号已呈现江河日下之势。辛亥革命前后,侯氏各地商号接连遭抢劫,票号被挤兑,纷纷倒闭。但侯家的少爷仍然过着养尊处优、腐化奢侈的生活,直到坐吃山空,靠变卖家产过活。到抗日战争前夕,侯氏家族的末代子孙侯崇基已穷困潦倒,几近流落街头。

附录:

介休北辛武冀家

冀氏自宋代从山西临晋(今属运城市临猗县)迁入介休县邬城,后又迁入北辛武村。冀氏的商业在清乾隆时起家,到第十七世冀国定时,经营规模已相当可观。至道光初年,冀氏在湖北樊城、襄阳一带共有商铺70多家,经营项目以当铺为主,其次为油坊、杂货铺。资本在10万两以上的大商号有钟盛、增盛、世盛、恒盛、永盛等当铺和在平遥的谦盛亨布庄。此时,冀氏资产已达300万银两。

冀国定是独子,年过40,尚膝下无子。遂继娶了四房马太夫人,生下五个儿子。冀国定去世时,五个儿子还小,内外诸事皆由马太夫人经理。在经营商业方面,马太夫人毫不逊色,深得商界赞誉。约在咸丰六七年间,马太夫人为五个儿子各立门户,除平遥谦盛亨布庄(后改为票号)归五堂共有外,其余财产均分给各门:

悦信堂冀以公,分有增盛、广盛当铺,随后在直隶大名府开设当铺、颜料庄数家,在介休张兰镇设有悦盛昌、悦来号钱庄,同时在湖北通过当铺放账兼并了部分土地。

笃信堂冀以廉,分了钟盛、益盛当铺,后在介休张兰镇设谦盛晋钱庄,在平遥设宝兴成绸缎庄。

立信堂冀以中,分了恒盛、文盛二个当铺,后在介休张兰镇设恒盛藏商号。

敦信堂冀以和,分了永盛、星盛当铺,后在湖北樊城设鼎顺、永顺两当铺,在北京设仁盛当铺,在库伦、喇嘛庙和张家口一带设有恒顺发等皮毛店铺。

五弟冀以正仍用冀氏老堂名有容堂,只分了世盛当铺,以后在平遥设有其昌德票号(兼营布庄),在太原设其昌永绸缎庄,在晋祠镇设其昌世、其昌泰杂货庄,时人称之为"四杆旗(其)"。

以上五门合称"五信堂",当时冀氏仍处在急剧发展期。

冀氏商业从咸丰时起已因战争遭受损失。太平天国战争爆发后,冀氏商业大伤元气,资产损失过半。冀氏资产被迫从两湖向北方转移,商业规模大幅度收缩。但是,清政府在内外交困之际加紧向商人们捐输摊派,冀氏先后六七次捐输数十万两白银,资金已捉襟见肘。1990年(光绪二十六年)庚子事变,是冀家由盛到衰的转折点。此时,冀家在天津、京都的当铺均被抢掠、烧毁,平遥和张兰的票号、钱庄相继倒闭,损失达150多万两白银,冀家整个商业处于清理破产状态。

第八节　祁县渠家

渠氏原籍上党长子县。明洪武初年,其先祖渠济带领忠义、忠信两个,经常往返于祁县、上党之间,倒贩土特产品。用上党的潞麻和梨换取祁县的粗布、红枣,然后运回上党老家贩卖。利用两地价格差异,从中赢利。天长日久,有了点积蓄,便在祁县城内定居下来,仍然以小贩小卖为生计。随着买卖的日渐兴旺,渠家逐渐富裕起来。到第九世渠士重时,家道小康,结束了摊贩生涯,开始在祁县城内开设铺面,创立字号。

表 11-10 渠氏家族世系简表

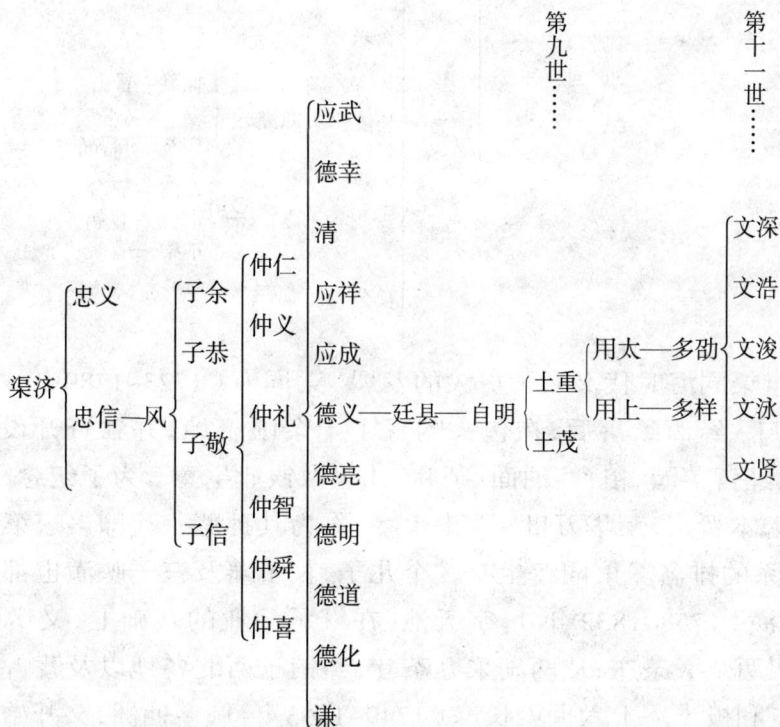

第九世……　　　第十一世……

```
                                应武
                                德幸
                                清
                     仲仁        应祥                          文深
               子余  仲义        应成                          文浩
               子恭                            用太——多劭       文浚
渠济  忠义      忠信—风  仲礼  德义——廷县——自明  土重            
                                            用上——多样       文泳
               子敬                    土茂                  
                     仲智        德亮                          文贤
                     仲舜        德明
                     仲喜        德道
                                德化
                                谦
```

```
                                        ┌ 源涤 ┬ 本立 ── 晋贤
                                        │      └ 本静 ┬ 晋仁
                          ┌ 藩 ── 长盛 ─┤            └ 晋卿
                          │             │             ┌ 晋斐
                          │             │             │ 晋康
                          │             │      ┌ 本浚 ┤ 晋爵
                          │             │      │      │ 晋陶
                          │             ├ 源道 ┤      └ 晋恩
                          │             │      ├ 本济 ── 晋康
                          │             │      ├ 本澄 ┬ 晋英
                          │             │      │      └ 晋杰
                          │             │      └ 本沣 ┬ 晋模
                          │             │             └ 晋楷
                          │             └ 源洛 ┬ 本沂
                          │                    └ 本渭 ── 晋文
文浩 ── 锡畴 ── 同海 ──────┤             ┌ 长清 ── 源泰
                          │             │ 长涌 ── 源儒
                          ├ 汾 ─────────┤ 长亨 ── 源充
                          │             │ 长泗 ── 源沁 ── 本正
                          │             └ 长谧 ── 源锐 ── 本昌
                          │             ┌ 长发 ── 源淦 ┬ 本善 ── 晋鲁
                          │             │              ├ 本先 ── 晋臣
                          │             │              └ 本植
                          │             │ 长兴
                          └ 映潢 ───────┤             ┌ 源潮 ┬ 本漳 ── 晋山
                                        │             │      └ 本渊 ┬ 晋云
                                        │ 长瀛 ───────┤             └ 晋峤
                                        │             │      ┌ 本翘 ── 晋狂
                                        │             └ 源浈 ┼ 本栋 ── 晋鹤
                                        │                    └ 本梁 ── 晋炭
                                        └ 长公
```

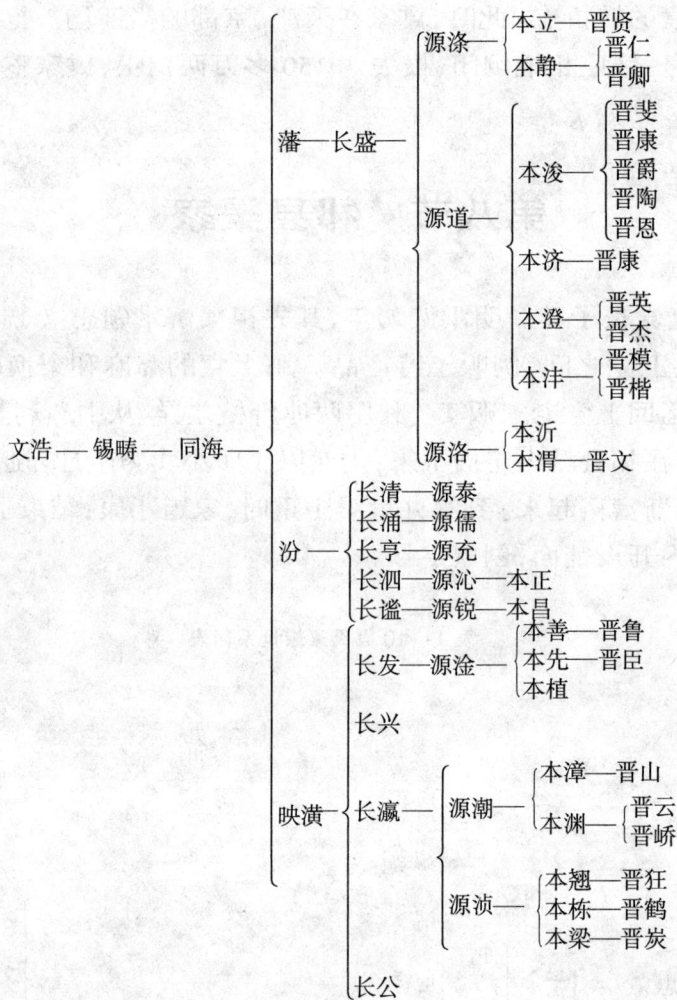

　　十四世渠同海时代又有了更大的发展。渠同海（1723~1789 年），字百川，由"走西口"经商致富后，在包头购置了十余顷土地，并独资开设了"长源厚"字号，经营菜园、粮食、油面、茶叶，并兼做钱业生意。为了纪念，渠同海选用了"长源本晋川，荣华万世年"十个字，作为其孙辈一代即渠家第十六世以下辈分世系的排名。渠同海生有 3 个儿子，长子藩及三子映潢也都是商界高手。渠映潢（1758~1832 年），字天池，在继承父业的基础上，又增设了长源川、长顺川两个大茶庄，从两湖采办茶叶，经销于西北各地以及蒙古、俄国，直至欧洲，获利极丰。十六世渠长瀛（1749~1863 年），字仙洲，又开始在长江流域贩运食盐。至此，渠家已经积累了大量的商业资本。仅渠长瀛名下便有商号四五十座。到十七世"源"字辈时代,渠氏商业进入黄金时期,终于到达辉煌的顶点。咸丰、同治直至光绪初年,渠氏源潮、源浈、源涤、源道、源洛、本立众兄弟叔侄除独资或合资经营三晋源、长盛川、百川通、汇源涌、存义公等票号外,还开设有众多的茶庄、盐店、钱铺、典当、绸缎、药材等商业字号。商号总数数百座,遍及全国各大中城市、水旱码头,成为全国著名的巨商大贾。徐珂在《清稗类钞》中列举"山西多富户"时说,祁县渠家资产在三百万至四百万两白银之间。实际上不止于此。有人说"旺财主"渠源浈生前在三晋源票号总号建有银窖一座,他死后,其后人挖出白银 300 万两。另外,辛亥革命以后,阎锡山出任山西都督时,财政困难,曾托人向渠源浈借钱,渠源浈借给军费 30 万两白银,亦可印证其富有程度。

渠氏家族的生意字号主要分为两类。一类是金融业,即票号、钱庄和典当业。另一类是商业,即茶叶、食盐、绸缎、粮食、药材等行业。渠氏商业的一大特点是金融资本与商业资本相互结合,混合经营是一个有机的统一体。

光绪至民国时期,仅渠源潮、渠晋山名下总号在祁县的商号就有长裕川茶庄、书业诚古籍字画店、诚记茶庄、集庆和夏布庄、晋裕成布庄、是盛楼糕点铺、万盛源杂货铺、永春元药店等近 10 座。其中最著名的是长裕川茶庄与永春元药店。

渠家的长裕川茶庄是晋商中开设时间最长、规模最大的茶庄之一。其前身叫长顺川,大约开办于清乾隆、嘉庆年间,创始人为渠源潮之祖父渠映潢。光绪年间更名为长裕川,由源潮主管号事,民国年间由其孙渠晋山接管。总号在祁县城内段家巷,在汉口、长沙、南昌、扬州、十二圩、张家口、绥远、天津等地设有分号 10 余处,共有店员 100 多人,仅总号就有店员 20 余人。长裕川经营茶叶,属于收购、加工、贩运、批发一条龙性质。清代中期至民国初年,茶业极盛。一般来说,茶价稳定时每箱茶至少可获利润 2 两白银,最高时每箱获利竟达 7 两之多,利润极高。1931 年(民国二十年)以后,茶业衰落,长裕川改业专营食盐,并在汉口兼营仓储业务。曾花费 40 万元在码头购置仓库一座,用于储蓄食盐和做其他仓储业务。抗战期间,还在成都经营棉布棉纱业务。建国前夕,各地分号全部撤销,只留汉口一处。公私合营后并入太原瓷厂。

长裕川在渠源潮当家时期,有一次开账分红后,将红利 40 万两白银全部埋在总号院内。以防突发事变,如遇赔累亏损,马上便可以挖出现银,重整旗鼓。抗战期间,日军侵占祁县,宪兵特务队就驻扎在长裕川,后来在挖防空洞时发现,被悉数取出,运往日本。

457

永春元药店也是渠家的老字号,大约开设于道光、咸丰年间,总号设在祁县城内北大街。在北京、天津、济南、祁州、禹州、包头、西安、汉口、广州、香港等处都设有分号,从业人员 100 多人。永春元是一家前店后厂式的中药材加工企业。业务范围广泛,批零兼营,以药材地道、疗效显著闻名。门市部叫永春堂,长年高薪聘请名中医坐堂门诊。柜台服务周到,汤剂饮片、丸散膏丹,一应俱全。每一味药都印有专用纸,写明药物名称及功效、用法,深为人们所称道。由于经营有方,流动资金达 30 万元之多,是资本的 10 倍。建国后永春元改组为宏达堂药店,公私合营后并入县药材公司。

除了经营商业外,渠氏家族对工业也倾注了极大的热情。1902 年(光绪二十八年),渠本翘出资 5 000 两白银,接管了官办的山西火柴局,改组为双福火柴公司。20 年后,公司财产增值 20 万元,为原投资的 10 多倍,渠氏得红利 20 万元。此外,在山西保晋矿务公司、晋华纱厂、晋生纺织厂等企业,渠氏家族都有巨额投资,仅渠本翘一人在保晋公司就有 5 万元的股份。

一、百川通票号

百川通票号是渠氏家族投资最早的票号业。由渠源浈、渠源潮、渠源洛、渠本立等合资创办,总号设在平遥城内南大街,开办于 1860 年(咸丰十年),历经 59 年,至 1918 年(民国七年)歇业。有银股 10 个,人力股 20 个,开业资本银 10 万两,歇业时资本为 30 万两白银。在太原、太谷、祁县、北京、天津、上海、武昌、汉口、沙市、长沙、湘潭、常德、成都、重庆、贵阳、昆明、梧州、桂林、广州、潮州、汕头、西安、三原等地均设有分号。百川通是在全国各地商界享有很高声誉的重要票号之一。在上海、长沙、常德、梧州均被列为重要票号;在北京亦颇有地位,分号掌柜王浩廷曾担任北京商会会长;在广州,属最有信用的票号;在昆明、汉口,建号最早,且一向著名。

百川通主要经营汇兑、存放款业务。因其与殷实富商具连环结保,且在政府注册,故承揽官家汇兑业务较多。光绪二十三、二十四年(1897~1898 年)两年,广州巡抚将还俄本息 4.2 万两白银发交百川通汇解江海关投纳。1899 年,湖南巡抚将还英德款 9 000 两白银交百川通等 9 家票号解京。1905 年(光绪三十一年),又解赔款 1.3 万余两白银。除此,还为官家经营存款业务,《大公报》1911 年(宣统三年)12 月 7 日载:"督宪陈制军(直隶总督陈夔龙)允许咨议局士绅所请,着各衙署局所将存款开列清单以备检查。兹将关(津海关)库及财政总汇处实存款数探录于下:关库截至 9 月止存银 54.274 万两……百川通存行化银 2 万两,合库白银 1.9204 万两。"1913 年(民国二年),据天成亨等 14 家票号呈北洋政府财政部编制的存放实绩统计表记载,百川通存款 305 万两白银,放款 350 万两白银。百川通还是较早与外商发生存放款业务的票号。据曾在汉口分号工作过的张仲权回忆:"光绪末年,在汉口的外商银行,有汇丰、麦加利、道胜、正金等数家,票号在银两多的时候,也有转存于外商银行的。但很少向外商银行借过款。譬如,百川通票号当时就曾和两家外商银行有过存款的关系。"

百川通因生意兴隆,分红亦颇丰。一般账期 4 年,每股分红白银 1 万两左右,最多时每股分红 2 万多两。《晋商盛衰记》载:"平帮之百川通,原本银 10 万两,作为 10 股,连人力股 20 股,共分 30 股,而 4 年结账,每股获利 2.23 万两,共获利 66 万余两。"据估算,百川通在 59 年中,分红 600 余万两白银。

百川通的汇水(汇费)是以汇兑两地平色的高下、期口的淡旺、月息的大小、路之远近作为估定标准的。据有关资料记载,1914 年(民国三年)百川通由昆明汇往各地的汇水:北京每百两银收汇水 4 两,汉口、长沙、西安、成都、重庆、沙市每百两银收汇水均为 3.5 两。

百川通是最早使用电汇的票号之一。据记载,1885 年(光绪十一年),百川通等 8 家票号采用电报汇兑方式,承汇广东归还宝源祥款银 13.5 万两,解交海军衙门。12 月 21 日发交票号,限 12 月 27 日交到。1891 年(光绪十七年),《湖广总督张之洞奏折附片》云:"兹据湖北布政使王之春会同善后局司通祥称:可见于十七年实协桂饷之外加拨银一万两,发交百川通商号电汇广东善后局兑收,凑付镇南关炮费等情详请咨奏前来。"

百川通在整个经营过程中,曾两次遭受严重打击。一次是 19 世纪八九十年代金融风潮的打击,当时亏欠达二三十万两白银。另一次是辛亥革命期间受战争的打击,仅汉口、长沙两号,损失不下百万之巨。另成都、西安两号也损失现银 3 万余两,衣物折银 1.8 万余两。至此,百川通日渐萎缩,到 1918 年(民国七年)歇业。

二、三晋源票号

三晋源票号是渠源浈独资经营的票号, 开办于同治元年(1862 年),历时 72 年,1924 年(民国十三年)改为银号,1934 年歇业,是经营时间较长的"三大票号"(大德通、大德恒票号)之一。三晋源票号经营以稳健著称,原始资本 30 万两白银,最盛时营业额达六七百万两。70 多年中分红 300 多万两白银。曾在北京、天津、上海、镇江、扬州、清江浦、南昌、沙市、重庆、成都、芜湖等地设有分号。

三晋源票号财力雄厚,经营有方。至辛亥革命期间,其他票号已靠借款维持,而三晋源仍能靠自身实力维持业务。三晋源在各地所设分号也都有重要地位。在上海,被日本驻上海总领事称为获得利益颇丰的票号之一;在汉口,被称为最重要票号之一;在昆明,被称为巨商;在芜湖,是芜关拨解京饷改解现为汇兑的最早票号。

三晋源票号业务多与官府交易,承汇京饷额度很大。《湖广总督陈夔龙为汇解克萨镑款奏片》也称,拨归还克萨镑款本息银 10 万两,先后发交汉镇天顺祥、三晋源等商号领汇至沪。

三晋源票号承汇款以信誉为先,保证顾客凭票到承汇地按时取款。在付款时间上有严格的规定:对上海为见票后 10 日或汇出后 12 日付款;对汉口为见票后 10 日或 15 日付款;对苏州为汇出后 16 日付款;对山西为汇出后 17 日付款,但不得超过 17 日以上。在取款上,严格执行"由本人领取"等规定。为防失误,大多分号还与其他票号进行了"连环结保"。

三晋源票号除汇兑业务外,也曾大量发行银票。1910 年(宣统二年),北京分号发行银票数为 2.8 万两,准备金为 1.5 万两。

三晋源票号在推动近代工业发展方面也做过一些有益的事情。当民信局的业务被邮政所代替后,票号一部分汇兑业务也被邮政局夺去,对票号生意造成不利。三晋源曾与大德玉、蔚丰厚、协同庆共同与邮政交涉,制定特别邮寄章程,既支持了邮政业务,又使自己利用邮政维持了业务。主要由驻汉口分号与湖广邮政政司达协议,"先行商榷邮政局可准予汉口汇票帮及各埠同帮联号订一特别邮寄妥速,并能担任加快防遗办法,以便票商"。该章程被转总邮政司批准推广,"设有票号向多紧要往来生意 50 处,一律仿办。在洋务时期,三晋源参与汇兑机器局之间资金往来,1877 年(光绪三年)就由三晋源和新泰厚各汇白银 1 万两,交天津北洋大臣衙门和福建抚臣衙门。为维护山西利权,在山西争矿运动中,各票号踊跃投资创办保晋矿务公司,三晋源投资股数 600 股,计白银 3 000 两。为兴修铁路,三晋源承揽了一些收存铁路款和垫借款业务。在川汉铁路修建中,三晋源驻汉口、宜昌分号收存银两数十万两。在修建山西同蒲铁路时,各界人士推渠本翘出面向各票号宣传垫借款,并联同各票号认购同蒲铁路股票 60 万两。

民国初年,不少票号倒闭,三晋源尚能开门营业,此外渠家还开设有存义公票号、汇源涌票号、长盛川票号。

第九节　灵石王家

《静升村王氏源流碑记》全文如下:

盖人之有祖犹水木有本源也。木有本其枝始茂,水有源其流乃长,此理所必然者也。今灵石县东三十里静升村王氏始祖,讳实,起自寒微,寄迹本村,诞生一子,派衍流长,至今已一十三代矣!吾未悉祖公之为人奚若,功德奚若,相貌风骨又奚若,而即以今日之子孙蕃庶,绵绵以续,衍而至于数百丁;粮税殷繁,岁岁弥增,积而至于数百石。士者经史传达室家,英辈迭出;农者沃产遗后,坐享丰盈;工者毛通诸艺,精巧相生;商者逐利湖海,据资万千。猗欤斯族,寝炽寝昌,正《诗》所谓"绵绵瓜瓞",山东比隆本宗。要孰非祖公厚德,有以培之于不穷哉!返想之下,则祖公之勤俭励已,功德贻谋,概可征矣!今十二代孙,讳大清,字临泉者,报本追源,意欲创碑,以垂不朽,谐余为文,余不能,特聊摹其梗概,以为记云。

静升王氏家庭自王实迁居静升村至 21 世纪初近 700 年,已传至二十八世,播迁遍及省内 11 个市、国内 28 个省(市、自治区)、海外 3 个国家。

其谱系如下:

表 11-11　灵石静升王氏一世至五世世系表

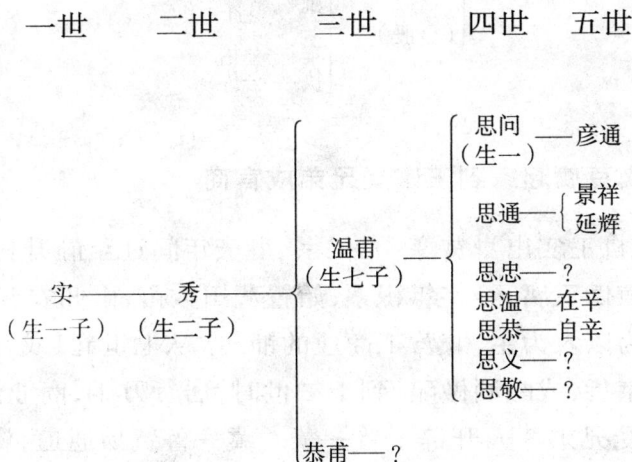

一世	二世	三世	四世	五世
实 (生一子)	秀 (生二子)	温甫 (生七子)	思问(生一)——彦通 思通——景祥／延辉 思忠——? 思温——在辛 思恭——自辛 思义——? 思敬——?	
		恭甫——?		

461

```
                                              ┌ 演          ┌ 宁
                                              │（生四子）──┤ 润
                                              │            │ 俭
                                              │            └ 得明
                             贤（生三子）─────┤ 伦          ┌ 铎
                             （火股）        │（土股）──── │ 锐
                                              │            │ 镜
                                              │            │ 铭
                                              │            │ 钦
                                              │            │ 锦
                                              │            └ 铨
                                              │ 林          ┌ 可意
                                              └（土股）──── └ 可云

                                              ┌ 伦          ┌ 铎
                                              │（过继）──── │ 锐
                             ？               │            │ 镜
                            （土股）─────────┤            │ 铭
                                              │            │ 钦
                                              │            │ 锦
      彦通                                    │            └ 铨
     （生五子）────────────                   │ 林          ┌ 可意
                                              └（过继）──── └ 可云

                                                           ┌ 可聚
                             颜                            │ 得才
                            （水股）─────────── 增 ────────┤ 可才（木股）
                                                           │ 友才（木股）
                                                           └ 友义

                             ？                            ┌ 可才（过继）
                            （木股）─────────── ？ ────────┤ 友才（过继）
                                                           └

                                              ┌ 弘──顺
                             ？               │ 雄──      ┌ 伯全
                            （金股）─────────┤            └ 迁
                                              │ 泰──公佑
                                              └ 执──公佐
```

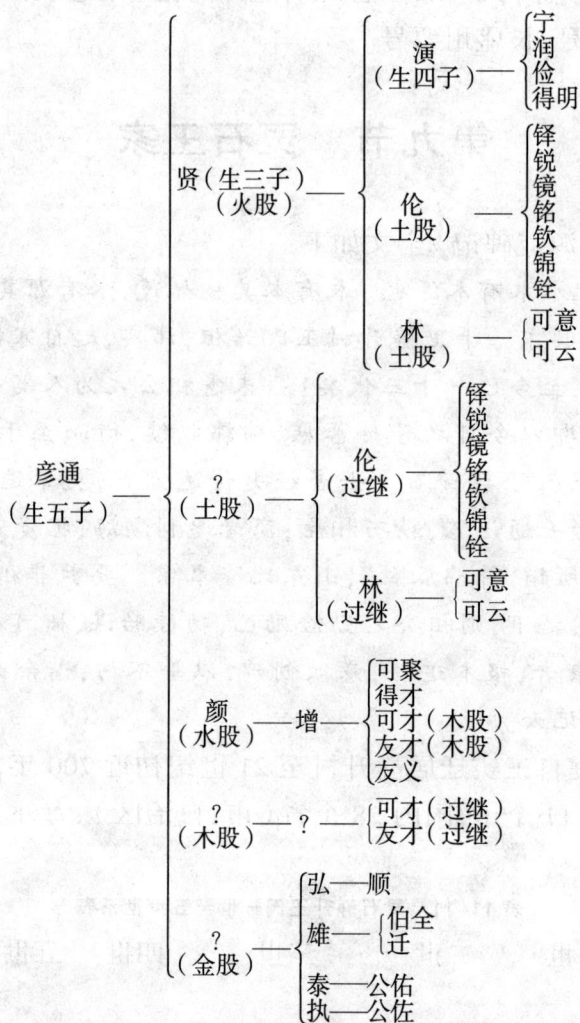

一、从王实卖豆腐起家到王谦受兄弟成官商

静升王氏始自王实出身贫寒，元仁宗、皇庆年间迁至静升村定居，始以佣耕为主，冬闲时兼做豆腐，经多年积累，始置薄田数亩，由佃农变为自耕农。到第三世起，发展为以农为主，兼营工商业的铺户。从七世起，或开典当业，或贩卖棉麻，或经营京货，或酿酒做醋，到十二世时，居货万千，商业渐成规模。到康熙初年，王谦受兄弟3人开辟了晋—蒙—冀—鲁贸易通道，资金累积到10万银两。吴三桂举兵反，王家兄弟为朝廷输运军马、粮草，受到皇帝褒奖，成为当地拥资20万银两的富户。康熙六十一年（1721年），王谦受参加"千叟大

表 11-12　灵石静升五世王彦通系八世至十一世世系表

1.七世王演之后

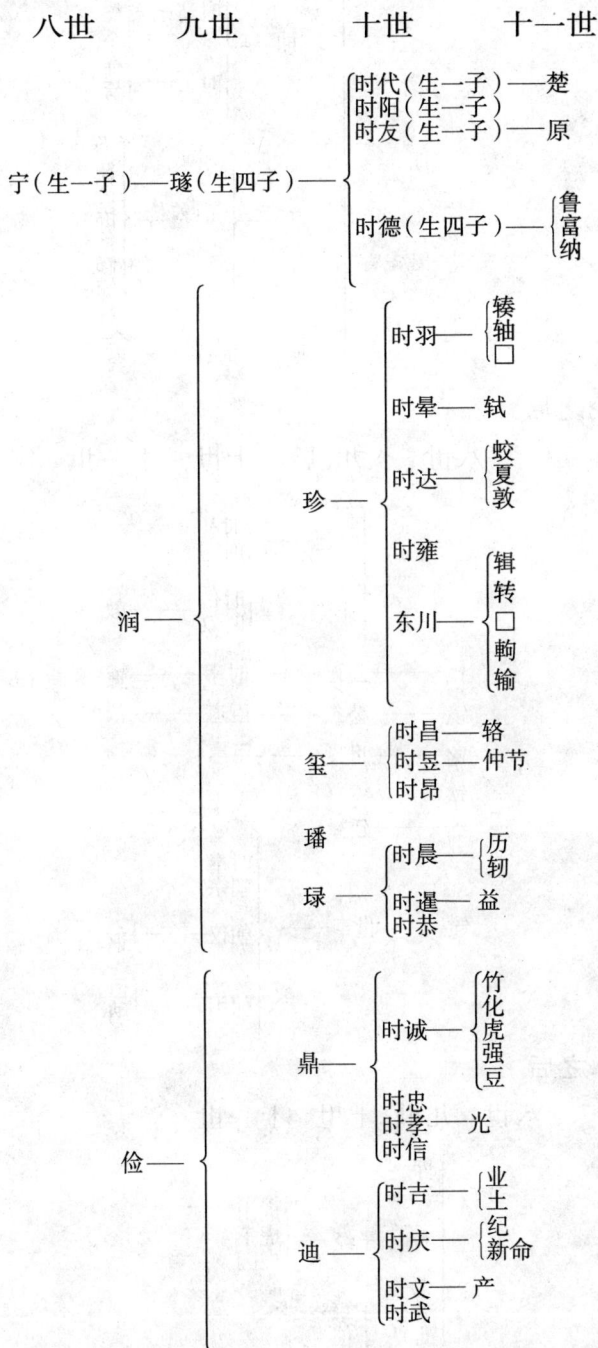

八世　　　九世　　　十世　　　十一世

宁（生一子）——璲（生四子）——
- 时代（生一子）——楚
- 时阳（生一子）
- 时友（生一子）——原
- 时德（生四子）——鲁／富／纳

润——
- 珍——
  - 时羽——辕／轴／□
  - 时晕——轼
  - 时达——蛟／夏／敦
  - 时雍
  - 东川——辑／转／□／鞠／输
- 玺——
  - 时昌——辂
  - 时昱——仲节
  - 时昂
- 璠
- 琭——
  - 时晨——历／轫
  - 时暹——益
  - 时恭

俭——
- 鼎——
  - 时诚——竹化／虎强／豆
  - 时忠
  - 时孝——光
  - 时信
- 迪——
  - 时吉——业土纪
  - 时庆——新命
  - 时文——产
  - 时武

朋 ┬ 朋 ┬ 时清 ── 成禧本
　　│　　└ 时云 ── 命旨
　　├ 言 ── 时奋 ── 仍仲倚侨备修佃
　　└ 照 ── 时样 ── 全含

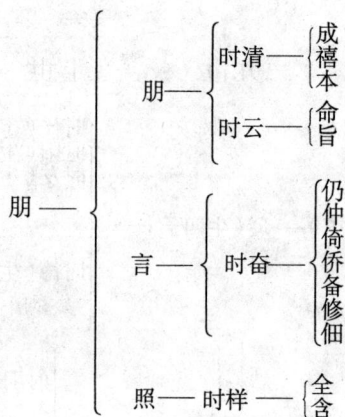

2.七世王伦之后

八世　　九世　　十世　十一世

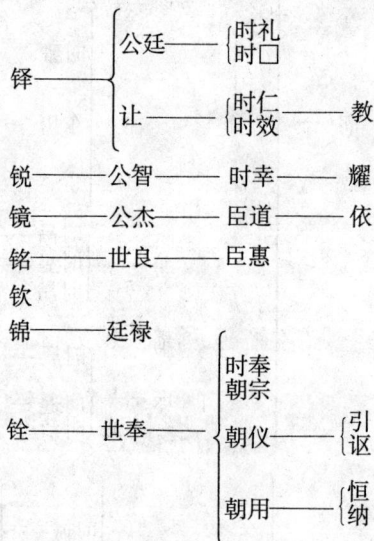

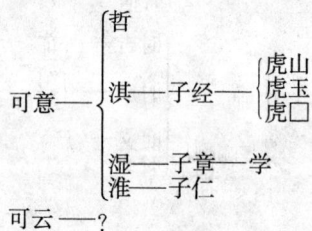

铎 ┬ 公廷 ┬ 时礼
　　│　　　└ 时□
　　└ 让 ── 时仁 ── 教
　　　　　　时效

锐 ── 公智 ── 时幸 ── 耀
镜 ── 公杰 ── 臣道 ── 依
铭 ── 世良 ── 臣惠
钦
锦 ── 廷禄

铨 ── 世奉 ┬ 时奉
　　　　　　　朝宗
　　　　　　├ 朝仪 ┬ 引讴
　　　　　　└ 朝用 ── 恒纳

3.七世王林之后

八世　九世　十世　十一世

可意 ┬ 哲
　　　├ 淇 ── 子经 ┬ 虎山
　　　│　　　　　　├ 虎玉
　　　│　　　　　　└ 虎□
　　　├ 湿 ── 子章 ── 学
　　　└ 淮 ── 子仁

可云 ── ?

4.七世王增之后

八世　　九世　　十世　　十一世

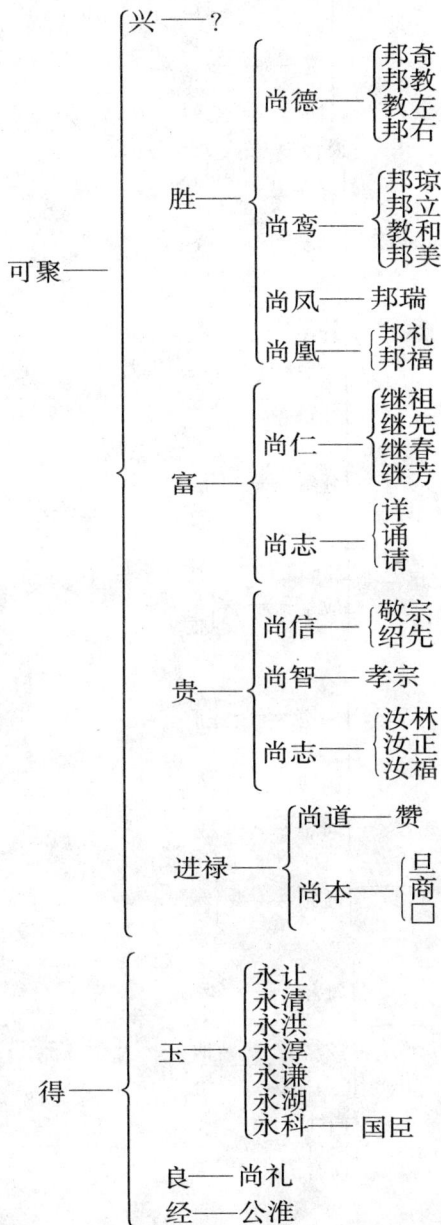

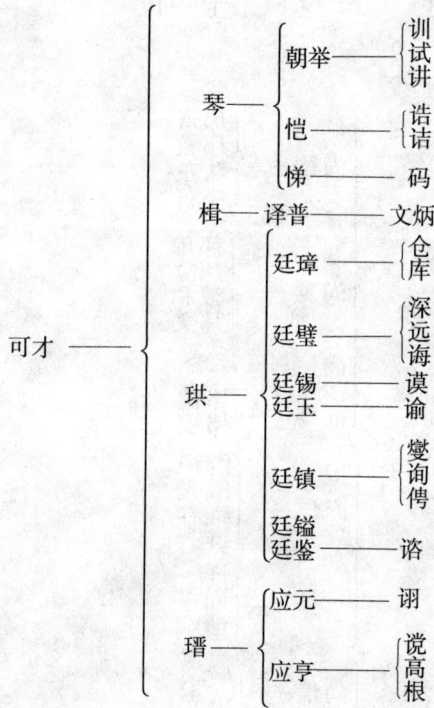

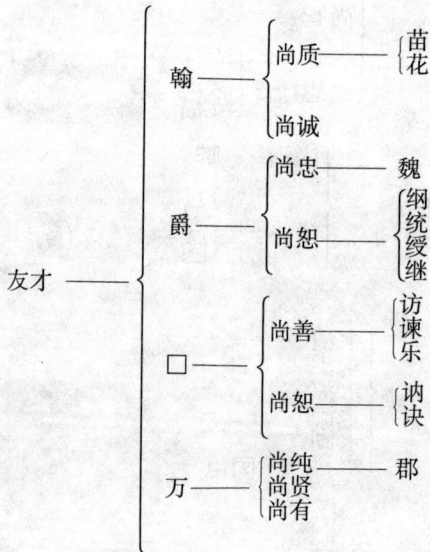

```
                      ┌ 尚宾 ─┬ 诗
              ┌ 荣 ─┤       └ 订谇
              │      └ 尚意 ─┬ 谞
     友义 ─┤              └ 谢
              │      ┌ 介宾 ─┬ 梧桐
              └ 思 ─┤       └ 柱梁
                     └ 用宾 ─┬ 梁
                            └ 权
```

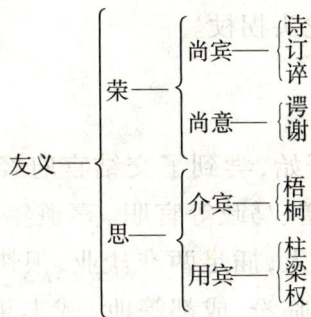

5.七世王顺之后

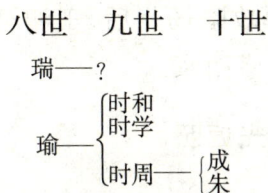

```
        八世　九世　十世
     瑞 ── ?
         ┌ 时和
     瑜 ─┤ 时学
         └ 时周 ─┬ 成
                └ 朱
```

6.七世王迁之后

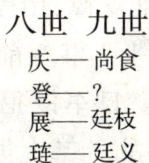

```
        八世　九世
     庆 ── 尚食
     登 ── ?
     展 ── 廷枝
     琏 ── 廷义
```

7.七世王公佑之后

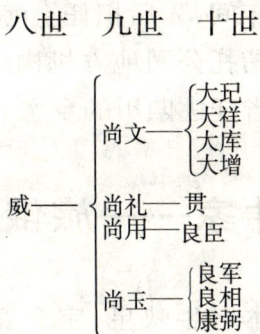

```
        八世　九世　十世
                     ┌ 大玘
              ┌ 尚文 ┤ 大祥
              │     │ 大库
              │     └ 大增
     威 ─┤ 尚礼 ── 贯
              │ 尚用 ── 良臣
              │     ┌ 良军
              └ 尚玉 ┤ 良相
                    └ 康弼
```

8.七世王公佐之后

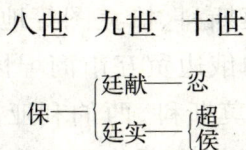

```
        八世　九世　十世
         ┌ 廷献 ── 忍
     保 ─┤         ┌ 超
         └ 廷实 ── ┤ 侯
```

宴"被赐名"静升王",并御赐龙头拐杖。

二、跻身盐商进入鼎盛阶段

从十四世王谦受、王谦和开始,尝到了交结官府经商的甜头和并有了秘诀,于是更加注意谋求盐运、粮道、马政等官职。嘉道年间,王氏担任盐运司大使,知可、运判、经历等官者数十人,插足两淮盐业,很快大获厚利。商号遍布京津、保定、石家庄、太原、晋中、临汾、成都等地。咸丰年间,官设马市废,各地军队同马匹均需自购,王鸿渐又利用职务之便,为扬州驻军购得大量马匹,从中又赚一大笔。1853 年,太平军攻陷扬州后,王鸿渐被处死,王家在两淮的盐业和其他生意受损,王氏商业由盛而衰。

三、清末民初王氏商业的回光返照

清末同光年间,王氏商业已走下坡路,但仍有二十世王廷仪、二十世王钦让、二十三世王文元等商业奇才艰难支撑,由学徒发展到掌柜、银行经理。所以到 1937 年(民国二十六年)"七七"事变前,王家的钱庄、当铺、商号仍有 12 座之多,占据了静升村的半条街。日军侵犯山西前,王钦让将店铺、家产变卖后,携 7 子 2 女,举家迁返四川避乱。二十世王廷仪经商重信誉,民国三十年,当上了齐鲁大财东卞氏设在天津租界的五座当铺的掌柜。二十三世王文元前期在钱庄、银行供职,民国年间,先后担任上海银行天津北马路办事处主任、央行山东日照办主任、中央信托公司地方机构经理等职,在资金上支援抗日,还成立山西同乡会,救助晋省迁逃四川的乡亲。

第十节　汾阳牛家——旅俄巨商牛允宽

牛允宽(1870~1936 年),本名牛映星,字允宽,性耿直,汾阳县大南关人。清末民初著名的旅蒙旅俄大商人,以经营大宗皮毛为主业,兼营丝绸、棉布、茶叶等日用百货。他在张家口、莫斯科、恰克图等地开设的贸易中心——"璧光发",生意兴隆,经营豁达,以中俄边贸互市商埠恰克图为中枢,业务遍及波兰华沙、德国柏林、莱比锡、俄国莫斯科、西伯利亚、日本横滨、东京等欧亚国际市场,盛极一时,对发展中俄、中蒙贸易有不可磨灭的贡献。

一、出身寒门,初涉商场

牛允宽出身贫苦,父亲牛洵是前清时的穷秀才,以教书为主。年过四旬才与本城一寡妇成亲,婚后生有五男二女,靠教书养活全家九口,生活十分贫困。允宽兄弟五人,他排行为长,幼年只念过一二年义学。少年时代,为谋生和赡养老幼,他对父亲说:"弟兄五个都读书,毕竟费用多,负担重,不足以排解您的忧愁,况且诸儿读书凭什么供籍,不如先让我经商挣钱,供弟兄读书家用。"父亲不得已许之,挥泪遣之出外经商,于是他便跟随孝义一田姓亲戚旅蒙俄学做生意,学会了珠算、心算、经营管理和一口流利的俄语,并自修熟读《四书》、《五经》。

二、走出国门,艰难创业

学徒期间,牛允宽因性情耿直,个高脚大,凡事极有主见,不为字号老板喜欢,被掌柜辞退。失业后,牛允宽毫不气馁,一怒之下决定自己创业,加之他少有大志,又有胆识和魄力。他目睹当时政府腐败,国力衰微,产业凋敝,暗自发愤要独立谋生。于是独自一人闯天下,步行各地经商,那时出国经商,全靠步行,万里迢迢,跋山涉水,足踏戈壁沙漠,露宿荒原草地,爬冰卧雪历尽艰险。很快走遍了俄国各地,了解了许多民情风俗,学会了许多俄国少数民族语言,发现北部盛产兽皮畜毛,于是一面勤奋苦学语言,一面艰苦创业,以非凡的胆识和魄力,做起小本皮毛生意。始而小本经营,后来在莫斯科、恰克图、库伦等地都开设了贸易中心,统称"壁光发",俄文为"牛"的意思。他精通经营之道,又善于组织团结中外同仁,齐心协力搞事业,生意日渐兴隆,经营有方,信誉日增,曾在旅俄华侨中盛极一时,称为经营大宗皮毛的富商。

事业初成后,牛允宽曾远游波兰华沙、格但斯克、德国伯利、莱比锡、日本东京、英国伦敦,进行皮毛和茶叶交易,偶尔也回我国东北经商。他所经营的货物均有铅字印牌,确保质量,以示负责。"壁光发"在国外极负盛名,远至欧美,与英、美、法、德也均有贸易关系。成为旅俄商中盛极一时的富商大贾。

三、创业成家,光耀乡里

出国创业,殊属不易,牛允宽不仅有胆识,能吃苦,而且会管理,擅长团结俄国伙友,很快得到俄国大资本家什米造夫的信任,在俄国立住脚跟。他曾于1890年携带金银回乡探望父母,岂料正值花甲之年的父亲牛洵,见儿子发财

469

回家,竟乐极生悲而暴卒。尔后,他曾几次回国,先后携带三、四、五弟和同乡亲友到国外经商创业。五弟映奎毕业于彼得格勒大学物理系,曾任中国驻俄使馆官员,参与俄国加冕典礼,并有《马铃薯酿酒》等译著。

牛允宽在国外与俄国少女梁立雅结婚。曾携眷回国,并在国内一同生活。在国外生有二子,长子格列实在美国,次子格列卜在前苏联德华洋行做事。我们从下列护照可知民国时牛家已是国际性大商业集团。

护　　照

察哈尔交涉公所:发给护照事。兹据驻口俄商璧光洋行华执事牛子长声称商拟前往直隶、山西、两湖、汉口、东三省等省考察商务,采办出口土货,携带行李请发给护照等情,前来合行填发内国游商护照一纸。几沿途经过地方关津税卡希即查验放行,幸勿留难阻滞,俾得无误行期,而利遄往须至护照者。右护照给俄商璧光洋行华执事牛子长收执。

中华民国五年五月十五日　限十三个月缴　借用无效。

四、国势衰微,退回天津

清末民初,政府腐败无能,在俄晋商遭受重挫。俄商赖账,晋商要求清政府出面交涉未果,出钱雇人打官司失败。加之1917年十月革命后,俄国政局巨变,牛允宽被迫回到国内。

晚年,牛允宽回国在天津法租界巴黎道继续以牛裕如的私人名义经营皮毛业,即"伊璧光发皮毛公司"。

1936年,牛允宽患脑溢血病故,终年66岁。俄文报刊登出消息和讣告后,许多中外人士纷纷前往悼念。灵柩运回家乡安葬时,途经太原设祭,祭者中有冀贡泉、张剑南、崔镇岳、田普霖等社会名流耆宿。运抵家乡汾阳时,应灵祭祀者络绎不绝,途为之塞。一代爱国华侨,艰辛创业,为发展中俄、中蒙贸易做出了贡献。同时,也为祖国培养了大批商务人才,他的业绩至今仍为国人传颂,并为乡人所怀念。

第十二章
明清时期山西十大商贸集镇

第一节　山西古代城镇的发展及其
对我省城镇化的启示

　　城市化是人类社会伴随着工业化、现代化迈向文明进步的标志,是促进城乡经济协调发展的内在要求,是社会分工和生产力发展到一定历史阶段的产物。为贯彻落实党的十六届五中全会精神,《中共山西省委关于制定国民经济和社会发展第十一个五年规划的建议》中重点指出,加快新型工业化、特色城镇化建设进程。因此,有必要对山西历史时期的城市发展状况作一番考察,进而遵照中央"坚持大中小城市和小城镇协调发展,提高城镇综合承载能力,按照循序渐进、节约土地、集约发展、合理布局的原则",结合山西实际,积极稳妥地推进山西的特色城镇化建设进程。

一、山西古代城市概况

　　中国古代城市的形成和发展是和远古时期的政权更迭、部落征战、社会生产状况密切相关的。它标志着当时以城市为核心的整个区域经济发展的水平。山西是华夏文明发祥地之一,古代城市的形成早在先秦时期已初具规模。考古发现,我省古城址集中分布在晋南,军事防御色彩浓重的城堡主要密布于太原以北的雁北、大同一带。迄今为止,山西约有古城遗址 350 多处,城堡上千处,都城十几处。尧、舜、禹都建都在山西,这比公元前 3 000 年"两河流域"最早的奴隶制城邦早得多。夏、商、周三代和春秋、战国时期,山西更有夏县、翼城、绛、侯马、晋阳等建为都城的大城市。此外,县城诞生也极早。有确切文献记载的最早的县城是设于今太谷县东南的箕县,[①]说明距今 2 600 多年前

---

①《左传·僖公三十三年》。

山西已有县的建制,这与公元前八世纪由爱奥尼亚人所建的古希腊城邦雅典基本同步,反映了山西县级城市产生之早。从郡县制确立以来,含已经废和迄今仍沿用的古今县城累计约有 560 多个,郡、州、府中等城市 80 个。其中有 2 000 年以上历史的城市 101 个,1 000~2 000 年历史的城市 200 个,500~1 000 年历史的城市 8 个。上述城中至今有确切地址者 255 个,有大概方位难以确指其故址者 54 个。但可以肯定的是,县起初是晋公室设置的,边地的县与内地的都邑长期共存。郡的建置兴起于春秋末战国初。随着郡在经济政治建设方面的加强,于是把一郡分成数县,以便管理,这样就出现了战国时普遍推行的郡县两级制度。[①]由于晋国设县早,所以到春秋战国之际,山西晋南已出现了城市群。山西地区的城市格局,在秦汉以前已初具规模,到隋唐时已大体完成。

(一)都城

我国发现最早的都城遗址是建于公元前 1 500 年,位于今河南省郑州市的商城遗址。历史上在山西建都的先后有尧、舜、禹、晋国、赵国、韩国、魏国、代国、匈奴汉国、北魏、北齐、唐、后晋、后汉。

帝尧在山西平阳(今临汾)建都。《史记正义》中记载颇详,皇甫谧《帝王世纪》中说:"尧都平阳,于《诗》为唐国。"临汾至今有尧庙和尧陵。舜继位后,政治中心南迁,"舜都蒲坂"即今之永济市。大禹治水成功,部落联盟推举他为继承人,"禹都安邑",故城在(夏)县东北十五里,位于今夏县西北。春秋战国时,兼并割据战争不断,适应各诸侯国政治需要、作为军事据点的城市纷纷建立起来。晋国先后在翼城、曲沃、绛邑、新田(今侯马)定都。其中侯马晋国遗址总面积约 70 平方公里。当时,在与叔虞封唐前后,还封了许多贵族到山西。因此,在今霍州、平陆、河津、黎城、临猗、闻喜、夏县、芮城、河津、临汾、洪洞一带相继存在着霍、虞、虢、冀、黎、郇、董、韩、魏、耿、贾、杨 12 个小诸侯国,形成了山西历史上第一批城市群。

三家分晋后,三晋的国都在战国初期都在今山西境内。赵国国都在晋阳(今太原市西南),魏国国都在安邑(今夏县西北禹王村),韩国国都在平阳(今临汾市西北)。著名考古学家夏鼐认为这个时期"大批城市的兴起,是当时出现的一个新现象"。[②]

魏晋南北朝时期,一些少数民族政权先后在山西建都。西晋永兴元年

---

①李孟存、常金仓:《晋国史纲要》。山西人民出版社,1989 年 9 月版,第 119~120 页。
②《考古》1964 年第 10 期。

（304年），匈奴刘渊起兵反晋，国号汉，都于离石左国城。永嘉二年（308年），刘渊正式称帝，迁都平阳（今临汾西南二十里金殿乡）。公元385年，前秦苻丕在晋阳称帝。北魏天兴元年（398年）七月，拓跋珪将都城从盛乐（今内蒙古和林格尔）迁到平城（今大同市），周围32里，同年迁徙"六州二十郡守宰、豪杰、吏民二千家于代都"。[①]大同成为山西北部第一个建都的城市。

隋唐之际是山西城市大发展时期。公元690年，武则天立北都于并州晋阳。唐代的晋阳城是黄河流域仅次于长安、洛阳的第三大政治、经济、军事中心。其规模空前"左汾右晋，潜丘在中，长四千三百二十一步，宽三千一百二十二步，周万五千一百五十三步。宫城在都城西北即晋阳宫也。"[②]当时晋阳城由都城、东城、中城三个城组成，其中都城在汾河之西，规模最大，周长约42里，城高4丈。据《新唐书·地理志》记载，都城中还有4个小城：一是位于都城西北，隋炀帝时建起的晋阳宫，周围2 520步，高4.8丈。二是晋阳宫南面的大明城，这是在春秋时董安于所建的晋阳古城基础上扩建的，因北齐武帝时建大明宫城而得名，城周4里。三是大明宫南的新城。四是新仓之东的仓城，城周8里。东城坐落在汾河东岸，始建于北齐河清四年（565年），唐初并州都督李勣进一步拓展，并引晋水架汾而过以供东城军民食用。公元684年到705年间，并州长史崔神庆横跨汾河两岸又建起中城。中城连接东城和西城，汾河贯城而过，三城联为一体，成为盛唐时期中国的第三大著名都市。

公元947年，刘知远在晋阳（今太原市）称帝，建立后汉政权。其后，太原经过几个割据政权争夺和宋初水灌火烧，大受破坏。晋阳城中大批居民、僧侣、商人、手工业者迁往唐明镇。太平兴国七年（982年），潘美在唐明镇重建太原城。宋代太原由内城、外城两部分组成。街道呈"丁"字形骨架。外城又名罗城，周仅10里270步，东、西、南、北筑朝曦、金肃、开远、怀德四门。内城包在罗城西南角，周仅5里157步，东、西、南、北也筑四门。不过，宋代的太原城太小，不及唐代的1/4。

到明代，太原才进入一个新的发展变化时期。明代洪武八年（1375年）七月，开始筑晋王宫城，并在宋代太原城基础上向南、北、东三面扩建。南面由旧城街向大南门、新南门一线扩展。北面由后小河向大北门、小北门一线拓展。东面由小濮府向建设北路一带推进。新建成的太原城周长约24华里，共辟八

---

①《魏书·太祖纪》。
②《唐会要》。

门:东曰迎晖、宜春;西曰振武、阜成;南曰迎泽、承恩;北曰镇远、拱极。此后500多年,直到1949年太原解放,太原的城垣、街市格局基本没变。

（二）郡、府、州、县城

公元前221年,秦统一天下,分全国为36郡,今山西省境内有河东、太原、上党、雁门4郡和代郡局部。秦制以郡统县,秦时山西大小县城共57座:安邑、猗氏、蒲坂、解县、端氏、垣、皮氏、平阳、猋、蒲子、杨县、北曲、左邑、晋阳、榆次、大陵、离石、中阳、隰城、土军、平陶、平周、阳邑、祁、中都、兹氏、蔺、邬县、潞、屯留、襄垣、涅、界休、临汾、霍人、长子、壶关、铜鞮、善无、云中、武周、灵丘、广武、马邑、平城、楼烦、班氏、高柳、高都、汾阴、绛、皋狼、狼孟、虑虒、盂县、濩泽。

汉承秦制,地方行政体制沿袭秦朝的郡、县制。不过,随着社会经济的恢复发展,特别是牛耕和铁农具的广泛使用,汉代城市的规模、人口和数量远远超过秦朝。西汉时山西有6郡86县,比秦朝多2个郡,29座县城,城市发展水平居于全国上游。当时的河东郡,郡治安邑,辖24县;太原郡,郡治晋阳,辖21县;上党郡,郡治长子,辖14县;雁门郡,郡治善无(今右玉县西南),辖14县,山西境内有12县;西河郡,郡治平定(今陕北府谷县西北),辖36县,在今山西境内有16县;代郡,郡治在今河北蔚县东北代王城,辖10县。东汉中后期西河郡郡治移到离石,代郡郡治移到阳高,今山西境内共设7郡、79县。公元140年,匈奴5部数十万内附山西,其中左部居太原,右部居祁县,南部居蒲子(今隰县一带),北部居新兴郡,中部居大陵县。此间,山西人口大增,民族融合,汉化步伐加快。到东汉末年,山西有7郡80座县城。太原郡,郡治晋阳,辖16县;河东郡,郡治安邑,辖20县;上党郡,郡治长子,辖13县;西河郡,郡治离石,辖13县,在今山西境内有8县;雁门郡,郡治阴馆(今山阴县广武村),辖14县,在今山西境内有13县;定襄郡,郡治善无(今右玉县古城村),辖5县,在今山西境内有2县;代郡,郡治高柳(今阳高县一带),辖12县,在今山西有7县。

这一时期,山西的城市建设是继春秋战国之后第二个大发展时期。城市的特点是,在晋南、晋东南、雁北形成了三大城市群,晋西北以西河郡治离石为中心,沿三川河岸兴起一个城市带。此后,由于"汉末大乱,匈奴侵边,郡县荒废"①加上魏晋南北朝,五胡乱华,群雄割据,征战不断,山西的城市发展进入受战火动乱毁坏的

---

①《元和郡县志》。

衰退时期,人口锐减,郡的辖区变小。但在曹魏、西晋年间,山西局部地区,例如今天的忻州、阳泉一带得到了发展,设置了新兴郡、乐平郡,而原来的河东郡却一分为河东、平阳两郡,上党郡治所则由长子迁往潞县。平阳(今临汾)第二度成为北中国的政治、军事中心。平城(今大同市)则在北魏前期成为北中国的政治、军事、文化中心,城市建设得到了空前发展。魏都平城周回32里,宫殿"宏伟壮观"[1],有平城宫、北宫、西宫、东宫、南宫。

二、隋唐时期山西城市的发展

隋唐两代是山西城市建设大发展的高峰时期。不仅城市规模、数量大增,而且城市的管理步入分级分类科学规范的新阶段。隋代在山西设置有13郡89个县。即:马邑郡、雁门郡、楼烦郡、太原郡、离石郡、龙泉郡、西河郡、上党郡、临汾郡、文城郡、绛郡、长平郡、河东郡。唐高祖改郡为州。唐初山西设有12州,即:蒲州、陕州、泰州、晋州、并州、汾州、岚州、云州、潞州、泽州、石州、代州。随着唐代社会生产力的提高和经济的繁荣,城市的规模和行政区划又有扩升。贞观初年,全国分为10道,山西属河东道。开元二十一年,将10道增为15道。行政区划由唐初的州、县两级变为道、州、县三级制。山西的县城也由89座增为115座。

唐自天宝元年(742年)改州为郡。开元之后,城市进入科学分类管理,有四辅、六雄、十望、十紧及上、中、下之差别。县有赤、畿、望、上、中、下六等之别。[2]

云中郡下　云中县中

马邑郡下　鄯阳县中　马邑县中

安边郡下　灵丘县中　飞狐县中　安边县中

楼烦郡下　台合县中　静乐县中　宜芳县中　岚谷县中

雁门郡中　雁门县上　繁峙县中　崞县中　　五台县中　唐林县中

定襄郡下　秀容县上　定襄县上

昌化郡下　临泉县中　离石县中　平夷县中　定胡县中　方山县中

太原府北都太原县赤　晋阳县赤　榆县次县畿　文水县畿　交城县畿
乐平县畿　广阳县畿　盂县畿　祁县畿　寿阳县畿

---

①《水经注》。
②《山西省历史地图集》,中国地图出版社,2000年9月版,第56页。

大宁郡下　隰川县中　石楼县中　永和县中　大宁县中　蒲县中　温泉县中

文城郡下　吉昌县中　文城县中　城县中　吕香县中　昌宁县中

乐平郡下　平城县中　和顺县中　榆社县中　辽山县中

西河郡望　西河县望　平遥县望　介休县望　灵石县上　孝义县望

阳城郡下　绵上县中　沁源县中　和川县中

平阳郡下　临汾县望　霍邑县上　汾西县中　赵城县上　岳阳县中　洪洞县冀氏县中　神山县中　襄陵县紧

绛郡雄　正平县望　太平县紧　曲沃县望　翼城县望　稷山县上　闻喜县望　龙门县次畿　万泉县上　夏县望　垣县上　绛县望

河东郡赤　宝鼎县次畿　河东县次赤　桑泉县次畿　解县次畿　猗氏县次畿　安邑县次畿　永乐县次畿　虞乡县次畿

高平郡上　晋城县上　高平县上　陵川县中　端氏县中　沁水县中　阳城县中

上党郡　大都督府上党县望　壶关县上　长子县紧　潞城县上　屯留县上黎城县上　铜鞮上　襄垣县上　武乡县中　涉县上

乾元元年（758年），又复郡名为州，至唐末不改。到唐末元和十三年（818年）唐王朝在山西设太原、河中两府，19州，115县。其中河中节度使辖1府、5州、37县。即：河中府辖8县，绛州辖9县，晋州辖9县，慈州辖5县，隰州辖6县。河东节度使辖1府、10州、42县。即：太原府辖13县，汾州辖5县，沁州辖3县，仪州4县，岚州辖4县，石州辖5县，忻州辖2县，代州辖5县，蔚州辖3县，朔州辖2县，云州辖1县。昭义节度使辖5州、36县，其中潞州10县、泽州6县在山西境内。

唐代不仅太原城规模空前，而且州、县城市的规模也相当可观。例如，上党郡治长治城，南北长七里，东西宽五里，设有四门。门上各有城楼一座，城墙四角各有一个角楼。城内布局呈棋盘形，东、西、南、北四条大街为主轴。按不同性质和环境派生小街小巷100余条，分布各种手工业作坊。州、县官署按照星辰、风水、阴阳八卦之说分别建于西北、东北，气势雄伟，俯瞰全城。到明清两代，以十字街为中心，四条大街组成商业中心，东为果子市，西为缸市，南为煤市，北为其他杂货市场。明代还有私人花园6处，分布城内幽静之处。

三、明清时期城镇的发展与繁荣

明清时期是山西城镇发展的第四个重要时期。由于社会生产力的发展，商品货币经济的繁荣，特别是山西商人崛起后所从事的远距离长途贩运贸易和票号的带动,山西城镇的建设进入一个新阶段。大批商贸城镇兴起。太原府城、平阳府(今临汾)城、大同府城、潞安府(今长治)城成为全省四大中心城市。泽州(今晋城)、汾州、蒲州、解州、绛州、代州、平定州、霍州成为全省二级城市。洪洞、平遥、祁县、太谷、介休、河津、永济、阳城、应县、长治、高平、汾阳、离石、宁武成为全国知名的县城。一大批新兴县城和特色商贸集镇涌现。明政府采取经济手段刺激社会生产的发展,提升城市的档次,规定以交纳税额多少分府县等级:交纳赋税 20 万石以上为上府,10 万石 ~20 万石为中府,10 万石以下为下府;县也分上中下三等,纳税 10 万石为上县,6 万石为中县,3 万石为下县。于是,许多地方官下工夫发展农桑,以便多纳税粮,到明代中后期,就有不少下县升格为上县,上县升格为直隶州,州升格为府。随着行政规格的上升,城市建设的投入自然加大了规模。明代山西全省 5 府、19 州、79 县,到明末清初,山西人口、城镇、区域都有大的增加,达到 9 府、16 州、85 县,基本奠定了今天山西的县城规模和格局。总体来看,明清时期城镇发展具有如下特色:

一是明代山西省城太原府的辖区和规模最大,辐射带动功能增强。明代的太原城市建筑规模稍次于唐代,但远超过宋元和清代。而且辖区极大。盛唐时的北都太原府下辖太原、晋阳、榆次、阳曲、清源、太谷、文水、交城、乐平、广阳、盂县、祁县、寿阳 13 个县,范围包括今天太原市全部,晋中一部分,阳泉、吕梁少部分。明代的省会太原府下辖 6 州 22 个县,即:平定、保德、岢岚、石州、代州、忻州 6 州;阳曲、太原、榆次、太谷、祁县、清源、徐沟、交城、文水、寿阳、盂县、静乐、乐平(今昔阳)定襄、繁峙、五台、崞县(今原平)、岚县、兴县、河曲 22 个县。[①]基本上囊括了今太原市全部,晋中、忻州大部分,吕梁、阳泉一部分。

二是县城数量增多、规模扩大,明代晋北大同一带许多军事边防要塞卫、所逐渐发展演变成为县级行政区。明朝为防御蒙古,在长城沿线边陲要地设置九大军事重镇,山西于九边重镇中有其二镇,称大同镇、太原镇,两镇下辖数十个卫、所。明制:"要害地系一郡者设所,连郡者设卫。大率 5 600 人为卫,1 200 人为千户所,120 人为百户所。"[②]卫、所本为军事防御组织,隆万之际,明蒙议和,封贡互市,加之山西商人大批前往边地商屯、贸易,这些卫、所多兼

477

①〔明〕《太原府志》卷 3,《建置》,山西人民出版社,1991 年 12 月版。
②《明史·兵志》。

理民政,逐渐发展演变成为行政区。比如,阳高县是由阳和卫、高山卫并名而成。天镇县由天成卫、镇房卫并名而成。平鲁县由平鲁卫得名。五寨县由五寨堡得名。右玉县由大同右卫与玉林卫合并而成。宁武、偏关县均由宁武守御千户所、偏头守御千户所得名。此外,朔县、岢岚县也与朔州卫、镇西卫发展演变有密切的关系。

三是一批金融、贸易、文化名城蜚声中外。明清时期,由于河东池盐运销两旺,加之晋商的活跃和票号的兴盛,山西一批城市应运而兴。今天的运城市在元末明初本是一个小村,开中法实行后,这里聚集了全国500多家运商行贾,很快使运城一跃而起,成为晋南后起的政治、经济中心城市。平遥、祁县、太谷、介休、汾阳、榆次一度成为全国的商贸、金融中心城市。蒲州因历史悠久和《西厢记》盛传而扬名全国。洪洞由于大槐树移民和戏剧《玉堂春》中苏三起解而闻名海内外。绛州、代州则因文化发达,杨家将、雁门关蜚声中外,在全国文化界有了"南绛北代"的美名。

四是晋商的商贸活动促成黄河沿岸一批水运集散码头集镇十分兴盛。明清旅蒙商的贩运贸易极大地促进了南北物资流通,特别是山西与大西北陕、蒙、甘、宁及新疆等地的货物交流。伴随着商业贸易的兴隆,地处黄河沿岸的河曲县文笔镇、兴县黑峪口镇、临县碛口镇、柳林孟门镇、大宁县古镇、吉县壶口镇、永济韩阳镇、芮城风陵渡镇、平陆茅津渡镇的商贸物资交流空前兴盛。

五是地处交通要道的一批关口、集镇成为晋商商贸活动的大舞台。塞北的张家口,晋北的得胜口、阳方口、杀虎口,晋中的子洪口,晋东南的柳树口,晋南的龙门口,代县的阳明堡镇,榆次的鸣谦镇、祁县的东关镇、平遥的古陶镇、太谷的范村镇、介休的张兰镇、灵石的静升镇、离石的大武镇、武乡的洪水镇、高平的米山镇等都因其地处交通要塞而成为商贸繁盛的重镇和货物集散地。

六是形成一批特色小城镇。明清时期,由于各地交通、物产、文化、手工业、宗教信仰的不同,全省相继形成一些地域特色显明的城镇。五台县台怀镇的旅游,长治县荫城镇的铁货,高平县三甲镇的补锅、故县黄碾镇的物流,临县招贤镇的瓷器,榆次郭家堡镇的棉布,长子鲍店镇的药材等都形成了一定的规模和影响。

四、山西古代城镇发展的规律及其启示

综上所述,笔者认为山西城镇发展具有以下规律:

第一，城市的兴起、发展和布局紧靠河流，与人类用水密不可分。远古时期山西城市集中在黄河、汾河、桑干河、滹沱河、漳河、沁河流域。中古随着凿井和汲水技术的进步，整个社会生产力的发展，城市从上述各河流向两岸延伸。国外城市发展也是这样，伦敦位于泰晤士河，巴黎依傍塞纳河，法兰克福紧靠莱茵河，开罗坐落在尼罗河畔。

第二，手工业、商业的发展水平决定和影响城市建设的规模和速度，工业化支撑并带动城市化。16~17世纪，英国经济重心原在南部。18世纪60年代，工业革命开始后，英格兰中部、西北部由于纺织业和煤炭工业的发展，南部人口大批北上，苏格兰和爱尔兰人也涌向北部工业城镇，很快带动了新城巴罗兴起和老城曼彻斯特扩大。山西古文明中心原在晋南，但晋南资源缺乏，因此，隋唐以后，随着太原、晋北、晋东南煤、铁、潞绸等手工业发展和晋中商业的发达，城市群逐步北移东进。

第三，交通是城市的催化剂。中外道路交通的延伸对城市化进程起着催化助长的作用。19世纪40~50年代，伴随英国进入"铁路热"，流动人口激增，旅游城市黑潭、弗利特伍德、福克斯通迅速发展。中国城市的发展、古代山西城市的发展，特别是县城的不断增多是和交通道路的逐步拓展改善同步消长的。山西城镇在春秋战国、两汉、隋唐、明清时期四次大规模发展都和交通驿站的增设有关。

第四，城市建设要科学规划，量力而建，考虑社会生产力水平和老百姓的承受力。中国古代的建筑理论、工艺技术水平堪称世界一绝。《考工记》以及山西的大量精美砖、木、石建筑成为后世城建的宝贵财富。但也有一些大兴土木，不顾惜民众承受能力，过度劳民伤财的教训。晋国修建奢华的铜鞮宫激起民愤，秦建阿房宫二世即亡，隋炀帝在宁武天池修汾阳宫招致败亡的教训值得注意。

1949年建国后，我省城镇化体系经过四个发展阶段，虽与外省有差距，但也有一定的规模和基础。根据目前的现状，当前我省正在推进的城镇化建设必须从山西的历史和现实出发，坚持大中小城市和小城镇协调发展，按照"中心集聚、轴线拓展、外围协作、分区组织"的思路，以大运、太长、太旧、太汾高速公路为枝干，构建"大"字形骨架，以太原为中心，大运城市带为主干，晋北大同、朔州、宁武、代县，晋中祁县、太谷、平遥、介休，晋南运城、河津、永济、解县、霍县、襄汾、洪洞，晋东南长治、襄垣、潞城、长治、高平、泽州四个城市群为主体，东西向交通干线、太原至晋城高速公路和太焦铁路沿线为次级

城市带,形成"大"字骨架、叶脉状城镇发展格局。具体地讲:

太原率先大发展。省会城市太原应参照唐代太原府城的规模和明代太原府的辖区南移、西进、东扩,大力强化省会的政治、经济、文化、商贸会展和信息中心的功能,提升省城中心城市的带动、吸引与辐射功能。现在,太原辖区太小,发展空间受限,应构建以太原——榆次——阳曲为核心轴圈,包辖介、汾、孝、忻、原、代、寿、盂、平、离、柳、中四个城镇群为直射圈的大省城格局。

加快晋北大同、朔州,晋西北离石、汾阳,晋东南长治、晋城,晋南临汾、侯马、运城次中心城市的发展。力争使大同成为辐射和连接京津、河北、内蒙,长治成为辐射和连接河南、河北、湖北,运城成为辐射和连接陕西、河南的二级中心城市。在此基础上,大力发展现阶段基础好和 20 世纪 80~90 年代撤县改市的古交、原平、霍州、潞城、高平、河津、永济、孝义、介休等城市,发展有历史优势的传统名县代县、绛县、襄汾、平遥。同时打造静升、台怀、碛口、风陵渡、茅津渡等一批特色城镇。并要注意以下方面:

第一,注意防范城市病。伴随城市化进程必然产生人口拥挤、住房紧张、环境污染、失业贫困、道德危机、犯罪高发等一系列城市病。因此,我省的城市化步伐要与经济发展相协调,不可过快或过慢。要处理好城镇化带来的住房紧缺、卫生设备差、流动人口管理难等问题,避免青少年、农民工、女工陷入失业——贫困——犯罪的泥潭。

第二,加强基础设施建设,注重全局规划。中外城市化进程中,由于资金技术、社会福利、医药卫生的局限,往往导致基础设施质量差,医疗救济跟不上、道德堕落、吸毒、卖淫猖獗等恶果,激化社会矛盾。因此,一方面必须加大防范,建立预警机制。另一方面应搞好全局规划。英国的米德尔斯伯勒市在兴建过程中按周密计划施工。教堂和市场在城市中央广场辐射出去四条主要街道——东、西、南、北,各街道呈平行垂直状。我国大连、珠海、包头、洛阳在城市规划、建设方面也有不少成功有益的做法对我省城市发展,小城镇、卫星城镇建设有一定借鉴意义。

第三,注意节约用地,处理好发展与占地的矛盾。英国工业化、城市化采取的是羊吃人的"圈地运动"。我们是社会主义制度,人民利益必须保护。但城市化推进中势必要占大量的土地,必须注意征地农民的切身利益和资金切实补偿到手。可借鉴国外和南方的经验,让农民培训上岗或以地入股份分红,解决农村劳动力转移和失地农民的吃饭生存问题,消除隐患,维护稳定。

第二节　碛口镇

商业城镇的发展,是明清时期中国区域经济发展的有机组成部分。此类市镇除大量分布在东南沿海、长江流域、运河沿岸外,在北方地区特别是黄河沿岸渡口也形成一批地域性商业中心城镇,如山西保德县的东关镇、河曲县文笔镇、兴县的黑峪口镇、临县的碛口镇、柳林的孟门镇等。尽管它们在行政建制上不过是一个镇,但其经济地位和商贸规模已超过一般的府州县城。笔者在 1996 年、2000 年、2004 年先后 3 次到晋陕交界的黄河渡口要冲碛口镇进行实地调查,收集到一批资料,进而对其进行了比较深入的个案考察,对其地理优势、崛起背景、发展脉络、商业构成、商贸规模、衰败原因及其在沟通西北与山西经济中的重要地位,得出一些浅显看法就正于方家。

碛口镇是明清以来山西第一大著名商镇,隶属永宁州(今山西临县境内),素有"晋陕第一大镇"、"九曲黄河明珠"之称。该镇地处晋西北吕梁山西麓,黄河之滨,介于北纬 37°35′52″~37°43′55″,东经 110°41′32″~110°51′48″之间。西濒黄河与陕西省吴堡县隔河相望,东北与林家坪镇接壤;北与刘家会镇、从罗峪镇毗连;南与柳林县孟门镇为邻。镇上原有三条商业大街,号称五里长的明清一条街,两旁店铺林立,车水马龙,十三条小巷,依山就势,院院层叠,密布四百多家店铺;黄河岸边层层悬崖间的石梯,那是拉船纤夫用汗水和足趾刻印出来的人间杰作;古刹黑龙庙的戏台,有"山西唱戏陕西听"的奇妙音响效果;咆哮如雷,浊浪排空的二碛,让人真正领略粗犷雄壮的黄河精神;构思精巧、形制特异的西湾、李家山明清民居建筑更是碛口商贸经济繁荣折射的产物。其商业兴盛状况,在清乾隆年间已发展成为黄河中游的水旱码头,名扬陕甘宁,誉满晋冀豫。据清乾隆二十一年《重修黑龙庙碑》记载:"碛口镇又境接秦晋,地邻河干,为商旅往来舟楫上下之要津也。比年来人烟辐辏,货物山积。"民间亦有"驮不尽的碛口,填不满的吴城"之谚。而始建于明代,清代雍正、乾隆、道光年间几次增修重建的黑龙庙可以说是该镇当年商业繁荣的一个实证。仅民国年间本镇修庙施银钱的大商号就有 361 家,各家施钱一千文至四千文不等,总额达一万多两白银。

一、碛口商业的兴起

碛口是黄河中游晋陕峡谷间闻名遐迩的水陆码头,是我国大西北各省物

481

资集散之重镇。那么，碛口兴起于何时？现今流行的说法曾认为碛口镇兴起在清乾隆中期，碛口的创始人是西湾村陈三锡。笔者不敢苟同，我认为碛口的商贸活动早在明代中后期既已兴起并初具规模。理由有四：一是黑龙庙始建于明代，如果碛口在明

碛口古镇

朝人烟稀少，商旅不至，那么碛口黑龙庙一无修建的必要，二无商人捐资难以竣工。二是既然康熙年间碛口规模已是"舟楫胥至，粮果云集"的集散码头，那么碛口的兴起一定比这更早。三是侯台镇位于湫水河西岸，碛口之北五华里。乾隆年间，河水冲没侯台镇，如果碛口没有一定的商业规模和基础的话，侯台镇和曲峪镇商民不会都移居碛口。四是《陈氏族谱》讲到陈三锡的祖父陈元选已是经商富户，而且年龄要比其孙陈三锡大60岁左右。另外，陈氏始祖八甲祖明末迁往西湾做生意。凡此种种都说明，碛口的商贸兴起于明代。

碛口的兴起主要是地处黄河上的商运水路码头位置，加之明代开中法的实施和明中后期商品货币经济的发展，为商人的崛起和商贸集镇的兴盛创造了机遇。这是碛口兴起的社会时代背景。同时从明末清初，碛口粮船居多的情况分析，这与明后期"封贡互市"蒙汉边贸大发展，河套地区粮食丰盈的经济基础密切相关。所以，碛口的兴起应在明中后期为妥。

二、碛口镇的发展

入清以后，尤其是康熙、雍正、乾隆时期，边乱平定，开辟疆土，国内的统一，边疆的开发，多民族的团结，西北驿道的拓展进一步促进了蒙古、新疆地区和内地经济的联系和发展。山西商人沟通边疆和内地的贸易迅速增多，黄河水运的开发更加重视，碛口的商贸地位日渐重要，终于在乾隆年间成为晋陕码头，大西北数省物资集散的商业重镇。镇上不仅"人烟辐辏，货物山积"，

而且有一定规模的商团组织和许多外地客商。西湾的陈三锡康熙年间在碛口修建大商店30余处,后来发展至100余处。时河南大灾,三锡贩绥远、三晋之粮出粜河南,救活不少百姓。河南人钱不够只好押地买粮,没多久河南土地多落晋商之手。河南巡抚上书乾隆帝,不言运粮救荒,尽奏晋商重利盘剥,收买农民土地之过,上谕驱逐晋商出境,三晋商人大受赔累。又如河北邯郸商人韩少修的六世祖最初是乾隆年间来碛口,沿街串户卖文具,后租下店铺开了"书笔墨局",再以后积攒下本钱,自开药铺"兴盛韩"。到嘉庆年间,三个儿子长大成人,老祖宗就将家业分成三份。大儿子分到"兴盛韩"的老匾和五十两银子,在碛口镇东市街上另立一个门面依旧称"兴盛韩"。二儿子分到老店基和五十两银子,也在拐角上立起一个门面,称"兴胜韩",三儿子给了两个元宝,在东市街上立起一个商号称"新盛韩",都做药材买卖。随着商业的发展,到乾隆中期,碛口就成为重要的中转站,形成两条重要的商道:一条顺着湫水河北上,路经侯台镇,钻入樊家沟,翻过吴老婆山,经离石到吴城,由吴城再散发到晋中、太原、京津,全长数百华里;另一条是渡过湫水河,南下麒麟滩,沿着黄河畔,下孟门,到军渡,直赴晋南、河南各地。

进入道光以后,碛口的商贸继续发展,店铺与日俱增。道光初年,青塘村王居种已成方圆百里首富。一日他到碛口做生意,看到船舶叠岸,有心也在碛口建一座店铺。但他跑遍碛口,店铺鳞次栉比,唯后街尽头,有一段乱石山坡,可凿石修建,不料主人一日三涨价,最后以1 200两银买下,建起"荣光店"、"锦荣店",很快拥资30万两,另置白文水地1 000亩。到道光二十七年,碛口仅坐商就有60余家,客商数百。其中,平遥19家,柳林8家,汾西3家,孝义3家。临县李家山村李氏家族到清中叶已成大户,眼见碛口商业繁荣,便也插足商场。据《李氏宗谱》记载,当时李家山有东西两大财主,东财主李登祥,在碛口开了"德合店"、"万盛永",西财主李德峰在碛口开了"三和厚"。此两家财路亨通,日进斗银,在碛口可与西湾陈氏比富。

碛口自清乾隆年间发展成为繁华的水旱码头之后,汾州府也视为一块肥肉。"咸丰初,汾州通判移驻碛口,设三府衙门,又设厘税局。光绪三十三年,复设临县巡检。民国裁巡检,设县佐,并设榷运局、厘税局依旧。"民国年间又设商会。厘金局只收印花税,大商号年收一二百元,小字号年收三五十元。全镇400多家商号,加上河槽税,每年征税达20万两白银。此外,还有各种摊派,数额不等,如清理街道、修桥补路、商会团丁费、正月闹秧歌、庙宇维修费、赈济灾民等。

清末民初是碛口镇发展的黄金时期,商贸经济进入鼎盛阶段。清代末年,碛口镇已由河北、河南、山东、直隶、绥远、包头、呼市、榆林、河口、河曲、绥德、府谷、孟门、汾阳、平遥、祁县等地的数百家商号。民国初年,碛口镇仅坐商就有204家,每天有百十条船筏往来,将大西北数省所产的粮、油、盐、碱、皮毛、药材等土特产品由船筏载运而来,仅麻油一项日卸货数万斤,再用骡马、骆驼等畜力驮运至吴城,由吴城转运汾州、太原乃至津、京、汉口等地出售,时有"碛口街上尽是油,三天不驮满天流",回程时驮棉布、绸缎、丝、茶、烟酒、日用工业品等集于碛口转销大西北。碛口也逐渐成为水陆运输中转的中心,成为晋商最先活跃的地区之一。

当时最大的"七板长船",载重量仅3万斤,骆驼、骡马只能驮300斤,按当时每日来船少则十来只,多则四五十只,最多时按100多只计算,则需要3 000头骆驼、骡马往外拉,据考证,西头陈家有骆驼800头,在碛口开有"大星店"、"五星店"、"三星店"。汾阳马福保、张金兆等各养骆驼上百头。此外,碛口周围马杓峁、尧昌里、刘家里、陈家塌、子园则等村,都有骡马上百头,川流不息地往来于碛口与吴城间,或更远的地方。每晚牲口吃的黑豆多达5石。有诗云:"骆驼叮当响,船家夜夜忙。商贾满客栈,碛口赛苏杭。"再加上数百搬运工人,那可真是车水马龙,商贾辐辏,一派繁华。

三、碛口镇商贸的鼎盛

民国四年(1915年),山西省军用电信局长途电话直通碛口镇,设电信局。民国六年(1917年),碛口成立中华邮政局,比县城整整早20年,足见其在军事、政治、战略上的重要地位。据民国初年调查,碛口的商店名目有:粮油店、皮毛店、盐碱店、瓷器店、骡马店、牛旅店、骆驼店、京广杂货店、文具店、钱庄、当铺、客栈、腰铺、酒店、丙子铺、糕点铺、酱醋店、酒糟坊、邮政局、电话局、分金炉、铁匠铺、木匠铺、靴鞋铺、染坊、石印馆、理发馆、镶牙馆、照相馆、炭站、毡坊、澡堂、赌场、妓院等。民初光油店就有36家。粮店仅寨子山陈懋勇家就有40眼窑洞,陈懋元、陈吾元兄弟成为晋西首富,生意远涉绥远、包头、津京等地。肩挑背驮的货郎小贩共有676户。中街是日杂百货,西洋货也不少;诸如美利坚煤油、德国缎、洋袜子、洋火柴、洋纸烟、洋烟囱、洋磁盒则应有尽有。

辛亥革命前后十年间直至抗战爆发前,是碛口镇几百年来最繁荣的时期。当时,阎锡山实行"保境安民"政策,山西比外省战乱较少,碛口商贸因此得以飞速增长。时有正式登记注册的商家字号380多家,个体摊贩676户,形

484

成药材、皮毛、麻油、盐碱、粮食和钱庄六大行业。镇上有三条街道，13条小巷，都是青石铺路。头条街东起号头，西北到税事厅，全长约6华里，俗称前街，主要有饭馆和地方风味小吃碗脱、灌肠、枣糕、莜面、三角饼，还有粜粮食的小贩，专供穷人一升一斗地采买。中街从稀屎巷到拐角上，长约3华里，主要卖绸缎等洋杂货。从拐角上往北沿黄河这条街，称为后街，紧靠码头，有大大小小密布的院落，是油店、粮店、药材店、皮毛店、仓库。街长仅一华里，但最繁华，大宗的生意都在这里交易。

碛口的商贸活动除五日一集交易外，每年农历正月十三和十月十三日，有两次大型的骡、马、驴、牛交易大会。届时八方商贾云集，内蒙古伊克昭盟、准格尔盟的牧民，榆林、绥德、延安府的骡马贩子不远千里来参会，当地百姓更是扶老携幼，举家来观，热闹非凡。

碛口的钱庄十分发达，祁、太、平三帮都在碛口驻局设庄，设立银号，采买西北特产。特别是"世恒昌"票行印的"昌"字号钱帖子，在兰州、银川、西安等地，可以当作大洋（银元）流通，商业信用极高。在天津、汉口、汕头等地设有办事处或分号。[①]

民国五年、八年间，两次重修黑龙庙，两道碑均记载了当时361家商号施银及镇上商贸繁华的情况。到20世纪30年代初期，是碛口商业经济的鼎盛时期。时有坐商店铺400余家，个体摊贩600余户，五里长街，店铺林立，据《山西金融志》记载，每天有成百上千的商旅过往，日渡货船50多艘，船上装货数百万斤，镇内有搬运工人200余名，日过往驮货牲畜3000余头。全年营业额银50万两以上者有十余家。每天市面货币流通额达150万银元。

四、碛口镇商贸的衰落原因

碛口商贸由盛而衰在20世纪三四十年代。其原因有三：

1.京包铁路建成后，铁路运输取代河运，成为西北货物运输的主渠道，加之公路汽车运输日渐发达，传统的河运驮载渐失优势。在京包铁路未建之前，每日有数十条船筏停泊在碛口码头，大批西北出产的粮油、皮毛、盐碱、药材沿黄河而下，漂流至碛口，然后再用骡马、骆驼转运到吴城、汾阳、太原、北京、天津、汉口等地。

2.日军的侵略扫荡，是碛口败落的主要原因。1938年，日军开始"扫荡"

---

①王森：《碛口镇鼎盛时期的街景》。

碛口全镇,并先后82次进犯碛口,飞机不停地轰炸,使商业遭受毁灭性打击。大量店铺被毁,市面萧条,牲畜被抢,元气大伤,加之敌人经济封锁,许多商人无法经商,只得关门歇业,商家由原来的将近400家锐减至61家,全镇营业额五至六万元者仅10家,3万元者50家,市面货币流通额缩减到70万元。

3.“晋西事变”的摧残。早在1937年秋,阎锡山就克扣120师军饷,使得前线万余将士难以过冬。1939年12月“晋西事变”发生后,又有一些富商大贾携资逃亡陕西榆林等地。1940年,当地民族工商界巨子陈氏三门迫于日军常来“扫荡”,阎军不断骚扰,生意做不成,性命也难保,只好各奔前程,大门奔甘肃兰州,二门奔内蒙,三门奔宁夏吴忠。其他有钱的大商人也纷纷远走绥远、包头,中商收摊歇业,只剩点小商小贩日军来了就跑,日军走了也是提心吊胆地勉强维持营业,造成严重的商业损失,一蹶难振。

五、碛口在抗战前后的艰难经营

碛口人民是英雄的人民,抗战期间尽管三面受敌,但军民一心,干群团结,在抗日民族政府领导下,驱敌反奸,积极抗日,打破了日军占据碛口的梦想,使碛口成为晋绥边区通往陕甘宁边区的交通要道。巨商陈懋勇,以数千金支援抗战,并将40眼窑存的粮食50万石全部资助抗战将士。碛口商团60余人配合游击队抗日,后编入新军351团,开明绅士马文明借1 000大洋,解决120师万余人冬衣,受到贺龙司令的嘉奖。抗日政府与部队又相继建起各种性质的商业网点。1940年临县解放后,人民政府积极扶植工商业,发展经济,短短一年时间,碛口私营工商业又恢复发展到102户,其中个体摊贩41个,行货行17个,过载行11个,店行9个,面铺9个,药铺5个,饭铺9个,理发店3个,布行2个。同时,积极发展公营商店16个,其中转运栈11个,布匹行2个,杂货行3个。这当中有贸易局、晋绥行署、三分区开设的商店,也有120师、115师和决死四纵队等部队开设的商店。据调查从1942~1945年间,碛口公办工商业发展到50多户,较大的公营企业有:贸易局、信义源、东升长、秦晋货栈、西北上杭、周的货栈、湫水布庄、转运货栈、新华商行、大众商店、希济全、群众社、妇女合作社、拥军合作社、群众联社、教二旅商店三分区商店、晋绥纺织工厂等。为加强管理,还设有公安检查站、工商联、河防队、缉私队。干部职员一律实行供给制,一旦发现有违纪行为就严肃处理。有个管理员因为作风问题,私送了几块白洋,就处以死刑。尽管如此,仍难免有个别公营商店经营不当,铺张浪费,甚至设烟聚赌,贩卖白洋,包庇走私,但从总体上看,当时在各根据地内公营商店以碛口为最多,对延安的贡献也最大。

第三节　柳林镇

一、地理位置

柳林镇位于三川河北岸,现为柳林县人民政府驻地。在古代原是只有几户人家的小村,名"堡沟",村周一片林子。由于地处河川地带,晋陕古道之旁,住户商民逐渐增多。唐贞观初年,太宗帝让尉迟敬德建香严寺于堡沟梁上。清乾隆三十三年(1768年)巡检司衙门由青龙迁驻柳林。乾隆三十五年(1770年),通往陕甘宁大道的汾阳、离石之间黄芦岭巨障上的小道辟为车马通途,驼帮马队辐辏而来,柳林商业更见兴旺。民国十年(1921年),太(原)军(渡)公路通车后,柳林成为晋西及黄河以西山区的物资集散地。民国十七到十八年(1928~1929年),柳林商户达800多家,赢得"小北京"之称誉。抗日战争时期,日军盘踞柳林,商业萧条,百业凋敝。新中国成立后,工商各业才逐渐兴旺起来。民国七年(1918年)至1970年,一直为区、乡(镇)人民政府驻地。改革开放之前的1971年,镇内仍居住着来自全国3省、18县的工商市民千余人。

1971年柳林建县,第二年建成青龙大桥,将柳林、青龙、锄钩三镇,薛家湾,庙湾二村联为一体组成县城,加速了镇内政治、经济、文化的发展,柳林全镇总面积51.57平方公里,总人口39 795人。成为本县煤炭采掘加工、红枣加工的基地。每年农历四月十八至二十七日为柳林古会期,届时山西、陕西、河南、河北、内蒙古等地的客商云集县城,摆摊设点,进行物资交流。并有剧团、马戏团助兴。80年代又增设公历10月1日至10日物资交流大会,届时人流拥塞,盛况非常。

二、历史悠久

位于县城柳林镇北23公里处的孟门镇,历史悠久。汉元朔三年(前126年)封为侯国。从北周大象元年(579年)置下胡县到元至元八年(1271年)初废孟门县的近700年间,历为县治驻地。其间曾为州郡治驻地。清雍正元年(1723年)黄河大水,孟门遭淹。道光二十二年(1842年)六月再次遭淹。咸丰六年(1856年)七月,黄河泛滥,城垣及200多孔窑洞、1 000多间房屋荡然无存。集市贸易移向距镇南 1 公里的枣峁上村。水路交通有通往陕西吴堡县横沟乡的渡口和保德县至本县军渡的航道。是本县西北部地区的红枣集散地和加工地。

明清时期，由于县治被废除，孟门由军事重镇转变为商贾大镇，晋、秦、宁、蒙商贾为渔利而云集孟门，集市繁荣。传统集日为农历每月的逢二、逢五、逢八日。农历二月初四至初九日，八月初四至初九日，十一月初四至初九日为定期物资交流大会。每年二月初五为骡马牲畜大会，七月三十为南山灵泉寺香火大会，八月初五又是瓜果物资交流大会。清末，孟门故城遭水淹没，商贾活动北移碛口，孟门商业受到影响。20 世纪 60 年代末期，军渡黄河钢桥建成通车，沿河船工水手大都失业，码头搬运工也随之失业，孟门工商业属萧条时期。

三、商贸重镇

柳林镇地处秦晋通衢，明清时期商业颇为繁盛。民国初年，民族工商业兴起，各种商业店铺发展到 500 多户。30 年代，国内军阀混战，商业日渐萧条。日军占领柳林后，大部店铺关闭。

抗日战争时期，本县境域北山一带农民集资入股兴办了一批合作社，集体企业开始产生。民国三十四年（1945 年）柳林解放后，开办了国营商业，私营商业开始复苏。民国三十八年（1949 年），柳林镇私营商业占了绝对优势，左右交易市场。1953 年国家实行计划经济，国营集体商业日益壮大，重要物资及农副产品归国家统一管理，对私营商业逐步进行社会主义改造。1958 年对私营商业改造基本完成，国营、集体商业全部占领市场。

（一）私营

清末到民国初年，柳林镇私营商业处于鼎盛时期。汾阳、平遥、介休、孝义等地的商贾云集柳林，开店设铺，生意颇为兴隆。本地富户纷纷弃农经商，各种商号陆续开张，五里长街，店铺相连，人流熙攘，市场繁荣，故有"小北京"之誉。

经商行业有布匹、绸缎、百货、日杂、棉麻、铁器、铜器、银器、煤油、蜡烛、卷烟、饮食服务、粮食、红枣、药材、调味、纸张、文具、车马挽具、照相、钉掌、砂器、爆竹等 40 余种。

经营煤油、蜡烛、洋货的有祥官公司、营记公司，其规模宏大，气派非凡，是孔祥熙、阎锡山的官僚资本商业，资金均在 10 万银元以上。

经营百货的有万顺仁、大盛奎、余庆祥、庆云长、万庆恒、义生昌、泰和厚、复盛德；经营杂货的有同盛恒、开顺久、天瑞公、天德永、万顺昌、协成信、和致祥;经营卷烟的有天锡长;经营文化用品的有正财堂;经营绸缎布匹的有天和厚;经营铁器的有公盛昌;当铺有余应昌、宝亨当、常泰当;经营车马挽具的有长胜李;经营中草药材的有德和堂、同生泰、万和堂、天兴李、德兴公、同和恒;开设粮行面庄的有万顺成、天锡长、晋盛永、德庆昌、天和义、天元恒、庆益厚、兴盛全、元兴和、晋义公等19家,日成交粮食200余石;经营红枣的有义成店、天成店、吉义店、德泰店;棉花加工的有晋泰厚、福盛兴;中转货栈有万胜德、广茂店、广发隆;骆驼店有明盛店、福盛店、福全店;骡马店有长春栈、晋元栈、玉泉栈、永盛栈、成家店、旗杆店、张家店、土店、圪针店、山义店等,夜宿牲口500余头。

镇中心沟门前(古称张兰街),以摆摊卖饭著称,有几十家饭摊通宵达旦营业,夜晚灯烛点点,人头攒动,叫卖声不绝于耳。饭菜名目多为本地风味小吃荞面碗脱、莜面旗则、芝麻饼、油糕、油条、油茶、火烧(饼)、肉包、炒菜、拉面、糊腊、灌肠、下水肉等。因生意通夜不歇,俗称"鬼市"。

镇外清河两岸有水磨48盘,昼夜不停地加工面粉,除满足本地销售外,还包装成袋,销往东路平川。

境内孟门、三交、穆村、留誉为水陆码头、商品集散之地,商业亦很繁荣。

民国二十八年(1939年)日军侵占柳林,推行残暴的"三光"(杀、烧、抢)政策,汉奸特务横行乡里,敲诈勒索无所不为,柳林镇内一片白色恐怖,店铺关闭,市场凋敝。日本人开办了"合作社"和"三井商店",经营东洋货物,控制民用物资,对老百姓日用食盐、火柴等实行配给,价格昂贵,肆意掠夺。对南北山地带则进行经济封锁,设卡堵截过往物资。

民国二十九年阎锡山(1940年),提出消灭私商的口号,先后在三交、留誉成立"合作社",强迫原有私商停业,商品全部没收,如有违抗者处以枪杀。"合作社"的商品,只有用其发行的"合作券"购买,对农民生产的农副产品低买高卖,巧取豪夺,为所欲为,盘剥群众。

民国三十四到三十五年(1945~1946年)柳林镇及沿川和南山地区相继解放,私营商业开始复苏,原有商店陆续开张。民国三十七到三十八年(1948~1949年),柳林镇商业颇显繁荣,私营商业比重占绝对优势。一部分投机商人乘物资短缺之机,囤积居奇,哄抬物价,谋取暴利,扰乱市场。国营商业贸易局、合作社与之展开针锋相对的斗争。1950年贯彻执行中央以国营经济为领导,其他各种经济成分分工合作、各得其所的政策,私营商业受到限制。"三反"、"五反"运动后,私营商业比重更呈下降趋势。

1953年,国家对农业、手工业和资本主义工商业实行社会主义改造,粮油实行统购统销,柳林镇对 23 户粮商进行了改造,其中转业 19 户,停业 4 户。

1955 年初,境内共有私营商业 525 户,从业者 630 人,资金 15.6 万元。其中经营棉布 19 户,百货 50 户,杂货 168 户,烟酒 58 户,医药 33 户,饮食业 113 户, 服务业 84 户。其中资金在 500 元以上的有 65 户,100～500 元的有 350 户,100 元以下者有 110 户。是年 9 月,柳林镇私商 94 户、118 人,经过发动率先组织起来,成立了一个公私合营总店和 4 个合作商店。

1956 年春,对私营商业改造进入高潮。2 月 1 日,柳林镇 239 人带资金 73 692 元,过渡到公私合营总店。3 月份,三交、留誉、穆村、薛村、军渡、孟门、成家庄 7 个集镇共有私商 203 户,从业人员 323 人,资金 40 618 元,其中有 104 人过渡到供销社。

60～70 年代,私营商店虽已被取消,但仍有私人买卖不公开地进行,形成市外交易。

进入 80 年代,国家号召多渠道流通,政府对个体工商户予以支持保护,个体工商业得以迅速恢复发展。1990 年个体商业户发展到 2 611 户,从业人员 3 543 人,资金 201.4 万元,纯销售额 4 257.5 万元,占社会纯销售总额的 41.5%。县城及农村集镇遍设个体商业摊点,经营品种包括成衣、棉布、化纤布、百货、日杂、五金、土产、家用电器、钢木家具、文化用品、工艺品、瓜果、肉、蛋、蔬菜、陶瓷,服务项目有理发、缝纫、钉鞋、修表、刻字、修理、饭店、旅店、小吃等。服务周到,竞争激烈,市场繁荣前所未有。

表 12-1　民国初年柳林镇主要挂牌商号概况表

商号名称	东家		掌柜		经营项目	资金（银元）	店员人数
	姓名	籍贯	姓名	籍贯			
天和厚	武某	汾阳			布匹 绸缎	20000	8
万顺仁	蔡某	陕西绥德			百货	10000	12
同盛恒	刘国光	银夏吴忠			杂货	10000	10
永盛隆	李景华	柳林			百货		
大盛奎	党如才	柳林			百货 杂货	3000	5
福盛德	郭某	洪洞			百货	2000	5
福盛兴	张某	临汾			百货	3000	6
万庆恒	李再泉	河北武安			百货	2000	5

商号名称	东　家		掌　柜		经营项目	资金（银元）	店员人数
	姓名	籍贯	姓名	籍贯			
庆云长	孔庆文	柳林			百货	3000	5
公盛昌		襄垣			五金、农具	20000	8
万顺昌	张启兴	柳林			杂货	2000	5
天德永	乔守仁	平遥			杂货	1000	4
晋泰厚	白明亮	柳林	王兴盛	柳林	山杂	5000	6
兴盛高	高烈山	柳林	宋富吉	文水	山杂、棉花	4000	7
天瑞公	车宰林	柳林			山杂	2000	6
和致祥	刘秉奎	柳林			杂货	1000	4
余庆祥		河北			百货	3000	5
泰和厚	毛吉富	汾阳			百货	3000	8
祥记公司	孔祥熙	太谷	房登科	汾阳	煤油	100000	12
营记公司	阎锡山	五台			百货、煤油	100000	15
协成信	贾怀信	柳林			杂货	4000	8
义生昌	梁中书	平遥			百货	10000	8
天锡长	吉义店	柳林			卷烟	30000	15
兴隆昌		曲沃	郭有金	平遥	旱烟、皮锭烟	15000	11
正财堂	任生奎	河南济源			文具	1000	3
万胜德	阎希成	柳林			中转货栈	3000	10
广茂店	申永旺	平遥			中转货栈	3000	10
广发隆		平遥			中转货栈	3000	6
吉义店	高新	柳林			红枣	1000	5
义成店	胡登堂	柳林			红枣	1000	5
德泰店	梁大昌	柳林			红枣	3000	8

商号名称	东家		掌柜		经营项目	资金（银元）	店员人数
	姓名	籍贯	姓名	籍贯			
天成永	刘学思	汾阳			红枣	2000	8
公和茂		河北			古董	2000	3
福胜合	范永登	孝义			帽		5
光顺合		夏县			帽		6
恒昌盛	高乐天	柳林			寿衣		3
永泰歧	段连山	平顺			加工铜烟袋	2000	4
义全成		平遥			加工银器	5000	5
万盛高	高丕成	柳林			黄酒	1000	3
万泉永		柳林			黄酒	1000	3
如春照相	刘锦标	汾阳			照相		2
同法照相	田三和				照相		2
晋华照相	王道章	柳林			照相		2
万顺成	杨汝山	柳林			面庄	5000	13
天锡长	马维恍	柳林			面庄	10000	12
晋盛永	马声平	柳林			面庄	4000	6
德庆昌	蔡文章	柳林			面庄	4000	5
天和义	郭全义	孝义		孝义	面庄	3000	5
合义成	张成祖	柳林	王改迎	襄垣	面庄	5000	7
天元恒	林继兰	柳林			面庄		8
庆益厚	王恩普	柳林			面庄	1000	8
兴盛全	高万和	柳林			面庄	7000	7
庄新合	刘元勤	柳林			面庄	8000	7
晋义公	贾维一	柳林			面庄	5000	7
宝亨当	戈某	山东	刘连成	汾阳	典当	10000	12
余庆当	王恩普	柳林			典当	10000	10

商号名称	东　家		掌　柜		经营项目	资金（银元）	店员人数
	姓名	籍贯	姓名	籍贯			
常泰当	马维垅	柳林	高烈山		典当	20000	10
万兴当		柳林			典当		
长胜李		临县			麻绳、笼头	2000	5
广义赵		高平			加工铜器	1000	5
天丰蛋厂	马俊	晋城			加工鸡蛋	100000	100
鸿记蛋厂					加工鸡蛋	100000	65
福盛兴	张鸿善	晋南			加工棉花	5000	5
天清楼	霍师让	平遥	梁可华		糕点	2000	65
酒房	王金才	柳林			白酒	1000	6
德和堂	龚永柱	河北邯郸			中药	10000	2
德庆恒	王友臣	河北武安			中药	6000	7
同生泰	韩文英	河北武安			中药	3000	5
万和堂	蒋贵廷	河北武安			中药	3000	5
天兴李	李贵田	柳林			中药	1000	5
德兴公	李金柱	河北武安			中药	1000	3
中正元					中药	1000	3
同和恒	马长明	柳林			中药	2000	2

表12-2　民国初年柳林镇旅店概况表

店名	店主姓名	籍贯	从业人数	容畜量（头）	备注
晋元栈	党致富	柳林	5	50	骡马店
玉泉栈	刘玉书	柳林	4	40	骡马店
永胜栈	刘国珍	柳林	4	20	骡马店
成家店	温尔恭	柳林	4	25	骡马店
旗杆店	薛马儿	柳林	6	50	骡马店
浍通店	高永泉		4	40	骡马店
强家店	贺某		3	20	骡马店
土店			3	20	骡马店
圪针店	高某		3	25	骡马店
常春栈	马丕仁	柳林	6	50	骡马店
明盛店	康仲魁	柳林	5	60	骆驼店
福盛店	杨应全	柳林	5	70	骆驼店
福全店	杨四毛	柳林	6	60	骆驼店

493

（二）国营

民国三十六年（1947年），晋绥边区贸易公司建立的大众商店改建为柳林贸易支局，在柳林镇设有门市部、晋粮货栈、弹花工人合作社、食油库、粮库；在三交、军渡、孟门、吉家塔设有商店。贸易局既是军队后勤供给处，又是国营商业机关；既搞买卖，又管地方治安。职工实行供给制，佩带枪支，是柳林一带代表国家利益政企合一的商业机构。

民国三十七年（1948年），贸易局更名柳林工商局，下设大众商店、湫水布庄、大众药材庄、大众骡马店、四联商店、粮店、收购站等10多个单位。大众商店有资金26万元（西北农民币），经营布匹、棉花、麻油、百货、日杂等，并兼兑换金银、收购大烟上的业务。

民国三十七年（1948年）底，工商局粮店库存粮食845石，湫水布庄存有各种布1 381匹，油库存有麻油4 500公斤。1949年底，工商局将物资移交地方，职工随军离去。1950年改建成柳林供销合作社。

1955年，柳林镇设有中阳县驻柳林采购供应批发站和离石县驻柳林采购供应批发站。批发针纺织品、大小百货、文化用品、五金交电、烟酒副食、土产日杂等货物；收购红枣、鸡蛋等农副产品。离石县商业局还在柳林设有"饮食服务商店"、"零售商店"。

1964年，晋中地区百货公司将中阳、离石两个采购供应批发站合并为"晋中地区百货公司驻柳林综合批发站"，有职工60人，资金150万元。除经营工业品外，并加糕点，兼营蔬菜。

1966年秋，晋中地区土产采购供应站在柳林设立了分站。有职工40人，资金30万元，经营土产、农副产品、生产资料、石油、五金、电器等，年经营额700多万元。

（三）摊贩

20世纪50年代前，柳林、三交、留誉、孟门、农家庄等地均有为数不少的商业摊贩。逢集遇会，附近的摊贩云集集镇做小本生意。平时则肩挑货物走村串乡叫卖，俗称货郎。主要经营针线、染色颜料及日用小百货。

60~70年代，摊贩被国家取消。80~90年代摊贩发展迅猛，资金雄厚者开设门店，资少财薄者，仍继续摆地摊。其人数之多，门类之齐全，前所未有。大街小巷，交通道路两旁，摆摊设点者比比皆是。

（四）典当借贷

晚清至民国初年，柳林镇挂牌经商的字号有500余家。为了资金的周转和流通,典当业和钱庄应运而生。设在柳林镇的当铺有余应当、宝亨当、万兴当。资金均在 10 000 银元以上。柳林镇没有专门的钱庄,有长盛茂等七八家商业铺面兼营放钱业务,营业对象是小商、小贩、小手工业者,月利一般是 2~3 分,最高的达 5 分以上。其借贷形式主要有以下几种:

1.当物借贷。当铺以抵押放款为业务,主要对象是年尽岁迫或遇天灾人祸借贷无门的贫苦农民,小手工业者以及破落户。当物以衣物最多,约占 80%;其次为农具、木器、金银首饰等。当铺乘人之危,乘机压价,值 10 元的只给估价 3~5 元,俗有"买三卖二当一"之说。金银首饰一般可作六七成值,衣物作四五成值,其他笨重不易转手拍卖的只给作三成左右的价钱。柳林镇的当铺抵押物上架每月三分行利,写票算一月,满月超过三天则按两个月计利,若过三年不赎,就算"死当",抵押物任由当铺拍卖。

2.讨保借贷。向钱庄借贷高息款项,事前要讨"连环铺保",保人必须在本地拥有不动或可动产业。如果找不到殷实的铺保,任你跑遍全镇钱庄,利息再大也贷不到款。

3.指产借贷。贫苦人家遇到天灾人祸,则以不动产房、地为抵押,向富户借贷中,作价一般只能做到实值的 5 成左右。书写典房或典地契约,一般以三年为期,逾期不赎,活契(典契能赎故称活契)倒成死契(永远出卖契约),房地产权随之易主。

4.探卖。系指实物借贷,每当春季青黄不接之际,贫苦农民为生计所迫,指着青苗或枣林探卖粮食、红枣,先收款项,收获后再付粮枣,卖价大大低于市场价格。

5.换粮。夏天穷人断了谷米,打下麦子吃不起(小麦不如小米耐吃),只得以 1 斗 3 升小麦向富户换 1 斗小米。秋天打下谷子后有了小米,但过年过节又没了白面,于是又以 1 斗 3 升小米向富户换 1 斗小麦。群众称此为"麦子换米斗三升,米换麦子斗三升"。换来换去吃亏的总是穷苦农民。

高利贷农村中小地主利用余钱放债,1 元月息高达 1 角 5 分,至少 1 角左右,十个月后利息超过本金。有的在放钱时即扣除利息,借 10 元债如果月息为 1 角,1 月为期,债主先扣除利息 1 元,只给 9 元。

第四节　衡水镇

一、地理位置

横水镇是晋南地区著名的商业重镇,位于闻喜、绛县、垣曲三县交界接壤之处,南傍涑水河,北靠紫金山,同蒲铁路横贯东西,交通便利,四通八达,土地肥沃,盛产棉麦,是晋南的小麦、棉花、食盐销往晋东南及中原的重要集镇枢纽。

很久以前,横水镇的街上曾有 10 棵参天古槐,故原名为"十槐镇"。后因紫金山洪水穿镇而过,改名"横水镇"。从此,横水镇因被水分为水东和水西而有了东横和西横之别。横水镇自古为闻喜县管辖,据《闻喜县志》记载,自宋代开始,横水镇就是晋商的商业重镇。历元明清三代数百年而不衰。清光绪七年(1881 年),闻喜县由商人捐募乡勇 40 名,横水商人就捐募了 10 名,可见横水商人的实力。民国初年,横水镇的工商业更加繁荣。西横比东横大 1/3,商号也多集中于此。抗日战争爆发以前,西横的各种商号就有 138 家,每逢农历初一、初三、初八集日,热闹非凡。就是在集日之外,也足顶一般集镇的逢集日。抗日战争期间,东横划归太岳二分区绛县管辖,西横划归晋绥十一分区闻喜管辖,两县之间一桥相隔,俗称"一桥担两县"。

二、商贸重镇

历史上,横水镇有杂货行 12 家,大的有"德兴魁"、"顺利合"、"德盛合"等几家商号。一般的商号雇有十三四个伙计,最小的"天水成"也有五个伙计。购货主要去绛县和曲沃。如顺利合,一次搬洋火(火柴)200 箱,烧油主要是从河南怀庆府(今沁阳)运来,一次二十来驼(每驼八桶),也有时一次五六大车(每车 50 多桶)。产品销路主要是本地和垣曲、绛县。本地人买货外欠很多,每季下乡清欠一次。大的商号每季清欠可收回麦子 200 多大石,最小的商号也不下七八十石。

横水镇有京货铺 13 家,一般都有十二三个伙计,最小的"老乔京货铺"也有三个伙计。大多京货铺都代售药材、铁货、纺麻、古衣等日杂百货。镇上最大的京货铺是"天庆合",东家叫乔宜之。乔宜之的祖父乔晋芳是道光年间的"探花",官授翰林院编修、刑部广东司员外郎、军机三班领班。父亲是清朝秀才。乔宜之有 5 座豪宅,场房合 20 余间。有门市房百余间,全部出租,每年租金大洋 1 000 余元。有好地 300 余亩。有大牲口 20 余头,大车 5 辆,轿车 3辆,雇长工 4 人,还有丫鬟、奶妈、护院多人。"天庆合"占房五间,还有栈房,平常货老是堆放得满满的。一般进货到曲沃,一进就是两三车。镇上还有一家药店,叫"天德堂",东家是另一个大商人乔西奇,他的财富与乔宜之不相上下。他开设的"天德堂药店",除了横水镇的总店外,在河南、山东都有分店,且生意兴隆,日进斗金。药材的主要来源是从解州进,不够时到绛州(今新绛)和曲沃去购,都是商号与商号的来往,结算一般采取先拿货,到收麦后给钱的先赊后付方式。一次给不完,到年底结清。另外,横水镇的 4 家木厂中,最大的木厂就是乔西奇开设的,雇有工人 20 余人。

晋南盛产棉花,横水镇有棉花店 20 家,雇有 20 个左右的伙计。棉花主要是本地临猗、闻喜数县出产,而且棉花是七分绒,比曲沃、绛县的棉花要好,因此镇上时常有陕州(今陕县)、灵宝、绛州(今新绛)等地纱厂的客户,每人每次装花就是三五百包。所以,曲沃、绛县的棉花也都运到横水来卖。镇上有半木半铁的榨花大机 3 台,每台机每天可榨棉花 140 余包;小机 5 台,每台每天可榨棉花 20 余包。棉花在旺月时,每集上市近万斤,而且销售得很快。

横水镇还有油房 2 家,其中一家是横水人段杰山的。段杰山的油房用铁机器榨油,把籽花放在上面,下面同时出来的花是花,油是油。他的油房里还有磨电机,房里挂了电灯,夜里,电灯把油房照得跟白天一样。

横水镇的堡墙保存完好,堡墙里面,群众叫"城关"或"城里",堡城西门外还有商号,群众便叫"西关"。西关也很繁华,每次唱戏时所用的家具和费用都不用城内负担。西关有个大槐树,有一家人在此开了几辈子的车马大店,四面八方来往客商都知道大槐树店,名声很响。

三、日寇摧残

民国二十七年(1938 年)6 月 10 日,日军进攻到横水。全镇商民一片惊慌,都逃了出去,只留下五六个老人。人们原以为日军是路过横水,过几天就走了,没想到日军把司令部驻扎在了横水,还设了警察所、宪兵队、便衣队、新民会、宣武班、区公所等敌伪汉奸机构,不久,土匪头子王万顺的"剿共自卫军"也投靠了日军,把横水作为进攻垣曲的基地。这时,大家听到日军打死了两个老人,就谁也不敢回来了。日军在横水镇横行霸道,为所欲为,没柴烧时,就把商号的门窗拆了当柴烧,加上小偷的偷盗,横水的商号所剩的寥寥无几了，社会治安十分混乱。

民国二十八年（1939年）九月，日军找了个戏班唱戏，想吸引人回来，但效果不大。后又召红枪会开会，叫给逃出的百姓写信，说皇军永不走了，大家回来安居乐业，并三天两头唱戏。到民国二十九年（1940年），就有人陆陆续续地回来了。有的商人弃商从农，有的商人又干起了老本行。但是原来商号的伙计已经四分五裂，各自去做生意了。以前的"兴新德"一家，伙计分成了4家；"天顺源"一家，伙计分成了3家。直到民国三十三年（1944年），大多数逃离的百姓都回来了，商业税有恢复。这时全镇的大小商号，连日本人、朝鲜人开设的在内共有105家，但是规模大不如前，10家也比不上以前的一家。比如京货行药铺，一般只有四五个伙计，与以前十几二十个伙计的场面无法相比了。京货行进货主要是到曲沃，再远就是坐汽车到太原。由于治安不好，大多商人不敢去。又因解州的四月集会垮了，横水的药铺只能到曲沃采购，药材在质和量方面已大不如以前了。由于日军的封锁，加之市场萧条，横水全镇只有一家粮店，并且买卖的粮食都得归日军的合作社，粮店只是赚一些佣金，不能随意贩卖，更不准卖给八路军和根据地。

横水镇原来是西横繁荣。日军占领后封锁了西、南、北三门后，西横与东横联合起来，两边道有壕沟不能走，商民出入，都得走东门，这样东横的商号就比以前多了一些，西横的整个半条西街完全是日本人和朝鲜人开的商号和妓院，日军做生意都是自己卖给自己，不准老百姓去。而这时西关的商号一家也没有了。为了封锁中国军队，日军开设了合作社，所有的粮食、棉花、食盐、麻皮、洋火、煤油、糖、洋布、药材、煤炭、白面等不准商人经营，完全归合作社售卖，私人若有，全部没收。对商号实行配给制，每个商号投入股金给该合作社，每月可配给洋火5盒，大人每月配给食盐半斤，小孩4两。从外面搬回的商号要接受合作社的检查。月底，各商号要将所卖的货及款项呈报给合作社。全镇不准开骡马大店和留人小店，各商号不准随便留人，就是自己的妻儿亲戚来探亲也得呈报，否则查出后以勾结中国兵论处，商号也得没收。日军的严格限制使商人的经营十分困难，有的商人半年连城也不敢出了。

民国三十四年（1945年）八月，横水的日军投降。这时，全镇的大小商号共有90家。由于日军占领时期的钞票不能花，市面上一下子又兑换不过来，所以，镇上的交易都是最原始的以物换物。不几天，土匪王万顺的部队从乔寺村来到横水，当晚就抢了17家商号。商人经此恐吓思想大为惶恐。在整整一个冬天，王部匪徒三天两头来抢，共抢了40余家商号。有货的商号不敢摆出

498

来卖,无货的也不去进货,市场一片萧条。全镇较好的商号只剩下姜开发、郭振华、赵连成三家。

四、阎伪接管

日军投降后,阎锡山的二战区接管了横水。他们在镇上进行编组,一个常备兵、一个预备兵、一个国民兵,三人一小组,六人一大组,连环保,在坡底村受训半个月。二战区向商会要 40 个壮丁,商会没办法,就 80 万元一个或 100 万元一个(法币,一百万能买十大石麦)给雇了 17 个,又给他们做了些衣服才算完事。全镇上的商号都没有心思经营,整个市场好似死水一般。

民国三十四年(1945 年)十二月,解放军第一次解放横水。经广泛宣传,商人们的思想才算比较安定下来,市场稍微有点起色,各种生意相当不错。民国三十五年(1946 年)七月,国民党胡宗南的部队北上,解放军撤离,横水被国军占领。国军同样向商会要兵,商会又以同样的方法给雇了 10 个兵。商人的思想又开始大为不定,天天盼着解放军回来。

五、古镇新生

民国三十六年(1947 年)三月,解放军解放横水,千年古镇又获新生。在民主政府发展工商业、繁荣市场的号召下,商人的思想安定下来,逐渐开始营业。到七月份,全镇商号发展到了 134 家,比日军投降时增加了 44 家。而到民国三十七年(1948 年)九月,全镇的商号又翻了一番,达到了 281 家。家数超过清末民初,进入一个新的历史主义时期。

第五节 鲍店镇

鲍店镇位于长子县城北 18 公里,屯留、长治交界处,东邻长治市郊区,居民来自全国十七省市,以回族居住最多。素有"上党古镇""雄鸡一唱鸣三县"之称,与石哲镇、色头镇、东田良镇一道号称长子县四大古集镇。古时候曾为晋豫、秦晋的交通要道,至今已有 2 000 多年的历史。

鲍店镇自古以商业之繁盛,行业之众多,交易之广泛而著称,是本县一大商业主镇,驰名上党。早在明末清初这里就有发达的集市贸易,每月的三、六、九为集日,每年农历二月初二、五月十七、七月初十、九月十三,为鲍店的 4 个庙会,其中九月份是山西省四大庙会(正月解州庙会、四月尧庙会、七月五台山会、九月鲍店会)之一。会期历时 100 天。以药材交易为主,故也叫药材大会,万商云集,闻名全国,热闹异常。

明清时期,进入集市的商品主要是粮食、药材、丝绸、麻皮、食盐、铁货和骡马、猪、驴、牛、羊。民国期间,上市商品加粮食、棉花、油料、土布、麻花、食盐、铁货、食品、煤炭和各种禽类等,进口商品也打入集市,主要有煤油、卷烟、洋火柴、西药、机制布、肥皂等日用百货。

鲍店庙会:兴起于明末,每年农历 9.13~12.23,清中叶极盛,全国 24 个省市客商云集鲍店,号称东走齐鲁、西达秦陇、南至豫楚、北抵绥蒙。庙会上以名贵中药、满蒙皮货、京津百货、苏杭绸缎、广东铜器、汉口首饰、上党药材、荫城铁货五花八门,应有尽有。从农历十一月初一后的 55 天,主要以规模宏大的药材交易为主。鲍店开设有和盛、文兴、交益、永兴、吉成、会文等 6 家药行。来自本省、四川、云贵、宁夏、天津、汉口的药商不下百余家,出售有云南白药、太谷广升远龟龄集、定坤丹、广东跌打丸、安徽"淮货"潞城大风丸、平顺大党参等,货物堆积如山,人声鼎沸,吃喝喧闹声此起彼伏。还有唱戏、卖饭、跑马卖艺、耍西洋景为大会助兴的。大会期成交额达 10 万元以上,仅税收一项竟达白银 1 万两。外地药商走时,都要买上党党参、连翘、远志、知母、黄芩等中药材运回,俗称回货。如 1953 年天津新联药行一次就从鲍店庙会购走党参 4 万公斤。1956 年后,随着药材由国家统一购销,鲍店药材庙会自行终止,但物资交流延续至今。

新中国成立后,随着经济的发展,鲍店镇成为粮油集散中心。"文化大革命"期间集市萧条。十一届三中全会后重新焕发生机,镇上恢复 1 月九集,每集日粮食成交均在 10 多万公斤以上,交易品种有玉米、小麦、谷子、高粱、小米、粉面、刀豆、绿豆、黄豆、软黍等 10 多种,年成交粮食 1 700 多万公斤,成交金额达 500 多万元。现已初步形成了农、工、商、运、文、教、卫等门类齐全的集镇,开设各种商店、集镇 80 个,镇上仅生产销售四粉(粉面、粉皮、粉条、粉丝)的农户 810 户,人均收入数千元。

第六节　荫城镇

荫城镇位于长治县境内,明清时期是重要的铁货集散地,号称日进斗金。

上党产铁,古来有之。春秋时,这里属晋国。《左传》昭公二十九年就有:"遂赋晋国一鼓铁,以铸范宣子所为刑书"的记载。汉朝,这里的采煤、冶铁已

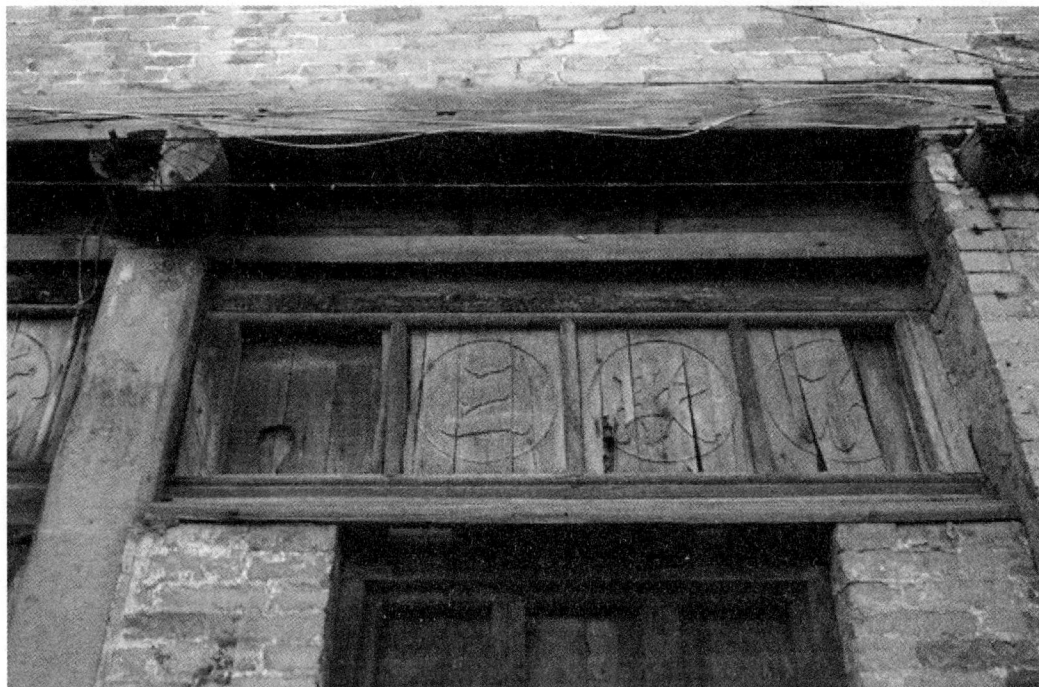

荫城铁货铺

具规模。唐朝时,潞州已用铸制钱币,1999年在长治炉坊巷唐朝铸币遗址一次出土铁质"开元通宝"钱146枚。明朝洪武六年(1373年)全国13个铁冶所,潞安荫城即为其中之一。清朝至民国年间,荫城铁货发展到鼎盛时期。据荫城镇桑梓村西庵庙、石炭峪村玉皇庙碑刻记载:清乾隆、嘉庆年间,"荫城铁水奔流全国"。

荫城及其周围的132个村庄家家有铁炉,人人会打铁。荫城铁货之所以闻名遐迩,誉满全国,其主要原因是品种全、质量好、善经营。品种分为生铁、熟铁货两大类,两大类又分为钉、锤、锁、铃、锅、勺、壶、铲、笼、錾、匙、铖、盆、桶、刀、剪、锯、斧、犁、镢、锹、锄等以及各种细杂共几十个种类。每个种类又按大小、轻重式样和用途,具体分为上百个型号,名目繁杂,数不胜数。如每类钉中又分为大小、轻重规格各不相同的若干种。以便各地用户完全可以按照自己的需要任意挑选。

质量高。荫城铁货制艺高超,规格精巧,经久耐用。荫城的铁锅、铁勺等灶具,新货时呈灰色,使用前先用砂石磨光擦净,明火加热,然后食用油浸里,草木灰熏外,使用起来里边盛水不生锈,外边遇潮不腐烂,越用越黑亮,美观好看,经久耐用。用这些铁器蒸、煮、炒、煎的饭食不变色,不变味,不损害营养成分。荫城的铁勺、铁匙成形后，表面沾薄铜，即把黄铜热处理后打在铁器表面，薄铜厚铁，浑然一体，看上去光亮照人。用其制作的食品，色、味俱佳，烹调效果绝非铝制品可以比拟。荫城的"娃娃绳"，其形如链，每挂百环，重达半斤，十分精致，一度远销西藏，成为藏民所喜爱的装饰品。荫城的水泡钉，入水不生锈，头圆心空，厚薄均匀，永不掉盖。荫城的椽钉，人称"三绝"，上尺绝，长工短精细；分毫不秤绝，几个一斤，数准称平；上木绝，入木生锈，牢不可拔。用这样的铁钉钉椽，即使椽本身已年长朽烂，铁钉与木衔接处依然紧扣如初，力拆不开。

善经营。荫城铁货得以畅销万里的关键。在荫城的铁货铺和市场上，本村铁货占的比重并不多，大量的铁器是长治、高平、壶关、陵川、晋城等县的几百个村庄，千万户农民铁匠的手工业新产品。这些产地不论离荫城几十里，还是上百里，也都把产品运来，打上荫城铁货的名牌进行销售，否则就难以出手。正如人们说的"高平铁、晋城炭，离了荫城不能干"。荫城人在吸纳他们的同时，在质量上严格把关，认真负责地维护其名牌声誉，共同营造了一个全国最大的铁货市场。铁货买卖的旺季，荫城的铁货行店都有外地庄客常住，全村留

荫城铁货街景

人客店、旅馆上百个,村中的大街,至今还保留着"馆街"的称呼。街头巷尾、熙熙攘攘、客商云集,镇上的客栈、饭店百余个,一直营业到深夜,那时的荫城就有了不夜城的美誉。当时全村留住的远地外商少则五六十家200多人,多时七八十家三四百人。常驻荫城客商有九路,分别是:关东客(东北三省),京客(北京、天津),上府客(太原、大同),西府客(陕、甘、宁),口外客(内蒙、新疆),河南客(河南、安徽、湖北),山东客,两广客,西南客(云、贵、川)。这些客商大部分都是来定货的,他们看中的是荫城铁货高品位的质量和上党人宽厚而诚实的品格。

荫城铁货遍布全国各地,并出口俄国、日本、朝鲜、不丹、尼泊尔等国家,荫城铁水流向全国、流向海外,年交易额可达1 000万两白银。

清代在北京城的繁华区涌现出了"裕兴泰""东和丰""西丰和""庆顺永"、"万泰隆"等数十家铁货庄,源源不断地将潞州铁货运往北京城,一代代地发扬光大。到咸丰末年,长治县经坊村的陈家,再次把握商机,发展成为铁货商的龙头老大,在京城开有四处铁货门面,另在天津还开有两处。当时曾有"天下十三省,省省不离潞州人"之说。明清时期,荫城铁货不仅占据了大半个中国市场,而且还流往海外。《明实录》弘治十四年(1502年)八月壬申条载,大同十一州县使用的铁器和耕具,皆由商人从潞州贩运而来,隆庆六年(1572年)五月乙己条中所说的潞安锅,也是由商人贩运而来卖给蒙古族和满族的。

做过长子县令的唐甄在其所著的《潜书·富民篇》中如是说:重税盘剥,巧取豪夺,再加上内部的不团结,荫城铁货的经营日渐艰难。1840年鸦片战争以来,长治荫城的铁货交易由1 000万两白银下降至40万两。

到了民国时期,潞州的铁货比明清时的销量和输出量大大下降,荫城一带的铁炉减少200余座,铁货行铺由350家减少到34家。民国中期,随着西方机制铁货大量进口,抢占市场。洋铁货成本低,物美价廉,而此时潞州府的铸造技术仍然停留在落后的手工操作上,这便导致北京、天津、上海、广州等南北方各大城市对上党的铁货需求量锐减。1937年抗日战争爆发后,日军侵占了上党各重镇,荫城铁货更是雪上加霜,潞安府80%的铁炉停产,销售铁货的店铺纷纷停业关闭,常住荫城的外地客商逃走,仅有零星几家店铺,勉强维持生计。

第七节　张兰镇

　　张兰镇位于介休县城东北 18 公里处,南同蒲铁路从北门外通过,现有火车站,并有大运公路与铁路并行,是县境东部北贾、上梁、板峪、北家窑及北辛武乡的交通中心和货物集散地。

　　该镇历史悠久,隋唐时期名张南镇,后改为张兰镇。清代汾州府同知衙门设在镇内,专管洪山水利事务。民国年间为区公所驻地。1949 年后,张兰先后为第一区政府、张兰乡人民政府、张兰人民公社及乡(镇)政府驻地,镇下辖 9 个村民委员会,12 个自然村。1976 年前,张兰古镇还有城墙,东南西北 4 个城门,24 个城楼。1994 年,全镇有 5 591 户,22 275 口人,耕地面积 31 166 亩,粮食总产量 8 947.8 吨,亩产 287 公斤,农村经济总收入 11 079.77 万元,人均收入 952 元。

　　张兰镇素以商业著称,明清时,商贾云集,有"小北京"之称。清代商业更加发达,有"住户七百,商间四千"之说。乾隆时张兰人口 3 万,古玩市场兴盛起来。镇上十字交叉的 4 条街上,设有京货、杂货店铺并有钱庄、票号金盛昌、晋川隆、悦盛厚、聚盛昌、乾盛晋等 10 多家,有宝能当、宝昌当、天元当等当铺 8 家,还有金珠铺、银炉、染房以及多种后工业作坊,各行各业,生意兴隆。每年农历九月二十至二十九日有为时 10 天的古庙会(泰山庙会),届时周围各县商旅前往赴会,内蒙、宁夏、甘肃等地也有人赶着马群前来贸易。日军入侵后,数百年繁华的集镇走向衰落。新中国建立后,社会主义工商业机构逐渐建立和完善。近几年来,旧街道上增加了商业网点和农贸市场,北街拓宽延伸至北门外,街两侧新建了不少工商服务业店铺使之成为繁华的街市。2001 年以来,张兰镇每年 11 月 7~9 日举办一年一度的中国张兰收藏品交流会,全国各地和海外的古玩收藏爱好者纷至沓来,张兰号称"中国古玩第一村"。

第八节　台怀镇

　　台怀镇位于五台县风景名胜五台山上,既是佛教旅游胜地,又是商贸重镇,每年观光游客和牲畜交易盛况空前。

　　据《十国春秋》载:五台山马匹交易始于北汉。清代康熙年间,随着六月庙会的兴盛，人们就顺便驱赶牲畜上山寄坡。由此开始牲畜互换调剂，发展到货币交易，从而形成了五台山骡马大会。上市的牲畜主要来自本省的浑源、应县、广灵、灵丘、繁峙、代县、五台及河北的阜平、平山等县。买客大都来自晋冀鲁豫诸省。商客来自全国各地，遍及江南的福建、江苏、浙江等省。民国年间，牲畜价格平均为骡子白洋80元，毛驴一个牙牌，每个牙牌税一元。牲畜交易税率买主为3%，卖主为2%。对偷税者，偷一罚十，牲畜践踏庄稼，前蹄罚粮八斗，后蹄一石。

抗战时期五台山骡马大会中断五六年，后转移到本县铺上沟的李家庄兴办。1946年"六月大会"的赶会人员达到3 100余名，牲畜上市日均200多头，每天成交37头，有各种工商业、饮食业摊点72家。

从1950年到1978年近30年的"六月大会"，年均上市牲畜近万头。1982年大会会期40天。前来赶会、游览、参观、朝山拜佛的有十几个省市的十几万人，仅从事经贸活动的便有北京、上海、天津、河南、河北、山东、山西、福建、浙江、内蒙、辽宁、湖南等八省三市一区的75个县（旗）的272单位和个人，从业人员867人。其中全民所有制经济89户，集体所有制经济29户，个体经济154户，上市商品2 000余种。参加牲畜交易的有河北、河南、山东、山西、辽宁、内蒙等五省一区的72个县（旗），共4 000人，158户。牲畜交易累计21 000头。

表12-3 五台山六月骡马大会牲畜逐年上市统计表

单位：头

年度	合计	其中			
		牛	驴	骡	马
1952年	2699	1802	1483	266	148
1962年	5279	1638	1572	1499	570
1965年	4157	1035	896	2024	202
1966年	6479	2055	2038	1881	505
1967年	5619	1023	1400	2020	1176
1968年	5814	1196	1325	2370	923
1969年	8963	2205	1876	3982	900
1970年	9246	3020	1325	3570	1331
1971年	6300	1900	1425	1920	1055
1972年	8000	2300	1720	2500	1480

年度	合计	其中			
		牛	驴	骡	马
1973年	7853	2500	1925	3205	223
1974年	10640	3535	1540	4320	1245
1975年	11180	2973	1372	5272	1563
1976年	8500	1040	1460	5600	400
1977年	11000	1100	1760	7700	440
1978年	12000	1200	1920	8400	480
1979年	10314	2901	1030	5093	1290
1980年	16472	6452	2034	6190	1796
1981年	21701	9276	4128	5547	2750
1982年	21645	9623	3547	6483	1992
1983年	15716	7232	2256	4846	1382
1984年	10360	4600	1600	3000	1160
1985年	11100	6600	880	2310	1310
1986年	5100	2754	306	140	1000

表 12-4　五台山六月骡马大会牲畜成交数量统计表

单位:头、千元

年度	成交合计	
	头数	金额
1952年	1480	1157
1962年	1264	648
1965年	2475	2556
1966年	2752	1171
1967年	2804	2169
1968年	2462	2060
1969年	2455	1919
1970年	2286	2125
1971年	3005	2412
1972年	5134	3413
1973年	3689	2913
1974年	4868	4321
1975年	3636	3004
1976年	3331	2601

年度	成交合计	
	头数	金额
1977年	5072	4089
1978年	4775	3502
1979年	4708	3342
1980年	7003	3766
1981年	9118	3290
1982年	4973	2652
1983年	3658	1366
1984年	3687	1592
1985年	2987	1128
1986年	2062	883

第九节　范村镇

　　范村位于太谷县城东北 21.5 公里处,是县内古商镇,地处东山谷口,三面环山,一面傍水。过去是沟通辽县、和顺、河北、河南的要道,现在是东山与平川文化交流的中心。明、清之际,范村商业已经发达,清末民初更盛。二里长街,钱、粮、棉、油、典当、杂货等店铺林立。民国二十五年(1936 年)前,坐商157 家,商业资金 285 400 余元,流动资金占本县境内商业流动资金的 1/3。全县的商业税收,仅范村就负担 35%。民国二十六年(1937 年)日军陷太谷后,范村惨遭洗掠,商业凋残。1956 年公私合营前,又发展到 56 家商号。1984 年范村公社改镇建制,镇政府驻范村,地理坐标东经 112°44'~112°50',北纬 37°25'~37°30'。辖 22 个行政村,26 个自然村,总面积为 59 平方公里。全镇 11 660人。80 年代,镇办工商企业兴起。造纸厂、面粉加工厂、修造厂等初具规模。小百货、缝纫、饮食、木器、修理、农副产品加工等 30 余家个体工商户和流动摊贩棋布长街。

　　范村镇地处丘陵和山区,文峪河流经全境,水利条件较好。近年建高灌站32 处。全境耕地面积 3 万亩,水浇地面积 17 650 亩。1985 年,粮食总产 388.5万公斤,按播种面积计算,平均亩产 145.5 公斤。人均收入 325 元。近年,发展林业生产,年产红枣 15 万公斤,水果 14 万公斤。牧业也有发展。改革开放以

第十三章
明清晋帮商人的历史地位与影响

第一节　论明清商帮

　　明清时期,伴随着社会分工的发展,商品货币经济的发达和海内外市场的扩大,国内商界兴起了具有浓郁地域特色和行业色彩的山西、陕西、山东、江右、龙游、洞庭、福建、广东、宁波、徽州十大商帮①及众多中小商帮。这些以地域、血缘关系为纽带,为维护同行业团体权益,限制局外势力竞争渗透,保障商业交易活动顺利实施的商帮是一种松散的封建商业联盟组织。它既对当时的社会经济发展和商业文化繁荣起了积极的推动作用,又因其固有的排他性、把持性、垄断性以及自身落后的封建地域乡土观念的束缚造成一定的经济内耗和其他负面影响。本文拟对此进行初步探究,以就正于方家。

一、商帮的出现是社会分工、商品经济发展、竞争加剧的产物

　　商帮的产生是和社会分工,特别是与手工业行会和商业铺行的出现密不可分的。

　　中国封建商业经济发展较早,隋唐时期大都市长安、洛阳、太原就有"行"的组织。当时实行坊市制,同一行业集中在一条街上,以便于交易和管理。但这时的行业组织还较松散,各行没有固定的组织、活动场所和行规,只是由于从业的类同被动地被官府限定在指定的街坊交易谋生。

　　到宋代,商品货币经济有了较大发展,产品交易空前活跃,冲破了唐代坊市制的藩篱,同一行业不都聚集在一条街巷,行业组织分工更加严密细化,并出现了抱"团"分"行"的名称和现象,"市肆谓之团行者,盖因官府回买而得此名,不以物之大小,皆置为团行"②。如花团、青果团、方梳行、铺金行等类商

---

①张海瀛、张海鹏:《中国十大商帮》,黄山书社,1995年版。
②吴自牧:《梦梁录》团行。

人组织。手工业雇工按行业称"作",如染料作、碾玉作、箆刀作等。到明代初期,"团"的名称消失,普遍称"行"、"行帮"、"铺行",主要是商人组织。"铺行之起,不知所始,盖铺居之民,各行不同,因以名之。国初悉城内外居民,因其里巷多少,编为排甲,而以其所业所货注之籍。"①这说明,铺行是由户籍制度派生而来,宋元以来到明初,商贩的定居场所按行业自然形成相对集聚的区域,商人按行业分工并定居,明初就按其"所业所货"来编户定籍。到明中后期和清代,商人又有了固定的组织形式和活动场所 "会馆"、"公所"、"商会"。商帮始于明初,形成于明代中后期,到清代更加普遍。史载:"明初,分商之纲领者五:曰浙直之纲、曰宣大之纲、曰泽潞之纲、曰平阳之纲、曰蒲州之纲。"②"纲"就是商人行帮的别称。可见,早在明代初期,开中法实行不久长芦盐场就已形成以山西帮为主,江浙帮、直隶帮参与的盐商。而且,山西帮已按地域细化为晋北的宣大帮,晋东南的泽潞帮,晋南的平阳、蒲州帮。到明代中后期,随着商品货币经济的发展,国内商界逐渐形成了山西、安徽、福建、广东、山东、陕西、江右、宁波、洞庭、龙游十大商帮。进入清代,这种以同乡和同业关系网结成的大的商帮集团更多达15帮。除上述明代十大帮继续活跃外,又兴起北京帮、天津帮、四川帮、绍兴帮、关东帮。"客商之携货运行者,咸以同乡或同业之关系,结成团体,俗称客帮。有京帮、津帮、陕帮、山东帮、山西帮、宁帮、绍帮、广帮、川帮等称。"③特别是清中期鸦片战争爆发,五口通商之后,随着外国资本主义的经济入侵和中国半封建、半殖民地程度的加深,民族工商业举步维艰,商业竞争日趋激烈,外商和洋行对国内中小商人的排挤打击,腐败清政府割地、赔款及厘金关税盘剥造成的社会动荡,治安混乱等,使商人以同乡自卫行业互保的意识更加强化,用地域和行业组成的中小商帮数不胜数,如以行业命名的票帮、药帮、裁缝帮;以运输工具组织的船帮、驮帮、马帮、车帮;以地域细分的山西票帮中的平遥帮、祁县帮、太谷帮、太原帮,山东商帮下面的胶东帮、济宁帮、济南帮、东昌帮;甚至以武装押护商货,维持市面的堂社、帮团、会社也大量产生,如清末归化城的青龙社、伏虎社、回民十大股等就是旅蒙商号专门雇佣来维持市场交易秩序的。

①沈檀:《宛署杂记》铺行。
②[雍正]《长芦盐法志》卷2,《沿革》。
③徐珂:《清稗类钞》第17册,第42页。

二、工商业的发展为商帮的形成和细化提供了基础

明清两代,特别是从万历到乾隆,工商业发展很快。伴随着手工业的发展,商业行业越来越多,商帮越分越细,市场越来越大。苏州是明末清初兴起的全国性大市场。顺治时士农工商各色人口数逾百万。手工业行业有丝织、刺绣、印染、冶金、造纸、漆作、编绳、牛皮、蜡烛、茶食等 30 多个行业。商业铺行有:绸缎铺、珠宝玉石铺、金业铺、绒领铺、锡器铺、金珠铺、首饰铺。

银楼铺、颜料铺、典当铺、钱铺、铁打铺、油麻杂货铺、明瓦铺、糖果铺、药材铺、煤炭铺、海货铺、枣铺、肉铺、皮货行、布行、洋货行、米行、花行、木行、竹行、香店、猪行、轿行、估衣行、鱼行、烟号、南北杂货行、酒行、屠猪店、酱坊、烛店、膳食业、酒馆业、席草业、炉饼业、梨园业等 50 多个行业。如此众多的行业,反映出苏州手工业生产和商业繁荣的盛况。到乾隆年间苏州进一步发展成为"天下四聚"之一。每个工商行业拥有众多的家数。例如绸缎庄在乾隆四十一年(1776 年),仅浙江钱塘人开设的就有 26 家。木商和棉布行更达 100 多家。染坊在康熙末年已有 64 家,乾隆二年(1737 年),因虎丘染坊太多,排放废水大量污染河道,形成满河青红黑紫,严重影响居民生活,导致集众上控长洲、元和、吴县三县,强烈要求治理环境污染,将染坊"迁移他处开张"。[①]

汉口在明初还是一片荒州,隶属江阴县。嘉靖二十一年(1542 年),江阴全县人口不过 25 000 人,到乾隆三十七年(1772 年),仅汉口镇就有 99 000 人,商贾云集,号称"九省通衢"。镇上粮食、盐、棉布、茶叶、药材、纸张、油料、广货堆积如山,号称"八大行"。[②]鸦片战争后,每年的贸易额仍在一亿两白银以上。到清代,不仅南方的工商业发达,而且北方的工商业也颇具规模。地处高寒地带的雁北重镇大同在乾隆三十四年(1769 年)市场商品琳琅满目,据续修云冈石佛寺捐银钱商号碑文记载,当时商业已分为杂货行、布行、干草行、帽行、皮行、缸行、当行、钱行八大类。到道光十五年(1835 年),工商行业翻了一番。即"棉布行、粟店行、钱行、碾行、当行、油行、南宫行、估衣行、口米行、银行、木店行、口袋行、帽行、毡行、毛袄行"[③],加上原有的皮行、缸行、干

①《明清苏州工商业碑刻集》,江苏人民出版社,1981 年版,第 73 页。

②范植清:《鸦片战争前汉口镇商业资本的发展》,载《中南民族学院学报》1982 年第 2 期。

③《重修下华严寺碑记》,道光十五年七月二十六日。

草行、杂货行,鸦片战争爆发前,大同的商行已发展为 20 种大行业。而且,打造金银首饰,进行银两和铜钱兑换流通的银行、钱行之类高消费行业开始涌现,充分反映了商品经济的发达及当地居民生活与消费水平的提高。

工商业行会是手工业和商业发展到一定程度的产物。明清时期手工业中的行帮,主要是雇工。他们之间组成行帮,是以雇佣关系扩大,雇工取得人身自由为条件的。明代成化年间取消了轮班匠制度,允许工匠纳银代役,极大地解放了劳动生产力,推动了工商业的发展。因此到明代中后期,雇工大量增加,商业经营大量使用奴仆,以伙计制为主的合伙入股经营形式大量出现,并导致了资本主义萌芽的产生。但封建专制体制仍然严重地束缚和压制工商业的发展。所以,明代万历年间爆发的反对矿监税使的斗争和清初顺治十八年山西潞安府发生的机户罢市斗争,都以工商业阶层为主。到清代康熙以后,雇工队伍扩大,工商业进一步发展,但工商业所能吸纳的劳动力仍十分有限,特别是乾隆年间,人口剧增,大量失业破产的农民流入城市,嗷嗷待哺,城市的就业竞争日趋激烈。在这种情况下,每个工商业者都想要自卫,都害怕外来的和内部的竞争,而这就是行帮出现的直接原因。当时他们维护的多半是狭小的,按血缘、地域、乡土观念组织起来的行业小集团的利益,甚至也不是整个行业的全局利益,还没有形成统一的工人阶级,因而,行帮具有许多的局限性。

511

三、商帮的分类及其特点

明清时期伴随着商品货币经济的发展,全国涌现了一批带有明显地域色彩和行业特点的商帮。这些商帮基本上可以分为以下三类:

第一类是以行政区划和地域命名的商帮。明清两代用行省简称命名的商帮有:晋帮、徽帮、京帮、津帮、广东帮、四川帮、山东帮、福建帮;以地域范围称道的有:关东帮、龙游帮、洞庭帮以及道光年间云集河北安国药商中的古北口帮、京通卫帮、亳州帮、彰武帮等 13 帮;以府州名称结成的商帮有:禹州帮、宁波帮、济南帮、登州帮、胶州帮、济宁帮、泽潞帮、平阳帮、蒲州帮;以县形成的商帮主要是山西商人,如平遥帮、祁县帮、太谷帮、闻喜帮、襄汾帮、曲沃帮。

第二类是以行业划分形成的商帮。明清时期商业行业发展越来越多,因此,以大的行业组织命名的商帮十分普遍。著名的有:盐帮、票帮、茶帮、布帮、药帮、花帮、丝帮、烟帮、当帮。而且同一行帮的分工越来越细,如清代汉口的茶帮商人又分为红茶帮、盒茶帮、卷茶帮三大帮,分别经营着红茶、三九砖茶、三六砖茶、二四砖茶、半斤砖茶、千两卷茶、百两卷茶、贡天尖茶、五斤贡尖茶、合茶、皮包茶等不同名目的茶货。有些行业的商帮是由特定的背景和原因形成的。如成衣业和海味、药材、金银楼是宁波商帮的四大支柱行业。宁波商帮中的裁缝兴起于明初，到清代分为"奉（化）帮"裁缝和"慈（溪）帮"裁缝，逐步垄断了北京的制衣业。1843年上海开埠后，随着洋行洋商的东来，奉帮裁缝中又分化一部分人以做西服名扬十里洋场，专为碧眼红发的西洋人做西服，故而称为"红帮"裁缝。

第三类是以运输工具、方式和畜力种类划分的商帮。明清晋商以长途贩运生意为大宗，渐以运输工具和方式形成一些商帮，如驼帮、船帮、车帮、马帮。旅蒙商在戈壁沙漠中以骆驼为主要运载工具，形成驼帮。皇商范氏垄断对日洋铜贸易，以船为远洋运输工具，形成船帮。而从事茶叶贸易的晋商则往往是车、船、驼、马几种工具和畜力并用。他们在福建武夷山采买茶叶后，先用船运过长江、汉水，再从湖北襄阳用马车经河南赊旗镇进入太行，过泽州、潞安府，祁县子洪口，到太原，然后出雁门关，过杀虎口进入内蒙和林格尔，再换骆驼涉大漠转运到中俄边境恰克图或西北新疆、伊犁、乌里雅苏台、甚至中亚、莫斯科等地。由于当时交通道路的艰难和运输工具的落后，有时往返一次长达数月半载，畜力不断地调换，所以晋商车帮又分为骆驼车、骡马车、牛车三种。驼车高5尺、宽2尺，两骆驼驾驶；骡马车有二：一种叫夹杆车，形制同驼车，另一种叫篷马车，载物而不载人，俗称哑巴车，三匹骡马驾之，载重数千斤；牛车最小，高4尺、宽2尺，一牛驾之，约可载500斤。这三种车，驼车、牛车速度慢，可同行，驼车、马车则因速度和季节不同不能同行，"盖马非草长不行，驼非毛长不行，驼毛落草适长，故马、驼不常同行。"[1]驼帮一般结队而行，组成为"队"或"房"。15驼编一队，由2人骑马驾驭。10队为一房，计驼150只，马20匹，赶驼20人。骆驼常数房而行，成千列队，形似长龙，在沙漠中游荡前行，驼铃声声，以免走失，称"沙漠之舟"。行速快、驼量大、食草盐，且耐饥，比之牛马经济实用，故而骆驼是戈壁沙漠中最好的运载工具。上述各类商帮共同的特点：

一是具有垄断竞争排外性，极力把持业务，限制帮外人挤入。各帮基本上以地域、血缘、亲友、乡邻组织为纽带，入帮有一定的限制，不入帮的不得在本帮受雇从业。业主多是东家师傅，伙计大多是同乡、亲友、邻里，招收学徒严

---

①陈篆：《蒙事随笔》卷1。

格,业务技术保密,甚至于传儿传媳不传女。各帮各业,划分地界,把持行市的情况较为普遍。如山东济宁在明清两代是工商业发达的运河码头,向由济宁帮商人把持。晋商虽然势力强大,一直垂涎济宁市场,然而"西客利债剥遍天下,济宁商人犯不能容"。在济宁商人的坚决抵制下,晋商只好放弃这块商业市场。红帮裁缝祖师爷张尚义的儿子在上海创办中国第一家西服店——福昌西服店,只向宁波老乡传授手艺。各帮的活动范围及竞争也十分激烈。关于平、祁、太三帮的势力范围的分合演变在清代就有三种说法。"甲说:票庄开始的时候,各帮的营业地点有显然的区别。平帮的营业在正西、西北和长江;祁帮在平津和东北;太帮在广东和长江。后来因为营业发达,有利益的码头,各号竞设分号,固有的区域,无法维持。这种混合的局面是从光绪十几年起的。乙说:平帮首创票庄,即属绸缎业及颜料业,所以势力范围是在长江一带及正西和西北。祁帮为茶叶庄改的,所以营业多在正北和东北。太帮后起,则向极南广东发展。北京、天津为各庄并立的地方。丙说:票庄营业的地域,起初平遥帮以正西和西南为主要,兼及各处。祁县帮则以东北和西北为主要,兼及各处。太谷帮则以两广等省为主要,兼及各省。后来各号互相竞争,凡商务重要的地点,大家都要开设分庄,久则没有区域的分别了。"①这三种说法,大同小异,基本上反映了三帮早期的势力范围和后来竞争融会的情况。

二是地域性和行业性交叉发展,逐渐兼容并蓄,在会馆出现后表现得尤为突出。明代商帮基本上是以地域性商帮为主。到明代中后期,特别是进入清代,随着国内统一市场的形成,西北边疆的开发,商品货币经济的发展,各大商帮地域和行业交叉融合的趋势日益明显。会馆是商人为了通商情、聚乡谊、计盈亏、评价格、求商术,避免同业涣散而设的活动场所,也是同业竞争的产物,兴建于明代后期,到清代遍及各通都大邑、商业重镇。故有"会馆之设,肇于京师,遍及都会"②之说。会馆还兼有供赴京会试举人和同乡驻足留宿的功能,在康、雍、乾、嘉四朝最盛,馆名或以省、府、州、县命名,或以行业称呼,渐呈兼容并蓄之势。清末,汉口山陕会馆包容了许多行业和山陕地域帮商人,有"太原帮、汾州帮、红茶帮、合茶帮、卷茶帮、西烟帮、闻喜帮、雅帮、花布帮、土果帮、西药帮、西油帮、陆陈帮、匹头帮、皮货帮、众帐帮、核桃帮、京卫帮、均烟

---

① 《山西票号史料》(增订本),山西经济出版社,2004年版,第635~636页。
② 苏州历史博物馆编:《明清苏州工商业碑刻集》,1981年版,第19页。

帮、红花帮、当帮、皮纸帮、汇票帮"[1]。苏州三山会馆包括了干果、青果、丝、花、茶、布六帮。也有一些会馆为行业所建,如京师的河东会馆为晋南烟商修建,盂县会馆专属氆氇商,全晋会馆实属钱行,不过以行业命名的会馆一般只是本地域同行业的聚会场所,而并不包含全行业,比如,京师的太乙祠银号会馆只限于绍兴帮,山西帮钱业并不参与。又如上海的商船会馆实际限于本帮沙船,而福建帮、浙江帮沙船也不掺和。到后来行业性大大发展,地域性稍微减弱,如平遥会馆在嘉庆时就改名为颜料会馆,成为山西颜料商行业性组织。

三是帮中有帮,小帮林立。由明到清商帮还呈现大帮包小帮,帮中又有帮,甚至小帮林立的态势。到清代中叶,票帮先是西帮,同治初年票帮分为山西帮票号和南帮票号,而山西帮票号又分平遥帮、祁县帮、太谷帮、太原帮、忻州帮。山东商帮是明清十大商帮之一,构成该帮的核心和中坚是山东登州、莱州、青州三府的商人,称为胶东帮。清代活跃在江南的山东帮又分四帮:一是胶东帮,二是济宁帮,三是济南帮,四是东昌帮。其中东昌帮以贩运枣货为主,济宁帮和济南帮以经营丝绸业为主,胶东帮则以经营粮食和海货为主。乾隆后期,刘河淤浅,江南的山东商人纷起迁往上海。鸦片战争后,上海所聚的山东帮商人进一步细化为胶西帮、胶州帮、登州帮、文莱帮、诸城帮五派商人。

总之,商帮的出现和增多,是社会分工细化,商品货币经济不断发展的产物。在西欧各国资本主义萌芽产生时,行会制度曾经是一大阻力,"行会特权在任何地方和任何时候都阻碍工场手工业发展的道路"[2]。不过,中国明清时期的商帮组织在资本主义萌芽未久就遭受到外国资本主义和本国封建势力的双重压迫和摧残,因此,它虽有许多封建落后的东西,但对本国工商业的发展,对市场的繁荣起过积极作用,对近代商会的产生创造了组织基础和社会条件。明清商帮阻碍手工业中资本主义萌芽的事例很少,基本没有发生。这是由中西不同的政治体制和经济结构决定的。

第二节　晋帮商贾,威震新疆

新疆是我们伟大祖国西北的门户。早在汉、唐时期,它就通过"丝绸之路"同中原王朝保持着密切的政治、经济和文化联系。到了明清两朝,特别是

---

①张正明、薛慧林主编:《明清晋商资料选编》,1989年版,第278页《汉口山陕会馆记》。
②恩格斯:《反杜林论》,《马克思恩格斯选集》第3卷,1972年版,第145页。

清代,清政府加强了对西北地区的管理,新疆得到了进一步开发。大批内地商人万里跋涉,出嘉峪关,经河西走廊前往新疆地区贸易,致使天山南北的商业经济日渐兴盛。在此,笔者仅介绍山西商人在开发新疆中的一些活动片断。

一、商人屯田

清政府自平定准噶尔叛乱以后,在天山南北大力发展农业生产,实行移民实边屯田的办法,屯田的方法有八旗和绿营兵组成的兵屯;有汉族、回族、维吾尔族和其他当地少数民族组成的民屯、回屯及由遣发罪犯形成的遣屯等。民屯中还有少量内地去经商的商人。当时商人屯田中就有山西商人卢一忠全家。卢家原是山西临晋县人,后寄籍肃州贸易,乾隆二十六年,他响应政府募民屯田的号召,"情愿自备资斧"[1]到乌鲁木齐去屯田。由于大兴屯田,很快使驰道之冲的乌鲁木齐成为关中商人聚会之地,和粟麦山积,牛马多如粮食的商业大都会。

二、晋帮善贾,力挫群雄

同治年间,左宗棠率军西征,平定新疆。事后招徕商旅,以兴商业,商人大批前去贸易。当时新疆的内地商人共分燕(顺天、保定、天津、河间)、晋(山西)、湘、鄂、豫、蜀、秦、陇八帮。各帮都有商联,各联自有商董互不关属,各自结成地域性的商业集团,竞争十分激烈。天津商人分布天山南北,他们经营的特点是"肆无常货,居无常贾,五都之所会,海国之所供,莫不备致,因时俯仰,动不失宜"。但天津商人急功近利,喜夸诈到处结纳官吏权贵,生活奢侈无度,外强中干,名不符实者很多。湖南商人从征功多,依权仗势之风很甚,可是经商不擅长。因此,凭借虽厚而不能大有所为。而山西商人则最为出众,时称:"晋商富贾也,工会计,利析毫芒,营业资本卒至十数万,握圜府之轻重,官中协饷不断,犹时时资以挹注",可见当时山西商人是极善于经营,可以垄断市场,有时还资助政府解决兵饷问题,因此"官茶引课咸属诸晋商,谓之晋茶"。乃至于其他各帮商人则"与燕晋商人不可同日而语"。

三、堪与外商匹敌,只恨政府软弱

明清时期的山西商人是以"勤工商,诚信朴实闻名天下,经商理财卓著

---

①〔光绪〕《新疆通志》,转引自高春平:《晋帮商贾　威震新疆》,载《商业职工》1988 年第 5 期。

于四海,首创票号执商界牛耳"著称的。然而,商业的发达与否除与经营好坏有关外,更与国家的命运息息相关。

光绪十一年,清政府在新疆建立行省。巡抚刘锦棠治邮驿亭障以通商路,于是商贾四至,四方之物并至而会。当时地处四塞之地的古城,东自嘉峪关至哈密为一路,陕西、甘肃、湖南、湖北、四川商人多从此来。东北自归化向蒙古为一路,天津、山西商人多从此路来,新疆的古城成为南北商货的中转地,商业十分兴盛,关内绸缎、茶、纸、磁、竹、漆木之器应有尽有。山西商人每次多是联结长长的驼队,从归化城沿蒙古草地前往古城,常以夏五月,秋八月到达目的地,每年运去大量内地各省的工农业生产品及外国的商品,"其值逾二、三百万……而私运漏货不在此数"。当时在新疆贸易的除了内地商人与当地商人外,还有外国商人。伊犁是天山北路一都会,有俄国人在此,西北的喀什噶尔则有自印度北部,翻越因都库什山,经塔什库尔干而来的英国商人。山西商人在与外商打交道中更显出了自己的聪明才智和卓越的经商才能。他们不仅能在新疆立住脚,站稳市场,而且还把商业经营活动扩展到莫斯科等欧洲地方,只是由于清政府的软弱无能,才导致了山西商业的衰落。

早在光绪七年,中俄改订了条约,条约规定允许俄国商人不纳税,英国人后来也根据利益均沾的原则同样获得了不纳税的优惠待遇。而本国的山西商人从内地运到边疆货物则要纳60多道关卡税。山西商人因"困于征榷,不能与外国无税之货相竞"。致使新疆"商务大衰"。半殖民地半封建国家的商人商业之命运惨矣!

第三节 明清晋商股份制浅析

股份制是现代企业通过发行股票筹集资金建立股份公司进行生产经营的制度。山西商人在其称雄明清两代商界500年的创业历程中,之所以能够经营规模不断扩大,活动范围延伸海外,并以票号汇通天下,执金融界之牛耳,是与他们在长期的经商实践中逐渐形成的一整套行之有效,自成体系的经营管理制度密切相关的。其中股份制便是晋商在当时激烈的商业竞争中不断发展壮大,并使其成为当时中国最大商帮和国际性商人的重要因素之一。晋商实行股份制要比现代西方国家企业的股份制早。对于晋商的股份制我省晋商研究专家张正明先生在其著作《晋商兴衰史》和《清代晋商的股份制》

一文中曾有深入的研究，①笔者拟再稍作分析，以期抛砖引玉，引深对股份制的研究，不妥之处，敬请指正。

一、晋商股份制的萌发

晋商实行股份制经营萌芽于明代，大兴于清代。这是和明清时期社会经济的发展，特别是明中叶后商品货币经济的发达与市场的拓展紧密关联的。晋商股份制的前身是伙计制，而伙计制则是在贷金制、朋合制的基础上发展形成的。

（一）贷金风险与"纲"的出现

公元 14 世纪元亡明兴的历史形成了明初北部边防庞大的军事消费市场和洪武三年（1370 年）六月，开中法②创新实施。地邻极边的山西商人正是借助明政府开中法实施的大好机遇一跃而起的。山西商人主要经营盐、丝、粮食、铁器、棉布，活动范围起先以黄河流域的北方地区为主，其后拓展至长江流域和珠江流域，号称"足迹遍天下"。③但在明初，山西商人的规模较小，经营方式主要有独资、贷金形式。独资即商人自筹资本做生意，贷金则是向别人立字据借钱做买卖。贷金制的积极意义主要体现在资金的所有者与使用者的分离，它为以后随着社会经济的发展进一步出现合作、搭伙、朋股多种经营形式开了先例。但同时也有了风险防范问题。如"蒲商某，假资贸易，被盗，惧不敢归。绅曰：全躯足矣，资何足云。"④由此可见，在商业活动中，资本带来赢利的同时也伴有风险是不可避免的。为了在商业竞争中求存、发展和减少风险，必须加强自身的力量，强化内部组合，于是最初的组织形式行帮出现，史称："明初，分商之纲领者五：曰浙直之纲，曰泽潞之纲，曰平阳之纲，曰蒲州之纲。"⑤这里所谓的"纲"，就是早期的一种行帮形式，是以地域籍贯来区别的。可见，山西商人在明前期经营盐业过程中已通过结帮形式垄断长芦盐的运销。

（二）边商、内商朋合营利

明代中叶，社会经济出现了前所未有的发展。农业中的经济作物种植面

517

①张正明：《晋商兴衰史》第五章；《中国社会经济史研究》1989 年第 1 期。
②《明史》卷 80，《食货志》。
③张海鹏、张海瀛：《中国十大商帮》第 1 章《山西商帮》。黄山书社，1993 年版，第 1 页。
④〔光绪〕《山西通志》卷 142，《义行录》。
⑤《长芦盐法志》卷 2，《沿革》。

积迅速扩大,手工业部门日益增多,商品经济空前活跃,工商业城镇与日俱增。北京、南京、苏州、杭州、广州、扬州、泉州、成都、西安、太原、德州、大同、武昌、宁波、开封、郑州、汉口等大中城市人口急剧增加,市场不断扩大。而且由于正统初年"金花银"的折征使农产品货币的商品经济有了长足的发展,江南沿海地区的许多市镇产生了资本主义生产关系的萌芽。另一方面,明政府滥发盐引,加之权贵占夺盐利,买卖引窝,使开中法受到破坏。弘治五年(1492年)户部尚书叶琪变法,把开中法改为折色制,将原来的本色(粮食)中盐改为折色(银两)中盐。折色制使商人在北部边镇纳粮报中无厚利可图,于是原以北方边镇市场为活动舞台的山西商人适时地将活动场所逐渐向内地转移,特别向盐业居全国之冠的两淮、两浙地区转移。当时,许多山西富商徙居扬州,向各有关运司纳银领取盐引,演变为以在内地活动为主的商人,史称"内商";而继续留在边镇地区纳粟报中的沿边土著商人便称为"边商"。内商以贱价收买边商所领的盐引。下场支盐获利甚厚,成为巨富。

山西商人除以雄厚的资本利用政策机会赚取盐引差价利润外,还不愿完全依靠北部边镇粮食市场的利润。所以到明代中后期产生了边商、内商朋合营利,晋商得大头,土著商人获小利的合作经营方式。隆庆年间总理屯盐都御史庞尚鹏在《清理延绥屯田疏》中便称:"间有山西运商前来镇城,将巨资交与土商朋合营利,各私立契券,捐资本者,讨利若干,躬输纳者,分息若干,有无相资,劳逸共济。"[1]在这里,晋商有钱缺地利,土商缺资占地利。于是优劣互补,朋合营利,资本雄厚的山西商人,将资本交给当地的土商,通过合券文契,合作起来营利,规定出资者获利若干,屯田出力者分息若干,达到有无相资,优势互补,利润分沾目的。这种朋合营利组合形成是一种跨地域的资金和劳动力结合的经营形式,胜过单独经营,而且具备了清代山西商人银股、身股雏形。

(三)伙计制的普遍出现

任何事物都是一分为二的。朋合制既有胜过单独经营的益处,也有异地商人利润分配不均发生背信弃义造成损失的事不断发生。合伙经商明初已有,但到明代后期又强化了这种建立在地域、血缘关系基础上,以讲信义、重承诺为前提的新型组织形式。伙计制是明代晋商最普遍、又受欢迎的组合经营形式。其主要内容,明人沈思孝总结为:"其合伙而商者名曰伙计。一人出

---

[1]《明经世文编》卷359。

本,众伙共而商之,虽不誓而无私藏,祖父工以子母息丐贷于人而道亡,贷者业舍之数十年矣,子孙生而有知,更焦功强作以还其贷,则他有大居积者,争欲得欺人以为伙计,谓期不忘死,焉肯背生也?则欺人输少息于前而获大利于后。故有本无本者,咸得以为生。且富者蓄藏不于家,而尽散之于伙计。估人产者,但分其大小伙计若干,则数十百万可屈指矣。盖是富者不能遽贫,贪者可以立富。"①由此可见,出资者与伙计之间是一种较牢固的合作经营形式,信义也是一种隐形资本。

应当清楚,贷金制、朋合制、伙计制都程度不同地含有现代股份制的因素。其发展过程及先后次序也不是截然分明的,在同一地区,同一历史时期,这三种制度出现交错反复现象,这正是社会历史发展多样化和复杂化的正常表现。三种制度的核心都是围绕着资本的组合形式不同而表现的。贷金制与朋合制是一种松散的组合。而伙计制与朋合制的不同处是,朋合营利的捐资者和躬输纳者之间靠文契约束,而伙计制中出资者与伙计之间是以信义为本;朋合营利中合作双方是异籍商人,而伙计制中的东家与伙计多是同族或同乡;另外,朋合制是资本与劳动力的结合,伙计制中除了资本与劳动力结合外,增添了劳动力的素质(讲信义)这一积极因素。且有点类似于现代西方的"人合公司"。

二、晋商股份制的兴盛

清代晋商股份制,张正明先生已有专文进行过翔实研究,观点颇具灼见。兹略述之。

进入清代,随着社会商品经济的发展,全国统一市场的出现,朋合制和伙计制的经营规模、范围、区域已经远远不能适应大规模商业经营和流通的需要,为了集中资本和改善经营管理,晋商在上述经营方式的基础上,到乾、嘉之际,逐渐产生了股份制的经营方式。晋商的股份(股俸)制,有正本、副本之分和银股、身股之别。所谓正本,即财东的合约投资,每股几千两到数万银两不等,可按股分红,但无股息;副本又称扩本,有两种:一是财东除正本外又存放商号或票号的资本;另一种是东家、经理及顶身股伙计在结账期,在其所分到的红利中,提留一部分存入号内,一般称为"统事"或"获本",不分红,只

---

① 沈思孝:《晋录》;又见王士性:《广东绎》。

得利息,日本学者称为辅股。①银股是财东出资并按一定的单位额分股利的股份合作形式,银股的多少决定着投资者在将来红利中的份额,故而又叫财力股,身股又称顶生意,即不出资本而以人力顶一定数量的股份,按股额参加分红。清人徐琦说:"出资者为银股,出务者说身股。"②农商类银股所有者,在商号或票号享有永久利益,可以父死子继,夫死妻承,但对商号或票号的盈亏负无限责任。银股可以在一定的时间内抽出、补进或增添新的股东。身股只参加分红,不承担商号或票号的亏赔责任。银股、身股每股的数额,各商号、票号不一,各有具体的规定。如百川通票号原始资本 16 万两,分成 10 个银股,每股为 1.6 万两。宝丰隆票号资本为 26 万两,分为 13 个银股,每股即为 2 万两。投资者所出资本数不足一股者,按厘计算,十厘为一股。顶生股数额,一般来说经理可顶 1 分,但也有顶一分二三厘的;伙友顶身股最初不过二厘,以后每遇账期可增一二厘,增至一股为止,称全份。凡伙友顶身股者,一般须在号内工作达三个账期的时间,工作勤奋,无有过失者,由经理向股东推荐,经各股东认可,将姓名、所顶身股数额载入"万金账"后,才算正式顶上身股。顶身股后,倘有越轨行为,除赌博、宿娼等重大案件开除出号和赔偿损失外,如属小节情有可原者,则酌量处分,减小其身股数额,顶上身股,每年就可按顶股份一定数量的"支使银",就支额每股多者四五百两,少则一二百两,分四季支作,到账期分红时,无论应支多少,概由各人应分红利内扣除,上至经理,下至伙友,一视同仁。倘营业不好,无红利可分,则顶身股者除每年"应支银"由号内出账外,毫无所得。没有顶身的伙友则按年支给薪俸。顶身股者死后,各商号、票号一般给以一定优惠,即在一定时间内照旧参加分红,称"故身股",大致经理故后享受 8 年,伙友则按顶身股的多少享受年限。顶六七厘者 5 年,四五厘者 4 年,一二厘者 2 年。对商号经营立有特大功绩者,再由财东、经理共邀中人三五人,书写合同,内容包括商号名址、经营项目、资本数额、结账期限、按股分红等。下面是志成信绸缎庄股本合约③:

　　立会同员仑同管事伙友孔宪仁、马应彪等,情因志成信生意开设,历年已

---

①孙凤翔:《日本学者对商晋的研究》,见《晋商史料与研究》,山西人民出版社,1996 年版,第 603 页。

②徐珂:《清稗类钞》。

③《山西票号史料》,山西人民出版社,第 590、591 页,转引自张正明:《晋商兴衰史》,山西古籍出版社,1995 年版,第 144 页。

久，号体屡露，参差不齐。今东伙公同议定明白，业已复行振作，从此原日旧东有减增加，另有新添东家，有入本账，逐一可考，字号仍系志成信，设立太谷城内西街，以发卖苏广彩绸杂货为涯，共计正东名下本银三万四千两，按每二千两作为银股一俸，统共计银股十七俸。众伙身股，别列于后。自立之后。务要同心协力，以追管晏圣明之遗风，矢公矢正，而垂远无弊之事业。日后蒙天赐福，按人银俸股均分，倘有不公之法，积私肥己者，逐出号外，照此一样，立写二十二张，众东各执一张，铺中公存一张，以为永远存证。空口难凭，立合同为证。

兹将人银俸股开列于后（略）

同治十二年正月初一月

谷邑志成信公记

各商号、票号每逢账期，一经获利，皆按股分红。营业愈盛，盈利愈丰。分红一般按银六身四比例，即银股分红利的 60%，身股分红利的 40%。

为了充分调动各方面的积极性，晋商还实行了"倍股"、"厚成"、"公座厚利"、"预提护本"、"财神股"、"狗股"等办法。"倍股，指股东分红时，提留一定比例的红利，充作流动资金；厚成是折扣部分资产，使商号实际财产超过账面资产；公座厚利，则是对银股身股分配之前提取部分利润，参加流通周转，预提扩本，为商号分配之前提取的风险资金，以防止亏赔倒账。因而保证了商号有充足的流动资金，也避免了分光吃尽，不留后劲的短期行为。"[1]有的商号，还根据本商号特有的创业经历设立股份。例如著名的旅蒙商大盛魁商号的股本就很特殊，除银股、身股外，还专门另设财神股和狗股。据说，财神股的来历是：该商号在初创时，营业很不顺利。在过大年时，王相卿、史大学、张杰 3 人已揭不开锅，只能喝米汤过年。正在这时，来了一位身穿蒙古袍，背着一个包裹的壮汉，要吃饭充饥。他三人见是过路人，便热情接待，把自己仅有的米汤让给壮汉喝，这个壮汉喝完米汤后说是出去办点事，便留下包裹走了。此后，这个壮汉再未返回。3 人开包一看，原来是一包白银。以后多次查访壮汉，亦无下落。他 3 人商量后，决定暂挪用壮汉的银子作为商号资产，扩大经营。此后，生意十分顺利，赚下不少银两。他 3 人觉得在他们最困难的时候，是财神变化成壮汉给他们送来了资本。便把原来壮汉包里的银数留过，作

521

---

[1] 张海瀛、张正明、黄鉴晖、高春平：《山西商帮》第四章，香港中华书局，1995 年版，第 115 页。

为财神股,把此股所分红利记入"万金账",作为护本。关于狗股,也有一个故事:据说一次库伦发生灾情,粮价飞涨,库伦分号为把情况报告总号,便让一只狗带信到归化(今呼和浩特),当总号收到狗带来的信后,立即大购粮食,囤积居多,获得了巨额利润,为了纪念这次生意的成功,特别给狗也顶了股份。

三、晋商股份制简评

明清时期晋商实行了股份制,要比18世纪欧洲股份制早一个世纪,反映了明清时期商品经济的发达,是商业资本向金融转化过程中社会化生产的产物,标志着资本组织形式的不断演进。

股份制为晋商的发展注入了活力,增强了竞争力,增添了凝聚力,特别是对票号兴盛发挥了重要作用,主要体现在:

(一)两权分离,经营有方

票号财东实行的经理负责制,使资本的所有权和经营权分离,充分发挥经理的经营才能,财东还给予经理加股、加薪。有力地调动了经营管理人才智慧的发挥。

(二)劳资并重,按绩取酬

如何处理好劳资矛盾,有效调动员工的生产积极性,对企业至关重要。

晋商通过人力顶身股制度,将工作资历和工作业绩统筹起来,使企业徒工与财东的利益融为一体,形成上下一心同舟共济的经营格局,对员工的凝聚和企业的兴盛起到了不可忽视的作用。而且,能不能顶股,顶股后能否增加份额,全看个人的能力和勤奋程度。例如,大德通票号中高钰和赵调元的发展就是这样,所以,入股极大地调动了员工爱岗、敬业、钻研业务的积极性。

(三)集中资金,投资企业

晋商通过银股形式,集中了社会上的流资,从而形成了较大的资本。扩大了生产经营规模。如天成亨票号原有的资本额7万银两,光绪九年(1883年)又吸收新股3万银两资本扩大到10万。光绪三十二年(1906年)河南在彰德府开办广益纺纱有限公司,计划集资50 000股银,每股100两,共拟招集股本50万银。用以购买英国的纺纱机器设备。①光绪三十一年,为了从英商手中赎回山西矿权,著名爱国富商渠本翘亲自出面向各票号借银150万两。两

---

① 《大公报》,1906年3月2日。

年后,组织了保晋矿务有限公司,公司成立后,山西各票号踊跃认购 20 万股。①
光绪三十四年,同蒲铁路奏准商办后,票号各商认股 60 万,其他山西各商号
认股 40 万两。②

　　当然,晋商的股份制未脱离封建经济的范畴,尚未能发展到现代股份资
本的程度,而且十分保守。例如:1904 年户部银行成立时,曾邀请票号加放股
份,并请票号出人参加组织工作。山西各票号总号不仅决定不入股,而且不许
自己的人员参加,后来户部银行改由浙江绸缎庄参加筹办。1908 年改大清银
行时,又请山西票号每号出 2 人协办,票号又不同意,又推掉一次改组银行的
良机,③再加百川通票号的财东渠源桢在光绪二十八年进入盈利高峰时,他认
为"有赚必有赔",今天赚得多,明天赔得多,于是在分红一次后马上抽出股
本,采取了最原始的货币窖藏方式。此外,应当清楚,股份制作为资本的一种
组织形式,只是一种社会化大生产时代良好的生产经营制度,它与整个社会
政治、经济制度息息相关,而切不能把它看作包治企业百病的灵丹妙药。任何
一种制度都必须有与之相配套的机制和社会环境。否则,股份制也不会是万
能的。例如:清末颇具规模的蔚丰厚票号曾按股份制改组成蔚丰商业银行并
制订了严密完善的《章程》,但由于北洋军阀政府腐败,加之经营不善,社会
动荡,内部实力空虚,最后还是"于 1920 年倒闭了"。④

523

第四节　大盛魁财神股、狗股透视

　　股份制是现代西方公司普遍采用的经营制度。其实,股份制最早发轫于
公元 14 世纪中国明代崛起的晋商。欧洲中世纪威尼斯商人在 15 世纪出现了
合伙企业。到清代,晋商商号、票号普遍采取股份制组织形式,最先实施了银
股、顶身股、故股、财神股、狗股等,完成了企业产权中所有权与使用权两权的
分离,全员入股分红等一系列制度的制定规范,比西方早了两个多世纪。本书
侧重通过旅蒙商大盛魁财神股与狗股的设立由来,从一个侧面挖掘晋商的诚
信理念和良好商业道德情操。

①②张正明:《晋商兴衰史》第九章,山西古籍出版社,1995 年版,第 306、307 页。
③④张正明、邓泉:《平遥票号商》,山西教育出版社,1997 年版,第 124、130 页。

圣彼得堡

归化城

一、困境中的转机

大盛魁是清代北方最大的旅蒙商号,创始人是清朝康熙年间山西太谷县武家堡村的王相卿和祁县祁城村的张杰、史大学。康熙三十五年(1696年)这三个穷汉因生活无着,随着康熙征剿噶尔丹的大军进入外蒙古乌里雅苏台(前营)、科布多(后营)做随军供需生意。起初仅是肩挑小商贩,蒙古人称"丹门庆"(货郎)。征服噶尔丹后,清兵移驻大青山后,部队军需供应的大部分仍然依靠原驻防地山西右玉杀虎口。因此,他们3人就在右玉杀虎口开了一个店名叫吉盛堂的商铺,专门从事对蒙古牧民和俄国商民的生产、生活用品贸易,后随着业务滚雪球似地发展壮大,吉盛堂改名大盛魁,先设总号于外蒙古科布多,后移总号于归化城(今内蒙呼和浩特市),一度垄断中国北部最大的恰克图边贸市场。大盛魁极盛时的分号百余处,员工有六七千人,拥有16 000~20 000头的骆驼商队常年不断地从事长途贩运贸易。其业务重心在内外蒙古地区,活动地域包括今外蒙喀尔喀蒙古四大部、唐努乌梁海、科布多、乌里雅苏台、库伦、恰克图,以及内蒙古各盟旗和新疆乌鲁木齐、库车、伊犁、塔尔巴哈台和俄国西伯利亚、莫斯科及中亚等广袤地区。内地则以北京、山西、山东、河北、西湖、广东、吉林、辽宁等省和张家口、杀虎口为主要活动舞台,其流动周转资金仅在外蒙古即达1 000万两白银以上。全部资产据当时人们说:"可以用五十两重的银元宝,从库伦到北京铺一条路。"

二、存金不昧

如同中外众多商家一样,大盛魁的创业起家并不是一帆风顺的,而是经历了艰难曲折的起落历程。

清朝康熙中期,农民出身的王相卿、张杰、史大学3人商定白手起家闯口外,起初经营了数年小本生意,但因一无资金垫底,二缺合适机遇,生意颇艰,成效不佳,甚至连糊口食用也成问题,一年到头赚不回来几个钱。有一年除夕之夜更让他们3人铭心刻骨,终身难以忘怀。

按说春节是中国民间传统习俗中最隆重的节日。一般老百姓也要杀鸡宰羊,糊窗纸、贴对联、祭财神、供灶神,全家年三十吃上一顿团圆饭。可是这一年关,身处塞北口外的王、张、史3人都愁眉难展。眼看是年除夕晚上了,可是没什么吃的喝的。时近傍晚,风雪交加,鹅毛大的雪伴着呼呼的西北风使穷困之人更加凄凉伤感。伙计3人只好熬了一锅小米稀粥聊以充饥过年,稀饭熬好刚端起碗来准备喝，忽然传来轻轻的敲门声。三人心里犯疑，年关除夕，大雪封门，一般人都在家里和亲人团圆喜聚，而这位敲门的不速之客会是谁呢？

开门一看，一位身着蒙古袍的白胡子老人拉着头骆驼要投宿，三人起身殷勤接待，并端起一碗热气腾腾的小米粥送到客人面前。来人放下行囊，即说出去找朋友，一去不返。以后长期查访亦无下落，王、张、史三人只好将客人的行囊驮子放在库房。

转眼间第二个年关又到，王相卿在年底清扫库房、清点存物时，把驮子贴纸封好放回原位。第三年，又把存物清扫干净贴上新封条，继续放回原处等候原主人来取。这样日复一日，年复一年，驮子白纸上的封条，由白变黄，再由黄换白；新压旧、旧垫新，多年过去，叠贴了很厚一层，还是不见有人来取。

三、财神股、犬股的来历与绩效

斗转星移，转眼间十多年过去仍无人认领，三人怕寄物存放太久变质决定打开驮子，开箱一看，尽是白花花的银子。其时，清朝大军屯集，粮草生意火爆。王、张、史反复商量后决定将这笔钱财暂当作货款使用，扩大经营规模，并按本计息，另账待还。但几十年过去仍是无人认领，王相卿、张杰、史大学的店铺越来越大，自己也由年轻后生变成了七八十岁的老头。最后，直到他们三人临终时仍无人前来认领，于是吩咐子孙说："这是财神爷送来的钱，记入商号'万金账'，算作财神股。此股所分红利，除非原存主，不准任何人动用，专项存储，作为护本。"从此，在大盛魁的股份本金中，就不同于一般商号的银股和身股，而有了财神股，并一直延续下来，到民国年间，大盛魁后来的伙计亲眼所见，财神股仍参加分红。

大盛魁在长期的实践和发展中发现养狗对生意有不少益处，于是鼓励并大量养狗，用以护卫或他用。当时草原上狼很多，经常伤害人畜。有一年库伦遭灾，物价上腾，库伦分号让狗送信归化，归化城总号及时得到商情，囤货北运，获利丰厚，给狗记了一大功。还有一次，大盛魁分号一位经理单人行走迷路，途中干渴中暑病倒在草原上，领路之犬跑回报了信，救了主人，所以大盛魁商号认为狗通人性，对主人忠诚，对商业有功用，于是又立了狗股，并养了1 000多条狗，而且规定每条有功之狗可顶一二厘生意参与分红。每养狗到1 000条时，还要给狗演一台戏。参看表13-1：

表 13-1　大盛魁组织结构略图

```
                    ┌── 银 股
                    │
股份的有机 ───┬──┤── 财神股
构成部分          │
                    ├── 狗 股
                    │
                    └── 身 股
```

大盛魁股份构成百分比

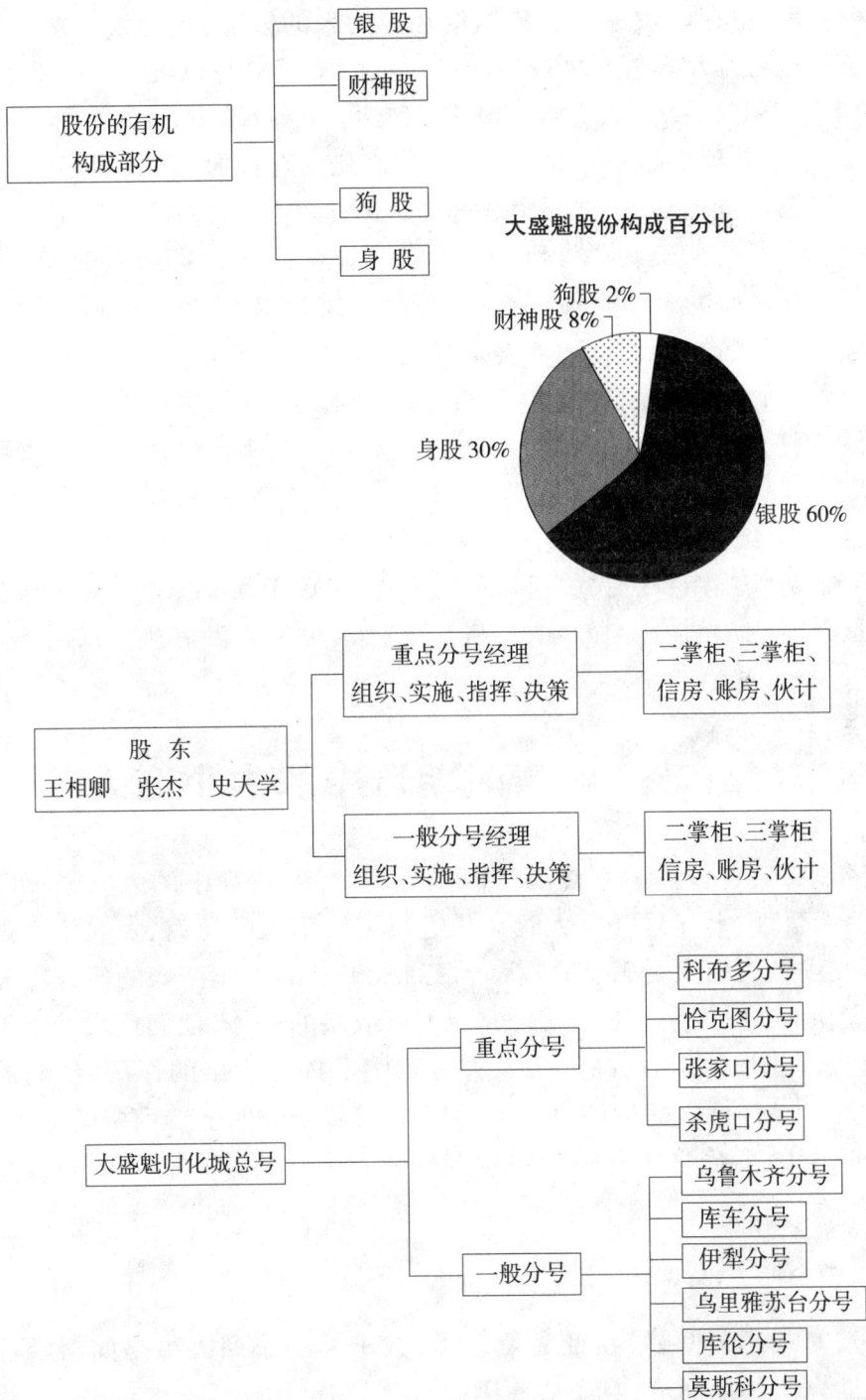

狗股 2%
财神股 8%
身股 30%
银股 60%

```
                    ┌── 重点分号经理 ──── 二掌柜、三掌柜、
                    │   组织、实施、指挥、决策   信房、账房、伙计
股 东         ──┤
王相卿 张杰 史大学   │
                    └── 一般分号经理 ──── 二掌柜、三掌柜
                        组织、实施、指挥、决策   信房、账房、伙计
```

```
                         ┌── 科布多分号
                         │
                         ├── 恰克图分号
                 重点分号 ──┤
                         ├── 张家口分号
                         │
                         └── 杀虎口分号
大盛魁归化城总号 ──┤
                         ┌── 乌鲁木齐分号
                         │
                         ├── 库车分号
                         │
                         ├── 伊犁分号
                 一般分号 ──┤
                         ├── 乌里雅苏台分号
                         │
                         ├── 库伦分号
                         │
                         └── 莫斯科分号
```

四、恒久的诚信纪念

财神股是王、张、史三人多年诚信经商为人的佐证,也是大盛魁兴业的基点。从此,凡是为大盛魁的事业做出过贡献的都要参与分红。由此看出,东方的股份制主要是由出资人(财东银股)和伙计(业绩顶股)为主体,同时,股份构成还包括其他要素(贡献股),如:大盛魁的财神股、狗股等。西方15世纪威尼斯商人的合伙企业通常由一个拥有大量资本的人同一个资本较少的人合伙组成,在合伙契约中详细载明合伙期限等。合伙期限一般为3年至5年,但可延长。有的合伙企业组织严密、高度集权,如佛罗伦萨的梅迪西合伙企业是一种家族式合伙企业,就是这样。但一般的家族企业却是组织松散而分权,由兄弟们把继承来的遗产合在一起而组成。这种家族企业有时成为一种联合投资信托公司合控股公司,拥有不动产、政府债券、商品、应收账目等巨额财产,有很大的经济和政治影响力。

大盛魁为纪念先辈创业的艰辛和不易,永远铭记财神和狗助人危难的功德,立下了两条规矩:一是每年除夕三十晚上,数千大小掌柜、伙计都要喝稀饭;二是默诵"诚信不欺"四字,并供祭王、张、史三人做肩挑货郎时留下的3条扁担。

第五节　明清时期晋中的中小商人

近年来,随着晋商研究热的不断掀起,学界对晋商中的大家族、大商人、大行业、大票号、大商号乃至大院文化进行了较深入的研究,发表了一批有价值的研究成果。相比之下,对支撑晋帮商人根基的中小商人的研究却显得不足。笔者认为,中小商人是晋商研究中不可或缺的群体,他们代表着中下层商人的利益,在明清两朝商品经济发展过程中发挥着积极的作用,他们的人生轨迹与许多寻常百姓的生活命运更贴近。而且,研究明清晋商中的中小商人,对当前民营中小企业的发展及农村剩余劳动力的转移均有一定的现实借鉴意义。

一、中小商人涌现的原因

明清时期,晋中一带富商大贾辈出,数十万中小商人更是如雨后春笋般成批地向全国各地涌流,其主要原因有三:

　　政策机遇。政府制定和实施的政策对商人的经营活动有很大影响。明清时期,晋中中小商人崛起,关键是抓住了3次历史性政策机遇。第一次是明中后期隆庆年间"封贡互市"政策的实施,使明朝和蒙古各部结束了明初百余年来长期战争对峙的僵局,转向和平相处、互通有无、边贸迅速发展的繁荣阶段。晋中商人抓住这一难得的商机,及时地向关外辽东和内外蒙古地区发展商业贸易。第二次是清前期,随着清初蒙古、新疆、西藏内附,交通驿站大增,国内空前辽阔统一大局面的形成,晋中商人抓住清政府推行满蒙友好政策,特别是雍正五年(1727年)签订《中俄恰克图条约》的大好商机,积极发展旅蒙旅俄贸易,将南方的茶叶、丝绸等商品源源不断地贩往北部边境,进而垄断了中俄贸易及张家口、包头、迪化(今呼和浩特)、海拉尔、新疆、西宁等地的商业贸易。第三次是清代中后期,晋中商人利用清政府用兵西北,特别是左宗棠出兵收复新疆之际,随军西进,供饷贩粮,拓展西北、中亚地区的商业贸易。其经营项目和活动区域空前扩大,由明代的地域半天下扩大到足迹遍天下,并把商业势力延伸到俄国、日本、朝鲜、东南亚等国家和地区。进入道光、咸丰年间以后,晋中商人在完成原始积累、商业规模空前壮大的基础上,顺应埠际间商业贸易和大额汇兑的需要,创造性地实现了商业资本向金融资本转变这一质的飞跃,使票号汇通天下,执国内金融业之牛耳,尤其是到清末更成为清廷的财政支柱,全国的财政三分有其一,进入鼎盛阶段。

　　风俗习惯。明清时期晋中经商风气空前浓厚,而且勤俭持家,诚实守信,注重积累。"晋中俗俭朴,古有唐虞夏之风,百金之家,夏无布帽;千金之家,冬无长衣;万金之家,食无兼味。……商有件(伴),故其居积能饶。"①榆次县"操田作者十之六七,服贾者十之三四……常以岁中为会场,合百货而市易焉。"②县境每年举行六次大型庙会。正月在怀仁,二月在聂村东阳,三月在郭家堡,四月在王都村,五月在城隍庙,七月在鸣谦。尤其是五月份的城隍庙会规模宏大,盛况空前。"届期资货云集,四方客商辐辏而至,发兑交易日余始罢。"③到光绪九年(1883年),太谷县四路招商,准备在五月自开新会,以致榆次县令张丞熊致函太谷县令,希望不要开在五月影响榆次城隍会,太谷人不肯退让。榆次绅商又赴省城请愿,太原知府出面协调始罢。当时,晋中数县人都善

────────────

①〔明〕沈思孝:《晋录》。
②〔乾隆〕《榆次县志》卷6。
③〔同治〕《榆次县志》卷49。

于经商做买卖。太谷县"耕种之外,咸善谋生,跋涉数千里率以为常"①。汾阳县"闾阎生计得之田者十三,得之贸易者十七"②。介休县"重迁徙服贾"③。寿阳县民务农之外,"兼资纺织,而贸易于燕南塞北者亦居其半"④。当然,明清时期晋中经商风气和商业的发展也是不平衡的。从地域分布上看,主要集中在晋中盆地汾河谷地沿岸的榆次、平遥、祁县、太谷、汾阳、介休、孝义、寿阳数县,其余贫瘠之县,"或百里而无富室,或数十里而无一小康之家"⑤。

地理因素。山西地处北部游牧经济和中原农耕文明的交接地带。尤其是晋中交通区位优势明显,是晋南、晋东南、川、陕、豫等通往省会太原和京都北京的通道。北上内蒙,西去新疆中亚,南下中原、江南,都十分便利。到明清两朝,全国商品经济大发展,北京的辐射作用越来越强,加之明万历以后,蒙汉议和,清代又加强了对西北地区的管理,晋中有了稳定发展商业和开发北边贸易的良好环境和政策机遇,晋中通道的功能作用更加显现,有力地促进了当地商业的发展,推动晋中商人不断地向南北拓展商业范围,甚至走向世界,把势力延伸到海外。

二、中小商人的商业活动

明清时期,晋中地区除资产成百上千万的大商人及其家族外,更多的是中小商人。他们不仅人数众多,而且经营项目非常庞杂,上至绸缎,下至葱蒜,只要有利可赚就经营,积极活跃在全国各地市场,对当时社会经济的发展,特别是商品货币经济的兴盛繁荣起到了巨大的推波助澜作用。现择其要者概述如下:

1.金融业。金融典当业是晋中商业的大宗和长项。明清时期各地开设的账局、票号、钱庄、当铺、印局几乎都为晋中商人垄断。汇通天下的祁、太、平票号自不必说。第一家账局祥发永是乾隆元年(1736年)由汾阳商人王庭荣投资4万两白银在张家口所开。京津一带的账局、当铺也由晋中商人操纵。史称:汾平两郡,多以贸易为生。……富人携资入都,开设账局。⑥都中设立账局

①〔民国〕《太谷县志》卷3。
②〔顺治〕《汾阳县志》卷2。
③〔乾隆〕《介休县志》卷4。
④〔光绪〕《寿阳县志》卷10。
⑤《光绪朝东华录》光绪三年十二月丙戌。
⑥〔清〕李燧:《晋游日记》。

者,山西商人最伙,子母相权,旋收旋放,各行铺户皆藉此为贸易之资。①据统计,康熙元年(1664年),全国有当铺2万余家,其中由山西商人开办的就有4 695家。当时投资典当业者,总是想方设法聘请山西晋中商人或山西当铺出身的人当掌柜。例如,河北省无极县有钱铺40余家,从业人员300人,其中有近200人来自晋中汾阳、太谷、祁县、平遥、孝义、文水等县,有五六十人出任掌柜、二掌柜,担当账房和管账之职的也不下40余人。该县有当铺9家,从业人员百余人,其中有五六十人来自晋中祁县、太谷、汾阳、平遥等县。每家当铺都聘请山西商人担任掌柜,各个关键岗位,如账房等亦由山西晋中商人把握,因而有"无西不成当"之说。著名的金融家有祁县人姚衮,汾阳人梁天普、张成奎、刘益兴,平遥人赵卓然、刘西,太谷人李四群等。晋中商人经营的金融典当对融通资金发挥了不可忽视的作用。如"印子钱者,晋人放债之名目也。还讫盖以印记,以是得名……春借则秋已还清,秋借则春已扫数,春秋两季,周而复始,无之则民不称便。"②

2.盐业。盐是民生日用必需品,向来为政府垄断经营。明代开中法实施后,许多山西商人纳粮换引贩盐,成为盐商。晋中商人也从事盐的贩销。到清代业盐者更多。"晋省介休以南,皆是河东引地,当年课归地丁。商人马君选,在吉兰、泰兴贩无课之盐,由黄河南下,既占潞引,且冲淮纲,不计其数。"③太谷县商人程凤南,"业盐两淮,捐饷增课助军需。淮安饥,施粥助赈,拯治甚众,官给'好义可风'额以示奖。"④

3.丝绸业。晋中商人不辞辛劳,南北往返,长途贩运,他们不仅把本地的剩余农副产品贩销各地,而且把外地的物产运到北边从中获利。如汾阳商人崔崇,"以卖丝为业,往来上谷、云中有年矣"⑤。另外,远在西北的新疆、甘肃、陕西,也有山西商人开设的丝绸店铺。例如,河西走廊上的酒泉就有山西榆次商人阎宝廷开的绸缎铺"福泰和"。

4.制茶业。茶叶是晋中商人经营的大宗。晋中各大商号几乎都做茶叶贸易,如榆次常家,太谷大盛魁商号等。而且,许多中小商人也都加入俄蒙茶叶贸易的行列,仅祁县一地就有永聚祥、大德兴、大德诚、大玉川、巨盛川、天恒

---

① 清档:侍读学士宝钧咸丰三年三月十四日奏折。
② 《津门杂记》卷下。
③ 〔清〕张集馨:《道咸宦海见闻录》。
④ 〔光绪〕《太谷县志》卷5。
⑤ 〔咸丰〕《汾阳县志》卷10。

川、宝世川、长裕川等十余家茶庄,成千上万的晋中商人供职其中,他们当中有的直接贩茶到恰克图;有的则实行产、运、销一条龙服务,深入到产茶地福建武夷山、湖南羊楼司组织货源,雇当地农民就地制作砖茶,通过汉口、河南赊旗镇水陆两路转运到蒙古、中亚、新疆、俄罗斯零售或整批销售获利。史载:"清初茶叶均系西客经营,由江西转河南运销关外,西客者,山西商人也。——每岁西客于羊楼司、羊楼洞买茶。其砖茶用白纸缄封,外沾红纸,有本号监制。"①至于分散于各地的小茶庄更多,如甘肃酒泉有山西榆次人贾志义开的"谦益祥"茶庄。

5.采木业。山西关帝山、宁武一带盛产木材。晋中中小商人也有从事采木业的,后来政府为了加强管理,设局征税。"据文(水)交(城)两县申详,交邑后山以产木最多,交易银不下十余万两,请于交邑武元城设立税口,水泉滩设立木厂,裕国通商。"②

6.纺织业。明清时期,晋中百姓仍以男耕女织为业,所以从事纺织业的甚多,许多家庭纺织业作坊非常兴盛,尤其是榆次大布畅销西北。"榆人家事纺织成布,至多以供衣服、租税之用,而专其业者,贩之四方,号榆次大布,旁给西北诸州县。其布虽织作未极精好,而宽于边幅,紧密能久,故人咸[珍]视之。"③除榆次外,寿阳、太谷等地也有从事纺织业的。光绪《寿阳县志》称:"邑素不善纺织,明万历间,知县蓝公始教之。——浆染上者出太原城,次者出归化城,本邑近亦有之。"④到清末民初,榆次商人宋继宗还与同乡金融巨子贾继英等一起,积极发起建立民营晋华纺织厂。

7.煤炭业。山西素以产煤著称,所以,明清时期晋中灵石、孝义、汾阳、寿阳等县从事采煤运炭者不少。孝义一带"贫氓车运驴载,卖炭为生"⑤。"民业勤劳谋食,无他奇技淫巧。除农圃之外,则负薪掏煤,赶骡脚。大抵夏秋力南亩,春冬地冻则入深山砍木掏煤,或受值代人赶骡马骆驼负载远省,其能者则受值为人簿记收掌间。"⑥

---

① 衷干:《茶市杂咏》。
② 〔清〕刚毅:《晋政辑要》卷2。
③ 〔同治〕《榆次县志》卷15。
④ 〔光绪〕《续修寿阳县志》卷10。
⑤ 〔光绪〕《汾阳县志》卷10。
⑥ 〔乾隆〕《孝义县志·物产》。

8.颜料业。中国第一家票号平遥日昇昌的前身便是西裕成颜料行。晋中商人在京津一带从事颜料业者甚多。特别是在天津商界,山西商人执牛耳的是颜料行业,其销售业务是由汾阳商人控制,如汾阳商人李忠贤,就是天津颜料行的巨擘。介休商人赵遂初,曾任天津颜料业同业公会理事长。

9.皮毛业。明清时期,许多晋中商人将南方的丝绸茶叶贩运到北边,再将北部的皮毛畜产品贩运到内地销售。入清以后,天津成为北方最大的商埠、全国皮毛业的集散地。天津有名的华北制革厂的创办人王晋生,是山西太谷人。在京津,由于达官贵人云集,皮货的需求很旺。晋中商人大量经营寿阳、榆林的羊皮,西宁和内蒙古的羊毛、羊绒以及西北的牛、马、驴皮、狐皮等。天津估衣街皮货铺多数为晋中商人所开,每年冬季,皮货山集,购销两旺。

10.药材业。生老病死是人类的自然规律。晋中商人随着活动地域的拓展,开始是做生意时给老家亲友捎带一些外地的稀缺药物,后来就有人专贩药材开药店,东北的人参、鹿茸,宁夏的枸杞,青藏的红花及云贵川广的珍贵地道的药材,均在贩销之列,乃至后来太谷有了驰名中外的龟龄集、定坤丹。

11.宝石业。晋中商人经营珍宝玉石的也不乏其人。如乾隆时,孝义县商人武积贮等将银两在新疆兑换玉石,前往北京、苏州等地贩卖。

12.饮食业。晋中商人很注重同乡伙友的关系。在京津、包头、新疆、山东、江南等地开设了不少饭店,既满足了在外经商的晋人的口味,又促进了当地三产服务业。而且,晋商的商业活动呈辐射带动状。如祁县商人在京做买卖,带动祁县做饭的、理发的也去北京开店。又如新疆的三成元饭店就是祁县温曲村人杨森林所开,经营山西风味的刀削面、拉面、猫耳朵、糖三尖、过油肉等风味饭菜,深受欢迎。所以,山西面食业在全国各地的推广普及是与晋中商人的活动分不开的。

13.日杂百货。衣食住行是人们生存的基本要素。晋中商人为满足消费者的基本需求,在全国各地的城市、集镇开设了大量的杂货店,就地加工、经营绸缎、布匹及日用品。例如,甘肃酒泉的聚义涌商店、自立益商店经营绸缎、榆次大布、日杂百货,掌柜都是山西祁县人。这种小店铺在全国数不胜数,既可以养家糊口,又方便了当地百姓。

14.公益事业。晋中商人只要经商有成,便非常热心社会公益事业。无论修路筑桥,还是兴学恤贫,都舍得花钱。这方面的事例俯拾即是。例如,灵石商人张佩,年幼丧父,事母孝,"以家贫贸易直隶,闻母失明弃商归养。后家颇裕,建桥修路,输金赈贫。又设义冢二所,以待村中之贫无葬者"①。

三、中小商人的命运

封建社会,中小商人做生意非常不易,命运也是曲折坎坷的。俗话说,"做生意买卖千万家,赔得多,赚的只是有几家"。明清时期,晋中中小商人阶层中发展为富商大贾的确有不少,但更多中小商人的命运十分悲惨,甚至客死他乡。

总的来看,中小商人的命运和前途可分为这样三大类:

第一类是学徒出身,由于自己精明能干,在商号、票号历练若干年后抓住机遇,跻身中上层,成为票号、商号的经理、掌柜。如票号经理雷履泰、高钰、申树楷、宋聚奎、马荀、贾继英等。大德通天津分号经理祁县人许敬敷、天津当业公会会长灵石人王子寿等,也是学徒出身。

第二类是由小商人起家,经过几十年,甚至几代人的艰辛努力,惨淡经营,逐渐积累,发展为富商大贾的。

明清时期,特别是清代中后期,晋中地区崛起了一大批资产成百上千万、拥有几十个商号店铺、经营各种商品的大商人家族,如祁县的乔家、渠家,太谷的曹家、贾家、孔家,平遥的侯家、李家,介休的冀家、范家,榆次的常家,灵石的王家,汾阳的牛家等,资产各在数百万两之上。"山西太谷县之孙姓,富约二十万,曹姓、贾姓富各四五百万;平遥县之侯姓、介休县之张姓富各三四百万;榆次县之许姓、王姓聚族而居,计合族家资约各千万;介休县百万之家以十计;祁县百万之家以数十计。"②但是,留心许多大商人及其家族在发家致富之前的创业史便可发现,他们在起家的时候都是肩挑背贩,种菜贩布磨豆腐,靠小本生意勤劳俭朴,艰苦经营,经过几代人一步步积累,滚雪球似地发展起来的。例如,清代著名的旅蒙商——大盛魁的创始人,是清康熙年间的三个穷汉,即太谷县武家堡的王相卿和祁县郭城村的张杰、史大学,起初生意极差,甚至连食用也不敷,有一年除夕,伙计三人熬了一锅稀米粥过年。榆次常家始祖靠放羊为生,第八世常威起初是在张家口最繁华的鼓楼底摆摊贩布,收入很少,勉强度日。灵石静升的王家,起先也是靠磨豆腐赚小钱维持生计。著名旅俄商人汾阳人牛允宽,少年出国闯荡,从小本生意经营开始,艰苦

①〔嘉庆〕《灵石县志》卷9。
②《军机处录副》广西道监察御史章嗣衡奏折。

创业,终于成为经营大宗皮毛,产品远销欧美的富商。乔家始祖乔贵发,早年父母双亡,常为人帮工,是个衣不遮体无依无靠的光棍汉,乾隆初年与秦姓结为异姓兄弟,一同出走口外,在萨拉齐厅合成当铺做伙计,稍有积蓄,便转到西脑包开草料铺,兼销豆腐、豆芽、切面及零星杂货。祁县渠家始祖渠济是走村串户的货郎挑,每年从上党贩运潞麻和梨到祁县,再把粗布和枣贩回上党。太谷曹家先祖曹三喜随人闯关东,先在东北三座塔(今辽宁朝阳县)租地种菜、种豆,后与当地人合伙,用所种之豆,磨成豆腐出卖,用豆腐渣养猪,后又发展到用高粱酿酒,开杂货铺。

　　第三类是资本较小,开小作坊,或因家庭贫困为谋生计,只身一人出去闯荡谋生的小商人,俗称跑单帮。他们大多是从山野小村里赤手空拳跑出来的穷光蛋,到外面后凭着机灵的头脑,靠勤快和节俭创立起自己的一小份家业,起初从经营针线、头脑、烟酒、火柴起家。比如郭际亨,太谷县水秀村人,"少孤家贫,事母孝,长,贸易徐州,徐州旧有先世遗业,际亨矢志振兴,已有成效,忽其母以失明信闻,际亨泣之曰:以逐末故,致吾母残疾,儿罪大矣——乃弃旧业归,以力田奉养十数年。"[1]又如,秦必忠,榆次东阳镇人,"自幼经商,胆识异常,当清嘉庆后,荣行初兴,此人赴南省办荣,舟楫风波,恒视为畏途,必忠坦然无疑,屡年往返,均获厚利。"[2]一般说来,中小商人在经营进程中常遇到各种艰险,具体地讲,有以下三种:

　　(一)官府盘剥,胥吏勒索

　　封建时代贪官污吏对中小商人的盘剥欺压,横征勒索,是常有之事。乾隆、嘉庆年间就有官府营兵欺压炭民之事。汾阳、孝义一带,贫民车运驴载,"卖炭为生。远者三日一返,近者两日一返。阖邑赖以需用,固民生之至要者。埶料衙蠹舞弊,指官索诈,文武衙署煤炭例应本地办买,若辈视为利薮,凡炭一入汾,声称拉官炭有钱者,每车载三百,每驮载三十,即行放走,已削其应得之利。无钱者拉入城中,重称小价大为亏折。——嘉庆三年,刘思友之兄刘思元,因拉炭被营兵部郑老五等殴打多伤。禀至前抚伯提省审明,发县枷责。本年十月十三日,刘思友之弟刘思杰赶一驴驮路经东门,被营兵张世栓、赵珠等攒殴。思杰弟兄连遭兵殴,其他养牲之家,受诈受殴者不待言矣"。[3]为了摆脱

---

①[光绪]《太谷县志》卷5。
②[民国]《榆次县志》卷18。
③[光绪]《汾阳县志》卷10。

官府的欺压盘剥,许多中小商人只好投托官府或贿赂买通。早在明代嘉靖时,"九边将官,往往私入各商之贿,听其兑折本色粮草,虚出实收,而宣大、山西、延绥为犹甚。"①

（二）盗匪劫掠,流氓滋扰

在经商贩运途中,商人在外地常遭土匪抢劫或受流氓、地痞滋扰。在蒙古草原沙漠戈壁做生意的晋商,遇盗匪抢劫财物是常有的事,只要人安全,就算幸运。当年在草原上,不知发生过多少惨案,许多中小商人被盗匪杀掉,连个尸首都找不回来,全被狼吃了。许多商号就此消失。所以在商人财富的后面,付出了极其昂贵的代价,有时甚至是生命。祁连山的盗匪曾用麻绳、皮鞭毒打晋商,又用烧红的烙铁和香头在晋商背部烧烫,打得商人体无完肤,然后抢走他们的金银财物。清末民初晋商在天津开了绸缎庄,起初,常有地痞流氓和军警欺诈勒索,后辗转求托直系军阀头目,写一字号牌匾悬于门额,捣乱者才不敢再来。

（三）旷男怨妇,婚姻不幸

旧社会,最忌男人出外办事携带家眷。晋中商人更是如此,由此造成夫妻两地分居,长期不能在一起生活、交流感情,好不容易熬到三五年才有的一次假期,或因交通阻塞,或因战乱不能团聚,酿成一些感情风波,甚至悲剧。有的甚至音信全无,客死他乡。据民国《太谷县志》、《交城县志》等记载,仅清末太谷县就有十位节烈妇女,丈夫出外经商客死他乡。介休县有 20 位商人妻子早年守寡。也有许多商人在外地或积劳成疾,或屡遭不幸,穷困潦倒,病死异乡,而妻子不知道,还在家里苦苦守等。所以,晋中商人中既有成功者的喜悦,更有失败者的辛酸。如侯懋功妻贾氏,"婚八月,懋功即商于外,四载,客死云中。棺即归,氏即饮毒,未绝,姑力救之"②。

（四）外商挤压,同业竞争

在商场,晋中商人既要遇到同业竞争,又要受到外商挤压。同治元年（1862 年）以后,由于俄商享有免除茶叶半税的特权,经营茶叶的晋商受到了更大的冲击,他们以其人之道还治其人之身,提出了由恰克图假道俄国行商的方略,先后在莫斯科、多木斯克、新西伯利亚等城市设立商号,与俄商展开激烈的竞争。到同治十年（1871 年）,晋商每年向俄国输茶叶已达 20 万担,

①《明世宗实录》嘉靖四十五年五月辛丑条。
②〔乾隆〕《介休县志》卷 10。

较俄商直接贩茶多一倍。清末，俄商米德尔祥夫倒欠山西榆次大泉玉等 16 家商号款项，发生了经济纠纷，晋商曾派代表去莫斯科俄皇宫进行诉讼。光绪五年（1879 年）左右，乔家财东来包头视察，看到油粮虎盘可做，便授意复字号在胡麻油市场上尽量买进，对方则是归化城大盛魁支持的大益魁，互斗的结果，搞得大益魁受不了，以做油粮霸盘的罪名把乔家控告到萨拉齐厅，后来复字号把胡麻油由黄河航运到山西出售，大获其利。尤其是鸦片战争"五口通商"后，江浙商人开办钱庄、票号，使得山西票号在江浙、上海一带的生意受到了严重的冲击，特别是外国银行的排挤。到宣统元年（1909 年），山西在沪票号仅有 19 家，对手则是外国在华银行，如英国的汇丰银行、美国的华旗银行、法国的德华银行等 12 家银行。

　　总之，明清时期，晋中商人创业是不易的。他们的原始积累是建立在诚信、勤劳、吃苦、冒险、机灵、开拓基础上的，是一滴汗、两眼泪、无数血，靠小本经营逐渐滚雪球发展壮大的。他们对明清社会经济发展的功绩是不可抹杀的。他们的资本积累完全是靠自己辛苦经营挣来的。这与英国靠海外掠夺、圈地运动，美国靠贩卖黑奴，驱赶土著印第安人的血腥行为，是完全不同的。

第六节　明代中后期晋商王文素与徽商程大位的数学成就比较

　　明代中后期是中国产生资本主义萌芽的重要历史时期。在这一时期，出现了商品货币经济空前发达，国内外市场不断扩大，工商业城镇日渐增多，商人阶层异常活跃的社会现象。随着社会经济结构的发展变化，人们的价值观念也在转变，传统的重农轻商观念受到冲击，弃农从商，弃儒经商的风气日浓，并出现了具有地域性特征，操纵某一地区商业经济的商人团体——商帮。在此社会背景下，产生了一位商人出身靠自学成才的数学巨匠王文素。他历经数十年艰辛，通过孜孜不倦的钻研，写成了明代著名的应用数学巨著《算学宝鉴》。代表了当时数学研究的最高水平，尤其是对纵横图的研究、用珠算开高次方和解高次方程更是前无古人。但是，由于明政府腐败，轻视算学，使这颗璀璨明珠埋没 400 多年，直到今天，这颗科技史上埋没数百年的明珠才越来越多地受到社会各界有识之士的重视。为什么一位普通中小商人能取得如此引起后世人刮目相注的成就？他的数学著作在当时处于什么水平？他的重大贡献为何得不到当时社会的承认和刊传？在此对这些历史现象进行剖析，以加深对王文素其人其著其价值的认识。

一、王文素与程大位都生活在明代商业经济空前活跃时期

历史上的商人和商业是伴随着人类社会早期第二次社会大分工出现的。早在商、周、汉、唐、元各代，商人便活跃在社会经济的各个领域，推动着人类社会的进步。但在明代以前，由于历代统治者奉行"农本商末"的传统国策，商人的社会地位和商业经济的发展受到很大的局限，商人的活动多是单个的、分散的，没有形成一定的联盟和群体。商人在经商实践的基础上进行系统研究并能著书立说者甚少，在数学研究方面有重大成就和突破的明代以前更没有。但到明代中后期，随着一系列有利于商品经济发展政策的出台实施，商品流通范围迅速扩大，商品数量和品种日益增多，商人队伍不断壮大，以致在商业领域中出现了不少地域性商人群体。在此基础上，商人阶层发生了分化和分工，一小部分商人从直接的商业交易中游离出来，进行理论研究，从而在商路交通、实用算法、商业术计，尤其是珠算等方面取得了可喜的成就。晋商王文素，徽商程大位就是其中的杰出代表。

王文素（1465~？），字尚彬，出生于中小商人家庭。早年随父到河北饶阳经商，受所处社会及家庭影响，从小练打算盘，对算法产生浓厚兴趣，并广泛收集宋代杨辉、元代朱世杰、明代杜文高、夏源泽等名家的算书，留心通证，精心钻研。到正德八年（1513年），年近半百的王文素撰成《通证古今算学宝鉴》10册30卷。此后又经过10余年的反复研证、充实、提高，到明世宗嘉靖三年（1524年），年已60的王文素倾其毕生心血著成12本42卷的应用数学巨著《新证通集古今算学宝鉴》。

程大位（1533~1606年），字汝思，号宾渠，安徽休宁溪口（今屯溪市）人。他自幼颖敏，尤长于算学，年轻时在长江中下游一带经商，积累了丰富的算学知识，张居正推行丈量地亩改革措施时他曾在家乡参与了当地的清丈田土。万历20年（1592年），60岁的程大位写成《算法统宗》。之后又删其繁芜揭其要领，编成《算法纂要》四卷。此书畅销全国，并先后传到朝鲜、日本及东南亚地区，从而奠定了他在数学史上的尊显地位。

王文素一生历明代成化、弘治、正德、嘉靖四朝。他生活的时代既是明代商品经济长足发展阶段，又是社会矛盾十分尖锐的剧烈动荡变革时期。

　　明代中后期,随着正统初年"金花银"的折征,成化年间轮班工匠纳银代役制的实施,弘治五年开中折色制的实行,特别是万历初年"一条鞭"法的推行,社会经济出现了前所未有的发展变化。农业中的经济作物种植面积迅速扩大,手工业部门日益增多,商品经济空前活跃,工商业城镇与日俱增。粮食、棉花、生丝、茶叶、烟草、绸缎、铁器、布帛、盐、酒等都已成为重要商品。从《明会典》记载的"收税则例"来看,明中叶已有230多种商品投入市场。这些商品大体可分为13类,计有:罗缎布绢、丝棉、巾帽衣服、陶瓷制品、文具纸张、铜铁矿冶、日杂百货、农产品、制糖业产品、副业产品、干鲜水果、畜产品、水产品、医药品等。仅王文素《算学宝鉴》题例中便已列出150多种在市场统通的商品。金银铜铁、牛马猪兔、油米豆麦、布绢绸缎、纸墨笔砚、桃李瓜杏、烟酒鱼菜、盘碗碟盏、人参花椒、无所不有,甚至租房雇工、官银赏军、民田科粮价码也都一目了然。当时北京、南京、苏州、杭州、广州、扬州、泉州、成都、西安、太原、德州、武昌、开封、郑州、汉口等大中城市人口急剧增加,市场不断拓展,由于商品经济的发展,江南沿海的许多地区如杭州、苏州的丝织业,嘉兴、石门的榨油业,江西浮梁的陶瓷业,铅山、石塘的造纸业,芜湖等地的染织业,广东佛山的冶铁业,都先后出现了资本主义性质的作坊和手工工场。

　　随着商品经济的发展,商人阶层更加活跃,全国各地相继出现了一批具有地域性特征和自身特点的商人集团——商帮。他们通过开中纳米,纳银手段垄断盐利,积累巨额财富;或以贱买贵卖,以次充好,高利盘剥之类手法谋利,成为驰骋于商界的一支劲旅,操纵着某些地区和某些行业的商业贸易。其中晋商和徽商最负盛名。"富室之称雄者,江南则推新安,江北则推山右。新安大贾,藏镪有至数百万者。山右或盐、或丝、或窖粟、或转贩,其富甚于新安,新安奢而山右俭也。"①当时全国共有十大著名商帮。除晋帮、徽帮外,还有至今活跃海内外的宁波商帮,地居东南门户的广东商帮,擅长海上贸易的福建商帮及山东、陕西、江右、洞庭、龙游商帮。各帮商人中既有"藏镪百万""交通王侯"者;也有理论实践结合著书立说者,如晋商王文素、徽商程大位、闽商李晋德等。同时,随着商业经济的发展,客观上对计算的要求日益迫切,所以,到明代中后期,特别是嘉靖、万历之际,珠算的运用更加普通,介绍和研究数学尤其是珠算的书籍大量出现。见表13-2:

---

① 《谢肇淛·五杂俎》。

表 13-2　明代中后期有关算学著作情况统计表

作者	籍贯	身份	书名	卷数	成书时间
吴敬	浙江仁和	幕僚	《九章算法比类大全》	11	景泰元年（1450年）
王文泰	山西汾州	商人	《新集通证古今算学宝鉴》	42	嘉靖三年（1542年）
顾应祥	浙江湖州	刑部尚书	《勾股算术》	2	嘉靖十二年（1533年）
			《测圆海镜公类释述》	10	嘉靖二十九年（1550年）
			《弧氏算术》	4	嘉靖三十一年（1552年）
			《测圆算术》	1	嘉靖三十二年（1553年）
徐心鲁	福建		《新刻订正家传秘诀珠算法士民利用》	2	万历元年（1573年）
王国光	山西阳城	户部尚书	《万历会计录》		万历四年（1576年）
柯尚迁	福建长乐	儒士	《曲礼外集补学礼六艺附录数学通轨》	4	万历六年（1578年）
余楷			《一鸿算法》	4	万历十二年（1584年）
朱载堉	安徽凤阳	皇族	《算学新说》	1	万历十二年（1584年）
程大位	安徽休宁	商人	《直指算法统宗》	17	万历二十年（1592年）
黄龙吟	四川新都	儒士	《新镌易明捷径算法指南》	2	万历三十二年（1604年）

　　由表不难看出，在明中后期10位著名数学家中，嘉靖年间有2位，万历年间有7位，足以说明到万历年间，明代商品经济的发展特别是社会对数学的需求上升到新的高度。同时随着商品货币经济的发展，人们的价值观念也在发生变化。商人写书不仅是商品经济发展之必然，而且突破了以往的陈腐观念。在中国古代，算学列在六艺之末，文人写算书只是"六艺附录"。而王文素则把数学提高到应有的高度，认为："六艺科中算学尊"，数学是"普天之下，公私之间不可一日或缺也"。由此可见，王文素对数学在国计民生中的重要地位和作用，具有超越前人的高超认识。这在明代中期"算学颓废"的低谷时期是非常难能可贵的。

二、"北王南程"在中国明代珠算史上的地位属伯仲之间

　　王文素的《新集通证古今算学宝鉴》和程大位的《算法统宗》在明代处于高水平，尤其是《算学宝鉴》是一部我国明代历史上著名的数学巨著，它代表了当时数学研究的最高水平。为了说明其地位和水平，我们不妨对他前后有关数学著作和商人的其他著述进行一番粗略的考察比较。

　　王文素在多年经商实践的基础上，靠勤奋钻研、自学，在数学研究方面取

得了空前的成就。他对当时见到的数学著作及民间算法、算题均留心通证。特别是对前代较有名的宋杨辉的《详解九章算法》、元安世斋的《详明算法》及本朝著名数学家夏源泽的《指明算法》、吴敬的《九章比类》等书所列题例均进行通证。在删繁续断、补缺理乱的同时，明确指出原书的谬误，并在对前人算法进行全面研究继承的基础上又有创新。如《算学宝鉴》发展了宋代杨辉的"身前因"法，凡法数末位减一后，都改进为用"身前乘"法运算。书中的"两化为斤口诀"：一，退六二五；二，一二五；三，一八七五……不仅发展了杨辉的"斤求两价念法"和元代朱世杰的"斤下留法"，而且成为后世奉行不违的斤两法口诀。王文素还在前人及吴敬"盘中定位法"的基础上，创造了"乘除定位法"和"众九为乘"、"众九相乘"诸法。《算学宝鉴》还摒弃了吴书中"占病法""孕推男女"之类阴阳五行等迷信色彩的东西。另据赵敬寰和刘五然、李孔伦先生等研究，王文素率先采用了正等测图法。①在圆周率的应用上比早80年的吴书和后70年的程书更科学，尤其是在用珠算开高次方程和对纵横图的研究方面更是前无古人，②在开高次方、解高次方程等诸多方面多有创新，达到了极高的水平。

至于其他数学著作，无论内容还是深度总体上均不及《算学宝鉴》。顾应祥的《勾股算术》、《测圆算术》是关于几何学中勾股形与切圆解法的专著。书的容量和深度皆有限。徐心鲁的《盘珠算法》是我国现存最早的珠算专著，其口诀和实用算法远不如《算学宝鉴》周全。黄龙吟的《算法指南》也是一部珠算启蒙读物。柯尚迁的《数学通轨》，从整体上看，对珠算的加减乘除口诀均已述及，但它没有探讨珠算的开平方，开高次方等高深问题，因而比《算学宝鉴》低了两筹。客观地讲，上述著作各有千秋，各有所长。但从数学、珠算两方面所包含的内容、算法及创新各个角度全盘衡量，还是王文素的《算学宝鉴》高出众家。

我们不妨再从明代商人的有关著述中进行一下比较。明代商人著书立说者，除王文素外，主要还有徽商程大位、黄汴及闽商李晋德。

李晋德著有《客商一览醒迷》，内容分以下六部分：一是商贾醒迷；二是警世歌；三是逐月出行吉日；四是憎天翻地覆时；五是杨公忌日；六是六十甲子逐日吉凶。是一部记述从商经验和教训的商业用书。书中着重阐述商人在

541

①赵擎寰：《科技史上山西人的两部著作》，《晋阳学刊》1992年第3期。
②刘五然、李孔伦：《王文素与算学宝鉴》，《珠算》1998年第2期。

投牙、找主、定价、过秤、发货、付款、索价、讨论过程中应予注意事项的各个环节，介绍了观测天气变化，选择出行吉日、警惕不良之辈、留意人货安全的经验。此外，还有许多营销、治家、理财方面的内容。其中有些是正史和其他专书不载或很少涉及的内容，史料价值很高，对于研究明代社会商业经济，很有参考价值。但是，书中夹杂和宣传了许多封建迷信的东西，其整体科学价值远不如《算学宝鉴》博大丰富。

黄汴编撰的《天下水陆路程》共8卷，是在经商实践中根据各种程图和路引汇编而成的明代国内交通指南。该书详细记载了南北二京十三布政司水陆路程，各地道路的起止分合和水陆驿站名称。其他如食宿条件，物产行情、社会治安、行会特点、船轿价格也间有所记。《明史·地理志》不记载水马驿站，《明会典》只载驿名而不记驿传线路，故其文献价值和史料价值挺高，是研究明代交通状况的珍贵资料。但内容单一，其科学价值远不能与《算学宝鉴》相提并论。除此以外，明代商人中还有一位久负盛名的数学家程大位。程大位的《算法统宗》一书比王文素的《算学宝鉴》晚了70年，从《算学宝鉴》和《算学统宗》两书目录所列内容来看，有许多相同或相近的部分。如《算学宝鉴》卷一有"学算总要"、"先贤格言"，《算法统宗》卷一、卷二的主要内容也是"先贤格言"、"算法提纲"。又如两书开头都配有河图、洛书，再如方田、粟布、商功、少广、均输、盈朒、方程、勾股等内容，两书也均在不同的卷次表现。而且《算学宝鉴》的分类更精细。有趣的是两书均提出了"乘除定位法"，只是王在前程在后。我们没有资料证明程大位是否看到过王文素《算学宝鉴》的手抄流传本，但从《算法统宗》对《算学宝鉴》的内容方面的承继关系看，程氏的成就很难说没有直接或间接地受到《算学宝鉴》的影响。当然，世界上不乏不同国家和地区的科学家取得同一发明和发现的事例，也有可能王文素和程大位在互不知情的条件下对数学和珠算的研究一前一后到了共识并驱的境地。《算学宝鉴》只是因为没有付印广传，故影响不及《算法统宗》，但其本身的科学价值和研究水平只会在《算法统宗》之上而不会在其下，而且成书时间比后者早半个多世纪。

总之，《算学宝鉴》和《算法统宗》是数学史上前后辉映可以相提并论的两部杰作，在明代珠算及中国古代科技史上有着异曲同工之妙用。它既反映了当时全国最大的晋、徽二商帮对科学在社会进步，特别是珠算在商业交换中作用的重视，又说明晋商不仅在商品经济发展过程中发挥了推动作用，而且在商业文化方面也取得了惊人的成就和建树。

三、《算学宝鉴》未能刊传的原因

既然明中后期社会对珠算有了需求,而王文素又有重大成就,那么他的《算学宝鉴》为什么没有付印广传呢? 其因有三:

1.明政府腐败,统治集团囿于传统观念不重视科学技术,不扶持学术研究事业。王文素生活的成化、正德、嘉靖年间,一方面是商品货币经济迅速发展,另一方面是明朝统治集团日益奢侈腐化。明宪宗宠信万贵妃、放纵宦官、"苛敛民财,倾竭府库"①。明武宗四处巡游,劳民伤财,致使刘瑾专权,农民起义纷起,政治更加腐败。明世宗整天求仙做斋信道,企求长生,不务朝政,致使吏治日坏,北虏南倭交相进犯,军费开支剧增,嘉靖年间边费六百余万,加上大兴土木,营建宫殿和皇室的奢靡生活,每年支出八百余万。当时,户部每年的收入仅二百万, 政府的开支数额确实大得惊人。②由于统治集团的奢侈腐败,加之这几个皇帝像以往历代鼠目寸光的保守统治者一样仍然视科技为奇技淫巧,士大夫阶层对科学研究也不屑一顾,政府各级官员对民间学术研究发明更不予以支持和扶助,而且商品货币经济的负面影响,表现出急功近利、弃义取利、以权谋私等种种丑恶嘴脸和行径。所以,处在社会下层的王文素尽管写出有真知灼见的优秀科技巨著, 但得不到上层社会和政府部门的重视。这就如同一项重大科技成果如果社会不重视,有关部门不支持就很难转化为生产力一样,致使一部数学巨著未能付梓,埋没数百年,几成腐尘,这实在是当时社会的一大损失和悲剧。

2.自身财力不足,造成终身遗憾。王文素出生于中小商人家庭。这样的家庭具有二重性,一方面有微薄资产,可供子弟读书识字及家用开支,这是他早年得以涉猎书史与诸子百家的重要前提;另一方面,中小商人靠惨淡经营,在富商大贾的排挤和地方官府的盘剥欺凌下经常面临破产倒闭的危险。王文素远离乡土,寄居饶阳,赖以生存的必要条件就是靠做点小本生意维持生计。如果生意停顿,年长日久势必是父亲积蓄的家底越来越少,而自己又迷恋上数学,可以说是手不释卷,孜孜研证,还要购求有关书籍,所以到后来根本无法靠自身财力付印广传,乃至望稿兴叹"有意刊传财力寡,无人成就恨嗟多"。并在生前仍然寄希望"倘有贤公,仗义捐财,刻木广传,而与尚算君子共之,

①《明史》卷113,《万贵妃传》。
②《明通鉴》卷60。

543

愚泯九泉之下亦不忘也，不然，徒为腐尘而已矣"。

3.同道合爱好数学的朋友，如河北武清的杜瑾和秀才宝朝珍。正德八年（1513年），王、杜二人会于清河旅店，各伸所长，切磋算法，杜瑾对王文算的才学深加赞叹，认为宋代杨辉及当朝金陵杜文高、江宁夏源泽、金台金来明等，算法固然不错，但藏头露尾，露尾藏头，俱有逢巧之法而证之，不够灵活应变，以致后人学之甚难，唯文素以通玄活变之术，断成讲义，使人易学易懂，并高兴地说："诚吾辈之弗如也，所谓数算中之纯粹而精者乎！"而且，杜瑾确曾表示"愿捐资绣梓，以广其传"以致让穷书生宝朝珍激动不已，并挥笔作序，称杜公"善于知人而不没其善"。按理讲，书已写成，又有捐资者，出书是顺理成章的事了。然而，好事多艰，未成事实，其缘故难知！但我想其因可能不外乎两方面：一是杜瑾家里或本人有什么意外的变故，造成捐资之诺难以承兑；二是杜瑾后来萌生了中国传统文化中文人相轻的妒忌毛病或与王文素产生矛盾分歧进而毁约，这两种猜测虽难确证，但也不能说绝对不可能。不管怎样，有一点可以肯定，杜瑾没有履行对朋友的承诺，终于造成了缺憾。

然而，历史毕竟是公正的，真金总归是真金，明珠总会闪光。令人欣慰的是，20世纪初被北平图书馆从地摊上收购珍存，至今沉没了四百余年的数学巨著《算学宝鉴》终于在倡导"科教兴国"的今天得到了社会各界的广泛关注和有识之士的研究重视。历史事实表明，明代数学研究虽是沉寂衰退时期，但由于商业经济发展对珠算的需求导致明代中后期成为中国古代珠算史上运用珠算最普遍，珠算技术最发达，研究珠算水平最高的重要朝代。其口诀和运算法则集宋元之大成，并奠定了现代珠算的基础。同时也说明，只要是在历史上对国家富强、民族团结、科技进步、社会发展做出过贡献的人，社会和人民不会忘却，早晚会给以肯定和应有的地位。我想，王公文素倘九泉有知也定会化叹为笑，这是历史的必然。这不仅圆了一个古代数学家的历史之梦，而且兆示着中华民族科技辉煌时代的到来。

第七节　明清时期晋中的汾商

明清时期，晋中大多属于汾州府管辖。当时汾阳的商业十分发达，富商士贾不分。

汾商是晋商的分支，崛起于明代，兴盛于清代。这是和明代中后期商品货币经济的长足发展、地域性商业集团的出现、清代前中期国内的统一和对俄边贸迅速拓展密切相关的。特定的地理位置、风俗习惯，特别是明万历间汾州升格为府，促进了当地商业的发展和汾人外出经商风气的盛行。汾商不仅以经营酿酒、丝绫、粮食、棉花、茶叶、药材、颜料、皮毛业著名，而且率先开办了中国第一家账局、并在汾商中产业了一位数学巨匠王文素。汾商的成功是与他们精于商道、善抓机遇、敢为人先、擅长交际、注重乡谊、利用股份调动员工的积极性紧密关联的。

明代王文素所著《算学宝鉴》是一部很有价值的应用数学巨著。王文素是山西汾州（今汾阳）人，早年随父经商于直隶（今河北）真定府饶阳，是一位自学成才的珠算大师、著名数学家。精于计算是商人从事经营活动的需要，明清时期的山西汾州商人十分活跃，王文素由商人走上数学研究并非偶然，既有本人热衷于算法研究的一面，又有一定的社会背景。因此，研究王文素的数学著作，不能不注意王文素家乡以经商著称于世的这一社会背景。

山西商人是明清时期称雄国内外商界 500 多年，并在清末曾一度执全国金融界之牛耳的著名商帮。汾商是晋商的一个重要分支，它与平阳、泽、潞、蒲州、祁县、太谷、平遥、榆次、灵石、介休等众多山西省内地方商人共同聚合成足迹遍天下的晋商。那么，汾商因何而兴起？其经营项目和特点是什么？

一、汾商兴起的原因

汾商崛起于明代中后期，兴盛于清代。这是和明代中后期商品货币经济的长足发展，特别是清代中期国内的统一和对俄边贸的迅速拓展密切相关的。明代中后期，汾商随着社会商品经济发展的大潮，和省内其他地方商人一样在北部边镇与江南市镇大展雄姿。入清以后，尤其是雍正五年《中俄恰克图贸易协定》签订以后，汾商捷足先登，以皮毛、绸布、茶叶、颜料、油漆、药材、杂货等活跃在张家口、库伦、恰克图、京津一带。到乾隆年间，汾商率先在张家口设立了早期金融机构账局。其后，在东起辽东、徐州、济南，西达宁夏、甘肃、青海、新疆，南迄汉口、岭南，北至库伦、恰克图、莫斯科在内的广大地区，到处都洒下汾商的汗水和足迹，对当时社会商业经济的发展产生了不可忽视的作用。汾商为何在明清时期兴起并得到发展？除上述社会大环境外，主要原因有四：

（一）地理位置优越，是沟通晋省与西北地区的重要商品集散地

汾阳古称汾州，位于省城太原西南，吕梁山脉东南。东顺磁窑河与平遥、介休两县接壤，南逾虢义河与孝义交界，西依吕梁山脉与中阳、离石相连，北

沿墙板山龙门沟走向与文水县毗邻，处于晋中与晋西北的枢纽地带，是沟通山陕地区贸易的重要商品集散地。明清时期，陕北、宁夏、内蒙、甘肃等地的物资经黄河中游渡口临县碛口、柳林军渡御船后，经离石吴城大批驮运到汾阳，然后贩销到太原、晋南、河南等地，故而民间一直流传着"驮不尽的碛口、填不满的吴城"的谚称。

（二）地狭民稠，民多弃本逐末

汾阳人善于经商世所共知。清人刘于义说："平汾为山西殷富之乡，百姓颇有积蓄。"①明清时期的地方志也多有记述。万历《汾州府志》卷16载，隆庆元年（1567年）城隍庙遭火灾，适值市会，被烧死者数百人，可见当时庙会规模之大。同书卷2称"民率逐末作，走利如鹜"。明末崇祯年间所修《山西通志》云："府属汾阳、临县两县多商贾"②，清初方志记载更详。"闾阎生计得田者十三，得之贸易者十七。"③乾隆年间山西兴县人孙嘉淦在奏疏中谈及晋商外出时的原因曾讲："山西平（阳）、汾（阳）、蒲（州）等处，人稠地狭。"④"晋省天寒地瘠，生物鲜少，汾阳尤最，人稠地狭，岁之所入，不过秫麦谷豆。此处一切家常需要之物，皆从远省商贩而至。"⑤

（三）民俗奢靡，刺激商业和消费的发展

汾阳是晋西的一大商业重镇。山西人自古即以勤俭著称，但"太原、汾州数大县，以商贾致富，颇有流于奢靡，变其本俗者。"⑥另一方面，明初，朱元璋分封诸子为王，第三子朱棡封为晋王，朱棡第四子朱济泫、第六子朱济□封为庆成郡王和永和郡王，先后驻于汾州。受王府皇亲国戚奢侈铺张恶习的沾染，汾州风俗日渐奢靡，"惟是宗室繁衍，渐流怙侈，民间效尤，竞务奢靡"⑦。明末清初思想家顾炎武北游山西后也称："若汾州两府并建，宗枝繁衍，常禄所入，辄竟纨绮润屋庐以自多。细民联姻宗贵，转相仿效，至有以千金妇饰者。"⑧

①山西学政刘於义：《敬筹晋省积贮疏》，〔雍正三年〕《皇清奏议》卷26。
②〔崇祯〕《山西通志》卷6。
③〔顺治〕《汾阳县志》卷2。
④《孙文定公奏疏》卷3。
⑤〔咸丰〕《汾阳县志》卷10。
⑥〔光绪〕《五台新志》卷2。
⑦〔万历〕《汾州府志》卷2。
⑧顾炎武：《肇域志》，山西。

（四）汾州升格为府，商民辐居，更加促进了当地商业发展

明中后期，汾州的商业经济本已有了相当的发展。万历二十一年（1593年）河南南乐人魏允贞以右金都御史巡抚山西。他办事认真，性情刚直，一上任，便精兵简政，裁减"幕府岁供及州县冗费"[①]，将开支节约下的银两用于修缮亭障、扩建烽堠，改善交通。为了活跃当地经济，又下令拓展边贸关市，让蒙汉两族人民市马易粟，互通有无。魏允贞虽然在后来与矿监税使的斗争中受到罢斥的不公正待遇，[②]但他抚晋有方，不畏邪恶、居官清廉的品行在山西老百姓心目中留下难忘的形象。尤其值得一提的是万历二十三年（1595年），他为汾阳办了一件功德无量的大好事，经他面奏朝廷，将汾州升格为府。据《明史·魏允贞传》和《新设汾州府碑记》的记载，汾州升格的原因可以概括为四：一是州有庆成、永和两郡王及其成百上千的子孙，仗势欺民、州吏权轻，不足以弹压；二是"商贾云集、民物浩穰，讼狱滋多"，大案需要经道府判决，往返数百里，疲于奔命；三是汾州所辖各县邑名义上归属，实则不服州官管辖，因而对各县邑的钱财、粮谷难以检查核报；四是汾州与永宁州一带盗匪多，蒙古兵抢掠之事时有发生，但永宁州属冀宁道，汾州属冀南道，遇事互相推诿，职责不明，对维护治安极为不利。由此可见，商业发达是当时汾州升格为府的重要原因之一，它反过来又推动了汾州商业的进一步发展，使汾州成为平遥、介休、离石、临县等地的政治、经济、文化中心，极大地促进了商业的繁荣。明初汾阳的商税银仅 6 606 两，到万历后期，汾阳城征租课银 56 060两，增加了许多倍。

二、汾商的经营项目

明代的汾商，主要经营盐、粮、丝、绫、茶、酒等商品。入清以后，由于国家的统一，政局的相对稳定，水陆驿道的迅速拓展，汾商的活动地域更加广阔，经营项目大大增加，主要有：

1.酿酒。汾阳杏花村的酿酒历史悠久，享誉中外。汾酒的时间不晚于北齐（550~577 年），当时不称汾酒，而称汾清。宋代的汾州甘露堂酒，元代的汾州乾和酒，明代的汾州羊羔酒，实际上都是汾酒的别名。清末杏花村共有三家酒坊，开办于光绪元年（1875 年）的宝泉益酒坊为其中之一。1915 年宝泉益东

547

①《明史》卷 234，《魏允贞传》。
②高春平：《刚直晋抚魏允贞》，载《沧桑》1995 年第 6 期。

家王协卿对酒坊业务进行了整顿,并改名为"义泉涌"。第二年,"义泉涌"生产的汾酒获巴拿马国际博览会甲等金质奖章。从此,汾酒名扬四海"不惟渐彼于东西亚欧,并且既讫于南北美洲,遐迩朋好争艳羡之,题匾相赠者不一而足"。①此后,阎锡山的副官汾阳人张剑南联络"义泉涌"掌柜杨德龄在"义泉涌"基础上采取集资入股方式开设了"晋裕汾酒股份有限公司",迅速发展为全省500家酒业中的榜首企业,超过了阎锡山家族出资的山西益华酿酒公司。

2.丝绫。汾阳人崔崇□"以卖丝为业,往来于上谷、云中有年矣。"②另据顾炎武《肇域志》载,"绫,太原、平阳、潞安三府,及汾泽二州俱出。"③所以,当时有不少汾阳人贩卖丝绫。

3.粮食。明代北部边镇驻扎有近百万军队。开中法实施后,山西商人捷足先登,迅速前往大同等边镇中盐纳粮或就地屯种贩卖。"商贾皆出山右人,而汾介居多,踵世边居,婚嫁随之。"④成化九年(1473年),汾州大旱,当地粮商李弘济一次就拿出藏粟九十石济乡人。史称他是:"汾阳望族,壮时勤于贸易,家资巨万,以财雄于一方。"⑤

4.药材。明代有许多汾州商人闯关东,贩卖人参药材。明人葛守礼讲:"辽东商人,山西居多,而汾州过半。"⑥清康熙元年(1662年),猗氏县泓芝驿村廉氏三兄弟雇当地伙计在汾阳城东开设了"三义合"中药铺。咸丰年间,又在临县碛口设立了第三个分号。

5.账局。账局是银行的雏形。现有资料表明,最早的一家账局叫"祥发永",设在中俄贸易要冲张家口,是乾隆元年(1736年)由汾阳县商人王庭荣出资4万两开设的。⑦不只张家口,北京的账局、钱庄也多为汾阳商人开设。乾隆年间,汾阳、平阳的"富人携资入都,开设账局"。⑧

6.票号。票号是账局的延续和发展。以往一提票号,便以祁、太、平三帮冠

---

①1917年刻"申明亭酒泉记"碑。
②〔咸丰〕《汾阳县志》卷10《杂识》。
③《肇域志·山西二》。
④〔顺治〕《云中郡志》卷2。
⑤《明·李公弘济墓表》。
⑥《葛端肃公家训》卷上。
⑦《清度支部档案》,账局注册,宣统二年十月。
⑧李燧:《晋游日记》。

称,其实不止。祁、太、平票号中有不少汾阳人参与经营管理。另据《汾阳遗事》称:"咸同以远,票号全盛时,继祁、太、平之后,而执票业之牛耳,亦大有人在。"①如太平村王尔楫任过平遥"日昇昌"执事,汾阳人郭存祀曾担任平遥"蔚盛长"票号的经理。

7.棉花。据《案稿试述》载:山西汾阳布商李生琏和郝浦,于嘉庆三年秋……(从山东)买得棉花一万六千二百斤。②

8.茶叶。清初茶庄,多系山西商人经营。清代汾阳城指挥街南北两王家,就在张家口开设"祥发永"茶庄独家经销茶叶,并派专人在湖南、福建收购,然后沿水陆两路,辗转运到张家口,再到库伦,最后运到恰克图"祥发永"分庄,然后以莫斯科为集散地,行销俄国各地。光绪八年(1882年),"保大长"总号在汾阳城内帽市街开设分号,推销红茶、清茶、砖茶、梗茶,品种计有30余种。

9.盐业。《明穆宗实录》载:隆庆时,汾州"许行私盐,每盐百斤,纳银三分,乃听转贩于岢岚、保德、河曲等处。"③

10.颜料。汾商在京津、河北等地以经营颜料、布庄、油漆、杂货业居多。清末汾阳人樊世荣开设的"德昌公"颜料庄总号设在天当,分号遍布京、沪、广州、香港。其中"骆驼牌"颜料驰名华北,几乎独占颜料市场。又如汾阳人赵希文在北京开办有公盛合昌记颜料庄。

11.皮毛。雍正五年(1727年)《中俄恰克图条约》签订后,张家口、库伦、恰克图成为中俄通商的重镇,一批汾阳商人纷纷取得"理藩院"的信票(俗称龙票),经营丝绸、布匹、皮货,投入对俄贸易的行列,雍正十一年(1733年)十日,汾阳商人朱成龙持部发龙票携带货物,由张家口出塞,"出塞时运二十车物"④。因北部盛产海貂等各种名贵兽皮和毛绒,一些汾阳商人就以经营大宗皮毛为业,如著名的旅俄商人牛允宽。他在莫斯科、恰克图、库伦开设"璧光发"贸易中心,专营大宗皮毛、茶叶,生意兴隆,盛极一时,对发展中俄贸易做出一定的贡献。此外,汾阳望春村人李汝潮,平陆村人殷尚质,赵家堡人孙竹霖,聂生村人文保全、宋汝柏等都是以经营皮货起家的旅俄富商。

---

①《汾阳遗事》卷7。
②吴奇衍:《清代前期牙行试述》,载《清史论丛》第6辑。
③《明穆宗实录》卷35。
④梁绍森、庞义才:《山西外贸志》。

12.驮运。在没有现代交通运输工具的明清时期,畜力特别是骡马、骆驼便是最主要的交通运输工具,尤其是在北部沙漠地带运输商货主要靠骆驼。清代汾阳西关的郑家、西阳城的马家、三泉张家堡的田家都以经营驮运业发家致富。郑家建有规模宏阔的马棚院,仅槽头马厩有 20 多间,养驼骡 99 头,还备有兽医、脚夫多人,常年奔走于山西、直隶、山东、张家大、库伦、恰克图。人畜风餐露宿,迤逦越过风沙飞扬的万里沙漠,时称驼帮。

除此以外,汾商还在本地经营一些小本生意,如光绪末年,汾阳东关有"益得居"醋酱铺。民国初年有"成新斋"糕点铺等。这些小本生意规模、资金十分有限,又常受到当地官府恶吏的欺凌盘剥。史称每年冬末春初农闲之月,贫氓从孝义车运驴载,"卖炭为业。远者三日一返,近者两日一返。阖邑赖以需用,固民生之至要者,孰料衙蠹舞弊,指官索许,文武衙署煤炭例应本地办买。若辈视为利薮,凡炭一入汾,声称拉官炭,有钱者,每车钱三百、每驮钱三十,即行放走。已削其应得之利。无钱者,拉入城中,重秤小价大为亏折。"①

总之,明清时期汾商多出外经商,在外地的资金、规模都相当大。清中叶至 1910 年,汾商仅在张家口开设的商号就有"大成魁"、"日升光"、"公合全"、"公合盛"、"广丰德"、"双舜全"、"万源长"、"协裕和"、"义中昌"、"义兴德"、"祥发永"、"永广发"等数十家。清末民初,汾阳全县田赋银收入17 万元,地方税收收入银 3 万元,而外地汾商,每年仅经过钱庄"汇汾安家银约六十余万元,"数额相当于当地财政收入的 3 倍。

三、汾商的特点

作为具有地域文化特征的汾商,早在清代汉口所建的山陕会馆中便被称为"汾州帮而名扬江南"。那么,汾商自身具有哪些特点呢? 主要有:

(一)精于算计,贾而好儒

汾阳人是以擅长经商、精明善算著称的,而且汾商多儒。明代晋商王文素尤长算法,他在随父王林去河北饶阳经商期间,对珠算产生了浓厚兴趣,此后乐此不疲,毕生钻研算学,著成四十二卷的数学巨著《算学宝鉴》。成化年间另一富商李弘济家资巨万,乐善好施,"虽为商贾之靡,而耽于诗书。"②明末清初思想家傅山先生与汾阳胡庭、薛宗周、王如金等交往甚密,常在汾阳居

---

①《汾阳县志》(清光绪版)卷 10。
②〔明〕《李公弘济墓表》。

住。他在纪念友人文章《汾二子传》中写道:"汾俗善贾,自缙绅以至诸生皆习计子钱。"即士绅学子放账取息,习以为常。清末有不少汾阳商人精通俄语,也从一个方面反映了汾阳人亦儒亦商的特点。

（二）逆境有志、艰辛创业

经商创业并不是一帆风顺的,往往需有非凡的意志、胆识和毅力。许多汾商正是历经艰辛才成就事业的,"壁光发"的创始人牛允宽（1870~1936 年）就是这样的典型代表。他父亲是晚清时的穷秀才,年近四旬才与本城一寡妇成亲,婚后生有五子,靠教书养活全家七口,生活十分贫困。允宽少年时代迫于生计,随亲戚学做生意。他曾在莫斯科学徒,学会计算、俄语和商号的经营管理,但由于他个性直暴,个高脚大,不为字号老板喜欢,终被辞退。失业后,牛允宽毫不气馁,独自一人步行经商,遍历各地了解商情民俗,发现北部盛产兽皮畜毛,于是以非凡的胆识和毅力,做起小本皮毛生意,继而在莫斯科、恰克图、库伦等地设店经营,开设贸易中心——"壁光发"。因他精通管理、善结同仁、注重质量,所以"壁光发"生意兴隆、信誉大著,大宗的皮货远销波兰华沙、德国柏林、日本东京、英国伦敦等地。牛允宽成为旅俄商盛极一时的富商大贾。

（三）善抓机遇,敢为人先

在经商实践中能不能抓住机遇,敢不敢为人之先十分关键。汾商非常注意抓机遇、开先河。例如,《中俄恰克图条约》规定两国边贸在中俄边境恰克图进行后,库伦成为中俄通商的孔道,而通往塞外的张家口更是来往库伦的咽喉和货物的集散地。于是汾商朱成龙抓住这一时机,在雍正十一年持信票带 20 车货物由张家口出塞至库伦、恰克图贸易,很快大获其利。汾商王庭荣则占据张家口地利,于乾隆元年在此率先开设第一家账局"祥发永",并迅速延伸到北京、天津,获利甚厚。

（四）货真价实,注意信誉

汾阳城内"三义合"中药铺,清光绪初年给病人服药后,曾发生连续两人死亡事件,有人指责是该店药方中的"紫贝天葵"药假所致。县长莫如晋审理此案时曾秘密派人到太谷广升誉买来"紫贝天葵"对验,结果证明"三义合"所售之药是地道真货,于是信誉大增,前来抓药者络绎不绝,资金增至 20 万两。又如光绪年间成立的"新兴"漆店,严把进货关。所进货物,都是掌柜的亲自去采购,买进时,分质论等,卖出时以质论价,一丝不苟,利润陡增。

（五）交结权贵，长于应酬

商场如战场，竞争十分激烈。咸丰年间，汾阳在京的珠宝商王吉成与一太监合资开设了"同成信"绸布庄，专门承揽皇室及达官显贵的买卖，生意兴隆。辛亥革命后，继任掌柜王楷三连年亏损，濒临倒闭时，在该号跑外的王子谦自告奋勇出任经理。他改独资为集资，吸收同乡巨富樊世荣的资金，所有店员都以身子股顶了生意，同时联络在北京的汾阳籍官绅冀贡泉、张剑南与平津司令阎锡山、天津警备司令傅作义等人相识，并通过套购军需、购置房产同阎的五妹阎慧卿拉上关系，终使"同成信"摆脱困境。"七七"事变后，王子谦利用与日伪太原市市长汾阳人牛新田的微妙关系，使"同成信"在北京、太原得以苟延。在解放战争期间，王子谦的"同成信"店还为解放区吕梁贸易公司货栈换购了布匹、纸张、钢丝、药材、油印机等军用物资，客观上对于支援前线起了积极作用。

（六）股份合作，经营有方

股份制是晋商协调劳资纠纷，调动员工积极性的有效办法。明清汾商大多采用股份合作的做法，如晋裕汾酒股份有限公司、同成信绸布庄、三义合中药铺等。由于经商有方，汾商持续时间较长，不像"祁、太、平"票号那样到清末辛亥革命后便一蹶不振，许多字号一直延续到解放后公私合营为止。

（七）以乡谊血缘关系为纽带

汾阳人外出经商，习惯于同乡同村、同宗同姓、父子兄弟结伴相携、朋合营利。因此，在经营项目和外出线路上形成相对稳定的特征。"汾民出外经商，西南乡在恰克图、库伦、张家口者甚伙。东北乡在直隶、平津者为最多，平东、平南各乡亦颇不少。东南乡在鲁、豫两者较多，在冀南者次之。惟西北乡，在外经商者甚少。"①这种注意吸收同乡同姓人入伙的做法既有容易团结协作一致的一面，也有排外狭隘的局限，说明明清时的汾阳商人仍属封建性商人。

第八节　山西银号

银号是明清时期伴随着金属货币白银的流通使用而产生并一直延续到

---

① 《汾阳遗事》。

抗战时期的金融组织机构。它产生比票号早，消亡却比票号晚。在中国封建社会后期的商业贸易中发挥过重要作用。过去由于史料的缺乏和对票号、钱庄、当铺研究的重视，一直未对银号进行全面、系统、深入的研究，以致对晋商、银号的研究，特别是晋商衰亡时间产生一些误解。例如，黄鉴晖先生认为"清末还有部分钱庄和银号仍在经营货币兑换业务，清度支部就把它们改称为银钱兑换所，到了民国初年，这些银钱兑换所或停业或转业也就不存在了。这样，延续400多年的货币兑换商最后在中国历史上就消失了"。事实上，到民国初年，这些银钱兑换所还存在，银号仍在营业，除了一部分票号改营银号外，山西太原、晋中、长治、晋城、大同等地仍有200多家银号，直到抗战爆发，40年代后，由于日军侵略破坏，晋商和银号才陆续消亡，延续500多年的晋商才最后在中国历史舞台上消失。本文结合大量史料，对银号这一晋商兴衰过程中产生过重大影响和作用的金融组织进行探究，进而论证明清晋商衰亡不在清末民初而在日寇全面侵华时期。

一、银号产生是白银由贵重金属转为货币进入流通领域的产物

银号的出现是和白银作为货币流通使用密切相关的。

白银这种贵金属起先是作为贵重装饰、陈列、馈赠、赏赐物品的，作为货币最早在六朝时的岭南交广一带使用，隋都东京市内有一百二十行，三千余肆，四百余店。唐都长安，有东西两市，市内货肆行铺林立，商贾辐辏，繁华程度远过于隋代。到唐代前期，白银在内地仍是一种珍贵物品。"自岭以南，以银为货币，自巴以外，以盐帛为交易，黔、巫、溪、峡大概用水银、朱砂、缯帛、巾帽以相市。"唐代前期诗人张籍在《送邵州林使君》中写道："郭外相连排殿阁，市中多半用金银。"

唐代是金属货币白银开始恢复和实物货币布、帛、谷、粟逐渐衰落的一个转变时期，白银大体上到唐代后期和五代时期进入内地流通领域而正式成为货币。由于白银单位价值高，便于携带，可随商品的全国贩运而在全国流通，大大促进商品经济发展。其次，白银可长期储存而不变质。政府为了维持布帛和铜钱的传统地位和交易秩序，也为阻止人们采银，曾一度下令禁止开采银坑。元和三年六月诏令天下银坑，不得私采。"天下有银之山必有铜，唯银无益于人，五岭以北采银一两者流他州，官吏论罪。"同年十月，"禁采银，一两以上者，笞二十，递出本境，州县官吏节级科罚。"但是，白银事实上已成为流通中的货币，朝廷的禁令，显然是与市场需求和民间需要相抵触的。并且白银

出现后进入流通领域成为货币,完全是客观经济规律所决定,不是任何人的主观意图或以一纸行政命令能彻底改变的,禁令颁布后实施不下去,朝廷只好于次年正式取消。元和四年,复诏采五岭银坑。六月辛丑,"五岭以北银坑,任人开采。"从此,扫除了白银流通道路上的障碍,广泛用于各种支付、购买或行贿。高宗时,华州刺史萧龄之,"唯利是视,豪门富室,必与交通,受纳金银二千余两,乞取奴婢一十九人,赦后之赃,数犹极广,群僚议罪,请处极刑。"《流萧龄之岭南诏》元和十二年二月,"出内库绢布六千九百万段匹,银五千两,付度支供军"。因此,银自唐代中叶成为货币后,发展非常迅速,到了唐末五代时期已在事实上而不是在法律上确立了银本位货币制度,民间也多使用白银。这是中国货币史上一个划时代的变化,从此直到近代,中国是世界上少数银本位国家之一。

宋代商品货币经济十分发达,信用票据大量流通使用,并产生了由商业资本或高利贷资本以专营或兼营的方式转化而来的专门从事有价证券交易的场所——金银彩帛盐钞引交易铺。据《东京梦华录》记载:"南通一巷,谓之界身,并是金银彩帛交易之所。屋宇雄壮,门面广阔,望之森然。每一交易,动即千万,骇人闻见。"到南宋时,都城杭州证券交易所形成不小的规模。史载:"杭州大街,自和宁门杈子外,一直至朝天门外清和坊,南至南瓦子北,谓之界北,中瓦子前,谓之五花儿,中心自五间楼北至官巷南街,两行多是金银盐钞引交易铺,前列金银器皿及见钱,谓之看垛钱,此钱准备榷货务算清盐钞引,……市西坊南和济惠民药局,局前沈家、张家金银交引铺。"由此可见,经营有价证券交引买卖是金银彩帛铺的一项重要业务,也就是说,金银彩帛盐钞引交易铺就是中国早期的证券交易所。经营交引业务必须有雄厚的资金实力,而且是商业,特别是商品货币必须达到一个相当的水平规模。

二、明清时期的银钱兑换行业

明初,实行大明宝钞和铜钱并用的货币制度,禁止白银流通使用。洪武时严惩用银者,犯者死罪。永乐二年(1404年)违反用银法者,虽免死,但难逃徙流、戍边之罪。江夏民父死,以银营葬具,判戍边。宣德初,禁令更严,规定交易用银一钱者,罚钞千贯,赃吏受银一两者,追钞万贯。但是,法令虽严,民间商业交易一直私下用银。如洪武三十年(1397年)时,杭州等地商贾"不论货物贵贱,一以金银定价"这是因为商业交易中,黄金量少太贵而不便使用,米与钱贱,却因米难久存钞屡贬值且不便携带和大量使用,唯有白银最方便适用。

这样,民间交易就需要有一个中介商行组织为社会各方面的银钱兑换服务。

农民和商人需要用钱兑换银两,才能交纳赋税和进行正常经营。农民出售农副产品零散量少,所得多是铜钱;商人进货大宗交易用银两,而零售货物卖得收入却是铜钱居多,于是在农民和商人之间都有用钱兑换银两的需求。特别是明英宗正统年间,田赋和商税由前期的征收粮食实物改为折征金花银后,农民和商人就都得把挣来的铜钱兑换成银两才能完纳皇粮国税。另外,政府发官俸兵饷,银钱兼给,又需要把银两兑换成铜钱,才便于日常生活零用。因此,银钱的互相兑换自然不可避免。

银两成为流通中的主要货币后,官府征赋税向农民收集的碎银两由地方官雇用银匠铸成元宝(50 两)上缴国库。民间流通的元宝和银锭(10 两、5 两)则由商人铸造。再者,各地流通的银两的成色不同及度量银两的天平砝码大小不一,加之市场上银两和铜钱的货币兑换需求,促成了银号业和货币兑换商的产生。于是,从明代中叶正统元年(1436 年)田赋折征白银起,中国的银钱商就已萌生,到了公元 15 世纪中期和 16 世纪初的成化、弘治年间(1465~1505 年),就从普通商人中正式分离出一种专门从事经营货币改铸、兑换的两种金融业商人,一种是兑换铜钱的钱商,一种是改铸元宝和兑换银两的银商。这种银钱商铺起初是由银匠铺或首饰铺兼营,后来逐渐发展成专业的银炉、银楼和钱桌、钱肆。它和唐宋产生的官营或兼营银钱保管、汇兑的机构"柜房"、"质店"、"榷货务"、金银交引铺还不一样,标志着商人货币经营资本摆脱了官营或兼营而进入私人专营的新阶段。

公元 1501 年(弘治十四年),史有记载的中国首例金融诈骗案发生。江苏长洲(今苏州市)人徐鳌经营的当铺店中的金银首饰被盗,有仙女告他:"于城西黄牛坊钱肆寻之,盗者以(已)易钱若干去矣"。到清朝乾隆年间,钱庄和银号签发兑取制钱和银两的钱帖和银帖(俗称钱票、银票)已不稀罕。道光初年山西票号诞生,开辟了金融货币史的新纪元。到鸦片战争后的咸丰年间,随着五口通商与洋行的涌入,北方的钱铺和上海为龙头的长江流域的钱庄开始大量经营存放款和汇兑业务。

银号在其早期经营货币兑换和铸造银两业务阶段,基本上还是工商业中的一种行业。因此,其称谓有时分别称银炉、银楼、银铺乃至银行。不过应当清楚,中国古代文献中出现的"银行"二字的含义和现代意义的银行概念不能混作一谈。"银行"一词在北宋嘉祐二年(1057 年)就已出现。南宋景定二年建康府(今南京市)修方志时又有记载"今银行、花行……皆市也"。清康熙五十三年（1714年）广州银号在忠信堂大钟上的铭文也有"银行会馆"的字样，有学者据此认为"银行"一词滥觞于此。在山西大同，道光十五年《重修下华严寺碑记》中复有棉布行、钱行、银行、当行、油行、毡行等15个工商行业名称。不过我认为，上述提到的银行基本上还是传统工商行业中，银匠在银铺从事银器打造、首饰加工、银两熔铸的一种行业。唐宋以来虽有江南局部地区市镇出现银两与制钱的兑换，但多属兼营或有限量的交换，民间没有形成大规模、定型化、巨额量的银钱兑换商。直到15世纪的明中叶，由于商品货币经济的发展，国家财政税收田赋和民间交易市场都需要大量银两流通使用，这才导致了银钱兑换商从商品经营资本中游离出来，专门从事货币经营资本业务，成为搞银两的熔铸和铜钱的兑换的金融商人。这比出现于17世纪初欧洲阿姆斯特丹（1609年）、威尼斯、热那亚、汉堡等地的汇兑银行早两个世纪。

北京的银号，有的也称炉房。从现存史料和碑刻分析，南方江、浙等地的钱商、权贵明后期就在北京经营钱肆、银号。例如隆庆、万历之际的大学士徐阶就在京城和老家松江开有凭信用会票兑取银钱的官肆。康熙六年（1667年），前门外护城河西边建有"银号会馆"，作为奉神明，立商约，联乡谊，助游燕的场所。到乾隆五十七年（1792年）重修时就有"和裕、恒升、万兴、万和、万丰、广义、同泰等25家银号监修"。因此，清人杨静亭在道光二十六年（1846年）刊本《都门纪略》一书中说：集中所列银炉字号"皆系一二百年老铺，驰名天下。同丰炉房在果子巷北口路东，宝兴炉房在西河沿东口内路北"。由此前推200多年正是明后期。此外，明末清初，江南的广州、苏州、常州、嘉定等地也有成百上千银匠开设数十家规模不等的银号。鸦片战争爆发前，"京城内外钱铺不下千余家"。到清末民初，在关外第一大都会——奉天，山西商人开设的"票号、钱行林立，多至七八十家"（奉天商会档：奉天总商会民国七年九月二日呈省长文稿，卷3812）。天津县清末有银号38家、银炉21家、钱铺53家。位于南北货物转运中枢的运河码头临清，仅"大小银钱号就有七八十家"。素有"九省通衢"的汉口，是清代全国四大商品集散市场之一，大小银号140余家，每家每天储钱万串作为流动资金，以应门市兑换之需。

除上述地方外，银号在北方集中分布在京城、直隶、河南、山东、山西、奉天、锦州、营口及陕西西安、三原，甘肃皋兰等商业繁盛之地。它主要从事白银的兑换、保管，铸造元宝、银锭、首饰等业务。另外，清中期卖官鬻爵之风盛行后，银号也代捐生交纳户部入库的捐纳银两。道光二十年（1840年）四月，给事中张秉德曾请禁止银号包揽捐职。此后，在一些繁华商业闹市，有时遇到外来宝银聚多,银号一时赶铸不够,于是收到客户银两后只好先开一凭条,客户可凭据在指定时限兑取,也可在市面交易周转凭据,从而形成银票,具有凭证性质,但没有固定票版,银两数额依客户来银数填写,与钱铺的钱票版面固定、面额确定不同。因此,银票有三个月的结算期,俗称"卯期",届期兑现。倘若银号储备资金不足,或发生工商业倒闭风潮,卯期难以兑现,就可能发生信用挤兑危机。这种情况,在日俄战争和抗战时期,在京城、营口、山西等地都发生过。

银号的业务具有银行性质。所以清末民初,1912 年 3 月对私营金融机构进行登记注册时,南京临时政府财政部制定的《商业银行暂行则例》第一条规定:凡是开设店铺经营贴现、存款、放款、汇兑等项业务的,无论其用何种名称,总称为银行。第十三条规定:"本则例实行以前所设立之票庄、银号、钱庄等一切有银行性质者,均应遵守此条例。凡遵例注册者,财政部即优加保护。其未注册者,统限本年内一体注册。"

武昌起义后,由于各地清军和革命军的交战抢掠,汉口、成都、天津、西安、太原、保定等城市商业大受损失。乱军到处放火烧藩库,"并将藩库、当铺、银号、票号、盐号及大商富室、城外铺户一律抢空"。1911 年 12 月 8 日,成都的巡防勇伙同哥老会劫银数百万两,大火三日不熄,至 11 日变兵饱掠,始出城去。1912 年 2 月 29 日晚和 3 月 1 日,清军第三镇借口裁饷与剪发哗变,北京东华门打磨厂、前门大街、西单一带铺户被焚被抢,"被抢各商皆有,而以银号、钱铺、当铺为尤盛"。所以,到民国二年(1913 年),北京仅存银号 23 家、钱庄 19 家、炉房 19 家,合计银钱庄号只有 61 家,远比入钱业商会的 148 家减少了 58.8%。

三、民国直到抗战前的山西银号

但是,实存未注册的银号比统计的数额要多。比如山西,截至民国十年(1922 年),仅太原就有钱庄银号 20 余家。到 1926 年全省仍有银号 100 余家。同年上海(87 家)、天津、(80 余家)、张家口(42 家)三市就有钱庄、银号 200 余家,全国各地的钱庄、银号更多。

银号和钱庄、票号业务相近,既经营存、放、贷业务,也经手报捐银两和官款汇兑,有时还从事卢布、日元等外汇的投机炒卖,如银号在天津买卖日钞老头票。但大多数还是为工商铺民和城镇居民融通资本和生活服务的。光绪三十四年,由于钱铺、炉房存放款业务的发展,厚德银号率先改为厚德商业银行。该银号开设于光绪三十二年十月,总号设在北京,旋于天津、上海、汉口、广东添设分号四处,并在山东济南、周村开设德源泰联号两处。银号都经营银行业务,在北京、天津、上海、汉口、广州、营口等地金融市场都占有一席之地。在广州,其资本金在一万两以上至十万两称钱庄,资本巨大者谓之银号,资本富厚达五六十万两。天津银号向与晋商票庄、外商银行彼此川换往来,不需官府作保。民国以后,北京、天津、张家口等城市的钱庄普遍改号。仅在外蒙银号就有 33 家。到 1926 年全省仍有银号 100 余家,分布在全省 50 个县,其中总号 86 家、分号 15 家。同年,上海(87 家)、天津(80 余家)、张家口(42 家)三市就有银号 200 余家。全国各地银号估计在 500 家左右。直到抗战爆发后的 1942 年,北京仍有银号 86 家,且大多为山西商人所开,如通盛银号等。当时全国有银号 431 家。总体上看,钱庄南方多于北方,银号在北方多于南方。请看下表:

表 13-3　全国钱庄银号分布城市统计表

	总计家数	上海	南京	汉口	天津	北平	青岛	永嘉	苏州	宁波	杭州	绍兴	广州	导航	自贡	长沙	沈阳	西安	肖山	余姚	蚌埠	内江
钱庄	477	73	17	17	1		2	24	12	29	26	34		1	8	6		13	12	10	10	13
银号	320	1	5	63	24	7							5	8	4	3	11	19			5	1
合计	797	74	17	22	64	24	9	24	12	29	26	34	5	9	12	9	11	62	12	10	15	14

	太原	济南	石门	南昌	福州	沪州	镇江	松江	无锡	吴江	江都	泰县	芜湖	资中	开封	归绥	平遥	潍县	太谷	长山	郑州	其他
钱庄	6			5	3	4	5	4	4	6	13	4	6	9	6							88
银号	10	62	12														4		5	4	3	21
合计	16	62	12	5			4	4		6	13	4	6	9	6		5		5	4	4	3	109

资料来源:《中国钱庄史》,山西经济出版社,2005 年 12 月版,第 143 页。

清末民初,票号衰落,银号复兴。据《中国实业志》记载,民国元年（1912年）全省只有银号 9 家,至 24 年,全省银号发展到 101 家,其中总号 86 家,分号 15 家。按其性质可分为官营、私营及官私合营 3 种;资本总额为 15 010 370元。其中官僚资本 1 300 万元,占 86.7 %;私营资本 1 602 117 元,占 10.7%;官私合营资本 408 253 元,占 2.6%。银号资本的悬殊,反映了它们在金融界的实力。全省虽有 101 家银号,但铁路、垦业、盐业 3 种官营银号占全省银号的绝对优势。

表 13-4　铁、垦、盐三银号营业统计表（民国二十四年）

金额单位:万元

名称	铁路银号	垦业银号	盐业银号	合计
资本	5000000.00	300000.00	200000.00	5500000.00
存款	2321998.00	559474.00	63359.65	2944331.65
放款	7503566.00	603200.00	496704.70	8603470.70
储蓄	89382.00	45.00	173300.00	263227.00
全年汇出	2928100.00	677877.00	485000.00	4090977.00
全年汇入	2939783.00	864670.00	485000.00	4289453.00
发行	1332708.00	477470.00	49099.30	1859277.30

资料来源:《山西通志·金融志》。

559

表 13-5　省、铁、垦、盐四银行号在全省银行号中所占比重（民国二十五年）

金额单位:万元

项目	全省银行号	其中			
		四银行号		其他银行号	
		金额	%	金额	%
总分支机构	128处	30处	23.4	98处	76.6
资本	1064	822	77.3	242	22.7
吸收存款	1302	433	33.3	869	66.7
发放贷款	2373	1459	61.5	914	38.5
汇出款项	5016	3070	61.2	1946	38.8
汇入款项	4253	2496	58.7	1757	41.3
储蓄	61	60	98.4	1	1.6
纸币发行	549	490	89.2	59	10.8

资料来源:《山西通志·金融志》。

表 13-6　民国年间山西商人在张家口开设的银号统计

银号	地址	东家	经理
玉通银号	东关街土产公司院		罗汉山（山西祁县人）
裕源生		霍老三	李凤池（山西榆次人）
裕源永		霍老五（孝义人）	王毕乂（山西文水人）
复兴成	棋盘街	傅老二	张斌英（山西榆次人）
复元庆	兴隆街	王财主（榆次人）	韩邦俊（山西人）
锦泉兴	锦泉兴巷	曹财主（太谷北王村）	董若朴（山西祁县人）
锦泉永	上堡水岔街		
中国银行（张家口分行）	棋盘街	中央政府官办	常老九（山西榆次人）
宏盛银号	堡子里阁儿东路	祁县大盛魁商号	王明府（山西祁县人）
敦义银号		北京的大商店	田云（山西人）
兴隆达银号	堡子里棋盘街	祁县永聚祥商号	
恒北银号	锦泉兴巷		郭玉珍（山西阳曲人）
永瑞银号	兴隆街		何尧臣（山西太原人）
永利银号	兴隆街		田培业（山西榆次人）
宝丰裕银号	堡子里书院巷		段寿（山西祁县人）
永胜银号	堡子里东门大街		路升（山西交城人）
兴吉银号（大川裕）			王钖鸾（山西祁县人）刘乾甫、王吉兆（山西榆次人）
大陆银号	堡子里自来水公司院内		贺敬山（山西太谷人）
广义银号	二道巷		田守基（山西榆次人）赵兰（山西孝义人）
恒盛银号			岳美魁（山西文水人）
兴太广银号	堡子里		任远三（山西祁县人）
永吉银号			翟吉五（山西榆次人）
大业银号			武广生（山西文水人）
汇丰银号	堡子里诊疗所院		高茂林（山西祁县人）
宏茂银号	二道巷		乔范五（山西太谷人）
世含德银号	马道底		杨化阁、王玉通（山西人）
汇通银号	兴隆街		王利生（山西太谷人）
义聚务银号	东门大街粮店院内		山西文水人姓马
同兴银号			
晋风银号		边区政府	
恒裕晋银号			

资料来源：张家口市桥西区政协办公室《堡子里文史资料汇编》整理。

清末民初,随着山西票号的衰落,代之而起的除官办大清银行太原分行外,主要以私营银号、钱庄为主。光绪三十三年正太铁路通车后,省城太原商业更加发达,银钱业随之增多。较早有民国初成立的晋裕银号、晋胜银号、宏晋银号、德逢亨银号及一部分钱庄。到民国十年,仅太原有银号20余家。

表 13-7　银号

名称	地址	名称	地址
汇丰银号	南市街	和丰银号	通顺巷
兴华银号	南市街	同祥银号	麻市街
庆和成银号	通顺巷	仁发公银号	南市街
福康银号	通顺巷	大升银号	龙王庙街
荣锦银号	活牛市街	一德银号	馒头巷
锦源泰银号	馒头巷	晋益银号	麻市街
泰昌银号	活牛市街	晋裕银号	馒头巷
瑞生银号	估衣街	晋源泉银号	按司街
利和银号	麻市街	会元银号	馒头巷
益和银号	通顺巷	义泰银号	通顺巷
晋丰银号	通顺巷		

表 13-8　钱庄

名称	地址	名称	地址
晋裕兴钱庄	南市街	和记钱庄	通顺巷
晋裕丰钱庄	活牛市街	美蚨通钱庄	麻市街
萃蚨昌钱庄	活牛市街	义顺成钱庄	通顺巷
源生利钱庄	活牛市街	德兴昌钱庄	南市街
源泰蔚钱庄	通顺巷	亿生钱庄	活牛市街
源积成钱庄	龙王庙街	蔚锦恒钱庄	麻市街
公益信钱庄	南仓巷	兴业钱庄	按司街
世信钱庄	按司街	豫慎茂钱庄	南市街
正心诚钱庄	馒头巷	和合生钱庄	帽儿巷
同泰祥钱庄	通顺巷		
总　　计		共36户	

民国十八年(1930年)后直到抗战爆发,太原的银号发展到38家。

表 13-9　1930~1938 年太原私营银号、钱庄情况一览表

名称	经理姓名	资本金额	号址
新兴银行	常紫书	3000万元	通顺巷 28 号
晋裕银号	曲宪治	3000万元	钟楼街 12 号
仁发公银号	张小天	1000万元	南市街 75 号
豫慎茂银号	孟彦珍	1500万元	南市街 75 号
一德银号	张步荣	1000万元	东米市 4 号
正心诚银号	吴秉元	1000万元	南市街 33 号
晋兴钱庄	康瑞芝	2100万元	馒头巷 5 号
西北实业银行	白毓震	2000万元	馒头巷 7 号
益和银号	庞兆海	2000万元	南市街旁门 60 号
同泰祥银号	李殿荣	1000万元	馒头巷 7 号
晋益银号	董文静	1500万元	北司街 27 号
同祥银号	康承亨	1000万元	中校尉营 12 号
义顺成钱庄	白大宾	1000万元	通顺巷 29 号
和记钱庄	邢华	1000万元	通顺巷 22 号
宏晋街号	田雨生	350万元	馒头巷 17 号
萃蚨昌银号	曹铭	1000万元	前所街 23 号
瑞兴银号	聂霭云	2000万元	西米市 4 号
源丰银号	李文山	2000万元	中校尉营 23 号
和丰亨银号	万子良	1000万元	活牛市 56 号
兴华银号	张照珠	1000万元	馒头巷 6 号
会元银号	程汉增	1000万元	字巷 10 号
亿生钱庄	高斌柱	1000万元	柴市巷 65 号
晋丰银号	郝清照	2000万元	通顺巷 23 号
公益信钱庄	王丽祥	1000万元	南仓巷 13 号
宝丰亨银号	邢滋	1000万元	中校尉营 24 号
丰亨银号	王英如	2000万元	活牛市 19 号
德兴昌钱庄	乔长绶	1000万元	馒头巷 14 号
德丰亨银号	陈铭三	1000万元	西肖墙 71 号
源生利钱庄	曹占中	1000万元	帽儿巷 67 号
荣利福银号	张琏	1000万元	馒头巷 12 号
义泰银号	郭庆荣	1000万元	按司街 4 号
世信钱庄	李宝良	1000万元	通顺巷 23 号
尉晋恒银号	张瀛洲	1000万元	麻市街 54 号
汇丰银号	徐廷璧	2000万元	南校尉营 3 号
裕泰昌银号	马志丰	150万元	红市街 67 号
利和银号	智纳言	1000万元	馒头巷 1 号

表 13-10　1949 年前官办银号一览表

名称	经理姓名	资本金额	号址
山西省银行	白毓震	2000万元	鼓楼街 3 号
铁路银号	曲宪南	2000万元	鼓楼街 4 号
盐业银号	徐士琪	2000万元	按司街 33 号
垦业银号	徐振渭	2000万元	钟楼街 43 号

注：表据任贯五著《解放前的太原银钱业》，见《山西文史》第 86 期。

清末民初，银行业的兴起和外国银行资本的大量涌入，对山西票号形成强烈的冲击，保守的老号掌柜在激烈动荡巨变的社会大潮中没有与时俱进，以至于市场不断缩减，商业领地渐失，最后在辛亥革命前后，大批山西票号相继歇业倒闭。但晋商并没有就此走向衰亡，新一代杰出的山西商人并不甘心就此退出历史舞台，几乎是在票号歇业的同时，他们在票号的旧址上另起炉灶创办银号，开创了不亚于票号时代的又一个辉煌期。比如，乔家的大德通等票号改营银号。另据记载，民国十二年，平遥商人李毓温在百川通票号旧址创建永亨银号，发展了晋商的银号时代。与永亨银号同期创办的还有设在鹦哥巷的道生银号、设在米家巷的大来银号、设在衙门街的晋裕银号，以后又有永城庆、协和等十四家银号先后开办。小小的平遥城同时存在 18 家银号，后来又有山西省地方银行、汾河河务社河铁路银号这三家官办的金融机构入驻平遥古城，抗战前祁县银号主要有：宏晋银号、存义公银号、天恒川银号、恒义银号、首善银号、晋恒银号。此外，1923 年张家口也有山西商人经营的银号、钱庄 42 家。这些生意最为红火时的银号业家，如果再有若干年的和平发展期，山西商人一定会创造出更辉煌的业绩。然

太原商会

而就在晋商银号业如日中天的时候，卢沟桥事变爆发，1938年初（农历正月十四），日军血洗平遥城，一颗炮弹打塌永亨银号的门面楼、穿透中院主楼，平遥银号业遭到毁灭性的破坏。伴随着那场深重的民族灾难和日寇的"三光"政策所至，大片国土沦陷，商人裹足不前，全国市面萧条，晋商最终悲壮地退出历史舞台。

总之，晋商是明清时期称雄国内外商界500多年，商贸业、金融业、运输业、服务业、日杂百货兼营，集内外贸于一体，有地域特色的强大商帮集团。晋商经营的商贸业以食盐、铁器、茶叶、

大清银行山西分行

丝绸、棉布为大宗特色金融业以典当、账局、钱庄、银号、票号为主；运输业以船运、驼运、牛倌车、独轮车、骡马车为工具；服务业以客店、货栈、饭铺、镖局、会馆为特色。其财力之雄厚，活动地域之广阔，经营商品之众多，管理制度之严密，在国内商界首屈一指，成为足迹遍天下，货流天下，汇通天下，纵横欧亚数万里，堪与犹太商人、威尼斯商人媲美，在中国封建社会后期国计民生中发挥了重要作用的著名商人。学界普遍认为随着辛亥革命后清朝的灭亡，票号的衰败，兴盛数百年的山西商人在清末民初也随之消亡。其实，这种观点和认识存在着以偏概全，以票号一业之衰败判定晋商所有产业的缺陷。事实上，晋商和票号固然在清末民初前后遭受历次中外战乱的沉重打击，但并没有一败涂地和消失，无论是太平天国、第二次鸦片战争、还是八国联军进北京、辛亥革命，都是或南或北、或京城、或省城，局部性、地区性的破坏，唯有日军侵华是全局性的毁灭性的。所以，清末民初晋商是受到了重创，但仍是继续顽强地改营银号，维持其他商贸业、运输业、服务业的发展，直到1937年全面抗战爆发，日寇大举侵占山西，晋商根据地——晋中饱经战火，洗劫一空，才使山西商人遭受空前毁灭性的打击，晋商一蹶不振，在历史舞台彻底消失。

作者论文论著

专著类 10 部：

1. 《金融集团·山西商帮》（20万字），（香港）中华书局，1995年1月版。

2. 《山西通史》第五卷《明清卷》（46万字），山西人民出版社，2001年6月版。

3. 《中国历史文化名城——平遥》（6万字），中国旅游教育出版社，2001年1月版。

4. 《晋商研究新论》（18万字），山西人民出版社，2005年1月版。

5. 《祖槐寻根》（8万字），山西人民出版社，2006年6月版。

6. 《明代山西四名将》（3万字），山西春秋电子音像出版社，2006年12月版。

7. 《晋商案例研究》3卷本（90万字），中华书局，2007年10月版。

8. 《新晋商案例研究》（32万字），中国经济出版社，2008年8月版。

9. 《潞商文化探究》（20万字），天津人民出版社，2009年1月版。

10.《晋商学》（60万字），山西经济出版社，2009年3月版。

合著类 18 部：

1. 张正明、薛慧林主编《明清晋商资料选编》（22万字），本人承担其中10万字，山西人民出版社，1989年1月版。

2. 王庭栋主编《山西人名大辞典》（本人承担明代人物5万字），1991年11月版。

3. 张海瀛、尹协理主编《太原王氏历史名人传》（本人撰写其中6万字），北岳文艺出版社，1992年6月版。

4. 张海鹏、张海瀛主编《中国十大商帮》（41万字，本人承担其中第1章"山西商帮"2万字），黄山书社，1993年10月版。

5. 刘泽民主编《山西通史大事编年》（100万字），本人撰写其中明代部分5万字，山西人民出版社，1993年12月版。

6. 刘贯文、任茂棠、张海瀛主编《三晋历史人物》（全4册170万字，本人承担其中明代部分15万字），书目文献出版社，1995年2月版。

7. 辛秋水主编《中国村民自治》（22万字，本人承担其中"领导核心 战斗堡垒"3万字），黄山书社，1999年12月版。

8. 宁可主编《中华五千年纪事本末》（本人承担明代部分13万字），人民出版社，1996年10月第1版；2004年5月第2版。

9. 李景田主编《中共山西省组织史资料》（本人承担全书概述，第1编中共山西省地方组织；第6编企业高校和科研单位共40万字），山西人民出版社，2001年4月版。

10.董继斌、景占魁主编《晋商与中国近代金融》（31万字，本人承担其中10万字），山西经济出版社，2002年7月第1版。

11.黄征主编《太原史稿》（40万字，本人承担其中明代部分5万字），山西人民出版社，2003年7月版。

12.阎元锁主编《山西财政史》3卷本（100万字，本人承担古代卷宋元明清部分10万字），山西人民出版社，2005年6月版。

13.张成德、孙丽萍主编《山西抗战口述史》（共3部135万字，本人承担其中5万字），山西人民出版社，2005年8月版。

14.张正明、科大卫主编《明清山西碑刻资料选》（60万字，本人承担其中10万字），山西人民出版社，2005年3月版。

15.高增德主编《晋商巨擘》（30万字，本人承担2.8万），山西经济出版社，2005年12月版。

16.张正明等主编《中国晋商研究》（55万字，本人承担其中1.2万字），人民出版社，2006年4月版。

17.孙丽萍、雒春普等编著《山西民众的生存状态》（44万字，本人承担其中4万字），山西人民出版社，2008年2月版。

18.山西史志院编《河东盐三千年》（58万字，本人承担其中第5、6章10万字），三晋出版社，2008年3月版。

论文92篇：

1.《明代教育管理制度及其启示》（16000字），中国史学会编《世纪之交的中国史学——青年学者论坛》，中国社会科学出版社，1999年8月版。

2.《从山西地方史看养廉银制实行的年代和成效》（13000字），《新史坛》，1986年第1期。

3.《明代的会同馆》（2500字），《新史坛》，1987年第1期。

4.《心思天下 笔论古今——省城史学家专访》（3000字），《新史坛》，1988年第1期。

5.《学术研究应当经世致用》（4000字），《新史坛》，1988年第1期。

6.《玄晔与吴琠——康熙甄选人才一例》（8000字），《新史坛》，1988年第1期。

7.《青年与文化》（2000字），《太原团讯》，1988年第3期。

8.《首届中国家谱研讨会综述》（2500字），《光明日报》，1988年4月21日。

9.《首届中国家谱研讨会综述》（2500字），《信息波》，1988年第4期。

10.《晋帮商贾 威震新疆》（3000字），《商业职工》，1988年第5期。

11.《明清海运的历史作用》（2000字），《晋阳学刊》，1988年第6期。

12.《近代的山西商会》（2000字），《商业职工》，1988年第6期。

13.《山西省首次史学研究优秀成果获奖论文评述》（3000字），《信息波》，1989年第2期。

14.《开中法与晋商的崛起》（2000字），《商业职工》，1989年第3期。

15.《试论明代的巡按制度》（8000字），《山西大学学报》，1990年第1期。

16.《汾河流域的环境变迁》（7000字），《山西经济管理学院学报》，1990年第1期。

17.《明清晋商兴起的诸种因素》（1500字），《商业职工》，1990年第2期。

18.《明朝中后期的晋籍官员》（8000字），《晋阳学刊》，1991年第1期。

19.《明朝中后期的晋籍官员》（8000字），中国人民大学书报资料中心《中国古代史》，1991年第3期全文转载。

20.《第二届中国谱牒学研讨会综述》（5000字），《信息波》，1991年第4期。

21.《明代大同的马市》（2000字），《商业职工》，1991年第11期。

22.《清末民初之际的山西商会》（4000字），《文史研究》，1992年第1、2期。

23.《论明清晋帮商人的特点》（5000字），《山西经济管理学院学报》，1992年第2期。

24.《论明代的提刑按察使司》（10000字），《晋阳学刊》，1992年第3期。

25.《郭登与土木之变》（6000字），《晋阳学刊》，1993年第4期。

26.《郭登与土木之变》（6000字），中国人民大学书报资料中心《中国古代史》，1993年第9期全文转载。

27.《纪念侯外庐教授诞辰90周年暨中国思想史学术讨论会综述》（3500字），《晋阳学刊》，1994年第1期。

28.《论大同在明代北部边防中的地位》（14000字），《大同高等专科学校学报》，1994年第1期。

29.《论明代河东巡盐御史制度》（10000字），《学述论丛》，1994年第1期。

30.《晋商巡览》上篇（5000字），《当代山西商会》，1994年第2期。

31.《晋商巡览》下篇（5000字），《当代山西商会》，1994年第4期。

32.《论明代官僚政体的双重特色》（9000字），《河南大学学报》，1994年第5期。

33.《论明代官僚政体的双重特色》（9000字），中国人民大学书报资料中心《中国古代史》，1994年第8期。

34.《晋商王文素及其〈算学宝鉴〉》（5000字），《珠算》，1995年第1期。

35.《从李福达案看明中期的法制状况》（10000字），《史学月刊》，1995年第1期。

36.《明朝对官员的监察及其启示》10000字,《晋阳学刊》,1995年第2期。

37.《论明中期边方纳粮制的解体》(10000字),《学术论丛》,1995年第5期。

38.《刚直晋抚魏允贞》(5000字),《沧桑》,1995年第6期。

39.明代晋商王文素及其《新集通证古今算学宝鉴》(9000字),《晋商兴衰史》,山西古籍出版社,1995年12月版。

40.《周恩来赴山西创建"战地总会"》(3000字),《省情与发展》,1996年第1期。

41.《晋商研究的新成果》(1500字),《山西日报》,1996年3月13日。

42.《晋商兴衰史简析——晋商研究的丰硕成果》(3000字),《太原日报》,1996年3月25日。

43.《论明中期边方纳粮制的解体——兼与刘淼先生商榷》(7000字),广东《学术研究》,1996年第9期。

44.《明代教育监察制度述略》(8000字),《晋阳学刊》,1997年第5期。

45.《明清晋商股份制浅析》(8000字),《学述论丛》,1998年第2期。

46.《存史 资政 育人》(1500字),《山西日报》,1998年6月12日。

47.《顾佐惩贪与仁宣之治》(5000字),《晋阳学刊》,1998年第6期。

48.《看明清时期的汾商》(6000字),《省情与发展》,1998年5-6期。

49.《论永乐时期的开中法》(8000字), 中国商业史学会明清商业史专业委员会编《明清商业史研究》第一缉,中国财经出版社,1998年11月版。

50.《明清股份制浅析》(11000字),中国商业史学会明清商业史专业委员会编《明清商业史研究》第一缉,中国财经出版社,1998年11月版。

51.《论洪武时期的开中法》(4000字),《大同高等专科学校学报》,1998年第1期。

52.《论永乐时期的开中法》(6000字),《大同高等专科学校学报》,1999年第1期。

53.《四百年前通天案》(18000字),张寒主编《黄河文化论坛》第二缉,中国戏剧出版社,1999年6月版。

54.《王文素与他的〈新集通证古今算学宝鉴〉》(3000字),《财会纵横》,1999年第1期。

55.《顾佐与"仁宣之治"》(6000字),《河南大学学报》,1999年第3期。

56.《明代山西农民负担剖析》(8000字),《沧桑》,1999年第5期。

57.《继承整风精神,搞好"三讲"教育》(3000字),《山西日报》,1999年8月30日。

58.《试论晋商的金融创新》(6000字),《晋阳学刊》,2001年第4期。

59.《晋商与北部市场开发》(7000字),《晋阳学刊》,2002年第4期。

60.《创新机制 狠抓落实,认真完成通道绿化》(3000字),《长治日报》,2002年11

月 7 日。

61.《论明清时期的汾商》（10000 字），山西省珠算协会编《王文素与算学宝鉴研究》，山西人民出版社，2002 年 5 月版。

62.《从明代中后期的社会经济状况看王文素的数学巨著算学宝鉴》（9000 字），山西省珠算协会编《王文素与算学宝鉴研究》，山西人民出版社，2002 年 5 月版。

63.《辛亥革命的纲领析》（4000 字），《沧桑》，2003 年第 3 期。

64.《晋商与北部市场开发》（3000 字），《长治日报》，2003 年 4 月 7 日。

65.《晋商·海内最富》（2000 字），《山西日报》，2004 年 2 月 3 日。

66.《开中法专访》（500 字），《晋商》汉语大词典出版社，2004 年 4 月版。

67.《诚信晋商与信用山西》（3000 字），载《晋商研究新论》山西人民出版社，2005 年 5 月版。

68.《明代学校制度及其启示》（8000 字），《沧桑》，2005 年第 5 期。

69.《明代太原的城市建设》（6000 字），《中国古都研究》（第二十辑）山西人民出版社 2005 年 5 月版。

70.《八路军：太行精神之灵魂》（1500 字），《山西日报》，2005 年 6 月 30 日版。

71.《完整反映了山西全民抗战》（1500 字），《山西日报》，2005 年 10 月 25 日版。

72.《简论三晋人才流失的教训及启示》（6000 字），《学术论丛》，2005 年第 1 期。

73.《论明清时期晋中的中小商人》（12000 字），《晋阳学刊》，2005 年第 2 期。

74.《八路军与太行精神》（3000 字），《前进》，2005 年第 9 期。

75.《山西古代城镇的发展及其对我省城镇化的启示》（9000 字），《学术论丛》，2006 年第 2 期。

76.《明清以来山西碛口镇的商贸兴衰》（12000 字），《中国晋商研究》人民出版社，2006 年 4 月版。

77.《杀虎口——关税消长看兴衰》（13000 字），晋商与西口文化论坛论文集《纵论西口》，山西春秋电子音像出版社，2006 年 10 月版。

78.《山西抗日根据地同日伪毒化政策的斗争》（12000 字），《晋阳学刊》，2006 年第 2 期。

79.《晋商诚信赢天下》（6000 字），《人民论坛》，2006 年第 3 期。

80.《乔家大院与晋商》（8000 字），《学术论丛》，2006 年第 4 期。

81.《论山西银号》（10000 字），《晋阳学刊》，2007 年第 5 期。

82.《最后一个汉王朝》（5000 字），《山西晚报》2007 年 2 月 12 日版。

83.《论明清商帮》（8000 字），《学术论丛》，2007 年第 6 期。

84.《华夏文明看山西·辉煌晋商》（2.9 万字），山西春秋电子音像出版社，2007 年 8

月版。

85.《十年辛苦磨一剑 百年能源看山西》（3000 字），《沧桑》，2008 年 9 月专号。

86.《中华传统老字号 晋商优秀代表》（1500 字），《太原日报》，2008 年 11 月 3 日。

87.《一场绵延 280 年的历史大潮——与晋商专家高春平重温"走西口"》（6000字），《太原晚报》2009 年 1 月 21 日。

88.《潞商文化研究的重要成果——读孙宏波、高春平新著〈潞商文化探究〉》（7000字），《长治日报》，2009 年 2 月 18 日。

89.《明清晋商证券期货及其对太原金融市场的启示》（13000 字），范世康、王尚义主编，《建设特色文化名城》，北岳文艺出版社，2008 年 10 月版。

90.《论徐继畬教育理论与实践》（9000 字），中国社会文献出版社，2009 年版。

91.《千年风雨杀虎口》（6000 字），《中国文化报》，2009 年 3 月 1 日。

92.《山西银号》（11000 字），载《晋商兴盛与太原发展》，山西人民出版社，2009 年 1月版。

（论文论著合计 430 余万字）

参考文献

1.马克思:《资本论》(1—3卷),人民出版社,1975年6月版。

2.《明史》,中华书局,1994年10月版。

3.《清史稿》,中华书局,1994年10月版。

4.黄鉴晖:《山西票号史料》(增订本),山西经济出版社,2004年10月版。

5.黄鉴晖:《中国钱庄史》,山西经济出版社,2005年12月版。

6.黄鉴晖:《明清山西商人研究》,山西经济出版社,2002年6月版。

7.黄鉴晖:《山西票号史》,山西经济出版社,2002年6月版。

8.严中平:《中国近代经济史》,人民出版社,1989年10月版。

9.山西省政协委员会编:《山西晋商史料全览》十卷本,山西人民出版社,2006年版。

10.张海瀛、张正明、黄鉴晖、高春平:《中国十大商帮·山西商帮》,香港中华书局,1995年10月版。

11.张正明:《晋商兴衰史》,山西古籍出版社,1995年12月版。

12.张正明:《晋商与经营文化》,世界图书出版公司,1998年11月版。

13.张正明、孙丽萍、白雪:《中国晋商研究》,人民出版社,2006年4月。

14.张正明、葛贤慧:《明清山西商人研究》,香港欧亚经济出版社,1993年8月版。

15.张正明、薛慧林主编:《明清晋商资料选编》,山西人民出版社,1989年1月版。

16.郝汝椿:《乔家堡人说乔家》,山西古籍出版社,2006年4月版。

17.邓九刚:《茶叶之路——欧亚商道兴衰三百年》,内蒙古人民出版社,2000年10月版。

18.《晋商文化旅游区志》,山西人民出版社,2005年10月版。

19.董继斌、景占魁:《晋商与中国近代金融》,山西经济出版社,2002年7月版。

20.孙丽萍、高春平:《晋商研究新论》,山西人民出版社,2005年5月版。

21.穆雯瑛主编:《晋商史料研究》,山西人民出版社,2001年3月版。

22.(日)寺田隆信:《山西商人研究》,山西人民出版社,1986年6月版。

23.张家口政协文史资料委员会编:《张家口文史》,第2辑,2004年9月1日。

24.张家口市政协文史处:《张家口市晋商资料》,2006年11月。

25.李宏龄:《山西票号成败记》。

26.李希曾主编:《晋商史料与研究》,山西人民出版社,1886年8月版。

27.胡寄窗:《中国经济思想史简编》,中国社会科学出版社,1981年7月版。

28.傅筑夫:《中国封建社会经济史》,第四卷,人民出版社,1986年6月版。

29.吴景平、张林主编:《上海金融的现代化与国际化》,上海古籍出版社,2003年10月版。

30.杨涌泉:《中国十大商帮》,企业管理出版社,2005年5月版。

31.张桂萍:《山西票号经营管理体制研究》,中国经济出版社,2005年12月版。

32.卢明辉、刘衍坤:《旅蒙商》,中国商业出版社,1995年6月版。

33.邓九刚:《大盛魁商号》,百花文艺出版社,1998年5月版。

34.史若民:《晋商刍议》,中央文献出版社,2006年12月版。

35.梁小民:《小民话晋商》,北京大学出版社,2007年1月版。

36.张正明、马伟:《话说晋商》,中华工商联合出版社,2006年6月版。

37.国彦兵:《新制度经济学》,立信会计出版社,2006年2月版。

38.孙耀君:《管理思想发展史》,山西经济出版社,1996年1月版。

39.刘建生等:《明清晋商制度变迁研究》,山西人民出版社,2005年5月版。

40.姚裕群:《人力资源管理》,中国人民大学出版社,2005年7月版。

41.杨文士:《管理学原理》,中国人民大学出版社,2004年1月版。

42.清华大学中国工商管理案例库编写组:《中国工商管理案例集(第一、二辑)》,高等教育出版社,2002年5月版。

43.孟艾芳:《中外著名决策案例70篇》。

44.《运营管理案例》,经济管理出版社,2005年1月版。

45.《市场营销》,光明日报出版社,2002年3月。

46.《战略管理》,光明日报出版社,2002年3月。

47.《工商管理概论》,人民出版社,2002年2月。

48.(美)小艾尔弗雷德·D·钱德勒:《看得见的手——美国企业的管理革命》,商务印书馆,1987年9月版。

49.克里斯托弗·博根 迈克尔·英格利息:《竞争性标杆管理》,经济科学出版社,2004年7月版。

50.威廉·配第:《赋税论》,华夏出版社,2005年1月版。

51.亚当·斯密:《国富论》,华夏出版社,2005年1月版。

52.大卫·李嘉图:《政治经济学及赋税原理》,华夏出版社,2005年1月版。

53.约瑟夫·阿洛伊斯·熊彼特:《经济发展理论》。

54.约翰·康芒斯:《制度经济学》,华夏出版社,2005年1月版。

55.凯恩斯:《就业、利息和货币通论》,华夏出版社,2005年1月版。

56.路德维希·艾哈德:《来自竞争的繁荣》。

57.约翰·邓宁:《国际生产与跨国公司》。

58.唐奈拉·梅多斯:《增长的极限》。

59.沃伦·巴菲特:《投资策略》。

60.加里·贝克尔:《家庭论》。

61.霍华德 M 瓦赫特尔:《梦想大道》,中信出版社,2005 年 4 月版。

62. 许涤新、吴承明主编:《中国资本主义发展史》, 第一卷,《中国资本主义的萌芽》,人民出版社,1985 年 9 月版。

63.吴晓求:《中国资本主义市场分析要义》,中国人民大学出版社,2006 年 1 月版。

64.千家驹、郭彦岗:《中国货币演变史》,上海人民出版社,2005 年 8 月版。

60.(美)哈罗德·科兹纳著,杨爱华、杨敏、王丽珍等译:《项目管理》,电子工业出版社,2006 年 9 月版。

61.戴相龙:《领导干部金融知识读本》,中国金融出版社,1997 年 11 月版。

62.《中国企业管理科学案例库教程战略管理》,光明日报出版社,2002 年 3 月版。

63.《中国企业管理科学案例库教程市场营销》,光明日报出版社,2002 年 3 月版。

64.《中国企业管理科学案例库教程生产运作管理》,光明日报出版社,2002 年 3 月版。

65.《中国企业管理科学案例库教程财务管理》,光明日报出版社,2002 年 3 月版。

66.姚裕群主编:《人力资源管理》,中国人民大学出版社,2005 年 7 月版。

67.沈志先主编:《金融纠纷案例精选》,上海人民出版社,2005 年 12 月版。

68.刘志伟编著:《识人选人用人》,中国纺织出版社,2006 年 5 月版。

69.孙健敏译:《组织行为学》,中国人民大学出版社,2005 年 3 月版。

70.郎咸平:《突围》,东方出版社,2006 年 8 月版。

71.史若民、牛白琳编著:《平、祁、太经济社会史料研究》,山西古籍出版社,2002 年 5 月版。

72.张国辉:《晚清钱庄和票号研究》,社会科学文献出版社,2007 年 4 月版。

73.葛贤惠、张正明:《明清山西商人研究》,香港欧亚经济出版社,1993 年 8 月版。

74.高春平、李三谋:《山西通史·明清卷》,山西人民出版社,2000 年版。

75.马可·波罗著,梁生智译:《马可·波罗游记》,中国文史出版社,2006 年 11 月版。

76.(美)查尔斯·P·金德尔伯格著,徐子健、何建雄、朱忠译:《西欧金融史》,中国金融出版社,2007 年 2 月版。

77.(美)牟复礼、(英)崔瑞德编:《剑桥中国明代史》,中国社会科学出版社,1992 年 2 月版。

78.〔万历〕《泽州府志》。

79.〔顺治〕《潞安府志》。

80.张正明、科大卫:《明清山西碑刻资料选》,山西人民出版社,2005年版。

81.〔光绪〕《长治县志》。

82.〔康熙〕《阳城县志》。

83.《明实录》。

84.《清实录》。

后　记

　　十年磨一剑,凝聚着我 20 年研究心血的《晋商学》一书,终于付梓出版了,心里充满了喜悦和兴奋。令人高兴的是,在新中国成立 60 周年之际,作为一名史学工作者,可以问心无愧地用自己的辛勤劳动成果为共和国 60 华诞献上一份礼物。

　　曾记得 1980 年,当我沐浴着改革的春风,在国家恢复高考政策的第 4 个秋天,有幸考进了山西大学,和无数同时代青年一样,倍加珍惜这难得的机遇,一鼓作气发奋攻读 7 年,研究生毕业后分配到山西省社会科学院,从此和晋商研究结下了不解之缘。在借调省委组织部整顿农村后进党支部,编写《中共山西省组织史资料》,并在基层挂职锻炼 3 年期间,丰富了阅历,增长了见识,八小时之外,我也始终没有放弃看书学习,一直在明清晋商领域不停地耕耘,因此才有了今天的收获。说实话,20 年前写书还是我的梦想,一是因为学问积累有个过程,二是因为 20 世纪 80 年代相当一段时间科研经费十分紧缺。我刚毕业去祁县、太谷、平遥搜集抄写晋商资料时,啃方便面是家常便饭,所以只能采取短、频、快的办法,不停地发表论文,与前辈们合作著述。这样,我只出力就可以,其余出版筹集经费的事情暂不用我考虑。尤其难忘的是 1989 年夏天,为筹备在太原召开的明史国际学术研讨会,我在张海瀛、张正明老师的安排下,日夜不停地编选《明清晋商资料选编》,因天太热,光着膀子干了两个月,虽然此书出版至今没拿一分钱的稿费,但为了学术事业,可以说是心甘情愿、苦中有乐。而且,我心底一直坚信,积少成多,先苦后甜,一步一个脚印走下去,总有一天我的专著会出版面世。

在我求学成长的过程中,我十分感谢我的导师师道刚先生、崔凡芝先生,是他们以严谨扎实的学风和诲人不倦的人品师德感染、鞭策着我在史学的道路上不断探索。同时,我十分感激多年来在不同的岗位、不同的地方对我的研究、考察给予支持、帮助的中国明史学会、中共山西省委宣传部、中共山西省委组织部研究室与党建所、省财政厅、省人事厅、省农业厅、省扶贫办、山西大学历史文化学院、省史志院等单位。我诚挚地感谢省政协主席薛延忠,原省政协副主席张正明,山西省党建研究会会长、原省委组织部常务副部长马友,原省委宣传部部长申维辰、高建民,原省委组织部副部长、省人事厅厅长杨静波等老领导对我的亲切鼓励;山西省社会科学院院长李留澜慧眼卓识,一直支持我搞晋商研究,原山西省社科院历史所所长张国祥多次给我压担子磨练;中华书局编辑部主任金峰、天津人民出版社编辑室主任张献忠、山西经济出版社社长赵建廷、北岳文艺出版社社长王灵善、北京商务印书馆编辑丁波等各位朋友在我出书时大力支持;省级政府采购中心主任赵建新、省人民政府五处处长薛荣、中共和顺县委书记侯文禄、中共长治市郊区区委书记孙洪波、中共临县县委书记刘永平、中共武乡县委书记周涛、中共岚县县委书记刘泽峰等朋友在我调研考察时热心帮助;山西经济出版社李慧平副主任认真审阅了全书,山西测绘局总工杨建军帮忙绘图,历史所雒春普、宋丽莉、董永刚、赵俊明、王勇红诸位同事也参与晋商案例研究和部分资料的核对,在此一并致谢!

由于学海无涯、功力有限,书中缺漏之处在所难免,恳请读者批评指正。

作 者
2009年3月16日

图书在版编目（CIP）数据

晋商学／高春平著. —太原：山西经济出版社，2009.4
ISBN 978 - 7 - 80767 - 148 - 0

Ⅰ. 晋… Ⅱ. 高… Ⅲ. 商业史 – 研究 – 山西省　Ⅳ. F 729

中国版本图书馆 CIP 数据核字（2009）第 053600 号

晋商学

著　　者：高春平
责任编辑：李慧平
助理责编：姚　岚
装帧设计：弘成图文

出 版 者：山西出版集团·山西经济出版社
社　　址：太原市建设南路 21 号
邮　　编：030012
电　　话：0351 - 4922133（发行中心）
　　　　　0351 - 4922085（综合办）
E – mail：sxjjfx@163.com
　　　　　jingjshb@sxskcb.com
网　　址：www.sxjjcb.com

经 销 者：山西出版集团·山西新华书店集团有限公司
承 印 者：山西出版集团·山西新华印业有限公司

开　　本：787mm×960mm　　1/16
印　　张：37.125
字　　数：625 千字
印　　数：1 – 3 000 册
版　　次：2009 年 4 月第 1 版
印　　次：2009 年 4 月第 1 次印刷
书　　号：ISBN 978 - 7 - 80767 - 148 - 0
定　　价：68.00 元